DIE TAGFALTER SÜDTIROLS

Peter Huemer

Ähnlicher Mohrenfalter
Ähnlicher Perlmutterfalter
Ähnlicher Scheckenfalter
Alexis-Bläuling
Alpen-Gelbling
Alpen-Perlmutterfalter
Alpen-Scheckenfalter
Alpen-Weißling
Alpen-Wiesenvögelchen
Alpen-Würfel-Dickkopffalter
Ambossfleck-Würfelfalter
Andorn-Dickkopffalter
Andromeda-Würfel-Dickkopffalter
Apollofalter
Argus-Bläuling
Aurorafalter
Baldrian-Scheckenfalter
Baum-Weißling
Berghexe
Berg-Weißling
Bergziest-Dickkopffalter
Blasenstrauch-Bläuling
Blauer Eichen-Zipfelfalter
Blaukernauge
Blauschillernder Feuerfalter
Blauschwarzer Eisvogel
Blindpunkt-Mohrenfalter
Braunauge
Brauner Eichen-Zipfelfalter
Brauner Feuerfalter
Braunfleckiger Perlmutterfalter
Braungerändertes Ochsenauge
Braunkolbiger Braun-Dickkopffalter
Bräunlicher Scheckenfalter
Braunscheckauge
Brombeer-Perlmutterfalter
Brombeer-Zipfelfalter
Bündner Scheckenfalter
C-Falter
Distelfalter
Doppelaugen-Mohrenfalter
Dukaten-Feuerfalter
Dunkler Alpen-Bläuling
Ehrenpreis-Scheckenfalter
Eisenfarbiger Samtfalter
Eis-Mohrenfalter
Eros-Bläuling
Eschen-Scheckenfalter°
Esparsetten-Bläuling
Faulbaum-Bläuling
Felsen-Mohrenfalter
Fetthennen-Bläuling
Feuriger Perlmutterfalter
Flockenblumen-Scheckenfalter
Gelbaugiger Mohrenfalter
Gelbbindiger Mohrenfalter°
Gelbgefleckter Mohrenfalter
Gelbringfalter
Gelbwürfeliger Dickkopffalter
Ginster-Bläuling
Gletscherfalter
Goldene Acht
Goldener Scheckenfalter
Graubindiger Mohrenfalter
Graublauer Bläuling

Die Tagfalter Südtirols

Peter Huemer

VERÖFFENTLICHUNGEN DES
NATURMUSEUMS SÜDTIROL NR. 2

Folio Verlag

VERÖFFENTLICHUNGEN DES NATURMUSEUMS SÜDTIROL NR. 2

Zum Teil wurden orthographische Entscheidungen in Absprache mit dem Autor sowie im Sinne einer
Übereinstimmung mit anderen wissenschaftlichen Handbüchern getroffen.

BILDNACHWEIS

(l = links, r = rechts, m = Mitte, o = oben, u = unten)
Othmar **Danesch**/inatura 21 l, 21 r, 22–23, 29, 58 r, 61, 66 l, 66 r, 67 l, 96, 121, 136 r, 137, 138, 148, 150, 151, 152, 153, 154 l, 154 r, 158 r, 158 l, 162 l, 162 r, 189
Uwe **Eisenberg** 24 r
Siegfried **Erlebach** 33, 43, 55, 58 l, 59, 62, 63, 67 r, 68 l, 68 r, 69 l, 69 r, 70, 72, 75, 78 l, 78 r, 79, 83, 87, 93, 101, 107, 108, 112, 118 l, 120, 130, 136 l, 139, 143 l, 143 r, 144 l, 146, 149, 159 r, 161, 164, 165 l, 165 r, 167, 168, 169 l, 173, 176 l, 176 r, 177, 184, 185 l, 185 r, 188 l, 197, 198, 200, 207, 213 r, 216, 218, 224
Tiroler Landesmuseum **Ferdinandeum** 56 l, 74 r, 132, 206 l, 206 r
Peter **Huemer**/Tiroler Landesmuseum Ferdinandeum 10, 14 m, 24 l, 37 o, 37 u, 42, 84 r, 105 r, 118 r, 125, 144 r, 172, 195, 213 l
Peter **Lichtmannecker** Umschlag hinten, 35, 36, 46, 49, 52, 64, 73, 82, 86, 91, 92, 113, 128, 133, 134 l, 134 r, 155, 156, 157 l, 157 r, 159 l, 160, 181, 188 r, 192, 193 l, 193 r, 199, 203, 219, 220, 221, 222
Volkmar **Mair**, Amt für Geologie und Baustoffprüfung 11 u
Naturmuseum Südtirol/Teledata 11 o
Gerhard **Tarmann**/Tiroler Landesmuseum Ferdinandeum 12 l, 12 r, 13 l, 13 r, 14 l, 14 r, 117
Alois **Trawöger** 25 l, 25 r, 56 r, 57, 74 l, 76, 77
Hugo **Wassermann** Umschlag vorne, 54, 84 l, 90, 94, 104, 105 l, 106, 116, 140 l, 140 r, 141, 163, 169 r, 175, 182

Peter Huemer
Tiroler Landesmuseum Ferdinandeum
Naturwissenschaftliche Sammlungen
Feldstraße 11a
A-6020 Innsbruck

Umschlagbild: Baldrian-Scheckenfalter *(Melitaea diamina)*

© Folio Verlag, Wien – Bozen, und Naturmuseum Südtirol 2004
Lektorat: Eva-Maria Widmair
Graphische Gestaltung: no.parking, Vicenza
Scans: Typoplus, Frangart
Druck: Dipdruck, Bruneck
ISBN 3-85256-280-5

www.folioverlag.com

DIE TAGFALTER SÜDTIROLS
(HESPERIOIDEA UND PAPILIONOIDEA)

Zusammenfassung 6
Abstract 7
Einleitung 7
Dank 8

ALLGEMEINER TEIL
Naturräumliche Voraussetzungen,
Lebensräume 10
Datengrundlagen 15
Erläuterungen
zu den Artenbesprechungen 17

ARTENBESPRECHUNGEN
Systematischer Überblick 29

HESPERIIDAE – DICKKOPFFALTER
Pyrginae 34
Heteropterinae 48
Hesperiinae 50

PAPILIONIDAE – RITTERFALTER
Parnassiinae – Osterluzeifalter
und Apollofalter 55
Papilioninae –
Schwalbenschwänze 60

PIERIDAE – WEISSLINGE
Dismorphiinae – Senfweißlinge .. 64
Pierinae – Echte Weißlinge 65
Coliadinae – Gelblinge 76

LYCAENIDAE – BLÄULINGE
Riodininae – Würfelfalter 83
Lycaeninae 84

NYMPHALIDAE – EDELFALTER
Libytheinae – Schnauzenfalter ... 132
Heliconinae 133
Nymphalinae – Echte Edelfalter .. 150
Apaturinae – Schillerfalter 160
Limenitidinae – Eisvögel 162
Melitaeinae – Scheckenfalter 167
Satyrinae – Augenfalter 181

ANHANG
Literaturverzeichnis 225
Systematisches Verzeichnis 228
Index zu den wissenschaftlichen
Artnamen 230
Index zu den deutschen
Artnamen 231

ZUSAMMENFASSUNG

Die Tagfalterfauna (Lepidoptera: Hesperioidea und Papilionoidea) Südtirols (Italien) wird unter Berücksichtigung historischer und aktueller Daten zusammenfassend dargestellt. Insgesamt liegen gesicherte Nachweise von 185 Arten aus fünf Familien vor, einige weitere zweifelhafte Vorkommen wurden eliminiert. Sämtliche Arten werden hinsichtlich ihrer Taxonomie, Verbreitung, Biologie und Gefährdung ausführlich behandelt. Verbreitungskarten zu jeder Art sowie zahlreiche Abbildungen von Imagines und Entwicklungsstadien illustrieren diesen Abschnitt.

Die Verteilung der Artenbestände ist vertikal stark unterschiedlich. Die Artenzahlen steigen von der kollinen Stufe (145 spp.) bis in die montane Stufe (160 spp.) an, sinken dann aber ab der subalpinen (113 spp.) und vor allem alpinen Stufe (60 spp.) deutlich.

Die Habitatwahl untermauert die Bedeutung von reinen Offenlandlebensräumen, die 70 % der Artenbestände beinhalten. Als besonders wichtig erweisen sich die Trockenrasen im Vinschgau sowie die extensiv oder nicht bewirtschafteten Berggebiete. Den eigentlichen Waldlebensräumen kommt hingegen eine geringere Bedeutung für die Tagfalter zu. Futterpflanzenabhängigkeiten der Raupen sind ausgeprägt: 40 % des Artenbestandes an einer einzigen Pflanzenart/Gattung (Monophagie I + II) sowie 41 % mit ausschließlicher Bindung an Vertreter einer Pflanzenfamilie (Oligophagie I). Besonders wichtige Fraßpflanzen sind Süßgräser, Schmetterlingsblütler und Rosengewächse.

Die Gefährdungsmomente inkludieren Verbauung, landwirtschaftliche Intensivierung, forstwirtschaftliche Intensivnutzung, Biozide und andere Faktoren. Eine nach IUCN (International Union for Conservation of Nature)-Kategorien überarbeitete Rote Liste weist elf Arten als ausgestorben aus, acht sind vom Aussterben bedroht, acht stark gefährdet und zehn gefährdet. 46 Arten werden in die Kategorie „drohende Gefährdung" eingestuft, und somit sind 44 % des gesamten Artenbestandes zumindest regional bedroht. Vorschläge für Schutzmaßnahmen sollen dieser zunehmenden Gefährdung entgegenwirken.

Großer Sonnenröschen-Bläuling
Großer Tragant-Bläuling
Großer Waldportier
Großer Wander-Bläuling
Großes Ochsenauge
Großes Wiesenvögelchen
Großglockner-Mohrenfalter
Grünader-Weißling
Grüner Zipfelfalter
Hauhechel-Bläuling
Heilziest-Dickkopffalter
Heller Alpen-Bläuling
Himmelblauer Bläuling
Hochalpen-Apollo
Hochalpen-Perlmutterfalter
Hochmoor-Bläuling
Hochmoor-Gelbling
Hufeisenklee-Gelbling
Kaisermantel
Kardinal
Karst-Weißling
Kleiner Alpen-Bläuling*
Kleiner Eisvogel
Kleiner Feuerfalter
Kleiner Fuchs
Kleiner Kohl-Weißling
Kleiner Mohrenfalter
Kleiner Perlmutterfalter
Kleiner Scheckenfalter
Kleiner Schillerfalter
Kleiner Schlehen-Zipfelfalter
Kleiner Sonnenröschen-Bläuling
Kleiner Tragant-Bläuling
Kleiner Waldportier*
Kleiner Wander-Bläuling
Kleiner Würfel-Dickkopffalter
Kleines Ochsenauge
Kleines Wiesenvögelchen
Knoch's Mohrenfalter
Komma-Dickkopffalter
Kreuzdorn-Zipfelfalter
Kreuzenzian-Ameisen-Bläuling
Kronwicken-Bläuling
Kronwicken-Dickkopffalter
Kurzschwänziger Bläuling
Landkärtchen
Lilagold-Feuerfalter
Lorkovic's Senf-Weißling
Lungenenzian-Ameisen-Bläuling
Maivogel
Malven-Dickkopffalter
Marmorierter Mohrenfalter
Mattscheckiger Braun-Dickkopffalter
Mauerfuchs
Meiger's Bläuling
Mittlerer Perlmutterfalter
Moor-Wiesenvögelchen*
Natterwurz-Perlmutterfalter
Nierenfleck-Zipfelfalter
Ockerbindiger Samtfalter
Ockerfarbiger Würfel-Dickkopffalter*
Osterluzeifalter
Pflaumen-Zipfelfalter

ABSTRACT

The butterfly fauna (Lepidoptera: Hesperioidea and Papilionoidea) of South Tyrol (Italy) is reviewed taking into consideration historical and current faunistic data. Altogether 185 species belonging to five families have so far been recorded with certainty, and other doubtful records have been deleted. All species are reviewed in detail with reference to taxonomy, distribution, biology and threats. This chapter is illustrated with distribution maps for each species and numerous figures of adults and early stages. The species diversity varies between vertical zones. The number of species rises from the submontane zone (145 spp.) to the montane zone (160 spp.). However, it significantly declines from the subalpine zone (113 spp.) to the alpine zone (60 spp.). Treeless landscape such as the xerophilous meadows of the Vinschgau and extensively farmed or natural mountain meadows and pastures are of particular importance with 70 % of the species inventory restricted to such habitats. Forest ecotones are of moderately low value for butterflies. The hostplant specificity of caterpillars is distinctive. 40 % of the species feed on a single plant species or genus (monophagy I + II) and another 41 % on species of a single family (oligophagy I). Of particular nutritional importance are Poaceae, Fabaceae and Rosaceae.

The principal reasons for the decline of species are to be found in changes to agricultural management including the use of pesticides, and furthermore in intensive forestry and urban settlements. A revised version of the regional Red Data Book lists eight regionally extinct species, eight critically endangered species, eight endangered species and ten vulnerable species. A further 46 species are considered near threatened. Altogether 44 % of the entire butterfly fauna are at least regionally endangered. Some conservation proposals should have the effect of reducing these increasing threats.

EINLEITUNG

Wo sind sie geblieben, die bunten Wiesen mit den vielen Schmetterlingen, Zeichen intakter Natur und Inbegriff von Unbeschwertheit? Der Rückgang von Tagfaltern ist ein auffallendes Problem in der Bewusstseinsbildung bezüglich Umweltkrisen, ein Problem, das betroffen macht. Die zunehmende Verarmung ist ein europaweites Phänomen mit überregionalen Ursachen, aber auch und vor allem lokal wirksamen Negativfaktoren. Von dieser Entwicklung blieb Südtirol nicht verschont, ein Land, das noch bis in die 1970er Jahre als ein Paradies für Schmetterlinge gegolten hat. Doch wie stellt sich die Situation heute dar? Welche Artenbestände wurden früher und welche werden heute registriert, wo findet sich noch eine Vielfalt? Sind die Rückgänge ein Spiegelbild unseres Umgangs mit der Natur? Wie können wir die verbliebenen Naturschätze für nachfolgende Generationen bewahren? Diese und viele weitere Fragen waren der unmittelbare Anlass für das vorliegende Werk.

Die Empfindlichkeit der Tagfalter gegenüber Umwelteinflüssen ist vielseitig, wesentliche Ursachen sind aber in der komplexen Ökologie der einzelnen Arten zu suchen. Eine Bindung an bestimmte Raupenfutterpflanzen, Faltersaugpflanzen, Strukturelemente in der Landschaft, aber auch die Abhängigkeit

DANK

von menschlicher Bewirtschaftung erlauben Rückschlüsse auf die Qualität von Pflanzengesellschaften aus zoologischer Sicht (ERHARDT & THOMAS, 1991; OATES, 1995), und viele Arten besitzen eine Indikatorfunktion hinsichtlich des ökologischen Zustands der jeweiligen besiedelten Lebensräume (HÖTTINGER, 2002). Als Konsequenz dieser Spezialisierung gelten zahlreiche Schmetterlinge Südtirols als bedroht (HOFER, 1995) und somit als besonders schutzbedürftig. Diese Tiergruppe ist daher wichtiger Gegenstand des Artenschutzes im Lande.

Tagfalter zählen in Südtirol zu den seit langem erhobenen Insektengruppen, eine Tradition, die auf Aktivitäten zahlreicher Amateur- und Profiwissenschaftler des In- und Auslandes basiert und letztlich vor allem zu Beginn des 20. Jahrhunderts auch in verschiedenen faunistisch orientierten Gesamtbearbeitungen ihren Niederschlag gefunden hat (DANNEHL, 1925–1930; KITSCHELT, 1925). Rezente Erhebungen orientierten sich einerseits an der Dokumentation des Arteninventars (HUEMER, 1997), befassten sich aber auch zunehmend mit der Gefährdungsproblematik (EISENBERG, 2001; HOFER, 1995) sowie mit Kausalanalysen des registrierten Diversitätsrückganges (HUEMER & TARMANN, 2001). Insbesondere Erfassungen von Tagfaltern in unterschiedlichen Kulturwiesen und -weiden Südtirols deuteten auf massive Populationseinbrüche in intensiver bewirtschafteten Gebieten, aber auch in Zonen ohne stärkere direkte Bewirtschaftung hin. Trotz dieser für viele Arten bestandsgefährdenden Situation lag aber bis heute keine modernen Kriterien entsprechende, faunistisch orientierte Erhebung der Landesfauna Südtirols vor. So fehlten für viele Gebiete Erhebungen des Istzustandes, oder die reichen Datenbestände fanden sich überwiegend in nicht digitalisierter Form in zerstreuten Publikationen oder als Sammlungsmaterial. Dieser Mangel an digital erfassten und kartographisch nutzbaren Datenbeständen erschwerte landesplanerische Maßnahmen sowie naturschutzorientierte Umsetzungen. Länderübergreifende Bemühungen zur Installierung eines geographischen Informationssystems im Rahmen einer INTERREG-Kooperation zwischen dem Naturmuseum Südtirol und dem Tiroler Landesmuseum Ferdinandeum ermöglichen aber nunmehr einen Datentransfer und somit eine Nutzung der bisher weitgehend unzugänglichen Datenbestände zur Erfüllung der jeweiligen Bedürfnisse. Die vorliegende Bearbeitung der Tag- und Dickkopffalter Südtirols soll ein Schritt hin zum gemeinsamen Ziel sein: zur Bewahrung der Artenvielfalt.

Die vorliegende Studie wurde durch das Naturmuseum Südtirol und das Tiroler Landesmuseum Ferdinandeum ermöglicht und in jeder Hinsicht gefördert. Mein herzlichster Dank gebührt vor allem dem Präsidenten der Südtiroler Landesmuseen Dr. Bruno Hosp, dem Koordinator des Naturmuseums Südtirol Mag. Dr. Vito Zingerle (Bozen) sowie Direktor Prof. Dr. Gert Ammann (Innsbruck) und den Vertretern des Engeren Ausschusses des Tiroler Landesmuseums Ferdinandeum.

Über viele Jahre erfasste Daten und Informationen zur Südtiroler Tagfalterfauna stellten Klaus Niederkofler (Bruneck) und Uwe Eisenberg (Heidesheim) zur Verfügung. Diesen beiden Kollegen wird daher ganz besonders gedankt.

Frühere Datenaufnahmen durch Mitarbeiter des Tiroler Landesmuseums Ferdinandeum erfolgten teilweise in Kooperation und mit Unterstützung des Amtes für Landschaftsökologie (Bozen). Weiters konnten teils umfangreiche Daten und/oder Material sowie diverse Hinweise von nachfolgend genannten Kollegen für die Studie verwendet werden: Reinhold Baumberger (Lauben-Heising), Dr. h. c. Karl Burmann (†) (Innsbruck), Frans Cupedo (Geulle), Dipl.-Vw. Siegfried Erlebach (Innsbruck), Detlev Feierabend (Leverkusen), Mag. Dr. Patrick Gros (Salzburg),

Dr. Theo Grünewald (Landshut), Helmar Gutweniger (Meran), Dr. Klaus Hellrigl (Brixen), Ernst Hofer (Marling), Herbert Hofmann (Passau), Andreas Hornemann (Groß-Gerau), Hubert Joos (Langtaufers), Dr. Josef Klimesch (†) (Linz), Mag. Kurt Lechner (Weerberg), Mario Maier (Erlangen), Toni Mayr (Feldkirch), Mag. Alois Ortner (Stans), Willy de Prins (Antwerpen), Dr. Walter Ruckdeschl (Übersee), Dr. Giovanni Sala (Salò), Emil Scheuringer (Rosenheim), Dr. Gerhard Tarmann (Innsbruck), Alois Trawöger (Innsbruck), Rainer Ulrich (Wiesbach), Dr. Leo Unterholzner (Bozen) und Josef Wimmer (Steyr). Ihnen allen gebührt herzlichster Dank.

Dipl.-Ing. Michael Malicky (Biologiezentrum Linz) stellte liebenswürdigerweise den gesamten Datenbestand der ZOBODAT als weiter zu bearbeitendes Datenpaket zur Verfügung.

Institutionelle Datenaufnahmen wurden dankenswerterweise durch Dr. Martin Lödl und Mag. Susanne Randolf (Naturhistorisches Museum, Wien), Dr. Bruno Maiolini (Museo Tridentino di Storia Naturale, Trient), Dr. Paul Rainer (Vinzentinum, Brixen) und Dr. Andreas Segerer (Zoologische Staatssammlung, München) ermöglicht.

Den Kollegen von den Naturwissenschaftlichen Sammlungen Stefan Heim und Gerhard Pickl (Innsbruck) wird für die Mithilfe bei der digitalen Erfassung von Daten herzlich gedankt. Stefan Heim war überdies in vielen technischen Belangen eine wichtige Stütze.

Daten zur Landnutzung wurden dankenswerterweise von Mag. Dr. Thomas Wilhalm (Naturmuseum Südtirol, Bozen) organisiert bzw. von Herrn Günther Unterthiner (Amt für Forstplanung, Bozen) ausgearbeitet. Dr. Benno Baumgarten (Naturmuseum Südtirol, Bozen), Dr. Volkmar Mair (Geologischer Dienst, Kardaun), Dr. Stefano Minerbi (Amt für Forstverwaltung, Bozen) und Georg Unterhuber (Amt für Forstplanung, Bozen) waren bei der Beschaffung digitaler Kartengrundlagen wesentlich behilflich.

Die Erstellung der Verbreitungskarten erfolgte mit dem Programm BIO-OFFICE, und Herrn Mag. Paul Schreilechner (BIOGIS, Salzburg) wird für die fachliche Unterstützung und Umsetzung der Karten gedankt.

Dipl.-Ing. Dr. Helmut Höttinger (Wien), Mag. Petra Kranebitter (Bozen), Klaus Niederkofler (Bruneck) sowie Dipl.-Vw. Siegfried Erlebach (Innsbruck) kontrollierten bzw. korrigierten Entwürfe des Manuskriptes. Dr. Benno Baumgarten und Mag. Dr. Thomas Wilhalm vom Naturmuseum Südtirol waren bei der Kontrolle der allgemeinen Kapitel behilflich. Martin Corley (Faringdon) korrigierte das Abstract.

Fahrbewilligungen bzw. Sammelgenehmigungen wurden dankenswerterweise von Dr. Stefano Minerbi (Amt für Forstverwaltung, Bozen), Dr. Wolfgang Platter (Konsortium Nationalpark Stilfser Joch – Außenamt Südtirol, Glurns) sowie Frau Dr. Maria-Luise Kiem (Amt für Landschaftsökologie, Bozen) ausgestellt.

Besonders hervorzuheben ist schließlich die essentielle Unterstützung durch die Bereitstellung von phantastischem Bildmaterial vor allem durch Dipl.-Vw. Siegfried Erlebach (Innsbruck), Peter Lichtmannecker (Adlkofen), Frau Direktor Dr. Margit Schmid und Paul Weiler (Diaarchiv-Danesch, inatura, Dornbirn) sowie Hugo Wassermann (Brixen). Weiteres Bildmaterial stammt von Uwe Eisenberg (Heidesheim), Dr. Gerhard Tarmann (Innsbruck) und Alois Trawöger (Innsbruck). Nicht zuletzt danke ich dem Folio Verlag, inbesondere Herrn Mag. Hermann Gummerer (Bozen) sowie Frau Dr. Eva-Maria Widmair (Wien) für die hervorragende Betreuung der Drucklegung des Werkes.

Ohne die umfassende Unterstützung der Genannten wäre eine Bearbeitung der Südtiroler Tagfalter in der vorliegenden Form nicht möglich gewesen.

ALLGEMEINER TEIL

Die weltberühmten Dolomiten entstanden im Laufe von Millionen von Jahren aus Sedimenten des ehemaligen Meeresbodens.

NATURRÄUMLICHE VORAUSSETZUNGEN, LEBENSRÄUME

Topographie

Südtirol ist mit seinen 7.400,43 km² Gesamtfläche eines der landschaftlich vielfältigsten Länder Europas. Die extrem unterschiedliche naturräumliche Gliederung wird durch hohe Gebirge und tief eingeschnittene Täler reflektiert und die Höhenerstreckung reicht vom höchsten Gipfel der Ostalpen, dem 3902 m hohen Ortler, bis zu 210 m an der Grenze zur Provinz Trient bei Salurn. Die seit 1972 autonome italienische Provinz Südtirol liegt im Zentrum des Alpenbogens, grenzt im Westen an die Schweiz (Graubünden), im Norden und Nordosten an Österreich (Nordtirol, Salzburg und Osttirol) sowie an die Provinzen Bormio im Südwesten, Trient im Süden und Belluno im Südosten. Das Land wird politisch in sieben Bezirksgemeinschaften (Vinschgau, Burggrafenamt, Überetsch, Bozen, Salten-Schlern, Eisacktal, Wipptal, Pustertal) und in 116 Gemeinden untergliedert. Größere städtische Siedlungsbereiche sind Bozen, Meran, Brixen, Sterzing und Bruneck. Die gesamte Einwohnerzahl des Landes beträgt ca. 465.000.

Der außerordentliche Gebirgscharakter Südtirols bedingt, dass lediglich 6,1 % der Landesfläche als Dauersiedlungsraum zur Verfügung stehen. Diesbezüglich von besonderer Bedeutung sind das Etsch-, das Eisack- und das Pustertal. Umgekehrt nehmen allein die Zonen oberhalb von 1000 m 85,9 % des Landes ein, knapp zwei Drittel der Landesfläche liegen sogar über 1500 m.

Die wichtigsten Gebirgsgruppen sind die Sesvenna- und die Ortlergruppe im Westen bzw. Südwesten, die Ötztaler und die Stubaier Alpen im Nordwesten sowie die Zillertaler Alpen und die Rieserferner Gruppe im Nordosten. Den südalpinen Teil des Landes bilden die zentralen Sarntaler Alpen sowie die westlich des Etschtals gelegene Mendelgruppe, östlich des Flusssystems Eisack-Etsch dehnen sich die Dolomiten aus.

Trotz des starken Nutzungsdruckes wurden insgesamt acht großflächige Naturparke, der Nationalpark Stilfser Joch, 175 großteils kleinere Schutzgebiete sowie große Landschaftsschutzgebiete eingerichtet, die beinahe 40 % des Landes einnehmen (MATTANOVICH, 2002). 41 Gebiete, die 18,8 % der Landesfläche ausmachen, wurden als Natura 2000 Schutzgebiete nominiert, wodurch ihnen im zukünftigen europäischen Biotopnetzwerk eine wichtige diversitätssichernde Funktion zukommt.

Geologie

Südtirol weist eine enorme geologische Vielfalt auf, die, in Kombination mit eiszeitlichen Einflüssen, wesentlich für die extrem diverse Landschaftsgliederung des Landes verantwortlich ist. Wesentliche topographische Elemente gehen auf die alpidische Gebirgsfaltung ab dem Tertiär zurück, die bis heute andauert. Der Norden und der Westen des Landes gehören zu den Ostalpen. Die Gebirge werden hier von stark metamorphen Gesteinen wie Glimmerschiefern und Gneisen gebildet, im Nordosten tritt das Tauernfenster mit granitähnlichen Gesteinen hervor. Südlich einer Linie, etwa von Meran – Sterzing – Bruneck, erheben sich die Südalpen, die von den Ostalpen durch eine markante Bruchlinie, die periadriatische Naht, getrennt sind. Hier befindet sich eine alte Kontaktstelle zwischen der europäisch-asiatischen und adriatisch-afrikanischen Kontinentalscholle. Typische Gesteine dieser Region sind durch die Einwirkung der variszischen Gebirgsbildung mäßig metamorph, besonders ausgedehnt tritt der Brixner Quarzpyhllit auf. Der zentrale und südliche Südalpenanteil des Landes wird hingegen von quarzreichem vulkanischem Gestein dominiert, dem durch seine rötliche Färbung auffallenden Bozner Quarzporphyr. Er

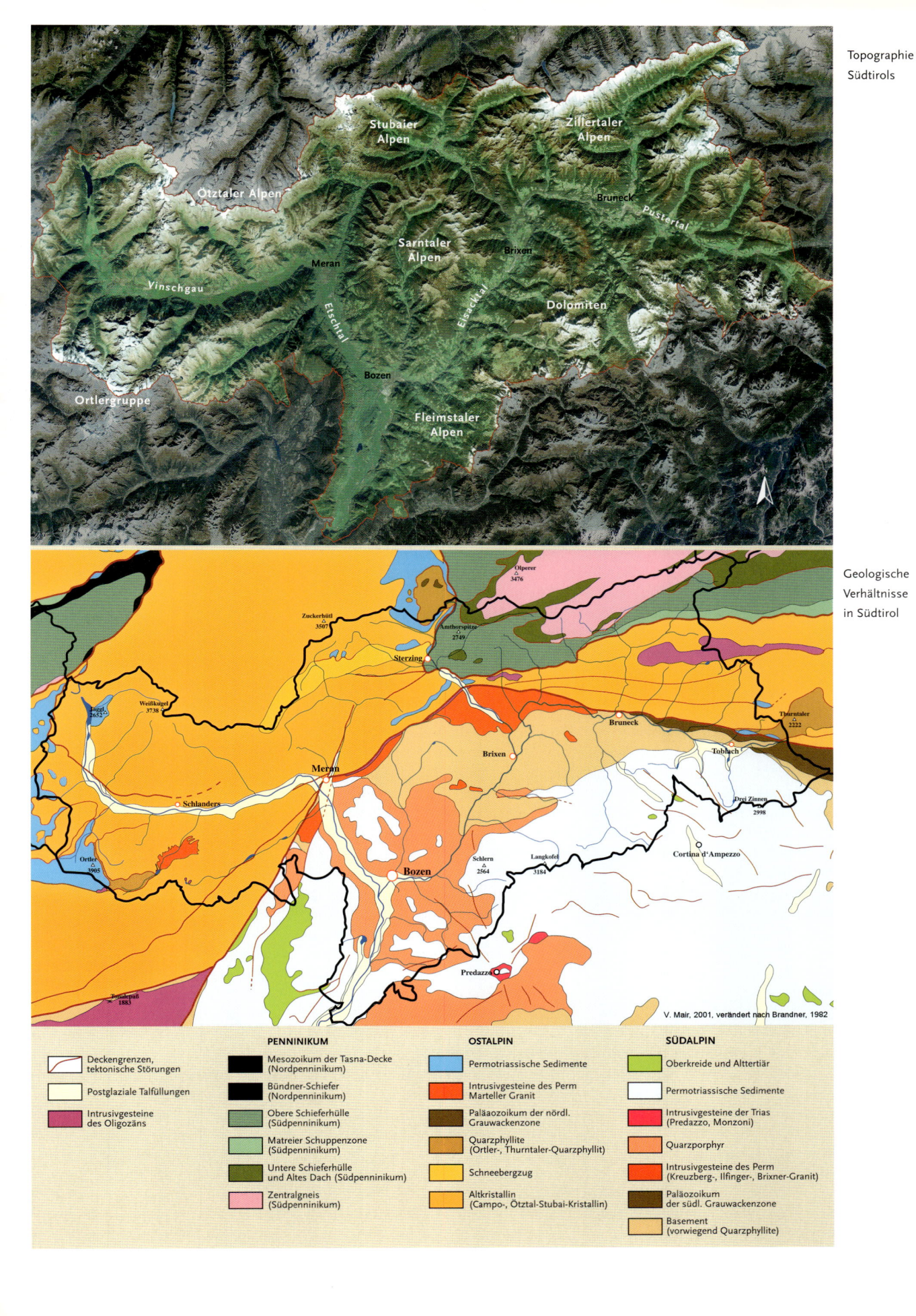

Topographie Südtirols

Geologische Verhältnisse in Südtirol

V. Mair, 2001, verändert nach Brandner, 1982

	PENNINIKUM	OSTALPIN	SÜDALPIN
Deckengrenzen, tektonische Störungen	Mesozoikum der Tasna-Decke (Nordpenninikum)	Permotriassische Sedimente	Oberkreide und Alttertiär
Postglaziale Talfüllungen	Bündner-Schiefer (Nordpenninikum)	Intrusivgesteine des Perm Marteller Granit	Permotriassische Sedimente
Intrusivgesteine des Oligozäns	Obere Schieferhülle (Südpenninikum)	Paläozoikum der nördl. Grauwackenzone	Intrusivgesteine der Trias (Predazzo, Monzoni)
	Matreier Schuppenzone (Südpenninikum)	Quarzphyllite (Ortler-, Thurntaler-Quarzphyllit)	Quarzporphyr
	Untere Schieferhülle und Altes Dach (Südpenninikum)	Schneebergzug	Intrusivgesteine des Perm (Kreuzberg-, Ilfinger-, Brixner-Granit)
	Zentralgneis (Südpenninikum)	Altkristallin (Campo-, Ötztal-Stubai-Kristallin)	Paläozoikum der südl. Grauwackenzone
			Basement (vorwiegend Quarzphyllite)

NATURRÄUMLICHE VORAUSSETZUNGEN

Das ehemals feuchtgebietsreiche Etschtal ist heute weitgehend durch Apfelplantagen geprägt.

Die Trockenrasen des Vinschgaus sind berühmte Biodiversitätszentren für Flora und Fauna.

verdankt seine Entstehung vulkanischer Spaltenaktivität vor ca. 280 Mio. Jahren. Im Südosten Südtirols treten hauptsächlich karbonatische Sedimentgesteine der Tethys hervor, die nach der Hebung des Meeresbodens heute die weltberühmten Dolomiten bilden. Ansonsten finden sich karbonathaltige Gesteine in Südtirol nur sehr zerstreut und in geringer Ausdehnung.

Die Täler Südtirols wurden weitgehend durch mechanische Prozesse während der Eiszeiten geformt. Nach dem Abschmelzen der riesigen eiszeitlichen Gletscher setzten sich hier auf dem abgeschliffenen Fels gewaltige Sedimentmengen aus den Gebirgen ab, die im Südtiroler Unterland wahrscheinlich bis an die 1000 m mächtig ist.

Klima

Südtirol ist durch die Lage an der Südseite des Alpenhauptkammes gegen die in Mitteleuropa vorherrschenden Nordweststörmungen weitgehend abgeschirmt. Relativ geringe Niederschläge und milde Temperaturen bei überdurchschnittlicher Sonneneinstrahlung sind daher typisch. Die topographischen Verhältnisse sorgen allerdings für regional stark unterschiedliche klimatische Bedingungen. Während der südlichste Teil des Landes mit heißen und trockenen Sommern sowie milden Wintern bereits submediterrane Prägung aufweist, macht sich im Vinschgau kontinentaler Einfluss mit einem inneralpinen Trockenklima bemerkbar. Hohe Sommertemperaturen bei geringen Niederschlägen sowie relativ kalte und trockene Winter sind für dieses Gebiet charakteristisch. Große Bereiche der nördlichen Landesteile sind hingegen subozeanisch geprägt, mit erhöhten und oft durch Gewittertätigkeit forcierten Sommerniederschlägen sowie relativ niedrigen Temperaturen. Generell ist in allen Landesteilen mit zunehmender Höhenlage naturgemäß mit sinkenden Durchschnittstemperaturen bei gleichzeitig steigender Niederschlagsmenge zu rechnen. Niederschläge und Temperatur variieren somit je nach Region und Lokalität sehr stark, was durch langjährige Messreihen verschiedener Klimastationen belegt wird (http://www.provinz.bz.it/wetter/suedtirol.htm). So wurden in Bozen (254 m) von 1991 bis 2000 bei einer Durchschnittstemperatur von 12,5° C insgesamt 729,5 mm Jahresniederschlag gemessen mit jeweils einem deutlichen Maximum in den Sommer- und Herbstmonaten. In Schlanders im Vinschgau (718 m) wurden hingegen nur 547,0 mm Jahresniederschlag bei einer jährlichen Durchschnittstemperatur von 10,3° C verzeichnet. In den Gebirgslagen sowie im Norden Südtirols steigen die Niederschläge deutlich an, da hier zusätzlich Steig- und Gewitterregen anfallen, so verweist z. B. die Messstelle Antholz-Mittertal (1236 m) auf 952,2 mm Jahresniederschlag bei einer Jahresdurchschnittstemperatur von 7,2° C.

Vegetation

Die natürliche Vegetation Südtirols wurde im Laufe von vielen Jahrhunderten durch intensive menschliche Einflussnahme wie Brandrodung, Trockenlegung, Beweidung, Ackerbau oder komplette Überbauung massiv verändert. In großen Teilen Südtirols entspricht die aktuelle Vegetation somit nicht der potentiell natürlichen. Während ursprünglich zweifellos dem Wald eine viel größere Bedeutung zukam, werden heute 31 % der Landesfläche als Grünland genutzt, hinzu kommen noch 1 % Äcker sowie 3 % Obst- und Weinanbauflächen. In vielen Regionen des Landes dominiert somit eine stark nutzungsgeprägte Vegetationsdecke, und die natürlichen oder naturnahen Pflanzengesellschaften sind meistens auf schwerer zugängliche Gebiete beschränkt. Trotzdem ist

Eine zunehmend starke Düngung von Mähwiesen und Weideflächen selbst in der montanen Region ist für erhebliche Artenverluste verantwortlich.

In der Bergwaldregion wurden durch Brandrodungen und Beweidung artenreiche Kulturlandschaften geschaffen.

angesichts der verbliebenen 42 % Waldfläche sowie der 23 % unproduktive Fläche im Europavergleich ein weit über dem Durchschnitt liegender Natürlichkeitsgrad zu verzeichnen.

In den insgesamt vier in Südtirol unterschiedenen Raumtypen (Terminologie in Anlehnung an MATTANOVICH, 2002) dominieren je nach Höhenstufe unterschiedliche Pflanzengesellschaften:

GRÖSSERE TALBÖDEN UND BECKEN

Siedlungsräume: Durch Überbauung versiegelte Siedlungsgebiete mit dazwischen eingelagerten, meistens intensiv genutzten Grünanlagen, Gärten sowie sonstigen Freianlagen konzentrieren sich vor allem auf das Etsch-, das Eisack- und das Pustertal. Ihre Vegetationszusammensetzung ist weitgehendst artifiziell und massivst abhängig von der menschlichen Nutzungsform.

Obstbaudominierte Talböden und untere Hangzonen: Großflächiger Obstanbau (Äpfel, Birnen) am Talboden sowie an den Hangzonen auch Streuobst dominieren weite Teile des Etschtals zwischen Schlanders und Salurn. Der Weinanbau nimmt viel geringere Flächen ein und ist besonders im Überetscher Gebiet von Bedeutung, aber auch in den unteren Hangstufen des Etschtals zwischen Schlanders und der Landesgrenze zum Trentino sowie im Eisacktal von Brixen südwärts weit verbreitet.

Feuchtlebensräumen wie Reliktauwäldern, Röhrichten und Sumpfwiesen kommt eine hohe Refugialfunktion für die Pflanzenvielfalt zu.

Grünland- und ackerbaudominierte Talböden und Randzonen: Mehr oder weniger stark gedüngte und intensiv genutzte Wiesen und Weiderasen spielen besonders im oberen Vinschgau, im Eisacktal sowie im Pustertal eine bedeutendere Rolle. Große Teile des Wiesenbestandes wurden durch Düngung bereits in artenarme Fettwiesen umgewandelt. Umgekehrt finden sich aber gerade in den etwas steileren und schwerer bewirtschaftbaren unteren Hanglagen teilweise sehr artenreiche Salbei-Glatthaferwiesen, wie z. B. im Gebiet von Sterzing. Besonders im Großraum Bruneck wird gehäuft Mais angebaut, im Vinschgau auch Gemüse und Getreide.

HANGZONEN

Hangzonen der submediterran geprägten Täler: In den warmen Hanglagen des mittleren und unteren Etschtals und Eisacktals stocken thermophile Flaumeichenwälder, und auf etwas feuchteren Schattseiten Mannaeschen-Hopfenbuchenwälder.

Hangzonen der inneralpinen Trockentäler: An den sonnseitigen Südhängen im Vinschgau treten großflächige, durch jahrhundertelange Weidenutzung stark geförderte Trockenrasengesellschaften auf, die auf Grund der lokalen Gunstlage zahlreichen thermo- und heliophilen Pflanzenarten aus dem submediterranen und subkontinentalen Raum (PEER, 1989) einen Lebensraum bieten. Die Vielfalt der Vegetation wird durch kleinräumig eingestreute Flaumeichen-Kiefernwälder noch zusätzlich bereichert. Aufforstungen mit Schwarzföhren sind hingegen problematisch. In weniger steilen Hanglagen wurde in jüngerer Vergangenheit zunehmend bewässert und gedüngt und somit die Entstehung artenarmer Wiesen gefördert.

Berglandwirtschaftszonen: In allen Regionen Südtirols existieren in den montanen Gunstlagen anthropogen geschaffene Wiesen und Weideflächen, teilweise in kleinräumiger und vielfältiger Strukturierung. Durch zunehmenden Intensivierungsdruck mittels Düngung und künstlicher Beregnung sind die bewirtschafteten Flächen vielfach in artenarme Fettwiesen umgewandelt worden. Bei extensiver Nutzung finden sich aber je nach Exposition und Gesteinsuntergrund auch artenreiche Goldhaferwiesen, Salbei-Trespenwiesen oder Bürstlingsrasen. Auch Lärchenwiesen tragen zur Vielfalt dieser Zone bei.

Oberhalb der Waldgrenze dominieren geschlossene Rasengesellschaften, die mit zunehmender Höhe in Fels und Eis übergehen.

Durch lokal unterschiedliche Exposition reich strukturierte alpine Rasen weisen eine wenig gefährdete Tagfalterfauna auf.

Borstgrasweiderasen gehören zu den relativ tagfalterarmen Pflanzengesellschaften der Bergregion.

WALDSTUFEN

Besonders die montane und subalpine Region Südtirols wird weitgehend von unterschiedlichen Waldgesellschaften geprägt. Die Bewaldung ist in den letzten zehn Jahren von knapp 40 % auf 42 % der Landesfläche gestiegen. Ursachen für diesen Trend sind in der zunehmenden Aufgabe der Nutzung von Grenzertragsflächen wie Bergmähdern oder unrentablen Almen mit nachfolgender Wiederbewaldung, aber auch in den Aufforstungen zu suchen. Auffallend ist die Dominanz von Nadelholzgesellschaften, die 95 % der Waldfläche ausmachen. Dies zeigt sich auch in der Baumartenverteilung: Die Fichte ist mit 62 % die dominante Baumart, gefolgt von der Lärche mit 18 %, die Kiefer macht 11 % aus, die Zirbe 5 %, die Tanne 3 % und lediglich 1 % sind Laubhölzer. Die Fichtenwälder nehmen dementsprechend große Flächen ein, im generell trockeneren Westen dominiert zunehmend der anthropogen geförderte Lärchenwald, in Hochlagen der Zirbenwald. Kiefernwälder unterschiedlicher Typisierung gedeihen an trockenen und flachgründigen Stellen der montanen Region und erreichen bei Sterzing die Nordgrenze. Kalkbuchenwälder sind meist nur von untergeordneter Bedeutung und in größerem Ausmaß besonders vom Mendelstock bekannt. Tannenwälder treten eher in geringem Umfang als Buchen-Tannen- und als Fichten-Tannenwälder auf und kommen vor allem in den südlichen Landesteilen vor. Laubmischwälder sind schon auf Grund der naturräumlichen Voraussetzungen besonders in tieferen Lagen präsent und haben daher wie die Auwälder unter stärkerer anthropogener Nutzung gelitten. Nadelwälder weisen hingegen in weiten Bereichen geringe Nutzung auf, und ca. drei Viertel der Waldfläche gelten als mäßig verändert (41 %), naturnah (30 %) oder natürlich (2 %), während lediglich 2 % künstliche Waldflächen darstellen (http://www.provinz.bz.it/forst/forschung/hemerobie).

Zur Steigerung der Artenvielfalt von Waldstufen tragen als Weiderasen oder Bergmähder genutzte Rodungsinseln wesentlich bei.

ALPINE BEREICHE UND HOCHLAGEN

Oberhalb der Waldgrenze dominieren Zwergstrauchgesellschaften wie das Alpenrosen-Heidelbeergebüsch, die schließlich zunehmend in geschlossene Rasenbereiche übergehen. Weite Teile der alpinen Region werden durch Beweidung sowie teilweise auch durch Mahd von Bergwiesen genutzt. Als Folge der Beweidung haben sich großflächige, eher artenarme Bürstlingsrasen entwickelt. Auf kalkhaltigem Untergrund wachsen vielfach extrem artenreiche Rasengesellschaften, auch die Niedermoore wie die auf der Seiseralm sind von hohem Interesse, wenn auch artenarm. Die Rasengesellschaften werden von Schuttfluren und Felsbereichen abgelöst oder unterbrochen, die vielfach eine erstaunliche Diversität spezialisierter Pflanzen aufweisen. Ab ca. 2800 m gibt es zunehmend nur mehr Rasenfragmente und Kryptogamengesellschaften.

DATEN-GRUNDLAGEN

HISTORISCHER ÜBERBLICK – BIBLIOGRAPHISCHE DATEN

Die Erforschung der Schmetterlinge in Südtirol im Allgemeinen und der Tagfalter im Besonderen reicht bereits in das 18. Jahrhundert zurück. So stammt die erste und einzige Beschreibung eines Tagfalters aus diesem Gebiet aus dem Jahr 1782 (LAICHARTING, 1782; 1783). Spätere Arbeiten orientierten sich vor allem an der faunistischen Erforschung, die bisher einzigen umfangreichen und mehr oder weniger landesweiten Zusammenfassungen liegen nunmehr schon viele Jahrzehnte zurück und spiegeln die heutigen Verhältnisse nur mehr teilweise wider (DANNEHL, 1925–1930; KITSCHELT, 1925). Regionale Beachtung fand für einige Jahrzehnte das Stilfser-Joch-Gebiet, ein ehemals berühmter Aufenthaltsort für Lepidopterologen aus ganz Europa (BELLING, 1926; SPEYER, 1859; WOCKE, 1876–1881), aber auch in den Dolomiten (BELLING, 1927; MANN, 1867; MANN & ROGENHOFER, 1877; SCHAWERDA, 1924) wurden einige grundlegende Untersuchungen durchgeführt. Weitere Erhebungen konzentrierten sich vor allem auf den Großraum Bozen (REBEL, 1892; 1899; HARTIG, 1928; 1930) sowie den Vinschgau (DANIEL & WOLFSBERGER, 1957; LUY, 1993; SCHEURINGER, 1972; 1983; ULRICH, 1991). Der Nordosten des Landes (NIEDERKOFLER, 1993; REHNELT, 1967) sowie die Sarntaler Alpen wurden vergleichsweise unzureichend beachtet.

Neuere Bearbeitungen der Landesfauna widmen sich zunehmend dem Problem des Arten- und vor allem Individuenrückganges (EISENBERG, 2001; HOFER, 1995; HUEMER & TARMANN, 2001). Diese Problematik begleitete auch die vorliegende Revision der Südtiroler Tagfalter, musste doch immer wieder festgestellt werden, dass sich die Diversität gegenüber früheren Dezennien zumindest in manchen Regionen des Landes grundlegend verändert hat.

Basis für die Bearbeitung waren eine Zusammenfassung des bereits Bekannten und darauf aufbauend sporadische Kontrollen im Freiland. Für die EDV-technische Aufbereitung von bibliographischen Daten wurde versucht, die gesamte für Tagfalter relevante Literatur zu erfassen. Als wichtige Hilfe dienten dabei Literaturübersichtsarbeiten (HARTIG, 1933) sowie Literaturverzeichnisse in verschiedenen Einzelpublikationen. Zusätzlich wurden bibliographische Referenzwerke wie KUDRNA (1985a) nach auf Südtirol bezogene Arbeiten durchsucht, und auch einige Zeitschriftenserien wurden gesichtet. Trotz dieser zeitaufwändigen Aktionen erscheint es allerdings wahrscheinlich, dass einzelne Funde von Tagfaltern aus dem Lande übersehen wurden, umso mehr, als diese nur zum Teil aus dem Titel der jeweiligen Arbeiten hervorgehen. Für Hinweise ist der Autor daher sehr dankbar.

Die Digitalisierung aller verfügbaren bibliographischen Daten wurde so vollständig wie möglich durchgeführt, jedoch sind die Angaben zu Fundorten teilweise äußerst ungenau und konkrete Daten fehlen in außerordentlich vielen Fällen. Die Literaturmeldungen sind gerade für häufige Arten manchmal kaum oder überhaupt nicht verwertbar, wie z. B. bei HINTERWALDNER (1868) oder HELLER (1881), aber auch in rezenten Publikationen (HOLZAPFEL, 1989a; 1989b; 1992). Trotzdem geben auch diese Arbeiten oft einen wichtigen Hinweis zu den historischen oder aktuellen Verhältnissen bezüglich einzelner Arten.

UNPUBLIZIERTE SAMMLUNGSDATEN – AUFZEICHNUNGEN

In verschiedensten Archiven von Privatsammlern schlummern nicht veröffentlichte Sammlungsdaten, aber auch schriftliche Aufzeichnungen von Exkursionen etc. Hauptproblem ist grundsätzlich die Unzugänglichkeit dieser Informationen. Über einen Aufruf in zwei entomologischen Fachzeitschriften wurde versucht, an derartige Daten zu gelangen, mit relativ bescheidenem Erfolg. In die positive Bilanz fallen hier die schriftlichen Aufzeichnungen von Uwe Eisenberg (Heidesheim) und Dr. Giovanni Sala (Salò) sowie einige ergänzende Daten von verschiedener Seite (s. Dank).

Ganz bedeutende Ressourcen stellen die teils sehr umfangreichen Sammlungsbestände in diversen öffentlichen Institutionen dar. Ihre vollständige EDV-technische Aufbereitung bei gleichzeitiger Determinationskontrolle wurde an folgenden Institutionen durchgeführt: Tiroler Landesmuseum Ferdinandeum (Innsbruck), Naturhistorisches Museum (Wien), Zoologische Staatssammlung (München) und Museo Tridentino di Storia Naturale (Trient). Weiters wurden alle Daten der umfangreichen Privatsammlung von Klaus Niederkofler (Bruneck) digital erfasst, jene von Ernst Hofer (Marling) standen nur eingeschränkt zur Verfügung.

Gemeinsam ist allen historischen Daten die teils völlig unzureichende Etikettierung sowie die Tatsache, dass sich die Lokalitäten vielfach wiederholen. Man pilgerte früher gerne an die schon bekannten Fundstellen seltener Arten, ohne nach neuen Lokalitäten zu suchen. Die Bedeutung der Daten ist daher manchmal doch eher gering und ähnlich wie bei bibliographischen Angaben vor allem kartographisch vielfach nur ungenau umsetzbar. Umgekehrt wurden aber in Sammlungen auch erstmals Funde von Arten ausgemacht, die bisher aus Südtirol nur zweifelhaft oder überhaupt nicht bekannt waren, und manche Literaturmeldung konnte so verifiziert werden.

DATENBANKEN

In den letzten Jahren entstanden prinzipiell zwei öffentliche Datenbanken mit einem erheblichen Bestand an für Südtirol relevanten Daten: die ZOBODAT (ehemals ZOODAT) am Biologiezentrum des Oberösterreichischen Landesmuseums, Linz, und die BIOOFFICE-Datenbank am Tiroler Landesmuseum Ferdinandeum, Innsbruck. Beide Institutionen stellten ihre Daten für den gegebenen Zweck zur Verfügung. Die Datenbestände enthalten Sammlungsdaten, Literaturdaten, schriftliche Aufzeichnungen und Streudaten. Als Problem hat sich die teilweise Überschneidung der Quellen herausgestellt; identische Daten aus derselben Quelle scheinen manchmal doppelt auf. So wurde z. B. manches Sammlungsmaterial auch publiziert und daher doppelt erfasst. In der zur Verfügung stehenden Bearbeitungszeit war es nicht möglich, diese Doppelgleisigkeiten konsequent zu eliminieren. Für die kartographische Darstellung spielte diese Problematik allerdings keine Rolle, da versucht wurde, eine möglichst vollständige Angleichung der Fundortkoordinaten zu erzielen.

ERGÄNZENDE FREILANDERHEBUNGEN

Ein wichtiger Schwerpunkt dieser Studie waren ergänzende Freilanderhebungen zur Aktualisierung des Kenntnisstandes. Vor allem in Gebieten mit geringer Nachweisdichte wurden potentielle Tagfalterlebensräume und ihre Artenbestände stichprobenartig erhoben. Weiters wurde versucht, Arten mit wenigen verfügbaren Daten, also einerseits Seltenheiten, andererseits häufige Taxa mit wenigen konkreten Meldungen, ergänzend zu erfassen. Zu diesem Zweck fanden zahlreiche Exkursionen in die unterschiedlichsten Gebiete Südtirols statt.

Eine flächendeckende Erhebung der Tagfalterbestände wäre zwar wünschenswert gewesen, wird jedoch auch künftig auf Grund der beträchtlichen Landesfläche sowie der eingeschränkten Ressourcen nicht möglich sein. Die aktuell durchgeführten Kartierungen erbrachten jedoch wichtige Hinweise zu verschiedenen Arten und überdies einen wesentlichen Einblick in die ehemals und aktuell wirksamen Gefährdungsmomente.

SYNTHESE DER DATEN

Sämtliche Funddaten zu den einzelnen Arten wurden in die BIOOFFICE-Datenbank des Tiroler Landesmuseums eingespeist und stehen inzwischen – mit Ausnahme von geschützten Daten – auch über das Naturmuseum Südtirol zur Verfügung.

Als erster Schritt wurde eine Verortung der Fundorte durchgeführt. Obwohl die Fundangaben, vor allem jene älteren Datums, zu einem großen Teil ungenau sind, wurden sie einem exakten Fundpunkt zugeordnet, allerdings in der Datenbank mit grob geschätzten Unschärfebereichen. Einige definitiv irreführende, da fehlerhafte Fundangaben, wie z. B. Meldungen von Gebirgsarten aus den Tälern, wurden hingegen eliminiert. Teilweise war aber selbst bei wenig exakten Meldungen schon auf Grund der Habitatansprüche eine recht genaue Georeferenzierung möglich. Die Daten wurden daraufhin zusammen mit wichtigen Informationen wie Art, Fundort, Datum (soweit verfügbar), Quellenangabe (Sammler/Beobachter, Literatur) und zum Teil mit weiteren Angaben wie Häufigkeit, Fraßpflanzen etc. in die Datenbank eingespeist.

Wesentliches Ziel der konsequenten Digitalisierung von Verbreitungsdaten war die kartographische Umsetzung. Auf Grund der geomorphologischen Situation Südtirols mit hohen Gebirgen bzw. tief eingeschnittenen Tälern und der damit verbundenen Diversität in Exposition und Höhenlage wurde auf eine Rasterdarstellung der Fundorte verzichtet und im Gegenzug eine punktgenaue Darstellung gewählt. Trotz der Unschärfen in der Erfassung mancher Fundstellen ergeben sich bei der vorliegenden Auflösung doch bedeutend informativere Verbreitungsmuster der einzelnen Arten in Südtirol. Insgesamt standen ca. 21.000 georeferenzierbare Datensätze zur Verfügung, wobei allerdings einige Daten durch unabhängige Erfassung in den zusammengeführten Datenbanken doppelt vorhanden sind. Die Gesamtbestände an Daten variieren überdies von Art zu Art sehr stark. Während manche Taxa repräsentativ erfasst sind, bestehen bei anderen erhebliche Defizite. Für die Dokumentation möglicher Rückgänge wurde zwischen Funden vor dem 31.12.1979 (gelbe Kreise) und nach inkl. 1980 (rote Kreise) unterschieden. Letztere können gleichzeitig auch Daten vor 1980 enthalten. Die Wahl des Referenzdatums entspricht allerdings nur teilweise den drastischen Veränderungen vor allem in den Tallagen, die zu einem erheblichen Teil schon früher erfolgten. Umgekehrt sind Probleme mit Häutungshemmern erst nach 1980 akut geworden (HUEMER & TARMANN, 2001), sodass auch viele neuere Funddaten nicht mehr unbedingt den aktuellen Verbreitungsstand aufzeigen.

ERLÄUTERUNGEN ZU DEN ARTEN-BESPRECHUNGEN

Taxonomie – Determination

Die Nomenklatur, aber auch die Taxonomie der Südtiroler Tagfalter ist überraschenderweise in zahlreichen Fällen umstritten. Vor allem die systematische Einteilung der einzelnen Arten in Gattungen variiert je nach Autor erheblich (KUDRNA, 2002; LERAUT, 1997; SETTELE et al., 1999; SBN, 1994, 1997; TOLMAN & LEWINGTON, 1998). Aus Stabilitätsgründen wird in dieser Arbeit der noch unpublizierten Bearbeitung der europäischen Tagfalter im Rahmen des EU-Projektes „Fauna Europaea" gefolgt, die dankenswerterweise von W. de Prins vorweg zur Verfügung gestellt wurde.

Die Verwendung deutscher Namen orientiert sich grundsätzlich an EBERT (1991a), der nachvollziehbare Regeln für die Namensbildung entwickelte. HÖTTINGER & PENNERSTORFER (2003) hielten sich in der Roten Liste Österreichs konsequent an diese Vorgaben, und somit liegt erstmals im Ostalpenraum ein plausibles deutsches Namenssystem vor, das daher auch, mit wenigen Ergänzungen, so übernommen werden konnte.

Die Synonymielisten mancher Arten sind äußerst umfangreich, grundsätzlich werden hier aber nur die gängigsten Synonyme aus der Südtiroler Standardliteratur angeführt.

Auch die Anerkennung von Unterarten folgt weitgehend dem europäischen Verzeichnis, jedoch wird hier in Ausnahmefällen ausdrücklich auf weitere mutmaßlich oder mit Sicherheit gültige und im Europakatalog nicht behandelte subspezifische Taxa verwiesen. Generell weichen gerade auf Unterartniveau die Ansichten der verschiedenen Autoren massiv voneinander ab; extremere Diskrepanzen werden meist wertungsfrei dargestellt. Infrasubspezifische und u. a. von Fruhstorfer und Verity in großer Anzahl beschriebene Taxa (KUDRNA, 1983; 1985b) werden nur in Ausnahmefällen aufgelistet.

Die Darstellung wichtiger diagnostischer Bestimmungsmerkmale soll als Hilfe bei möglichen Bestimmungsproblemen dienen. Eine detaillierte Diagnose von Artmerkmalen unterbleibt aber.

Verbreitung

GESAMTVERBREITUNG

Die Gesamtverbreitung der einzelnen Arten reflektiert die postglaziale Wiederbesiedelung Südtirols aus unterschiedlichen Refugialgebieten. Alle Arten wurden einem Verbreitungstyp zugeordnet (Definitionen in Anlehnung an VIGNA TAGLIANTI et al., 1992), und überdies wurde die Gesamtverbreitung zusammengefasst (nach Daten aus TOLMAN & LEWINGTON, 1998, mit einigen Ergänzungen). Die Tagfalterfauna Südtirols wird nach diesen Daten generell von Arten mit sehr weiter Verbreitung dominiert. Holarktische, paläarktische, westpaläarktische, asiatisch-europäische und sibirisch-europäische Tagfalter machen ca. die Hälfte der Artenbestände aus (49,2 %). Ein größerer Faunenbestandteil reicht von zentralasiatischen Gebieten und dem turanischen Raum bis nach Europa (20,5 %). Von erheblicher Bedeutung für die Fauna Südtirols sind aber auch südeuropäische Arten (10,3 %) sowie alpine (5,9 %) und alpin-apenninische (1,6 %) Endemiten. Der restliche Teil des Inventars verteilt sich auf europäische oder mediterrane Arten, hinzu kommen noch eine afrotropisch-mediterrane sowie zwei geopolitisch verbreitete Tagfalter.

REGIONALVERBREITUNG

Die regionale Verbreitung wird für jede Art kartographisch dargestellt und kurz erläutert. Auf eine ausführliche Auflistung von Fundnachweisen wurde bewusst verzichtet, da die Karten ein sehr gutes Bild abgeben und überdies die Detaildaten als gesamtes Datenpaket im Tiroler Landesmuseum Ferdinandeum sowie mit geringen Einschrän-

VERBREITUNGSTYPEN DER TAGFALTER SÜDTIROLS

(Verbreitungstypologie nach Vigna Taglianti et al., 1992 – inkl. Gesamtartenzahl pro Verbreitungstyp sowie prozentuellem Anteil an der Gesamtfauna)

VERBREITUNGSTYP	ARTEN	% FAUNA
holarktisch	17	9,19
paläarktisch	18	9,73
westpaläarktisch	7	3,80
asiatisch-europäisch	10	5,40
sibirisch-europäisch	39	21,08
zentralasiatisch-europäisch-mediterran	15	8,11
zentralasiatisch-europäisch	10	5,40
turanisch-europäisch-mediterran	6	3,24
turanisch-europäisch	7	3,78
europäisch-mediterran	1	0,54
europäisch	11	5,95
alpin	12	6,49
alpin-apenninisch	3	1,62
südeuropäisch	19	10,27
westeuropäisch	2	1,08
osteuropäisch	1	0,54
mediterran	1	0,54
westmediterran	3	1,62
afrotropisch-mediterran	1	0,54
geopolitisch	2	1,08

kungen (Datenschutz) im Naturmuseum Südtirol deponiert sind und dort für verschiedene Zwecke abgefragt werden können. Detailliertere Besprechungen von einzelnen Fundorten/-daten erfolgen daher nur in wenigen, zumeist kritischen Fällen wie bei unsicheren historischen Meldungen oder bei besonders seltenen Arten.

Die horizontale Verbreitung der Tagfalterbestände Südtirols divergiert je nach artspezifisch unterschiedlichen Habitatansprüchen. Besonders auffallend ist das stark gehäufte, teilweise auch ausschließliche Vorkommen vieler Arten am Vinschgauer Sonnenberg, welches primär klimatische Ursachen hat. Trockenrasenarten finden in diesem Gebiet potentiell besonders günstige Bedingungen; so besitzt der Bläuling *Plebeius trappi* hier ein isoliertes Teilareal. Im Gebiet des Ortlers liegt die natürliche und mutmaßlich durch eiszeitliche Einflüsse bedingte Arealgrenze von manchen Taxa, wie z. B. von *Plebeius nicias* und *Erebia mnestra*. Ebenfalls postglazialen Ursprungs sind die südlichen Verbreitungsgrenzen der alpinen *Erebia nivalis* im Brennergebiet oder in den nördlichen Zillertaler Alpen sowie des Randring-Perlmutterfalters (*Boloria eunomia*) im Reschengebiet. Die südlichen Landesteile werden und wurden von wärmeliebenden Arten besiedelt, die im restlichen Teil des Landes kaum geeignete klimatische Rahmenbedingungen vorfinden würden. Dazu zählen u. a. der ausgestorbene Osterluzeifalter (*Zerynthia polyxena*) sowie *Brenthis hecate*. Die Dolomiten werden zwar von einigen separaten Unterarten besiedelt, und die Artenzusammensetzung unterscheidet sich teilweise erheblich von jener in den Zentralalpen, doch treten keine ausschließlich auf dieses Gebiet beschränkten Tagfalterarten auf. Manche Taxa wie *Erebia stirius* fliegen einerseits in den Dolomiten, andererseits aber auch am kalkhaltigen Mendelstock. Die generell eher dicht bewaldeten und relativ artenarmen zentralen Landesteile der Sarntaler Alpen zeigen ebenfalls keine eigenständigen Entwicklungen in der Artenzusammensetzung.

VERTIKALVERBREITUNG

Die Vertikalverbreitung von Schmetterlingen wird in Anlehnung an vegetationskundlich definierte Höhenstufen festgelegt (Huemer, 2001; SBN, 1994), aber auch durch Angabe der tatsächlichen Verbreitungsgrenzen in Metern (Aistleitner & Aistleitner, 1996). Unter Berücksichtigung regional unterschiedlicher Höhenerstreckungen werden hier beide genannten Möglichkeiten berücksichtigt, wobei die Angaben zur Vertikalverbreitung ausschließlich auf authentischen Südtiroler Daten beruhen, die gelegentlich durch Werte aus Nachbarregionen ergänzt wurden. Gerade bezüglich der Genauigkeit von Höhenverbreitungsangaben machen sich allerdings in vielen historischen Sammlungen und Publikationen erhebliche Defizite bemerkbar.

Vegetationskundlich definierte Höhenstufen wurden von Ozenda (1988) für den gesamten Alpenraum festgelegt und beschrieben und werden hier in den Grundzügen übernommen. Südtirol hat auf Grund seiner topographischen Verhältnisse Anteil an fünf wesentlichen Zonen, die sich vor allem durch divergierende Vegetationsverhältnisse unterscheiden. Die Höhengrenzen der verschiedenen Stufen variieren je nach Exposition oder auch nach edaphischen Verhältnissen leicht; die nachfolgend angeführten Absolutwerte in Metern dienen daher nur als Anhaltspunkte.

Kolline Stufe (Hügelstufe): Talboden bis ca. 800 m. Ursprünglich dominierten in der Hügelstufe wärmeliebende Flaumeichenbuschwälder und Hopfenbuchenwälder, aber auch waldfreie Felssteppenvegetation sowie am Talboden Feuchtgebiete wie Auwälder und Niedermoore. Sekundär wurde die kolline Stufe jedoch durch intensive anthropogene Nutzung weitgehend verändert, und heute befinden sich hier überwiegend Siedlungsgebiete und insbesondere Obst- und Weinanbauflächen.

Nachgewiesener Artenbestand: 145 spp., davon sieben Arten ausschließlich in dieser Höhenstufe.

Montane Stufe (Bergstufe): ca. 800 bis 1600 m. Die Vegetation der montanen Stufe wurde ursprünglich in den tieferen Lagen von Buchen- und Rotkiefern sowie teilweise von Edelkastanienwäldern dominiert, etwas höher zunehmend von Fichten- und Lärchen- oder Buchen-Fichtenwäldern. Durch großflächige Rodungen sind heute vielfach Wiesen und Weiden, inneralpin auch ausgedehnte Trockenrasen oder sekundäre Kiefernanpflanzungen typisch.

Nachgewiesener Artenbestand: 160 spp., davon fünf Arten ausschließlich in dieser Höhenstufe.

Subalpine Stufe (Nadelwaldstufe): ca. 1600 bis 2200 m. Die Vegetation ist im unteren Bereich von Nadelwaldgesellschaften, besonders Fichten- und Lärchenwäldern, etwas höher von Zirbenwäldern geprägt; eine Trennung von der hochmontanen Stufe ist oft schwierig und nur unter Berücksichtigung der Rasenvegetation und unter Beiziehung von Bodenanalysen möglich. Obergrenze ist die natürliche Baumgrenze. Die subalpine Stufe kann aber auch aus unterschiedlichen Gründen völlig waldfrei sein. In der oberen subalpinen Stufe dominieren Strauchgesellschaften (Rhododendro-Vaccinietum, Grünerlengebüsch, Latschen) oder Rasen unterschiedlicher Zusammensetzung.

Nachgewiesener Artenbestand: 113 spp., davon zwei Arten ausschließlich in dieser Höhenstufe.

Alpine Stufe (Grasheidenstufe): ca. 2200 bis 2800 m. Die Vegetation ist durch zusammenhängende, je nach Gesteinsuntergrund unterschiedliche Rasengesellschaften oberhalb der Baum- und Strauchvegetation charakterisiert.

Nachgewiesener Artenbestand: 60 spp., davon drei Arten ausschließlich in dieser Höhenstufe.

Nivale Stufe (Polsterpflanzenstufe): oberhalb von ca. 2800 m. Die Vegetationsbedeckung löst sich in der subnivalen Stufe in Einzelfragmente auf, in der mittleren nivalen Stufe finden sich zunehmend Kryptogamen-Gesellschaften, die in der oberen nivalen Stufe die dominierende Vegetation bilden. Generell stark verarmte Vegetationsgesellschaften.

Nachgewiesener Artenbestand: 6 spp., davon keine Art ausschließlich in dieser Höhenstufe.

Die ergänzenden Höhenangaben nach Metern zeigen zusätzliche Grenzen innerhalb der klassischen Vegetationsstufen auf. Die Verteilung der Artendiversität innerhalb von 500-m-Höhengradienten entspricht weitgehend dem Verbreitungsbild innerhalb der Vegetationszonen. Die Biodiversität an Tagfaltern steht dabei nur in eingeschränktem Zusammenhang mit den potenziell verfügbaren Flächen, und selbst das minimale Flächenangebot unterhalb von 500 m weist mit 129 Spezies eine hohe Artenvielfalt auf. Die Artenzahlen steigen mit zunehmender Seehöhe an, bis auf 164 spp. in der Region zwischen 1000 und 1500 m. Dieser Befund ist durch die zunehmende Vielfalt an Mikrohabitaten in den mittleren Gebirgsregionen und durch die gleichzeitig noch immer günstigen klimatischen Rahmenbedingungen zu erklären. Ab der subalpinen Stufe sinkt die Artendiversität rasch ab, auf 88 Arten zwischen 2000 und 2500 m. Oberhalb dieser Region treten nur mehr 23 Arten auf. Die höchstgelegenen autochthonen Tagfalternachweise stammen aus 3050 m (*Erebia pandrose*), während wandernde Falter noch in 3600 m beobachtet wurden (*Aglais urticae*).

Die Tagfalterarten Südtirols weisen je nach ökologischer Valenz eine vielfältige Anpassung an unterschiedliche Höhenstufen auf, und nur ausnahmsweise beschränkt sich das Vorkommen auf eine einzige Höhenstufe. Die Fähigkeit, auch oder ausschließlich Gebirgsregionen abseits eines verstärkten menschlichen Einflusses zu besiedeln, trägt letztlich auch wesentlich zur geringen Gefährdungssituation einzelner Arten bei.

Biologie

HABITATWAHL

Die Tagfalter Südtirols besiedeln in stark unterschiedlicher Spezialisierung verschiedenste Lebensraumtypen, die im Wesentlichen anhand von Vegetationsverhältnissen beschrieben werden

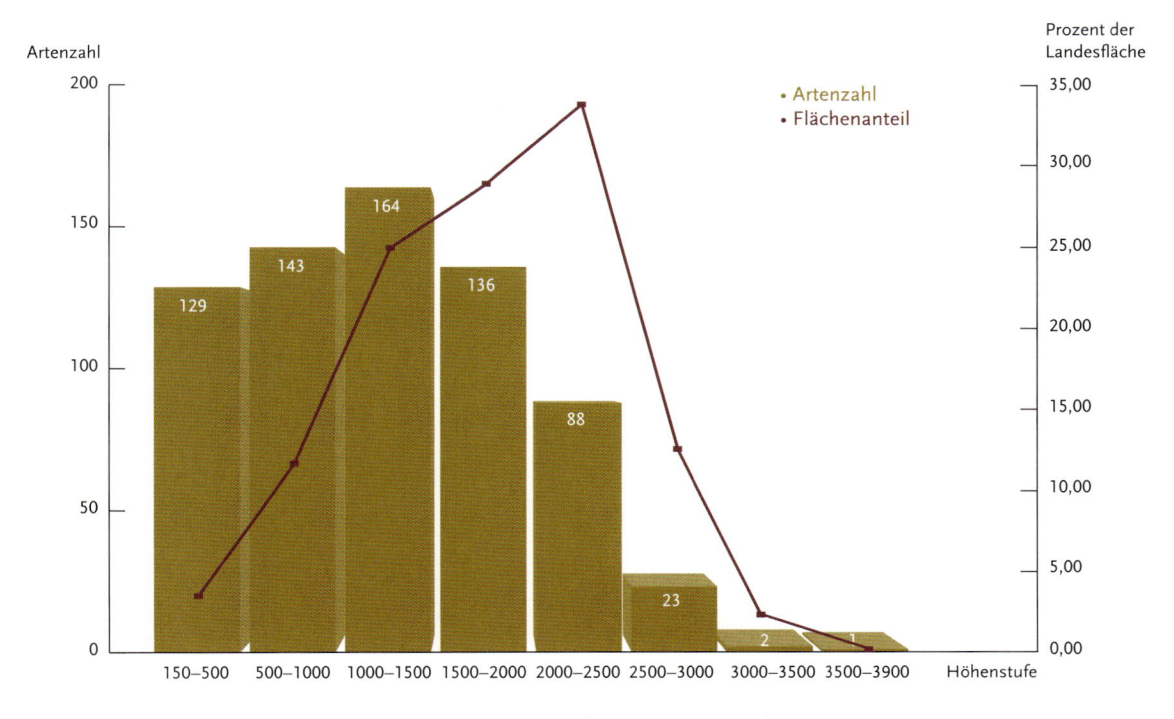

ARTENZAHLEN je Höhenstufe und deren Relation zur Gesamtlandesfläche

können. Eine Einstufung in Ökotypen erleichtert die Abschätzung potentiell nutzbarer Habitate sowie Vergleiche zwischen den Artdiversitäten einzelner Lebensraumtypen. Die Klassifizierung nach Ökotypen folgt mit leichten Abänderungen BLAB & KUDRNA (1982):

Mesophile Offenlandarten: Bewohner nicht zu hoch intensivierter, grasiger, blütenreicher Bereiche des Offenlandes (alle Wiesengesellschaften, Wildkraut- und Staudenfluren).
Nachgewiesener Artenbestand: 13 spp., davon eine Art auch im hygrophilen Offenland.

Mesophile Übergangsbereichsarten: Bewohner grasiger bis blütenreicher Stellen im Windschatten von Wäldern und Heckenzeilen einschließlich Waldrandökotonen.
Nachgewiesener Artenbestand: 18 spp., davon eine Art auch im mesophilen Wald.

Mesophile Waldarten: Bewohner geschlossener Wälder inkl. innerer Grenzlinien, Lichtungen und kleinerer Wiesen an mäßig trockenen bis mäßig feuchten Standorten mit guter Nährstoffversorgung sowie bodensaurer Wälder.
Nachgewiesener Artenbestand: 20 spp., davon eine Art auch im mesophilen Übergangsbereich.

Xerothermophile Offenlandarten: Bewohner der Kraut- und Grasfluren trockenwarmer Sand-, Kies- und Felsstandorte.
Nachgewiesener Artenbestand: 48 spp.

Xerothermophile Gehölzarten: Bewohner wärmebegünstigter Saumstrukturen mit Gehölzen.
Nachgewiesener Artenbestand: 13 spp.

Hygrophile Offenlandarten: Bewohner feuchter Grünländereien inkl. Bewohner der Flachmoore und Nasswiesen.
Nachgewiesener Artenbestand: 7 spp., davon eine Art auch im mesophilen Offenland.

Tyrphostene Arten: an Hoch- und Zwischenmoore gebundene Arten.
Nachgewiesener Artenbestand: 3 spp., davon zwei Arten auch montan.

Montane Arten: bevorzugte bis exklusive Bewohner der Bergwaldgebiete einschließlich Zwergstrauchheiden, besonders grasiger bis blütenreicher Stellen, sowie von Fels- und Schuttbiotopen unterhalb der potentiellen Waldgrenze.
Nachgewiesener Artenbestand: 24 spp., davon zwei Arten auch tyrphosten.

Alpine Arten: Bewohner der Graslandformationen sowie von Fels- und Schuttbiotopen an und oberhalb der potentiellen Waldgrenze.
Nachgewiesener Artenbestand: 12 spp.

Ubiquisten: unspezialisierte Bewohner von Offenland- und/oder Waldstandorten unterschiedlichster Art.
Nachgewiesener Artenbestand: 15 spp., davon 13 Arten überwiegend im mesophilen Offenlandbereich, eine Art im xerothermophilen Offenlandbereich sowie eine Art im mesophilen Übergangsbereich.

Die Verteilung der Artenbestände nach Ökotypen untermauert die überragende Bedeutung von Offenlandlebensräumen für Tagfalter. Lediglich ca. 30 % der Artenbestände sind mit Waldlebensräumen, Übergangsbereichen zwischen Wald und Offenland oder sonstigen Gehölzstrukturen eng verbunden.

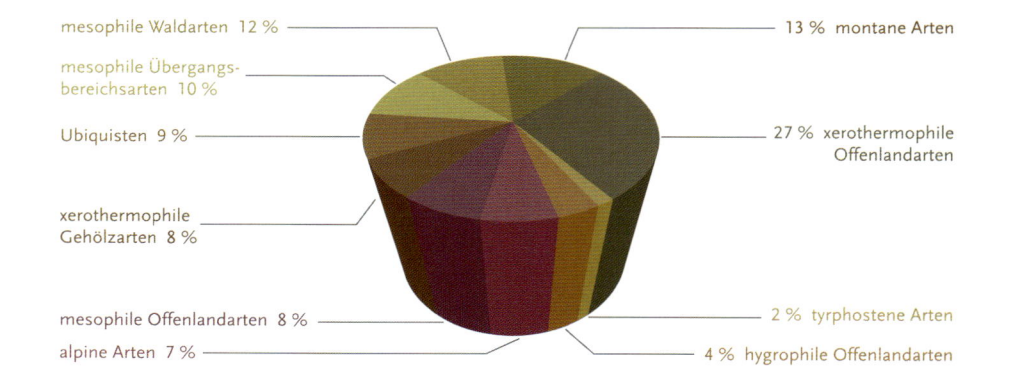

VERTEILUNG DER ARTENBESTÄNDE AUF ÖKOTYPEN
(inkl. Mehrfachnennungen)

- mesophile Waldarten 12 %
- mesophile Übergangsbereichsarten 10 %
- Ubiquisten 9 %
- xerothermophile Gehölzarten 8 %
- mesophile Offenlandarten 8 %
- alpine Arten 7 %
- 13 % montane Arten
- 27 % xerothermophile Offenlandarten
- 2 % tyrphostene Arten
- 4 % hygrophile Offenlandarten

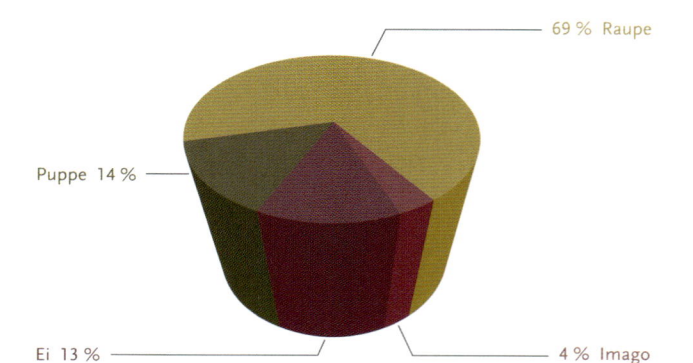

ÜBERWINTERUNGSSTADIEN
der bodenständigen Tagfalter Südtirols
(inkl. Mehrfachnennungen)

- 69 % Raupe
- Puppe 14 %
- Ei 13 %
- 4 % Imago

Die faszinierende vollständige Metamorphose eines Schmetterlings beginnt mit dem Eistadium.

Die Jungraupe frisst sich durch die Eischale und verzehrt diese manchmal zur Gänze.

Bei den Offenlandarten ist der für mitteleuropäische Verhältnisse überdurchschnittlich hohe Anteil an xerothermophilen Taxa auffallend, der vor allem durch die ausgedehnten inneralpinen Trockenrasengesellschaften mit ihrer speziellen Tagfalterfauna zu Stande kommt. Umgekehrt sind in Südtirol hygrophile Offenlandarten, bedingt durch die geringe Flächenausdehnung von Feuchtgebieten sowie die Unterbindung der Einwanderung mancher Feuchtgebietarten aus dem Norden durch den Alpenbogen, nur marginal vertreten. Montane und alpine Arten stellen hingegen mit einem Anteil von 20 % an den Artenbeständen eine der wichtigsten Gruppen innerhalb der Tagfalterfauna Südtirols dar.

Phänologie

Beobachtungen zur Phänologie Südtiroler Tagfalter liegen im Wesentlichen nur für die adulten Tiere vor. Die Generationenzahl schwankt je nach Art erheblich, von univoltin (eine Generation/Jahr) und bivoltin (zwei Generationen/Jahr) bis zu trivoltin (drei Generationen/Jahr). Einige alpine Arten weisen eine zweijährige Entwicklung auf, Ausnahmefälle wie *Erebia pluto* vielleicht sogar eine dreijährige.

Das jahreszeitliche Auftreten der einzelnen Stadien ist wesentlich von klimatischen Rahmenbedingungen, aber auch von jährlich und lokal schwankenden Witterungsfaktoren sowie insbesondere von der Höhe sowie der Exposition des jeweiligen Standortes abhängig und dementsprechend sehr variabel. Die Generationenzahl nimmt bei einigen Arten mit steigender Seehöhe ab, in der alpinen Stufe findet sich im Normalfall nur mehr Einbrütigkeit oder teilweise Mehrjährigkeit.
Die Überwinterung kann in allen Entwicklungsstadien erfolgen. Am häufigsten hibernieren die Raupen (69 % der Artenbestände), viel seltener die Puppen (14 %) und Eier (13 %), Letztere oft mit voll entwickelten Eiraupen. Sehr selten tritt imaginale Überwinterung auf, die nur bei sieben Arten belegt ist. Das Überwinterungsstadium ist meistens streng fixiert, öfters auch gruppenspezifisch. So überwintern fast alle Zipfelfalterarten und *Argynnis* spp. als Eiraupe, Weißlinge je nach Gruppe als Puppe oder Raupe und einige nahe verwandte Nymphalidae als Falter. Wenige Arten zeigen eine gewisse Plastizität in der Entwicklungsgeschwindigkeit und hibernieren in unterschiedlichen Stadien. Manche mehrjährige Arten wie *Erebia ligea*, *E. euryale* und *E. manto* überwintern im ersten Jahr als Ei und im folgenden als Raupe.

Raupenfutterpflanzen – Präimaginalstadien

Tagfalter weisen, bedingt durch ihre vollständige Metamorphose von Ei über Raupe, Puppe bis hin zum bunt beschuppten Falter, einen komplizierten Entwicklungszyklus auf, der komplexe ökologische Rahmenbedingungen erfordert.
Essentielle Voraussetzung für das Vorhandensein einer Art sind einerseits geeignete Falterhabitate mit entsprechenden Angeboten an Saugpflanzen, Aussichtswarten, Schlafplätzen etc., andererseits aber auch Lebensraumstrukturen für die Präimaginalstadien. Eine zentrale Rolle kommt hier den Raupenfraßpflanzen zu. Koevolutive Prozesse zwischen Pflanzen und Raupen reichen bei blattminierenden Kleinschmetterlingen der Gattungen *Ectoedemia*, *Stigmella* und *Phyllocnistis* zumindest 97 Mio. Jahre zurück (LABANDEIRA et al., 1994). Generell überwiegt auch bei Tagfaltern eine spezialisierte Substratauswahl. Meistens fressen die Raupen einer Art entweder nah verwandte oder aber auch nicht verwandte Pflanzen mit ähnlichen sekundären Inhaltsstoffen wie z. B. Terpene oder Phenole. Selten wird eine Vielzahl unterschiedlicher Pflanzen aus einer Klasse konsumiert. In Extremfällen ernähren sich Raupen einer Art nur

mehr von Teilen einer einzigen Pflanze. Manche benötigen darüber hinaus noch zusätzliche Nahrungsressourcen, wie einige Bläulinge, die sich nach einer kurzen Pflanzen fressenden Phase von Ameisenbrut ernähren (Myrmekophagie).

Das Ausmaß der Spezialisierung von Raupen auf Nahrungspflanzen wurde von Hering (1950) systematisch erfasst und vergleichend in Phagismusgraden dargestellt. Die hier verwendete Einteilung folgt grundsätzlich dem genannten Autor, allerdings mit geringfügigen Ergänzungen aus der von Aistleitner & Aistleitner (1996) publizierten vereinfachten Version. Der Grad der Spezialisierung ist dabei auch im geographischen Kontext zu sehen und kann gelegentlich in anderen Regionen des jeweiligen Artareals abweichend sein.

MONOPHAGIE
Monophagie I: Die Raupe ernährt sich von einer einzigen Pflanzenart.
Artenzahl in Südtirol: 22 spp.
Monophagie II: Die Raupe ernährt sich von mehreren Arten einer Pflanzengattung.
Artenzahl in Südtirol: 52 spp.

OLIGOPHAGIE
Oligophagie I: Die Raupe ernährt sich von mehreren Arten verschiedener Gattungen einer Pflanzenfamilie.
Artenzahl in Südtirol: 76 spp.
Oligophagie II: Die Raupe ernährt sich von mehreren Arten verschiedener Familien einer Pflanzenordnung.
Artenzahl in Südtirol: 3 spp.
Oligophagie III: Die Raupe ernährt sich von mehreren Arten verschiedener Ordnungen einer Pflanzenunterklasse.
Artenzahl in Südtirol: 15 spp.

POLYPHAGIE
Polyphagie I: Die Raupe ernährt sich von mehreren Arten verschiedener Unterklassen einer Pflanzenklasse.
Artenzahl in Südtirol: 17 spp.
Polyphagie II: Die Raupe ernährt sich

RAUPENFRASSPFLANZEN EINSCHLIESSLICH MEHRFACHNENNUNGEN (Anzahl der Tagfalterarten/Pflanzenfamilie)					
Poaceae	50	Asteraceae	5	Gentianaceae	2
Fabaceae	32	Ulmaceae	4	Fumariaceae	1
Rosaceae	23	Geraniaceae	4	Aristolochiaceae	1
Cyperaceae	14	Betulaceae	3	Grossulariaceae	1
Violaceae	13	Cornaceae	3	Saxifragaceae	1
Polygonaceae	10	Caprifoliaceae	3	Araliaceae	1
Plantaginaceae	9	Valerianaceae	3	Resedaceae	1
Brassicaceae	8	Juncaceae	3	Oleaceae	1
Cistaceae	7	Fagaceae	2	Boraginaceae	1
Urticaceae	6	Cannabaceae	2	Elaeagnaceae	1
Salicaceae	6	Crassulaceae	2	Chenopodiaceae	1
Ericaceae	6	Lythraceae	2	Capparaceae	1
Scrophulariaceae	6	Apiaceae	2	Tropaeolaceae	1
Lamiaceae	6	Malvaceae	2	Plumbaginaceae	1
Rhamnaceae	5	Primulaceae	2		

Die Raupe nimmt über die Futterpflanze Energie für die weitere Entwicklung hin bis zum Falter auf, während deren sie sich mehrfach häutet. Im letzten Stadium spinnt sie sich meistens an der Vegetation fest, beim Tagpfauenauge kopfüber am Hinterleibsende. Danach folgt bei dieser Art die letzte Häutung und gleichzeitige Umwandlung zur Stürzpuppe. Im Inneren der Puppe entwickelt sich durch komplizierte biochemische Prozesse der Falter, dessen Flügel bereits vor dem Schlüpfen deutlich durch die Puppenhülle schimmern. Das frisch geschlüpfte Tagpfauenauge besitzt anfänglich noch lappenartige Flügel; diese müssen erst aufgepumpt und gehärtet werden, bevor der Falter flugtauglich ist.

von mehreren Arten verschiedener Klassen einer Pflanzenunterabteilung.
Polyphagie III: Die Raupe ernährt sich von mehreren Arten verschiedener Pflanzenunterabteilungen.
Polyphagie IV: Die Raupe ernährt sich von mehreren Arten verschiedener Pflanzenabteilungen.

Voraussetzung für die Einstufung in Phagismusgrade ist eine exakte Bestimmung der Raupenfutterpflanze. Gerade in diesem Bereich bestehen in Südtirol erhebliche Defizite, und auch Fehlmeldungen in der Literatur machen eine korrekte Einstufung manchmal schwierig. Hier wurde versucht, möglichst kritisch nur die in neueren Werken belegten Substratangaben aus dem mitteleuropäischen Raum zu übernehmen. Die somit weitgehend über Sekundärliteratur erfassten Phagismusgrade der Tagfalterfauna Südtirols untermauern die hohe Bedeutung des spezialisierten Artenbestands. Lediglich 9 % der Arten sind polyphag innerhalb einer Pflanzenklasse (Einkeimblättrige bzw. Zweikeimblättrige), 91 % hingegen mehr oder weniger ausgeprägt wirtsgebunden. 22 Arten erweisen sich als streng monophag und ernähren sich ausschließlich von einer einzigen Pflanzenart, weitere 52 Arten von mehreren Pflanzen einer einzigen Gattung. Bei den oligophagen Arten ist der Anteil von Spezialisten einer Pflanzenfamilie mit 41 % des gesamten Südtiroler Tagfalterartenbestandes besonders hoch, darunter vor allem Artengarnituren an Gräsern oder auch Schmetterlingsblütlern. Polyphage Arten finden sich nur in der Kategorie I, d. h., die Raupen ernähren sich innerhalb einer Pflanzenklasse.

Monophagie II 28 %
41 % Oligophagie I
Monophagie I 12 %
2 % Oligophagie II
8 % Oligophagie III
Polyphagie I 9 %

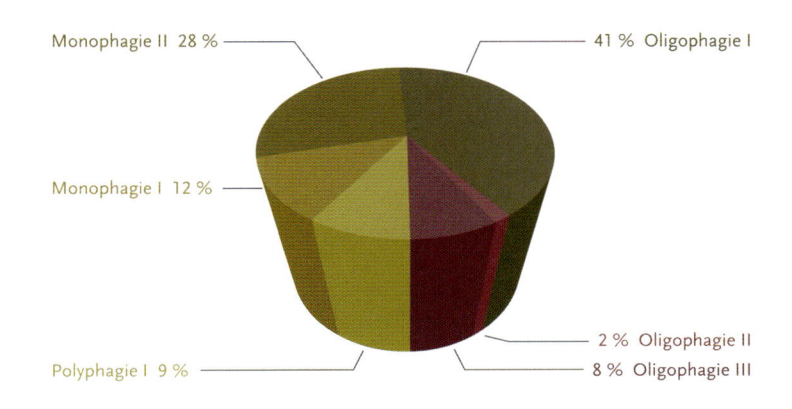

ANTEIL UNTERSCHIEDLICHER PHAGISMUSGRADE

> Überbauung ist in den tieferen Tälern, aber auch in den Fremdenverkehrsgebieten allgemein ein Umweltproblem.
>
> Gülle wird direkt in den Trockenrasen „entsorgt": ein wesentlicher Beitrag zur Überdüngung mit all ihren negativen Folgen.

Insgesamt werden Pflanzen aus 44 Familien als potentielle Nahrungsquelle genutzt. Besondere Bedeutung als Raupensubstrat kommt den Poaceae, Fabaceae und Rosaceae, aber auch den Violaceae, Polygonaceae oder Plantaginaceae zu.

Das Raupensubstrat reflektiert in vielen Fällen die verwandtschaftlichen Beziehungen innerhalb der Konsumentengruppe (s. u. a. HUEMER, 1988b; PITKIN, 1984), und die Bindung an bestimmte Pflanzenfamilien ist oft ausgesprochen gruppenspezifisch. So gehört ein großer Teil der Arten mit Bindung an Süß- und Sauergräser zu den Augenfaltern (Satyrinae), Kreuzblütler besitzen hingegen eine spezialisierte Gilde aus der Familie der Weißlinge, Schmetterlingsblütler werden bevorzugt von Bläulingen konsumiert und Polygonaceae von Vertretern der Feuerfalter (*Lycaena* spp.). Ausschließlich an Gehölzen wie Salicaceae oder auch Caprifoliaceae leben Schillerfalter- und Eisvogelarten (*Apatura* spp., *Limenitis* spp.), während Scheckenfalter bevorzugt an Plantaginaceae, Perlmutterfalter hingegen an Violaceae fressen. Bekannt ist auch die enge Bindung einiger Arten an Brennnesseln, darunter Schmetterlinge wie das Tagpfauenauge oder der Kleine Fuchs.

Gefährdung – Schutzmaßnahmen

GEFÄHRDUNGSSITUATION

Die zunehmende Gefährdung der Schmetterlinge, die besonders augenscheinlich durch den von weiten Bevölkerungskreisen bemerkten Rückgang von Tagfaltern zu Tage tritt, ist im Wesentlichen auf anthropogene Einflüsse zurückzuführen. Eine über viele Jahrhunderte extensive Nutzung der Landschaft, verbunden mit umfangreicher Rodung der ehemals dominanten Wälder, führte generell sogar zu verbesserten Lebensbedingungen für zahlreiche Tagfalterarten. Besonders die Bewohner des Offenlandes profitierten von den menschlichen Aktivitäten. Mit der Ausdehnung von Siedlungen und damit verbundenen infrastrukturellen Maßnahmen samt zunehmender Verkehrsbelastung, der intensivsten Landnutzung im Obstbau sowie durch stetig steigenden Nutzungsdruck selbst in Grenzertragsflächen hat sich die Situation für diese Insektengruppe jedoch grundlegend negativ verändert. Für Tagfalter sind im Wesentlichen nachfolgend genannte Faktoren in unterschiedlichem Ausmaß als belastend zu bewerten:

Verbauung, Verkehrserschließung, Technisierung: Siedlungstätigkeit, Bau von Verkehrswegen, Tourismus- und Freizeiteinrichtungen, Industrie- und Gewerbeanlagen sowie die gesamte damit verbundene Infrastruktur führen zunehmend zu einer vollständigen Versiegelung der Böden und somit zu einer massiven Lebensraumzerstörung. 2,30 % der Landesfläche sind bereits mehr oder weniger vollständig überbaut. Dieser scheinbar niedrige Wert muss vor allem in Relation zum verfügbaren Siedlungsraum gesehen werden. So nehmen die Tallagen unterhalb von 500m lediglich 2,97 % der Landesfläche ein und sind, bedingt durch den Nutzungsdruck, weitgehend überbaut bzw. intensivst genutzt. Derartige Flächen werden, falls überhaupt, nur mehr von ubiquitären Tagfaltern besiedelt.

Landwirtschaftliche Intensivierung: Landwirtschaftlich intensiv genutzte Flächen wie Ackerland und Dauerkulturen nehmen 11,68 % der gesamten Landesfläche ein. Zunehmende Düngung, intensive Beweidung oder sonstige für Tagfalter negative Änderungen in der Bewirtschaftungsform betreffen auch in höherem Ausmaß die mehr als 17 % Wiesen und Weiden in Südtirol. Vor allem die zunehmende Intensivierung von Magerwiesen, besonders

Trockenrasen bei Taufers im Münstertal in den 1970er Jahren.

Ehemaliger Trockenrasen bei Taufers im Münstertal im Jahr 2002. Auf Grund der Aufforstung sind kaum noch Tagfalter vorhanden.

durch Gülle- und Jauchedüngung, hat auch in mittleren und höheren Lagen auf leicht zu bewirtschaftenden Flächen bereits zu erheblichen Einbußen in den Tagfalterbeständen geführt, wie z. B. auf der Seiseralm. Über das Ausmaß dieser Änderungen liegen jedoch keine auswertbaren Strukturdaten vor. Restbiotopzerstörungen als Folge von Flurbereinigungen wirken sich ebenfalls stark negativ aus. Besonders die Entfernung von Hecken oder solitären Einzelbäumen nimmt einigen Tagfalterarten ihre Lebensgrundlage.

Nutzungsaufgabe: Die Aufgabe der Nutzung von Grenzertragsflächen wie Bergmagerwiesen steiler Lagen führt zu Änderungen in der Vegetationszusammensetzung bis hin zur vollständigen Wiederbewaldung (ENDER, 1998; MACHOLD, 1996; MATOUCH et al., 2000). Schmetterlingsdiversitätswerte sinken nach einem ersten Anstieg massiv ab (ERHARDT, 1985). Die mühselige händische Bewirtschaftung wird heute oft nur noch von älteren Generationen durchgeführt, und die Gefahr weiterer Nutzungsaufgabe oder Intensivierung ist daher besonders groß. Neben den Bergmähdern fallen auch Almen zunehmend brach und verbuschen mit Grünerlen oder werden durch natürlichen Samenflug wiederbewaldet.

Forstwirtschaftliche Intensivnutzung: Der Nutzungsdruck in Waldlebensräumen ist, bedingt durch die steilen Lagen und die Schutzwaldfunktion ausgedehnter Gebiete, in Südtirol relativ gering. Die Ausdehnung der Waldgebiete über ca. 42 % der Landesfläche ist ein weiterer Garant dafür, dass Auswirkungen intensiver forstlicher Nutzung meistens nur lokal spürbar werden. Großflächigere Aufforstungen, oft mit standortfremden Schwarzkiefern wie im Vinschgau, werden durch die Schädlings- und Krankheitsanfälligkeit heute auch in forstlichen Kreisen als problematisch angesehen (HUEMER & MINERBI, 2002). Trotzdem werden viele Grenzertragsflächen rezent noch mit Nadelhölzern aufgeforstet. Auch die Zerstörung von Waldmänteln oder die Rodung von Altbäumen wirkt sich lokal negativ auf Tagfalter aus.

ABSCHÄTZUNG DER WIRKUNG VON GEFÄHRDUNGSFAKTOREN AUF DIE TAGFALTER SÜDTIROLS (nach Huemer, 2001, verändert und ergänzt)

GEFÄHRDUNGSFAKTOREN		AUSWIRKUNGEN
Direkte anthropogene Eingriffe	> Verbauung, Verkehrserschließung, Technisierung	extrem negativ
	> Landwirtschaftliche Intensivierung	extrem negativ
	> Nutzungsaufgabe	stark negativ
	> Forstwirtschaftliche Intensivnutzung	negativ
	> Gewässerbauliche Maßnahmen	negativ
Umweltbelastungen	> Luftschadstoffe, Biozide	extrem negativ, teilweise unzureichend bekannt
Natürliche Faktoren	> Krankheiten der Wirtspflanzen	negativ
	> Weitere Risikofaktoren	negativ

Gewässerbauliche Maßnahmen: Die Zerstörung von Gewässer begleitenden Gehölzstrukturen aus Hochwasserschutzgründen ist für feuchtigkeitsliebende Waldarten bedrohend, betrifft aber die artenreichen Nachtfaltergemeinschaften derartiger Lebensräume wesentlich stärker. Problematisch ist die Anpflanzung von standortfremden Gehölzen in Gewässernähe, da diese ebenso wie neophytische Kräuter die einheimische Flora zunehmend verdrängen. Eine meistens intensive Bewirtschaftung von Hochwasserdämmen ermöglicht vielen Arten trotz geeigneter Habitatstrukturen keine Entwicklung. Langfristig negative Auswirkungen von Flussregulierungen sind durch Absenkung des Grundwasserspiegels zu befürchten.

Luftschadstoffe, Biozide: Der Eintrag von Schadstoffen aus der Luft stellt in Südtirol ein überdurchschnittlich großes Problem dar. Vor allem die Verwendung unterschiedlichster Insektizide im Obst- und Weinbau zum Zwecke der Bekämpfung des Apfelwicklers und einiger anderer Obstschädlinge hat regional zu massiven Einbrüchen in der Artenvielfalt und den Individuendichten von Tagfaltern geführt (HUEMER & TARMANN, 2001). In jüngerer Zeit kommen zwar großflächig Pheromone zum Einsatz, und die Problematik könnte somit mittelfristig gemildert werden, doch sind die Belastungen durch unterschiedlichste chemische Bekämpfungsmaßnahmen noch immer hoch.

Die Auswirkungen fernwirksamer Luftschadstoffe sind noch völlig unzureichend bekannt, jedoch deuten neuere Untersuchungen an bodennahem Ozon auf bedenkliche Auswirkungen wie die Zersetzung von Sexuallockstoffen einzelner Arten hin (LORENZ & ARNDT, 1997).

Krankheiten der Wirtspflanzen: Das pilzverursachte Ulmensterben hat auch in Südtirol zu einer erheblich verschlechterten Habitatsituation für einzelne Tagfalterarten geführt. Auch der schlechte physiologische Zustand mancher Pflanzen, wie z. B. von Eichen, könnte sich auf einige Konsumenten negativ auswirken.

Weitere Risikofaktoren: Naturkatastrophen wie Überschwemmungen, Waldbrände, Lawinenabgänge, extreme Niederschläge etc. können zu lokalen Extinktionserscheinungen führen und sind daher vor allem im Hinblick auf die zunehmende Habitatfragmentierung von Bedeutung. Viele dieser potentiellen Risikofaktoren stehen mutmaßlich in kausalem Zusammenhang mit der globalen Erwärmung. Natürliche Arealschwankungen sind für die Gefährdungssituation mehrerer Arten von erheblicher Bedeutung und können auch durch begleitende Schutzmaßnahmen nur marginal beeinflusst werden.

Rote Liste

Der Grad der Gefährdung von Tieren und Pflanzen wird vielfach durch Rote Listen festgelegt, die somit auch zunehmend zu einem naturschutzrelevanten Instrumentarium geworden sind. Auch für die Fauna Südtirols liegt eine derartige Darstellung der Gefährdung vor (GEPP, 1995). Die unzureichende Vergleichbarkeit von Roten Listen durch unklare Begriffsbestimmungen und Definitionen der Gefährdungskategorien (vgl. ROTTENBURG et al., 1999; ZULKA et al., 2001) sowie eine meist wenig transparente Datengrundlage für die Einstufungen haben aber in der Vergangenheit zu massiver Kritik und im benachbarten Österreich erstmals zu einer Vereinheitlichung in der Fortschreibung Roter Listen geführt (ZULKA et al., 2001). Die propagierte objektivierbare Einstufung über eine tiergruppenspezifische Eichung von Gefährdungsindikatoren, die Einordnung der jeweiligen Art in die Indikatorskala und schließlich die Bestimmung der Gefährdungskategorie mittels dichotomen Schlüssels wurden bereits auf regionaler Ebene erfolgreich erprobt (HUEMER, 2001). Für Südtirol konnte diese Vorgangsweise auf Grund des enormen Arbeitsaufwandes noch nicht konsequent umgesetzt werden. Die vorliegende Rote Liste berücksichtigt jedoch bereits die bei ZULKA et al. (2001) weiterentwickelten Definitionen der Gefährdungskategorien, die grundsätzlich den IUCN-Kriterien entsprechen und prinzipiell von Extinktionsszenarien ausgehen. Als wesentliche Gefährdungsindikatoren dienten vor allem Habitatverfügbarkeit und Entwicklung der Habitatsituation, in einigen Fällen wurden auch bestandsorientierte Kriterien benutzt. In Ermangelung einer konsequenten Anwendung des genannten Konzeptes sind die Einstufungen jedoch mit gewissem Vorbehalt zu betrachten und eine weitere Überarbeitung ist notwendig. Ein Vergleich mit bisherigen Einstufungen (EISENBERG, 2001; HOFER, 1995), die überwiegend auf bestandsorientierten Kriterien basierten und daher auf Grund der mangelhaften Datenlage vielfach zum Scheitern verurteilt waren, zeigt heute eine insgesamt günstigere Situation, als noch bei HOFER (1995) angenommen wurde. So wurden von diesem Autor Arten mit niedrigen Funddichten grundsätzlich als mehr oder weniger stark gefährdet eingestuft. Tatsächlich zeigt sich bei vielen dieser Taxa unter Berücksichtigung der Habitatsituation aber ein deutlich günstigeres Gesamtbild. Zu ähnlichen Ergebnissen kommt bereits EISENBERG (2001). Überdies machen sich die unterschiedlichen Definitionen deutlich bemerkbar. So werden Arten mit lokalem bis regionalem Rückgang bei HOFER (1995) noch als „gefährdet" eingestuft (Kategorie 3), räumlich eng begrenzte Arten hingegen als „potentiell gefährdet" (Kategorie 4). Nach den neuen Definitionen fallen einige der Kategorie-3-Arten nunmehr in die Kategorie NT (drohende Gefährdung), während Kategorie-4-Arten mit günstigen Habitatrahmenbedingungen in vielen Fällen durchaus als ungefährdet angesehen werden können.

Besonders kritisch zu hinterfragen sind zahlreiche ehemalige Einstufungen auch auf Grund der unzureichend abgesicherten Artenbestände. HOFER (1995) ging in seiner Bearbeitung noch von 212 Südtiroler Tagfalterarten aus und berücksichtigte in der eigentlichen Roten Liste u. a. Fehlmeldungen wie *S. orbifer*, *P. ergane*, *M. parthenoides*, *E. maturna* oder *C. oedippus*, aber auch Wanderfalter oder Irrgäste wurden mit aufgenommen. Der Anteil an ausgestorbenen/verschollenen Arten wurde durch diese Irrtümer konsequenterweise erheblich, wenn auch artifiziell, erhöht. Eine Überarbeitung der Artenbestände sowie eine Erhebung weiterer Daten lassen die Liste der ausgestorbenen bzw. verschollenen Arten nunmehr auf elf Spezies absinken. Ähnliche Verhältnisse gelten auch für die meisten anderen Gefährdungskategorien, hier spielt aber die bisher unzureichende Datenaufnahme in Gebieten außerhalb des Vinschgaus eine wesentliche Rolle. Während HOFER (1995) daher noch von einem gefährdeten Artenbestand (Kategorien 0–4) von zumindest 77 % der Gesamtfauna ausging und lediglich 16 % als ungefährdet bezeichnete, können heute trotz zusätzlich erkannter Gefährdungsfaktoren, wie vor allem des massiven Biozideinsatzes in den 1990er Jahren, knapp 38 % des Arteninventars als nicht oder kaum gefährdet bezeichnet werden.

RE: ausgestorben oder verschollen (Regionally Extinct) (früher 0)
In Südtirol ausgestorbene oder verschollene Arten.
Berücksichtigt werden Arten, die nachweislich seit 1900 in Südtirol aufgetreten sind.

CR: vom Aussterben bedroht (Critically Endangered) (früher 1)
Extrem gefährdete Arten, deren Überleben in Südtirol unwahrscheinlich ist, wenn die bestandsmindernden Kausalfaktoren weiterhin auf sie einwirken oder bestandserhaltende anthropogene Maßnahmen nicht eingeführt werden oder wegfallen. Es ist mit zumindest 50%iger Wahrscheinlichkeit anzunehmen, dass die Art in den nächsten zehn Jahren in Südtirol ausstirbt.

EN: stark gefährdet (Endangered) (früher 2)
Die Gefährdung betrifft nahezu das gesamte Verbreitungsgebiet in Südtirol. Es ist mit zumindest 20%iger Wahrscheinlichkeit anzunehmen, dass die Art in den nächsten 20 Jahren in Südtirol ausstirbt.

VU: gefährdet (Vulnerable)
Die Gefährdung betrifft große Teile des Verbreitungsgebietes in Südtirol. Es ist mit zumindest 10%iger Wahrscheinlichkeit anzunehmen, dass die Art in den nächsten 100 Jahren in Südtirol ausstirbt.

NT: drohende Gefährdung (Near Threatened)
Die Gefährdung betrifft Einzelregionen des Verbreitungsgebietes in Südtirol. Die Wahrscheinlichkeit beträgt weniger als 10 %, dass die Art in den nächsten 100 Jahren landesweit ausstirbt, doch besteht eine negative Bestandsentwicklung oder eine hohe Aussterbegefahr in Teilen Südtirols.

LC: nicht gefährdet (Least Concern)
Die Wahrscheinlichkeit beträgt weniger als 10 %, dass die Art in den nächsten 100 Jahren in ganzen Regionen oder landesweit ausstirbt.

DD: Datenlage unzureichend (Data Deficient)
Die vorliegenden Daten lassen keine Einstufung in die einzelnen Kategorien zu.

NE: nicht eingestuft (Not Evaluated)
Die Art wird nicht eingestuft.

BEMERKUNGEN ZU DEN EINZELNEN KATEGORIEN

RE (ausgestorben oder verschollen) – Bestandssituation
Arten, deren Populationen nachweisbar ausgestorben sind, oder Arten, die seit mindestens zehn Jahren trotz Nachsuche nicht mehr festgestellt werden konnten, und/oder die auf Grund von Habitatzerstörungen oder anderen Einwirkungen als verschollen gelten müssen. Der Terminus „ausgerottet" im Sinne von direkter anthropogener Nachstellung, der z. B. noch bei Gepp (1994) verwendet wird, trifft auf keine einzige Tagfalterart Südtirols zu.
Ganz vereinzelt werden auch Arten mit Nachweisen aus den letzten zehn Jahren in die Kategorie eingestuft. Dies betrifft Taxa, deren Habitatentwicklung erst in allerjüngster Zeit extrem negativ war.

CR (vom Aussterben bedroht) – Bestandssituation
Arten, deren Populationen nur sehr klein und isoliert oder auf wenige Einzelvorkommen beschränkt sind und deren Bestände durch wahrscheinliche oder aktuelle Eingriffe bedroht sind, oder Arten, deren Bestände durch kurzfristigen massiven oder lang anhaltenden starken Rückgang auf eine kritische Größe zurückgegangen sind.

EN (stark gefährdet) – Bestandssituation
Arten mit kleinen Beständen oder Arten, deren Bestände im nahezu gesamten einheimischen Verbreitungsgebiet signifikant zurückgehen oder regional verschwunden sind.

VU (gefährdet) – Bestandssituation
Arten mit regional kleinen oder sehr kleinen Beständen, oder Arten, deren Bestände regional zurückgehen oder lokal verschwunden sind.

NT (drohende Gefährdung) und LC (nicht gefährdet)
Während die IUCN innerhalb der Gefährdungskategorie „Geringeres Risiko" (Lower Risk, LR) Taxa der Subkategorien Conservation Dependent (CD), Near Threatened (NT) und Least Concern (LC) subsumiert, wird hier in Anlehnung an Zulka et al. (2001) eine Differenzierung in NT und LC vorgenommen. Vor allem die eigene Ausweisung der Kategorie NT erschien in Anbetracht der starken, wenn auch noch nicht existenzbedrohenden Verlusttendenzen vieler Arten dringlich. Nicht gefährdete Arten können zwar durchaus lokale Verluste erleiden, jedoch besteht kein regionales Aussterberisiko.

DD (Datenlage unzureichend)
Die unzureichende Datenlage indiziert generell einen dringenden Forschungsbedarf. In dieser Kategorie findet sich mutmaßlich eine größere Anzahl gefährdeter Arten.

NE (nicht eingestuft)
Sämtliche Irrgäste sowie regelmäßige und/oder unregelmäßige Vermehrungsgäste oder Arten ohne Reproduktion in Südtirol werden nicht eingestuft.

Artenzahl

RE – ausgestorben / verschollen
CR – vom Aussterben bedroht
EN – stark gefährdet
VU – gefährdet
NT – drohende Gefährdung
LC – nicht gefährdet
DD – unzureichender Datenbestand
NE – nicht eingestuft

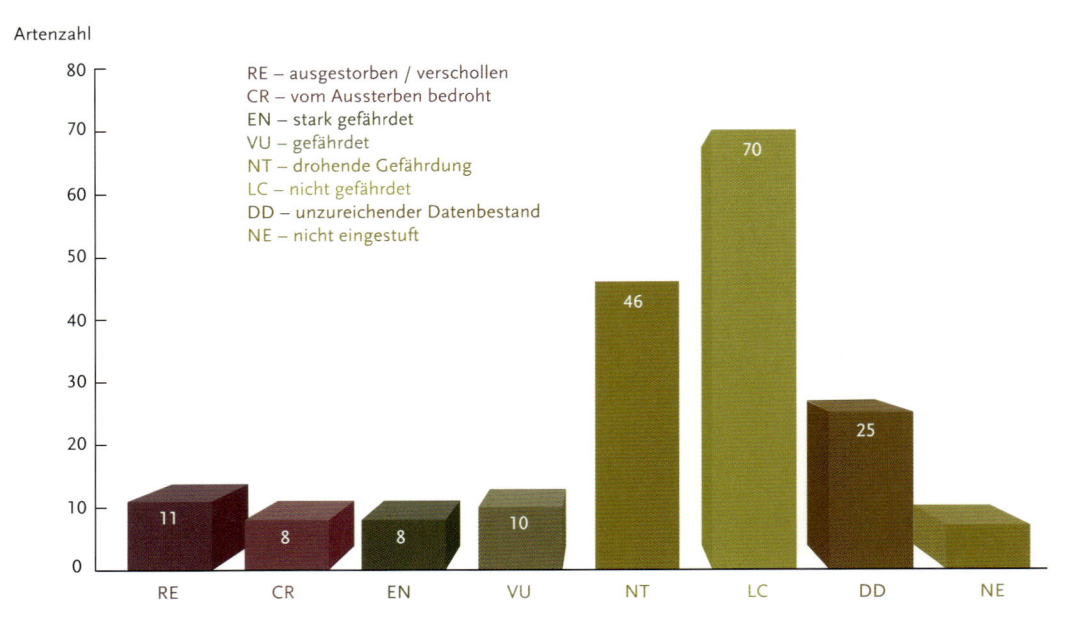

Kategorie	RE	CR	EN	VU	NT	LC	DD	NE
Artenzahl	11	8	8	10	46	70	25	

ARTENDIVERSITÄT innerhalb der einzelnen Kategorien der Roten Liste

Schutzmaßnahmen

Eine Fülle von Standardwerken und Spezialliteratur beschäftigt sich mit dem Problem des Schmetterlingsschutzes, und es würde den Rahmen dieser Arbeit sprengen, darauf spezieller einzugehen (vgl. u. a. die ausführlichen Darstellungen bei EBERT & RENNWALD, 1991a; 1991b; SBN, 1994; 1997; SETTELE et al., 1999; WEIDEMANN, 1995). SBN (1994) beschreibt im Wesentlichen folgende Maßnahmen: Rechtsschutz, Landschafts- und Biotopschutz, Forschung, Wiedereinbürgerungen, Bildungsmaßnahmen sowie spezifische Artenschutzprogramme.

Abgesehen von der grundsätzlichen Problematik der Überbauung bzw. vollständigen Versiegelung, die in fast allen Lebensräumen ein potentieller/aktueller Gefährdungsfaktor ist, stellen sich die wesentlichen, für die regionalen Südtiroler Verhältnisse relevanten Schutzmaßnahmen wie folgt dar:

Trockenrasen: Förderungsprogramme für traditionelle, extensive Bewirtschaftung, Düngeverzicht, höchstens extensive Beweidung, keine weitere Aufforstung, keine Biozide (bes. Häutungshemmer) im Grenzbereich von Obstbau und Trockenrasen, im Vinschgau generell Verzicht auf unspezifisch wirksame Insektizide.

Magerwiesen, Bergmähder: Beibehaltung und Förderung extensiver Mahd, Düngeverzicht.

Weiderasen: keine Bestockung mit zusätzlichem Vieh, weitgehender Verzicht auf Koppelbeweidung.

Feuchtwiesen: keine Entwässerungen, Förderung traditioneller, extensiver Nutzung (vor allem Mahd), keine Beweidung.

Alpine Rasengesellschaften: keine Intensivbeweidung, Verzicht auf Skipistenplanierungen sowie keine Kunstdüngung von Skipisten, Verwendung standortgerechten Saatgutes auf Skipisten.

Hecken, Altbäume: keine Rodungsmaßnahmen, Verzicht auf Biozidanwendung im Nahbereich.

Waldränder: keine Begradigungen, extensive Bewirtschaftung von Wiesenstreifen mit Blütensäumen, Förderung breiter Waldsäume mit Strukturelementen wie Gebüschen, Verzicht auf Biozideinsatz in Waldrandnähe.

Wälder: keine standortfremden Gehölzanpflanzungen (z. B. Robinien, Schwarzkiefern), keine großflächigeren Entbuschungsmaßnahmen, so weit als möglich Verzicht auf Asphaltierung von Waldwegen, kein Insektizideinsatz in Wäldern.

Gärten: keine standortfremden Ziergehölze, Förderung von Hecken und Naturwiesen, extensive Nutzung (einmalige Spätsommermahd) zumindest von Teilflächen, möglichst keine Düngung sowie Vermeidung von Bioziden.

Generell ergeben sich mögliche Schutzmaßnahmen somit aus der Minderung oder Beseitigung der weiter oben beschriebenen Gefährdungsfaktoren. Derartige Maßnahmen werden für die einzelnen Arten ohne Ausarbeitung detaillierterer Artenschutzprogramme allgemein angeschnitten.

Schmetterlingsflügel bestehen aus einer doppelten Membran, die dicht mit den farbgebenden Schuppen bedeckt ist.

ARTEN-BESPRECHUNGEN

SYSTEMATISCHER ÜBERBLICK

Familienspektrum

Die augenscheinlichsten morphologischen Merkmale der Tagfalter sind für einen Nichtspezialisten einerseits die über dem Körper zusammenklappbaren Flügel sowie die knopfförmig verdickten Fühlerspitzen. Tagaktivität hingegen tritt auch bei einigen Nachtfaltergruppen auf. Tagfalter (Diurna) bilden aber im Gegensatz zu den Nachtfaltern (Heterocera) eine phylogenetisch einheitliche Gruppe, d. h. vereinfacht dargestellt, dass die einzelnen Familien zueinander nähere verwandtschaftliche Beziehungen aufweisen als zu anderen Gruppen. Eine gewisse Ausnahme stellen allerdings die Dickkopffalter (Hesperiidae) dar, die, obwohl sie eigentlich streng systematisch keine Tagfalter im herkömmlichen Sinn sind, traditionell immer mit diesen gemeinsam behandelt wurden. Vor allem die Tagaktivität der Falter sowie einige morphologische Merkmale haben diese pragmatische Zusammenführung stets gefördert, sie wird aber auch durch Schwestergruppenverhältnisse der Papilionoidea und Hesperioidea untermauert (KRISTENSEN, 1999) und daher hier beibehalten.
Die großsystematische Einteilung der Tagfalter folgt ebenso wie die Bewertung der Arten und Unterarten generell dem im Rahmen des Fauna Europaea Programms erstellten Schmetterlingskatalog (DE PRINS, in litteris). Zahlreiche offensichtliche Unstimmigkeiten in der Fachliteratur auf spezifischem/subspezifischem Niveau werden zwar angemerkt, konnten jedoch in dieser faunistisch-ökologisch orientierten Bearbeitung nicht weiter gelöst werden. Auf Familienniveau noch immer umstritten sind die Riodininae (Würfelfalter) und Satyrinae (Augenfalter). Sie werden einerseits z. B. im Handbuch der Zoologie (KRISTENSEN, 1999) sowie im neuesten Verbreitungsatlas der Tagfalter als Unterfamilien der Lycaenidae (Bläulinge) bzw. Nymphalidae (Edelfalter) behandelt, andererseits bewerten aber einige Autoren neuerer Werke die Riodinidae (SETTELE et al., 1999; TOLMAN & LEWINGTON, 1998) bzw. Satyridae (AISTLEITNER & AISTLEITNER, 1996; SBN, 1994) als separate Familien.
Für die Fauna Südtirols konnten fünf Tagfalterfamilien in insgesamt 185 Arten nachgewiesen werden: Dickkopffalter (Hesperiidae), Ritterfalter (Papilionidae), Weißlinge (Pieridae), Bläulinge (Lycaenidae) und Edelfalter (Nymphalidae). Nymphalidae einschließlich der Augenfalter sind dabei mit 90 Arten die mit Abstand diversitätsreichste Familie, gefolgt von den Lycaenidae mit 49 Arten und den Hesperiidae mit 23 Arten. Weißlinge mit 17 Arten sowie Ritterfalter mit sechs Arten sind aber ebenfalls gut repräsentiert.

Die einzelnen Familien zeichnen sich durch eine Fülle unterschiedlicher morphologischer, aber auch ökologischer Merkmale aus, und die Arten Südtirols lassen sich leicht auf Familienniveau einordnen.

DICKKOPFFALTER (HESPERIIDAE)
Die Dickkopffalter sind eine weltweit verbreitete Familie, von der bisher ca. 3000 Arten beschrieben wurden. In Europa sind 47 Spezies nachgewiesen, die sich oft nur sehr schwer unterscheiden lassen.
Kleine Falter mit auffallend kräftigem Thorax, großen Facettenaugen sowie breitem Kopf und dicken Fühlern. Die Flügel werden in Ruhestellung schräg nach hinten gestellt oder ausgebreitet. Die unscheinbare graubraune, weiß gefleckte oder orangebraune Flügelfarbe sowie direkt aus der Vorderflügelzelle entspringende Radialadern sind ebenfalls typisch für die Familie. Duftschuppen sind in unterschiedlicher Ausprägung an Flügeln, Hinterbeinen sowie den ersten Abdominalsterniten vorhanden. Die Falter fliegen im Gegensatz zu den Papilionoidea schnell und schwirrend. Die Arten können auf Grund morphologischer Merkmale sechs verschiedenen Unterfamilien zugeordnet werden, von denen in Europa nur drei vorkommen, wobei die Pyrginae mit 33 Spezies artenreich sind, die

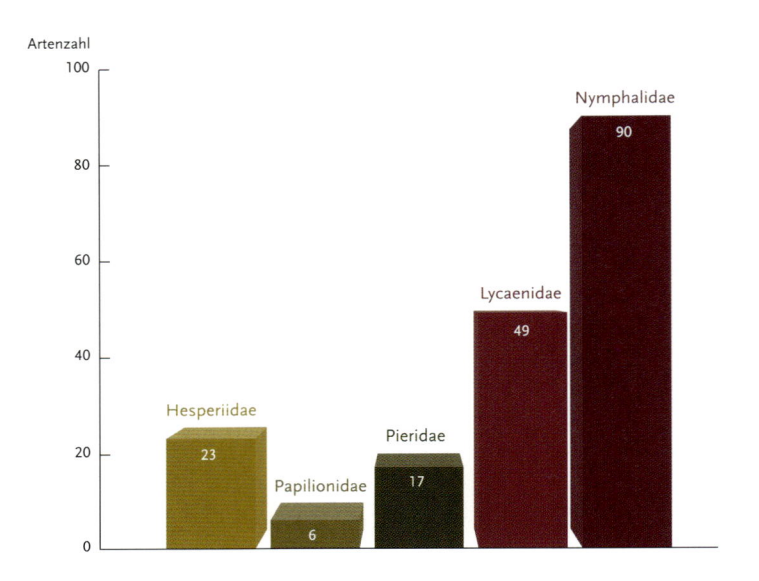

VERTEILUNG DER TAGFALTERARTEN SÜDTIROLS AUF FAMILIEN

Hesperiidae: 23
Papilionidae: 6
Pieridae: 17
Lycaenidae: 49
Nymphalidae: 90

Heteropterinae hingegen beinhalten nur drei sowie die Hesperiinae elf Arten.

Die Raupen der Dickkopffalter sind grundsätzlich schlank und spindelförmig und besitzen einen auffallend abgesetzten und kugeligen Kopf. Im Gegensatz zu den anderen Tagfaltern sind die Abdominalbeine typische Kranz- und nicht Klammerfüße. Die Raupen können daher schlecht klettern und leben zwischen versponnenen Pflanzenteilen. Als Futterpflanzen kommen unterschiedliche krautige Pflanzen sowie Gräser in Frage. Die Verpuppung erfolgt in einem Gehäuse aus versponnenen Pflanzenteilen.

Die Lebensräume der Dickkopffalter sind besonders blumenreiche Wiesen und Weiden, teilweise bis weit in die alpine Zone hinauf.

RITTERFALTER (PAPILIONIDAE)

Vor allem auf dem amerikanischen Kontinent sowie in den Tropen mit ca. 600 Arten verbreitete Familie, Apollofalter besonders im zentralasiatischen Raum. In Europa hingegen eine sehr artenarme Gruppe mit nur 14 Spezies. Meist große bis sehr große Falter, die fast immer bunt gefärbt sind und oft einen konkaven Hinterflügelinnenrand sowie auffallende Spitzen am Hinterflügel besitzen. Die Vorderbeine sind bei allen Ritterfaltern normal entwickelt, die Fühlerspitzen auffallend nach außen gebogen. Vertreter der Unterfamilie Papilioninae sind vor allem durch eine Naht am Metathorax charakterisiert (KRISTENSEN, 1999). Apollofalter (*Parnassius* spp.) sind vielfach dünn weißlich grau beschuppt. Die Weibchen besitzen nach vollendeter Kopula eine typische Begattungstasche (Sphragis). Osterluzeifalter zählen als eigene Tribus ebenfalls zu den Papilioninae, sind aber sehr bunt gefärbt.

Die Raupen der Schwalbenschwänze besitzen zur Abwehr von Fressfeinden teilweise eine ausstülpbare, mit Drüsenzellen besetzte Nackengabel (Osmaterium) in der Intersegmentalmembran zwischen Kopf und Thorax.

Raupen von Osterluzeifaltern besitzen charakteristische beborstete Warzen. Apollofalterraupen im engeren Sinne sind hingegen samtartig behaart, mit typischen gelben Flecken. Die Futterpflanzen reichen von Gehölzen (Segelfalter) bis zu krautigen Pflanzen (Apollofalter), die Osterluzeifalter sind auf Aristolochiaceae spezialisiert. Die Verpuppung erfolgt bei den Papilioninae (Schwalbenschwänzen) sowie den Osterluzeifaltern als Gürtelpuppe, bei der Gattung *Parnassius* (Apollofalter) hingegen frei am Boden in einem feinen Gespinst.

Die Lebensräume sind je nach Gruppe stark unterschiedlich. Apollofalter leben primär in felsigen Gebirgslebensräumen, alle anderen Ritterfalter im Grünlandbereich oder in trockenen Buschsteppen.

WEISSLINGE (PIERIDAE)

Beinahe weltweit verbreitete Familie mit ca. 1000 beschriebenen Arten. In Europa wurden bisher 51 Arten nachgewiesen.

Mittelgroße bis große Falter, die in der Paläarktis überwiegend weiß oder gelb gefärbt sind, in den Tropen hingegen oft bunt. Die Geschlechter sind vielfach unterschiedlich, die Männchen oft leuchtender gefärbt (Geschlechtsdichroismus). Abgesehen von einigen Strukturen wie der doppelten Kralle am Vordertarsus, welche die Monophylie der Familie begründet (KRISTENSEN, 1999), ist besonders die Einlagerung von Pterin-Pigmenten in den Flügelschuppen typisch. Die Weißlingsarten können auf Grund morphologischer Merkmale verschiedenen Unterfamilien zugeordnet werden. Von besonderer Bedeutung sind in Europa die Echten Weißlinge (Pierinae) sowie die Gelblinge (Coliadinae), während die primär in den Tropen beheimateten Senfweißlinge (Dismorphiinae) nur mit wenigen Arten vorkommen.

Die Weißlingsraupen sind walzenförmig und meistens grüngelb gefärbt, haben eine kurze Behaarung, in Ausnahmefällen auch längere und dichte Haare (Baumweißlinge). Sie leben bevorzugt an Kreuzblütengewächsen, seltener an Schmetterlingsblütlern oder anderen Pflanzenfamilien. Die Verpuppung erfolgt ausschließlich als Gürtelpuppe. Die Puppen sind eher lang gestreckt und oft mit verschiedenen gezackten Vorsprüngen ausgestattet.

Weißlinge besiedeln eine Vielzahl von Grünlandlebensräumen und sind als Kulturfolger mit Schadauftreten in Intensivkulturen bekannt. Seltener leben Arten in Assoziation mit Waldlebensräumen oder in der alpinen Region.

BLÄULINGE (LYCAENIDAE)

Weltweit verbreitete Familie mit ca. 3000 bekannten Arten, vermutlich jedoch viele weitere unbeschriebene Arten. In Europa mit ca. 137 Arten vertreten.

Kleine bis mittelgroße Falter, die im männlichen Geschlecht oberseits meistens metallisch blau, vielfach aber auch rotgolden oder braun gefärbt sind. Die Flügelfarbe der Weibchen ist hingegen überwiegend braun (Geschlechtsdichroismus). Die Flügelunterseiten sind meistens grau bis braun, selten grün, vielfach mit schwarzen und orangen Fleckenmustern. Besonders familientypisch sind die unmittelbar am Facettenauge ansetzenden Fühler. Die Arten können auf Grund morphologischer Merkmale wie Färbung oder charakteristischer Flügelanhänge verschiedenen Unterfamilien und Triben zugeordnet werden. Von besonderer Bedeutung sind die echten Bläulinge (Lycaeninae) mit den Feuerfaltern (Lycaenini), Zipfelfaltern (Theclini) und Bläulingen i. e. S. (Polyommatini). Eine separate und umstrittene systematische Stellung kommt den Würfelfaltern (Riodininae) zu.

Die sehr trägen Bläulingsraupen sind kurz und abgeflacht asselförmig und besitzen eine auffallend dicke Haut (Cuticula). Sie weisen meist eine hohe Spezialisierung auf bestimmte Futterpflanzen auf, besonders beliebt sind die Schmetterlingsblütler; Zipfelfalter ernähren sich von Gehölzen, Feuerfalter überwiegend von Ampferarten. Viele Arten sind symbiotisch mit Ameisen assoziiert (Myrmekophilie) (PIERCE et al., 2002) und die Raupen werden durch die Abgabe von zuckerhaltigen Lösungen aus einer speziellen Honigdrüse am 7. Hinterleibssegment von den Ameisen gegen Feinde verteidigt. In Extremfällen leben die Raupen myrmekophag von der Ameisenbrut. Die Puppen sind kurz und gedrungen und meistens als Gürtelpuppe ausgebildet, gelegentlich aber auch frei liegend. Entsprechend der Futterpflanzenwahl sind besonders Mager- und Trockenrasen bevorzugte Bläulingslebensräume.

EDELFALTER (NYMPHALIDAE)
Weltweit verbreitete Familie mit ca. 2000 beschriebenen Arten. Aus Europa wurden bisher 239 Spezies bekannt. Große bis mittelgroße Falter mit extrem unterschiedlichem und oft auffallend buntem Aussehen. Die Vorderbeine sind in beiden Geschlechtern verkümmert und dienen nur mehr als „Putzbeine". Die morphologische Diversität, sowohl imaginal als auch im Raupenstadium, wird durch die Zugehörigkeit zu verschiedenen Unterfamilien reflektiert: Libytheinae (Schnauzenfalter), Heliconinae (in Europa nur in der Tribus der Perlmutterfalter vertreten), Nymphalinae (Edelfalter s. str.), Apaturinae (Schillerfalter), Limenitidinae (Eisvögel), Melitaeinae (Scheckenfalter) und Satyrinae (Augenfalter).

Schnauzenfalter sind u. a. durch extrem verlängerte Labialpalpen charakterisiert, Edelfalter oft durch gezackte Flügelränder, Schillerfalter durch intensive Schillerfarben der Männchen sowie Geädermerkmale, Scheckenfalter durch orange geschnecke Flügel ohne Perlmutterflecken. Eine besonders auffallende und artenreiche Unterfamilie sind die Augenfalter mit eher düsterer, brauner Färbung, charakteristischen Ozellen im Flügelsaumbereich sowie teilweise basal aufgeblähten Vorderflügeladern.

Die Raupen sind wiederum je nach Gruppe völlig unterschiedlich. Die in älterem Stadium ausschließlich nachtaktiven Augenfalterraupen sind grünlich oder graubraun und oft düster gefärbt, spindelförmig mit zweispitzigen, umgebildeten Nachschiebern sowie höchstens kurz behaarter Cuticula. Sie leben ausschließlich an Gräsern im weiteren Sinne. Schillerfalterraupen sind schneckenähnlich mit paarigen Kopfhörnern, während die Raupen der Schnauzenfalter keine speziellen Hautstrukturen aufweisen. Perlmutterfalter, Edelfalter s. str., Eisvögel und Scheckenfalter haben walzenförmige Raupen mit verzweigten Dornen, die tagsüber je nach Gruppe stark spezialisiert an unterschiedlichsten krautigen Pflanzen oder seltener auch an Laubbäumen fressen.

Die Puppen der Augenfalter sind kurz und gedrungen und liegen frei am Boden oder in einem leichten Gespinst, seltener auch als Stürzpuppe an der Vegetation. Die Raupen aller anderen Edelfalterunterfamilien verwandeln sich ausschließlich zu Stürzpuppen, die, mit Ausnahme der Schecken- und Schnauzenfalter, auffallend eckig und oft mit Metallflecken versehen sind.

Die Lebensräume sind je nach systematischer Einheit stark voneinander abweichend. Während Eisvögel und Schillerfalter überwiegend auf Waldlebensräume beschränkt sind, finden sich Schecken- und Perlmutterfalter gerne auf blumenreichen Wiesen, Augenfalter in unterschiedlichstem Grünland, vielfach auch oberhalb der Waldgrenze (*Erebia* spp.). Die Edelfalter im engeren Sinne sind oft an anthropogen genutzte Lebensräume angepasst.

Artenspektrum

Die 185 mit Sicherheit registrierten Tagfalterarten Südtirols (systematische Tabelle im Anhang) ergeben im internationalen Vergleich eine weit überdurchschnittliche Artenvielfalt, die selbst in großen Ländern wie Deutschland (191 Arten), Polen (154 Arten), Ungarn (158 Arten) oder der Ukraine (174 Arten) nur knapp überschritten oder nicht erreicht wird.

Die Artenbestände dürften weitgehend und annähernd vollständig erfasst sein, und nur mehr ganz wenige zusätzliche Arten sind potentiell in Südtirol denkbar. Neben übersehenen Taxa spielen auch möglicherweise noch unerkannte Artenkomplexe wie das erst vor kurzem aufgespaltene Artenpaar *Leptidea sinapis/reali* diesbezüglich eine Rolle. Jederzeit kann aber auch mit Neueinwanderern auf Grund natürlicher Arealoszillationen oder mit neu eingeschleppten Arten gerechnet werden. Zu den Letzteren, den so genannten Neozoen, zählt z. B. der Bläuling *Cacyreus marshalli* Butler, 1898, der, ursprünglich aus dem südafrikanischen Raum stammend, über Südspanien eingeschleppt wurde und im Jahr 2002 bereits Verona erreicht hat.

Fehlmeldungen

Einige zweifelhafte und nicht belegte Arten sind aus der Landesfauna zu streichen. Mehrere Fehlmeldungen, vor allem aus dem 19. Jahrhundert, wurden bereits von KITSCHELT (1925) angezweifelt, darunter z. B. ein angeblicher Fund von *Papilio alexanor* Esper, 1799, aus Meran, von *Colias myrmidone* (Esper, 1781) aus Gries bei Bozen sowie von *Hipparchia fidia* (Linnaeus, 1767), von der sogar ein zweifellos fehlerhaft etikettiertes Exemplar aus Meran in den Sammlungen des Tiroler Landesmuseums Ferdinandeum existiert. Überdies erscheinen besonders mehrere von HINTERWALDNER (1868) ohne konkrete Fundortangaben veröffentlichte Arten, teilweise wohl auch für die Provinz Trient gemeldet, äußerst zweifelhaft, so die Arten *Colias chrysotheme* (Esper, 1781), *Neptis sappho* (Pallas, 1771), *Nymphalis xanthomelas* (Esper, 1781), *Nymphalis vau-album* (Denis & Schiffermüller, 1775), *Lycaena thersamon* (Esper, 1784), *Polyommatus admetus* (Esper, 1785) und *Polyommatus ripartii* (Freyer, 1830).

Einige fragliche Arten fanden bis in die jüngste Vergangenheit Eingang in regionale Bearbeitungen, so z. B. in die Rote Liste gefährdeter Tagfalter Südtirols (HOFER, 1995):

Spialia orbifer
(Hübner, 1823)
Südöstlicher Würfel-Dickkopffalter

Die nach HOFER (1995) in Südtirol ausgestorbene Art wurde lediglich durch WOCKE (1876–1881), basierend auf einem zwischen Trafoi und dem Stilfser Joch gesammelten Exemplar, sowie DANNEHL (1925–1930), nach Faltern von der Mendel sowie Bozen, gemeldet. Eine Kontrolle der Sammlung Wocke, die sich heute im Zoologischen Institut in St. Petersburg befindet, war leider nicht möglich. Ebenso konnten in den verbliebenen Beständen der Sammlung Dannehl in der Zoologischen Staatssammlung München keine Exemplare der Art gefunden werden. Es handelt sich aber schon auf Grund des osteuropäischen Areals von *S. orbifer* mit Sicherheit um Verwechslungen.

Pyrgus carlinae
(Rambur, 1839)
Ockerfarbiger Würfel-Dickkopffalter

DANNEHL (1925–1930) meldet diese Art sowie die nächstverwandte *P. cirsii* (Rambur, 1839), die im Übrigen heute manchmal nur mehr als Unterart von *P. carlinae* gewertet wird, ohne nähere Fundangaben aus Südtirol. Diese Angabe konnte aber, ebenso wie andere pauschale Meldungen für Südtirol (FORSTER & WOHLFAHRT, 1984) oder der bei REICHL (1992) kartographisch dargestellte Nachweis, nicht verifiziert werden. Da sich auch sonstige unpublizierte Meldungen der leicht verwechselbaren Art aus dem Vinschgau nach Kontrolle immer als Fehlbestimmungen erwiesen und überdies das bei SBN (1994) beschriebene Areal ein Vorkommen sehr unwahrscheinlich macht, wird *P. carlinae* aus der Landesfauna Südtirols gestrichen.

Pieris ergane
(Geyer, 1868)
Südöstlicher Weißling

Das Vorkommen dieser extrem leicht mit *P. napi* und *P. mannii* zu verwechselnden Art ist nicht belegt und auf Grund der Verbreitungsgrenze knapp nördlich des Gardasees auch sehr unwahrscheinlich. Eine Meldung aus Naturns vom 4.8.1938 durch Astfäller (DANIEL & WOLFSBERGER, 1957) ist sicherlich eine Fehlbestimmung, umso mehr, als die Art im Gebiet trotz intensiver Besammlung nie bestätigt werden konnte. Die Meldung von Bozen/Kalvarienberg durch DANNEHL (1925–1930) ist ebenfalls unbewiesen, und in der Zoologischen Staatssammlung in München konnte kein diesbezügliches Material festgestellt werden. Der Erstnachweis für „Südtirol" durch REBEL (1899) wurde in Wirklichkeit am Toblinosee in Trient getätigt. Die Berücksichtigung der Art in der Roten Liste (HOFER, 1995) beruht auf diesen Irrtümern, und EISENBERG (2001) bezweifelt zu Recht das Vorkommen von *P. ergane* in Südtirol.

Cupido osiris
(Meigen, 1829)
Kleiner Alpen-Bläuling

Die leicht mit *Polyommatus semiargus* aber auch *Cupido minimus* zu verwechselnde Art wurde aus Südtirol nur ganz vereinzelt gemeldet und Belege liegen nicht vor. Die erste Meldung vom Stilfser Joch vom 4.8.1880 durch WOCKE (1876–1881) wird zu Recht schon von KITSCHELT (1925) bezweifelt, umso mehr, als es aus diesem Gebiet nie eine Bestätigung gab. Weitere Meldungen durch DANNEHL (1925–1930) vom 4.7.1900 aus Mals oder von PÜRSTINGER am 27.6.1981 aus Langtaufers (REICHL, 1992) sind ebenfalls nicht belegt bzw. Fehldeterminationen. Eine Aufnahme in die Landesfauna oder gar in die Rote Liste, wie von HOFER (1995) vorgenommen, erscheint auch unter Berücksichtigung des Gesamtareals (TOLMAN & LEWINGTON, 1998) nicht gerechtfertigt.

Glaucopsyche alcon
(Denis & Schiffermüller, 1775)
Lungenenzian-Ameisen-Bläuling

Die Südtiroler Fundmeldungen vor allem aus dem Ortlergebiet (KITSCHELT, 1925; DANNEHL, 1925–1930) gehören nach heutigem Kenntnisstand zu *Glaucopsyche rebeli* Hirschke, 1904. Ein Vorkommen der von HOFER (1995) auf diesen Daten basierend als ausgestorben angeführten *G. alcon* ist aber zumindest nicht völlig auszuschließen (EISENBERG, 2001) (s. auch Besprechung von *G. rebeli*). Von EISENBERG (*in litteris*) beobachtete Eiablagen an Schwalbenwurzenzian aus dem Gebiet von Trafoi sind möglicherweise *G. alcon* zuzurechnen, leider liegen jedoch dazu keine Bestätigungen durch Zucht bzw. Falternachweise vor.

Plebeius argyrognomon
(Bergsträsser, 1779)
Kronwicken-Bläuling

Südtiroler Nachweise, wie z. B. in der älteren Literatur (DANNEHL, 1925–1930; KITSCHELT, 1925), aber auch in neueren Arbeiten (REICHL, 1992; HUEMER & TARMANN, 2001) publiziert, beziehen sich, so weit eine Kontrolle des Materials möglich war, immer auf *P. idas*. Letztere Art war jedoch den älteren Autoren überhaupt nicht bekannt. Auch die Einstufung in der Roten Liste Südtirols durch HOFER (1995) als „vom Aussterben bedroht" beruht auf diesen Irrtümern. Die nächstgelegenen Fundorte von *P. argyrognomon* befinden sich im Schweizer Südtessin sowie am Genfer See, ansonsten besteht in den Südalpen eine weite Verbreitungslücke (KUDRNA, 2002; TOLMAN & LEWINGTON, 1998).

Euphydryas maturna
(Linnaeus, 1758)
Eschen-Scheckenfalter, Maivogel

In älteren Arbeiten (KITSCHELT, 1925; DANNEHL, 1925–1930) aufgelistet und in der Roten Liste als ausgestorben angeführt (HOFER, 1995). Alle diese Meldungen basieren jedoch auf der früher lediglich als alpine Variation angesehenen *Euphydryas intermedia* (Linnaeus, 1758). Leider haben die fehlerhaft interpretierten Daten aber Eingang in verschiedene Datenbanken gefunden und wurden somit bis in die jüngste Zeit verwendet (REICHL, 1992).

Wenngleich in der bisher gültigen Roten Liste angeführt, wurde das Moor-Wiesenvögelchen (*Coenonympha oedippus*) in Südtirol nie nachgewiesen.

Melitaea parthenoides (Keferstein, 1851)
Westlicher Scheckenfalter

Zahlreiche kontrollierte Meldungen aus Südtirol, aber auch aus Österreich (REICHL, 1992) beruhen, mit Ausnahme eines bezüglich seiner Authenzität nicht geklärten Falters aus Innsbruck, durchwegs auf Fehlbestimmungen. Vor allem die Vermischung mit der früher als Unterart angesehenen *M. varia* hat zu diesen Fehlinterpretationen geführt (EISENBERG, 2001). Das Areal von *M. parthenoides* erreicht nach Osten hin lediglich das Wallis sowie die Nordschweiz und Süddeutschland, grenzt jedoch nicht an Südtirol.

Coenonympha oedippus (Fabricius, 1787)
Moor-Wiesenvögelchen

Das nach HOFER (1995) ausgestorbene Moor-Wiesenvögelchen wurde in Südtirol nie nachgewiesen. Die nächsten gesicherten Vorkommen befinden sich in der Provinz Trient.

Coenonympha glycerion (Borkhausen, 1788)
Rotbraunes Wiesenvögelchen

Sämtliche Fundmeldungen aus Südtirol sind äußerst zweifelhaft, und trotz Kontrolle in den entsprechenden Sammlungen konnte in keinem einzigen Fall ein Beleg gefunden werden. Der Nachweis von MANN (1867) gibt keinerlei Fundorthinweise und kann – abgesehen von Bestimmungsproblemen – nach dem inhaltlichen Schwerpunkt der Aufsammlungen irgendwo zwischen Bozen und Trient registriert worden sein. KITSCHELT (1925) bezweifelt daher zu Recht die Zuverlässigkeit dieses Fundes. Auch die Angaben DANNEHL'S (1925–1930) vom Tschögglberg und Nonsberg erscheinen unglaubwürdig. Die einzige neuere Meldung aus dem Avignatal, die über ZOBODAT bei REICHL (1992) Berücksichtigung fand und auch zur Einstufung in die Gefährdungskategorie „vom Aussterben bedroht" durch HOFER (1995) führte, beruht auf einem Geländeprotokollfehler (TARMANN, mündl. Mitteilung).

Pyronia cecilia (Vallantin, 1894)

Nach HINTERWALDNER (1868) bei Meran und Salurn nachgewiesen. Die nächsten isolierten Populationen finden sich bei Modena, und ein historisches Auftreten in Südtirol ist sehr unwahrscheinlich. Vermutlich handelt es sich bei dieser Meldung um Verwechslungen mit *Pyronia tithonus*.

Erebia meolans (de Prunner, 1798)
Gelbbindiger Mohrenfalter

FRUHSTORFER (1918) meldete die Art unter dem neu eingeführten Namen *Erebia pyrene freyeri* aus dem Ortlergebiet. Eine Bestätigung dafür fehlt aber trotz zahlreicher Aufsammlungen in diesem Gebiet, und spätere Angaben beziehen sich auf die genannte Publikation. Die Meldungen sind aber, ebenso wie weitere Angaben u. a. durch HUEMER & TARMANN (2001), nicht belegt und daher zweifelhaft. Dies umso mehr, als das Verbreitungsgebiet der Art nach Untersuchungen von SBN (1994) nicht an Südtirol grenzt.

Hipparchia alcyone (Denis & Schiffermüller, 1775)
Kleiner Waldportier

Überetscher Meldungen durch DANNEHL (1925–1930) sowie spätere Angaben führten zur Auflistung bei HOFER (1995). Alle überprüfbaren Tiere inkl. DANNEHL-Material erwiesen sich jedoch ausnahmslos als *Hipparchia fagi* (Scopoli, 1763) zugehörig, ein Umstand, der auch durch die den Südalpenraum ausschließende Gesamtverbreitung von *H. alcyone* untermauert wird.

HESPERIIDAE
DICKKOPFFALTER

PYRGINAE

Erynnis tages
(Linnaeus, 1758)
Kronwicken-Dickkopffalter

TAXONOMIE – DETERMINATION
In Mitteleuropa ausschließlich in der nominotypischen Unterart vertreten. Unverwechselbare, braun gefärbte Art mit schwach entwickelter grauweißer Zeichnung.

VERBREITUNG
Gesamtverbreitung: sibirisch-europäisch; große Teile Europas und des nördlichen Asiens bis zum Amur.
Regionalverbreitung: im ganzen Land weit verbreitet, öfters in höherer Dichte. Verbreitungslücken in den mittleren und östlichen Landesteilen beruhen wohl vielfach auf Kartierungsdefiziten.
Vertikalverbreitung: ca. 250 bis 2300 m; kollin, montan, subalpin, alpin. Vor allem in der montanen und subalpinen Stufe weit verbreitet.

BIOLOGIE
Habitatwahl: xerothermophile Offenlandart. Bevorzugte Lebensräume sind sonnenexponierte und niederwüchsige Mager- und Trockenrasen, Wegböschungen, Felssteppen und trockene Weiderasen, gerne im Bereich von Erdanrissstellen und Rohböden.
Phänologie: bivoltin, in höheren Lagen univoltin; bis in die höhere montane Stufe zweibrütig von Ende März bis Anfang Juni sowie von Mitte Juni bis Mitte August, vielfach ohne deutliche Abgrenzung der Generationen. Ab der subalpinen Stufe einbrütig mit Nachweisen von Anfang Juni bis Ende Juli.
Raupenfutterpflanzen – Präimaginalstadien: Oligophagie I; *Lotus corniculatus, L. uliginosus, Coronilla varia, Hippocrepis comosa* (Fabaceae) (SETTELE et al., 1999; TOLMAN & LEWINGTON, 1998). Eiablage einzeln an den Blättern der Fraßpflanze. Raupe verspinnt zuerst zwei, später mehrere Blätter zu charakteristischem Gehäuse. Überwinterung als voll erwachsene Raupe in einem Hibernaculum, im Frühjahr Verpuppung in diesem Gehäuse (SBN, 1997; WEIDEMANN, 1995).

GEFÄHRDUNG – SCHUTZMASSNAHMEN
Gefährdungssituation: abgesehen von lokal wirksamen Gefährdungsfaktoren wie Verbauungsmaßnahmen oder Eutrophierungen kaum gefährdet. Die bei HOFER (1995) vorgenommene Einstufung als „vom Aussterben bedroht" kann nach den vorliegenden Daten jedenfalls nicht bestätigt werden.
Rote Liste: nicht oder kaum gefährdet (LC); bisherige Einstufung: 1.
Schutzmaßnahmen: derzeit keine Maßnahmen erforderlich.

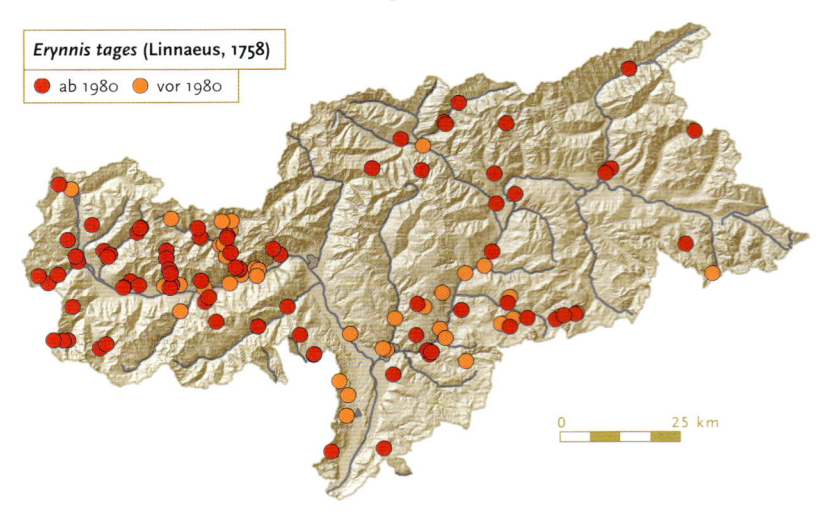

Erynnis tages (Linnaeus, 1758)
● ab 1980   ● vor 1980

Die Raupe des Malven-Dickkopffalters (*Carcharodus alceae*) ist an den leuchtend gelben Brustflecken leicht zu erkennen.

<<

Der Kronwicken-Dickkopffalter (*Erynnis tages*) ist in Südtirol trotz gegenteiliger früherer Einstufungen nicht gefährdet.

Carcharodus alceae (Esper, 1780) Malven-Dickkopffalter

TAXONOMIE – DETERMINATION

In Europa ausschließlich in der Nominatunterart vertreten.
Durch sechs schmale, weißliche Fensterflecken am Vorderflügel charakterisierter Dickkopffalter. Von der ähnlichen Art *C. flocciferus* durch die kleineren Zellflecken sowie das Fehlen von weißen Flecken auf der Hinterflügeloberseite zu unterscheiden, von *C. boeticus* durch die fehlende Gitterzeichnung der Hinterflügelunterseite.

VERBREITUNG

Gesamtverbreitung: zentralasiatisch-europäisch; von der Iberischen Halbinsel über Mittel- und Südeuropa bis in den Nahen und Mittleren Osten sowie Teile Zentralasiens bis zum Altai und zum Tienschan.
Regionalverbreitung: in den wärmeren Zonen des Etsch- und Eisacktals sowie den angrenzenden Gebieten weit verbreitet, allerdings lokal und meist einzeln. Isolierte historische Funde aus dem Brennergebiet sowie dem Ahrntal.
Vertikalverbreitung: ca. 220 bis 1370 m; kollin, montan.

BIOLOGIE

Habitatwahl: xerothermophile Offenlandart. Sonnenexponierte und blumenreiche Trockenrasen-, Ruderalfluren, Wegböschungen bis hin zu Waldrändern oder sekundär auch verwilderte Gärten sind als potentielle Habitate geeignet. Falter gerne auf Rohböden sonnend.
Phänologie: bivoltin; von Ende März bis Mitte Mai sowie von Anfang Juli bis Anfang September.
Raupenfutterpflanzen – Präimaginalstadien: Oligophagie I; *Malva neglecta, M. alcea, M. sylvestris, M. moschata, Althaea rosea* (Malvaceae) (SBN, 1997; WEIDEMANN, 1995). Eiablage meist einzeln an Blättern oder Blüten. Raupen leben in einem Gehäuse aus versponnenen Blättern. Überwinterung im Raupenstadium in einem dichten Gespinst. Verpuppung im Frühjahr am Boden zwischen versponnenen Pflanzenteilen (SBN, 1997; SETTELE et al., 1999).

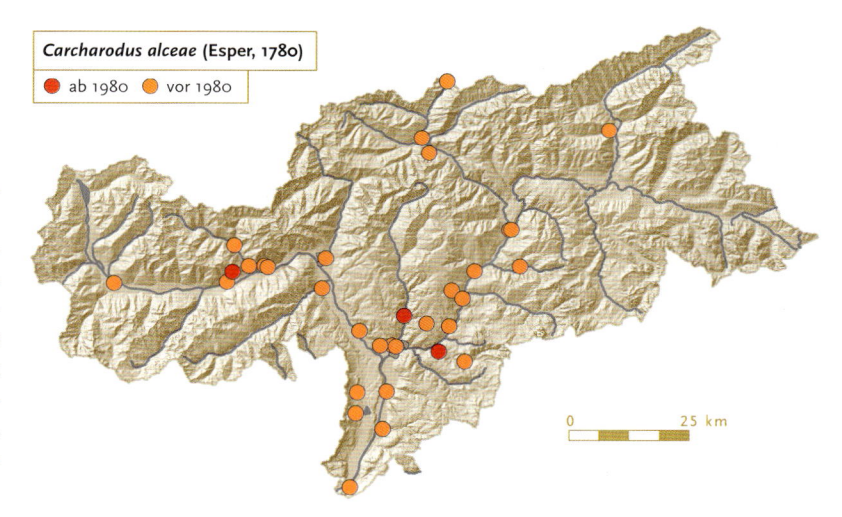

GEFÄHRDUNG – SCHUTZMASSNAHMEN

Gefährdungssituation: Vorkommensschwerpunkte in Talgebieten sowie massive anthropogene Eingriffe in diesen Regionen von Verbauungen bis hin zum Einsatz von Bioziden in der Landwirtschaft haben zu starken Rückgängen geführt. Neuere Nachweise fehlen weitgehend. Das Ausbreitungspotential der Falter (r-Strategie) sowie die geringe Erfassungsintensität in dieser Gruppe lassen aber eine weitere Verbreitung annehmen, als derzeit bekannt ist.

Bergziest-Dickkopffalter (*Carcharodus lavatherae*), eine Charakterart der heißen Felssteppengebiete.

Ähnliches wurde nach intensiven Freilanderhebungen in der Schweiz beobachtet. Insgesamt dürfte die Art zumindest stark gefährdet sein, jedoch unterbleibt auf Grund der genannten Kenntnislücken eine Einstufung in die Rote Liste.

Rote Liste: unzureichender Datenbestand (DD); bisherige Einstufung: 3.

Schutzmaßnahmen: dringender Forschungsbedarf. Kartierung der noch aktuellen Populationen sowie detaillierte Klärung der Ökologie. Schutz der Restvorkommen durch Beibehaltung traditioneller, extensiver Nutzung.

Carcharodus lavatherae (Esper, 1783)
Bergziest-Dickkopffalter

TAXONOMIE – DETERMINATION

In großen Teilen Europas in der nominotypischen Unterart vertreten, am Balkan überdies die ssp. *tauricus* Reverdin, 1915. Die Herbstgeneration Südtirols wurde von DANNEHL (1925–1930) mit dem infrasubspezifischen Namen *chlorotes* versehen.

C. lavatherae differiert von den anderen Arten der Gattung durch die leicht olivgrüne Färbung der Vorderflügeloberseite mit großen Fensterflecken sowie die cremefarbene Hinterflügelunterseite.

VERBREITUNG

Gesamtverbreitung: turanisch-europäisch-mediterran; Nordafrika und die südeuropäischen Länder bis zum Südural sowie zum Transkaukasus.

Regionalverbreitung: in den wärmeren Bereichen des Etsch- und Eisacktals sowie den angrenzenden Gebieten weit verbreitet, allerdings lokal und meist einzeln. Isolierte Funde aus dem Sterzinger Raum sowie dem Ahrntal. Rezent fast nur mehr im Vinschgau belegt.

Vertikalverbreitung: ca. 220 bis 1700 m; kollin, montan. Primär in warmen Lagen bis gegen 1200 m verbreitet. In der subalpinen Stufe fehlend.

BIOLOGIE

Habitatwahl: xerothermophile Offenlandart. Standorttreue Art mit strenger Bindung an blütenreiche Trocken- und Halbtrockenrasen sowie Felssteppen, vielfach auch verbuschende Flächen.

Phänologie: univoltin, fakultativ bivoltin (?); von Ende April bis Ende September, in ungeklärter Generationenfolge. Während SETTELE et al. (1999) für Deutschland Einbrütigkeit vermerken und auch SBN (1997) nur von einer auffallend langen Flugzeit sprechen, erwähnt KITSCHELT (1925) für Südtirol zwei Generationen von Mai bis Juni sowie von Mitte Juli bis August. Ähnliches berichtet auch DANNEHL (1925–

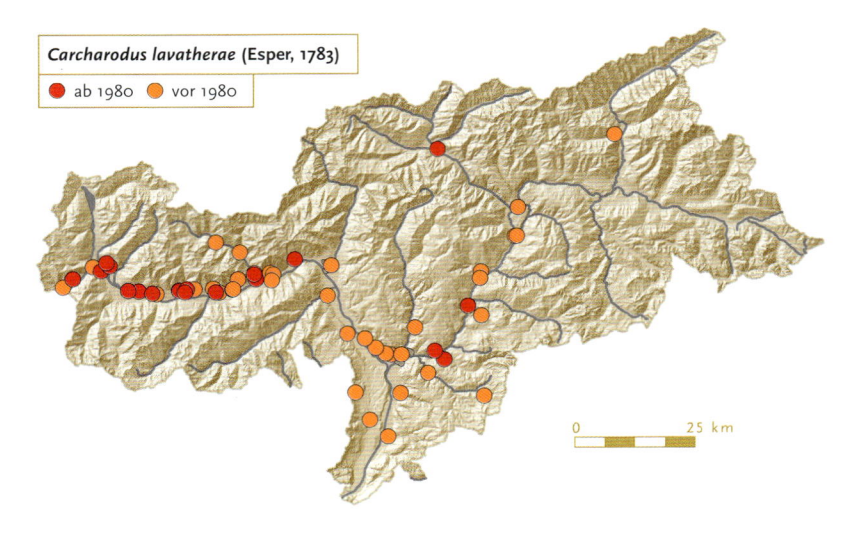

Das einzige Südtiroler Exemplar des Andorn-Dickkopffalters (*Carcharodus boeticus*) wurde in der Zoologischen Staatssammlung in München entdeckt.

1930), der die Art 1924 von Anfang Mai bis Ende Juni täglich beobachten konnte und erst ab Ende August wieder frische Tiere registrierte. Konsequenterweise wurde von diesem Autor eine schwache und möglicherweise nicht jährlich auftretende zweite Generation angenommen.

Raupenfutterpflanzen – Präimaginalstadien: Monophagie II; *Stachys recta*, *S. germanica*, *S. arvensis* (Lamiaceae) (TOLMAN & LEWINGTON, 1998), in Südtirol wohl nur *S. recta*. Eiablage an Blütenkelchen der Futterpflanze. Raupe lebt bis zur Überwinterung an den versponnenen Samen. Im Frühjahr werden bodennahe Blätter zu einem Gehäuse versponnen und Blatttriebe gefressen. Verpuppung aufrecht in lockerem Gespinst zwischen dürren Basisblättern (SBN, 1997).

GEFÄHRDUNG – SCHUTZMASSNAHMEN

Gefährdungssituation: früher in den Tälern viel weiter verbreitet und von STAUDER (1915) bei Terlan sogar als „sehr gemein" gemeldet. Inzwischen ist die Art aber vor allem aus dem unteren Etsch- sowie dem Eisacktal als Folge von Intensivierung in der Landwirtschaft sowie baulichen Maßnahmen weitgehend verschwunden. Die negative Auswirkung von Spritzmitteln ist möglicherweise durch die geschützte Lebensweise der Raupe geringer als bei vielen anderen Arten, wie rezente Nachweise am Vinschgauer Sonnenberg andeuten. Eine akute landesweite Gefährdung ist auch in Anbetracht der Besiedelung naturnaher Felssteppenrasen nicht gegeben.

Rote Liste: drohende Gefährdung (NT); bisherige Einstufung: 4.

Schutzmaßnahmen: extensive Nutzung sowie keine weiteren intensivierenden Eingriffe in Trockenrasen wie insbesondere Aufforstungen oder Eutrophierungen.

Carcharodus boeticus (Rambur, 1833) Andorn-Dickkopffalter

Synonymie:
Carcharodus marrubii (Rambur, 1840)

TAXONOMIE – DETERMINATION

Die aus dem Wallis beschriebene ssp. *octodurensis* Oberthür, 1911, basiert laut SBN (1997) auf relativ kleinen Zuchttieren und ihr taxonomischer Wert wird bezweifelt.

C. boeticus ist von den ähnlichen Arten *C. flocciferus* und *C. alceae* durch die Gitterzeichnung der Hinterflügelunterseite zu unterscheiden.

VERBREITUNG

Gesamtverbreitung: westmediterran; von der Iberischen Halbinsel über die mediterranen Gebiete Frankreichs bis Mittelitalien, isolierte historische Funde im Wallis.

Regionalverbreitung: bisher nur aus der Gegend von Bozen bekannt. Das einzige Exemplar wurde nie publiziert und steckte korrekt bestimmt in der Zoologischen Staatssammlung in München. Es handelt sich um ein Männchen, das am 18.6.1952 in Bozen von FORSTER belegt wurde. Leider ist über die näheren Fundumstände nichts bekannt und auch die Bodenständigkeit der Art ist somit nicht völlig gesichert. Es handelt sich auf jeden Fall um einen sehr isolierten und entsprechend bedeutenden Nachweis. Bemerkenswert ist der Hinweis von DANNEHL (1925–1930) auf typische *C. boeticus* in Südtirol, jedoch ohne konkrete Fundortangaben.

Vertikalverbreitung: ca. 250 m; kollin. Im Wallis früher bis ca. 800 m auftretend (SBN, 1997).

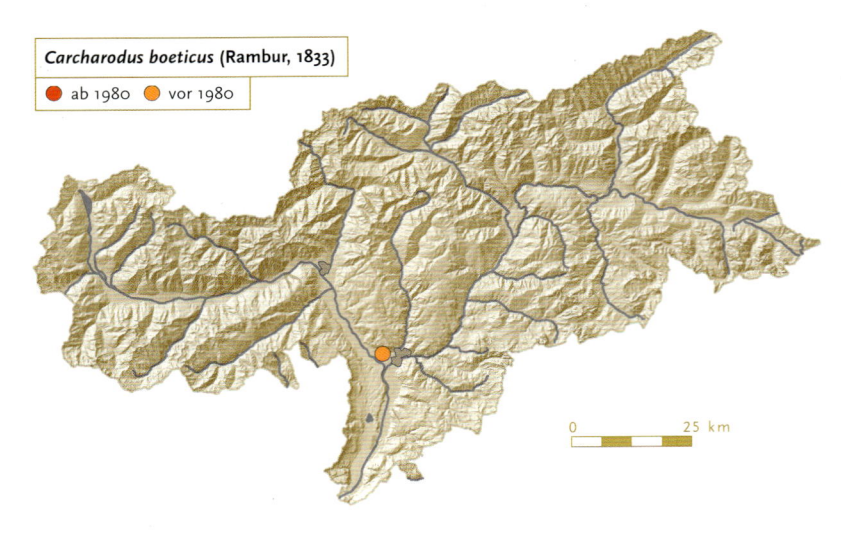

Carcharodus boeticus (Rambur, 1833)
● ab 1980   ● vor 1980

BIOLOGIE
Habitatwahl: xerothermophile Offenlandart. Ehemalige Habitate in Südtirol unbekannt, möglicherweise in Gärten oder an Ruderalstellen.
Phänologie: univoltin; Mitte Juni. Außerhalb Südtirols von Mitte Juni bis Anfang September.
Raupenfutterpflanzen – Präimaginalstadien: Monophagie I; *Marrubium vulgare* (Lamiaceae). Lebensweise der Präimaginalstadien sowie Lebensraumansprüche in Südtirol sind völlig unbekannt. Nach diversen Literaturstellen, vor allem SBN (1997), werden die Eier im Sommer an Andorn abgelegt. Diese wärmeliebende Pflanze wurde zu medizinischen Zwecken früher gerne in Gärten angebaut, möglicherweise stammt auch der Bozner Nachweis aus derartigen Biotopen. Die Raupe verspinnt zuerst ein einzelnes, später zwei Blätter zu einem Gehäuse. Überwinterung als junge Raupe. Verpuppung im Frühjahr in einem Gehäuse aus versponnenen dürren Blättern an der Pflanzenbasis (SBN, 1997).

GEFÄHRDUNG – SCHUTZMASSNAHMEN
Gefährdungssituation: auf Grund der bescheidenen Datenlage keine Angaben möglich.
Rote Liste: unzureichender Datenbestand (DD); bisherige Einstufung: n. a.
Schutzmaßnahmen: derzeit keine sinnvollen Maßnahmen möglich. Falls die Art in Südtirol wieder entdeckt werden sollte, wären umgehend Schutzmaßnahmen einzuleiten.

Carcharodus floccifera (Zeller, 1847)
Heilziest-Dickkopffalter

Synonymie:
Carcharodus altheae (Hübner, 1803) (Homonym)

TAXONOMIE – DETERMINATION
In Europa ausschließlich in der Nominatunterart vertreten.
Von der ansonsten sehr ähnlichen *C. alceae* vor allem durch einen weißen Zellfleck auf der Hinterflügeloberseite, die größeren Fensterflecken der Vorderflügel sowie ein dunkles Haarbüschel auf der Vorderflügelunterseite zu unterscheiden.

VERBREITUNG
Gesamtverbreitung: zentralasiatisch-europäisch-mediterran; von Marokko über Teile Mittel- und Südeuropas, den Südural und das südliche Sibirien bis zum Altaigebirge.

Regionalverbreitung: extrem zerstreut und selten nachgewiesen, vor allem im Etsch- und Eisacktal, isolierte Vorkommen aber auch im Ahrn- und Schnalstal.
Vertikalverbreitung: ca. 250 bis 2000 m; kollin, montan, subalpin. Funde großteils aus der kollinen Region, der einzige subalpine Nachweis stammt aus Kurzras im Schnalstal. Auch in den Schweizer Alpen wurde die Art bis 2000 m registriert (SBN, 1997).

BIOLOGIE
Habitatwahl: xerothermophile Offenlandart. Habitatwahl in Südtirol weitgehend unbekannt. Nach SBN (1997) sowie ALBRECHT et al. (1999) sowohl in feuchtem als auch in trockenem Grünlandbereich, von Streuwiesen und trockenen Flussdämmen bis hin zu Trockenrasen. Felssteppen sowie blumenreiche Magerwiesen sind wohl die geeignetsten Lebensräume in Südtirol.
Phänologie: bivoltin, in höheren Lagen univoltin; von Anfang Mai bis Mitte Juni sowie von Anfang bis Mitte Juli, im Gebirge von Ende Juni bis Ende Juli. Die wenigen konkreten Funddaten erlauben aber kaum zuverlässige Rückschlüsse auf die regionale Generationenfolge. Partielle Bivoltinität der Art in Südtirol wird aber sowohl von KITSCHELT (1925) als auch von MEYER (1985) angenommen, mit Flugzeiten von Mai bis Juni sowie von Juli bis September sowie einer Generation von Juni bis August in den höheren Lagen. Ähnliche Verhältnisse werden für die Schweiz dokumentiert (SBN, 1997). Nördlich der Alpen ist die Art hingegen univoltin (SETTELE et al., 1999).

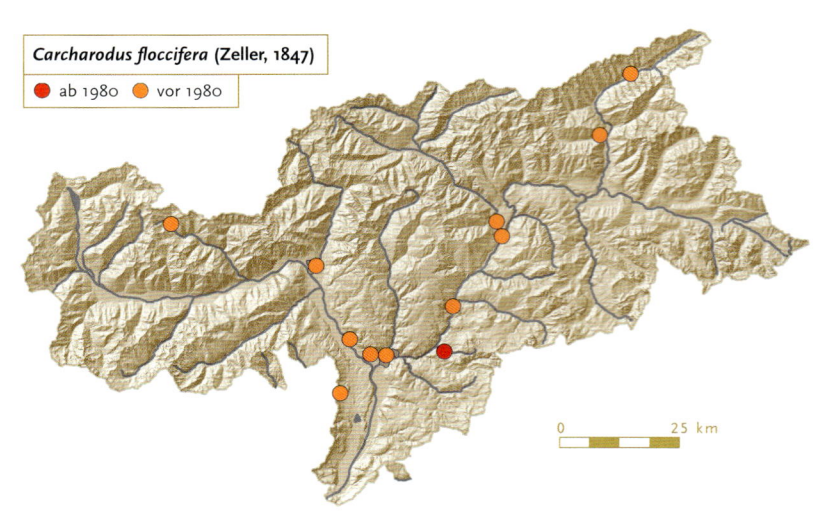

Carcharodus floccifera (Zeller, 1847)
● ab 1980   ● vor 1980

Raupenfutterpflanzen – Präimaginalstadien: Monophagie II; *Stachys recta, S. officinalis, S. alpina, S. germanica, S. sylvatica, S. palustris* (Lamiaceae) (ALBRECHT et al., 1999; TOLMAN & LEWINGTON, 1998), hauptsächlich an *S. officinalis* nachgewiesen. Eiablage einzeln an bodennahen Heilziestblättern. Raupe zuerst in einer Blattröhre, später zwischen zwei flach miteinander versponnenen Blättern lebend. Überwinterungsstadium ist die Raupe. Verpuppung im Raupengehäuse (ALBRECHT et al., 1999; SBN, 1997).

GEFÄHRDUNG – SCHUTZMASSNAHMEN
Gefährdungssituation: Rückgänge durch verschiedene in der Literatur dargestellte Faktoren wie Verbuschung, Aufforstung, Düngung oder intensive Beweidung (SBN, 1997). Trotzdem ist die Art, anders als aus der bisherigen Roten Liste (HOFER, 1995) hervorgeht, in Südtirol offensichtlich noch nicht ausgestorben. Ein rezenter Fund bei Prösels am 12.6.1993 durch Niederkofler belegt wenigstens eine noch vorhandene Restpopulation, möglicherweise wären durch intensive Raupensuche noch weitere Fundorte nachzuweisen.
Rote Liste: unzureichender Datenbestand (DD); bisherige Einstufung: 0.
Schutzmaßnahmen: dringender Forschungsbedarf. Kartierung der noch aktuellen Populationen sowie detaillierte Klärung der Ökologie. Schutz der Restvorkommen durch Beibehaltung traditioneller, extensiver Nutzung.

Spialia sertorius (Hoffmannsegg, 1804)
Roter Würfel-Dickkopffalter

Synonymie:
Hesperia sao
(Hübner, 1803) (Homonym)

TAXONOMIE – DETERMINATION
In Mitteleuropa nur in der Nominatunterart vertreten.
Kleine Falter mit auffallend rötlicher Hinterflügelunterseite. Im Gegensatz zu den ähnlichen Arten der Gattung *Pyrgus* ist der vierte Fleck in der distalen Fleckenreihe der Vorderflügeloberseite nicht nach außen gerückt.

VERBREITUNG
Gesamtverbreitung: westeuropäisch; von Nordafrika über große Teile Westeuropas bis ins östliche Österreich.
Regionalverbreitung: zerstreut und meist einzeln im Etschtal, besonders an den Vinschgauer Sonnenhängen, im Großraum Bozen, im Eisacktal südlich von Klausen, in den südlichen Dolomiten, der westlichen Ortlergruppe und dem Mendelgebiet sowie völlig isoliert bei Bruneck. Letzterer Nachweis jedoch ebenso wie viele andere nur mehr von historischer Bedeutung.
Vertikalverbreitung: ca. 220 bis 1700 m; kollin, montan. Vor allem in der montanen Region verbreitet, der in der älteren Literatur, wie bei KITSCHELT (1925), konstatierte Schwerpunkt in den Tälern kann durch anthropogen bedingte Rückgänge nicht mehr bestätigt werden.

BIOLOGIE
Habitatwahl: xerothermophile Offenlandart. Charakterart von blumenreichen, lückig bewachsenen Magerwiesen und Halbtrockenrasen, gerne auch an Sekundärstandorten wie trockenen und sonnigen Straßenböschungen.
Phänologie: bivoltin, in höheren Lagen univoltin; in den Tälern und Mittelgebirgen von Ende April bis Mitte Juni sowie von Ende Juni bis Mitte August. Ab der oberen montanen Region univoltin, von Anfang Juni bis Mitte August. Generationenfolge jedoch vielfach undeutlich abgegrenzt und fraglich. KITSCHELT (1925) vermerkt Zweibrütigkeit mit Falterfunden von Mai bis Juni sowie von Juli bis August.

Raupenfutterpflanzen – Präimaginalstadien: Monophagie I; *Sanguisorba minor* (Rosaceae), sehr zweifelhafte Meldungen auch von *Potentilla* spp. und *Rubus* spp. (Rosaceae) (TOLMAN & LEWINGTON, 1998). Eiablage je nach Generation an den Blütenköpfen oder Blättern. Raupen der Frühjahrsgeneration zuerst Blüten und Früchte, später von einem aus mehreren Blattteilen versponnenen Gehäuse aus Blätter fressend. Sommergeneration überwintert als junge Raupe in einem versponnenen Teilblatt. Verpuppung im dicht versponnenen Raupengehäuse (SBN, 1997).

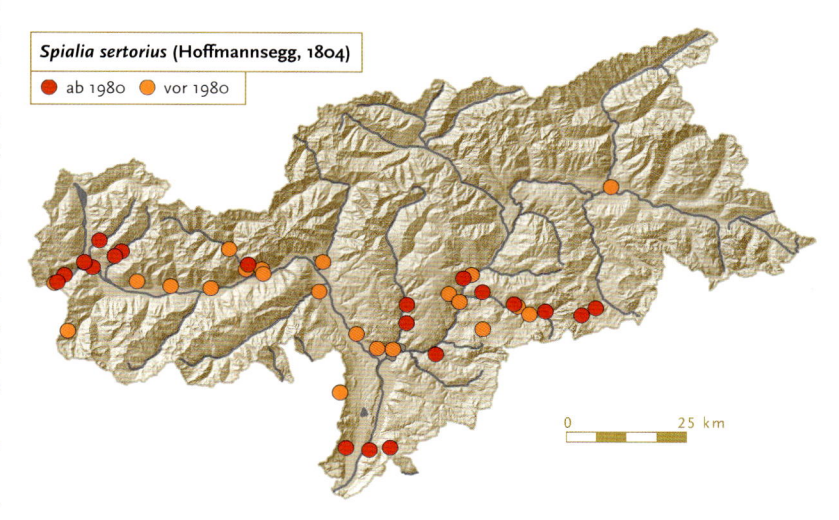

GEFÄHRDUNG – SCHUTZMASSNAHMEN
Gefährdungssituation: durch Intensivierung von Magerwiesen deutliche Bestandseinbußen und an vielen Lokalitäten völlig verschwunden. Eine akute landesweite Gefährdung erscheint nach neueren Daten aus unterschiedlichen Regionen nicht gegeben zu sein, umso mehr, als die Art auch Sekundärhabitate wie Straßenböschungen besiedeln kann.
Rote Liste: drohende Gefährdung (NT); bisherige Einstufung: 4.
Schutzmaßnahmen: keine weitere Düngung von Mager- und Trockenrasen.

Pyrgus malvae (Linnaeus, 1758)
Kleiner Würfel-Dickkopffalter

TAXONOMIE – DETERMINATION
In Europa nur in der Nominatunterart vertreten. Manche Autoren wie TOLMAN & LEWINGTON (1998) halten die nach-

folgend behandelte *P. malvoides* auf Grund einer in einigen Gebieten beobachteten schmalen Hybridzone für eine Subspezies von *P. malvae*. Die Häufigkeit von Hybriden ist nach Literaturangaben extrem schwankend (MEYER, 1985).

P. malvae wird in der alten Literatur überhaupt nicht oder unzureichend von *P. malvoides* separiert (DANNEHL, 1925–1930; KITSCHELT, 1925).

Wie fast alle Arten der Gattung *Pyrgus* mit Sicherheit oft nur durch Untersuchung der Genitalstrukturen zu bestimmen. Gegenüber der Schwesterart *P. malvoides* sind der gegabelte Uncus sowie die tief eingeschnittene weibliche Genitalplatte hervorragende Unterscheidungsmerkmale.

VERBREITUNG

Gesamtverbreitung: asiatisch-europäisch; große Teile Europas mit Ausnahme der nördlichsten Gebiete sowie des Südwestens, Russland, Mongolei und China bis Korea.

Regionalverbreitung: nur wenige sichere Belege aus Südtirol bekannt, die wiederum ausschließlich aus den östlichen Landesteilen stammen. Vor allem in der Umgebung von Klausen nachgewiesen, von wo mehrere genitaluntersuchte Tiere publiziert (HARTIG, 1928) bzw. eingesehen wurden. Überdies mit Sicherheit auch im Ahrntal nachgewiesen, während die Meldung von MANN & ROGENHOFER (1877) aus den Sextner Dolomiten nicht überprüft werden konnte. Von MEYER (1985) nach Literaturangaben aus dem Grödnertal gemeldete Exemplare gehören, soweit überprüfbar, durchwegs zu *P. malvoides*.

P. malvae hat Südtirol postglazial aus dem Osten besiedelt. Die Art wird in den Dolomiten, in den Zillertaler Alpen westlich von Bruneck sowie in den östlich des Eisacktals gelegenen Regionen von der westlichen *P. malvoides* ersetzt.

Vertikalverbreitung: ca. 500 bis 2000 m; kollin, montan, subalpin.

BIOLOGIE

Habitatwahl: xerothermophile Offenlandart. Charakterart von blumenreichen Magerwiesen und Weiden, in Südtirol mit Sicherheit auf Bergmähdern nachgewiesen, in anderen Regionen bevorzugt auf Trocken- und Halbtrockenrasen.

Phänologie: univoltin; auf Grund des bescheidenen Datenbestands keine detaillierteren Aussagen zur Flugzeit in Südtirol möglich. Die wenigen genauer datierten Falter wurden Mitte Juli registriert. Nach MEYER (1985) im historischen Tirol von Mitte April bis Mitte Juli.

Raupenfutterpflanzen – Präimaginalstadien: Oligophagie I; *Fragaria vesca*, *Potentilla* spp., *Agrimonia eupatoria*, *Rubus fruticosus* (Rosaceae) (TOLMAN & LEWINGTON, 1998). Eiablage einzeln an Blättern, seltener auch Blüten der Futterpflanze. Jungraupe unter einem umgeschlagenen Blattrand lebend, später wird ein ganzes Blatt zu einem Gehäuse versponnen. Verpuppung in einem separat angefertigten Kokon an der Basis der Fraßpflanze. Überwinterungsstadium ist die Puppe (SBN, 1997).

GEFÄHRDUNG – SCHUTZMASSNAHMEN

Gefährdungssituation: primär durch Düngung von Magerwiesen oder Nutzungsaufgabe gefährdet. Das Ausmaß der Bedrohung kann allerdings mangels Daten derzeit nicht sicher abgeschätzt werden.

Rote Liste: unzureichender Datenbestand (DD); bisherige Einstufung: 1.

Schutzmaßnahmen: dringender Forschungsbedarf. Kartierung der aktuellen Populationen sowie detaillierte Klärung der Ökologie. Schutz der Vorkommen durch Beibehaltung traditioneller extensiver Wiesennutzung.

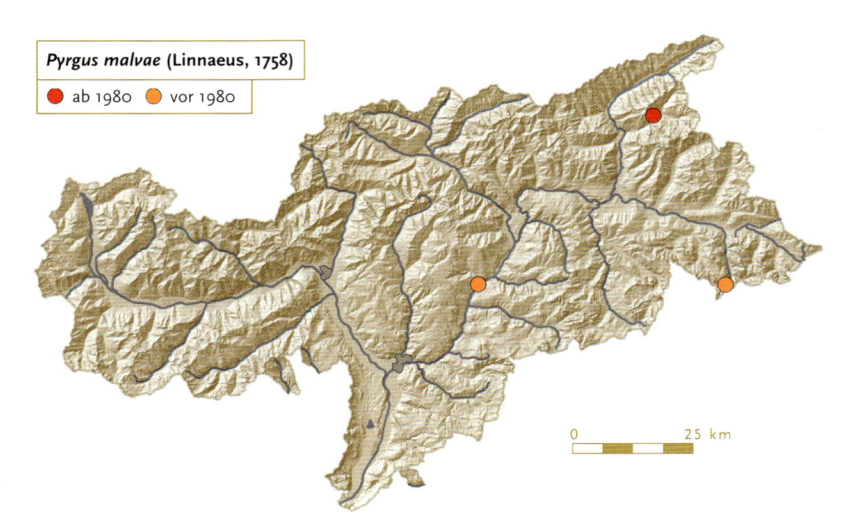

Pyrgus malvoides (Elwes & Edwards, 1897) Westlicher Würfel-Dickkopffalter

TAXONOMIE – DETERMINATION

TOLMAN & LEWINGTON (1998) behandeln *P. malvoides* lediglich als Subspezies von *P. malvae*, und die natürlichen Hybridisierungszonen deuten tatsächlich auf eine unzureichende spezifische Abspaltung. Jedoch wird auch in den neuesten Bearbeitungen der Gruppe der Artstatus beibehalten (DE PRINS, *in litteris*) und es wird hier dieser Auffassung gefolgt.

Von *P. malvae* mit Sicherheit nur im Genital, durch den einfachen Uncus sowie die kaum eingeschnittene weibliche Genitalplatte, zu unterscheiden.

VERBREITUNG

Gesamtverbreitung: westeuropäisch; Iberische Halbinsel, Südfrankreich, große Teile Italiens, Südschweiz und Westösterreich bis nach Istrien.

Regionalverbreitung: in den westlichen, zentralen und südlichen Landesteilen sowie den südlichen Dolomiten relativ weit verbreitet, überdies auch im Eisacktal, hier teilweise sympatrisch mit *P. malvae*. Vereinzelte Funde im Gebiet der Zillertaler Alpen reichen im Osten bis nach Bruneck.

Vertikalverbreitung: ca. 260 bis 2400 m; kollin, montan, subalpin, alpin. In der kollinen Stufe nur ganz sporadisch auftretend.

Pyrgus malvae (Linnaeus, 1758)
● ab 1980   ● vor 1980

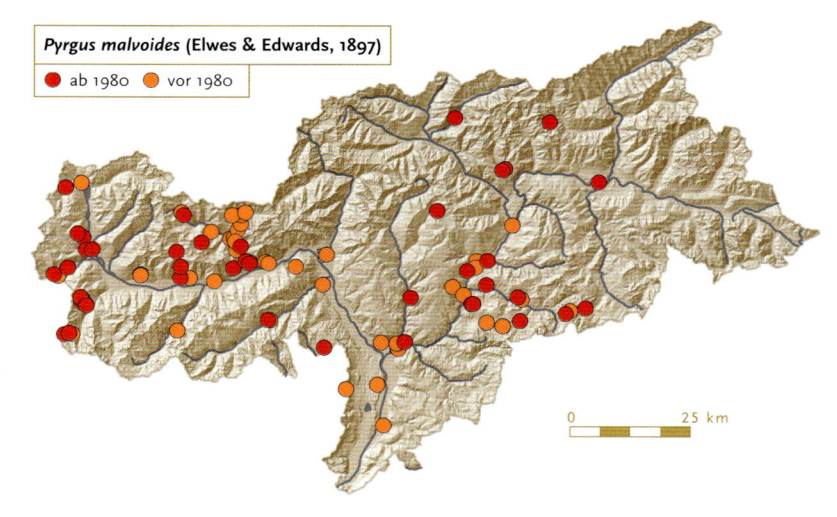

Pyrgus malvoides (Elwes & Edwards, 1897)
● ab 1980   ● vor 1980

BIOLOGIE
Habitatwahl: xerothermophile Offenlandart. Charakterart sonniger und warmer, eher flachgründiger und höchstens mäßig gedüngter sowie blumenreicher Magerwiesen und Trockenrasen.

Phänologie: univoltin; je nach Höhenlage und Exposition sowie jahrweise unterschiedlichen klimatischen Faktoren von Ende März bis Mitte August.

Raupenfutterpflanzen – Präimaginalstadien: Oligophagie I (?); *Potentilla neumanniana*, *P. pusilla*, *P. palustris*, unter Zuchtbedingungen auch an *Fragaria vesca* (Rosaceae). Lebensweise identisch mit jener von *P. malvae*. Eiablage einzeln an Blättern oder seltener Blüten und Stängeln des Raupensubstrats. Jungraupe unter einem umgeschlagenen Blattrand lebend, später wird ein ganzes Blatt zu einem Gehäuse versponnen. Verpuppung in einem separat angefertigten Kokon an der Basis der Fraßpflanze. Überwinterung im Puppenstadium (SBN, 1997).

GEFÄHRDUNG – SCHUTZMASSNAHMEN
Gefährdungssituation: durch Eutrophierung von Magerwiesen sowie teilweise durch Nutzungsaufgabe in vielen Gebieten zunehmend seltener. Bedingt durch die Besiedelung unterschiedlichster Höhenstufen bis hin zu alpinen Rasengesellschaften besteht allerdings keine landesweite Gefährdung. Die von HOFER (1995) vorgenommene Einstufung als „stark gefährdet" wird daher zurückgenommen.

Rote Liste: drohende Gefährdung (NT); bisherige Einstufung: 2.

Schutzmaßnahmen: keine weitere Düngung von Magerwiesen sowie Förderung traditioneller Nutzungsformen in diesem Lebensraumtyp.

Pyrgus serratulae (Rambur, 1839)
Schwarzbrauner Würfel-Dickkopffalter

TAXONOMIE – DETERMINATION
Nach TOLMAN & LEWINGTON (1998) in Europa nur in der Nominatunterart vertreten, LERAUT (1997) unterscheidet in Frankreich aber überdies die ssp. *major* (Staudinger, 1859).
Erhebliche Gefahr der Verwechslung mit anderen *Pyrgus* spp., allerdings von den verwandten Arten durch den rundlichen bis ovalen Basalfleck auf der Hinterflügelunterseite zu unterscheiden. Auch der männliche Genitalapparat ermöglicht eine gesicherte Bestimmung.

VERBREITUNG
Gesamtverbreitung: zentralasiatisch-europäisch; von Spanien über Mittel- und Teile Südeuropas, den Kaukasus und Sibirien bis in die Mongolei.

Regionalverbreitung: im ganzen Land weit verbreitet und oft in höheren Dichten. In der kollinen Stufe allerdings sehr lokal und selten. Auch in großen Teilen der Sarntaler Alpen sowie in den nördlichen Landesteilen nur vereinzelt registriert. Hingegen in den westlichen Landesteilen zwischen Ortler und Ötztaler Alpen sowie in den Dolomiten gehäufte Nachweise.

Vertikalverbreitung: ca. 220 m bis 2500 m; kollin, montan, subalpin, alpin. Vor allem von der hochmontanen bis in die untere alpine Stufe vermehrtes Auftreten. Die Höhenangaben der tiefsten und höchsten Funde sind wenig präzise und teilweise etwas zweifelhaft. In der Schweiz wurde die Art zwischen 620 und 2200 m nachgewiesen (SBN, 1997).

BIOLOGIE
Habitatwahl: montane Art. *P. serratulae* lebt in unterschiedlichsten Offenlandlebensräumen, tritt aber bevorzugt auf subalpinen Weiderasen und Wiesen sowie in alpinen Rasengesellschaften auf. Auch blumenreiche Almen und Bergmähder werden gerne besiedelt. In tiefen Lagen bevorzugt auf Trockenrasen, neben der Raupenfutterpflanze ist aber hier vor allem auch das Vor-

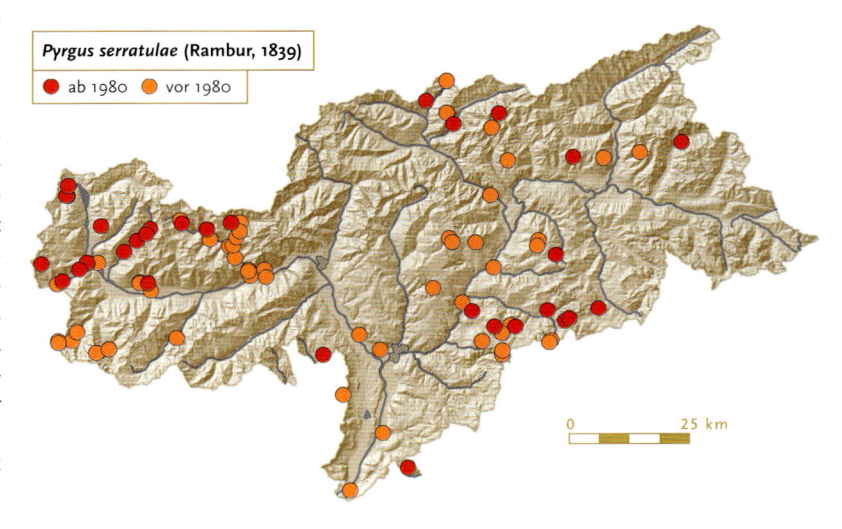

Pyrgus serratulae (Rambur, 1839)
● ab 1980   ● vor 1980

Blumenreiche Halbtrockenrasen sind die bevorzugten Lebensräume vieler Dickkopffalter.

>> Einer der häufigsten Dickkopffalter in Südtirol ist der Schwarzbraune Würfel-Dickkopffalter (*Pyrgus serratulae*).

kommen von ausreichend Saugpflanzen entscheidend. Die Falter fliegen zur Nektaraufnahme gerne in blütenreiche Nachbarlebensräume wie auf fettere Wiesen.

Phänologie: univoltin; in den xerothermen Lokalitäten des Vinschgaus schon Mitte Mai, generell aber je nach Höhenlage erst ab Juni oder Anfang Juli bis Mitte August. Ausnahmsweise auch schon Funde im April.

Raupenfutterpflanzen – Präimaginalstadien: Oligophagie I; *Potentilla pusilla*, *P. neumanniana*, *P. crantzii*, *P. recta*, *P. reptans*, *Alchemilla* spp. und *Fragaria* spp. (Rosaceae) (TOLMAN & LEWINGTON, 1998). Eiablage einzeln an der Blattunterseite der Fraßpflanze. Raupe zuerst unter einem umgeschlagenen Blattrand lebend, später in einem Gehäuse aus einem bis zu mehreren versponnenen Blättern. Verpuppung am Boden im letzten Raupengehäuse. Überwinterung vermutlich im zweitletzten Raupenstadium (SBN, 1997).

GEFÄHRDUNG – SCHUTZMASSNAHMEN
Gefährdungssituation: intensive Landwirtschaft sowie Nutzungsaufgabe sind die wichtigsten Gefährdungsursachen für Populationen der Täler sowie teilweise auch der montanen und subalpinen Stufe.
Rote Liste: nicht oder kaum gefährdet (LC); bisherige Einstufung: n. a.
Schutzmaßnahmen: Verzicht auf Düngung blumenreicher Wiesen. Traditionelle, extensive Bewirtschaftung von Bergmähdern und Almen.

Pyrgus onopordi (Rambur, 1839) Ambossfleck-Würfel-Dickkopffalter

TAXONOMIE – DETERMINATION
Ausschließlich in der Nominatunterart beschrieben.
Durch einen ambossförmigen weißlichen Zellfleck auf der Hinterflügelunterseite meist gut kenntliche Art, von *P. armoricanus* jedoch gelegentlich nur im Genital zu unterscheiden. Bemerkenswerterweise von MEYER (1985) für Tirol nicht verzeichnet, obwohl bereits DANIEL & WOLFSBERGER (1957) sichere Funde publizierten.

VERBREITUNG
Gesamtverbreitung: westmediterran; von Nordafrika über die Iberische Halbinsel und Südfrankreich sowie große Teile Italiens.
Regionalverbreitung: nur wenige Fundorte in den westlichen Landesteilen sowie im Südosten nachgewiesen.
Vertikalverbreitung: ca. 250 bis 1000 m; kollin, montan. Fast nur aus den untersten Bereichen der Sonnenhänge bekannt. Meldungen aus dem Martelltal bei 2200 m durch JUNGE (*in litteris*) erscheinen zweifelhaft und werden daher nicht berücksichtigt. Auch in der Schweiz wurde *P. onopordi* nur bis ca. 1200 m festgestellt (SBN, 1997).

BIOLOGIE

Habitatwahl: xerothermophile Offenlandart. Habitatansprüche in Südtirol nicht genau bekannt, im Wallis ausschließlich an heißen, teils leicht verbuschten Felssteppenhängen (SBN, 1997).

Phänologie: bivoltin; wenige konkrete Nachweise von Anfang Juni sowie Ende Juli bis Anfang September. In der Schweiz die erste Generation bereits im April (SBN, 1997). Nach TOLMAN & LEWINGTON (1998) in manchen Gebieten auch trivoltin.

Raupenfutterpflanzen – Präimaginalstadien: Monophagie II (?); *Helianthemum* sp. (Cistaceae), unter Zuchtbedingungen auch an *Potentilla* sp. und *Fragaria vesca* (Rosaceae) (SBN, 1997). In Südspanien angeblich an *Malva neglecta* (Malvaceae) (TOLMAN & LEWINGTON, 1998). Eiablage einzeln an der Blattunterseite kümmerlicher Sonnenröschen. Raupe zuerst frei an der Blattunterseite, bald aber in einem aus Blättern verfertigten Gehäuse lebend. Überwinterung vermutlich im vorletzten Raupenstadium. Verpuppung in dicht versponnenem Blattgehäuse (SBN, 1997).

GEFÄHRDUNG – SCHUTZMASSNAHMEN

Gefährdungssituation: trotz rezenter Aufsammlungen auf den Vinschgauer Trockenrasen seit mehreren Jahrzehnten nicht mehr nachgewiesene und daher als ausgestorben/verschollen bewertete Art. Aufforstung in den Lebensräumen sowie besonders der Eintrag von Bioziden aus den Obstanbaugebieten dürften für diese Situation hauptverantwortlich sein.

Rote Liste: ausgestorben oder verschollen (RE); bisherige Einstufung: 1.

Schutzmaßnahmen: bei eventuellem Auffinden von Restpopulationen prioritär schutzwürdig; Ausarbeitung von geeigneten Pflegeplänen.

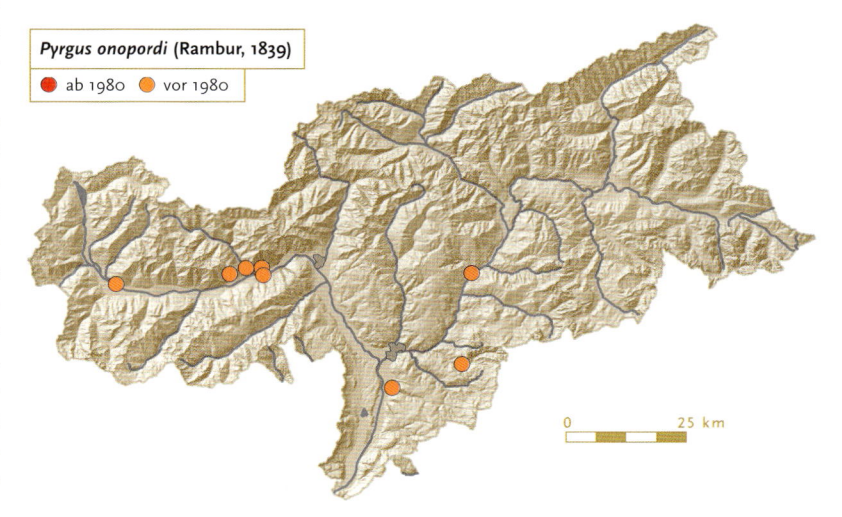

Pyrgus onopordi (Rambur, 1839)
● ab 1980 ● vor 1980

Pyrgus carthami
(Hübner, 1813)
Steppenheiden-Würfel-Dickkopffalter

Synonymie:
Pyrgus fritillarius auctt., nec Poda, 1761

TAXONOMIE – DETERMINATION
TOLMAN & LEWINGTON (1998) sowie DE PRINS (*in litteris*) verzichten auf eine subspezifische Untergliederung dieser Art, LERAUT (1997) hingegen meldet allein aus Frankreich vier Unterarten. Die Südtiroler Populationen wurden fallweise der durchschnittlich größeren ssp. *valesiacus* Mabille, 1876, zugeordnet (DANIEL & WOLFSBERGER, 1957; MEYER, 1985; SCHEURINGER, 1972), umgekehrt aber auch ausdrücklich der nominotypischen Rasse (SBN, 1997). Letzterer Ansicht wird hier gefolgt.
Größte einheimische *Pyrgus*-Art, die im Gegensatz zu anderen Taxa auf der Hinterflügelunterseite einen durchgehenden weißen Saum besitzt.

VERBREITUNG
Gesamtverbreitung: turanisch-europäisch; von der Iberischen Halbinsel über Süd-, Mittel- und Osteuropa bis in den Nordiran.
Regionalverbreitung: an den Sonnenhängen im Etsch- und Eisacktal, vor allem im Vinschgau verbreitet, aber einzeln. Durchwegs historisch und nicht durch Belege bestätigt sind Meldungen aus Bruneck sowie den Sextner Dolomiten (KITSCHELT, 1925).
Vertikalverbreitung: ca. 230 bis 2000 m; kollin, montan, subalpin. Besonders in den talnahen Regionen vorkommend, oberhalb von 1500 m nur ganz vereinzelte Nachweise.

BIOLOGIE
Habitatwahl: xerothermophile Offenlandart. Charakterart kurzrasiger, oft stark besonnter Trockenrasen und Felssteppen. Gerne in der Nähe von Gebüschen sowie auf extensiv beweideten Flächen.
Phänologie: univoltin; von Mitte Mai bis Ende August in einer lang gestreckten Generation, ausnahmsweise bereits Ende April. Die Generationenfolge ist etwas umstritten. Während die meisten Autoren Einbrütigkeit annehmen (KITSCHELT, 1925; SBN, 1997), sehen DANIEL & WOLFSBERGER (1957) in frischen Sommertieren eine zweite Generation.
Raupenfutterpflanzen – Präimaginalstadien: Monophagie II; *Potentilla pusilla, P. neumanniana, P. cinerea, P. hirta, P. heterophylla* (Rosaceae) (SBN, 1997; TOLMAN & LEWINGTON, 1998), im Vinschgau wurde *P. neumanniana* belegt. Eiablage einzeln an den Blättern der Fraßpflanze. Überwinterung vermutlich als kleine Raupe (SBN, 1997) oder halb erwachsen (WEIDEMANN, 1995). Raupe lebt in einem Blattgehäuse und verpuppt sich schließlich in einem aus Pflanzensubstrat versponnenen festen Kokon (SBN, 1997).

GEFÄHRDUNG – SCHUTZMASSNAHMEN
Gefährdungssituation: durch Düngung, Aufforstung sowie intensive Beweidung von Trockenrasen, aber auch als Folge übermäßigen Biozideinsatzes an einigen ehemaligen Fundstellen selten geworden oder ganz verschwunden. Bedingt durch die Vertikalerstreckung sowie das Vorkommen in anthropogen kaum beeinflussten Felssteppen jedoch höchstens lokal bis regional gefährdet.
Rote Liste: drohende Gefährdung (NT); bisherige Einstufung: n. a.
Schutzmaßnahmen: keine weitere Intensivierung von Trockenrasen sowie Verzicht auf Häutungshemmer im Nahbereich dieses Lebensraumtyps.

Pyrgus andromedae
(Wallengren, 1853)
Andromeda-Würfel-Dickkopffalter

TAXONOMIE – DETERMINATION
Ausschließlich in der Nominatunterart bekannt.
Die Falter können von anderen *Pyrgus*-Arten äußerlich durch die schwärzlich verdunkelte Analregion der Hinterflügelunterseite mit zwei kontrastierenden weißen Flecken unterschieden werden, differieren aber auch in den Genitalien deutlich.

VERBREITUNG
Gesamtverbreitung: europäisch; Alpen, Pyrenäen und Balkan sowie Nordskandinavien (arktoalpin).
Regionalverbreitung: extrem zerstreute Nachweise aus der Sesvennagruppe, dem Ortlergebiet, dem Schnalstal, vom Jaufenpass, aus dem Pfitschertal sowie mehrfach aus den südlichen Dolomiten. Vermutlich öfters übersehener Dickkopffalter.
Vertikalverbreitung: ca. 1200 bis 2600 m; montan, subalpin, alpin. Höhenverbreitung allerdings durch den bescheidenen Datenbestand unzureichend abgesichert.

BIOLOGIE
Habitatwahl: alpine Art. Habitatbindung unzureichend bekannt, ein rezenter Nachweis stammt von feuchteren, montanen Mähwiesen. Auch nach SBN (1997) werden feuchte Weiden und Hochstaudenfluren besiedelt.
Phänologie: univoltin; wenige Nachweise von Anfang Juni bis Mitte Juli, nach SBN (1997) in der Schweiz auch noch im August.

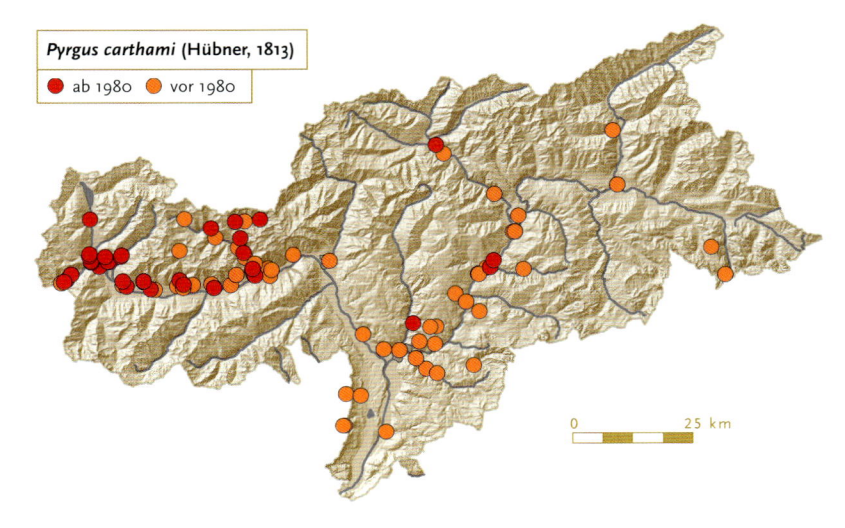

Pyrgus carthami (Hübner, 1813)
● ab 1980   ● vor 1980

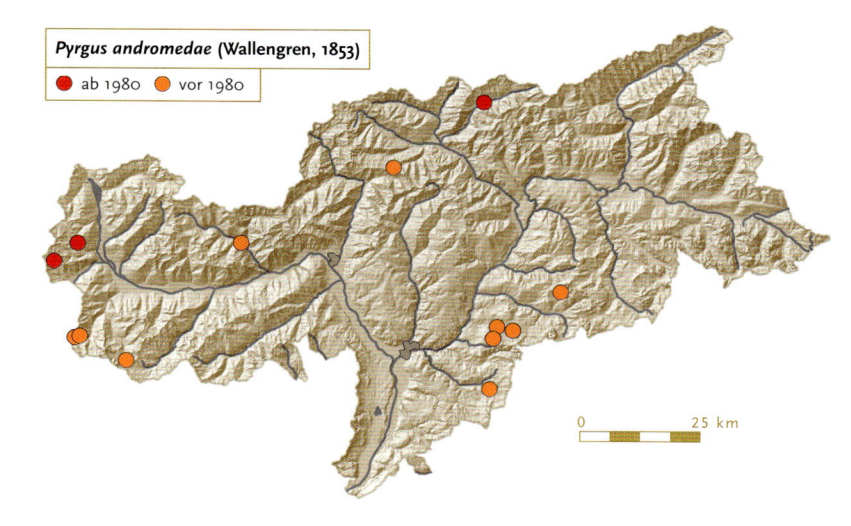

Pyrgus andromedae (Wallengren, 1853)
● ab 1980 ● vor 1980

Raupenfutterpflanzen – Präimaginalstadien: Monophagie I (?); *Potentilla erecta* (Rosaceae), in Skandinavien auch *Potentilla thuringiaca*, *Alchemilla glomerulans* (Rosaceae) und *Malva* spp. (TOLMAN & LEWINGTON, 1998), unter Zuchtbedingungen weitere *Potentilla* spp. sowie *Fragaria vesca* (SBN, 1997). Eiablage einzeln auf der Fraßpflanze oder in deren Umgebung. Raupe spinnt aus mehreren Blattfiedern ein Gehäuse. Überwinterung vermutlich im zweiten Stadium oder auch als Puppe. Verpuppung im fest versponnenen letzten Raupengehäuse (SBN, 1997).

GEFÄHRDUNG – SCHUTZMASSNAHMEN
Gefährdungssituation: nach SBN (1997) nicht gefährdet, da zahlreiche subalpine und alpine Habitate mit sehr geringem anthropogenem Einfluss besiedelt werden. Die Situation in Südtirol ist vermutlich ähnlich, jedenfalls muss die bei HOFER (1995) vorgenommene Einstufung in die Gefährdungskategorie „ausgestorben oder verschollen" nach einem neuen Nachweis aus dem Jahr 2003 in St. Jakob im Pfitschertal revidiert werden.
Rote Liste: unzureichender Datenbestand (DD); bisherige Einstufung: 0.
Schutzmaßnahmen: dringender Forschungsbedarf. Kartierung der aktuellen Populationen sowie detaillierte Klärung der Ökologie. Darauf basierend Umsetzung eventuell nötiger Schutzmaßnahmen.

Pyrgus cacaliae (Rambur, 1839)
Alpen-Würfel-Dickkopffalter

TAXONOMIE – DETERMINATION
Ausschließlich in der Nominatunterart bekannt.
Falter meistens an der stark reduzierten weißen Fleckenzeichnung der Flügeloberseite zu erkennen, in manchen Zweifelsfällen ist jedoch eine Untersuchung der Genitalstrukturen unerlässlich.

VERBREITUNG
Gesamtverbreitung: südeuropäisch; Alpen und Karpaten, auch Pyrenäen.
Regionalverbreitung: zerstreute Nachweise aus den Alpenregionen, im Nordosten des Landes ohne Meldungen. Die offensichtlichen Verbreitungslücken beruhen vermutlich vielfach auf unzureichender Erfassungsintensität.

Vertikalverbreitung: ca. 1200 bis 2700 m; montan, subalpin, alpin. Sowohl die obere als auch die untere Verbreitungsgrenze ist unzureichend dokumentiert.

BIOLOGIE
Habitatwahl: montane Art. Bevorzugt auf eher bodenfeuchten Weiderasen und hochmontanen bis alpinen Wiesen, sowohl auf silikatreichem als auch kalkhaltigem Untergrund. Falter gerne an blütenreichen Saumstrukturen, auch im Bereich von Hochstaudenfluren.
Phänologie: univoltin; von Mitte Juni bis Anfang September, Hauptflugzeit im Juli.
Raupenfutterpflanzen – Präimaginalstadien: Monophagie II; *Potentilla erecta*, *P. aurea*, *P. crantzii* (Rosaceae), unter Zuchtbedingungen auch *Fragaria vesca* und *Helianthemum* sp. (Cistaceae). Eiablage einzeln an der Blattunterseite der Fraßpflanze. Raupenüberwinterung vermutlich im vorletzten Stadium. Verpuppung in einem aus Blättern versponnenen dichten Gehäuse (SBN, 1997).

GEFÄHRDUNG – SCHUTZMASSNAHMEN
Gefährdungssituation: auf Grund der Habitatwahl in vielfach wenig beeinflussten Lebensräumen der subalpinen und alpinen Region sowie der Fähigkeit, sich an nicht allzu intensive Bewirtschaftung anzupassen, sind höchstens lokale Gefährdungsmomente wie Intensivbeweidung erkennbar.
Rote Liste: nicht oder kaum gefährdet (LC); bisherige Einstufung: 3.
Schutzmaßnahmen: derzeit keine Maßnahmen erforderlich.

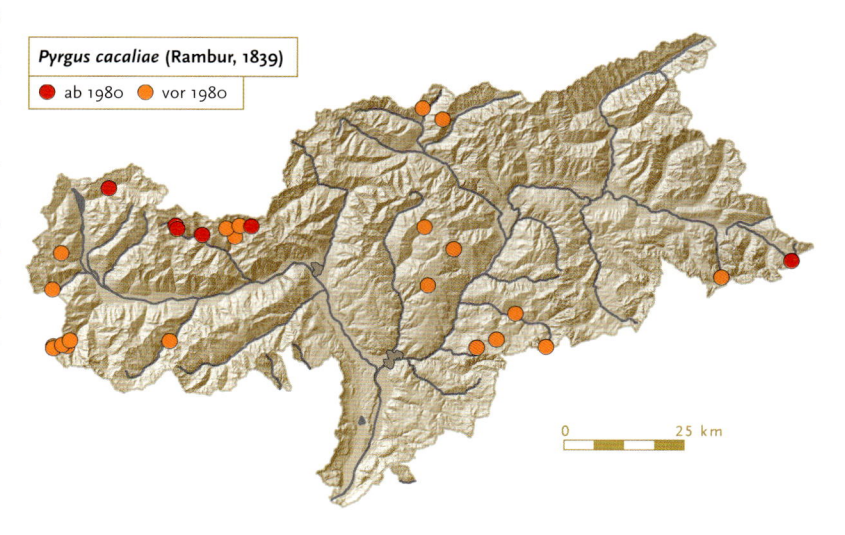

Pyrgus cacaliae (Rambur, 1839)
● ab 1980 ● vor 1980

Viele Arten der Gattung *Pyrgus*, wie z. B. der Sonnenröschen-Würfel-Dickkopffalter (*Pyrgus alveus*), sind sehr schwer zu unterscheiden.

Pyrgus armoricanus (Oberthür, 1910)
Zweibrütiger Würfel-Dickkopffalter

TAXONOMIE – DETERMINATION
In Europa nur in der nominotypischen Unterart repräsentiert.
Falter sehr ähnlich *P. alveus*, allerdings durchschnittlich kleiner und nur durch Untersuchung der Genitalien mit Sicherheit zu bestimmen.

VERBREITUNG
Gesamtverbreitung: turanisch-europäisch-mediterran; Nordafrika, große Teile des südlichen und mittleren Europas bis zum Südural und Nordwestasien.
Regionalverbreitung: wenige zerstreute Nachweise aus dem Etsch- und Eisacktal sowie im Gebiet von Bruneck. Möglicherweise beruhen manche nicht (mehr) kontrollierbaren Meldungen auf Fehlbestimmungen. Fundortdichte aber vermutlich durch die Gefahr der Verwechslung mit anderen *Pyrgus* spp. eher unterrepräsentiert.

Vertikalverbreitung: ca. 240 bis 1500 m; kollin, montan. Nach Junge (*in litteris*) im Martelltal auch auf 2000 m nachgewiesen, Belege konnten aber nicht untersucht werden. Nach SBN (1997) in der Schweiz nur bis gegen 1200 m auftretend.

BIOLOGIE
Habitatwahl: xerothermophile Offenlandart. Nach SBN (1997) in sonnigen, südexponierten Felssteppen und flachgründigen Weiden.
Phänologie: bivoltin; von Ende Mai sowie von Ende Juni bis Anfang Oktober. Generationenzugehörigkeit der Sommertiere jedoch völlig gesichert, da nach SBN (1997) die zweite Generation erst ab Anfang August fliegt. Die Zuordnung basiert auf Junge (*in litteris*), der die Falter in Tannas über viele Wochen registrieren konnte.
Raupenfutterpflanzen – Präimaginalstadien: Polyphagie I; *Potentilla repens*, *P. neumanniana*, *P. argentea*, *P. pusilla* (Rosaceae) und *Helianthemum* sp. (Cistaceae), unter Zuchtbedingungen auch *Fragaria vesca*. Eiablage an der Blattunterseite der Fraßpflanze. Raupe erzeugt zuerst Fensterfraß, ab dem zweiten Stadium wird aus Blättern ein Gehäuse angefertigt. Überwinterung vermutlich im vorletzten Raupenstadium. Verpuppung in dicht aus Pflanzenteilen versponnenem Gehäuse (SBN, 1997).

GEFÄHRDUNG – SCHUTZMASSNAHMEN
Gefährdungssituation: Gefährdungsfaktoren unzureichend bekannt. Höchstwahrscheinlich durch Verbauung, Aufforstung von Trockenrasen sowie Ausdehnung der intensiven Landwirtschaft einschließlich Biozideinsatz verschwunden. Zuletzt in den 1970er Jahren durch Junge (*in litteris*) mehrfach in Tannas beobachtet, jedoch konnte kein Material aus dem Vinschgau überprüft werden.
Rote Liste: ausgestorben oder verschollen (RE); bisherige Einstufung: 0.
Schutzmaßnahmen: bei eventuellem Auffinden von Restpopulationen prioritär schutzwürdig; Ausarbeitung von geeigneten Pflegeplänen.

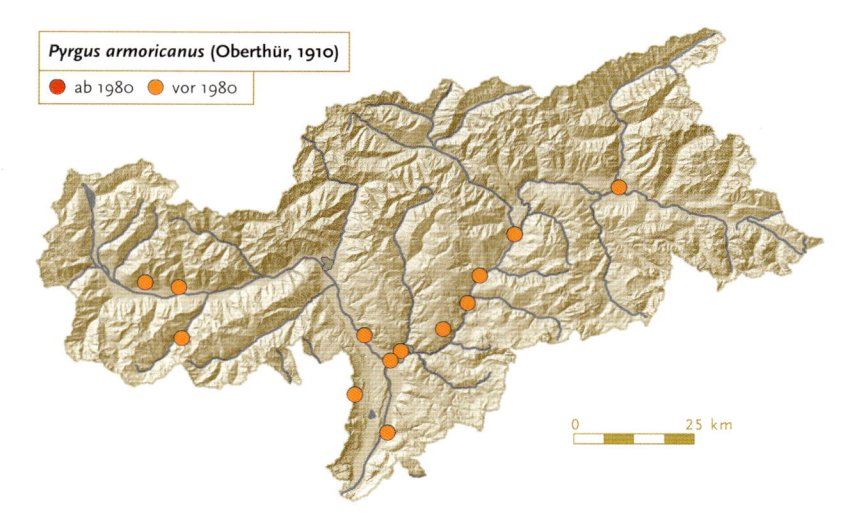

Pyrgus armoricanus (Oberthür, 1910)
● ab 1980   ● vor 1980

Pyrgus alveus (Hübner, 1803) Sonnenröschen-Würfel-Dickkopffalter

TAXONOMIE – DETERMINATION

In Mitteleuropa in der Nominatunterart nachgewiesen, darüber hinaus werden mehrere weitere Subspezies unterschieden (TOLMAN & LEWINGTON, 1998). REBEL (1909) beschrieb vom Stilfser Joch die Aberration *alticola*, die durch schwach ausgeprägte Flecken an der Vorderflügelseite charakterisiert ist. Dieses Taxon wurde früher vielfach als gültige Unterart angesehen (HIGGINS & RILEY, 1978), teilweise auch unter dem Namen *P. alveus scandinavicus* (KAUFMANN, 1951). Derartige Exemplare sind allerdings in allen Arealanteilen vorhanden und werden daher von WARREN (1926), MEYER (1985) oder auch GROS (*in litteris*) als infrasubspezifisch angesehen.
Erhebliche Gefahr der Verwechslung mit anderen *Pyrgus* spp., vor allem mit *P. warrenensis*, *P. armoricanus* und *P. carlinae*. Sichere Bestimmung durch Untersuchung des Genitalapparates möglich.

VERBREITUNG

Gesamtverbreitung: paläarktisch; von Nordafrika über die gemäßigten Zonen Europas, den Ural und die Mongolei bis nach Nordchina; im Mittelmeergebiet nur im Gebirge.
Regionalverbreitung: vor allem in den Gebirgsregionen der westlichen Landesteile sowie den Dolomiten weit verbreitet. Im Etsch- und Eisacktal schon früher selten, heute wohl weitgehend verschwunden. Die angeführten Verbreitungslücken in den Sarntaler Alpen sowie im Nordosten Südtirols dürften zumindest teilweise auf Kartierungsrückstände zurückzuführen sein.
Vertikalverbreitung: ca. 250 bis 2500 m; kollin, montan, subalpin, alpin. Vor allem im hochmontanen und subalpinen Bereich bis knapp oberhalb der Waldgrenze gehäuftes Auftreten. Meldungen vom Stilfser Joch meistens ohne Höhenangaben und daher nicht exakt lokalisierbar, aber auch die Fundorte der tiefsten Lagen sind bezüglich der Höhenangaben etwas zweifelhaft.

BIOLOGIE

Habitatwahl: mesophile Übergangsbereichsart. *P. alveus* besiedelt eine Fülle von Offenlandlebensräumen, besonders gehäuft auf extensiv bewirtschafteten subalpinen Wiesen und Weiden sowie Lärchenwiesen und mäßig gedüngten Berg-Magerwiesen mit einem reichen Blütenangebot. Auch auf alpinen Naturrasen tritt die Art auf.
Phänologie: univoltin; in tieferen Lagen schon ab Ende Mai, subalpin ab Mitte bis Ende Juni bis in den späten August.
Raupenfutterpflanzen – Präimaginalstadien: Monophagie II; *Helianthemum* spp. (Cistaceae) wie *H. nummularium* und *H. italicum* (FORSTER & WOHLFAHRT, 1984); nach diesen Autoren vermutlich auch *Potentilla* spp. (Rosaceae), wobei es sich dabei eher um Verwechslungen mit anderen *Pyrgus* spp. handelt. Die Raupe frisst ab dem Spätsommer und nach der Überwinterung je nach Höhenlage bis zum späteren Frühjahr an Sonnenröschen. Ähnlich wie bei anderen *Pyrgus*-Arten wird ein Gehäuse angefertigt, zuerst aus einem einzelnen Blatt, später auch aus zwei Blättern (SBN, 1997).

GEFÄHRDUNG – SCHUTZMASSNAHMEN

Gefährdungssituation: durch Nutzungsaufgabe und Intensivierung in weiten Bereichen bis zur Waldgrenze gefährdet. Umgekehrt existieren aber auch etliche Populationen außerhalb des anthropogenen Einflusses, sodass für die Art längerfristige Überlebenswahrscheinlichkeit besteht.
Rote Liste: drohende Gefährdung (NT); bisherige Einstufung: 2.
Schutzmaßnahmen: vor allem Düngeverzicht in blumenreichen Wiesen sowie keine vermehrte Bestoßung der Almen.

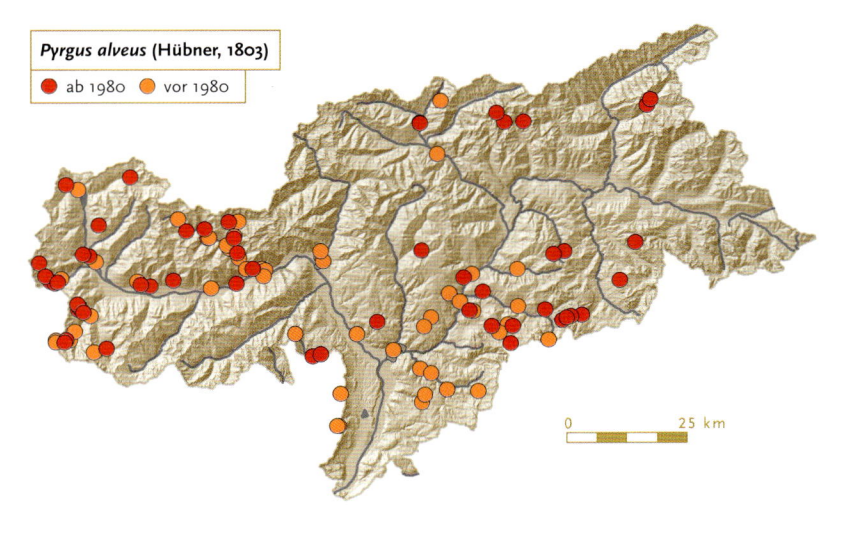

Pyrgus alveus (Hübner, 1803)
● ab 1980   ● vor 1980

Pyrgus warrenensis (Verity, 1928)
● ab 1980　● vor 1980

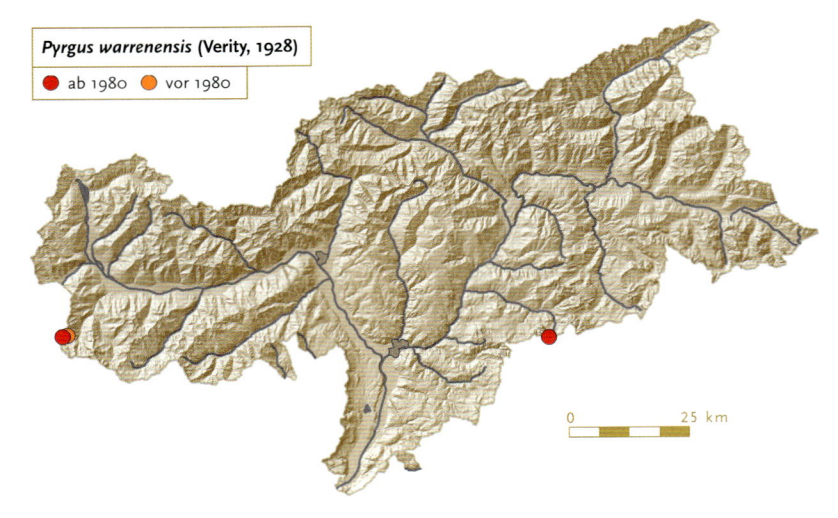

Pyrgus warrenensis (Verity, 1928)
Warren's Würfel-Dickkopffalter

TAXONOMIE – DETERMINATION
P. warrenensis wurde ursprünglich als Unterart von *P. alveus* beschrieben (VERITY, 1928), später jedoch als valide Art anerkannt (DE JONG, 1972; 1975). Die morphologische Differenzierung basiert insbesondere auf geringfügigen, aber signifikanten Merkmalen des männlichen Genitalapparates (SBN, 1997). Da *P. warrenensis* an verschiedensten Stellen, wie z. B. in Nordtirol (MEYER, 1985) oder Osttirol (DE JONG, 1975), gemeinsam mit *P. alveus* gefunden wurde, ohne irgendwelche Anzeichen für Hybridisierungen aufzuweisen, ist der Artstatus heute unbestritten.
Der gelegentlich verwendete Name *P. warrensis* (z. B. TOLMAN & LEWINGTON, 1998) ist inkorrekt.
Erhebliche Gefahr der Verwechslung mit anderen *Pyrgus* spp., vor allem mit kleinen alpinen Exemplaren von *P. alveus*. Sichere Bestimmung nur über Untersuchung des Genitalapparates möglich.

VERBREITUNG
Gesamtverbreitung: alpin; französische und Teile der Walliser Alpen, Berner Alpen, Penninische Alpen, Tiroler Zentralalpen bis in die Hohen Tauern sowie nordöstliche Kalkalpen. Funde aus dem östlichsten Verbreitungsgebiet sind zu verifizieren, ebenso ist eine Meldung aus den Abruzzen prüfungsbedürftig.
Regionalverbreitung: nur aus dem Gebiet des Stilfser Jochs (FORSTER & WOHLFAHRT, 1984) sowie vom Sellajoch (TOLMAN & LEWINGTON, 1998) gemeldet. Material von ersterem Fundort konnte geprüft werden. Der Dolomitenstandort erscheint ebenfalls durchaus plausibel, nähere Umstände sowie Funddaten sind aber nicht bekannt, der Nachweis wird daher unter Vorbehalt als rezent behandelt. Die Art ist in anderen alpinen Regionen Südtirols mit großer Wahrscheinlichkeit ebenfalls präsent, wird jedoch öfters mit ähnlichen *Pyrgus* spp. verwechselt.
Vertikalverbreitung: ca. 2200 bis 2500 m; alpin. Die Höhenverbreitung ist unzureichend bekannt. Nach SBN (1997) tritt *P. warrenensis* in der Schweiz nur oberhalb der Waldgrenze in einer Höhe von ca. 2060 bis 2740 m auf, lediglich an einem Extremstandort schon auf 1400 m.

BIOLOGIE
Habitatwahl: alpine Art. *P. warrenensis* besiedelt ausschließlich blütenreiche alpine Rasengesellschaften.
Phänologie: univoltin; von Ende Juni bis Ende Juli. Flugzeit in Südtirol unzureichend dokumentiert. In der benachbarten Schweiz wurde die Art aber ebenfalls von Ende Juni bis Ende Juli nachgewiesen (SBN, 1997).
Raupenfutterpflanzen – Präimaginalstadien: Monophagie II; *Helianthemum* spp. (Cistaceae), mit Sicherheit *H. nummularium grandiflorum*. Die Raupe verfertigt bald ein Gehäuse aus einem Blatt, später auch aus mehreren Blättern. Überwinterung vermutlich im vorletzten Raupenstadium. Verpuppung in dicht versponnenem Gehäuse aus Pflanzenteilen (SBN, 1997).

GEFÄHRDUNG – SCHUTZMASSNAHMEN
Gefährdungssituation: trotz der eingeschränkten horizontalen Verbreitung sehr wahrscheinlich nicht gefährdet, da die Lebensräume teilweise geschützt sind (Nationalpark Stilfser Joch) bzw. keinem direkten anthropogenen Einfluss unterliegen. Allerdings sind weitere Erhebungen unbedingt erforderlich.
Rote Liste: unzureichender Datenbestand (DD); bisherige Einstufung: n. a.
Schutzmaßnahmen: dringender Forschungsbedarf. Ansonsten derzeit keine sinnvollen Schutzmaßnahmen möglich bzw. erforderlich.

HETEROPTERINAE

Heteropterus morpheus (Pallas, 1771)
Spiegelfleck-Dickkopffalter

TAXONOMIE – DETERMINATION
Der taxonomische Status der Südtiroler Populationen ist unbekannt, da das vorliegende Material für eine einschlägige Beurteilung nicht ausreicht. Nach DANNEHL (1925–1930) gehören jedenfalls Tiere vom Monte Baldo zur Nominatrasse. Aus dem nahe gelegenen Gardaseegebiet wurde versehentlich die ssp. *aniensis* Dannehl, 1925, gemeldet (SALA, 1996), deren Areal jedoch auf Mittelitalien beschränkt ist. Neuerdings wird aber in Europa nur mehr die Nominatunterart differenziert (TOLMAN & LEWINGTON, 1998; DE PRINS, *in litteris*). Durch die großen, dunkel umrandeten cremefarbenen Flecken der Hinterflügelunterseite sofort kenntliche Art.

VERBREITUNG
Gesamtverbreitung: sibirisch-europäisch; von Spanien über Mittel- und Osteuropa bis nach Zentralasien, die Amurregion und Korea. In Nordeuropa (Schweden, Dänemark) sowie im Mediterraneum (Italien) extrem lokal.
Regionalverbreitung: aus Südtirol nur in ganz wenigen, fast durchwegs über

Der Spiegelfleck-Dickkopffalter (*Heteropterus morpheus*) ist in Südtirol fast ausgestorben.

80 bis weit über 100 Jahre alten Nachweisen bekannt, so z.B. von Bozen (HINTERWALDNER, 1868) und Matschatsch (Mendel) (DANNEHL, 1925–1930). Eine Fundmeldung von der Seiseralm durch STENTZ wurde hingegen schon früh bezweifelt (KITSCHELT, 1925). Im Tiroler Landesmuseum Ferdinandeum befindet sich allerdings ein Exemplar von 1910 aus Steinegg in den Dolomiten, was auf ein zumindest historisches Vorkommen im Bereich der Dolomiten hindeutet. Überraschenderweise wurde ein Falter am 30.6.1997 bei der Ruine Sprechenstein (Freienfeld) registriert (HUEMER & TARMANN, 2001).

Vertikalverbreitung: ca. 220 m bis 1000 m; kollin, montan. Primär in der Talstufe verbreitet. Die Höhenangaben der Fundmeldungen sind teilweise sehr ungenau. In der Schweiz bis ca. 1300 m nachgewiesen (SBN, 1997).

BIOLOGIE

Habitatwahl: hygrophile Offenlandart. *H. morpheus* besiedelt grundsätzlich einige unterschiedliche Lebensräume wie Waldrandökotone, Bachufer sowie seltener xerotherme Hänge. Besonders gerne tritt die Art aber in feuchten Wiesen auf. Derartige Lebensräume sind vermutlich auch die eigentlichen Raupenhabitate in Südtirol, die Lebensweise im Lande ist allerdings unzureichend bekannt.

Phänologie: univoltin; der einzige exakt dokumentierte Nachweis aus Südtirol Ende Juni. Im oberitalienischen Raum reicht die Flugzeit von Ende Juni bis Mitte August.

Raupenfutterpflanzen – Präimaginalstadien: Oligophagie I; *Molinia caerulea, Brachypodium sylvaticum, Calamagrostis canescens, Phragmites australis* (Poaceae) (TOLMAN & LEWINGTON, 1998). Raupe in einer aus Gräsern gesponnenen Wohnröhre, die ausgefressen und dann ge-

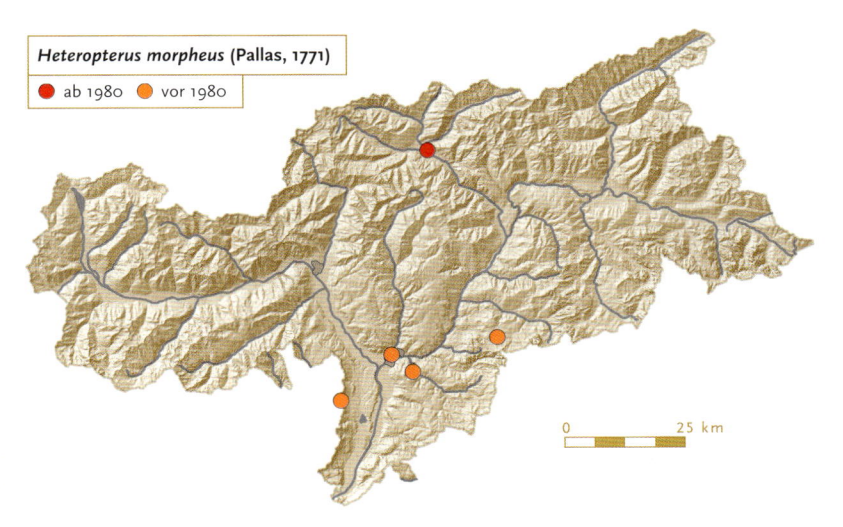

Heteropterus morpheus (Pallas, 1771)
● ab 1980   ● vor 1980

wechselt wird. Überwinterung als halb erwachsene Raupe. Verpuppung im Frühjahr in einer halb offenen Grasröhre (SBN, 1997).

GEFÄHRDUNG – SCHUTZMASSNAHMEN
Gefährdungssituation: Restbiotopzerstörung, Trockenlegungsmaßnahmen sowie Eutrophierung durch intensive Landwirtschaft in den unmittelbaren Nahbereichen des letzten verbliebenen Standortes.
Rote Liste: vom Aussterben bedroht (CR); bisherige Einstufung: 0.
Schutzmaßnahmen: traditionelle, extensive Nutzung der Restfeuchtflächen im Sterzinger Moos. Genaue Kartierungen des Reliktvorkommens dringend erforderlich.

auf mangelhafter Erfassungsintensität.
Vertikalverbreitung: ca. 260 bis 2300 m; kollin, montan, subalpin, ausnahmsweise alpin. Vor allem in der oberen montanen sowie der subalpinen Stufe gehäuftes Auftreten. Oberhalb der Waldgrenze nur in Ausnahmefällen registriert.

BIOLOGIE
Habitatwahl: mesophile Übergangsbereichsart. Falter gerne im Randbereich von reich strukturierten Laub- und Mischwäldern mit angrenzenden blumenreichen Bergmagerwiesen, Trockenrasengesellschaften sowie Weiderasen.
Phänologie: univoltin; je nach Höhenlage und Exposition von Ende Mai bis Ende Juli.

Carterocephalus palaemon (Pallas, 1771)
● ab 1980   ● vor 1980

Carterocephalus palaemon (Pallas, 1771)
Gelbwürfeliger Dickkopffalter

TAXONOMIE – DETERMINATION
In Europa nur in der Nominatunterart vertreten. Durch dunkelbraune Flügeloberseiten mit großen gelben Flecken unverwechselbarer Dickkopffalter.

VERBREITUNG
Gesamtverbreitung: holarktisch; von den Pyrenäen über große Teile Mittel- und Nordeuropas sowie Zentral- und Nordasiens bis nach Nordamerika. Fehlt im Mediterraneum weitgehend.
Regionalverbreitung: in weiten Teilen Südtirols lokal und meist einzeln nachgewiesen. Derzeitige Verbreitungslücken in den zentralen und südöstlichen Landesteilen beruhen wohl teilweise

Raupenfutterpflanzen – Präimaginalstadien: Oligophagie I; *Molinia caerulea, Calamagrostis* spp., *Bromus erectus, Brachypodium* spp., *Festuca* spp., *Dactylis glomerata, Phleum pratense, Alopecurus pratensis* (Poaceae) und weitere Süßgräser (SBN, 1997; TOLMAN & LEWINGTON, 1998; WEIDEMANN, 1995). Eiablage einzeln an der Fraßpflanze. Raupe lebt in einer versponnenen Blattröhre. Überwinterung als voll erwachsene Raupe. Im Frühjahr Verwandlung zu einer charakteristischen Gürtelpuppe in einem mit Gespinst ausgekleideten Blatt (SBN, 1997).

GEFÄHRDUNG – SCHUTZMASSNAHMEN
Gefährdungssituation: durch Verbauung und landwirtschaftliche Intensivierung in den Talbereichen an einigen Stellen seltener geworden oder

lokal verschwunden, jedoch keinesfalls, wie von HOFER (1995) postuliert, landesweit ausgestorben oder verschollen. Die wenig spezifische Habitatbindung sowie die weite horizontale und vertikale Verbreitung lassen eine Aufnahme in die Rote Liste nicht gerechtfertigt erscheinen.
Rote Liste: nicht oder kaum gefährdet (LC); bisherige Einstufung: 0 bzw. 3 (EISENBERG, 2001).
Schutzmaßnahmen: abgesehen von einer möglichst extensiven Nutzung strukturreicher Laubwälder sowie von Waldrandökotonen derzeit kaum sinnvolle Maßnahmen möglich bzw. erforderlich.

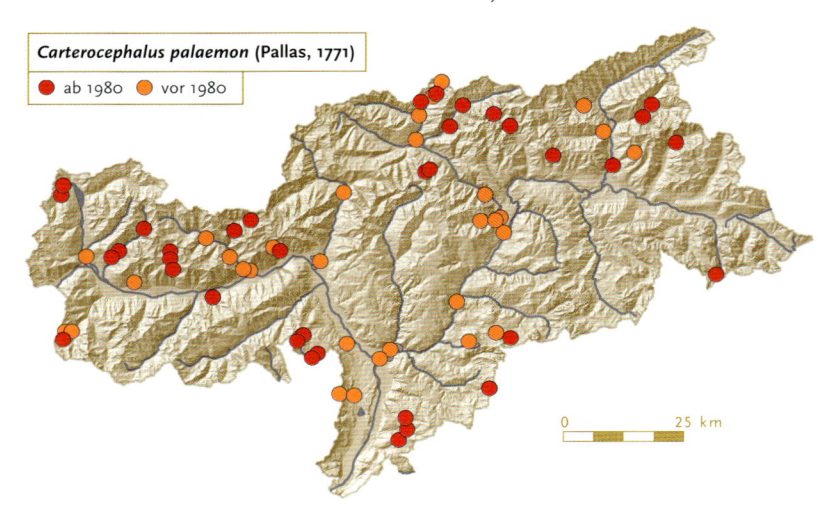

HESPERIINAE

Thymelicus lineola (Ochsenheimer, 1808)
Schwarzkolbiger Braun-Dickkopffalter

TAXONOMIE – DETERMINATION
In Europa nur in der Nominatunterart vertreten.
Oberseits weitgehend orange gefärbte Flügel mit dunklem Rand, beim männlichen Geschlecht ein gerader und dünner Duftschuppenstreifen sowie häufig ein zweiter, stark abgewinkelter Streifen auf der Vorderflügeloberseite charakterisieren diese Art. Von der ansonsten sehr ähnlichen *T. sylvestris* vor allem durch die unterseits schwarze und nicht orangebraun gefärbte Fühlerkolbe zu unterscheiden.

VERBREITUNG
Gesamtverbreitung: paläarktisch; Nordafrika sowie große Teile Europas, von Zentralasien bis zum Amur. Sekundär auch in Nordamerika eingeschleppt.
Regionalverbreitung: in allen Regionen Südtirols teilweise in höheren Dichten belegt. Nachweisdefizite vor allem in den zentralen und südöstlichen Gebieten.
Vertikalverbreitung: ca. 220 bis 2050 m; kollin, montan, subalpin. Besonders in der montanen Stufe weit verbreitet.

BIOLOGIE

Habitatwahl: Ubiquist (mesophile Offenlandart). *T. lineola* besiedelt eine Vielzahl unterschiedlichster Lebensräume, insbesondere fast alle Wiesentypen: Trocken- und Halbtrockenrasen, ungedüngte oder leicht eutrophierte Bergmagerwiesen und Lärchenwiesen bis hin zu mäßig intensiv genutzten Fettwiesen und Weiden, aber auch Hochstaudenfluren, Weg- und Waldränder sowie Ruderalgesellschaften.

Phänologie: univoltin; von Ende Juni bis Ende August.

Raupenfutterpflanzen – Präimaginalstadien: Oligophagie III; *Bromus erectus*, *Festuca ovina*, *Brachypodium* spp., *Anthoxanthum odoratum*, *Holcus mollis*, *Agropyron repens*, *Lolium perenne*, *Phalaris arundinacea* (Poaceae) und *Carex acutiformis* (Cyperaceae) sowie weitere Süßgräser (EBERT & RENNWALD, 1991b; SBN, 1997; TOLMAN & LEWINGTON, 1998). Eiablage in unterschiedlich großen Gruppen an dürren Grasblättern. Überwinterung als Ei. Raupen fressen frei an den Grashalmen. Verpuppung in versponnenem Halm mit oder ohne Gürtelfaden (WEIDEMANN, 1995; SBN, 1997).

GEFÄHRDUNG – SCHUTZMASSNAHMEN

Gefährdungssituation: höchstens lokal durch Düngung oder Überbeweidung bedroht. Generell sehr anpassungsfähige Art mit einer Vielzahl unterschiedlicher Lebensräume und dementsprechend geringer Gefährdung.

Rote Liste: nicht oder kaum gefährdet (LC); bisherige Einstufung: 3 bzw. nicht gefährdet (EISENBERG, 2001).

Schutzmaßnahmen: derzeit keine Maßnahmen erforderlich.

Thymelicus sylvestris (Poda, 1761) Braunkolbiger Braun-Dickkopffalter

Synonymie:
Adopaea thaumas (Hufnagel, 1766)

TAXONOMIE – DETERMINATION

In Europa nur in der Nominatunterart vertreten.

Die orange Flügeloberseite mit dunklem Saum weist im Gegensatz zu *T. lineola* einen kräftig entwickelten und gebogenen Duftschuppenstreifen auf. Besonders arttypisch ist die unterseits orangebraun gefärbte Fühlerkolbe.

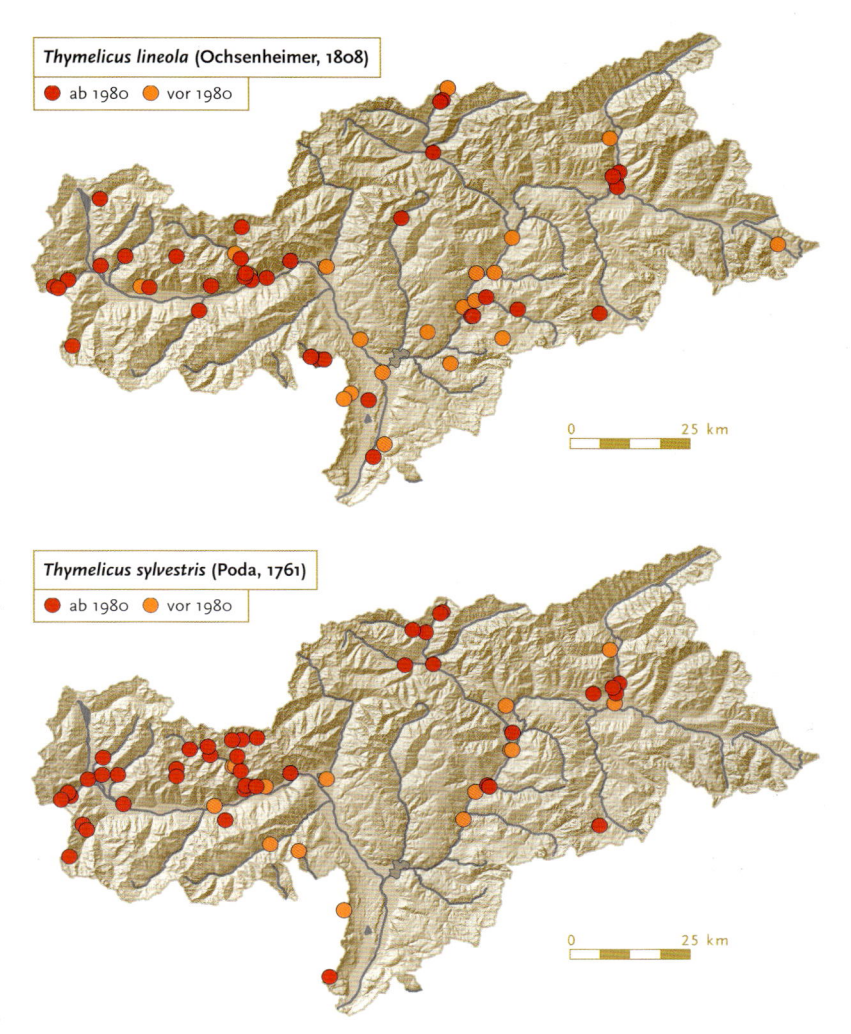

VERBREITUNG

Gesamtverbreitung: westpaläarktisch; Nordafrika, weite Teile Europas bis zum Südural, Kaukasus und Iran.

Regionalverbreitung: zerstreute Nachweise mit deutlich gehäuftem Auftreten in den westlichen und nördlichen Landesteilen sowie im Eisacktal, vielfach in höheren Dichten. Aus weiten Teilen der warmen Etschtalniederungen unterhalb von Meran, aber auch der Sarntaler Alpen und der Dolomiten kaum gemeldet. Mutmaßlich aber weiter verbreitet und an vielen Stellen nur lückenhaft registriert.

Vertikalverbreitung: ca. 450 bis 2350 m; kollin, montan subalpin, alpin. In den tiefer gelegenen Tälern sowie oberhalb der Waldgrenze kaum Vorkommen.

BIOLOGIE

Habitatwahl: Ubiquist (mesophile Offenlandart). Eurytope Art mit einer Vielzahl unterschiedlicher Offenland- und Übergangsbereichshabitate, von Trocken- und Halbtrockenrasen über ungedüngte bis mäßig intensivierte Mager- und Fettwiesen bis hin zu Almen, Hochstaudenfluren oder Waldrändern.

Phänologie: univoltin; von Anfang Juni bis Ende August mit Häufigkeitsmaximum im Juli.

Raupenfutterpflanzen – Präimaginalstadien: Oligophagie I; *Bromus erectus*, *Melica ciliata*, *Anthoxanthum odoratum*, *Cynosurus cristatus*, *Holcus lanatus*, *H. mollis*, *Brachypodium sylvaticum*, *Phleum pratense*, *Dactylis* spp., *Festuca* spp., *Poa* spp. (Poaceae) (TOLMAN & LEWINGTON, 1998; SBN, 1997; WEIDEMANN, 1995). Eiablage an frischen Grashalmen. Frisch geschlüpfte Raupen überwintern ohne Nahrungsaufnahme in

Der Braunkolbige Braun-Dickkopffalter (*Thymelicus sylvestris*) ist vor allem durch die orangebraune Fühlerkolbe charakterisiert.

einem Hibernarium. Gürtelpuppe in einem versponnenen Blatt (SBN, 1997).

GEFÄHRDUNG – SCHUTZMASSNAHMEN
Gefährdungssituation: durch die ausgeprägte Fähigkeit zur Anpassung an verschiedene Nutzungsformen keine Bedrohungsszenarien erkennbar. Der von HOFER (1995) vorgenommenen Einstufung als „vom Aussterben bedroht" kann daher keinesfalls gefolgt werden.
Rote Liste: nicht oder kaum gefährdet (LC); bisherige Einstufung: 1 bzw. nicht gefährdet (EISENBERG, 2001).
Schutzmaßnahmen: derzeit keine Maßnahmen erforderlich.

Thymelicus acteon (Rottemburg, 1775)
Mattscheckiger Braun-Dickkopffalter

TAXONOMIE – DETERMINATION
In großen Teilen des europäischen Teilareals einschließlich Südtirols nur in der Nominatunterart vertreten. Von den anderen *Thymelicus*-Arten durch die mattbraune Grundfarbe und die hellen Flecken auf der Flügeloberseite zu unterscheiden.

VERBREITUNG
Gesamtverbreitung: turanisch-europäisch-mediterran; Nordafrika, große Teile Mittel- und Südeuropas bis in den Iran.
Regionalverbreitung: nur an insgesamt fünf Fundorten im Etsch- und Eisacktal in sehr niedrigen Dichten nachgewiesen. Immerhin reichen die Meldungen aber bis in die jüngste Vergangenheit.
Vertikalverbreitung: ca. 260 bis 1000 m; kollin, montan.

BIOLOGIE
Habitatwahl: xerothermophile Offenlandart. Wenige Nachweise aus Trocken- und Halbtrockenrasen.
Phänologie: univoltin; von Ende Juni bis Ende Juli. Falterflug in der Nordschweiz bis Anfang September, im Mediterraneum auch zwei bis drei Generationen (TOLMAN & LEWINGTON, 1998).
Raupenfutterpflanzen – Präimaginalstadien: Oligophagie III; *Agropyron repens, Bromus erectus, Calamagrostis villosa, Achnatherum calamagrostis, Stipa pennata, Brachypodium* spp. (Poaceae) und *Carex cariophyllea* (Cyperaceae) (SBN, 1997; TOLMAN & LEWINGTON, 1998). Eiablage an dürren Grashalmen. Frisch geschlüpfte Raupen überwintern in einem Hibernarium. Nach der Überwinterung in einer aus Grasblättern versponnenen Röhre lebend. Verwandlung in eine Gürtelpuppe in einem versponnenen Blatt.

GEFÄHRDUNG – SCHUTZMASSNAHMEN
Gefährdungssituation: ausschließliche Besiedelung talnaher Trockenrasen und daher extrem bestandsbedroht sowohl durch Düngung als auch durch Nutzungsaufgabe bzw. Aufforstung. Letzte Nachweise aus den Jahren 1997 und 1999 belegen, dass die Art aber nicht, wie noch von HOFER (1995) vermutet, bereits ausgestorben ist.
Rote Liste: vom Aussterben bedroht

(CR); bisherige Einstufung: 0.
Schutzmaßnahmen: detaillierte Kartierung der Restpopulationen sowie darauf basierend Ausweisung von Schutzgebieten und Förderung der traditionellen Bewirtschaftung.

Hesperia comma (Linnaeus, 1758)
Komma-Dickkopffalter

TAXONOMIE – DETERMINATION

In Europa nur in der Nominatunterart vertreten. Populationen der höheren Gebirgsregionen sowie nördlicher Teilareale neigen zu einer Verdunkelung der Flügeloberseite und die Imagines sind durchschnittlich kleiner. Umgekehrt sind nordafrikanische Exemplare deutlich heller gefärbt. Ein subspezifischer Status wird aber diesen Formen nicht zuerkannt (TOLMAN & LEWINGTON, 1998).
Die Kombination von orange gefärbter Flügeloberseite und weißen Flecken auf der Hinterflügelunterseite machen den Komma-Dickkopffalter unverwechselbar. Überdies Duftschuppenfleck mit silbrigem Glanz beim Männchen.

VERBREITUNG

Gesamtverbreitung: holarktisch; Nordwestafrika, große Teile des gemäßigten Europas und Asiens bis zum Amur, Nordamerika.
Regionalverbreitung: im ganzen Land, mit Ausnahme der tiefstgelegenen Täler, weit verbreitet und vielfach in höheren Dichten.
Vertikalverbreitung: ca. 300 bis 2500 m; kollin, montan, subalpin, alpin. Vor allem ab der unteren montanen Stufe in erhöhter Funddichte und Häufigkeit.

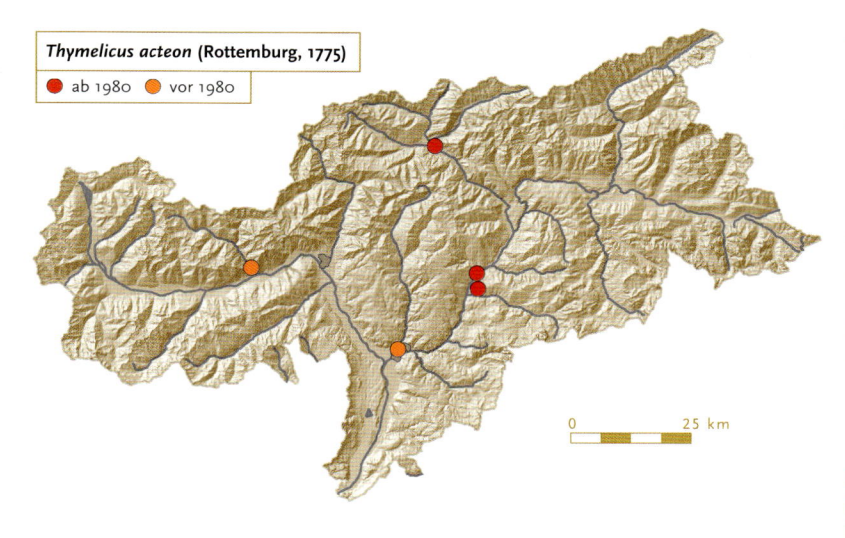

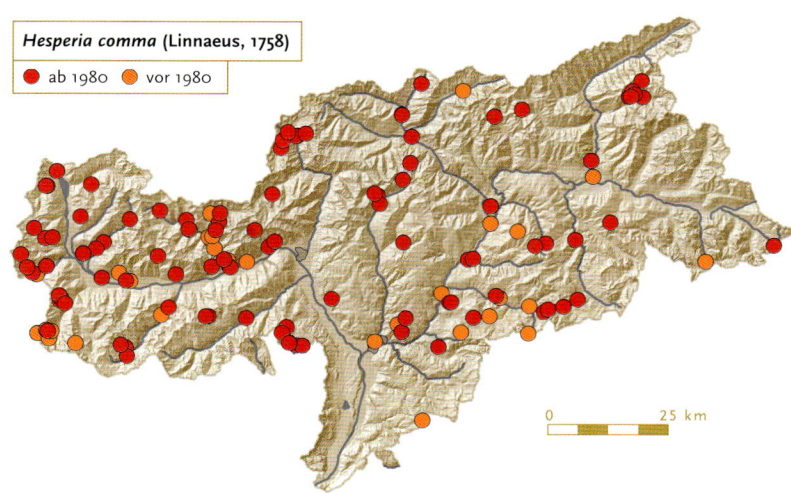

BIOLOGIE

Habitatwahl: Ubiquist (mesophile Offenlandart). *H. comma* besiedelt eine Vielzahl unterschiedlicher und eher extensiv genutzter Weiderasen und Mähwiesen, tritt aber auch in natürlichen alpinen Rasengesellschaften auf. Stärker gedüngte Flächen werden gemieden. Imagines gerne an Disteln saugend.
Phänologie: univoltin; von Anfang Juli bis Ende September, spät fliegende Art mit deutlichem Flugzeitschwerpunkt im August.
Raupenfutterpflanzen – Präimaginalstadien: Oligophagie I; *Festuca* spp., *Lolium perenne*, *Nardus stricta* (Poaceae) (EBERT & RENNWALD, 1991b; SBN, 1997), ausschließlich „Magergräser" (WEIDEMANN, 1995). Eiablage einzeln an bodennahen Gräsern. Überwinterung im Eistadium oder als Raupe. Raupe lebt in einem aus Blättern versponnenen röhrenförmigen Gehäuse. Verpuppung zwischen dicht versponnenen Pflanzenteilen (SBN, 1997; WEIDEMANN, 1995).

GEFÄHRDUNG – SCHUTZMASSNAHMEN

Gefährdungssituation: eurytope Art mit starker Präsenz auf anthropogen genutzten Weiderasen und ohne erkennbare Gefährdungsmomente.
Rote Liste: nicht oder kaum gefährdet (LC); bisherige Einstufung: 4.
Schutzmaßnahmen: derzeit keine Maßnahmen erforderlich.

Ochlodes sylvanus (Esper, 1777)
Rostfarbiger Dickkopffalter

Synonymie:
Ochlodes venatus faunus (Turati, 1905)

TAXONOMIE – DETERMINATION

In Europa nur in der Nominatunterart vertreten, darüber hinaus weitere Subspezies (TUZOV, 1997). Bis in die jüngste Vergangenheit vielfach unter dem Namen *O. venatus* (Bremer & Gray) publiziert (HUEMER & TARMANN, 2001). Dieses Taxon ist jedoch eine ostpaläarktisch verbreitete, separate Art (TUZOV, 1997). Der meist als Homonym gewertete Name *O. sylvanus* wurde in-

Die gelblichen Flecken auf der Hinterflügelunterseite sind für den Rostfarbigen Dickkopffalter (*Ochlodes sylvanus*) arttypisch.

>> Der prächtige Osterluzeifalter (*Zerynthia polyxena*) ist in Südtirol seit 100 Jahren verschollen und gilt als ausgestorben.

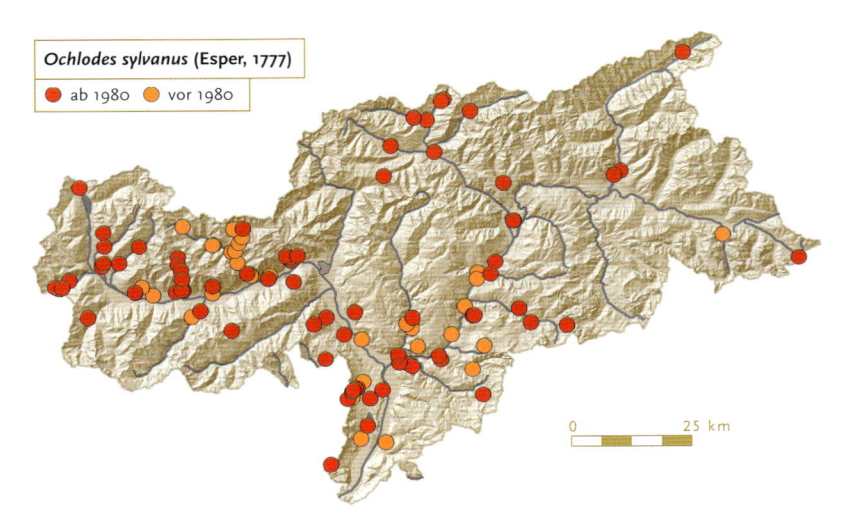

Ochlodes sylvanus (Esper, 1777)
● ab 1980   ● vor 1980

zwischen durch die Internationale Kommission für Zoologische Nomenklatur konserviert (DE PRINS, *in litteris*). Ähnlich *H. comma*, jedoch auf der Hinterflügelunterseite verschwommene gelbliche Flecken sowie beim Männchen flügeloberseits durchgehend schwarzer Duftschuppenfleck.

VERBREITUNG
Gesamtverbreitung: asiatisch-europäisch; große Teile Europas sowie des gemäßigten Asiens bis nach Japan.
Regionalverbreitung: im Etsch- und Eisacktal sowie in den angrenzenden Gebieten weit verbreitet, insbesondere in den Ötztaler Alpen gehäuftes Auftreten. Auch aus den südwestlichen Dolomiten, den Zillertaler Alpen, dem Brennergebiet sowie dem Großraum Sterzing bekannt. Größere Nachweislücken in den zentralen und östlichen Landesteilen beruhen wohl teilweise auf unzureichender Erfassungsintensität.
Vertikalverbreitung: ca. 250 bis 2100 m; kollin, montan, subalpin.

BIOLOGIE
Habitatwahl: Ubiquist (mesophile Offenlandart). *O. sylvanus* besiedelt eine Vielzahl unterschiedlichster Grünlandlebensräume, gerne in der Nähe von Gebüschen oder entlang von Waldrandökotonen. Falternachweise u.a. von Trocken- und Halbtrockenrasen, Feuchtwiesen, Bergmagerwiesen, blumenreichen Fettwiesen, Gärten oder auch Hochstauden- und Ruderalfluren.
Phänologie: univoltin; von Ende Mai bis Ende August, Hauptflugzeit aber deutlich früher als bei *H. comma*.
Raupenfutterpflanzen – Präimaginalstadien: Oligophagie III; *Brachypodium pinnatum*, *Molinia* spp., *Dactylis glomerata*, *Phleum pratense*, *Calamagrostis epigejos*, *Agrostis capillaris*, *Bromus erectus*, *Lolium perenne* (Poaceae), *Juncus effusus*, *Luzula pilosa* (Juncaceae) sowie weitere Süßgräser (EBERT & RENNWALD, 1991b; SBN, 1997; WEIDEMANN, 1995). Eiablage einzeln an Gräsern. Raupe in einer aus Grashalmen versponnenen Wohnröhre lebend. Überwinterung im vorletzten Raupenstadium. Verpuppung zwischen dicht versponnenen Gräsern (SBN, 1997; WEIDEMANN, 1995).

GEFÄHRDUNG – SCHUTZMASSNAHMEN
Gefährdungssituation: wenig spezialisierte Lebensweise und weite horizontale und vertikale Verbreitung, somit keine grundsätzliche Gefährdungsmomente erkennbar.
Rote Liste: nicht oder kaum gefährdet (LC); bisherige Einstufung: 4 bzw. nicht gefährdet (EISENBERG, 2001).
Schutzmaßnahmen: derzeit keine Maßnahmen erforderlich.

PAPILIONIDAE
RITTERFALTER

PARNASSIINAE – OSTERLUZEIFALTER UND APOLLOFALTER

Zerynthia polyxena (Denis & Schiffermüller, 1775) Osterluzeifalter

TAXONOMIE – DETERMINATION
Die Aufspaltung in unterschiedliche Unterarten ist umstritten und wird nicht allgemein akzeptiert. SALA (1996) unterscheidet für das Gebiet der Südalpen die ssp. *decastroi* Sala & Bollino, 1992, sowie die ssp. *aemiliae* Rocci, 1929. Mangels Südtiroler Belegmaterials ist die Zugehörigkeit der ehemaligen Populationen aber unsicher. Unverwechselbare Art.

VERBREITUNG
Gesamtverbreitung: südeuropäisch; Südfrankreich und südliche Teile Mitteleuropas über Südosteuropa, die nordwestliche Türkei bis nach Kasachstan.
Regionalverbreitung: nur in wenigen historischen Nachweisen aus Südtirol bekannt geworden, der letzte Fund datiert aus dem Jahre 1911. Von HINTERWALDNER (1868) noch für Brixen gemeldet, aber auch in Terlan (KITSCHELT, 1925) sowie in Moritzing (STAUDER, 1915) belegt.
Vertikalverbreitung: ca. 250 m bis 550 m; kollin. Mit Sicherheit auch früher nur in den wärmsten Tallagen vertreten.

BIOLOGIE
Habitatwahl: mesophile Übergangsbereichsart. Der Osterluzeifalter fliegt bevorzugt in Auwäldern, aber auch auf sonnigen Wiesen sowie auf Ruderalflächen wie Wegrändern, Dämmen und Böschungen (HÖTTINGER, 2003). An derartigen Stellen wie an der Etsch kommt auch heute noch die Futterpflanze vor. Über die Habitatwahl an den ehemaligen Flugplätzen Südtirols ist aber nichts bekannt geworden.

Phänologie: univoltin; genauere Daten zur Flugzeit sind nicht bekannt, lediglich ein Datum, der 30.3.1906, ist präzise (STAUDER, 1915). Im südlichen Mitteleuropa werden die Falter generell von Ende März bis Anfang Mai registriert.
Raupenfutterpflanzen – Präimaginalstadien: Monophagie II; *Aristolochia clematidis*, *A. rotunda* (Aristolochiaceae) (TOLMAN & LEWINGTON, 1998). Die Raupe frisst von Mitte Mai bis gegen Ende Juli an den Blättern der Futterpflanze und verwandelt sich anschließend in eine Gürtelpuppe. Überwinterungsstadium ist die Puppe.

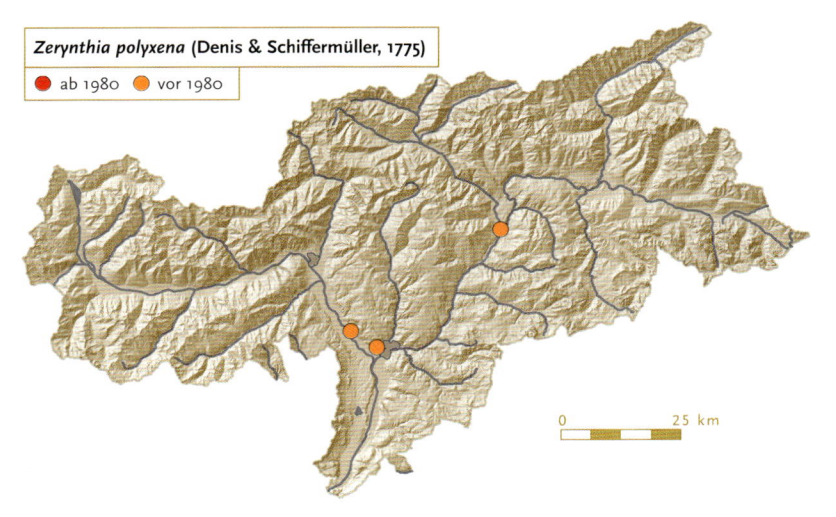

GEFÄHRDUNG – SCHUTZMASSNAHMEN

Gefährdungssituation: Umwandlung von Feuchtgebieten sowie die intensive Nutzung der Weingärten in den Gunstlagen Südtirols haben mutmaßlich zum Aussterben des Osterluzeifalters geführt. Auch in nahe gelegenen Gebieten wie den Provinzen Trient und Verona ist die Art nach SALA (1996) seit zumindest 70 Jahren verschwunden, wurde allerdings von CERNY (mündliche Mitteilung) noch in den späteren 1980er Jahren beobachtet. Im östlichen Mitteleuropa bestehen derzeit deutliche Ausbreitungstendenzen (HÖTTINGER, 2003) und somit eine erhöhte Chance auf eine Wiederbesiedelung in Südtirol.

Rote Liste: ausgestorben oder verschollen (RE); bisherige Einstufung: 0.

Schutzmaßnahmen: bei eventuellem Auffinden von Populationen prioritär schutzwürdig; Ausarbeitung von geeigneten Pflegeplänen.

Parnassius mnemosyne (Linnaeus, 1758)
Schwarzer Apollofalter

TAXONOMIE – DETERMINATION

Der rezent von LERAUT (1997) verwendete Gattungsname *Driopa* wird hier nur als subgenerisch angesehen.

Aus dem mitteleuropäischen Raum wurden zahlreiche Subspezies beschrieben, deren taxonomischer Wert allerdings sehr umstritten ist und nicht allgemein akzeptiert wird (TOLMAN & LEWINGTON, 1998). Überdies erlaubt das extrem limitierte Material aus Südtirol keinerlei diesbezügliche Aussagen.

Unverwechselbare Art. Vom entfernt ähnlichen Baum-Weißling sofort durch schwarze Flecken zu unterscheiden.

VERBREITUNG

Gesamtverbreitung: zentralasiatisch-europäisch-mediterran; von den Pyrenäen über Teile Nord-, Mittel- und Südeuropas bis zum Nahen und Mittleren Osten sowie Sibirien bis zum Tienschan.

Regionalverbreitung: in Südtirol extrem selten und nur in zwei Lokalitäten in den Dolomiten nachgewiesen. Erstmals von GREDLER (1863) von der Seiseralm gemeldet und lange als verschollen betrachtet, gelang SALA (*in litteris*) im Juli 1982 nach mehr als 100 Jahren ein weiterer Nachweis am Monte Pana bei St. Christina im Grödnertal.

Vertikalverbreitung: ca. 1650 bis 2000 m; subalpin. Detaillierte Höhenangaben liegen allerdings nur vom Monte Pana vor, wo *P. mnemosyne* bei ca. 1650 m belegt wurde. In der Schweiz in 800 bis über 2000 m nachgewiesen (SBN, 1994).

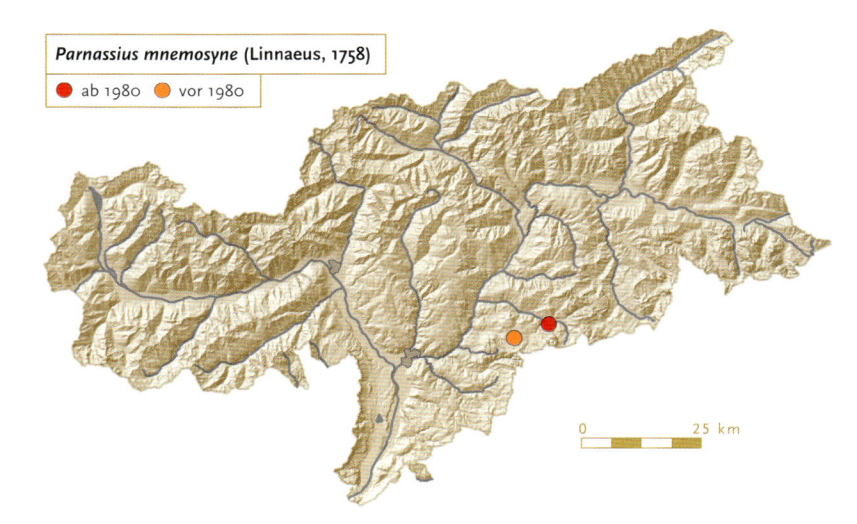

Der Hochalpen-Apollo (*Parnassius phoebus*) fliegt ausschließlich im Nahbereich von Gebirgsbächen.

<<
Die Raupe des Schwarzen Apollofalters (*Parnassius mnemosyne*) ernährt sich ausschließlich von Lärchenspornblüten.

Der Schwarze Apollofalter wurde zuletzt vor wenigen Jahren am Monte Pana nachgewiesen.

BIOLOGIE

Habitatwahl: mesophile Waldart. *P. mnemosyne* bevorzugt tiefgründigere Wiesen und Weiden, gerne entlang von Waldökotonen. Nötig sind aber auch blumenreiche Wiesenbereiche mit einem reichen Angebot an Saugpflanzen in unmittelbarer Nähe zu den Raupenhabitaten. In einigen Gebieten wie dem Monte Baldo tritt die Art auch auf Schutthalden auf.

Phänologie: univoltin; die Flugzeit erstreckt sich in Mitteleuropa je nach Höhenlage und Exposition von Mitte Mai bis Mitte August. Die Südtiroler Nachweise sind nicht oder ungenau datiert. SALA (*in litteris*) fand den Falter im Juli.

Raupenfutterpflanzen – Präimaginalstadien: Monophagie II; *Corydalis lutea, C. cava, C. solida, C. intermedia* (Aristolochiaceae). Die Raupe frisst je nach Höhenlage von März bis Ende Mai und verpuppt sich anschließend in einem dichten weißen Gespinst an der Bodenoberfläche. Überwinterungsstadium ist die Jungraupe, teilweise voll entwickelt in der Eihülle (SBN, 1994).

GEFÄHRDUNG – SCHUTZMASSNAHMEN

Gefährdungssituation: akute Gefährdung durch intensive Landwirtschaft, vor allem auf Grund von Düngung und massiver Beweidung, die inzwischen weite Bereiche der Seiseralm sowie anderer potentieller Flugplätze in den Dolomiten erfasst hat. So konnte am einzigen rezent bekannten Standort, dem Monte Pana, trotz gezielter Nachsuche in den Jahren 2002 und 2003 kein Tier mehr festgestellt werden.

Rote Liste: vom Aussterben bedroht (CR); bisherige Einstufung: 0.

Schutzmaßnahmen: detaillierte Kartierungen möglicher Reliktvorkommen und darauf basierende Ausweisung von Schutzgebieten für diese extrem bedrohte Art.

Internationale Verpflichtungen: *P. mnemosyne* ist durch Anhang IV der Fauna-Flora-Habitatrichtlinie der EU geschützt. Eine Beschädigung oder Vernichtung der Ruhe- und Fortpflanzungsstätten ist verboten und es gilt überdies ein Fang- und Störungsverbot (HUEMER, 2001).

Parnassius phoebus (Fabricius, 1793) Hochalpen-Apollo

Synonymie:
Parnassius delius (Esper, 1804)

TAXONOMIE – DETERMINATION

Der Hochalpen-Apollo tritt in den Alpen ausschließlich in der ssp. *sacerdos* Stichel, 1906, auf, die Nominatrasse fliegt hingegen in Sibirien.

Die Imagines ähneln manchmal dem Apollofalter, differieren aber durch die stark geringelten Fühler, die in beiden Geschlechtern immer deutlich vorhandenen roten Flecken auf den Vorderflügeln sowie die unterschiedlichen Lebensräume. Als seltene Ausnahmen wurden allerdings auch schon Kreuzungen der beiden Arten registriert (SBN, 1994), teilweise auch anhand von Südtiroler Material (HELLWEGER, 1914).

VERBREITUNG

Gesamtverbreitung: holarktisch; in Europa ausschließlich auf die Alpen beschränkt; weiters in den Gebieten vom nördlichen und mittleren Ural über Nord- und Zentralasien bis auf die Kamtschatka sowie in den Gebirgen des westlichen Nordamerikas vorkommend.

Regionalverbreitung: in den nördlichen Landesteilen, vor allem den Zillertaler und Ötztaler Alpen, sowie im Ortlergebiet weit verbreitet, in den Dolomiten sowie den Sarntaler Alpen hingegen nur vereinzelt nachgewiesen, aus dem Mendelgebiet überhaupt nicht bekannt. Angeblich in Tallagen gesammelte Belege wurden nicht berücksichtigt, so z. B. Meldungen aus Meran, Terlan, Klausen und Bruneck.

Vertikalverbreitung: ca. 1200 bis 2700 m; montan, subalpin, alpin. Die exakte Höhenverbreitung ist durch eine Vielzahl an ungenauen Fundortangaben schwer festzulegen. Nach neueren Daten zu beurteilen, fliegt der Hochalpen-Apollo insbesondere zwischen 1500 und 2300 m, bevorzugt im Bereich um die Waldgrenze oder knapp darüber. Die höchsten gesicherten Nachweise reichen bis ca. 2700 m. Im montanen Bereich geht die Art entlang der Bäche selten bis auf 1200 m herab. Einige Sammlungsexemplare aus den Tallagen beruhen mit Sicherheit auf unzureichenden Fundortbezeichnungen.

BIOLOGIE
Habitatwahl: alpine Art. *P. phoebus* tritt gemeinsam mit der Futterpflanze an Gebirgsbächen und in Quellfluren auf, bevorzugt jedoch eindeutig Habitate im silikatischen Bereich sowie im Porphyrgebiet (KITSCHELT, 1925) und somit in den Zentralalpen. DANNEHL (1925–1930) meldet wenige Funde aus den Dolomiten.

Phänologie: univoltin; von Ende Juni bis Ende August, ausnahmsweise bis Anfang September. Die Hauptflugzeit liegt aber zwischen Mitte Juli und Mitte August.

Raupenfutterpflanzen – Präimaginalstadien: Monophagie I; *Saxifraga aizoides* (Saxifragaceae); in Nordamerika leben die Raupen an verschiedenen Crassulaceae wie *Sedum* spp. (TOLMAN & LEWINGTON, 1998). Jungraupen überwintern meist im Ei, seltener auch bereits außerhalb. Anschließend fressen die Raupen je nach Schneelage ca. von Ende April bis in den Frühsommer am Bewimperten Steinbrech. Verpuppung erfolgt in einem feinen Seidengespinst am Boden oder zwischen Pflanzenteilen (SBN, 1994).

GEFÄHRDUNG – SCHUTZMASSNAHMEN
Gefährdungssituation: auf Grund der weiten Verbreitung oberhalb der Waldgrenze – vielfach in anthropogen ungestörten Lebensräumen – im Wesentlichen nicht gefährdet. Lokal können allerdings Populationen durch gewässerbauliche oder touristische Maßnahmen verschwinden oder geschwächt werden.

Rote Liste: nicht oder kaum gefährdet (LC); bisherige Einstufung: 3 bzw. 4 (EISENBERG, 2001).

Schutzmaßnahmen: derzeit keine direkten Schutzmaßnahmen erforderlich.

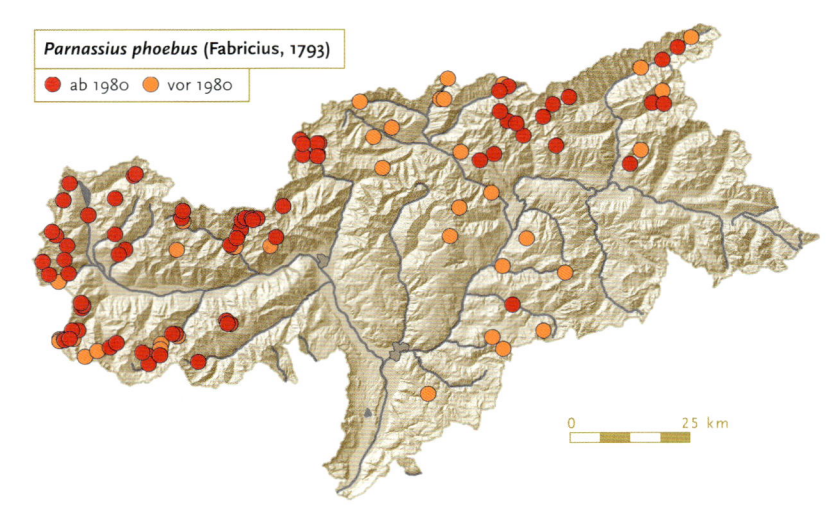

Der Apollofalter (*Parnassius apollo*) ist an vielen Fundstellen von einst verschwunden.

<<
Raupen des Apollofalters leben bevorzugt an der Weißen Fetthenne im Bereich von Felsbiotopen.

Die Apollofalterpuppe ist auffallend bläulich bereift und liegt am Boden.

Parnassius apollo (Linnaeus, 1758) Apollofalter

TAXONOMIE – DETERMINATION

Der Apollofalter ist einer der bekanntesten Schmetterlinge überhaupt, und der Art wurde daher schon früh erhöhte Aufmerksamkeit geschenkt. Vor allem im ausgehenden 19. sowie im 20. Jahrhundert war *P. apollo* ein äußerst beliebtes Objekt für großteils überflüssige Namensgebungen, die vielfach nur zur Wertsteigerung gesammelter Tiere dienten. Insgesamt wurden nicht weniger als 275 (!) Unterarten benannt, wovon 107 auch kürzlich noch anerkannt waren (NIKUSCH, 1992). Die meisten dieser Lokalformen unterscheiden sich nur geringfügig in Zeichnung und Färbung und sind taxonomisch weitgehend irrelevant. Auch aus Südtirol wurde eine Reihe von Unterarten beschrieben, so z. B. ssp. *rubidus* aus dem Eisacktal (FRUHSTORFER, 1906), ssp. *cognatus* vom Ritten (BELLING, 1928), ssp. *comes* aus dem Pustertal (BELLING, 1930), ssp. *tauferensis* aus dem Tauferertal (REHNELT, 1964), ssp. *laurinus* aus dem Eggental (BELLING, 1923a), ssp. *ladinus* aus dem Enneberggebiet und dem Grödnertal, ssp. *venustus* aus dem Schnalstal (BELLING, 1923b) oder ssp. *andreashoferi* aus dem Passeiertal (BELLING & BRYK, 1931). Auch weitere Publikationen widmeten sich den taxonomischen Verhältnissen dieser Art im Lande (DANNEHL, 1925–1930; REHNELT & BAUMANN, 1966), teilweise wurden in diesen Arbeiten zusätzliche Rassen beschrieben, wie u. a. ssp. *mendolensis* Dannehl, 1925, vom Mendelgebiet oder ssp. *stelviana* Dannehl, 1925, vom Stilfser Joch; hinzu kommen noch einige Aberrationen und Individualformen, die aus dem Lande beschrieben wurden. Eine subspezifische Untergliederung wird aber an dieser Stelle nicht als weiter sinnvoll erachtet.

Imagines von *P. apollo* erinnern gelegentlich an den Hochalpen-Apollo, haben aber kaum geringelte Fühler sowie selten rote Flecken auf den Vorderflügeln. Überdies unterscheiden sich die Lebensräume beider Arten stark.

VERBREITUNG

Gesamtverbreitung: zentralasiatisch-europäisch-mediterran; das Gebiet von Spanien über die gebirgigen Teile Süd- und Mitteleuropas sowie des südlichen Nordeuropas, Kleinasien bis Westsibirien und zum Tienschan.

Regionalverbreitung: in Südtirol weit verbreitet und lokal häufig, allerdings an vielen Stellen vor allem in den größeren Tälern inzwischen viel seltener geworden und lokal verschwunden. Lediglich im Bereich zwischen Bozen und Meran war die Art schon früher nur sehr lokal auftretend, und DANNEHL (1925–1930) beschrieb ausdrücklich nur eine einzige Population oberhalb von Vilpian.

Vertikalverbreitung: ca. 300 bis 2200 m; kollin, montan, subalpin, alpin. Talpopulationen beschränken sich – soweit noch vorhanden – ausschließlich auf die Felsbiotope an den Talhängen. Die Hauptverbreitung liegt heute zunehmend in der montanen Stufe, oberhalb der Waldgrenze finden sich nur vereinzelte Populationen. Angebliche Funde aus extremeren Höhenlagen wie dem Stilfser Joch (2750 m) sind zweifelhaft und beziehen sich höchstens auf verflogene Tiere.

BIOLOGIE

Habitatwahl: xerothermophile Offenlandart. *P. apollo* fliegt bevorzugt an xerothermen, felsigen Stellen mit entsprechendem Vorkommen der Raupenfutterpflanze. Gerne werden auch anthropogen verursachte Sekundärhabitate wie Straßenböschungen besiedelt. Blütenreiche Strukturen in der Nähe der Raupenhabitate sind für die Nahrungsaufnahme der Falter essentiell.

Phänologie: univoltin; Talpopulationen schon ab Ende Mai, in höher gelegenen Gebieten erst von Juni an, in einer lang gestreckten Generation bis gegen Ende August.

Raupenfutterpflanzen – Präimaginalstadien: Monophagie I; *Sedum album* (Crassulaceae); in anderen Gebieten Europas auch weitere *Sedum* spp. (*S. telephium maximum, S. stevenianum, S. annuum, S. villosum, S. rosea*) sowie an *Sempervivum tectorum*. Raupe von April bis in den Juli an den Blättern des Weißen Mauerpfeffers. Die Entwicklungszeit ist dabei wesentlich von der Höhenlage und der Exposition der Habitate abhängig. Verpuppung in einem feinen Gespinst am Boden. Überwinterungsstadium ist die voll entwickelte Jungraupe im Ei, vereinzelt schlüpfen die Raupen auch noch im Herbst (SBN, 1994).

GEFÄHRDUNG – SCHUTZMASSNAHMEN
Gefährdungssituation: *P. apollo* ist in Südtirol vor allem in tieferen Lagen lokal gefährdet. Direkte Eingriffe wie Felsräumungen oder Aufforstung bzw. Nutzungsaufgabe und dadurch ein Verschwinden der Raupenfutterpflanze aber auch von Faltersaugpflanzen wie Flockenblumen und Disteln wirken sich negativ aus. Vermutlich tragen zunehmender Verkehr und die damit verbundenen Schadstoffbelastungen ebenfalls zu einem Rückgang bei. Im Eisacktal wurden lokale Populationen angeblich auch durch früheres Übersammeln zu Handelszwecken ausgelöscht (SALA, 1996).
Rote Liste: drohende Gefährdung (NT); bisherige Einstufung: 4.
Schutzmaßnahmen: Erhaltung eines ausreichenden Angebotes an Saugpflanzen. Keine Aufforstung im Nahbereich der Lebensräume.

Internationale Verpflichtungen: *P. apollo* ist durch Anhang IV der Fauna-Flora-Habitatrichtlinie der EU geschützt. Eine Beschädigung oder Vernichtung der Ruhe- und Fortpflanzungsstätten ist verboten. Überdies gilt ein Fang- und Störungsverbot und der Handel wird durch das Washingtoner Artenschutzabkommen strengstens reglementiert (HUEMER, 2001).

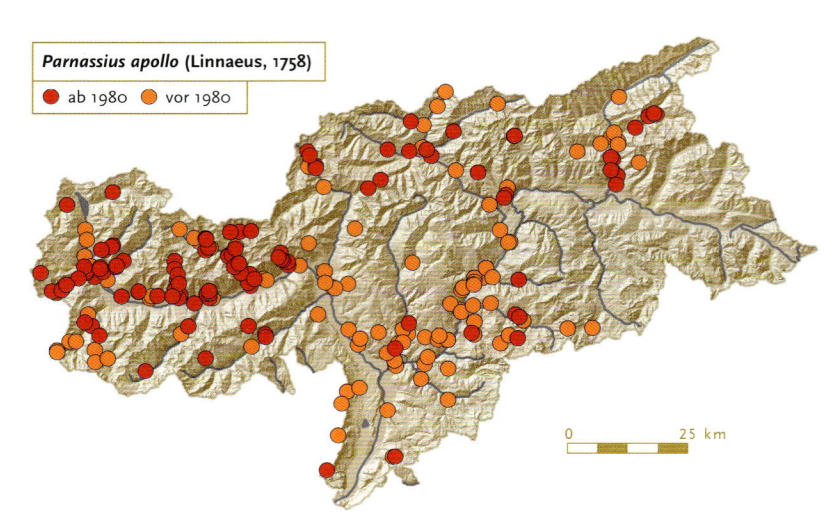

Parnassius apollo (Linnaeus, 1758)
● ab 1980 ● vor 1980

PAPILIONINAE
SCHWALBENSCHWÄNZE

Iphiclides podalirius (Linnaeus, 1758)
Segelfalter

TAXONOMIE – DETERMINATION
Die Populationen Südtirols gehören zur nominotypischen Unterart, zahlreiche Individualformen, wie z. B. bei DANNEHL (1925–1930) erwähnt, sind von keinerlei taxonomischer Bedeutung.
Unverwechselbare Art.

VERBREITUNG
Gesamtverbreitung: zentralasiatisch-europäisch-mediterran; von Nordafrika über große Teile Europas, Naher und Mittlerer Osten bis Westchina.
Regionalverbreitung: an den Vinschgauer Südhängen sowie im Eisacktal südlich von Brixen und im Südtiroler Unterland verbreitet, allerdings in niedrigen Dichten. Ansonsten nur einzelne Nachweise wie aus dem Großraum Bruneck und Sterzing oder ein wohl verflogenes Exemplar im Ortlergebiet (DANNEHL, 1925–1930). KITSCHELT (1925) meldet die Art für die tieferen Täler als überall verbreitet und häufig, was noch vor 40 Jahren durchaus zutreffend war (TRAWÖGER, *in litteris*). Inzwischen hat diese Aussage aber keine Gültigkeit mehr.
Vertikalverbreitung: ca. 230 bis 1600 m; kollin, montan. Migrierende Falter gelegentlich auch höher, ausnahmsweise bis 2000 m (DANNEHL, 1925–1930). Die Bodenständigkeit von Individuen aus der oberen montanen Stufe ist nicht sicher belegt.

BIOLOGIE
Habitatwahl: xerothermophile Gehölzart. Charakterart warmer und exponierter Buschwälder sowie verbuschender Trocken- und Halbtrockenrasen mit Schlehen und anderen Futterpflanzen. Falter gerne an blütenreichen Waldsäumen, in Wiesen und Gartenanlagen, teilweise weit entfernt von den Raupenhabitaten. Sie weisen überdies typisches Hilltopping-Verhalten auf und finden sich aggregiert auf exponierten Hügelkuppen und in ähnlichen Geländestrukturen.
Phänologie: bivoltin; Frühjahrsgeneration von Mitte März bis Anfang Juni, Sommergeneration ab Mitte Juni bis Mitte September, nach DANNEHL (1925–1930) schon im Mai, mit Überschneidungen beider Generationen. SBN (1994) vermerkt die Sommergeneration nur für Juli und August.
Raupenfutterpflanzen – Präimaginalstadien: Oligophagie I; *Prunus mahaleb, P. spinosa, P. domestica, P. insititia, P. persica, Amelanchier ovalis* und *Crataegus* spp. (Rosaceae), nach TOLMAN & LEWINGTON (1998) zahlreiche weitere Rosaceae. In Südtirol im Frühjahr bevorzugt an *Prunus mahaleb*, im Sommer an *Prunus spinosa* (DANNEHL, 1925–1930), ausnahmsweise auch an *Ulmus glabra* (Ulmaceae) (HELLWEGER, 1914). Eiablage erfolgt an den Blättern, sowohl an Gebüschen mit Krüppelwuchs als auch an höher wüchsigen Pflanzen. Raupe nach SBN (1994) von Mitte Mai bis Mitte Juli sowie von Ende August bis Ende September. DANNEHL (1925–1930) vermerkt aber bereits für Ende April erwachsene Raupen. Verpuppung als Gürtelpuppe, die in der zweiten Generation überwintert.

Der blassgelbe Segelfalter (*Iphiclides podalirius*) besitzt im Gegensatz zum Schwalbenschwanz breite Streifen auf den Vorderflügeln.

Die Raupe des Schwalbenschwanzes lebt an verschiedenen Doldenblütlern und kann auch in Gärten gefunden werden.

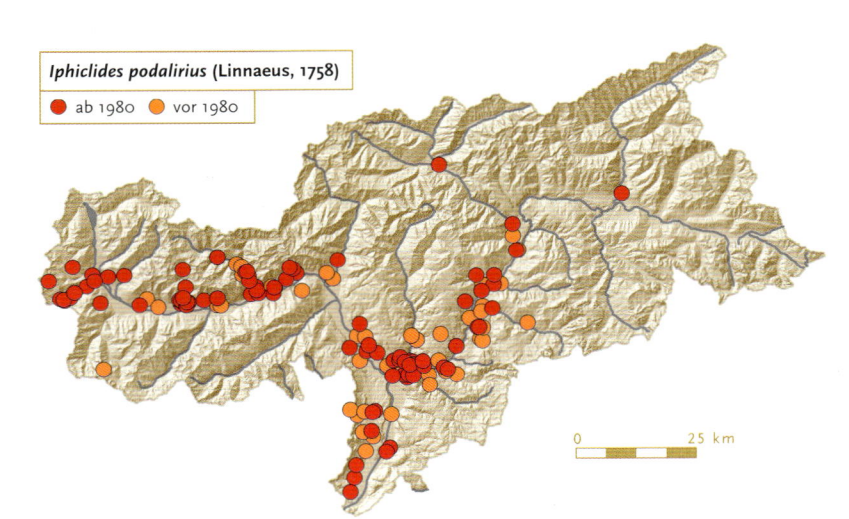

>> Zu den bekanntesten und auffälligsten Tagfaltern Südtirols gehört der Schwalbenschwanz (*Papilio machaon*).

Iphiclides podalirius (Linnaeus, 1758)
● ab 1980 ● vor 1980

GEFÄHRDUNG – SCHUTZMASSNAHMEN

Gefährdungssituation: Aufforstung mit standortfremden Nadelhölzern im Vinschgau sowie vermutlich auch der negative Einfluss von Spritzmitteln haben zu einer deutlichen Abnahme einiger Populationen geführt. Ein generelles Verschwinden der Art aus Südtirol ist aber auch mittel- bis langfristig nicht anzunehmen, da der Segelfalter in exponierten, anthropogen wenig beeinflussten Buschwäldern auftritt.

Rote Liste: drohende Gefährdung (NT); bisherige Einstufung: 3 bzw. 4 (EISENBERG, 2001).

Schutzmaßnahmen: Vermeidung weiterer forstlicher Eingriffe in Trockenrasen. Beibehaltung der traditionellen, extensiven Bewirtschaftung am Vinschgauer Sonnenberg.

Papilio machaon (Linnaeus, 1758) Schwalbenschwanz

TAXONOMIE – DETERMINATION

Die norditalienischen Populationen werden gelegentlich der ssp. *emisphyrus* Verity, 1919, zugeordnet (SALA, 1996), Unterschiede gegenüber der nominotypischen Unterart sind aber wenig überzeugend, und in Standardwerken wie bei TOLMAN & LEWINGTON (1998) findet diese Aufspaltung daher zu Recht keine Berücksichtigung. LERAUT (1997) führt konsequenterweise diese und andere Taxa als Synonyme zur Nominatrasse. DANNEHL (1925–1930) erwähnt eine Reihe von taxonomisch irrelevanten Individualformen aus Südtirol. Unverwechselbare Art.

VERBREITUNG

Gesamtverbreitung: holarktisch; von Nordwestafrika über große Teile Europas sowie des gemäßigten Asiens bis nach Japan und Nordamerika.

Regionalverbreitung: vor allem in den großen Tälern weit verbreitet, aber einzeln. DANNEHL (1925–1930) erwähnt besonders entlang der Etschdämme gehäuftes Auftreten. In den Gebirgsregionen viel seltener und lokal, aus weiten Bereichen wie den Dolomiten oder den Sarntaler Alpen kaum gemeldet, obwohl vermutlich auch hier lokal präsent.

Vertikalverbreitung: ca. 230 bis 2100 m; kollin, montan, subalpin. Einzelne binnenwandernde Falter auch noch bis 3000 m (SBN, 1994).

BIOLOGIE

Habitatwahl: mesophile Offenlandart. *P. machaon* besiedelt als typischer Kulturfolger eine breite Palette von anthropogen geprägten Sekundärlebensräumen wie unterschiedlichste nicht allzu intensiv bewirtschaftete Wiesen und

Weiden, gerne auch entlang von Dämmen, tritt aber ebenso in Gärten regelmäßig auf. Entscheidend ist das Vorkommen geeigneter Raupennahrungspflanzen sowie von Saugpflanzen für die Imagines. Ähnlich wie beim Segelfalter ist Hilltopping-Verhalten zu beobachten und die Falter fliegen zu Balzzwecken aggregiert um Geländekuppen.

Phänologie: bivoltin, in höheren Lagen univoltin; erste Generation ab Anfang April bis Ende Mai, zweite Generation von Mitte Juni bis Anfang September. SBN (1994) meldet für die Schweiz überdies eine gelegentlich auftretende dritte Generation. Generationenfolge in Südtirol unzureichend bekannt, vor allem die Übergangszonen zwischen bi- und univoltinen Populationen sind nicht dokumentiert.

Raupenfutterpflanzen – Präimaginalstadien: Oligophagie I; zahlreiche unterschiedliche Arten von Apiaceae, allein EBERT (1991a) dokumentiert 22 spp., darunter *Daucus carota, Carum carvi, Peucedanum* spp., *Heracleum sphondylium, Angelica sylvestris,* aber auch *Ruta graveolens* (Rutaceae). DANNEHL (1925–1930) meldet für Südtirol vor allem *Pimpinella saxifraga* sowie *Foeniculum vulgare* als Futterpflanzen. Nach AISTLEITNER & AISTLEITNER (1996) sind 18 Gattungen der Doldenblütler als Raupensubstrat bekannt. Raupe bivoltin im Juni und Juli sowie von Ende August bis Mitte Oktober und univoltin von Juni bis Oktober (SBN, 1994). Überwinterungsstadium ist die Gürtelpuppe.

GEFÄHRDUNG – SCHUTZMASSNAHMEN

Gefährdungssituation: früher als „häufig" gemeldete Art (KITSCHELT, 1925), heute trotz der Anpassungsfähigkeit wesentlich seltener geworden. Vor allem die intensive Nutzung der Tallagen und der vermehrte Einsatz von Spritzmitteln dürften zum generellen Rückgang beigetragen habe. Die überdurchschnittliche Ausbreitungsfähigkeit sowie das noch immer große Potential an Lebensräumen lassen aber keine akute Gefährdung erkennen, jedoch ist gerade in den Tälern der Mangel an extensiv genutzten Wiesen eklatant.

Rote Liste: drohende Gefährdung (NT); bisherige Einstufung: 4.

Schutzmaßnahmen: extensive Bewirtschaftung in anthropogen geprägten Lebensräumen wie den Etschdämmen.

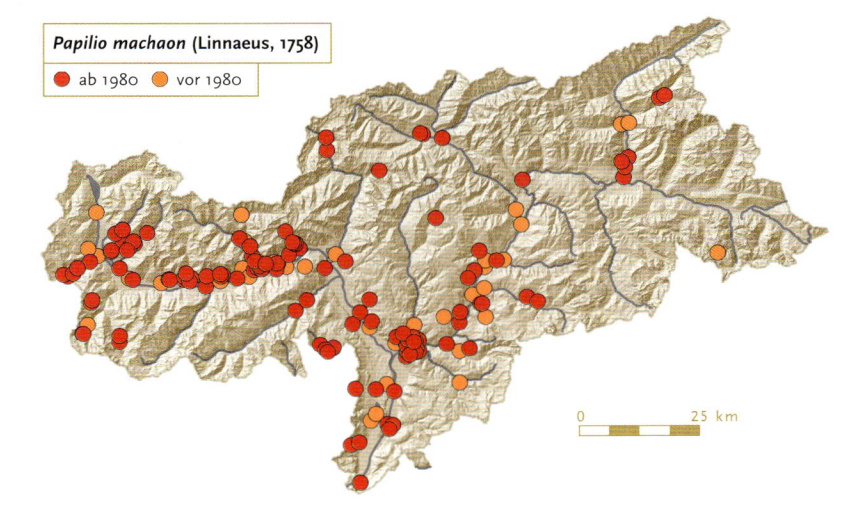

Papilio machaon (Linnaeus, 1758)
● ab 1980   ● vor 1980

PIERIDAE
WEISSLINGE

Senfweißlinge (Leptidea spp.) kommen in Südtirol in zwei äußerlich nicht unterscheidbaren Arten vor.

DISMORPHIINAE
SENFWEISSLINGE

Leptidea sinapis (Linnaeus, 1758)
Senf-Weißling

Leptidea sinapis (Linnaeus, 1758)
● ab 1980 ● vor 1980

TAXONOMIE – DETERMINATION
Bis vor kurzem in Südtirol taxonomisch unproblematische Art. Durch die Entdeckung von *L. reali* sind nicht belegte faunistische Daten jedoch zweifelhaft geworden.
Abgesehen von mehreren ähnlichen mediterranen Arten vor allem mit der nachfolgend besprochenen *L. reali* verwechselbar. Gesicherte Determination nur über die Untersuchung der Genitalstrukturen möglich (LORKOVIC, 1993; SETTELE et al., 1999).

VERBREITUNG
Gesamtverbreitung: asiatisch-europäisch; große Teile des gemäßigten Europas, Naher Osten, Kaukasus bis Westsibirien und zum Tienschan.
Regionalverbreitung: in weiten Teilen Südtirols nachgewiesen, mit deutlich geringerer Funddichte in den zentralen und östlichen Landesteilen. Einige nicht belegte Daten könnten sich auf die folgend besprochene *L. reali* beziehen, zahlreiche Fundorte konnten jedoch durch Genitaluntersuchung bestätigt werden.
Vertikalverbreitung: ca. 240 bis 2050 m; kollin, montan, subalpin. Besonders in der montanen Stufe gehäuftes Auftreten. Die Höhenverbreitung reicht bis etwa an die Waldgrenze.

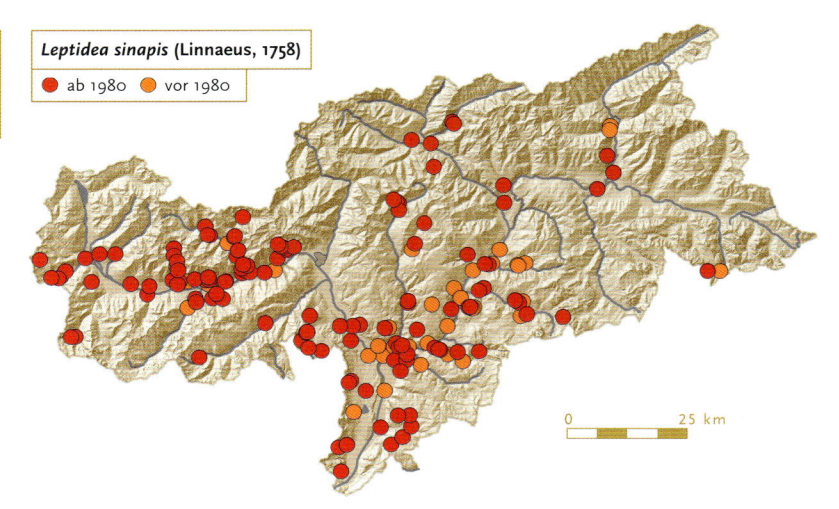

BIOLOGIE
Habitatwahl: mesophile Übergangsbereichsart, mesophile Waldart. Bevorzugt sonnige Waldsäume, gerne im Randbereich von Wiesen und auf lichteren Waldwegen, auch auf ungedüngten oder mäßig gedüngten Bergmagerwiesen.
Phänologie: bivoltin, in höheren Lagen univoltin; in der kollinen und teilweise montanen Stufe zweibrütig von Anfang April bis gegen Ende Mai und von Juni bis August, ohne deutlich abgegrenzte Generationenfolge. Ab der montanen Stufe einbrütig mit Faltern von Juni bis August. Die Übergangszonen zwischen uni- und bivoltinen Populationen sind kaum festzulegen und teilweise jahresabhängig. Nach KITSCHELT (1925) beginnt die Flugzeit bereits im März, was anhand vorliegender Daten nicht bestätigt werden konnte. DANNEHL (1925–1930) vermerkt sogar, wenn auch vereinzelt, eine dritte Generation.
Raupenfutterpflanzen – Präimaginalstadien: Oligophagie I (?); *Medicago falcata, Lotus corniculatus, Vicia cracca, Coro-*

nilla varia (Fabaceae), Nahrungsangaben von *Lathryus* spp. beziehen sich eher auf *L. reali* (SETTELE et al., 1999). Eiablage an den Blättern. Die Raupenökologie ist allerdings, bedingt durch die frühere Vermischung mit der nachfolgenden *L. reali*, unzureichend bekannt. Überwinterungsstadium ist die Puppe.

GEFÄHRDUNG – SCHUTZMASSNAHMEN
Gefährdungssituation: nur ganz lokal durch intensive Nutzung von Waldsäumen gefährdet, insgesamt jedoch günstige Situation.
Rote Liste: nicht oder kaum gefährdet (LC); bisherige Einstufung: 4.
Schutzmaßnahmen: derzeit keine Maßnahmen erforderlich.

Leptidea reali
Reissinger, 1989
Lorkovic's Senf-Weißling

Synonymie:
***Leptidea lorkovicii*
Real, 1988 (Homonym)**

TAXONOMIE – DETERMINATION
Ein „Doppelgänger" des Senf-Weißlings, der erstaunlicherweise erst rezent erkannt und beschrieben wurde (REISSINGER, 1989a). Inzwischen auch in einer zusätzlichen Unterart aus Sibirien bekannt geworden (MARTIN, 2001). Von manchen Autoren wird zwar die Validität von *L. reali* als separate Art bezweifelt (HAUSER, 1997; LERAUT, 1997), molekularbiologische Studien belegen jedoch ebenfalls das Vorliegen von zwei getrennten Arten (MARTIN, 1997). Gesicherte Determination auf Grund habitueller Übereinstimmung mit *L. sinapis* nur über die Untersuchung der Genitalstrukturen möglich (LORKOVIC, 1993; SETTELE et al., 1999).

VERBREITUNG
Gesamtverbreitung: sibirisch-europäisch; zerstreute Meldungen aus weiten Bereichen des gemäßigten Europas, aber auch aus Sibirien (MAZEL, 2001). Trotz einiger faunistischer Arbeiten (z. B. GIANTI & GALLO, 2002; EMBACHER, 1996; HABELER, 1994; KRISTAL & NÄSSIG, 1996) ist über die Verbreitung der Art in Mitteleuropa aber noch viel zu wenig bekannt.
Regionalverbreitung: für Südtirol bisher nur zwei Meldungen aus dem Schnalstal sowie aus dem Ridnauntal (KRISTAL & NÄSSIG, 1996), die noch keine Rückschlüsse auf die tatsächliche Verbreitung im Land zulassen.
Vertikalverbreitung: ca. 1400 bis 1500 m; montan. Mit Sicherheit vertikal weiter verbreitet. KRISTAL & NÄSSIG (1996) dokumentieren für Mitteleuropa Funde von ca. 80 bis 1500 m.

BIOLOGIE
Habitatwahl: mesophile Übergangsbereichsart (?). Die Habitatwahl in Südtirol ist nicht dokumentiert. Nach anderen Gebieten Mitteleuropas zu beurteilen, tritt *L. reali* in ähnlichen Lebensräumen wie *L. sinapis* auf, bevorzugt aber etwas feuchtere Bereiche.
Phänologie: univoltin und/oder bivoltin; wenige Nachweise von Ende Juni bis Anfang Juli, auf Grund von Daten aus Nachbarregionen ist zumindest in Tallagen Bivoltinität anzunehmen.
Raupenfutterpflanzen – Präimaginalstadien: Monophagie II (?); *Lathyrus pratensis, L. montanus* (?) (Fabaceae) (SETTELE et al., 1999), möglicherweise aber auch andere Fabaceae. Die Raupenbiologie dürfte weitgehend jener von *L. sinapis* entsprechen, ist aber auf Grund der Verwechslungen unzureichend dokumentiert.

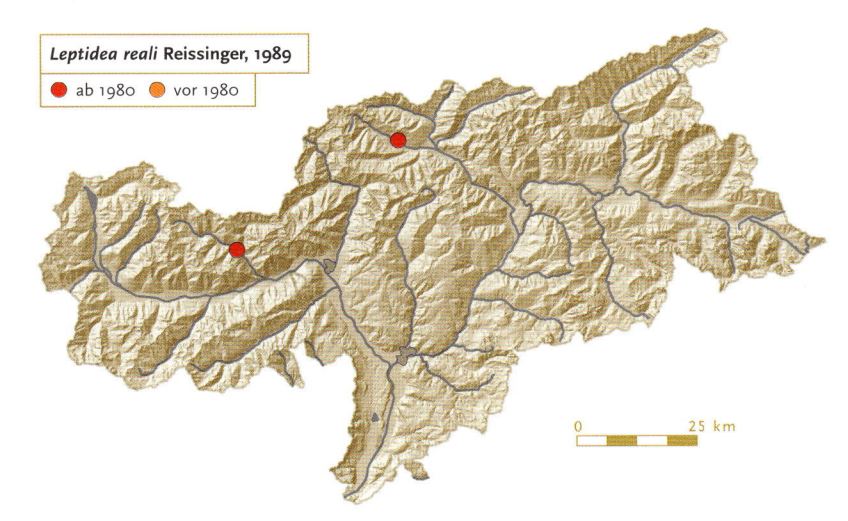

GEFÄHRDUNG – SCHUTZMASSNAHMEN
Gefährdungssituation: bedingt durch unzureichende Materialaufsammlungen ungeklärt.
Rote Liste: unzureichender Datenbestand (DD); bisherige Einstufung: n. a.
Schutzmaßnahmen: weitere faunistische Erhebungen dringend erforderlich. Derzeit keine sinnvollen Schutzmaßnahmen möglich.

PIERINAE
ECHTE WEISSLINGE

Anthocharis cardamines
(Linnaeus, 1758)
Aurorafalter

TAXONOMIE – DETERMINATION
Durch den orange gefärbten Vorderflügelapex (Männchen) sowie die bei beiden Geschlechtern grünlich-weiß marmorierte Hinterflügelunterseite unverwechselbar.

VERBREITUNG
Gesamtverbreitung: asiatisch-europäisch; große Teile Europas sowie des gemäßigten Asiens bis nach Japan.
Regionalverbreitung: in ganz Südtirol weit verbreitet, allerdings mit einigen Lücken in den Nachweisen zu den mittleren und südöstlichen Landesteilen.
Vertikalverbreitung: ca. 240 bis 2000 m; kollin, montan, subalpin. Auch in den benachbarten Ländern nur bis gegen 2000 m verbreitet.

BIOLOGIE
Habitatwahl: mesophile Übergangsbereichsart. *A. cardamines* besiedelt eine breite Palette unterschiedlicher Lebensräume, bevorzugt allerdings in Talgebieten sowie mittleren Höhenlagen

Leptidea reali Reissinger, 1989
● ab 1980   ● vor 1980

Der Aurorafalter (*Anthocharis cardamines*) legt seine Eier einzeln an Stängeln von Kreuzblütlern ab.

Aurorafalterraupen fressen bevorzugt an Blüten und Früchten des Wiesenschaumkrauts.

immer eher luftfeuchtere Waldrandökotone mit angrenzenden Wiesen und Weideflächen. Dort saugen die Imagines gerne an verschiedenen Kreuzblütlern.

Phänologie: univoltin; je nach Höhenlage und jahrweise variierenden Temperaturverhältnissen schon ab Ende Februar bis gegen Anfang Juni, Hauptflugzeit aber im April und Mai. In der montanen/subalpinen Stufe noch im Juli und ausnahmsweise sogar Anfang August.

Raupenfutterpflanzen – Präimaginalstadien: Oligophagie I; *Cardamine pratensis*, *Alliaria petiolata*, *Lunaria* spp., *Arabis* spp. (Brassicaceae) (TOLMAN & LEWINGTON, 1998; SBN, 1994). Eiablage erfolgt einzeln an den Blütenstielen, bevorzugt am Wiesenschaumkraut. Die Raupe frisst Blüten und Schoten. Verpuppung je nach Höhenlage zwischen Juni und Juli in einer auffallenden Gürtelpuppe, die an den Halmen oder Ästchen befestigt wird. Überwinterungsstadium ist die Puppe.

GEFÄHRDUNG – SCHUTZMASSNAHMEN
Gefährdungssituation: regionale Rückgänge in den Obstanbaugebieten sowie in intensiv bewirtschafteten Wiesen und Weiden. Außerhalb der Talgebiete aber keine substantielle Gefährdung.
Rote Liste: drohende Gefährdung (NT); bisherige Einstufung: 4 bzw. nicht gefährdet (EISENBERG, 2001).
Schutzmaßnahmen: derzeit keine Maßnahmen erforderlich.

Aporia crataegi (Linnaeus, 1758) Baum-Weißling

TAXONOMIE – DETERMINATION
In Europa nur in der Nominatunterart vertreten.
Unverwechselbare, große und hyalinweiß gefärbte Art mit schwarzen Adern.

VERBREITUNG
Gesamtverbreitung: paläarktisch; von Nordwestafrika über große Teile Europas, Naher und Mittlerer Osten sowie das gemäßigte Asien bis nach Japan.
Regionalverbreitung: im Wesentlichen aus dem Etsch- und Eisacktal gemeldet, ganz vereinzelt auch im Pustertal sowie in diversen Seitentälern wie dem Schnalstal. Leider stehen kaum konkrete Daten aus Zeiten zur Verfügung, als die Art noch als allgemein verbreitet und extrem häufig beurteilt wurde (COOKE, 1927; DANNEHL, 1925–1930; KITSCHELT, 1925; STAUDER, 1915). Die offensichtliche spätere Seltenheit wird z. B. bei SCHEURINGER (1972) für das Schnalstal dokumentiert, NIEDERKOFLER

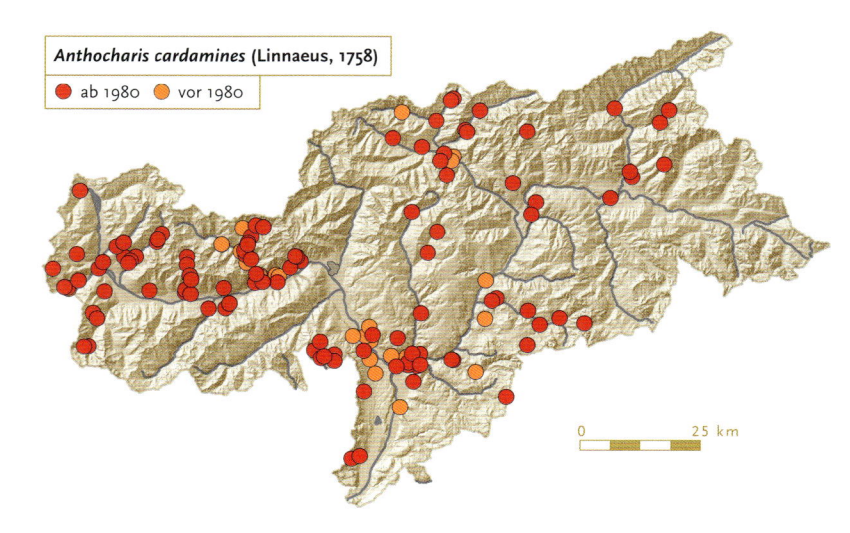

Anthocharis cardamines (Linnaeus, 1758)
● ab 1980　● vor 1980

Kaum eine andere Tagfalterpuppe ist so auffallend wie die des Aurorafalters.

Aurorafaltermännchen sind an den leuchtend orange gefärbten Vorderflügelspitzen leicht zu erkennen, die beim Weibchen fehlen.

(1993) verzeichnet die Art für das Pustertal überhaupt nicht mehr. In jüngerer Vergangenheit wurde der Baum-Weißling allerdings teilweise auch wieder gehäuft gefunden (ULRICH, 1991).
Vertikalverbreitung: ca. 300 bis 1600 m; kollin, montan. Nach Literaturangaben früher auch in den tiefsten Tallagen sowie bis gegen 1800 m (KITSCHELT, 1925).

BIOLOGIE
Habitatwahl: mesophile Übergangsbereichsart. Bevorzugt in wärmebegünstigten, heckenreichen Säumen entlang von Magerwiesen mit Blütenangebot für die Falter sowie entlang von lichten, strukturreichen Waldrändern mit nahe gelegenen Extensivwiesen. Auch in lückigen xerothermen Buschwäldern.
Phänologie: univoltin; von Mitte Mai bis Ende Juli, ausnahmsweise schon Ende April.
Raupenfutterpflanzen – Präimaginalstadien: Oligophagie I (Polyphagie I); *Amelanchier ovalis, Prunus spinosa, P. domestica, P. avium, Crataegus, Rosa, Malus domestica, Pyrus communis, Sorbus aucuparia, S. aria* (Rosaceae), auch *Cornus sanguinea* (Cornaceae), *Betula* (Betulaceae), *Salix caprea* (Salicaceae) sowie *Frangula alnus* (Rhamnaceae) (EBERT & RENNWALD, 1991a), jedoch fast ausschließlich verholzte Rosaceae. Früher als Schädling in den Obstanlagen des Etschtals bekannt (DANNEHL, 1925–1930). Eiablage erfolgt in großen Spiegeln an den Blättern. Jungraupen überwintern nach der zweiten Häutung gesellig in einem Gespinst an den Ästchen der Futterpflanze. Die auch nach der Überwinterung gesellig lebenden Raupen verwandeln sich im April und Mai zu Gürtelpuppen.

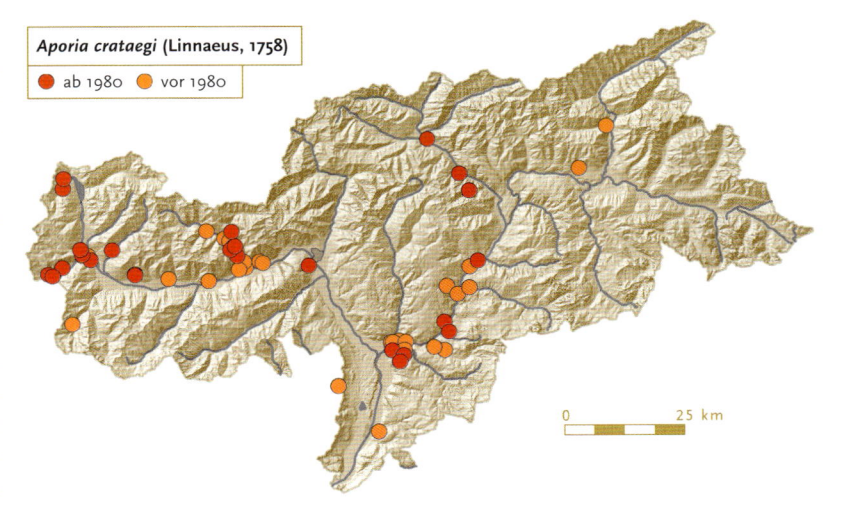

GEFÄHRDUNG – SCHUTZMASSNAHMEN
Gefährdungssituation: *A. crataegi* hat in Südtirol extrem starke Rückgänge erlitten und wurde früher mit folgenden Häufigkeitsangaben versehen: „in Südtirol allenthalben sehr gemein und schädlich" (STAUDER, 1915), „in den Tälern bis etwa 1800 m überall verbreitet" (KITSCHELT, 1925) oder: „überall in großen Mengen, im Etschgebiet meist als Schädling auftretend" (DANNEHL, 1925–1930). Inzwischen ist die Art aber aus den meisten Gebieten verschwunden oder selten geworden. Dies entspricht einer generellen Tendenz in Mitteleuropa (SBN, 1994), obwohl auch aus diesem Raum rezent noch Massenvermehrungen bekannt geworden sind (EBERT & RENNWALD, 1991a). Die optimistische Einstufung in der Roten Liste durch HOFER (1995) wird auf Grund des historisch belegten dramatischen Verschwindens/Rückganges in weiten Teilen Südtirols nicht geteilt.
Rote Liste: gefährdet (VU); bisherige Einstufung: 4.

Aporia crataegi (Linnaeus, 1758)
● ab 1980   ● vor 1980

Der Baum-Weißling (*Aporia crataegi*) wurde noch zu Beginn des 20. Jahrhunderts als Schädling bezeichnet, ist aber seither in Südtirol weitgehend verschwunden.

Die Raupe des Baum-Weißlings lebt häufig an Obstbäumen sowie an anderen verholzten Rosengewächsen.

Schutzmaßnahmen: Vermeidung von Spritzmitteleinsatz im Nahbereich der Raupenhabitate. Verzicht auf weitere Intensivierung oder Aufforstung von blumenreichen Wiesen.

Pieris brassicae (Linnaeus, 1758)
Großer Kohl-Weißling

TAXONOMIE – DETERMINATION

In Europa nur in der nominotypischen Rasse vertreten, auf den Kanarischen Inseln und Madeira hingegen die ssp. *cheiranthi* Hübner, 1808.
Auf Grund der Faltergröße und Zeichnung unverwechselbare Art.

VERBREITUNG

Gesamtverbreitung: paläarktisch; Nordafrika, große Teile Europas sowie das gemäßigte Asien bis Sibirien, Naher und Mittlerer Osten bis zum Himalaya. Anthropogen nach Südamerika (Chile) verschleppt.
Regionalverbreitung: aus fast allen Teilen Südtirols bekannt, gehäufte Funddichte im Schnalstal sowie im Großraum Bozen. Verbreitungslücken in den Sarntaler Alpen sowie den südöstlichen Dolomiten beruhen höchstwahrscheinlich auf unzureichender Besammlung. Früher sehr häufig, inzwischen aber nur noch vereinzelt auftretend.
Vertikalverbreitung: ca. 250 bis 1500 m; kollin, montan. Die exakte Höhenverbreitungsgrenze ist unbekannt. Einzelne Falter können durchaus noch auf den höchsten Bergen beobachtet werden und finden sich teilweise erfroren auf den Gletschern (KITSCHELT, 1925). Es handelt sich dabei jedoch um migrierende Tiere, die ihr Larvalhabitat in tiefer gelegenen Gebieten besitzen.

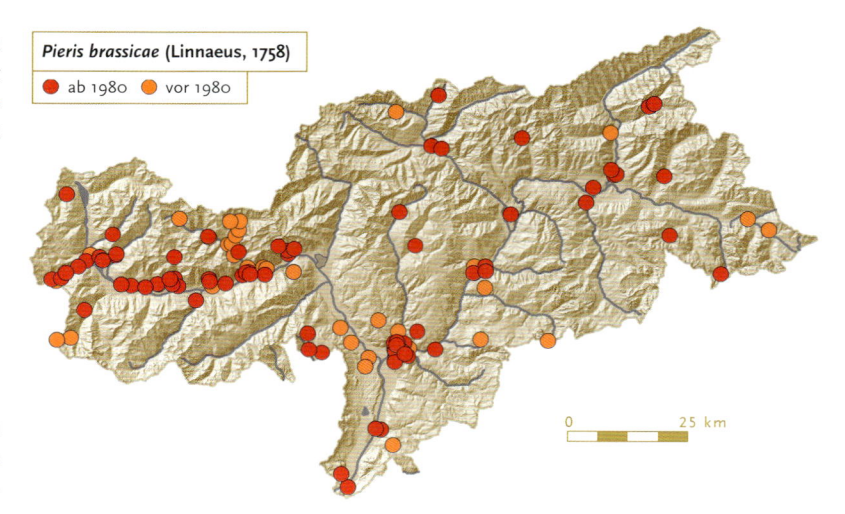

BIOLOGIE

Habitatwahl: Ubiquist (mesophile Offenlandart). Ursprünglich vermutlich litorale Art (EBERT & RENNWALD, 1991a), sekundär jedoch mit dem Kohlanbau weit verbreitet und vor allem in Intensivkulturen zu finden. Falter gerne auch an Waldrändern sowie in unterschiedlichen Offenlandlebensräumen wie Wiesen oder Ruderalfluren.
Phänologie: bivoltin, fakultativ trivoltin; von Ende März bis Anfang Oktober, Generationen aber ohne klare Abgrenzung. Nach KITSCHELT (1925) drei Generationen: April bis Mai, Juli bis September und Oktober. Aus wärmeren Gebieten existieren jedoch schon Fundmeldungen ab dem ersten Märzdrittel, und auch im Juni wurden Falter registriert.
Raupenfutterpflanzen – Präimaginalstadien: Oligophagie I; *Brassica oleracea, Raphanus sativus, Alyssum saxatile, Cle-*

Der Große Kohl-Weißling (*Pieris brassicae*) ist eine viel seltenere Art als der verwandte Kleine Kohl-Weißling.

Die Raupe des Großen Kohl-Weißlings frisst bevorzugt an Kohlarten und war früher ein gefürchteter Schädling.

ome spinosa (Brassicaceae) sowie eine größere Anzahl weiterer Kreuzblütengewächse (EBERT & RENNWALD, 1991a), bevorzugt aber kultivierte Kohlarten. Eiablage in kleinen oder großen Gruppen, besonders an der Blattunterseite. Raupen zwischen Mai und Oktober, bevorzugt an den äußeren Blättern. Die Verwandlung zur Gürtelpuppe erfolgt gerne an Hauswänden. Überwinterungsstadium ist die Puppe.

GEFÄHRDUNG – SCHUTZMASSNAHMEN

Gefährdungssituation: noch zu Beginn des 20. Jahrhunderts als „gemein" bezeichnete Art, inzwischen aber durch den intensiven Spritzmitteleinsatz an vielen Stellen verschwunden und sogar schon auf der Roten Liste geführt. Diese Einstufung erscheint nach den wenigen rezenten Daten durchaus gerechtfertigt. Auch in benachbarten Regionen in der Schweiz stark zurückgegangen (SBN, 1994).

Rote Liste: drohende Gefährdung (NT); bisherige Einstufung: 4.

Schutzmaßnahmen: bedingt durch die Bindung an Intensivkulturen kaum sinnvolle Maßnahmen möglich. SBN (1994) empfehlen eine händische Entfernung der Eigelege von den Kohlpflanzen an Stelle von Spritzmitteleinsatz. Dies erscheint jedoch in der Praxis kaum durchführbar.

Pieris mannii (Mayer, 1851)
Karst-Weißling

TAXONOMIE – DETERMINATION

ZIEGLER & EITSCHBERGER (1999) unterscheiden neun Unterarten. In Südtirol fliegt demnach ausschließlich die ssp. *alpigena* Verity, 1911, die vor allem durch den auf der Innenseite eingebuchteten Apikalfleck gekennzeichnet ist.

Falter sehr ähnlich *P. rapae* und auch an denselben Stellen fliegend. Unterschiede finden sich vor allem im großen, rechteckigen Zellfleck sowie dem ausgedehnteren Apikalfleck von *P. manni*.

VERBREITUNG

Gesamtverbreitung: südeuropäisch; von Marokko über große Teile Südeuropas bis in den Nahen Osten.

Regionalverbreitung: auf die wärmsten Bereiche des Etsch- und Eisacktals beschränkt, im Norden bis in den mittleren Vinschgau.

Vertikalverbreitung: ca. 230 bis 1000 m; kollin, montan. In der montanen Stufe aber weitgehend fehlend.

BIOLOGIE

Habitatwahl: xerothermophile Offenlandart. Habitatwahl in Südtirol unzureichend dokumentiert. Sichere Nachweise aus trockenwarmen, felsigen Waldrandökotonen auf kalkhaltigem

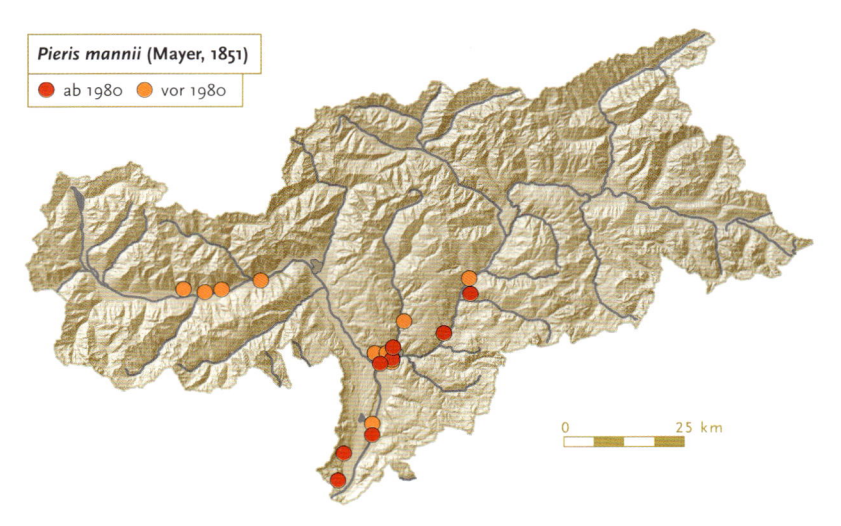

Pieris mannii (Mayer, 1851)
● ab 1980   ● vor 1980

Der Kleine Kohl-Weißling (*Pieris rapae*) zählt zu den wenigen selbst noch im Etschtal fliegenden Tagfalterarten.

Boden, aber auch aus dem Bereich des Bozner Quarzporphyrs bekannt.

Phänologie: trivoltin (?); von Ende April bis Ende Mai, Ende Juni bis Ende August sowie Anfang September bis Anfang Oktober, ohne deutliche Abgrenzung der Generationen. Autoren wie SBN (1994) sowie ZIEGLER & EITSCHBERGER (1999) melden allerdings für die Südalpen drei Generationen.

Raupenfutterpflanzen – Präimaginalstadien: Oligophagie I; *Alyssoides utriculatum*, *Iberis sempervirens*, *I. saxatilis*, *Sinapis* sp. (Brassicaceae) sowie weitere Kreuzblütengewächse (ZIEGLER & EITSCHBERGER, 1999). Eiablage in der Frühjahrsgeneration an den Blütenstielen, im Sommer an den Blättern. Raupe im Frühjahr zuerst in der Fruchtkapsel, spätere Stadien oder Generationen Blätter fressend. Verpuppung in einer Gürtelpuppe, die auch überwintert (SBN, 1994; ZIEGLER & EITSCHBERGER, 1999).

GEFÄHRDUNG – SCHUTZMASSNAHMEN

Gefährdungssituation: enge Bindung an Trockenrasen und Gebüsche sowie das ausschließlich auf die südlichen Landesteile beschränkte Verbreitungsgebiet machen eine Gefährdung sehr wahrscheinlich. Durch die Verwechslung mit *P. rapae* sind aber derzeit keine konkreten Aussagen möglich.

Rote Liste: unzureichender Datenbestand (DD); bisherige Einstufung: 3.

Schutzmaßnahmen: dringender Forschungsbedarf. Kartierung der aktuellen Populationen sowie detaillierte Klärung der Ökologie.

Pieris rapae (Linnaeus, 1758) Kleiner Kohl-Weißling

TAXONOMIE – DETERMINATION

Geographisch stark variierende Art mit überdies deutlich unterschiedlichen Generationen. In Mitteleuropa ausschließlich in der Nominatunterart vertreten, darüber hinaus existiert jedoch eine größere Anzahl von weiteren Unterarten (TUZOV, 1997).

Falter mit *P. mannii* zu verwechseln, jedoch mit eckigeren Vorderflügeln, kleinerem Apikalfleck und gerundetem Diskalfleck. Weiters sehr ähnlich *P. ergane*, die aber in Südtirol fehlt.

VERBREITUNG

Gesamtverbreitung: paläarktisch; Nordwestafrika, große Teile Europas und Asiens bis nach Japan. Anthropogen nach Nordamerika und Australien verschleppt.

Regionalverbreitung: aus fast allen Landesteilen einschließlich der Obstbaugebiete im Etschtal bekannt und vielfach häufig, gelegentlich sogar schädlich. Ein weitgehend flächendeckendes Vorkommen im Grünlandbereich Südtirols ist anzunehmen.

Vertikalverbreitung: ca. 240 bis 2100 m; kollin, montan, subalpin. Vereinzelte migrierende Falter noch weit oberhalb der Waldgrenze, so z. B. am Stilfser Joch. Aus der Schweiz liegen Beobachtungen bis gegen 3000 m vor (SBN, 1994).

BIOLOGIE

Habitatwahl: Ubiquist (mesophile Offenlandart). *P. rapae* besiedelt alle Formen von Offenlandlebensräumen und findet sich als Kulturfolger gerne in Gemüseanlagen, Gärten sowie Ruderalstellen. Aber auch extensiv genutzte Wiesen und Weiden sowie Waldsäume dienen als Habitate. Migrierende Art sowie typischer r-Stratege, der teils weitab von den Raupenlebensräumen angetroffen werden kann.

Phänologie: polyvoltin, möglicherweise bis zu vier Generationen (SBN, 1994); Südtiroler Falterdaten aus allen Monaten von Ende März bis Mitte Oktober belegen keine deutlich getrennte Generationenfolge. Nach KITSCHELT (1925) in zwei bis drei Generationen von Mitte März bis Mai, von Juli bis August und Oktober. Oberhalb der montanen Stufe vermutlich univoltin.

Raupenfutterpflanzen – Präimaginalstadien: Oligophagie II; *Brassica* spp., *Sinapis arvensis*, *Raphanus* spp., *Thlaspi arvense*, *Alyssum saxatile*, *Rorippa* spp., *Alliaria petiolata*, *Sisymbrium officinale* (Brassicaceae), *Reseda lutea* (Resedaceae), *Tropaeolum majus* (Tropaeolaceae) sowie zahlreiche weitere Kreuzblütengewächse (EBERT & RENNWALD, 1991a), aber auch Capparaceae und Chenopodiaceae (TOLMAN & LEWINGTON, 1998). Eiablage einzeln oder in Gruppen an den Substratblättern. Raupen im Frühjahr gerne an wild wachsenden oder verwilderten Kreuzblütlern, ab dem Sommer vor allem in Gemüseanbaugebieten an Kohlpflanzen. Entwicklungszeit teilweise extrem kurz und manchmal nur zwei Wochen dauernd. Gürtelpuppe oft an Steinen und Mauern. Überwinterungsstadium ist die Puppe (SBN, 1994).

GEFÄHRDUNG – SCHUTZMASSNAHMEN

Gefährdungssituation: selbst in intensiv genutzten landwirtschaftlichen Flächen weit verbreitet und in keiner Weise bestandsgefährdet.
Rote Liste: nicht oder kaum gefährdet (LC); bisherige Einstufung: n. a. bzw. nicht gefährdet (EISENBERG, 2001).
Schutzmaßnahmen: derzeit keine Maßnahmen erforderlich.

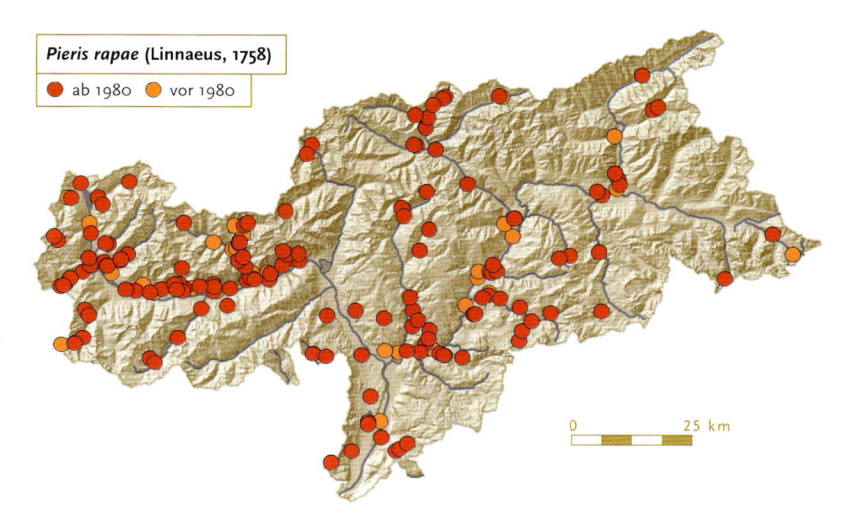

Pieris napi (Linnaeus, 1758)
Raps-Weißling, Grünader-Weißling

TAXONOMIE – DETERMINATION

Geographisch stark variierende Art mit überdies deutlich unterschiedlichen Generationen. Die Fülle von verschiedenen subspezifischen Namen ist enorm, und EITSCHBERGER (1983) unterscheidet elf Unterarten, wobei die nominotypische Rasse sowie die ssp. *meridionalis* Heyne & Rühl, 1895, auch für Südtirol gemeldet werden. Der taxonomische Status der meisten Taxa ist aber äußerst umstritten (TOLMAN & LEWINGTON, 1998) und weitere Forschungsergebnisse erscheinen dringend erforderlich.
Von anderen Weißlingen durch die vor allem bei der Frühjahrsgeneration breit graugrün beschuppten Adern der Hinterflügel zu unterscheiden. Im männlichen Geschlecht allerdings sehr ähnlich *P. bryoniae*, die Weibchen sind aber im Gegensatz zu letzterer Art oberseits nicht verdunkelt. Bezüglich spezifischer Abgrenzung von *P. bryoniae* s. u.

VERBREITUNG

Gesamtverbreitung: holarktisch; von Nordwestafrika über große Teile Europas und des gemäßigten Asiens bis nach Nordamerika.
Regionalverbreitung: im ganzen Land weit verbreitet, allerdings mit mäßiger Nachweisdichte in den mittleren und östlichen Landesteilen. Insgesamt deutlich lokaler als der Kleine Kohl-Weißling.
Vertikalverbreitung: ca. 240 bis 1800 m (?); kollin, montan, subalpin (?). Vereinzelte Funde oberhalb der montanen Stufe gehen möglicherweise auf nicht bodenständige permigrierende Falter zurück. Die höchstgelegenen Falterbeobachtungen stammen angeblich aus dem Gebiet der Franzenshöhe bei ca. 2300 m. Zu beachten ist allerdings die große Verwechslungsgefahr mit *P. bryoniae* im männlichen Geschlecht, und die meisten Angaben oberhalb von 1500 m beziehen sich wohl eher auf die letztere Art.

BIOLOGIE

Habitatwahl: Ubiquist (mesophile Übergangsbereichsart). Die Art kann in fast allen Offenlandlebensräumen angetroffen werden, von Äckern und Gärten bis hin zu Wiesen und Weiden unterschiedlicher Bewirtschaftungsintensität, aber auch im Bereich von Waldrändern und Ruderalfluren.
Phänologie: bivoltin, fakultativ trivoltin; von Ende März bis Mitte Oktober, ohne deutliche Abgrenzung der Generationen. Auf Grund der ausgedehnten Flugzeit ist aber, ähnlich wie in anderen Regionen Mitteleuropas (SBN, 1994), zumindest eine fakultativ auftretende dritte Generation zu vermuten. Bei sympatrischem Auftreten mit *P. bryoniae* durchschnittlich ein bis zwei Wochen früher fliegend.
Raupenfutterpflanzen – Präimaginalstadien: Oligophagie I; *Brassica oleracea*, *Sinapis arvensis*, *Cardamine* spp., *Arabis* spp., *Alliaria petiolata*, *Sisymbrium officinale* (Brassicaceae) sowie zahlreiche weitere Kreuzblütengewächse (EBERT & RENNWALD, 1991a). Eiablage einzeln oder grüppchenweise an der Futter-

Der Raps-Weißling (*Pieris napi*) mit seiner charakteristischen unterseitigen Aderung fliegt nur bis in das Mittelgebirge.

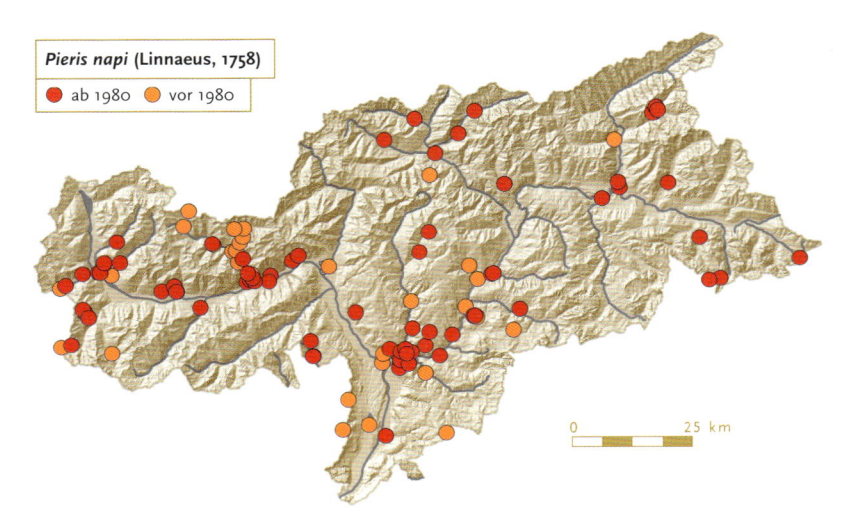

Pieris napi (Linnaeus, 1758)
● ab 1980   ● vor 1980

pflanze. Raupe ohne deutlich abgegrenzte Generationenfolge von Mai bis Oktober, im Gegensatz zu *P. rapae* bevorzugt nicht kultivierte Brassicaceae fressend. Verpuppung an Pflanzenstängeln. Überwinterungsstadium ist die Gürtelpuppe (SBN, 1994).

GEFÄHRDUNG – SCHUTZMASSNAHMEN
Gefährdungssituation: als Kulturfolger mit weitgehender Anpassung an intensive Bewirtschaftung nicht gefährdet.
Rote Liste: nicht oder kaum gefährdet (LC); bisherige Einstufung: n. a. bzw. nicht gefährdet (EISENBERG, 2001).
Schutzmaßnahmen: derzeit keine Maßnahmen erforderlich.

Pieris bryoniae (Hübner, 1804) Berg-Weißling

TAXONOMIE – DETERMINATION
Der taxonomische Status von *P. bryoniae* ist auch heute noch nicht völlig gesichert. Autoren wie EITSCHBERGER (1983) billigen dem Taxon Artstatus zu, GEIGER (1978; 1981) oder auch HIGGINS (1975) jedoch nur Unterartstatus. Rezent überwiegt aber die Behandlung als valide Art (SBN, 1994; TOLMAN & LEWINGTON, 1998). In der älteren Literatur, wie z. B. bei DANNEHL (1925–1930), wurde *P. bryoniae* noch als Variation von *P. napi* besprochen und die Daten sind teilweise nicht exakt abzugrenzen. *P. bryoniae* variiert geographisch erheblich und die subspezifische Untergliederung ist stark umstritten. EITSCHBERGER (1983) unterscheidet in den Alpen vier Unterarten und darüber hinaus noch 13 weitere subspezifische Taxa. Nach diesem Autor fliegt in Südtirol die im Weibchen heller gefärbte ssp. *wolfsbergeri* Eitschberger, 1983, sowie die Nominatunterart, teilweise mit Übergängen, wie z. B. auf der Seiser Alm. In neuerer Literatur wie bei TOLMAN & LEWINGTON (1998) wird auf eine derartige Untergliederung völlig verzichtet.

Die Art erinnert habituell stark an *P. napi*, und manche Autoren halten sie daher lediglich für eine Unterart. Allerdings sind die *P.-bryoniae*-Weibchen oberseitig intensiv verdunkelt und weisen einen strichartig verlängerten zweiten Diskalfleck auf. Überdies fliegt *P. bryoniae* normalerweise erst ab der montanen Stufe in einer Generation, und beide Taxa treten selten sympatrisch auf. Von derartigen Stellen sind aber auch durchaus vereinzelt Freilandhybriden bekannt geworden.

VERBREITUNG
Gesamtverbreitung: sibirisch-europäisch; Alpen, Karpatenbogen, Kleinasien, Kaukasus, Altai und Tienschan.

Ab der subalpinen Stufe tritt der im Weibchen dunkel gefärbte Berg-Weißling (*Pieris bryoniae*) auf.

Regionalverbreitung: in der gesamten Bergregion Südtirols weit verbreitet und vielfach häufig.
Vertikalverbreitung: ca. 1200 bis 2300 m; selten kollin, montan, subalpin, alpin; ausnahmsweise auch deutlich tiefer, wie bei Naturns (ca. 550 m) (LUY, 1993) oder Lana (STAUDER, 1915).

BIOLOGIE
Habitatwahl: montane Art. *P. bryoniae* tritt standorttreu in einer Vielzahl unterschiedlicher Lebensräume auf, bevorzugt u. a. subalpine Wiesen und Almen, Lawinenwiesen, ungedüngte Bergmagerwiesen, Lärchenwiesen, Hochstaudenfluren und Zwergstrauchheiden. Die Art fliegt sowohl in trockenen und sonnigen Bereichen als auch an feuchten und stärker beschatteten Stellen, intensiv genutzte Flächen werden jedoch gemieden.
Phänologie: univoltin, fakultativ bivoltin (?); von Anfang Mai bis Mitte August, jahrweise und je nach Höhenlage/Exposition stark divergierend, Hauptflugzeit aber im Juni und Juli. Nach DANNEHL (1925–1930) soll in Südtirol in tiefer gelegenen Tälern eine schwache zweite Generation auftreten. KITSCHELT (1925) hingegen vermerkt für *P. bryoniae* nur Einbrütigkeit. Septemberfalter der Südschweiz werden einer zweiten Generation zugerechnet (SBN, 1994), aus Südtirol liegen jedoch höchstens Nachweise bis Mitte August vor, und eine Bivoltinität ist daher nicht gesichert.
Raupenfutterpflanzen – Präimaginalstadien: Oligophagie I; *Biscutella laevigata, Thlaspi montanum, T. alpinum, Cardamine alpina, C. resedifolia* (Brassicaceae) (SBN, 1994; TOLMAN & LEWINGTON, 1998) sowie sehr wahrscheinlich weitere Kreuzblütengewächse. Eiablage einzeln an der Futterpflanze. Raupe mit einer kurzen Entwicklungsperiode im Spätsommer, gerne an kümmernden Pflanzen an schütteren Standorten wie in Anrissstellen. Überwinterung als Gürtelpuppe (SBN, 1994).

GEFÄHRDUNG – SCHUTZMASSNAHMEN
Gefährdungssituation: in zahlreichen Gebieten der Bergwaldstufe mit geringem anthropogenen Einfluss weit verbreitet.
Rote Liste: nicht oder kaum gefährdet (LC); bisherige Einstufung: n. a. bzw. nicht gefährdet (EISENBERG, 2001).
Schutzmaßnahmen: derzeit keine Maßnahmen erforderlich.

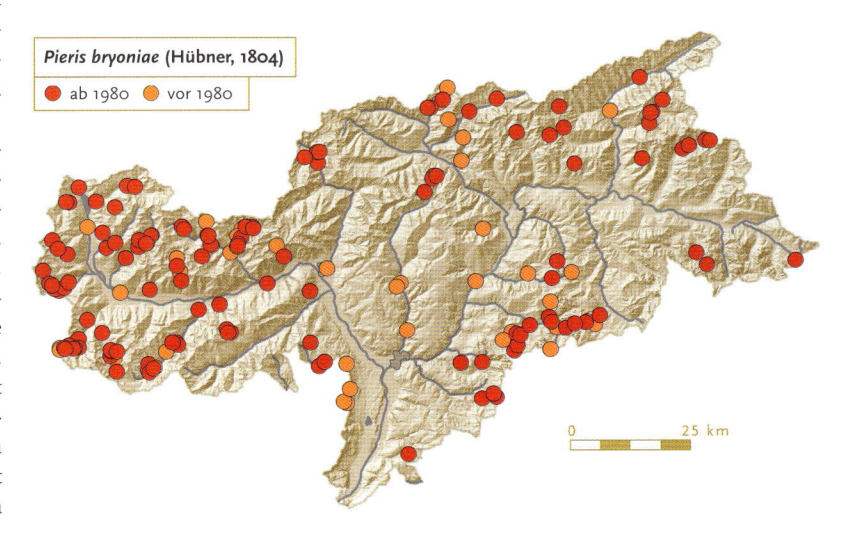

Pieris bryoniae (Hübner, 1804)
● ab 1980   ● vor 1980

Pontia callidice
(Hübner, 1800)
Alpen-Weißling

TAXONOMIE – DETERMINATION
In Europa ausschließlich in der Nominatunterart vertreten, im polaren Sibirien und dem Fernen Osten die ssp. *nelsoni* Edwards, 1883, in den asiatischen Gebirgsregionen mehrere weitere Unterarten. Umstritten ist der taxonomische Status der nordamerikanischen *P. protodice* (Boisduval & Le Conte, 1829), die gelegentlich als eigene Art gilt.
Ähnlich *P. daplidice*, aber Hinterflügelunterseite mit breiter grüngelber Äderung.

VERBREITUNG
Gesamtverbreitung: sibirisch-europäisch; Pyrenäen, Alpen, Kleinasien, Gebirge des Mittleren Ostens bis in die Mongolei, fragliche Meldungen aus Nordamerika.
Regionalverbreitung: aus allen Hochgebirgsregionen Südtirols, mit Ausnahme von Teilen der Sarntaler Alpen, in geringer Dichte bekannt.
Vertikalverbreitung: ca. 1500 bis 2800 m; subalpin, alpin, nival. Vereinzelte Imagines können auch deutlich unterhalb der genannten Vertikalgrenze gefunden werden, so im Martelltal bei 800 m (Luy, 1993). In der Schweiz wurde die Art bis gegen 3400 m nachgewiesen (SBN, 1994). Die Bodenständigkeit von Tieren beider Extreme ist aber nicht bewiesen.

BIOLOGIE
Habitatwahl: alpine Art. Charakterart alpiner Grasheiden sowie von lückig bewachsenen Schuttfluren mit Beständen an Saugpflanzen wie z. B. *Silene acaulis*. Sowohl auf kalkhaltigen Böden als auch im Silikatbereich auftretend. Unterhalb der Waldgrenze vor allem in Lawinarrasen und Schuttbereichen vorkommend.
Phänologie: univoltin, fakultativ bivoltin; von Anfang Juni bis Ende August, je nach Höhenlage und Witterung. Dannehl (1925–1930) meldet eine gelegentlich auftretende zweite Generation, die auch in der Schweiz von Ende Juli bis August beobachtet wurde (SBN, 1994). Möglicherweise beziehen sich Meldungen von Faltern aus diesem Zeitraum auch in Südtirol zumindest teilweise auf eine zweite Generation.
Raupenfutterpflanzen – Präimaginalstadien: Oligophagie I; *Hutchinsia alpina*, *Cardamine* spp., *Erysimum helveticum*, *Reseda glauca* (Brassicaceae) (SBN, 1994; Tolman & Lewington, 1998). Eiablage an schütter bewachsenen Stellen. Raupe im Juli und August, meist die Basisblätter der Futterpflanze fressend. Verpuppung bevorzugt unter Steinen. Überwinterungsstadium ist die Gürtelpuppe, selten auch die Raupe

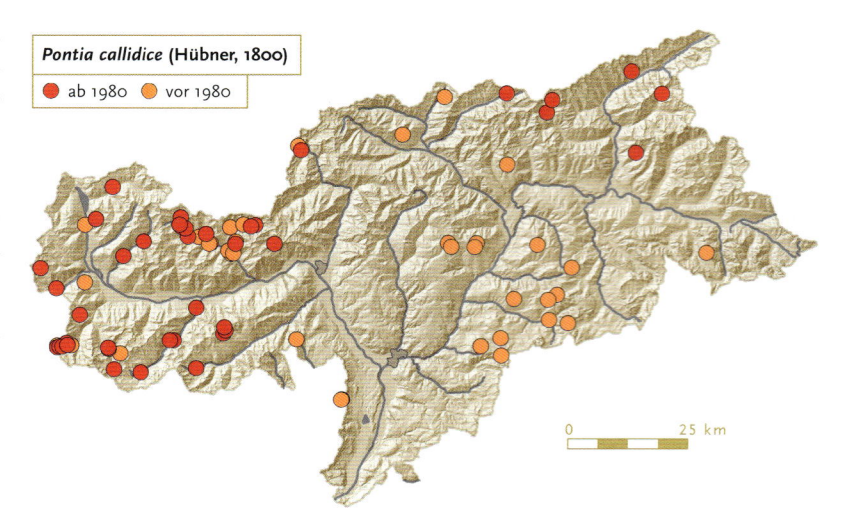

Reseda-Weißlinge (*Pontia daplidice*) gehören zu den wandernden Schmetterlingen und sind in Südtirol nicht permanent bodenständig.

<<
Eine Charakterart der alpinen Schuttfluren und lückiger Rasengesellschaften ist der Alpen-Weißling (*Pontia callidice*).

Die auffallend bunt gefärbte Raupe des Alpen-Weißlings lebt an verschiedenen Kreuzblütlern.

einer allfälligen zweiten Generation (SBN, 1994).

GEFÄHRDUNG – SCHUTZMASSNAHMEN
Gefährdungssituation: bedingt durch die Habitatwahl in anthropogen meist ungenutzten Lebensräumen weitestgehend ungefährdet. Die relative Seltenheit der Falter hat wohl zu einer Berücksichtigung in der Roten Liste geführt (HOFER, 1995), die jedoch nicht gerechtfertigt erscheint.
Rote Liste: nicht oder kaum gefährdet (LC); bisherige Einstufung: 3.
Schutzmaßnahmen: derzeit keine Maßnahmen erforderlich.

Pontia daplidice (Linnaeus, 1758)
Reseda-Weißling

TAXONOMIE – DETERMINATION
Der Reseda-Weißling wurde rezent nach enzymelektrophoretischen Untersuchungen in zwei Arten aufgespalten (GEIGER & SCHOLL, 1982), und zwar in eine östliche und eine westliche Vikariante, *P. daplidice* bzw. *P. edusa* (Fabricius, 1777). Die spezifische Abgrenzung beider Taxa ist allerdings durchaus umstritten und wird einerseits anerkannt (TOLMAN & LEWINGTON, 1998; DE PRINS, *in litteris*), andererseits aber auch abgelehnt (REINHARDT, 1992; SBN, 1994; SETTELE et al., 1999). Das in Südtirol ausschließlich präsente Taxon *edusa* wird hier in Anlehnung an letztere Arbeiten nicht spezifisch bewertet, sondern nur als Subspezies von *P. daplidice* angesehen.

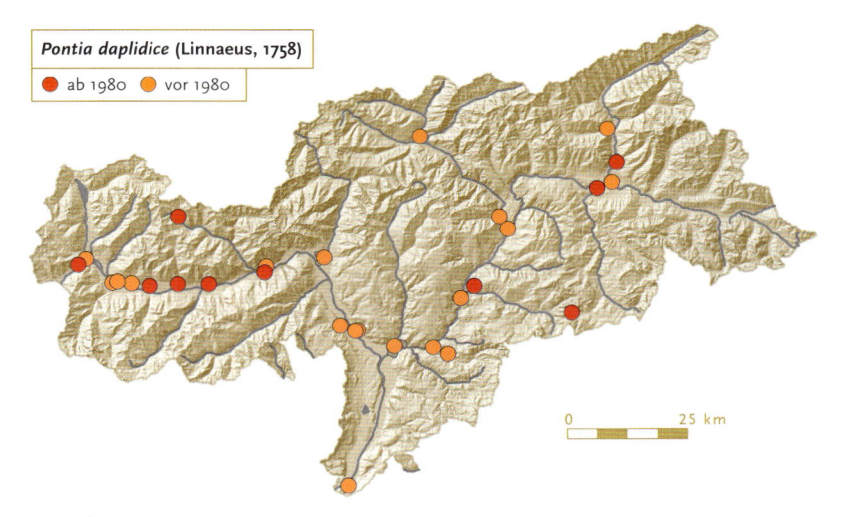

Mit *P. callidice* zu verwechselnde Art, differiert aber auf der Hinterflügelunterseite durch das Fehlen grünlichgelb gefärbter Adern.

VERBREITUNG
Gesamtverbreitung: paläarktisch; Kanarische Inseln und Nordafrika, große Teile des südlichen und gemäßigten Europas sowie Zentral- und Ostasien bis nach Japan.

Regionalverbreitung: Nachweise auf die großen Täler beschränkt. Migrierende Art, daher sind Verbreitungs- und Höhenangaben nur von geringer Aussagekraft.

Vertikalverbreitung: ca. 250 bis 2000 m; kollin, montan, subalpin. Entwicklungshabitate der Raupen aber höchstens bis in die montane Stufe.

BIOLOGIE
Habitatwahl: xerothermophile Offenlandart. Bevorzugt an trockenwarmen offenen Stellen wie Brachländereien mit reichlich Blütenangebot. Früher vor allem entlang der Etschdämme, gerne an Klee und Esparsette saugend, registriert (DANNEHL, 1925–1930). Neu-

Die graugrüne Färbung des Alpen-Gelblings (*Colias phicomone*) ist besonders beim Männchen ausgeprägt.

ere Nachweise fehlen jedoch aus diesem Bereich, und die permanente Bodenständigkeit der Populationen ist nicht gesichert. Eine Zuwanderung aus dem Süden findet in unterschiedlicher Häufigkeit statt und dürfte zu den bereits bei DANNEHL (1925–1930) registrierten enormen Häufigkeitsschwankungen mit beitragen. Ähnliches wird u. a. auch aus der Schweiz berichtet, wo die Art im Norden des Landes seit vielen Jahrzehnten verschwunden ist (SBN, 1994).

Phänologie: bivoltin, fakultativ trivoltin (?); Generationenfolge in Südtirol nicht sicher geklärt, Daten von Mitte Mai und von Mitte Juli bis Anfang Oktober. Spät fliegende Falter einer vermutlichen dritten Generation wurden selten beobachtet. Nach SBN (1994) in der südlichen Schweiz zwei bis drei Generationen, nach WEIDEMANN (1995) in Südeuropa drei bis vier Generationen.

Raupenfutterpflanzen – Präimaginalstadien: Oligophagie I; *Reseda*, *Sinapis*, *Alyssum* und *Sysimbrium* (Brassicaceae). Eiablage einzeln an den Blüten oder Blättern der Futterpflanze. Raupe je nach Generationenzahl ohne deutliche Abgrenzung von Mai bis Oktober. Überwinterungsstadium ist die Gürtelpuppe (SBN, 1994).

GEFÄHRDUNG – SCHUTZMASSNAHMEN

Gefährdungssituation: durch enormen Spritzmitteleinsatz im Nahbereich der Etschdämme sowie mehrfaches Mulchen der Vegetation stark eingeschränkte Entwicklungsmöglichkeiten.

Rote Liste: nicht eingestuft (NE); bisherige Einstufung: 1.

Schutzmaßnahmen: kaum sinnvolle Maßnahmen möglich. Extensive Bewirtschaftung der Etschdämme durch Rotationsmahd würde zumindest potentiell nutzbare Nischen verfügbar machen.

COLIADINAE GELBLINGE

Colias phicomone (Esper, 1780) Alpen-Gelbling

TAXONOMIE – DETERMINATION

In den Alpen ausschließlich in der Nominatunterart vertreten. Aus den Pyrenäen wurde zusätzlich die ssp. *oberthueri* Verity, 1909, beschrieben.
In Mitteleuropa durch graugrün gefärbte Männchen sowie schmutzig weißlichgelbe Weibchen unverwechselbare Art.

VERBREITUNG

Gesamtverbreitung: südeuropäisch; ausschließlich auf Gebirgsregionen beschränkt, vom Kantabrischen Gebirge und von den Pyrenäen bis zu den Alpen und Teilen der Karpaten.

Regionalverbreitung: in der Bergregion weit verbreitet, mit einigen Nachweisdefiziten in den mittleren und nördlichen Landesteilen. Nach KITSCHELT (1925) „auf Alpenwiesen überall" oder DANNEHL (1925–1930) „überall im Hochgebirge häufig", allerdings ohne konkretere Fundorte und Angaben und somit nicht verwertbar.

Vertikalverbreitung: ca. 1000 (?) bis 2600 m; montan, subalpin, alpin. Vor allem in der subalpinen und alpinen Stufe weit verbreitet. Untere Verbreitungsgrenze durch ungenaue Lokalitätsangaben weitgehend unbekannt. Im Schnalstal ab 1200 m (SCHEURINGER, 1972), nach vorliegenden Meldungen in anderen Regionen vereinzelt aber auch tiefer, wie z.B. bei Partschins. Bei diesen Fundorten dürfte es sich aber nicht um die Brutbiotope handeln. In der Schweiz ab ca. 900 m nachgewiesen (SBN, 1994).

BIOLOGIE

Habitatwahl: alpine Art. Falter extrem standorttreu auf unterschiedlichen natürlichen alpinen Rasengesellschaften sowie Bergmähdern und Weiderasen,

Der Hochmoor-Gelbling (*Colias palaeno*) fliegt in Südtirol ausschließlich in subalpinen Zwergstrauchheiden.

immer mit reichlichem Blütenangebot, sowohl auf silikatreichem als auch auf kalkhaltigem Untergrund.
Phänologie: univoltin; von Ende Juni bis Ende August. Eine fakultative zweite Generation im September, wie bei SBN (1994) vermerkt, wurde in Südtirol nicht beobachtet.
Raupenfutterpflanzen – Präimaginalstadien: Oligophagie I; *Lotus corniculatus*, *Hippocrepis comosa*, *Trifolium repens* und *Vicia* spp. (Fabaceae), wahrscheinlich auch andere Schmetterlingsblütler. Eiablage einzeln an der Blattoberseite. Raupe überwintert im zweiten Stadium auf einem Blatt und verpuppt sich nach neuerlicher Nahrungsaufnahme im Frühjahr in einer Gürtelpuppe am Substrat (SBN, 1994).

GEFÄHRDUNG – SCHUTZMASSNAHMEN
Gefährdungssituation: durch Habitatwahl und die weite horizontale Verbreitung in subalpinen und alpinen Rasengesellschaften ungefährdet.
Rote Liste: nicht oder kaum gefährdet (LC); bisherige Einstufung: n. a. bzw. nicht gefährdet (EISENBERG, 2001).
Schutzmaßnahmen: derzeit keine Maßnahmen erforderlich.

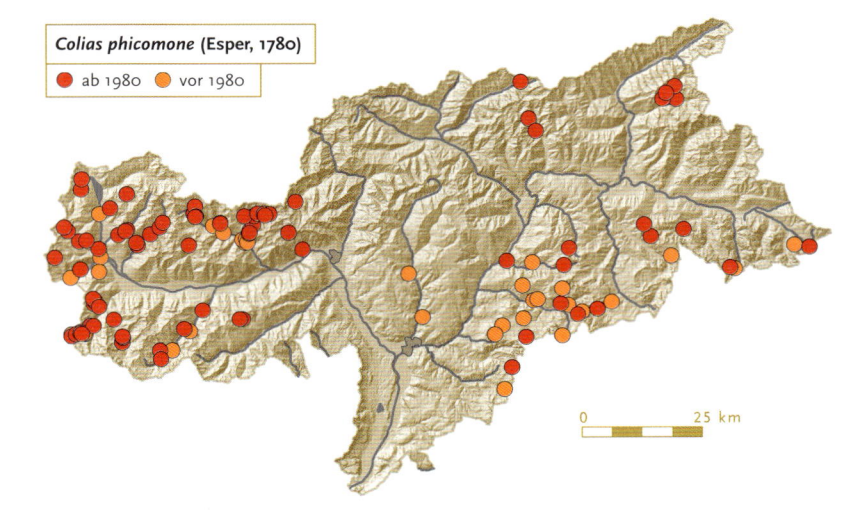

Colias phicomone (Esper, 1780)
● ab 1980 ● vor 1980

0   25 km

Colias palaeno (Linnaeus, 1761) Hochmoor-Gelbling

TAXONOMIE – DETERMINATION
Die nominotypische Rasse wurde aus Schweden beschrieben, in den Alpen tritt hingegen ssp. *europome* (Esper, 1778) auf. SBN (1994) sowie AISTLEITNER (1999) unterscheiden nach der Habitatwahl die ssp. *europome* (Esper, 1778) und ssp. *europomene* (Ochsenheimer, 1816), wobei Erstere in Hochmooren siedelt, Letztere in den Zwergstrauchheiden der subalpinen und alpinen Stufe. Minimale habituelle Unterschiede haben z. B. LERAUT (1997) dazu veranlasst, beide Taxa als Synonyme zu behandeln, eine Ansicht der hier gefolgt wird. TOLMAN & LEWINGTON (1998) verzichten überhaupt auf eine Unterteilung in Unterarten und bezeichnen die genannten Taxa als Formen. Durch das fehlende Goldene-Achter-Zeichen auf den Hinterflügeln sowie die Abwesenheit eines schwarzen Zellflecks auf der Vorderflügeloberseite leicht von anderen *Colias* spp. zu unterscheiden. Männchen überdies mit charakteristischer leuchtend gelber Farbe, Weibchen blass grünlich gelb.

VERBREITUNG
Gesamtverbreitung: holarktisch; Französischer Jura und Alpen über Teile Mit-

Colias palaeno (Linnaeus, 1761)
● ab 1980   ● vor 1980

0   25 km

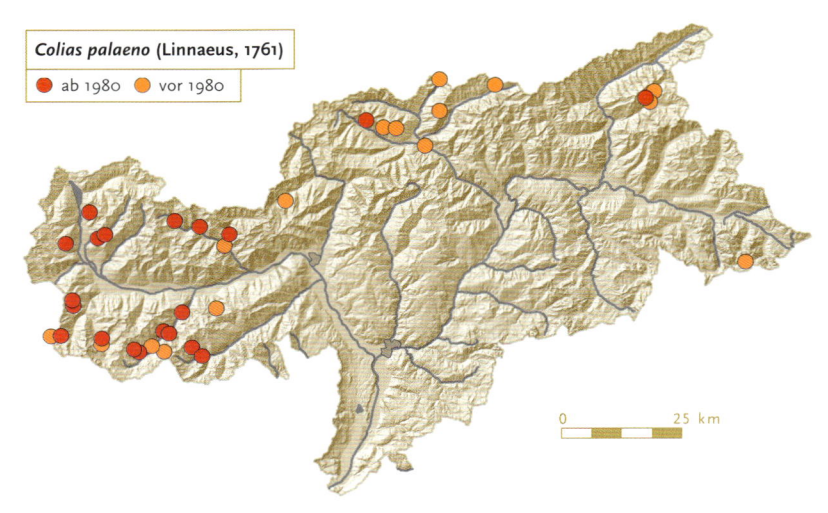

tel-, Nord- und Osteuropas, Sibirien bis Korea und Japan sowie Nordamerika.
Regionalverbreitung: lokale Vorkommen mit geringen Individuendichten in den höher gelegenen Bereichen des Ortlergebietes, vor allem im Ultental sowie im Norden in den Ötztaler und Zillertaler Alpen, aber auch in der Rieserferner Gruppe. Im Tal nur historisch aus dem Sterzinger Moos bekannt. In den mittleren, südlichen sowie östlichen Landesteilen fehlt *C. palaeno* fast durchwegs. Lediglich ein altes Sammlungsexemplar aus den Sextner Dolomiten (Drei Zinnenhütte) (coll. TLMF) belegt ein extrem seltenes Auftreten in den Dolomiten.

Vertikalverbreitung: ca. 940 bis 2500 m; montan, subalpin, alpin. Schwerpunkt der Fundmeldungen zwischen 1800 und 2200 m, unterhalb von 1500 m wurde bisher nur das Sterzinger Moos dokumentiert.

BIOLOGIE

Habitatwahl: tyrphostene Art, montane Art. *C. palaeno* besiedelt grundsätzlich zwei unterschiedliche Lebensräume, nämlich Hochmoore sowie subalpine und alpine Zwergstrauchheiden. Die Moorpopulationen sind vor allem nördlich der Alpen anzutreffen, auch die Tiere aus dem Sterzinger Moos gehörten wohl hierher. Heute tritt die Art in Südtirol nur mehr in subalpinen Zwergstrauchheiden sowie auf verschiedenen Weiderasen und alpinen Naturrasen mit Beständen der Raupenfutterpflanze auf.

Phänologie: univoltin; auffallend kurze Flugzeit von Anfang Juli bis Anfang August.

Raupenfutterpflanzen – Präimaginalstadien: Monophagie I; *Vaccinium uliginosum* (Ericaceae). Eiablage einzeln an den Blättern der Futterpflanze. Raupe überwintert im zweiten Stadium auf einem Blatt und verwandelt sich nach neuerlicher Nahrungsaufnahme im Frühjahr in eine am Substrat festgesponnene Gürtelpuppe (SBN, 1994).

GEFÄHRDUNG – SCHUTZMASSNAHMEN

Gefährdungssituation: Talpopulationen des Sterzinger Mooses sind schon lange verschwunden (KITSCHELT, 1925), wohl auf Grund der zunehmenden Biotopvernichtung, da die Art eine Flächengröße von zumindest 10 ha (SBN, 1994) benötigt. Gebirgspopulationen sind auf Grund der weiten Verbreitung von Zwergstrauchheiden deutlich weniger anthropogenen Bedrohungen unterworfen und höchstens lokal gefährdet.

Rote Liste: gefährdet (VU); bisherige Einstufung: 2 bzw. 3 (EISENBERG, 2001).

Schutzmaßnahmen: Vermeidung von intensiver Beweidung im Bereich der

Bis in den Spätherbst kann in Offenland-lebensräumen der migrierende Postillon (*Colias croceus*) beobachtet werden.

<<
Die Raupen des Postillons fressen oligophag an verschiedenen Schmetterlingsblütlern.

Charakteristisch für alle Weißlinge und somit auch für den Postillon ist die Verwandlung in eine Gürtelpuppe.

Vorkommen. Keine weiteren technischen Erschließungen wie vor allem Skipisten.

Colias croceus (Fourcroy, 1785)
Postillon, Wander-Gelbling

Synonymie:
Colias edusa
(Fabricius, 1787) (Homonym)

TAXONOMIE – DETERMINATION
In Europa nur in der Nominatunterart vertreten.
In Südtirol unverwechselbare Art, die vor allem durch die leuchtend orange Färbung auffällt. Selten auch blass grünlichgelb gefärbte Exemplare.

VERBREITUNG
Gesamtverbreitung: turanisch-europäisch-mediterran; Nordafrika und große Teile des südlichen Europas bis zum Südural und in den Mittleren Osten. Darüber hinaus in vielen nördlicheren Gebieten Europas als regelmäßiger Immigrant auftretend.
Regionalverbreitung: fast im ganzen Land nachgewiesene, migrierende Art. Verbreitungs- und Höhenangaben daher nur von geringer Aussagekraft.

Vertikalverbreitung: ca. 230 bis 2000 m; kollin, montan, subalpin. Auch von höher gelegenen Fundorten liegen noch Meldungen migrierender Falter vor. Raupenentwicklung aber nur bis zur subalpinen Stufe (SBN, 1994).

BIOLOGIE
Habitatwahl: Ubiquist (mesophile Offenlandart). Die Falter können in fast allen Offenlandlebensräumen gefunden werden, bevorzugt aber in mesophilen bis xerophilen Wiesen und Weiden mit einem geeigneten Blütenangebot zur Nektaraufnahme.
Phänologie: bivoltin, univoltin (?), trivoltin (?); Generationenfolge unsicher, nach vorliegenden Daten Anfang Mai sowie ohne deutliche Abgrenzung von Mitte Juni bis Mitte Oktober. Nach KITSCHELT (1925) gehören im Oktober und November auftretende Falter einer partiellen dritten Generation an, während die Art in höheren Lagen einbrütig sein soll. Die Falter der Frühjahrsgeneration wurden von diesem Autor bereits im April registriert.

Raupenfutterpflanzen – Präimaginalstadien: Oligophagie I; *Coronilla varia, Onobrychis viciifolia, Hippocrepis comosa, Medicago* spp., *Melilotus* spp., *Lotus corniculatus, Trifolium* spp., *Anthyllis* spp., *Vicia* spp., *Colutea arborescens, Laburnum* (Fabaceae) sowie im Mittel-

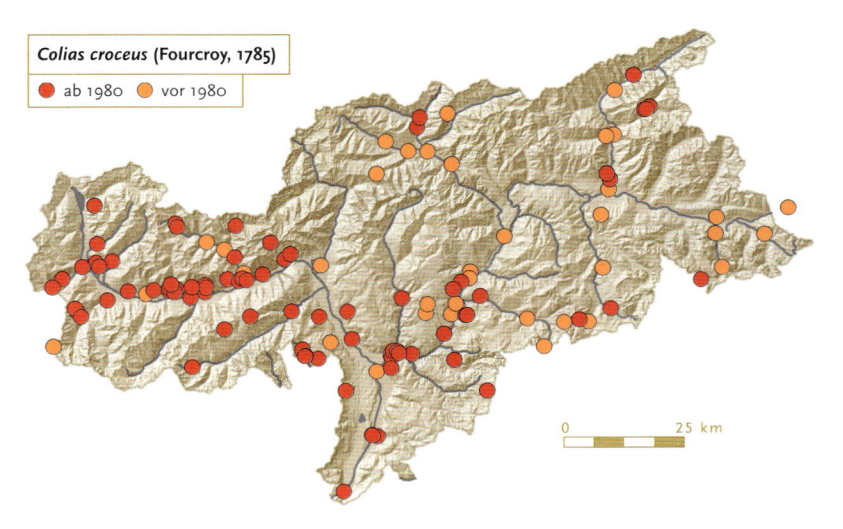

Colias croceus (Fourcroy, 1785)
● ab 1980   ● vor 1980

meergebiet noch weitere Schmetterlingsblütler (TOLMAN & LEWINGTON, 1998). Generationenfolge im Gebiet wenig bekannt. Einwanderung im Frühjahr mit nachfolgender Raupengeneration vermutlich im Mai/Juni sowie wiederum ab August. Überwinterung der Raupe ohne Diapause, nur in frostfreien Gebieten (WEIDEMANN, 1995). In Südtirol daher nicht oder nur ausnahmsweise den Winter überlebend. Gürtelpuppe an Pflanzenteilen festgesponnen.

GEFÄHRDUNG – SCHUTZMASSNAHMEN
Gefährdungssituation: durch Migrationsverhalten keine direkte Gefährdung.
Rote Liste: nicht eingestuft (NE); bisherige Einstufung: 3.
Schutzmaßnahmen: derzeit keine Maßnahmen erforderlich.

Colias hyale
(Linnaeus, 1758)
Weißklee-Gelbling, Goldene Acht

TAXONOMIE – DETERMINATION
Eine grundsätzliche taxonomische Revision der Art wurde von REISSINGER (1989b) geplant, aber leider nicht mehr durchgeführt. Der genannte Autor veröffentlichte lediglich eine Liste der verfügbaren Namen einschließlich mehrerer Subspezies. Nach heutigem Kenntnisstand sind die Populationen Südtirols jedenfalls der Nominatunterart zuzuordnen.
C. hyale ist imaginal von *C. alfacariensis* nur extrem schwer und nicht sicher unterscheidbar. In der älteren Literatur wurden beide Arten daher auch grundsätzlich als ein Taxon behandelt. Die zuverlässigsten Differentialmerkmale von *C. hyale* sind die ausgedehntere dunkle Wurzelbestäubung auf der Vorderflügeloberseite sowie der blassere und kleinere orange Fleck auf der Hinterflügeloberseite (SBN, 1994). Die Raupen beider Taxa sind allerdings ab dem zweiten Stadium sehr unterschiedlich. *C. hyale* weist im Gegensatz zu *C. alfacariensis* weder schwarze Flecken noch gelbe Rücken- oder Seitenlinien auf.

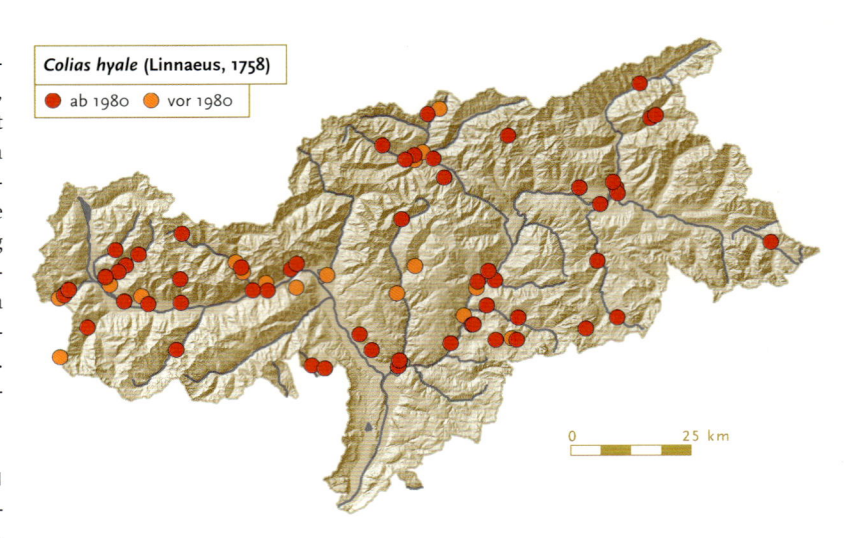

VERBREITUNG
Gesamtverbreitung: zentralasiatisch-europäisch; von der Iberischen Halbinsel über große Teile des gemäßigten Europas bis nach Zentralasien und China. Fehlt in weiten Bereichen des Mittelmeergebietes sowie im Norden Europas.
Regionalverbreitung: bedingt durch die Vermengung mit der nachfolgenden Art und die meist fehlenden Belegexemplare noch unzureichend geklärt, vermutlich aber im gesamten Gebiet verbreitet. Einige nicht belegte Funde beziehen sich möglicherweise auf *C. alfacariensis*.
Vertikalverbreitung: ca. 270 bis 1800 m; kollin, montan, subalpin. Bedingt durch das Wanderverhalten ist die exakte Abgrenzung der besiedelten Höhenzonen ungeklärt, jedoch ist eine erfolgreiche Entwicklung in der alpinen Stufe mit Sicherheit auszuschließen.

BIOLOGIE
Habitatwahl: mesophile Offenlandart. In zahlreichen Grünlandoffenlebensräumen anzutreffen, von Ruderalfluren und Brachflächen über Weiderasen bis zu Halbtrocken- und Trockenrasen. *C. hyale* ist ein typischer r-Stratege mit sehr flugaktiven Faltern, die oft weit weg von den larvalen Lebensräumen anzutreffen sind und als obligatorische Binnenwanderer bezeichnet werden (REISSINGER, 1989b).
Phänologie: bivoltin, fakultativ trivoltin; von Ende April bis Anfang Oktober, ohne deutliche Abgrenzung der Generationen. Eine dritte Generation nur sporadisch auftretend. Aus der Schweiz werden ebenfalls drei weitgehend unscharf getrennte Generationen gemeldet (SBN, 1994).
Raupenfutterpflanzen – Präimaginalstadien: Oligophagie I; *Medicago sativa, M. lupulina, Trifolium* spp., *Lotus corniculatus, Coronilla varia, Vicia* spp. (Fabaceae) (EBERT & RENNWALD, 1991a). Eiablage erfolgt nach den genannten Autoren bevorzugt an kümmerlichen Pflanzen. Überwinterungsstadium ist die Jungraupe. Generationenfolge der Präimaginalstadien in Südtirol aber ansonsten völlig ungeklärt.

GEFÄHRDUNG – SCHUTZMASSNAHMEN
Gefährdungssituation: durch die breite ökologische Amplitude und die ausgeprägte Anpassungsfähigkeit an anthropogene Nutzung von Wiesen und Weiden grundsätzlich nicht bedroht.
Rote Liste: nicht oder kaum gefährdet (LC); bisherige Einstufung: n. a.
Schutzmaßnahmen: derzeit keine Maßnahmen erforderlich.

Colias alfacariensis
(Ribbe, 1905)
Hufeisenklee-Gelbling

Synonymie:
Colias australis Verity, 1911

TAXONOMIE – DETERMINATION
Die Identität der gelegentlich als älteres Synonym von *C. alfacariensis* interpretierten *C. sareptensis* Staudinger, 1871 (TUZOV, 1997) ist zweifelhaft (DE PRINS, in litteris).
REISSINGER (1989b) unterscheidet eine größere Anzahl von Subspezies, die je-

doch nur sehr geringfügig differenziert sind. Die Südtiroler Populationen werden von diesem Autor der ssp. *calida* Verity, 1916, zugerechnet, die in ganz Italien, mit Ausnahme von Piemont, auftritt.

Von *C. hyale* imaginal meist durch die weniger ausgedehnte schwarze Wurzelbestäubung auf der Vorderflügeloberseite, gerundetere Vorderflügel sowie den kräftigeren orangen Fleck auf der Hinterflügeloberseite zu unterscheiden. Eine sichere Diagnose der Falter ist jedoch in vielen Fällen nicht möglich. Die Raupe weist im Gegensatz zu jener der genannten Art schwarze Flecken sowie gelbe Rücken- und Seitenlinien auf.

VERBREITUNG

Gesamtverbreitung: europäisch; große Teile des südlichen und mittleren Europas sowie Kleinasiens. Fehlt in Skandinavien. Östliche Verbreitungsgrenze auf Grund von Verwechslungen zweifelhaft.

Regionalverbreitung: bedingt durch die Vermengung mit der vorhergehenden Art und die meist fehlenden Belegexemplare noch unzureichend geklärt. Nach dem vorliegenden Material aber vermutlich in vielen Teilen Südtirols verbreitet, mit gehäuftem Auftreten im Vinschgau sowie im Eisacktal und in den Dolomiten.

Vertikalverbreitung: ca. 270 bis 1700 m; kollin, montan. Die Bodenständigkeit von Faltern aus höher gelegenen Gebieten ist nicht belegt.

BIOLOGIE

Habitatwahl: xerothermophile Offenlandart. Durch die enge Bindung an den Hufeisenklee sowie die Bunte Kronwicke ausschließlich auf sonnenexponierte Trocken- und Halbtrockenrasen sowie Magerwiesen beschränkt. Falter wandern zwar gelegentlich, sind jedoch meistens standorttreu (SBN, 1994). In der Schweiz wird die Art als kalkliebend bezeichnet, für Südtirol dürfte diese Bindung an geologische Formationen aber keine Bedeutung besitzen, da gerade auf den Trockenrasen des Vinschgaus besonders gehäufte Vorkommen zu verzeichnen sind und hier auch das Raupensubstrat beste Bedingungen vorfindet.

Phänologie: bivoltin, trivoltin (?); von Anfang Mai bis Anfang Oktober ohne klare Abgrenzung der Generationen. Aus der Schweiz werden drei Generationen gemeldet, ebenfalls ohne deutliche Abgrenzung der Flugzeiten (SBN, 1994).

Raupenfutterpflanzen – Präimaginalstadien: Monophagie I; *Hippocrepis comosa* (Fabaceae). Inwieweit *Coronilla varia* tatsächlich als Freilandfutterpflanze genutzt wird (SBN, 1994), ist klärungsbedürftig. Eiablage einzeln an der Futterpflanze. Die Raupe überwintert auf der Futterpflanze und verpuppt sich in einer Gürtelpuppe am Substrat (SBN, 1994). Die genaue Generationenabfolge ist völlig ungeklärt und mit Sicherheit jahrweise und je nach Witterung unterschiedlich. Je nach Temperatur sind zwei bis drei Generationen anzunehmen.

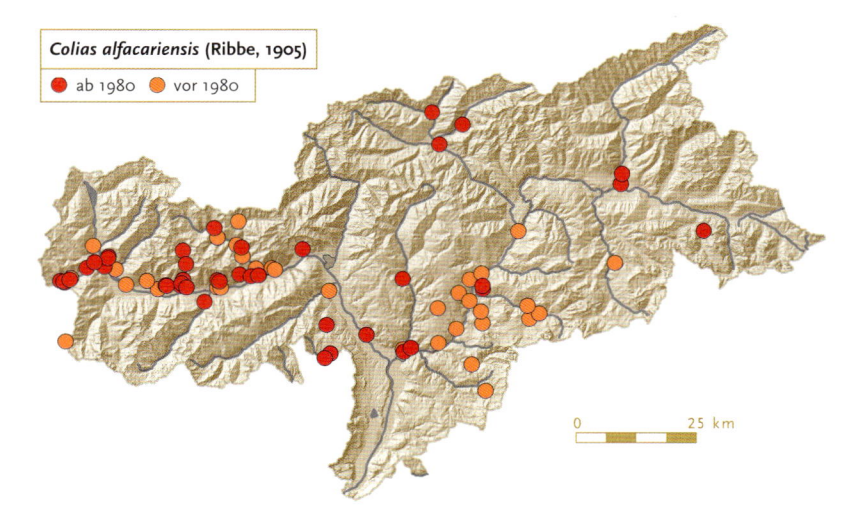

GEFÄHRDUNG – SCHUTZMASSNAHMEN

Gefährdungssituation: auf Grund der engen Bindung an Trockenrasen ist ein gewisses Gefährdungspotential zu vermuten, jedoch durch die notorischen Verwechslungen mit *C. hyale* derzeit keine konkreten Aussagen möglich.

Rote Liste: unzureichender Datenbestand (DD); bisherige Einstufung: n. a.

Schutzmaßnahmen: traditionelle Nutzung der Trocken- und Magerrasen sowie Reduzierung des Spritzmitteleinsatzes und Verzicht auf Häutungshemmer im Obstbau.

Gonepteryx rhamni (Linnaeus, 1758) Zitronenfalter

TAXONOMIE – DETERMINATION

In Europa nur in der Nominatunterart vertreten.

In Südtirol unverwechselbare Art mit oberseits leuchtend zitronengelben Männchen und cremeweißen Weibchen. Bereits im Gardaseegebiet lebt aber die im weiblichen Geschlecht sehr ähnliche *G. cleopatra* (Linnaeus, 1767).

VERBREITUNG

Gesamtverbreitung: paläarktisch; Nordwestafrika und große Teile Europas sowie das Gebiet vom westlichen Sibirien bis in die Mongolei.

Regionalverbreitung: sporadische Verbreitung, vor allem im Bereich der großen Täler, gehäufte Meldungen aus dem Vinschgau und dem Unterland. Die Falter fliegen immer vereinzelt. Die nicht verwertbare Angabe bei KITSCHELT (1925), „in mittleren und tiefen Lagen außerordentlich verbreitet und häufig", deutet auf ein früher wesentlich stärkeres Auftreten.

Vertikalverbreitung: ca. 220 bis 1500 m; kollin, montan. Bodenständigkeit in der subalpinen Stufe erscheint nach den vorliegenden Daten zweifelhaft. Einzelne Falter treten auch weitab der Brutbiotope wie auf der Franzenshöhe bei ca. 2200 m auf. KITSCHELT (1925) meldet aus der Großglocknergruppe noch einen Fund bei 2475 m.

BIOLOGIE

Habitatwahl: mesophile Übergangsbereichsart. Charakterart von lichten und

Colias alfacariensis (Ribbe, 1905)
● ab 1980   ● vor 1980

Der als Falter überwinternde Zitronenfalter (*Gonepteryx rhamni*) ist ein bekannter Frühlingsbote.

>> Eine Sonderstellung innerhalb der Bläulingssystematik kommt dem Schlüsselblumen Würfelfalter (*Hamearis lucina*) zu.

sonnigen Waldsäumen und Heckengebieten mit Beständen an Kreuzdorn und Faulbaum. Sekundär gerne in der Nähe menschlicher Siedlungsgebiete.
Phänologie: univoltin; von Juli/August bis Juni/Juli. Lebensdauer der Falter bis zu zehn oder sogar elf Monaten und somit extrem lang. Imagines ab dem Frühsommer und nach einer mehrwöchigen Sommerdiapause im Herbst sowie nach der Überwinterung bis zum Frühsommer fliegend. Kopulation erst im Frühjahr. Im Sommer treten auch Überschneidungen der Generationen auf.
Raupenfutterpflanzen – Präimaginalstadien: Oligophagie I; *Frangula alnus*, *Rhamnus cathartica* (Rhamnaceae), nach SBN (1994) vermutlich auch *Rhamnus alpinus* und *R. pumilus*, außerhalb Mitteleuropas eine Reihe weiterer *Rhamnus* spp. (TOLMAN & LEWINGTON, 1998). Eiablage einzeln an der Blattoberseite. Raupe ab Mitte Mai bis August in einer sehr variablen Entwicklungszeit von drei bis sieben Wochen (SBN, 1994). Gürtelpuppe am Substrat festgesponnen.

GEFÄHRDUNG – SCHUTZMASSNAHMEN
Gefährdungssituation: durch Intensivierung im Obstbau, Anpflanzung von ausländischen Ziergehölzen in Gärten und Parkanlagen, Entfernung von Hecken und Flurgehölzen sowie forstliche Maßnahmen im Bereich von Waldrandökotonen zunehmend seltener werdend, jedoch landesweit noch nicht unmittelbar gefährdet.
Rote Liste: drohende Gefährdung (NT); bisherige Einstufung: 4.
Schutzmaßnahmen: Bewahrung von Faulbaumbeständen an Waldrändern, entlang von Heckenbereichen sowie in Gärten.

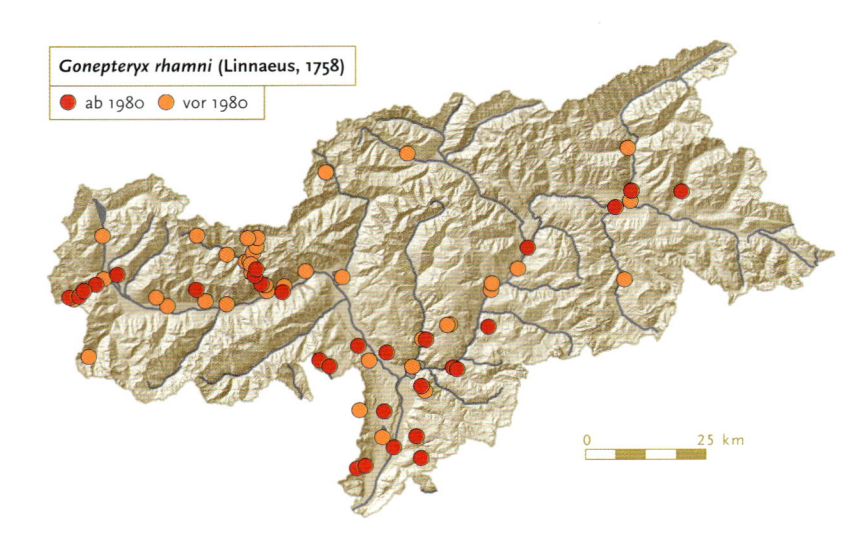

Gonepteryx rhamni (Linnaeus, 1758)
● ab 1980 ● vor 1980

LYCAENIDAE
BLÄULINGE

RIODININAE
WÜRFELFALTER

Hamearis lucina (Linnaeus, 1758)
Schlüsselblumen-Würfelfalter

TAXONOMIE – DETERMINATION
Die Art wird von einigen Autoren einer separaten Familie Riodinidae zugeordnet. Die Populationen variieren geographisch kaum, lediglich Dannehl (1925–1930) beschrieb aus Kärnten die ssp. *thurneri*; der Name wurde später von Scheuringer (1972) versehentlich für Populationen des Schnalstals verwendet.
Unverwechselbare Art mit oranger Fleckenzeichnung auf der Flügeloberseite und zwei Reihen weißer Flecken auf der Hinterflügelunterseite.

VERBREITUNG
Gesamtverbreitung: europäisch; große Teile des gemäßigten Europas bis zum Ural.
Regionalverbreitung: lokal verbreitet und in den tieferen Tallagen bereits weitgehend verschwunden. Fundnachweise im Wesentlichen auf das Etsch- und Eisacktal sowie das Pustertal beschränkt. Vor allem aus dem Vinschgau sowie den größeren nördlichen Seitentälern gehäufte Meldungen.
Vertikalverbreitung: ca. 250 bis 1500 m; kollin, montan. Die Höhenverbreitung entspricht weitgehend jener benachbarter Regionen (SBN, 1994).

BIOLOGIE
Habitatwahl: mesophile Übergangsbereichsart. Charakterart lichter, gebüschreicher Waldwiesen und Waldsäume sowie extensiv genutzter Wiesen mit Beständen der Frühlings-Schlüsselblume, der Schaftlosen Schlüsselblume und/oder der Waldprimel. Sowohl auf feuchten als auch auf trockenen Flächen, jedoch extrem standorttreu.
Phänologie: univoltin, gelegentlich bivoltin; Hauptflugzeit von Anfang Mai bis Mitte Juni, gelegentlich schon Ende April, in der montanen Stufe bis ins erste Julidrittel. Die nur fakultativ auftretende zweite Generation wurde von Dannehl (1925–1930) zwischen Ende Juli und August sowie von Stauder (1915) im September registriert. Neuere Daten fehlen jedoch, möglicherweise durch das Verschwinden der Art in den Talgebieten, völlig.
Raupenfutterpflanzen – Präimaginalstadien: Monophagie II; *Primula vulgaris, P. veris, P. elatior* (Primulaceae). Eiablage an der Blattunterseite der Futterpflanze. Raupe je nach Generationenzahl von Mai bis Juli bzw. wiederum von August bis Anfang Oktober. Überwinterung als Gürtelpuppe an der Blattunterseite (SBN, 1994).

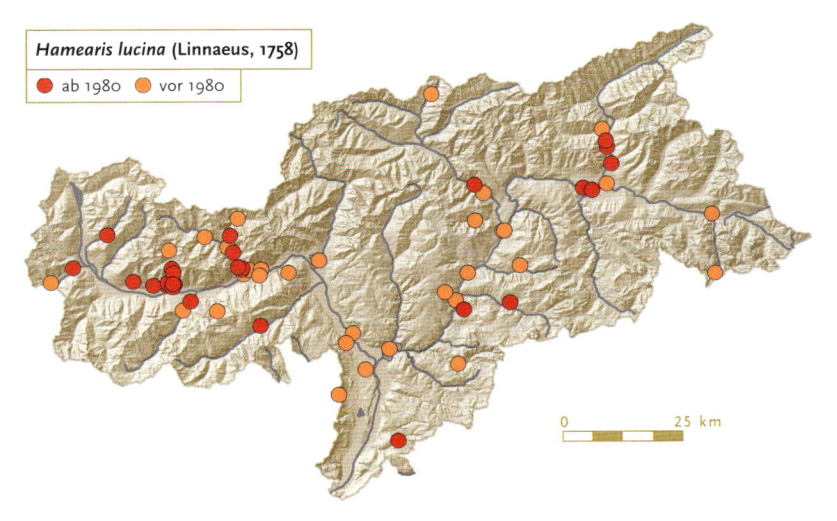

Eine häufig anzutreffende und wanderfreudige Art ist der Kleine Feuerfalter (*Lycaena phlaeas*).

Der auffallende Wiesenknöterich ist die ausschließliche Raupenfraßpflanze des in Südtirol verschollenen Kleinen Feuerfalters (*Lycaena helle*).

GEFÄHRDUNG – SCHUTZMASSNAHMEN
Gefährdungssituation: Düngung von Magerwiesen sowie zunehmende Verbuschungstendenzen sind derzeit die Hauptursachen für eine lokale Gefährdung. Tieflandpopulationen wurden bereits früher durch Obstanbau sowie Verbauung zurückgedrängt.
Rote Liste: drohende Gefährdung (NT); bisherige Einstufung: 0 bzw. 3 oder 4 (EISENBERG, 2001).
Schutzmaßnahmen: Verzicht auf weitere Intensivierung in den verbliebenen Magerwiesen sowie im Randbereich von naturnahen Waldsaumgesellschaften.

LYCAENINAE

Lycaena phlaeas (Linnaeus, 1761)
Kleiner Feuerfalter

TAXONOMIE – DETERMINATION
In Mitteleuropa ausschließlich in der Nominatunterart vertreten, darüber hinaus werden aber auch in Europa mehrere weitere Subspezies unterschieden (LERAUT, 1997; TOLMAN & LEWINGTON, 1998).

Mittelgroße Art mit je nach Generation unterschiedlich ausgedehnter leuchtend oranger Färbung der Vorderflügeloberseite und oranger Randbinde auf den Hinterflügeln. Besonders arttypisch ist überdies die graue Farbe der Hinterflügelunterseite.

VERBREITUNG
Gesamtverbreitung: holarktisch; von Nordwestafrika über große Teile Europas sowie durch das gemäßigte Asien, Nordostamerika.
Regionalverbreitung: in allen Landesteilen in teilweise höherer Dichte vertreten. Alte Funde liegen auf Grund ungenauer Angaben nur vereinzelt vor, jedoch belegen Autoren wie KITSCHELT (1925) auch das früher häufige Vorkommen. In Mitteleuropa vielfach eumigrierend, in Südtirol jedoch bodenständig.
Vertikalverbreitung: ca. 250 bis 2350 m; kollin, montan, subalpin, alpin. Die Bodenständigkeit in der alpinen Region ist zweifelhaft. Diese Beobachtungen betreffen mit hoher Wahrscheinlichkeit nur binnenwandernde Tiere.

BIOLOGIE
Habitatwahl: mesophile Offenlandart. Im gesamten offenen Grünlandbereich anzutreffen, auf Trockenrasen bis hin zu blütenreichen Fettwiesen und Weiden. Gerne an Störstellen wie Wegböschungen, Ruderalfluren oder Hang-

rutschungen. Die Entwicklungsmöglichkeiten sind aber vom Raupensubstrat sowie von der Intensität der Bewirtschaftung abhängig.
Phänologie: bivoltin bis trivoltin; von Mitte März bis Ende Oktober, ohne klare Abgrenzung der Generationen. Nach KITSCHELT (1925) bis November nachgewiesen. SBN (1994) melden für die Schweiz sogar gelegentlich bis zu vier Generationen und Falterfunde bis Anfang Dezember.
Raupenfutterpflanzen – Präimaginalstadien: Monophagie II; *Rumex acetosa, R. acetosella* (Polygonaceae), außerhalb Mitteleuropas auch weitere *Rumex* spp. sowie *Polygonum* sp. (TOLMAN & LEWINGTON, 1998). Eiablage einzeln an der Futterpflanze. Raupe Blätter fressend, zuerst Fensterfraß erzeugend. Überwinterung im Raupenstadium. Verpuppung mit oder ohne Gürtel zwischen versponnenen Blättern der Fraßpflanze (SBN, 1994).

GEFÄHRDUNG – SCHUTZMASSNAHMEN
Gefährdungssituation: trotz lokaler Einbußen als Folge von landwirtschaftlicher Intensivierung grundsätzlich auf Grund der weiten horizontalen und vertikalen Verbreitung sowie der hohen Ausbreitungsfähigkeit nicht gefährdet.
Rote Liste: nicht oder kaum gefährdet (LC); bisherige Einstufung: 4 bzw. nicht gefährdet (EISENBERG, 2001).
Schutzmaßnahmen: keine Maßnahmen erforderlich.

Lycaena helle (Denis & Schiffermüller, 1775)
Blauschillernder Feuerfalter

Synonymie:
Chrysophanus amphidamas (Esper, 1781)

TAXONOMIE – DETERMINATION
Der von LERAUT (1997) wieder eingeführte Gattungsname *Helleia* findet in neueren Arbeiten keine Akzeptanz (KUDRNA, 2002; SETTELE et al., 1999). In Europa wurden mehrere Unterarten beschrieben, deren Status allerdings teilweise zweifelhaft ist. LERAUT (1997) unterscheidet allein für Frankreich drei Subspezies. In Südtirol flog mit hoher Wahrscheinlichkeit die aus Ostösterreich beschriebene Nominatrasse. Kleine, auf Grund der oberseitig blau schillernden Flügelfärbung unverwechselbare Art.

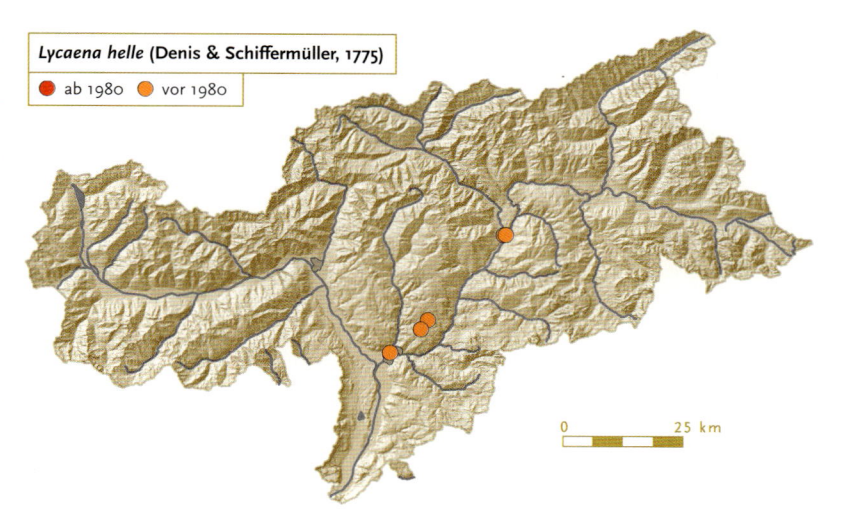

VERBREITUNG
Gesamtverbreitung: sibirisch-europäisch; Mittel-, Ost- und Nordeuropa (lokale Nachweise), Teile Sibiriens, Mongolei bis zum Amur.
Regionalverbreitung: von HOFER (1995) ohne konkrete Gebietsangaben als in Südtirol ausgestorbene Art gemeldet. Die einzigen detaillierteren, allerdings mangels Belegmaterials nicht mehr verifizierbaren Angaben gehen auf KITSCHELT (1925) zurück und sind somit historisch. Nach diesem Autor wurde die Art am Ritten durch Wiedemayr sowie in Brixen durch Stentz nachgewiesen. Bedingt durch die Unverwechselbarkeit des Falters sowie die zur damaligen Zeit wesentlich günstigeren Lebensbedingungen für die Art erscheinen die Angaben durchaus vertrauenswürdig. Rezente Kontrollen in potentiell geeigneten Lebensräumen am Ritten sowie im Ahrntal erbrachten keine Nachweise mehr. Auch die Kontrolle reicher *Polygonum*-Bestände auf der Seiseralm blieb ergebnislos.
Vertikalverbreitung: unzureichend dokumentiert; montan, subalpin. Detailliertere Angaben zur Vertikalverbreitung sind mangels präziser Literaturmeldungen nicht möglich. In der benachbarten Schweiz wurden die Falter zwischen 600 und 1800 m festgestellt (SBN, 1994).

BIOLOGIE
Habitatwahl: montane Art. Ausschließlich an blütenreiche Feuchtwiesen und Hochmoore mit Beständen des Schlangenknöterichs gebunden.
Phänologie: univoltin; Flugdaten für ehemalige Südtiroler Populationen sind nicht bekannt geworden. In anderen Gebieten Mitteleuropas fliegen die Imagines von Mitte Mai bis gegen Mitte Juni, in höheren Lagen auch bis Juli.
Raupenfutterpflanzen – Präimaginalstadien: Monophagie I; *Polygonum bistorta* (Polygonaceae), außerhalb Mitteleuropas auch *Polygonum viviparum* und möglicherweise *Rumex* spp. (Polygonaceae) (TOLMAN & LEWINGTON, 1998). Raupe von Juni bis gegen Mitte August an der Unterseite der Blätter. Anschließend Verwandlung in eine an Vegetationsteilen festgesponnene Gürtelpuppe. In diesem Stadium erfolgt auch die Überwinterung (SBN, 1994).

GEFÄHRDUNG – SCHUTZMASSNAHMEN
Gefährdungssituation: in weiten Teilen Europas durch unsachgemäße Bewirtschaftung von Feuchtwiesen, Verbuschung sowie Intensivierungsmaßnahmen extrem gefährdet. Diese Faktoren dürften auch für das Verschwinden in Südtirol verantwortlich sein.
Rote Liste: ausgestorben oder verschollen (RE); bisherige Einstufung: 0.
Schutzmaßnahmen: derzeit nicht möglich. Falls die Art in Südtirol wieder entdeckt werden sollte, wären umgehend Schutzmaßnahmen einzuleiten.

Der Dukaten-Feuerfalter (*Lycaena virgaureae*) gehört trotz roter Färbung zu den so genannten Bläulingen.

Lycaena dispar (Haworth, 1802)
Großer Feuerfalter

TAXONOMIE – DETERMINATION
Der von LERAUT (1997) wieder eingeführte Gattungsname *Thersamolycaena* findet allgemein keine Akzeptanz. Nominatunterart aus England seit 1847 ausgestorben. In Mitteleuropa ausschließlich in der ssp. *rutilus* (Werneburg, 1864) vertreten.
Große Feuerfalterart mit leuchtend kupferroter Flügeloberseite und im Gegensatz zu *L. virgaureae* mit zusätzlichen schwarzen Zellflecken beim Männchen. Weibchen größer, etwas dunkler gefärbt mit schwarzen Submarginal- sowie Zellflecken und mit dunkler Randbinde. Hinterflügelunterseite in beiden Geschlechtern hellgrau mit oranger Randbinde.

VERBREITUNG
Gesamtverbreitung: europäisch; zerstreute Populationen von Frankreich bis in die Nordtürkei.
Regionalverbreitung: ausschließlich im Etschtal zwischen Meran und dem Kalterer See in durchwegs historischen Nachweisen bekannt. Der isolierte und später nie mehr bestätigte Nachweis bei Brixen (HINTERWALDNER, 1868) ist etwas zweifelhaft. Einen umfassenden Überblick über die ehemalige Bestandssituation in Südtirol gibt FORCHER MAYR (1962). *L. dispar* war demnach schon früher sehr selten und wurde nur sehr lokal und in niedrigen Dichten beobachtet.
Vertikalverbreitung: ca. 220 bis 550 m; kollin.

BIOLOGIE
Habitatwahl: hygrophile Offenlandart. Ausschließlich an Ufern von stehenden oder langsam fließenden Gewässern mit üppiger Röhricht- und Großseggenvegetation nachgewiesen (FORCHER MAYR, 1962).
Phänologie: bivoltin; nach HELLWEGER (1925), DANNEHL (1925–1930) sowie FORCHER MAYR (1962) von Mai bis Anfang Juni sowie von Ende Juli bis Ende August, ausnahmsweise noch Ende September. Im nördlichen Europa univoltine Art.
Raupenfutterpflanzen – Präimaginalstadien: Monophagie II; *Rumex hydrolapathum*, *R. obutsifolius*, *R. crispus* und *R. aquaticus* (Polygonaceae) (FORCHER MAYR, 1962; WEIDEMANN, 1995). Eiablage in kleinen Gruppen an Blättern der Fraßpflanze. Raupe erzeugt im Jugendstadium charakteristischen Fensterfraß. Überwinterung als Raupe auf dürren Blättern oder im Stängel. Im Frühjahr werden Blattaustriebe und Blätter gefressen. Gürtelpuppe an Blattstängeln festgesponnen (SBN, 1994; WEIDEMANN, 1995).

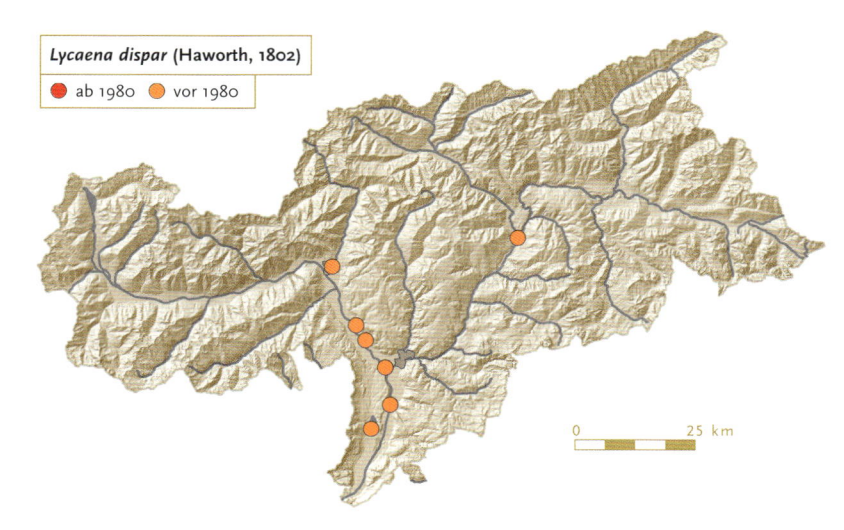

Im Gegensatz zu anderen Feuerfaltern hat der Dukaten-Feuerfalter auf der Unterseite weiße Flecken.

GEFÄHRDUNG – SCHUTZMASSNAHMEN
Gefährdungssituation: auf Grund beinahe flächendeckender Umwandlung weiter Teile der ehemaligen Feuchtgebiete an der Etsch in Obstanlagen ausgestorben. Auch Faktoren wie vermehrter Spritzmitteleinsatz dürften eine Rolle spielen, und so liegen die letzten Nachweise trotz noch vorhandener Restlebensräume nunmehr schon 60 Jahre zurück.
Rote Liste: ausgestorben oder verschollen (RE); bisherige Einstufung: 0.
Schutzmaßnahmen: derzeit nicht möglich. Falls die Art in Südtirol wieder entdeckt werden sollte, wären unbedingt Biotopschutzmaßnahmen einzuleiten.
Internationale Verpflichtungen: L. dispar ist durch die Anhänge II und IV der Fauna-Flora-Habitatrichtlinie der EU geschützt. Für Arten des Anhanges II ist ein nachhaltiger Schutz der Lebensräume zwingend vorgesehen, und bestandssichernde Schutzgebiete müssen ausgewiesen werden. Nach Anhang IV ist eine Beschädigung oder Vernichtung der Ruhe- und Fortpflanzungsstätten untersagt und es gilt überdies ein Fang- und Störungsverbot (HUEMER, 2001).

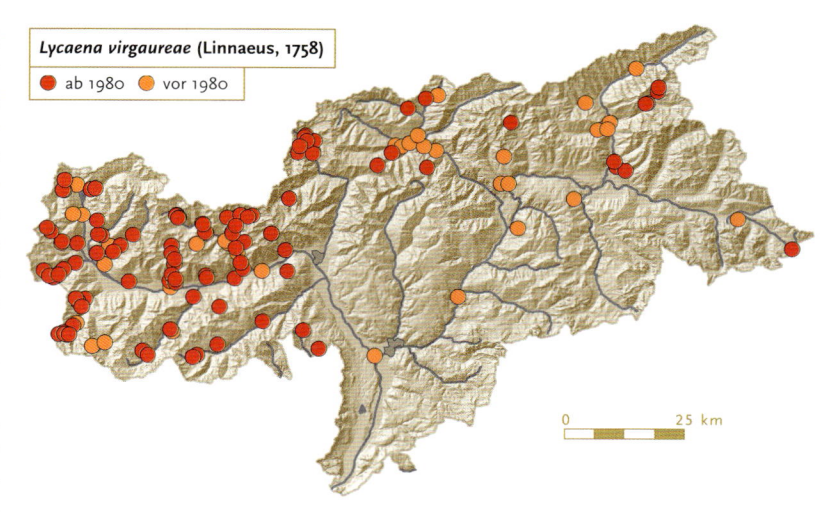

Lycaena virgaureae (Linnaeus, 1758)
● ab 1980   ● vor 1980

Lycaena virgaureae (Linnaeus, 1758)
Dukaten-Feuerfalter

TAXONOMIE – DETERMINATION
Der von LERAUT (1997) und anderen Autoren verwendete Gattungsname *Heodes* findet in neueren Arbeiten keine Akzeptanz (KUDRNA, 2002; SETTELE et al., 1999).
Die subspezifische Untergliederung variiert je nach Autor extrem. LERAUT (1998) meldet allein für Frankreich sieben Unterarten, nach TOLMAN & LEWINGTON (1998) werden hingegen in Europa nur drei Subspezies differenziert. Südtiroler Populationen ab der subalpinen Stufe wären danach der ssp. *montana* Meyer-Dür, 1851, zuzuordnen. Sie besitzen im männlichen Geschlecht einen etwas breiteren dunklen Flügelsaum sowie selten einen Vorderflügelzellfleck.
Besonders charakteristisch ist die in beiden Geschlechtern gut ausgebildete Reihe von weißen Submarginalflecken auf der Hinterflügelunterseite. Die leuchtend kupferrote Flügeloberseite des Männchens besitzt, anders als bei *L. dispar*, nur selten einen kleinen schwarzen Zellfleck im Vorderflügel und ist heller gefärbt als bei *L. hippothoe*.

VERBREITUNG
Gesamtverbreitung: sibirisch-europäisch; von der Iberischen Halbinsel über

große Teile des gemäßigten Europas und Zentralasiens bis in die Mongolei.
Regionalverbreitung: in den westlichen und nördlichen Landesteilen weit verbreitet und vielfach häufig. Darüber hinaus nur sporadische Nachweise aus den Dolomiten, hier aber ebenso wie in den Sarntaler Alpen sowie im Etsch- und Eisacktal weitgehend fehlend. Die Angabe bei DANNEHL (1925–1930) „wohl in allen Tälern" konnte weder in historischer Literatur noch durch Belege bestätigt werden. Lediglich ein einzelner Nachweis aus Sigmundskron (coll. Zoologische Staatssammlung, München), deutet auf derartige – ehemalige – Vorkommen.
Vertikalverbreitung: ca. 350 bis 2300 m; kollin, montan, subalpin, alpin. Verbreitungsschwerpunkt in der oberen montanen sowie der subalpinen Region. Ausnahmsweise noch bei 2600 m beobachtet, jedoch stammen viele Belege mit der Etikettierung „Stilfser Joch" wohl aus tiefer gelegenen Lebensräumen. Auch in der kollinen Stufe weitgehend fehlend.

BIOLOGIE

Habitatwahl: montane Art. Hochstaudenreiche Waldränder und etwas fettere, tiefgründige Wiesen mit Beständen an Sauerampfer sind Charakterlebensräume der Art. Auch in alpinen Rasengesellschaften sind die Falter zu finden, jedoch nur in der Nähe von krautreichen, feuchteren Gräben oder höher wüchsigen Weiderasen.
Phänologie: univoltin; von Mitte Juni bis Anfang September mit Häufigkeitsspitzen im Juli.
Raupenfutterpflanzen – Präimaginalstadien: Monophagie II; *Rumex acetosa* (Polygonaceae) (SBN, 1994), seltener auch *R. acetosella* und *R. crispus* (SETTELE et al., 1999). Eiablage an Blüten, Stängeln oder Blättern des Sauerampfers. Raupe überwintert fertig entwickelt im Ei, unter Zuchtbedingungen konnte aber auch eine zweite Generation mit anschließender Raupenüberwinterung erzielt werden. Verpuppung frei am Boden (SBN, 1994; WEIDEMANN, 1995).

GEFÄHRDUNG – SCHUTZMASSNAHMEN

Gefährdungssituation: auf Grund von widersprüchlichen Angaben zu Vorkommen in Talbereichen keine Rückschlüsse auf etwaige Populationseinbußen möglich. In manchen Regionen Mitteleuropas wie in Baden-Württemberg sind die Bestände aber nachweislich dramatisch zurückgegangen (EBERT & RENNWALD, 1991b). In Südtirol besitzt die Art allerdings oberhalb der Kollinstufe zahlreiche aktuelle Populationen, die höchstens lokal durch zunehmende Intensivierungstendenzen wie Düngung oder Koppelbeweidung bedroht sind. Insgesamt besteht hier aber durchaus eine günstige Situation, die eine Einstufung in die Rote Liste nicht rechtfertigt.
Rote Liste: nicht oder kaum gefährdet (LC); bisherige Einstufung: 3 bzw. 4 (EISENBERG, 2001).
Schutzmaßnahmen: Verzicht auf weitere Intensivierung in der Berglandwirtschaft.

Lycaena tityrus (Poda, 1761) Brauner Feuerfalter

Synonymie:
Chrysophanus dorilis (Hufnagel, 1766)

TAXONOMIE – DETERMINATION

Der von LERAUT (1997) und anderen Autoren verwendete Gattungsname *Heodes* findet in neueren Arbeiten keine Akzeptanz (KUDRNA, 2002; SETTELE et al., 1999).
L. tityrus wird je nach Autor in mehr oder weniger zahlreiche Subspezies untergliedert (LERAUT, 1997), wobei der auch in Südtirol vorkommenden Gebirgsrasse *L. tityrus subalpina* (Speyer, 1851) von manchen Autoren Artstatus zugebilligt wird (BALLETTO, 1995; SALA, 1996).
Die in früheren Südtiroler Standardwerken (DANNEHL, 1925–1930; KITSCHELT, 1925) noch als separate Art behandelte *Chrysophanus dorilis* gilt heute als Unterart oder als Synonym von *L. tityrus* (LERAUT, 1997; DE PRINS, *in litteris*). In der ssp. *subalpina* sind beide Geschlechter oberseits dunkelbraun mit schwarzen Flecken, unterseits blass gelblichgrau mit schwacher oranger Randbinde. Die Nominatunterart der tieferen Lagen ist kleiner und weist beim Männchen oberseits eine schwache orange Randbinde auf, beim Weibchen ist der Vorderflügel stark orange beschuppt. Überdies sind die Flügelunterseiten kräftig gelblich orange gefärbt. Allerdings werden auch Übergänge zwischen beiden Taxa gemeldet (DANNEHL, 1925–1930).

VERBREITUNG

Gesamtverbreitung: zentralasiatisch-europäisch; große Teile des gemäßigten und südlicheren Europas, Zentralasien bis zum Altai.
Regionalverbreitung: in allen Landesteilen teilweise in höherer Dichte nachgewiesen.
Vertikalverbreitung: ca. 220 bis 2400 m; kollin, montan, subalpin, alpin. Eine Unterteilung in die nominotypische Unterart sowie die ssp. *subalpina* ist auf Grund der Vermengung historischer Daten kaum möglich. Nach Literaturangaben fliegt letztere Rasse oberhalb von ca. 1500 m (KITSCHELT, 1925) oder in anderen Regionen ab 1000 m (SBN, 1994).

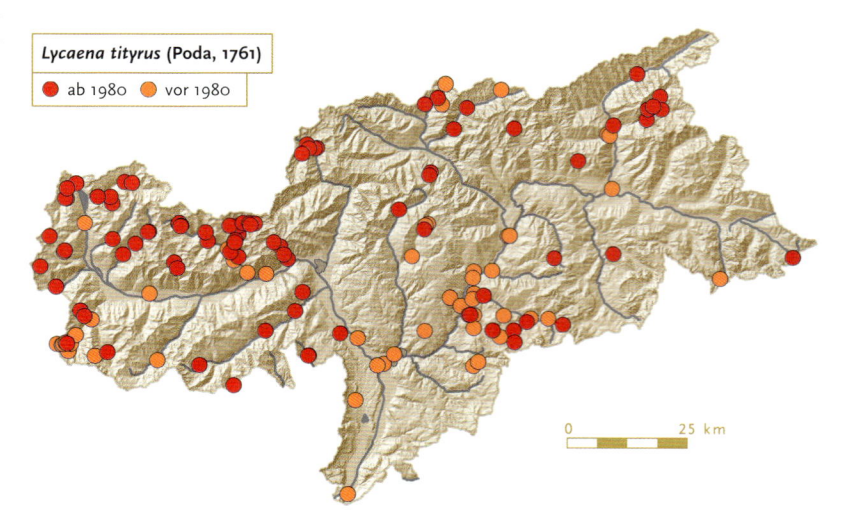

Lycaena tityrus (Poda, 1761)
● ab 1980   ● vor 1980

BIOLOGIE

Habitatwahl: montane Art. In tieferen Lagen vor allem auf Trockenrasen, ab der montanen Stufe meist auf tiefgründigeren Wiesen- und Weiderasen, aber auch im Bereich von Hochstaudenfluren an Bächen und Waldrändern, in lichten und blumenreichen Wäldern oder krautreichen Lawinenrinnen.
Phänologie: bivoltin (ssp. *tityrus*), in höheren Lagen univoltin (ssp. *subalpina*); bis in die höhere montane Stufe in zwei Generationen von Mai bis Anfang Juni (DANIEL & WOLFSBERGER, 1957) sowie von Ende Juni bis Anfang September. Ab der subalpinen Stufe einbrütig mit Nachweisen von Mitte Juni bis Ende August.
Raupenfutterpflanzen – Präimaginalstadien: Monophagie II; *Rumex acetosa*, *R. acetosella* (Polygonaceae), in den Alpen vor allem *R. scutatus* (SBN, 1994; TOLMAN & LEWINGTON, 1998). Eiablage an Blättern oder Blattstielen. Überwinterung als Jungraupe. Gürtelpuppe am Boden festgesponnen (SBN, 1994).

GEFÄHRDUNG – SCHUTZMASSNAHMEN

Gefährdungssituation: früher zweifellos auch im Etschtal verbreitet, wie u. a. durch STAUDER (1915) belegt, der die Art bei Terlan als „gemein" bezeichnete. Vor allem die Nominatunterart der tiefer gelegenen Regionen ist inzwischen weitgehend verschwunden, weshalb eine Einstufung in die Kategorie „gefährdet" der Roten Liste gerechtfertigt erscheint. Generelle Bedrohungsfaktoren sind im Obstbau samt Biozideinsatz und auch in der Intensivierung der zunehmend selteneren Wiesen und Weiden in tieferen Lagen zu finden.
Rote Liste: gefährdet (VU); bisherige Einstufung: 3.
Schutzmaßnahmen: keine weitere Intensivierung von talnahen Trockenrasen sowie Bewahrung traditioneller Nutzungsformen in der Berglandwirtschaft.

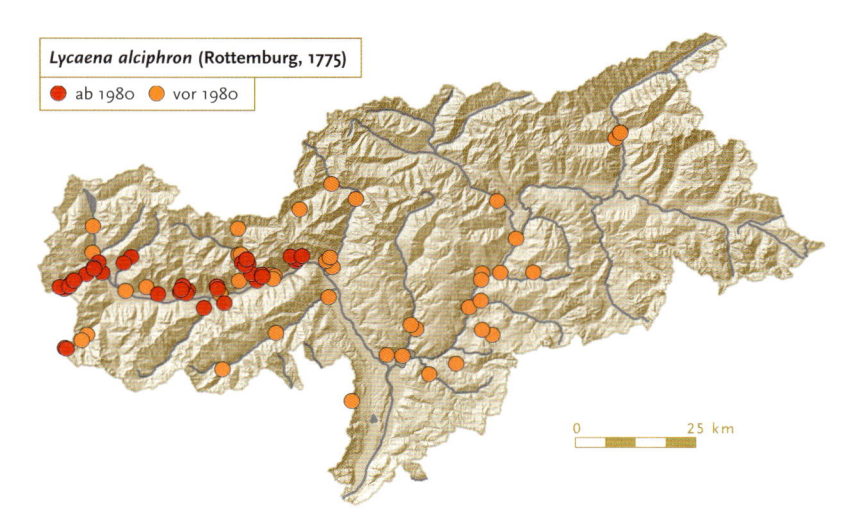

Lycaena alciphron (Rottemburg, 1775)
- ab 1980
- vor 1980

Lycaena alciphron (Rottemburg, 1775)
Violetter Feuerfalter

TAXONOMIE – DETERMINATION

Der von LERAUT (1997) wieder eingeführte Gattungsname *Thersamolycaena* findet allgemein keine Akzeptanz.
Variable Art mit je nach Autor stark unterschiedlicher subspezifischer Untergliederung. Während z.B. TOLMAN & LEWINGTON (1998) in Europa nur drei Subspezies unterscheiden, sind es bei LERAUT (1997) allein für Frankreich sieben. In Südtirol ist ausschließlich die ssp. *gordius* (Sulzer, 1776) vertreten, die sich von der Nominatunterart durch reduzierte violette Färbung des Männchens sowie das orange gefleckte Weibchen unterscheidet.
Das Männchen zeigt einen charakteristischen violetten Schimmer, das Weibchen ähnelt *L. dispar*, besitzt jedoch auf den Vorderflügeln eine doppelter Binde von Saumpunkten und überdies eine dunklere Unterseite.

VERBREITUNG

Gesamtverbreitung: zentralasiatisch-europäisch-mediterran; von Nordwestafrika über große Teile des gemäßigten Europas, Ural und Mittlerer Osten bis zum Altai und Mongolei.
Regionalverbreitung: in den westlichen Landesteilen sowie früher im Eisacktal samt angrenzenden Dolomitengebieten weit verbreitet, auch aus dem Ahrntal nachgewiesen. In großen Teilen der Sarntaler Alpen sowie der östlichen Gebiete Südtirols, aber auch im Etschtal fehlend. Vorkommen meist lokal und in niedriger Dichte.
Vertikalverbreitung: ca. 260 bis 1600 m; kollin, montan, subalpin. In der eigentlichen subalpinen Region jedoch kaum nachgewiesen. SBN (1994) melden die Art aus dem Wallis noch bis auf über 2000 m.

BIOLOGIE

Habitatwahl: xerothermophile Offenlandart. In Südtirol Charakterart von Trockenrasen und buschigen Felssteppen, Falter gerne in blumenreichen Randzonen. In anderen Regionen Mitteleuropas auch hygrophil (SETTELE et al., 1999).
Phänologie: univoltin; von Mitte Juni bis Ende August.
Raupenfutterpflanzen – Präimaginalstadien: Monophagie II; *Rumex acetosa* und *R. acetosella* (Polygonaceae) (SBN, 1994), nach TOLMAN & LEWINGTON (1998) soll die ssp. *gordius* nur an *R. scutatus* leben. Eiablage an den Blättern der Fraßpflanze. Raupen schlüpfen im Herbst und überwintern juvenil, im Stängel eingebohrt. Im Frühjahr Verwandlung in eine am Boden oder unter Steinen befestigte Gürtelpuppe (SBN, 1994).

GEFÄHRDUNG – SCHUTZMASSNAHMEN

Gefährdungssituation: durch Aufforstungsmaßnahmen bei Trockenrasen, aber auch Nutzungsaufgabe mit nachfolgender Wiederbewaldung sowie Intensivierung an vielen Stellen zunehmend selten geworden oder auch völlig verschwunden.
Rote Liste: gefährdet (VU); bisherige Einstufung: 3.
Schutzmaßnahmen: Verzicht auf weitere Aufforstung der Trockenrasen, traditionelle, extensive Nutzung dieses Lebensraumtyps.

Der im männlichen Geschlecht prächtig gefärbte Lilagold-Feuerfalter (*Lycaena hippothoe*) ist auf Almen noch recht weit verbreitet.

Lycaena hippothoe (Linnaeus, 1761)
Lilagold-Feuerfalter

TAXONOMIE – DETERMINATION

Der von LERAUT (1997) und anderen Autoren verwendete Gattungsname *Palaeochrysophanus* findet in neueren Arbeiten keine Akzeptanz (KUDRNA, 2002; SETTELE et al., 1999).
Die Unterteilung in Unterarten ist wie bei vielen anderen Tagfaltern umstritten (LERAUT, 1997; TOLMAN & LEWINGTON, 1998). In Südtirol fliegt ausschließlich die gut abgegrenzte ssp. *eurydame* (Hoffmannsegg, 1806), die im Gegensatz zu anderen Rassen keine violette Übergießung aufweist.

Die leuchtend kupferrote Flügeloberseite des Männchens ist dunkler gefärbt als bei *L. virgaureae*, und überdies fehlen beim Kleinen Feuerfalter in beiden Geschlechtern die weißen Submarginalflecken auf der Hinterflügelunterseite.

VERBREITUNG

Gesamtverbreitung: sibirisch-europäisch; Nord-, Mittel- und Osteuropa durch Teile Sibiriens bis zum Altai.
Regionalverbreitung: im Westen Südtirols weit verbreitet und vielfach häufig. In den zentral-nördlichen Landesteilen nur sporadisch nachgewiesen, ansonsten nur noch aus den Sextner Dolomiten bekannt. Aus großen Teilen der Dolomiten, den meisten Talgebieten sowie dem gesamten Nordosten Südtirols liegen keine Meldungen vor.
Vertikalverbreitung: ca. 450 bis 2400 m; kollin, montan, subalpin, alpin. In der kollinen Stufe nur äußerst selten nachgewiesen. Verbreitungsschwerpunkt in der oberen montanen und subalpinen Region.

Der Nierenfleck-Zipfelfalter (*Thecla betulae*) weist wie seine näheren Verwandten am Hinterflügel ein charakteristisches Schwänzchen auf.

BIOLOGIE

Habitatwahl: montane Art. In unterschiedlichen, meist eher tiefgründigen Offenlandlebensräumen wie Bergmähdern, höher wüchsigen alpinen Rasengesellschaften oder Hochstaudenfluren auftretend.

Phänologie: univoltin; von Mitte Juni bis Mitte September, Hauptflugzeit im Juli. Spät fliegende Falter werden auch einer fakultativen zweiten Generation zugerechnet (SBN, 1994), die jedoch für Südtirol nicht belegt ist.

Raupenfutterpflanzen – Präimaginalstadien: Oligophagie I; *Rumex acetosa, R. acetosella, Polygonum bistorta* (Polygonaceae) (SBN, 1994). Eiablage an den Blättern oder am Blütenstiel der Fraßpflanze. Überwinterung als junge Raupe. Verpuppung zu einer Gürtelpuppe im späteren Frühjahr (SBN, 1994; WEIDEMANN, 1998).

GEFÄHRDUNG – SCHUTZMASSNAHMEN

Gefährdungssituation: Düngung sowie intensive Beweidung sind für lokale bis regionale Populationseinbußen verantwortlich. Unter Berücksichtigung der Gesamtverbreitung sowie der Habitatwahl teilweise in anthropogen wenig beeinflussten Gebieten ist aber keine landesweite Gefährdung erkennbar, und die bisherige Einstufung in die Rote Liste erscheint zu pessimistisch (EISENBERG, 2001; HOFER, 1995).

Rote Liste: drohende Gefährdung (NT); bisherige Einstufung: 2 bzw. 3 (EISENBERG, 2001).

Schutzmaßnahmen: Verzicht auf weitere Intensivierung in der Berglandwirtschaft.

Thecla betulae (Linnaeus, 1758) Nierenfleck-Zipfelfalter

TAXONOMIE – DETERMINATION

Der bei SBN (1994) angeführte deutsche Name „Birkenzipfelfalter" wird in Hinblick auf die irreführende Terminologie nicht verwendet (siehe auch EBERT & RENNWALD, 1991b).

In Europa ausschließlich in der Nominatunterart vertreten.

Männchen oberseits weitgehend braun gefärbt, Weibchen mit großem orangem Fleck auf dem Vorderflügel. Besonders arttypisch ist die orange bis ockerfarbene Flügelunterseite.

VERBREITUNG

Gesamtverbreitung: asiatisch-europäisch; große Teile Europas und des gemäßigten Asiens bis Korea.

Regionalverbreitung: nur zerstreute, einzelne Nachweise aus dem Etsch- und Eisacktal samt angrenzenden Gebieten sowie aus dem Großraum Bruneck.

Vertikalverbreitung: ca. 250 bis 1400 m; kollin, montan. In der Schweiz ausnahmsweise bis gegen 1600 m nachgewiesen (SBN, 1994).

BIOLOGIE

Habitatwahl: mesophile Übergangsbereichsart. Verbuschende Trockenrasen, Schlehenhecken, warme Buschwaldränder werden ebenso besiedelt wie Sekundärlebensräume in Obstgärten.

Die asselförmige Raupe des Nierenfleck-Zipfelfalters ist typisch für Bläulinge.

Phänologie: univoltin; von Anfang Juli bis Anfang Oktober, ausnahmsweise bis Anfang November.
Raupenfutterpflanzen – Präimaginalstadien: Monophagie II; *Prunus spinosa, P. avium, P. domestica, P. insititia* und vermutlich weitere *Prunus* spp. (Rosaceae). Eiablagen wurden auch an der Hängebirke (*Betula pendula*) und der Japanischen Quitte (*Chaenomeles japonica*) beobachtet (EBERT & RENNWALD, 1991b), jedoch sind diese Pflanzen als Raupensubstrat nicht gesichert. Eiablage einzeln an Zweigen nahe der Knospen, bevorzugt an höher wüchsigen Schlehen. Überwinterung im Eistadium. Raupe frisst zuerst in den Knospen, später an den Blättern. Verpuppung frei in der Bodenstreu (SBN, 1994; WEIDEMANN, 1995).

GEFÄHRDUNG – SCHUTZMASSNAHMEN
Gefährdungssituation: durch intensiven Spritzmitteleinsatz im Tal lokal bis regional bedroht. Die derzeitige Datenlage mit einigen neueren Nachweisen ergibt jedoch kein eindeutiges Bild des Gefährdungsgrades. Die niedrige Nachweisdichte ist möglicherweise auch durch die späte Flugzeit und dadurch verursachte Erfassungsdefizite begründet. Die wenigen verfügbaren Daten deuten zwar auf eine Gefährdung, eine unmittelbare Aussterbegefahr (HOFER, 1995) erscheint jedoch unter Berücksichtigung der Fähigkeit zur Anpassung an anthropogene Sekundärhabitate wie Gärten sicher nicht gegeben.
Rote Liste: unzureichender Datenbestand (DD); bisherige Einstufung: 1.
Schutzmaßnahmen: traditionelle, extensive Nutzung gebüschreicher Strukturen mit Schlehdornbeständen wie verbuschender Trockenrasen oder Hecken sowie generell Rücknahme des intensiven Biozideinsatzes im Obstbau.

Neozephyrus quercus (Linnaeus, 1758)
Blauer Eichen-Zipfelfalter

TAXONOMIE – DETERMINATION
In Europa wird normalerweise nur die Nominatunterart differenziert (TOLMAN & LEWINGTON, 1998; DE PRINS, *in litteris*), lediglich LERAUT (1997) unterscheidet noch eine weitere Subspezies. Einziger oberseits blau gefärbter Zipfelfalter. Männchen ausgedehnt blau beschuppt, Weibchen nur in der Zelle und am Innenrand blau.

VERBREITUNG
Gesamtverbreitung: westpaläarktisch; von Nordwestafrika über große Teile Europas bis zum Ural, Kaukasus und Kasachstan.
Regionalverbreitung: vor allem im Etsch- und Eisacktal lokal und meist

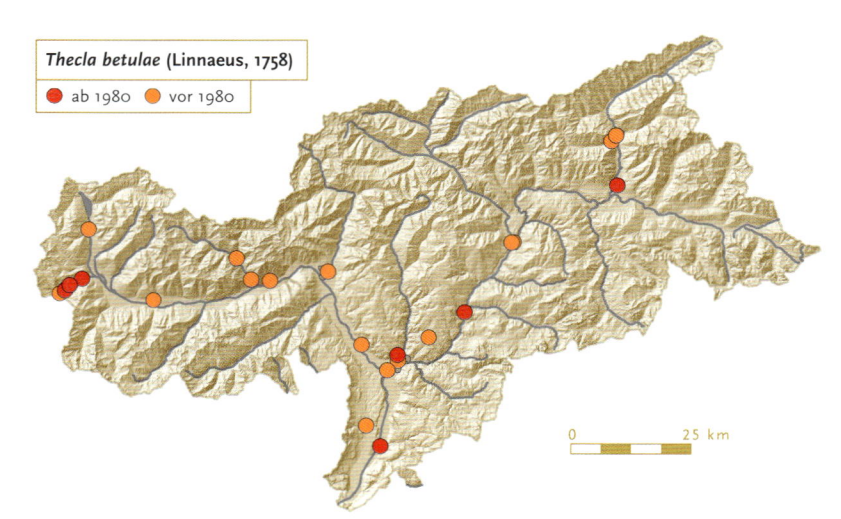

Thecla betulae (Linnaeus, 1758)
● ab 1980   ● vor 1980

Der Blaue Eichen-Zipfelfalter (*Neozephyrus quercus*) ist eine der relativ wenigen Tagfalterarten von Flaumeichenbuschwäldern.

einzeln nachgewiesen. Sehr vereinzelt auch in anderen Gebieten wie dem Pustertal festgestellt.

Vertikalverbreitung: ca. 240 bis 1500 m; kollin, montan. Nach KITSCHELT (1925) bis gegen 1600 m, ganz vereinzelte Meldungen aus höheren Regionen beruhen mit Sicherheit nur auf verflogenen Faltern. Insgesamt tritt die Art ähnlich wie in benachbarten Regionen (SBN, 1994), jedoch kaum oberhalb von 1100 m auf.

BIOLOGIE

Habitatwahl: mesophile Waldart. Charakterart wärmebegünstigter Flaumeichenbuschwälder sowie von Waldsäumen mit älteren Eichenbeständen. Imagines gerne im Gipfelbereich der Bäume und daher schwer zu beobachten.

Phänologie: univoltin, fakultativ bivoltin; von Mitte Juni bis Anfang August, ausnahmsweise bis gegen Ende August oder bereits ab Ende Mai. DANIEL & WOLFSBERGER (1957) melden aus Naturns einen Nachweis einer partiellen zweiten Generation von Mitte Oktober 1955.

Raupenfutterpflanzen – Präimaginalstadien: Monophagie II; *Quercus robur*, *Q. petraea*, *Q. pubescens* (Fagaceae) sowie weitere Eichenarten (SBN, 1994). Eiablage an den Knospen. Überwinterung als Jungraupe im Ei. Raupe zuerst in und später zwischen versponnenen Knospen. Verpuppung in leichtem Gespinst in der Bodenstreu (EBERT & RENNWALD, 1991b; SBN, 1994).

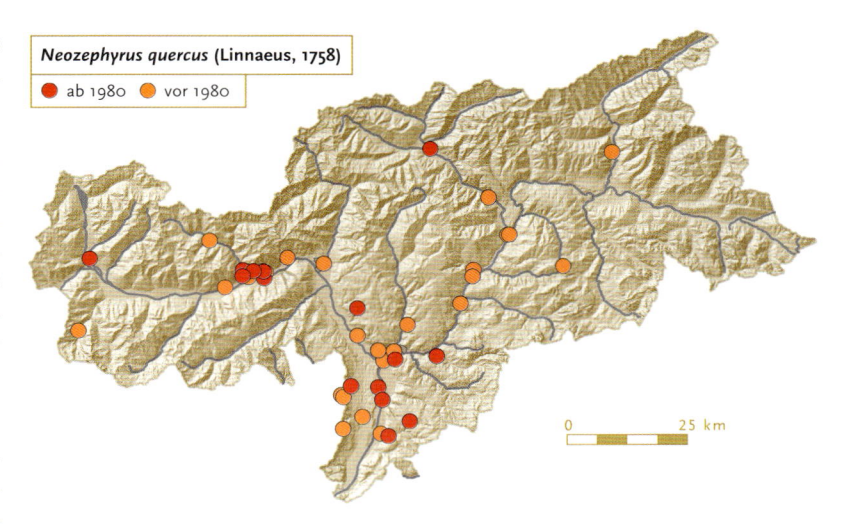

Neozephyrus quercus (Linnaeus, 1758)
● ab 1980 ● vor 1980

GEFÄHRDUNG – SCHUTZMASSNAHMEN

Gefährdungssituation: trotz möglicher lokaler oder höchstens regional wirksamer Einbußen durch forstliche Eingriffe oder Verbauung in Südtirol kaum einschneidendere Gefährdungsmomente erkennbar. Scheinbare Rückgänge in manchen Regionen sind durch Nachweisdefizite zu erklären, da *N. quercus* imaginal schwer zu beobachten ist. Rezente Funde in ungefährdeten Lebensräumen lassen jedenfalls eine Einstufung in die Rote Liste als nicht gerechtfertigt erscheinen.

Rote Liste: nicht oder kaum gefährdet (LC); bisherige Einstufung: 4.

Schutzmaßnahmen: Verzicht auf intensive Waldwirtschaft in Laubwäldern.

Callophrys rubi (Linnaeus, 1758)
Grüner Zipfelfalter, Brombeer-Zipfelfalter

TAXONOMIE – DETERMINATION

Mit Ausnahme von LERAUT (1997), der zwei Subspezies unterscheidet, wird in Europa meist nur die Nominatunterart ausgewiesen (TOLMAN & LEWINGTON, 1998).

Der Brombeer-Zipfelfalter (*Callophrys rubi*) besiedelt zahlreiche verschiedene Lebensräume, vor allem aber Waldränder.

Durch die smaragdgrüne Unterseite der Flügel eine in Südtirol unverwechselbare Tagfalterart. Die ähnliche C. avis Chapman, 1909, kommt erst in den Seealpen vor.

VERBREITUNG
Gesamtverbreitung: paläarktisch; von Nordwestafrika durch beinahe den gesamten europäischen und gemäßigten asiatischen Kontinent bis zum Amurgebiet.
Regionalverbreitung: im ganzen Land weit verbreitet und meist nicht selten. Einige Nachweislücken in den zentralen und südöstlichen Gebieten.
Vertikalverbreitung: ca. 240 bis 2350 m; kollin, montan, subalpin, alpin. Vor allem in der oberen montanen sowie der subalpinen Stufe weit verbreitet. Höhenverbreitungsgrenze im Stilfser-Joch-Gebiet deutlich oberhalb der in der Literatur genannten 2000 m (KITSCHELT, 1925; SBN, 1994). In den Tälern weitgehend fehlend.

BIOLOGIE
Habitatwahl: mesophile Übergangsbereichsart. *C. rubi* besiedelt eine breite Palette von Lebensräumen, findet sich jedoch bevorzugt in Waldrandökotonen, besonders in Misch- und Nadelwäldern der montanen und subalpinen Region.
Phänologie: univoltin, fakultativ bivoltin (?); je nach Höhenlage und Witterung von Ende März bis Ende Juni, ausnahmsweise bis gegen Ende Juli. Während DANNEHL (1925–1930) für die tieferen Lagen eine schwach entwickelte zweite Generation meldet, wird diese von KITSCHELT (1925) als nicht gesichert angesehen. Auch SBN (1994) meldet für die Schweiz eine fakultative zweite Generation im September.

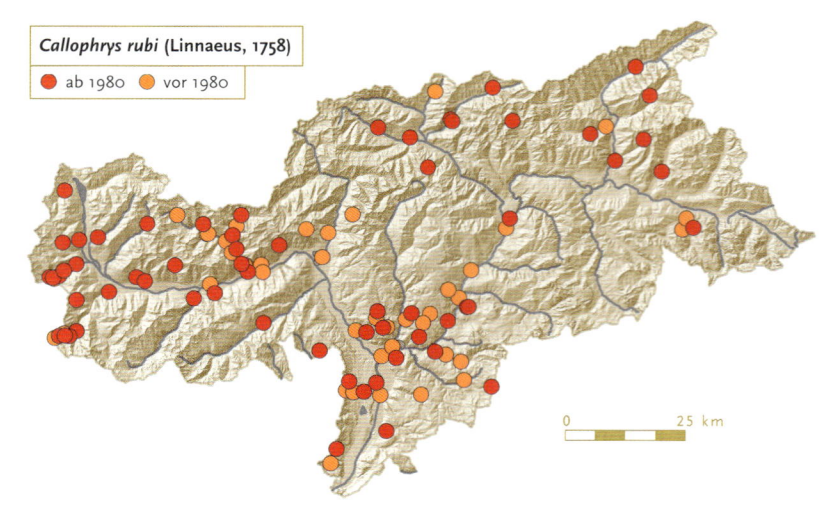

Callophrys rubi (Linnaeus, 1758)
● ab 1980   ● vor 1980

Raupenfutterpflanzen – Präimaginalstadien: Polyphagie I; vor allem Rosaceae, Fabaceae, Cornaceae, Rhamnaceae, Cistaceae, Ericaceae und Scrophulariaceae (EBERT & RENNWALD, 1991b). Eiablage an verschiedenen Pflanzenteilen. Raupe an Knospen, Blüten und Blättern. Überwinterung im Puppenstadium, frei in der Bodenstreu (SBN, 1994; WEIDEMANN, 1995).

GEFÄHRDUNG – SCHUTZMASSNAHMEN

Gefährdungssituation: durch die Nutzung einer Vielzahl von teilweise völlig ungefährdeten Habitaten in unterschiedlichen Höhenregionen keine substantielle Gefährdung absehbar.
Rote Liste: nicht oder kaum gefährdet (LC); bisherige Einstufung: 4.
Schutzmaßnahmen: kaum sinnvolle Maßnahmen möglich. SBN (1994) empfiehlt generell Magerwiesenschutz.

Satyrium w-album (Knoch, 1782)
Ulmen-Zipfelfalter

TAXONOMIE – DETERMINATION

In Europa ausschließlich in der nominotypischen Unterart vertreten. Flügeloberseite in beiden Geschlechtern braun. Arttypisch ist das ausgeprägte weiße W-Zeichen auf der Unterseite der Hinterflügel.

VERBREITUNG

Gesamtverbreitung: sibirisch-europäisch; Europa mit Ausnahme der nördlichsten Gebiete, Kleinasien und Teile des gemäßigten Asiens bis nach Japan.
Regionalverbreitung: nur in zerstreuten Nachweisen aus dem Großraum des Etsch- und Eisacktals bekannt und meist einzeln nachgewiesen.
Vertikalverbreitung: ca. 240 bis 1300 m; kollin, montan.

BIOLOGIE

Habitatwahl: mesophile Waldart. Bedingt durch die Raupennahrung findet sich die Art ausschließlich in ulmenreichen Wäldern unterschiedlicher Assoziationen. Gerne an etwas schattigeren Stellen. Falter an Doldenblütlern saugend.
Phänologie: univoltin; von Anfang Juni bis Ende August.
Raupenfutterpflanzen – Präimaginalstadien: Monophagie II (?); *Ulmus* spp. (Ulmaceae) (EBERT & RENNWALD, 1991b). Besonders bemerkenswert ist der bisher unbestätigte Hinweis von DANNEHL (1925–1930), dass die Raupe in Südtirol auch an Kastanien fressen soll. Auch EBERT & RENNWALD (1991b) nennen nach unüberprüften Literaturdaten einige weitere mögliche Futterpflanzen wie *Acer campestre* und *Populus tremula* und vermuten potentielle Polyphagie erwachsener Raupen mit möglichem Substratwechsel. Eiablage meist an der Knospenbasis. Überwinterung im Eistadium. Raupe zuerst Blütenknospen, später Blüten und Samen fressend. Gürtelpuppe an Zweigen in der Bodenstreu (SBN, 1994) oder am Stamm unter Rindenschuppen (ERLEBACH, mündliche Mitteilung).

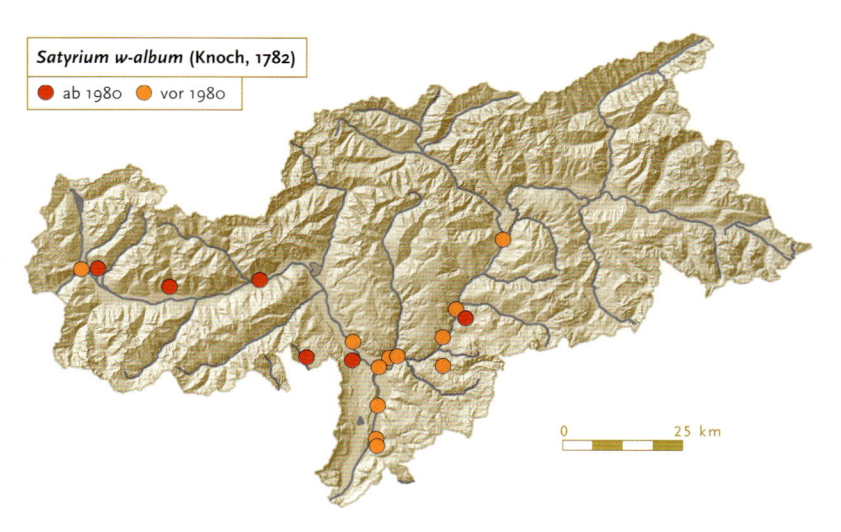

GEFÄHRDUNG – SCHUTZMASSNAHMEN

Gefährdungssituation: alte Angaben zur Häufigkeit sind etwas widersprüchlich. Nach DANNEHL (1925) „nicht spärlich" sowie bei KITSCHELT (1925) als „lokal" bezeichnet, meldet lediglich STAUDER (1915) die Art aus Terlan als „häufig". Inzwischen aber wohl unter erheblicher Mitwirkung des Ulmensterbens fast keine Nachweise mehr und überall vom Aussterben bedroht.
Rote Liste: vom Aussterben bedroht (CR); bisherige Einstufung: 1.
Schutzmaßnahmen: abgesehen von einer generell empfehlenswerten forstlichen Förderung der Ulmen derzeit kaum sinnvolle Maßnahmen möglich.

Satyrium pruni (Linnaeus, 1758)
Pflaumen-Zipfelfalter

TAXONOMIE – DETERMINATION

In Europa ausschließlich in der nominotypischen Unterart vertreten. Flügeloberseite braun mit mehr oder weniger entwickelten orangen Randflecken, vor allem im weiblichen Geschlecht. Besonders arttypisch ist die breite orange Randbinde der Hinterflügelunterseite.

VERBREITUNG

Gesamtverbreitung: sibirisch-europäisch; gemäßigte Zonen Europas und Sibiriens bis nach Korea und Japan.
Regionalverbreitung: sporadische, ausschließlich einzelne und großteils historische Nachweise aus dem Etsch- und Eisacktal.
Vertikalverbreitung: ca. 250 bis 1200 m; kollin, montan.

BIOLOGIE

Habitatwahl: xerothermophile Gehölzart. Verbuschende Trockenrasen, gebüschreiche Felssteppen und warme Laubwaldränder sind die bevorzugten Habitate der Art.
Phänologie: univoltin; von Mitte Juni bis Ende Juli.
Raupenfutterpflanzen – Präimaginalstadien: Monophagie II; *Prunus spinosa*, *P. domestica*, *P. insititia*, *P. padus* (Rosaceae) (EBERT & RENNWALD, 1991b). Eiablage meist einzeln, bevorzugt an Schlehenzweigen. Überwinterung als Jungraupe im Ei. Raupe zuerst Blütenknospen und Blüten, später Blätter fressend.

Der Pflaumen-Zipfelfalter (*Satyrium pruni*) ist auf verholzte Rosengewächse wie Zwetschgen spezialisiert.

Verpuppung als Vogelkot nachahmende Gürtelpuppe (Vogelkotmimese) an Zweigen (WEIDEMANN, 1995).

GEFÄHRDUNG – SCHUTZMASSNAHMEN

Gefährdungssituation: HOFER (1995) führte die Art noch als ausgestorben/verschollen, sie konnte jedoch in den letzten Jahren in mehreren Lokalitäten, vor allem im oberen Vinschgau, wieder festgestellt werden. Die enge Bindung an verbuschende Trockenrasen deutet auf eine erhebliche Gefährdung, da dieser Lebensraumtyp in Südtirol durch Aufforstung sowie Nutzungsaufgabe zunehmend reduziert wird. Die versteckte Lebensweise und der primär über die Raupensuche Erfolg versprechende Nachweis lassen aber eine weitere Verbreitung, als derzeit bekannt ist, vermuten. Trotz erheblichen Gefährdungspotentials unterbleibt daher vorläufig eine Einstufung in die Rote Liste.

Rote Liste: unzureichender Datenbestand (DD); bisherige Einstufung: 0.

Schutzmaßnahmen: traditionelle, extensive Nutzung der Trockenrasen sowie vor allem Verzicht auf Aufforstung z. B. mit Schwarzkiefern in diesen Lebensräumen.

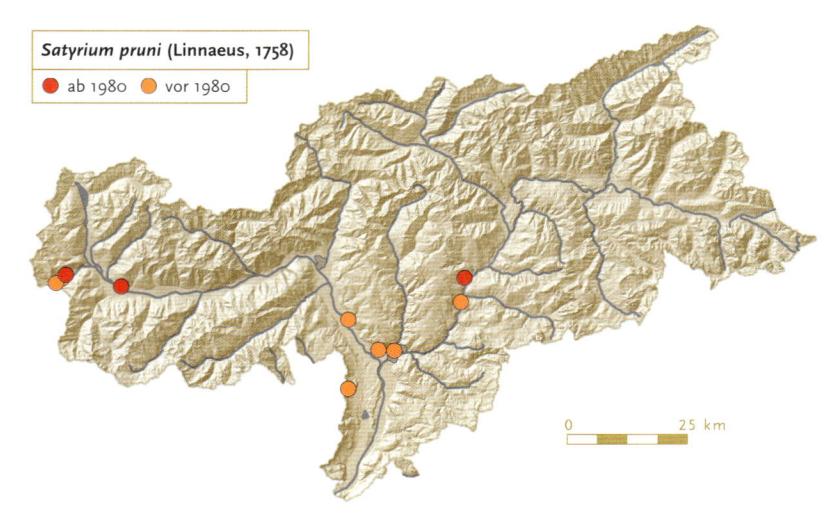

Satyrium pruni (Linnaeus, 1758)
● ab 1980 ● vor 1980

Satyrium spini (Denis & Schiffermüller, 1775) Kreuzdorn-Zipfelfalter

TAXONOMIE – DETERMINATION

Der bei SBN (1994) aufgelistete deutsche Name „Schlehenzipfelfalter" wird in Hinblick auf die irreführende Terminologie nicht verwendet.

Die Unterteilung in Unterarten ist umstritten. TOLMAN & LEWINGTON (1998) sowie DE PRINS (*in litteris*) verzichten auf eine derartige Aufspaltung, LERAUT (1997) differenziert hingegen allein für Frankreich vier Subspezies.

Mittelgroße Art. Flügeloberseite dunkelbraun, Unterseite mit deutlich, auf den Hinterflügeln schwach w-förmiger, weißlicher Submarginalbinde sowie arttypischem großem blauem Analfleck mit anschließenden gut entwickelten orangen Saumflecken, die teilweise auch auf der Flügeloberseite sichtbar sind.

VERBREITUNG

Gesamtverbreitung: turanisch-europäisch; von der Iberischen Halbinsel durch das gemäßigte und südliche Europa bis zum Mittleren Osten.

Regionalverbreitung: in wärmeren Hanglagen vor allem im Etsch-, Eisack- und Pustertal relativ weit verbreitet, doch generell lokal und meist einzeln.

Vertikalverbreitung: ca. 240 bis 1900 m;

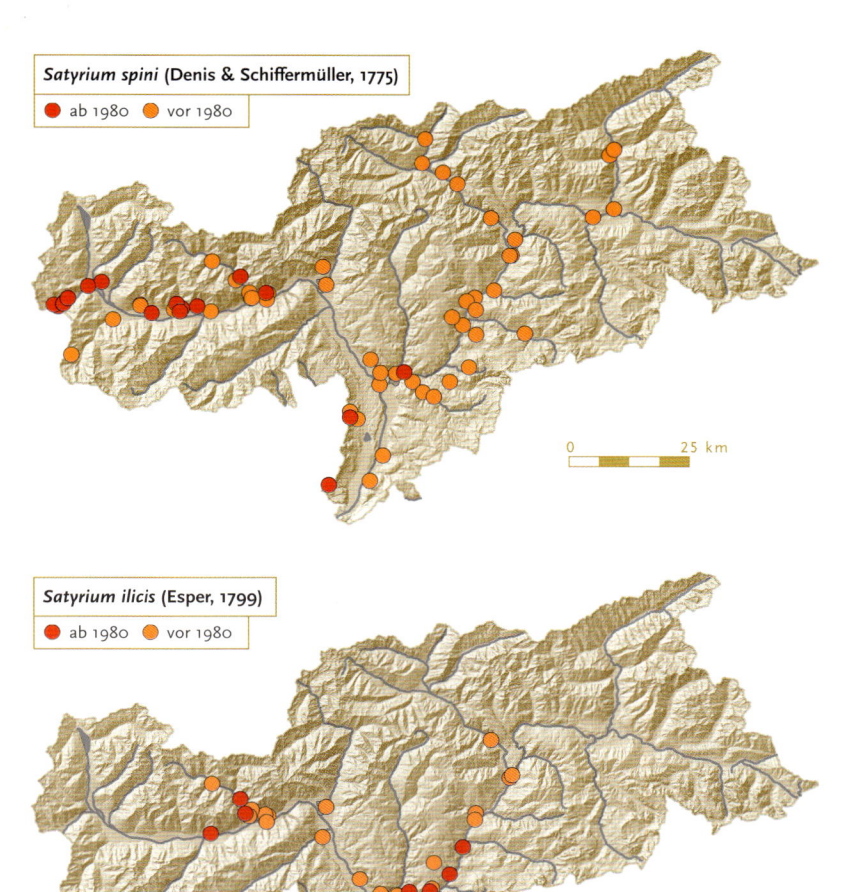

Satyrium spini (Denis & Schiffermüller, 1775)
● ab 1980 ● vor 1980

Satyrium ilicis (Esper, 1799)
● ab 1980 ● vor 1980

kollin, montan, ausnahmsweise subalpin. Von Dannehl (1925–1930) im Schlerngebiet noch auf 1900 m beobachtet, Bodenständigkeit in der subalpinen Stufe ist jedoch nicht sicher nachgewiesen. In der Schweiz bis gegen 1700 m registriert (SBN, 1994).

BIOLOGIE
Habitatwahl: xerothermophile Gehölzart. Charakterart gebüschreicher, oft stark südexponierter und besonnter Felssteppen mit Beständen an Kreuzdorn.
Phänologie: univoltin; von Anfang Juni bis Mitte September, Hauptflugzeit von Ende Juni bis Ende Juli.
Raupenfutterpflanzen – Präimaginalstadien: Oligophagie I; *Rhamnus cathartica*, *R. saxatilis*, *Frangula alnus* (Rhamnaceae) (Ebert & Rennwald, 1991b; Weidemann, 1995). Eiablage in kleinen Gruppen an stark besonnten Krüppelbüschen. Überwinterung als Jungraupe im Ei. Raupe im Frühjahr Blätter fressend. Gürtelpuppe am Boden oder an Ästchen festgesponnen (SBN, 1994; Weidemann, 1995).

GEFÄHRDUNG – SCHUTZMASSNAHMEN
Gefährdungssituation: durch intensivere Durchforstung von wärmeren Waldrändern sowie Entfernung von Gehölzen, möglicherweise auch durch Intensivierung in der Landwirtschaft lokaler Rückgang der Art. Trotz geringer Funddichte erscheint die von Hofer (1995) vorgenommene Einstufung in die Rote Liste eher zu pessimistisch, umso mehr, als *S. spini* auch in anthropogen kaum beeinflussten steilen Buschwäldern lebt und überdies eine weite horizontale Verbreitung aufweist. Überdies wurde die Erfolg versprechende Suche nach Präimaginalstadien in Südtirol bisher vernachlässigt, und es sind wesentlich mehr Fundlokalitäten anzunehmen, als heute bekannt.

Die noch von Kitschelt (1925) konstatierte Meldung „in den Tälern verbreitet und häufig" besitzt aber nur mehr historische Relevanz.
Rote Liste: drohende Gefährdung (NT); bisherige Einstufung: 3.
Schutzmaßnahmen: traditionelle, extensive Nutzung von Felssteppen und Trockenrasen sowie vor allem Verzicht auf Aufforstung in diesen Lebensräumen.

Satyrium ilicis (Esper, 1799)
Brauner Eichen-Zipfelfalter

TAXONOMIE – DETERMINATION
Nach Tolman & Lewington (1998) sowie de Prins (*in litteris*) in Europa ausschließlich in der Nominatunterart bekannt, Leraut (1997) unterscheidet hingegen allein in Frankreich drei Subspezies.
Mittelgroße Art. Flügeloberseite dunkelbraun, manchmal mit großen orangen Flecken auf dem Vorderflügel. Hinterflügel im Vergleich zur ähnlichen *S. acaciae* mit stärker gebogener weißlicher Submarginalbinde sowie kräftiger orange gefärbten Randflecken vor dem Spitzchen.

VERBREITUNG
Gesamtverbreitung: turanisch-europäisch; Iberische Halbinsel, große Teile Europas bis zum Südural und Nordwestasien. Fehlt in weiten Teilen Skandinaviens.
Regionalverbreitung: im Etschtal bis in den mittleren Vinschgau sowie im Eisacktal unterhalb von Brixen lokal und meist einzeln nachgewiesen.
Vertikalverbreitung: ca. 250 bis 1600 m; kollin, montan. In Südtirol besonders hoch gelegene Verbreitungsgrenze, obwohl oberhalb von 1000 m nur sehr lokal auftretend. Auch aus dem Wallis nur bis knapp über 1000 m bekannt (SBN, 1994).

BIOLOGIE
Habitatwahl: xerothermophile Gehölzart. Warme und stark besonnte Buschwälder sowie verbuschende Trockenrasen mit niedrig wüchsigen Eichen.
Phänologie: univoltin; von Anfang Juni bis Anfang Juli.

Raupenfutterpflanzen – Präimaginalstadien: Monophagie II; *Quercus robur, Q. petraea, Q. pubescens*, außerhalb von Südtirol aber auch *Quercus ilex* und *Q. coccifera* (Fagaceae) (SBN, 1994; TOLMAN & LEWINGTON, 1998). Eiablage im Nahbereich von Eichenknospen. Überwinterung im Eistadium, möglicherweise gelegentlich auch als Jungraupe (SBN, 1994). Raupennachweise in Südtirol Ende April (KITSCHELT, 1925). Raupe bevorzugt an niedrigen Eichenbüschen, zuerst versponnene Knospen, später Blätter fressend. Gürtelpuppe unter Zuchtbedingungen an der Bodenstreu.

GEFÄHRDUNG – SCHUTZMASSNAHMEN
Gefährdungssituation: HOFER (1995) bezeichnet die Art noch als stark gefährdet, jedoch deuten einige neuere Funde sowie die weite Verbreitung der Eichen viel eher auf Erfassungsdefizite, umso mehr als imaginale Nachweise schwierig sind und Erhebungen besser nach den Präimaginalstadien erfolgen sollten. Bedingt durch starken Nutzungsdruck in den Talgebieten sowie den negativen Einfluss durch Spritzmittel im Nahbereich von Flugplätzen erscheint aber zumindest eine Einstufung in die Gefährdungskategorie „drohende Gefährdung" gerechtfertigt.
Rote Liste: drohende Gefährdung (NT); bisherige Einstufung: 2.
Schutzmaßnahmen: möglichst naturnaher Waldbau in Eichenbuschwäldern, ansonsten kaum sinnvolle Maßnahmen möglich.

Satyrium acaciae (Fabricius, 1787) Kleiner Schlehen-Zipfelfalter

TAXONOMIE – DETERMINATION
Nach TOLMAN & LEWINGTON (1998) sowie DE PRINS (*in litteris*) in Europa ausschließlich in der Nominatunterart bekannt, LERAUT (1997) unterscheidet allerdings in Frankreich zwei zusätzliche Subspezies.
Kleine Art. Flügeloberseiten einfarbig braun mit schwachen orangen Randflecken am Hinterflügel, unterseits graubraun mit relativ gerader weißer Submarginallinie am Hinterflügel sowie blassorangen Randflecken. Weibchen am Hinterleibende mit arttypischen schwarzen Analschuppen. Ansonsten am ehesten mit der größeren *S. ilicis* zu verwechseln, die jedoch eine stärker gebogene Submarginallinie und kräftiger gefärbte orange Randflecken aufweist.

VERBREITUNG
Gesamtverbreitung: südeuropäisch; von der Iberischen Halbinsel durch das gemäßigte und südliche Europa bis Südrussland.
Regionalverbreitung: lokal und meist einzeln im Etsch- und Eisacktal mit deutlich gehäuftem Auftreten an den Vinschgauer Sonnenhängen. Eine isolierte Meldung von der Mendel durch ROWLAND-BROWN (1904) wird von KITSCHELT (1925) bezweifelt.
Vertikalverbreitung: ca. 250 bis 1700 m; kollin, montan. In der eigentlichen subalpinen Stufe keine Nachweise. In anderen Regionen der Alpen, wie im Jura, nicht über 800 m (SBN, 1994).

BIOLOGIE
Habitatwahl: xerothermophile Gehölzart. Warme, trockene Buschwälder sowie verbuschende Trockenrasen mit Beständen an Schlehdorn.
Phänologie: univoltin; von Mitte Juni bis Anfang August, ausnahmsweise auch noch Anfang September nachgewiesen. Mai-Belege beziehen sich ausschließlich auf Zuchtexemplare.
Raupenfutterpflanzen – Präimaginalstadien: Monophagie I; *Prunus spinosa* (Rosaceae). Eiablage an Schlehenzweigen, bevorzugt an sonnenexponierten Krüppelschlehen. Überwinterung im Eistadium. Raupen von Mai bis zum Frühsommer die Blätter fressend. Verpuppung unter Zuchtbedingungen frei am Boden. Puppe mit oder ohne Gürtel (SBN, 1994).

GEFÄHRDUNG – SCHUTZMASSNAHMEN
Gefährdungssituation: vor allem durch Nutzungsaufgabe sowie Aufforstung von Trockenrasen gefährdet. Auswirkungen von Spritzmitteleintrag aus den Obstanbaugebieten sind möglicherweise weitere belastende Faktoren. Die regional noch relativ günstige Habitatsituation, untermauert durch jüngste Falternachweise, lässt jedoch höchstens eine Einstufung als „gefährdet" zu.
Rote Liste: gefährdet (VU); bisherige Einstufung: 2 bzw. 3 (EISENBERG, 2001).
Schutzmaßnahmen: Verzicht auf Aufforstung von Trockenrasen, Fortsetzung traditioneller, extensiver Nutzung derartiger Lebensräume.

Lampides boeticus (Linnaeus, 1767) Großer Wander-Bläuling

TAXONOMIE – DETERMINATION
In Europa ausschließlich in der Nominatunterart bekannt.
Männchen oberseits blau, Weibchen braun mit basal blauer Vorderflügelhälfte. Unterseite hell graubraun mit feiner verzweigter weißlichgrauer Linienzeichnung, die gegen den Flügelrand hin bindenartig verschmolzen ist. Hinterflügel mit deutlichem Schwänzchen. Größer als *Leptotes pirithous* sowie mit zusätzlicher Submarginalbinde.

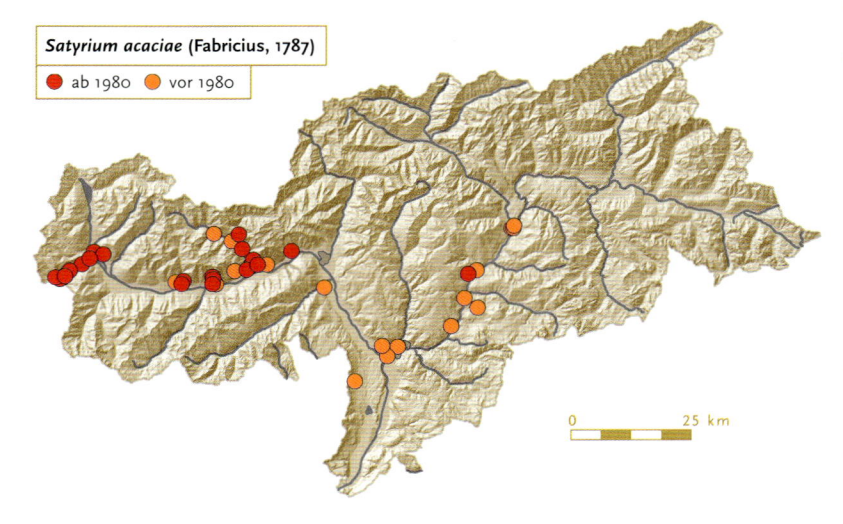

Lampides boeticus (Linnaeus, 1767)
● ab 1980 ● vor 1980

Leptotes pirithous (Linnaeus, 1767)
● ab 1980 ● vor 1980

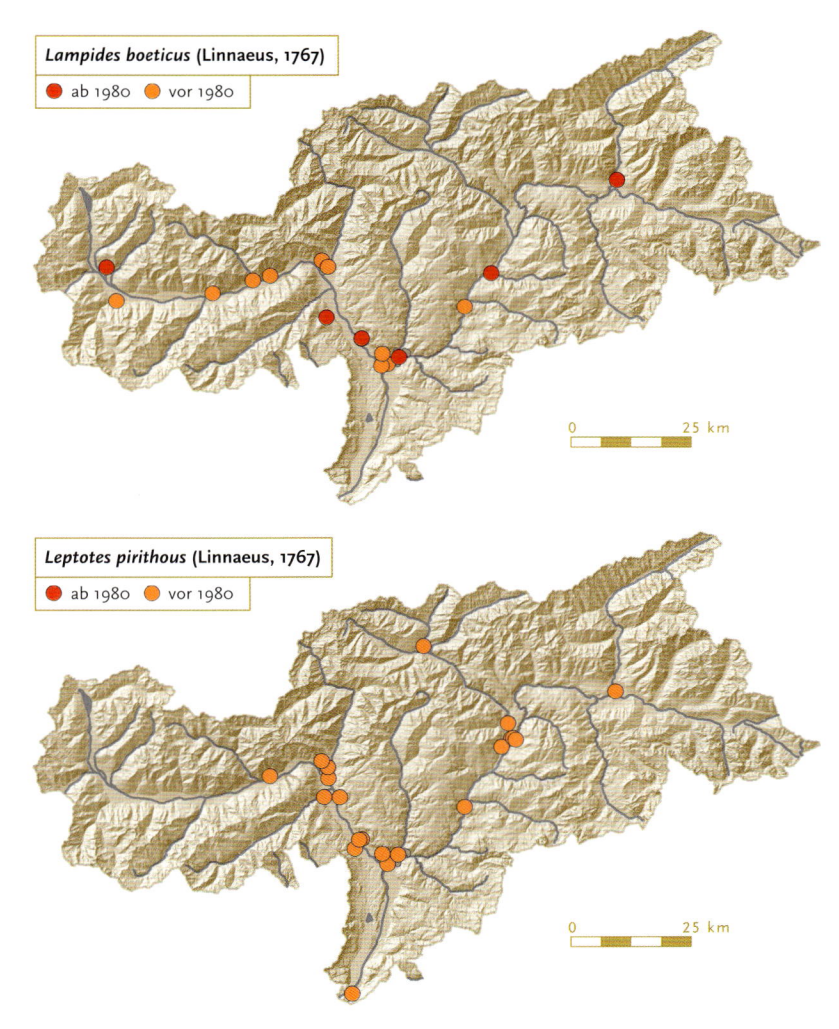

Gesamtverbreitung: geopolitisch; in den gemäßigteren Bereichen weltweit vertreten.
Regionalverbreitung: vereinzelte Nachweise aus dem Etsch- und Eisacktal sowie aus der Umgebung von Bruneck. Eumigrierende Art, daher sind Verbreitungs- und Höhenangaben nur von geringer Aussagekraft. Potentielle Bodenständigkeit in Südtirol nicht auszuschließen, auch im Wallis früher angeblich autochthon (SBN, 1994).
Vertikalverbreitung: ca. 250 bis 1200 m; kollin, montan. Entwicklungshabitate nur in den wärmsten Gebieten mit Blasenstrauch-Beständen.

BIOLOGIE
Habitatwahl: xerothermophile Gebüschart. Saisonwanderer 1. Ordnung mit extrem sporadischer Einwanderung. Bevorzugt an trockenen und sonnigen, gebüschreichen Felssteppenrasen, in lichten Buschwäldern oder entlang von Dämmen.

Phänologie: bivoltin; Juni bis Juli sowie von Anfang August bis Anfang November, mit Überschneidungen der Generationen sowie starken jahrweisen Häufigkeitsschwankungen. Frühsommerfalter wandern aus dem Mittelmeerraum ein. In subtropischen und tropischen Gebieten polyvoltin ohne Diapause (TOLMAN & LEWINGTON, 1998).
Raupenfutterpflanzen – Präimaginalstadien: Oligophagie I; *Colutea arborescens* sowie je nach Region oder auch unter Zuchtbedingungen zahlreiche weitere Fabaceae (TOLMAN & LEWINGTON, 1998), in Südtirol möglicherweise ausschließlich *Colutea arborescens*. Eiablage an Blüten. Raupen endophag in Blütenköpfen sowie später in den Hülsen Samen fressend. Nach TOLMAN & LEWINGTON (1998) in Symbiose mit verschiedenen Ameisen. Verpuppung in der Bodenstreu. Überwinterung im Erhebungsgebiet nicht nachgewiesen, in der Schweiz früher angeblich im Puppenstadium (SBN, 1994).

GEFÄHRDUNG – SCHUTZMASSNAHMEN
Gefährdungssituation: Spritzmitteln gegenüber vermutlich weniger empfindlich als andere Arten, da die Raupen in den Blüten/Früchten leben und so einen gewissen Schutz genießen. Einige Jahrzehnte nicht mehr festgestellt, in den 1990er Jahren jedoch wieder mehrere Nachweise. Als Eumigrant ohne Bodenständigkeit ist die Art jedoch in keine Gefährdungskategorie einzustufen.
Rote Liste: nicht eingestuft (NE); bisherige Einstufung: 0 bzw. mit Neufunden, aber ohne revidierte Einstufung (EISENBERG, 2001).
Schutzmaßnahmen: derzeit keine sinnvollen Maßnahmen möglich.

Leptotes pirithous (Linnaeus, 1767) Kleiner Wander-Bläuling

Synonymie:
Lampides telicanus (Lang, 1789)

TAXONOMIE – DETERMINATION
Nur die Nominatunterart bekannt. Männchen oberseits dunkelblau, Weibchen braun mit blauer basaler Vorderflügelhälfte sowie schwarzen Flecken. Unterseite graubraun mit feiner verzweigter weißlich grauer Linienzeichnung. Hinterflügel mit deutlichem Schwänzchen. Ähnlich *Lampides boeticus*, jedoch kleiner und ohne Submarginalbinde sowie oberseits durchscheinende Zeichnung der Flügelunterseite.

VERBREITUNG
Gesamtverbreitung: afrotropisch-mediterran; Nordafrika, Mittelmeergebiet bis zur arabischen Halbinsel, Zentralasien und Indien.
Regionalverbreitung: Nachweise aus dem Etschtal von Naturns bis Salurn sowie dem Eisacktal unterhalb von Brixen. Ansonsten nur ganz vereinzelte Meldungen, so aus dem Raum Sterzing und Bruneck. Eumigrierende Art, daher sind Verbreitungs- und Höhenangaben nur von geringer Aussagekraft.
Vertikalverbreitung: ca. 220 bis 1700 m; kollin, montan. Potentielle Entwicklungshabitate aber nur in den wärmsten Lokalitäten der Talgebiete.

BIOLOGIE

Habitatwahl: xerothermophile Offenlandart. Falter in trockenen, heißen Lokalitäten (SBN, 1994), für Südtirol existieren jedoch keine Angaben.

Phänologie: bivoltin; einwandernde Generation in Südtirol nie sicher nachgewiesen, nach SBN (1994) im Mai und Juni. Zweite Generation von Mitte Juli bis Anfang Oktober, nach STAUDER (1915) bereits im Juni und Juli, während DANNEHL (1925–1930) September bis November als Flugzeit vermerkt. In Südeuropa polyvoltin (TOLMAN & LEWINGTON, 1998).

Raupenfutterpflanzen – Präimaginalstadien: Polyphagie I; vor allem Fabaceae, aber auch Lythraceae, Rosaceae, Plumbaginaceae und Ericaceae (TOLMAN & LEWINGTON, 1998). Eiablage in Südtirol bevorzugt an Knospen von *Trifolium* spp. und *Onobrychis* sp. (Fabaceae) (DANNEHL, 1925–1930). Überwinterung im Raupenstadium (FORSTER & WOHLFAHRT, 1984).

GEFÄHRDUNG – SCHUTZMASSNAHMEN

Gefährdungssituation: durch Spritzmitteleinsatz in den Tälern kaum mehr geeignete Habitate, jedoch als Eumigrant ohne Bodenständigkeit in keine Gefährdungskategorie einzustufen. Einwanderung von Jahr zu Jahr sehr variabel, selten wurden extreme Massenvorkommen gemeldet, so in den Jahren 1900 und 1906 (DANNEHL, 1925–1930). Letzter Nachweis am 3.9.1930 bei Naturns durch ASTFÄLLER (DANIEL & WOLFSBERGER, 1957).

Rote Liste: nicht eingestuft (NE); bisherige Einstufung: 0.

Schutzmaßnahmen: keine sinnvollen Maßnahmen möglich.

Cupido minimus (Fuessly, 1775) Zwerg-Bläuling

TAXONOMIE – DETERMINATION

In Südtirol ausschließlich in der Nominatunterart vertreten. Mehrere aus Europa beschriebene Subspezies sind für den Alpenraum irrelevant.

Kleinste und weitgehend unverwechselbare Tagfalterart Südtirols mit in beiden Geschlechtern schwarzbraun gefärbten Flügeloberseiten, Männchen mit leichtem Grünstich. Flügel unterseits graubraun mit schwarzbraunen Postdiskalflecken.

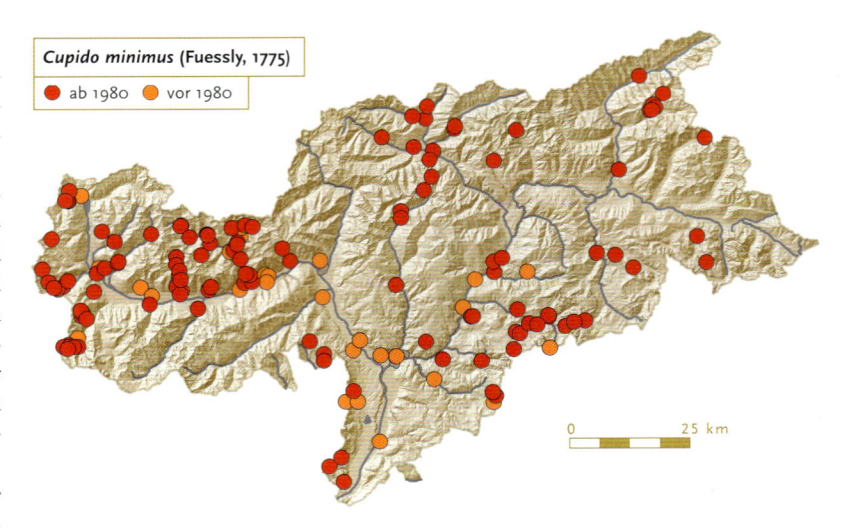

VERBREITUNG

Gesamtverbreitung: sibirisch-europäisch; große Teile Europas und des gemäßigten Asiens bis zum Amurgebiet.

Regionalverbreitung: in allen Regionen des Landes weit verbreitet und vielfach häufig. In wenigen Gebieten durch Nachweislücken unterrepräsentiert.

Vertikalverbreitung: ca. 230 bis 2400 m; kollin, montan, subalpin, alpin. Vor allem in der oberen montanen sowie der subalpinen Stufe weit verbreitet. Nach KITSCHELT (1925) erreicht die Art nur Höhenlagen von 2000 m, DANNEHL (1925–1930) meldete sie hingegen bis 2800 m (Piz Umbrail).

BIOLOGIE

Habitatwahl: xerothermophile Offenlandart. Unterschiedlichste Mager- und Trockenwiesen sowie Weiderasen mit Beständen an Wundklee. Falter gerne aggregiert an feuchten Wegstellen saugend.

Phänologie: bivoltin, in höheren Lagen univoltin; von Mitte April bis Mitte Juni sowie von Anfang Juli bis Mitte August, ab der subalpinen Stufe einbrütig von Mitte Juni bis Anfang September, Generationenfolge jedoch vielfach nicht eindeutig geklärt. Nach SBN (1994) ist die Art überdies fakultativ trivoltin.

Raupenfutterpflanzen – Präimaginalstadien: Oligophagie I (?); *Anthyllis vulneraria* agg. (Fabaceae), ganz vereinzelt werden auch *Astragalus* spp. sowie *Colutea arborescens* als Substrat genannt (SBN, 1994). Eiablage an Blüten. Raupen fressen ausschließlich an den Früchten, immer in Symbiose mit Ameisen unterschiedlicher Gattungen wie *Lasius* spp., *Formica* spp. oder *Myrmica rubra*. Entwicklung der Frühjahrsraupen extrem plastisch. Teilweise Entwicklung zu einer zweiten oder sogar dritten Generation, teils aber Überwinterung als voll erwachsene Raupe und Verpuppung im Frühjahr ohne weitere Nahrungsaufnahme (SBN, 1994; TOLMAN & LEWINGTON, 1998).

GEFÄHRDUNG – SCHUTZMASSNAHMEN

Gefährdungssituation: Düngung von Mager- und Trockenwiesen sowie intensive obstbauliche Nutzung der Talgebiete haben zweifellos zu lokalen Verlusten geführt. Massenhaftes Auftreten wie früher bei Terlan (STAUDER, 1915) ist heute in den Tallagen kaum mehr nachzuweisen, doch wurde selbst an der Grenze der Obstanlagen bei Margreid noch im Jahre 2003 eine intakte Population registriert. Vor allem aber sind in weiten Bereichen der Bergregion hohe Abundanzen zu verzeichnen, und eine generelle Gefährdung ist daher nicht gegeben.

Rote Liste: nicht oder kaum gefährdet (LC); bisherige Einstufung: n. a.

Schutzmaßnahmen: Verzicht auf Düngung von Magerwiesen und extensiv genutzten Weiden.

Der Kurzschwänzige Bläuling (*Cupido argiades*) wurde in Südtirol letztmals 1997 beobachtet.

Cupido argiades (Pallas, 1771)
Kurzschwänziger Bläuling

TAXONOMIE – DETERMINATION
In Europa ausschließlich in der Nominatunterart vertreten.
In der älteren Literatur teilweise mit *C. alcetas* vermengt (KITSCHELT, 1925; STAUDER, 1915).
Kleine Art. Männchen oberseits violettblau mit schmalem schwarzbraunem Saum und weißen Fransen, Weibchen braun. Flügelunterseiten weißlich grau mit dunklen Postdiskalflecken sowie kurzem Schwänzchen am Hinterflügel. Differiert von *C. alcetas* vor allem durch die deutlich entwickelten orangen Randflecken auf der Hinterflügelunterseite.

VERBREITUNG
Gesamtverbreitung: sibirisch-europäisch; große Teile des gemäßigten Europas und Asiens bis nach Japan.
Regionalverbreitung: einige Meldungen aus dem Etschtal unterhalb von Naturns sowie dem Eisacktal südlich von Brixen mit deutlicher Fundorthäufung im Großraum Bozen. Von MANN & ROGENHOFER (1877) auch aus den Sextner Dolomiten gemeldet. Möglicherweise beziehen sich einige der historischen Daten aber auf *C. alcetas*, da diese Art z. B. bei KITSCHELT (1925) überhaupt nicht gemeldet wurde, obwohl sie nach heutigen Kenntnissen in Südtirol weiter verbreitet ist als *C. argiades*. Auch STAUDER (1915) erwähnt unter *C. argiades* die var. *coretas*, die heute als Synonym von *C. alcetas* gilt. Teilweise auch binnenwandernde Art mit starken Häufigkeitsschwankungen (SBN, 1994).
Vertikalverbreitung: ca. 220 bis 1400 m (?); kollin, montan (?). Nach SBN (1994) außerordentlich wärmeliebend und nur in den tiefsten Lagen auftre-

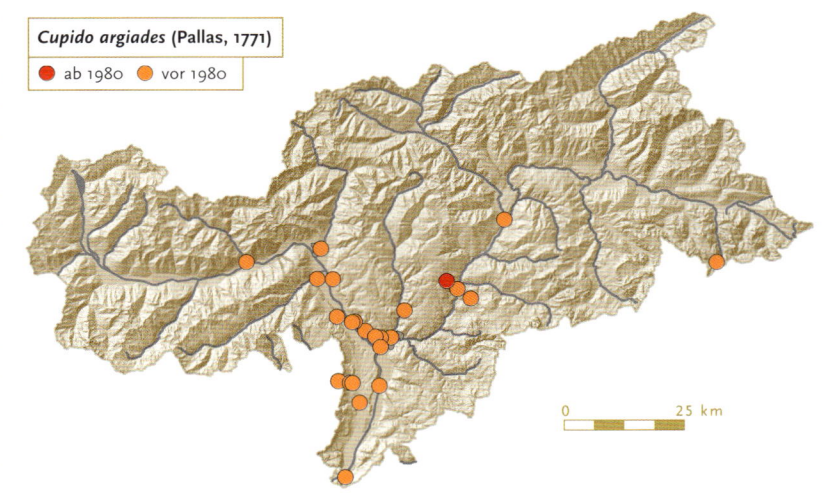

Cupido argiades (Pallas, 1771)
● ab 1980   ● vor 1980

tend. Unter diesem Aspekt sind alle Funde aus der montanen Stufe zu hinterfragen, umso mehr, als Belege aus dieser Region völlig fehlen.

BIOLOGIE

Habitatwahl: hygrophile Offenlandart (?). *C. argiades* bevorzugt in der Schweiz warme und feuchte Wiesen und Ruderalfluren im Grundwasserbereich (SBN, 1994), in Ostösterreich hingegen unterschiedlichste mesophile Wiesen (HÖTTINGER, *in litteris*). Über die Habitatwahl an den ehemaligen Flugplätzen Südtirols ist aber fast nichts bekannt geworden. Lediglich STAUDER (1915) beschreibt häufiges Vorkommen auf Wiesen bei Terlan.

Phänologie: bivoltin; von Mitte April bis Mitte Juni sowie von Mitte Juli bis Anfang September, Flugzeiten allerdings nur auf wenigen konkreten Daten basierend. Nach STAUDER (1915) im März und April sowie im Sommer fliegend. KITSCHELT (1925) vermerkt ebenfalls Bivoltinität von April bis Mai sowie von Ende Juni bis August. Zu berücksichtigen ist aber wiederum die Vermischung von *C. argiades* mit *C. alcetas*. Nach SBN (1994) auch partiell trivoltin.

Raupenfutterpflanzen – Präimaginalstadien: Oligophagie I; *Trifolium pratense*, *Vicia cracca*, *Medicago sativa*, *Lotus corniculatus*, *L. uliginosus* (Fabaceae) (SBN, 1994; TOLMAN & LEWINGTON, 1998). Eiablage an Blüten der Futterpflanze. Raupe die Blüten und Früchte fressend. Überwinterung als voll erwachsene Raupe. Gürtelpuppe an unterschiedlichem Substrat befestigt, überwinternde Raupen nur an trockenen Pflanzenteilen (SBN, 1994).

GEFÄHRDUNG – SCHUTZMASSNAHMEN

Gefährdungssituation: historische und aktuelle Verbreitung unzureichend bekannt. Die geringe vertikale Ausdehnung sowie Vergleichsdaten aus benachbarten Ländern (SBN, 1994) deuten jedoch auf erhebliche Extinktionsprozesse, umso mehr, als gerade das Etschtal massiven Veränderungen in der Nutzungsform unterworfen war. Der letzte gesicherte Fund aus dem Jahr 1997 bei Barbian durch Niederkofler belegt ein Vorkommen bis in die jüngste Vergangenheit, reicht aber auf Grund der Verwechslungsgefahr sowie der unzureichenden Kontrolle der ehemaligen Fluggebiete nicht für eine fundierte Aussage zur Gefährdungssituation aus.

Rote Liste: unzureichender Datenbestand (DD); bisherige Einstufung: 0.

Schutzmaßnahmen: dringender Forschungsbedarf, insbesondere Erhebungen an den potentiellen oder bis in die jüngste Vergangenheit noch belegten Fundorten. Weitere Kenntnisse zu den ökologischen Ansprüchen sind Grundvoraussetzung für gezielte Schutzmaßnahmen.

Cupido alcetas (Hoffmannsegg, 1804) Südlicher Kurzschwänziger Bläuling

Synonymie:
Lycaena coretas (Ochsenheimer, 1808)

TAXONOMIE – DETERMINATION

Die meisten Autoren akzeptieren nur die Nominatrasse, LERAUT (1997) unterscheidet hingegen in Frankreich zwei Unterarten.

Die von DANNEHL (1925–1930) unter dem Namen *L. coretas* von der Mendel und anderen Lokalitäten gemeldete Form *decolorata* (Staudinger, 1886) gilt heute als valide Schwesterart von *C. alcetas*, ihr Areal ist jedoch Osteuropa.

Kleine Art. Männchen oberseits blau mit schmalem schwarzbraunem Saum und weißen Fransen, Weibchen braun. Flügelunterseiten weißlich grau mit dunklen Postdiskalflecken sowie kurzem Schwänzchen am Hinterflügel. Im Gegensatz zur sehr ähnlichen *C. argiades* keine orangen Randflecken.

VERBREITUNG

Gesamtverbreitung: sibirisch-europäisch; südliches Europa von Spanien bis Griechenland sowie Ural und Altai-Gebirge.

Regionalverbreitung: lokal aus dem Großraum Bozen sowie dem Eisacktal bis nach Brixen bekannt geworden, gelegentlich nicht selten. Eine isolierte Meldung aus dem Schnalstal (Kurzras) (SCHEURINGER, 1972) ist bestätigungsbedürftig, jedoch wurde die Art am 13.6.2002 im Schlandrauntal durch Eisenberg nachgewiesen und tritt somit im Vinschgau tatsächlich auf.

Vertikalverbreitung: ca. 230 bis 1400 m; kollin, montan. Obere Verbreitungsgrenze nicht zweifelsfrei dokumentiert. Der genannte Nachweis aus Kurzras wird bereits von SCHEURINGER (1972) als mutmaßlich verflogen interpretiert.

BIOLOGIE

Habitatwahl: xerothermophile Gehölzart. Bevorzugt an trockenen und sonnigen, steinigen bis sandigen Habitaten wie gebüschreichen Felssteppenrasen, in lichten Buschwäldern und an Bachufern.

Phänologie: bivoltin; von Ende April bis Mitte Juni sowie von Anfang Juli bis Anfang September, ohne deutliche Abgrenzung der Generationen. SBN (1994) vermutet bei Septemberfaltern eine partielle dritte Generation.

Raupenfutterpflanzen – Präimaginalstadien: Oligophagie I; *Vicia* spp., *Coronilla varia* (Fabaceae), unter Zuchtbedingungen auch *Galega officinalis* (TOLMAN & LEWINGTON, 1998). Eiablage an Blüten oder Blättern der Futterpflanze. Raupe die Blüten fressend. Myrmekophile Art, in Symbiose mit *Formica* spp. auftretend. Überwinterung als voll erwachsene Raupe. Gürtelpuppe an unterschiedlichem Substrat befestigt (SBN, 1994; TOLMAN & LEWINGTON, 1998).

GEFÄHRDUNG – SCHUTZMASSNAHMEN

Gefährdungssituation: rezent im Großraum Bozen zahlreich nachgewiesen und höchstens lokal bedroht. Die von HOFER (1995) postulierte akute Aussterbegefahr kann auch nach eigenen Geländebefunden nicht bestätigt werden und basiert primär auf den wenigen Nachweisen aus dem Vinschgau. Eine Einstufung in die Kategorie „drohende Gefährdung" erscheint jedoch durchaus angemessen. Eine der wenigen Arten, die offensichtlich auch jahrelangen Biozideinsatz im Obstbau überlebt hat, wie die Funde aus Bozen oder auch Margreid aus dem Jahr 2003 zeigen.

Rote Liste: drohende Gefährdung (NT); bisherige Einstufung: 1.

Schutzmaßnahmen: abgesehen vom generellen Schutz der Lebensräume vor direkten Eingriffen kaum sinnvolle Maßnahmen möglich.

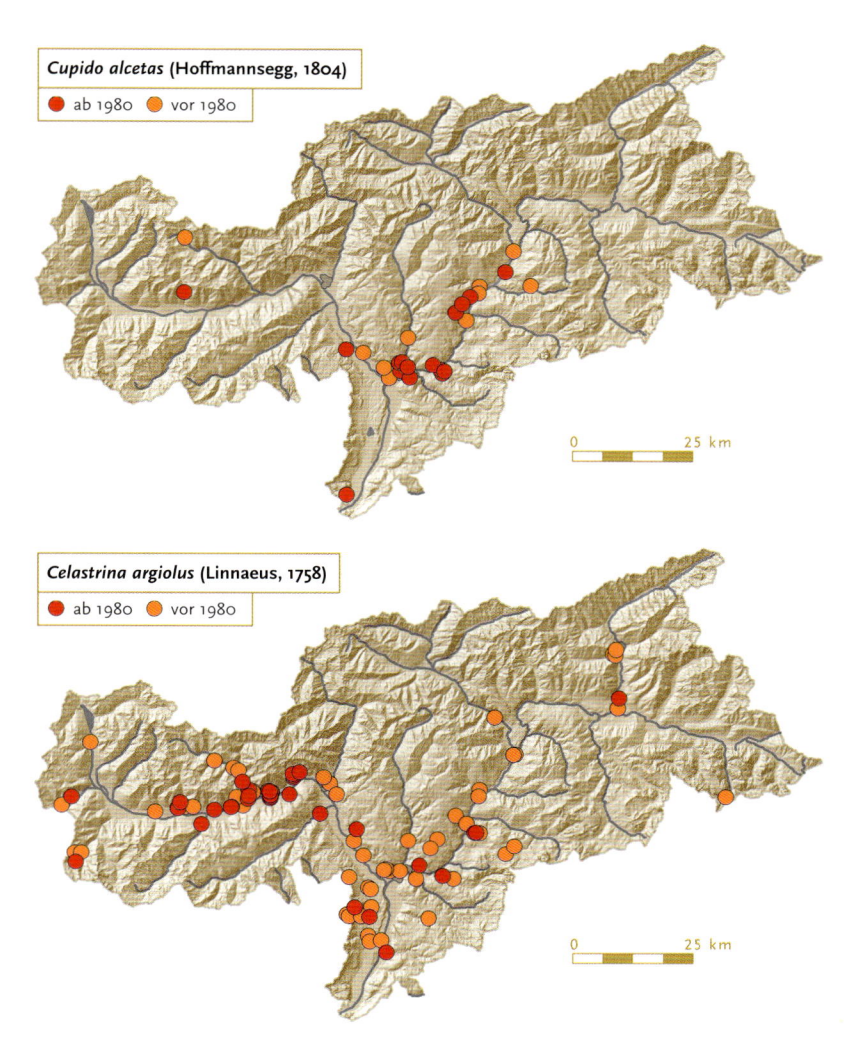

Cupido alcetas (Hoffmannsegg, 1804)
● ab 1980   ● vor 1980

Celastrina argiolus (Linnaeus, 1758)
● ab 1980   ● vor 1980

Celastrina argiolus (Linnaeus, 1758)
Faulbaum-Bläuling

TAXONOMIE – DETERMINATION
In Europa ausschließlich in der Nominatunterart bekannt.
Männchen oberseits himmelblau gefärbt mit schmalem dunklem Saum, Weibchen meist etwas dunkler mit viel breiterem schwarzbraunem Saum. Flügelunterseite charakteristisch weißlich grau mit dunklen Submarginalflecken.

VERBREITUNG
Gesamtverbreitung: holarktisch; von Nordwestafrika über große Teile Europas sowie des gemäßigten Asiens bis nach Japan und Nordamerika.
Regionalverbreitung: im Wesentlichen auf den Bereich des Etsch- und Eisacktals sowie die unmittelbar angrenzenden Gebiete beschränkt. Vereinzelte Nachweise aus dem Pustertal oder den Sextner Dolomiten deuten aber auf eine weitere Verbreitung und einige Beobachtungslücken.
Vertikalverbreitung: ca. 220 bis 2050 m; kollin, montan, subalpin. Bemerkenswert sind vereinzelte Nachweise in der subalpinen Region, so am Stilfser Joch bei 2040 m (eigene Beob.) oder am Gantkofel (DANNEHL, 1925–1930). Nach SBN (1994) steigt die Art in der Schweiz kaum über 1000 m.

BIOLOGIE
Habitatwahl: mesophile Waldart. Wenig spezialisierte Art, die in unterschiedlichsten, vorwiegend jedoch lichteren, feuchten bis trockenen Wäldern und vor allem im Bereich von Waldrandökotonen, gebüschreichen Hängen sowie in Hecken bis hin zu Gärten vorkommt.
Phänologie: bivoltin, partiell univoltin (?); von Ende April bis Anfang Juli sowie von Ende Juli bis Mitte August, ohne deutliche Abgrenzung der Generationen. In der subalpinen Region wurde die Art von Ende Juli bis Mitte August registriert und vermutlich besteht hier nur Einbrütigkeit.
Raupenfutterpflanzen – Präimaginalstadien: Polyphagie I; Cannabaceae, Rosaceae, Fabaceae, Lythraceae, Cornaceae, Araliaceae, Rhamnaceae, Ericaceae, Oleaceae (TOLMAN & LEWINGTON, 1998), in Mitteleuropa bevorzugt *Frangula alnus* und *Cornus*. Eiablage an oder in der Nähe von Blütenknospen. Raupe frisst Blüten, Früchte und Blätter und ist myrmekophil. In Symbiose mit *Lasius* spp., *Camponotus japonicus*, *Formica* spp. sowie *Myrmica* spp. auftretend. Gürtelpuppe gerne an der Unterseite eines Blattes festgesponnen und überwinternd (SBN, 1994; TOLMAN & LEWINGTON, 1998).

GEFÄHRDUNG – SCHUTZMASSNAHMEN
Gefährdungssituation: KITSCHELT (1925) bezeichnete die Art noch als „verbreitet und häufig". Inzwischen ist sie an vielen Lokalitäten in den talnahen Gebieten selten geworden oder gänzlich verschwunden. Ähnliches berichtet auch SBN (1994) aus der Schweiz, ohne jedoch eindeutige Ursachen zu kennen. Mit hoher Wahrscheinlichkeit wirkt sich der intensive Biozideinsatz im Obst- und Weinbau auch auf diese Art negativ aus. Auf Grund der großen Anpassungsfähigkeit an verschiedene Lebensräume und der dadurch ermöglichten weiten Verbreitung ist aber höchstens eine Einstufung in die Gefährdungskategorie „drohende Gefährdung" mit regionalem Extinktionsrisiko gerechtfertigt.
Rote Liste: drohende Gefährdung (NT); bisherige Einstufung: 3.
Schutzmaßnahmen: abgesehen vom generell empfohlenen Schutz von Hecken und naturnahen Waldrändern keine sinnvollen Maßnahmen möglich.

Pseudophilotes baton (Bergsträsser, 1799)
Graublauer Bläuling

TAXONOMIE – DETERMINATION
Der taxonomische Status der Vikarianten *P. baton* aus Westeuropa sowie der im östlichen Europa auftretenden *P. vicrama* (Moore, 1865) ist umstritten.

Gescheckte Fransen, dunkle Zellflecken sowie die Färbung kennzeichnen das Männchen des Graublauen Bläulings (*Pseudophilotes baton*).

>>
Das Weibchen des Fetthennen-Bläulings (*Scolitantides orion*) ist nur an der Flügelbasis blau gefärbt.

Felsräumungen gefährden lokale Populationen des Fetthennen-Bläulings.

Von den meisten Autoren werden diese Taxa auf Grund der Unterschiede in den männlichen Genitalien auf Artniveau behandelt. Allerdings bildet HIGGINS (1975) intermediäre Formen aus dem Gebiet von Norditalien ab und behandelt konsequenterweise beide Taxa sowie die auf der südlichen Iberischen Halbinsel vorkommende weitere Vikariante *P. panoptes* (Hübner, 1813) als Subspezies. In neueren Arbeiten wie TOLMAN & LEWINGTON (1998) sind alle wiederum als gute Arten verzeichnet. Die Populationen Südtirols stammen exakt aus dem Bereich intermediärer Formen, und dementsprechend uneinheitlich ist die taxonomische Einstufung. Meistens wurden diese Tiere *P. baton* zugeordnet, nach TOLMAN & LEWINGTON (1998) soll in der Region Trentino-Alto Adige jedoch *P. vicrama* fliegen. Genitaluntersuchungen an Exemplaren aus Südtirol ergaben allerdings eindeutig die Zugehörigkeit zu *P. baton*. Weitere Untersuchungen an umfangreicherem Belegmaterial sind zur Klärung dieser Problematik wünschenswert.

DANNEHL (1925–1930) benannte die durchschnittlich größeren Tiere der Sommergeneration als gen. aest. *oicles*. Kleine Art mit hell graublauen Männchen und braunen Weibchen mit ausgedehnter basaler Blaufärbung. Besonders charakteristisch sind die gescheckten Fransen und großen schwarzen Zellflecken auf der Oberseite aller Flügel. Unterseite kontrastreich grau und schwarz gefleckt mit oranger Randbinde auf dem Hinterflügel.

VERBREITUNG

Gesamtverbreitung: südeuropäisch; vom Norden der Iberischen Halbinsel über Frankreich bis nach Westösterreich sowie große Teile Italiens einschließlich Sizilien.

Regionalverbreitung: an wärmeren Lokalitäten im Etschtal weiter verbreitet, aber eher vereinzelt auftretend, an einigen Lokalitäten gänzlich verschwunden. Darüber hinaus nur sehr lokal aus den westlichen Dolomiten, dem Brennergebiet und dem Ahrntal belegt.

Vertikalverbreitung: ca. 250 bis 1800 m; kollin, montan, subalpin. Verbreitungsschwerpunkt in der kollinen und unteren montanen Region. Obere Verbreitungsgrenze nicht eindeutig belegt, in der Schweiz erreicht die Art ihre höchstgelegenen Fundorte bei 2000 m.

BIOLOGIE

Habitatwahl: xerothermophile Offenlandart. Bevorzugt im Bereich natürlich bedingter oder anthropogen verursachter Störstellen in steilen und xerothermen Felssteppen, an Wegrändern und Straßenböschungen sowie auf lückiger bewachsenen Trocken- und Halbtrockenrasen.

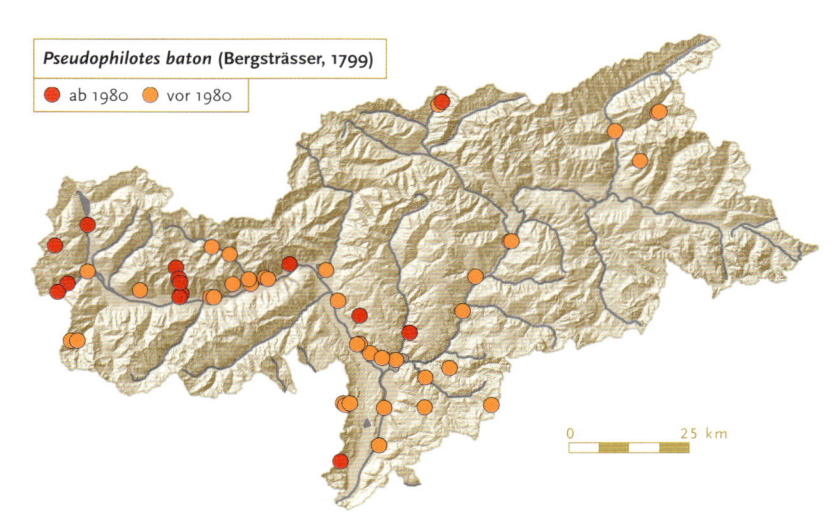

Pseudophilotes baton (Bergsträsser, 1799)
● ab 1980   ● vor 1980

Phänologie: bivoltin, in höheren Lagen univoltin; bis in die höhere montane Stufe in zwei unscharf voneinander getrennten Generationen von Ende April bis Mitte Juni sowie von Ende Juni bis Anfang August. Ab der subalpinen Stufe einbrütig mit wenigen imaginalen Nachweisen von Ende Juni bis Mitte August.

Raupenfutterpflanzen – Präimaginalstadien: Oligophagie I; *Thymus* spp., *Mentha* spp., *Satureja* spp., *Lavandula* spp. und *Calamintha nepeta* (Lamiaceae) (TOLMAN & LEWINGTON, 1998). Eiablage bevorzugt an Blüten. Raupe ernährt sich von Blüten und Fruchtknoten oder Knospen und überwintert im zweiten Stadium, angeblich aber auch als Puppe. Myrmekophile Art, in Symbiose mit *Lasius alienus* und *Myrmica scabrinodis* auftretend (TOLMAN & LEWINGTON, 1998; WEIDEMANN, 1995). Verpuppung frei (SBN, 1994).

GEFÄHRDUNG – SCHUTZMASSNAHMEN

Gefährdungssituation: HOFER (1995) sieht die Art als vom Aussterben bedroht an, jedoch deuten neueste Funde auf eine noch immer weite Verbreitung an den schwer kultivierbaren Trockenhängen der Gunstlagen. Trotz lokal bis regional wirksamer Gefährdungsfaktoren wie u. a. Spritzmitteleintrag oder Ausdehnung des Weinbaus, aber auch Intensivierung oder Nutzungsaufgabe in Trockenrasen erscheint *P. baton* daher höchstens in die Kategorie „gefährdet" einstufbar, jedoch sind weitere Erhebungen dringend notwendig.

Rote Liste: gefährdet (VU); bisherige Einstufung: 1.

Schutzmaßnahmen: EISENBERG (2001) empfiehlt gezielte Kartierungen, um die Bestandssituation zu dokumentieren. Erst darauf aufbauend sind auch konkretere Schutzmaßnahmen möglich. Dazu zählen insbesondere die traditionelle, extensive Nutzung der Trockenrasen in Gebieten mit noch vorhandenen Populationen.

Scolitantides orion (Pallas, 1871)
Fetthennen-Bläuling

TAXONOMIE – DETERMINATION

Taxonomische Bewertung der Unterarten divergierend. In Mittel- und Südeuropa nach TOLMAN & LEWINGTON (1998) ausschließlich die ssp. *lariana* Fruhstorfer, 1910, mit reduzierter Blaufärbung im männlichen Geschlecht. Dieses Taxon wird jedoch von LERAUT (1997) als Synonym zur nominotypischen Rasse gestellt.

Der kleine Falter mit gescheckten Flügelfransen, dunkler Färbung sowie charakteristischer Flügelunterseite mit großen Flecken ist unverwechselbar.

VERBREITUNG

Gesamtverbreitung: asiatisch-europäisch; von Spanien über Teile Südeuropas sowie lokal in Mittel- und Nordeuropa bis nach Zentralasien und Japan.

Regionalverbreitung: an den Sonnenhängen des Etsch- und Eisacktals sowie in den angrenzenden tiefer gelegenen Taleinschnitten weit verbreitet und lokal häufig. Ansonsten nur wenige Fundnachweise aus dem Jaufen- und Ahrntal sowie den südöstlichsten Dolomiten.

Vertikalverbreitung: ca. 220 bis 1600 m; kollin, montan. Höchstgelegene Fundorte im Matschertal bei knapp 1600 m, nach KITSCHELT (1925) in Südtirol nur bis 1200 m vorkommend. Aus der benachbarten Schweiz liegen lediglich Nachweise bis gegen 1000 m vor (SBN, 1994).

BIOLOGIE

Habitatwahl: xerothermophile Offenlandart. Charakterart stark besonnter Felshänge, von Blockfluren und Felssteppenrasen mit Beständen an Raupenfutterpflanzen, sowohl auf kalkreichem als auch silikathaltigem Untergrund.

Phänologie: bivoltin; von Mitte April bis Anfang Juni sowie von Mitte Juni bis

Die Flügelunterseite des Fetthennen-Bläulings ist in beiden Geschlechtern arttypisch gemustert.

Anfang September. Generationenfolge meist deutlich getrennt, jedoch witterungsbedingt jahrweise unterschiedliche Hauptflugzeit.
Raupenfutterpflanzen – Präimaginalstadien: Monophagie II; *Sedum maximum* (Crassulaceae) (SBN, 1994), unter Zuchtbedingungen eine größere Anzahl weiterer *Sedum* spp. (TOLMAN & LEWINGTON, 1998). Eiablage oft zu mehreren an einem Blatt. Raupe zuerst Blätter minierend oder auch im Stängel bohrend, später meistens Fensterfraß verursachend. Verpuppung im Labor unter Moos. Überwinterung im Puppenstadium (SBN, 1994).

GEFÄHRDUNG – SCHUTZMASSNAHMEN
Gefährdungssituation: durch die Bindung an felsige Habitate trotz der Verbreitung in tieferen Lagen nur mäßig gefährdet. Felsräumungsarbeiten, aber auch Schadstoffeinfluss aus Verkehr und Landwirtschaft tragen sicher zu einem Rückgang bei, jedoch scheint die von HOFER (1995) vorgenommene Einstufung zu pessimistisch, da *S. orion* in Felsbiotopen selbst im intensiv genutzten Obstbaugürtel auch rezent nachgewiesen werden konnte. Insgesamt ist daher höchstens ein lokales bis regionales Aussterberisiko nachvollziehbar.
Rote Liste: drohende Gefährdung (NT); bisherige Einstufung: 3.

Schutzmaßnahmen: abgesehen von der Vermeidung allzu massiver Felsräumungsarbeiten kaum sinnvolle Maßnahmen möglich.

Glaucopsyche alexis (Poda, 1761)
Alexis-Bläuling

Synonymie:
Lycaena cyllarus (Rottemburg, 1775)

TAXONOMIE – DETERMINATION
Die Aufspaltung in geringfügig differenzierte Unterarten ist je nach Autor sehr unterschiedlich. LERAUT (1997) unterscheidet in Frankreich nicht weniger als sechs Subspezies, während HIGGINS (1975) oder TOLMAN & LEWINGTON (1998) auf eine Unterteilung in Unterarten gänzlich verzichten.
Durch die grünblau bestäubte Hinterflügelbasis und meistens vergrößerte Postdiskalflecken auf der Vorderflügelunterseite leicht kenntliche Art.

VERBREITUNG
Gesamtverbreitung: paläarktisch; von Nordwestafrika über große Teile Europas bis nach Zentralasien und zum Amurgebiet.
Regionalverbreitung: im Etsch- und Eisacktal meist lokal und eher einzeln,

Scolitantides orion (Pallas, 1771)
● ab 1980   ● vor 1980

Die blaue Farbe des Alexis-Bläulings (*Glaucopsyche alexis*) entsteht wie bei den anderen Bläulingen durch Lichtbrechung.

vor allem an den Sonnenberghängen des Vinschgaus weiter verbreitet. Darüber hinaus nur äußerst zerstreute Nachweise z. B. aus dem Pustertal.

Vertikalverbreitung: ca. 220 bis 2000 m (?); kollin, montan, subalpin. Die höchsten Fundmeldungen, und zwar vom Jaufengebiet (DANNEHL, 1925–1930), liefern keine präzisen Höhenangaben und stammen eher von tiefer gelegenen Stellen. Allerdings kommt die Art nach SBN (1994) auch in der Schweiz bis gegen 2000 m vor.

BIOLOGIE

Habitatwahl: xerothermophile Offenlandart. Charakterart blumenreicher und ungedüngter bis wenig gedüngter Bergmagerwiesen und Halbtrockenrasen, gerne an etwas verbrachenden Straßenböschungen oder weniger genutzten Wiesensäumen.

Phänologie: univoltin; von Anfang April bis Ende Juni, ausnahmsweise noch bis gegen Mitte Juli. Spät im August fliegende Tiere von Schweizer Fundorten werden einer mutmaßlichen fakultativen zweiten Generation zugeordnet (SBN, 1994), für Südtirol liegen jedoch keine vergleichbaren Daten vor.

Raupenfutterpflanzen – Präimaginalstadien: Oligophagie I; *Genista tinctoria*, *Medicago* spp., *Melilotus* spp., *Coronilla varia*, *Onobrychis viciifolia*, *Vicia cracca*, *Astragalus* spp., *Colutea arborescens* (Fabaceae) (EBERT & RENNWALD, 1991b; TOLMAN & LEWINGTON, 1998) sowie wohl noch weitere Schmetterlingsblütler. Eiablage an Blüten sowie Blütenknospen. Raupe die Blüten und Früchte fressend, in Symbiose mit verschiedenen Ameisen wie *Lasius alienus*, *Formica* spp. oder *Myrmica scabrinodis* (EBERT & RENNWALD, 1991b; TOLMAN & LEWINGTON, 1998). Verpuppung mit oder ohne Gürtel am Boden. Überwinterungsstadium ist die Puppe sowie nach unbewiesenen alten Literaturmeldungen die Raupe (SBN, 1994).

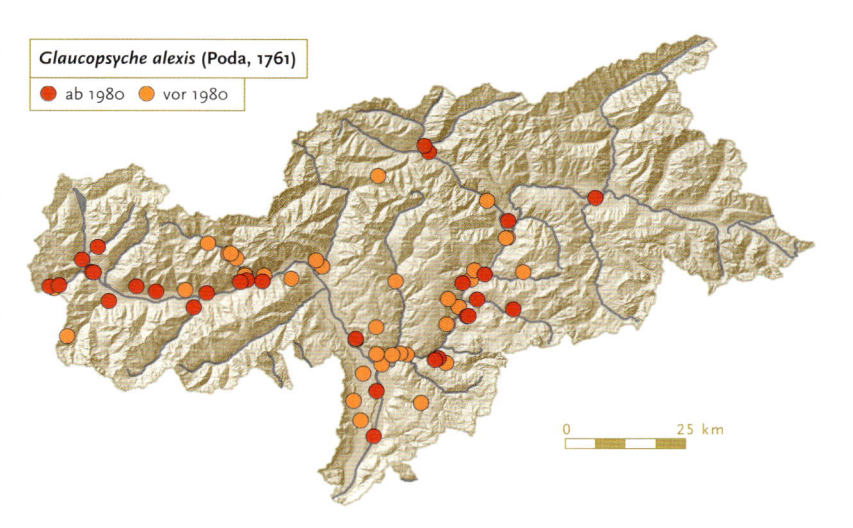

GEFÄHRDUNG – SCHUTZMASSNAHMEN

Gefährdungssituation: vor allem durch Intensivierung von Magerwiesen sowie Nutzungsaufgabe derartiger Grenzertragsflächen zunehmend gefährdet. Sehr wahrscheinlich sind viele Talpopulationen auch auf Grund der Belastungen durch den Insektizideinsatz im Obst- und Weinbau zurückgegangen oder verschwunden. Meldungen wie bei STAUDER (1915), der die Art bei Terlan als „sehr gemein" bezeichnete, sind jedenfalls nur mehr historische Dokumente. Die kleinräumige Besiedelung von verschiedenen Habitaten bis weit in die subalpine Region rechtfertigt aber trotzdem nur eine Einstufung in die Kategorie „drohende Gefährdung".

Rote Liste: drohende Gefährdung (NT); bisherige Einstufung: 4.

Schutzmaßnahmen: Beibehaltung tra-

Der Schwarzfleckige Ameisen-Bläuling (*Glaucopsyche arion*) ist durch EU-Gesetze geschützt.

ditioneller, extensiver landwirtschaftlicher Nutzungsformen in den Gebieten mit stärkeren Populationen, insbesondere Verzicht auf Düngung sowie Aufforstungsmaßnahmen.

Glaucopsyche iolas (Ochsenheimer, 1816) Blasenstrauch-Bläuling

TAXONOMIE – DETERMINATION

Die Art wird von verschiedenen Autoren zur Gattung *Iolana* gestellt (KUDRNA, 2002; LERAUT, 1997; SBN, 1994; TOLMAN & LEWINGTON, 1998), die jedoch neuerdings als Subgenus von *Glaucopsyche* gewertet wird (DE PRINS, *in litteris*).

Während TOLMAN & LEWINGTON (1998) sowie DE PRINS (*in litteris*) auf eine Unterteilung der europäischen Populationen in Unterarten verzichten, nennen andere Autoren wie LERAUT (1997) mehrere subspezifische Taxa. Südtiroler Falter werden jedenfalls verschiedentlich der ssp. *wullschlegeli* (Oberthür, 1915) zugeordnet (SCHEURINGER, 1972).

Größte Bläulingsart Südtirols. Männchen oberseitig violettblau gefärbt mit schmalem dunklem Saum. Weibchen mit deutlich geringerer Ausdehnung der blauen Farbe. Flügelunterseiten hell graubraun mit einfacher Ozellenreihe.

VERBREITUNG

Gesamtverbreitung: turanisch-europäisch-mediterran; von Nordwestafrika über Teile Südeuropas und das südliche Osteuropa bis nach Kleinasien und in den Iran.

Regionalverbreitung: in Gunstlagen des Etsch- und Eisacktals, vor allem im mittleren Vinschgau sowie dem Großraum Bozen lokal nicht selten, allerdings ohne Nachweise im Südtiroler Unterland. Nordgrenze der Verbreitung im Raum Brixen.

Vertikalverbreitung: ca. 250 bis 1300 m; kollin, montan. Fast nur unterhalb von 1000 m festgestellt, Nachweise aus höheren Regionen beruhen vielleicht nur auf verflogenen Exemplaren.

BIOLOGIE

Habitatwahl: xerothermophile Gehölzart. Warme und meist südexponierte, gebüschreiche Hänge sowie Buschwälder mit Blasenstrauch-Beständen.

Phänologie: univoltin; von Mitte Mai bis Mitte August mit Hauptflugzeit im Juni. Einzelfunde ausnahmsweise schon Ende April.

Raupenfutterpflanzen – Präimaginalstadien: Monophagie I; *Colutea arborescens* (Fabaceae), in anderen Gebieten Europas auch *C. cilicica* (TOLMAN & LEWINGTON, 1998). Eiablage an Blüten oder Früchten. Raupen in den Schoten die Früchte fressend. Verpuppung am Boden, selten in der Samenhülse. Überwinterung im Puppenstadium, vereinzelte Falter schlüpfen aber bereits im Spätsommer (SBN, 1994).

GEFÄHRDUNG – SCHUTZMASSNAHMEN

Gefährdungssituation: Bedrohungsszenarien sind Verbauung der Südlagen

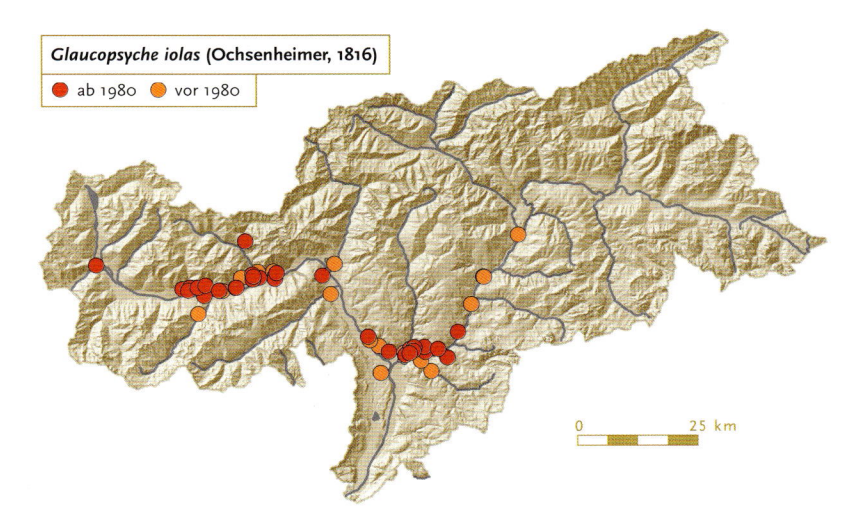

Glaucopsyche iolas (Ochsenheimer, 1816)
- ab 1980
- vor 1980

einschließlich Ausdehnung der Weinberge sowie zunehmende Verbuschung oder Verwendung von Insektiziden (SBN, 1994). Die Raupen scheinen aber durch die spezifische Ernährung in den Früchten einigermaßen geschützt zu sein, und die Art wurde auch rezent nahe intensiver Anbauflächen immer wieder festgestellt. Das lokale Auftreten in anthropogen stärker genutzten Regionen macht aber eine Einstufung in die Kategorie „drohende Gefährdung" sinnvoll.
Rote Liste: drohende Gefährdung (NT); bisherige Einstufung: 3.
Schutzmaßnahmen: derzeit kaum sinnvolle Maßnahmen möglich.

Glaucopsyche arion (Linnaeus, 1758) Schwarzfleckiger Ameisen-Bläuling

TAXONOMIE – DETERMINATION
Die Art wird von verschiedenen Autoren zur Gattung *Maculinea* gezählt (LERAUT, 1997; SBN, 1994; WEIDEMANN, 1995), die jedoch neuerdings als Subgenus von *Glaucopsyche* gewertet wird (SETTELE et al., 1999; DE PRINS, in litteris).
Die subspezifische Untergliederung ist umstritten. LERAUT (1997) unterscheidet allein für Frankreich sechs Unterarten. In den Südtiroler Alpengebieten fliegt nach verschiedenen Autoren die ssp. *arthurus* (Melvill, 1873) (= *obscura* Christ, 1878) mit undeutlichen Postdiskalflecken und dunkelblauer bis violetter Färbung.

Große Art mit ausgedehnter dunkelviolettblauer Färbung beim Männchen und reduzierter blauer Farbe beim Weibchen sowie mit charakteristischer Reihe von Postdiskalflecken. Überdies leicht an der basal blau beschuppten Hinterflügelunterseite zu erkennen.

VERBREITUNG
Gesamtverbreitung: sibirisch-europäisch; große Teile des gemäßigten Europas und Asiens bis nach China und Japan.
Regionalverbreitung: beinahe im gesamten Land, vor allem im Mittelgebirge festgestellt, jedoch eher einzeln auftretend und in den Tälern weitgehend fehlend.
Vertikalverbreitung: ca. 450 bis 2200 m; kollin, montan, subalpin, alpin. In den tiefen Lagen des Etschtals nur einmal von STAUDER (1915) bei Andrian gemeldet.

BIOLOGIE
Habitatwahl: xerothermophile Offenlandart. Charakterart von trockenen und sonnenexponierten, meist felsdurchsetzten Böschungen. Bevorzugt auf kurzrasigen, aber blütenreichen Trocken- und Halbtrockenrasen mit Raupenfutterpflanzenbeständen.
Phänologie: univoltin; von Anfang Juni bis Anfang August, in Ausnahmefällen bereits Ende Mai/Anfang Juni.
Raupenfutterpflanzen – Präimaginalstadien: Oligophagie I (?), Myrmecophagie (*Myrmica sabuleti*); *Thymus* spp., *Origanum vulgare* (Lamiaceae), in einigen Regionen – darunter möglicherweise auch Südtirol – jedoch nur *Thymus* (SBN, 1994). Eiablage auf Blüten der Futterpflanze. Raupe bis zur dritten Häutung die Blüten fressend, danach erfolgen Adoption durch *Myrmica sabuleti* und Überwinterung im Ameisennest. Hier ernährt sich die Raupe von der Ameisenbrut. Verpuppung im Frühsommer im Nest, nahe der Oberfläche (SBN, 1994).

GEFÄHRDUNG – SCHUTZMASSNAHMEN
Gefährdungssituation: trotz des spezifischen Habitatanspruches und der komplizierten Raupenentwicklung auf Grund der horizontalen und vertikalen Verbreitung nur lokal bis höchstens regional gefährdet. Ursachen für Populationsverluste liegen vor allem in landwirtschaftlichen Intensivierungstendenzen sowie in Nutzungsaufgabe oder Verbauung. *G. arion* tritt aber auch an vielen anthropogen nicht genutzten Stellen auf.
Rote Liste: drohende Gefährdung (NT); bisherige Einstufung: 3.

Glaucopsyche arion (Linnaeus, 1758)
- ab 1980
- vor 1980

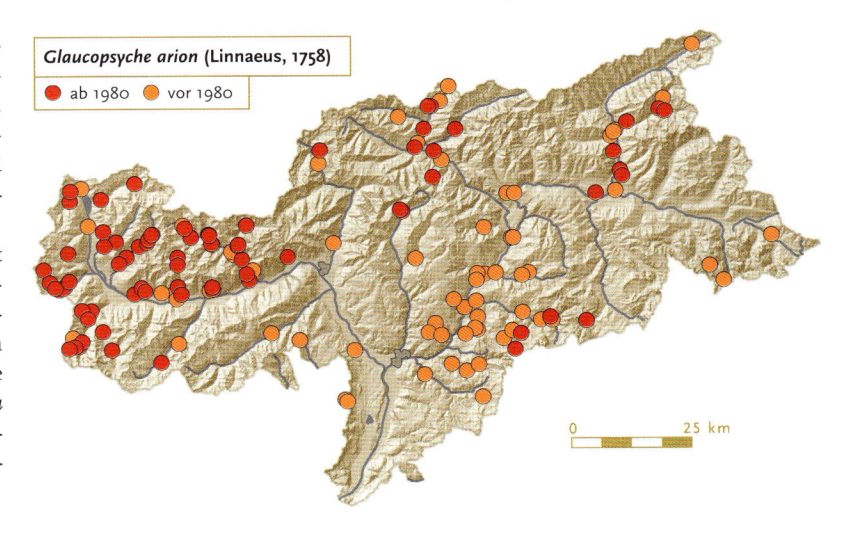

Schutzmaßnahmen: Verzicht auf Düngung im Nahbereich von stärkeren Populationen sowie Beibehaltung traditioneller Nutzung.
Internationale Verpflichtungen: *G. arion* ist durch Anhang IV der Fauna-Flora-Habitatrichtlinie der EU geschützt. Eine Beschädigung oder Vernichtung der Ruhe- und Fortpflanzungsstätten ist verboten und es gilt überdies ein Fang- und Störungsverbot (HUEMER, 2001).

Glaucopsyche rebeli (Hirschke, 1904)
● ab 1980   ● vor 1980

Glaucopsyche rebeli (Hirschke, 1904) Kreuzenzian-Ameisen-Bläuling

TAXONOMIE – DETERMINATION
Die Art wird von verschiedenen Autoren zur Gattung *Maculinea* gezählt (LERAUT, 1997; SBN, 1994; WEIDEMANN, 1995), die jedoch neuerdings als Subgenus von *Glaucopsyche* gewertet wird (SETTELE et al., 1999; DE PRINS, *in litteris*).
G. rebeli ist äußerst nahe mit *G. alcon* (Denis & Schiffermüller, 1775) verwandt und wurde in früheren Publikationen unter diesem Namen geführt (COOKE, 1927; DANNEHL, 1925–1930; KITSCHELT, 1925). Beide Arten sind weder habituell noch in den Genitalien sicher zu unterscheiden, leben jedoch an verschiedenen Wirtsameisen und überdies in unterschiedlichen Lebensräumen. *G. rebeli* bevorzugt eher trockene Wiesen in der montanen und subalpinen Stufe. *G. alcon* ist hingegen eine hygrophile Art von Feuchtwiesen und feuchten Saumgesellschaften der kollinen und montanen Stufe, wo sie auch an unterschiedlichen Enzianarten wie dem Lungenenzian frisst. In Südtirol wurde diese Art jedoch noch nicht sicher nachgewiesen.
Große Art mit einfarbig dunkelblauen, schmal schwarz umrandeten Flügeloberseiten beim Männchen sowie braunen, basal blau beschuppten Weibchen. Flügelunterseite graubraun mit zwei Reihen hell umrandeter schwarzbrauner Ozellen. Von anderen Arten der Untergattung *Maculinea*, mit Ausnahme von *G. alcon*, durch das Fehlen von dunklen Flecken auf der Oberseite leicht zu unterscheiden.

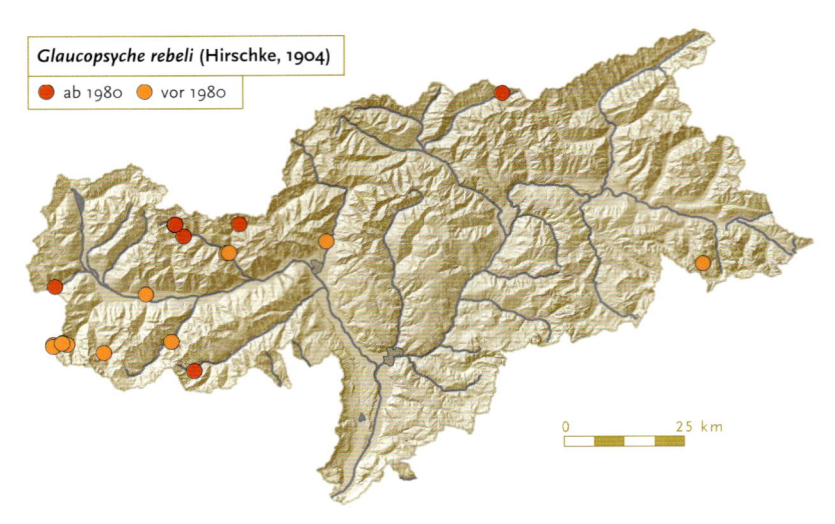

VERBREITUNG
Gesamtverbreitung: südeuropäisch; von den Pyrenäen und Ostfrankreich über die Alpen, die Apenninen und die Gebirge des Balkans.
Regionalverbreitung: lokale Vorkommen im Gebiet des Ortlers, der Ötztaler Alpen sowie der Zillertaler Alpen, auch in den Sextner Dolomiten. Der einzige Nachweis aus dem Passeiertal ist extrem ungenau lokalisiert und daher etwas zweifelhaft. An anderen Standorten wahrscheinlich, jedoch unzureichend erfasst.
Vertikalverbreitung: ca. 900 bis 2200 m; montan, subalpin, alpin.

BIOLOGIE
Habitatwahl: montane Art. Bevorzugt auf flachgründigen Weiderasen mit reichen Enzianbeständen. An tiefer gelegenen Standorten wie im Vinschgau auch auf Magerwiesen und Trockenrasen. In anderen Gebieten wie in Niederösterreich werden ausschließlich Xerothermstandorte besiedelt (SCHLICK-STEINER et al., 2002).
Phänologie: univoltin; von Anfang Juli bis Anfang August.
Raupenfutterpflanzen – Präimaginalstadien: Oligophagie I, Myrmecophagie (*Myrmica schencki*, *M. sabuleti*, *M. specioides*, *M. scabrinodis*, *M. ruginodis*, *M. sulcinodis*); *Gentiana cruciata*, *Gentianella campestris*, *G. germanica* (Gentianaceae) (SCHLICK-STEINER et al., 2002), wahrscheinlich auch andere Enziangewächse wie *Gentiana acaulis* (COOKE, 1927). Die Wahl der Ameisen- und Enzianarten ist regional unterschiedlich und in Südtirol unbekannt. Raupen leben juvenil in den Fruchtständen der Enzianblüten, werden aber bald von der Wirtsameise adoptiert. In den Ameisennestern wird zuerst die Brut gefressen, später bevorzugt ein von den Ameisen produzierter Speisebrei. Verpuppung nach der Überwinterung der Raupen im Frühling (SBN, 1994).

GEFÄHRDUNG – SCHUTZMASSNAHMEN
Gefährdungssituation: an manchen Fundstellen, wie z.B. in der Umgebung von Sulden, noch vor 80 Jahren extrem häufig (COOKE, 1927), inzwischen durch Intensivierung, aber auch touristische Erschließung viel seltener geworden.
Rote Liste: unzureichender Datenbestand (DD); bisherige Einstufung: 1.
Schutzmaßnahmen: konsequente Kartierung der Populationen an den potentiellen Flugplätzen. Schutz der Lebensräume vor zu intensiver Bewirtschaftung wie Beweidung. Kurze Beweidungsperioden haben sich zwar als nützlich erwiesen (SBN, 1994), nach SCHLICK-STEINER et al. (2002) sollte aber von Anfang Juli bis Mitte September auf Beweidung gänzlich verzichtet werden.

Plebeius trappi (Verity, 1927) Kleiner Tragant-Bläuling

Synonymie:
Plebejus pylaon delattini (Junge, 1971)

TAXONOMIE – DETERMINATION
Der Status von *P. trappi* als separate Art folgt DE PRINS (*in litteris*) sowie BALLET-

TO (1995). Bisher galt das Taxon als Unterart von *P. pylaon* (Fischer von Waldheim, 1832). Aus Südtirol in der ssp. *P. trappi delattini* Junge, 1971, beschrieben. Der Status dieses Taxons ist jedoch umstritten, und nach TOLMAN & LEWINGTON (1998) handelt es sich nur um eine infrasubspezifisch zu wertende Form von *P. trappi* (Verity, 1927) (in diesem Werk als *P. pylaon trappi* behandelt), die im Wallis sowie im Piemont vorkommt. Allerdings ist auch eine geographische „Form" subspezifisch zu werten, sodass die bereits von JUNGE (1971) ausführlich dargestellten Differenzen eine separate Unterart gerechtfertigt erscheinen lassen.
Männchen oberseits violettblau mit breitem graubraunem Saum und weißen Fransen, Weibchen braun mit teilweise entwickelten orangen Submarginalflecken am Hinterflügel. Hinterflügelunterseite mit leuchtender oranger Submarginalbinde ohne metallische Flecken.

VERBREITUNG
Gesamtverbreitung: alpin; sehr lokal im Wallis, im Piemont sowie in Südtirol.
Regionalverbreitung: ausschließlich auf die südseitigen Hänge des Vinschgaus beschränkt und hier vor allem zwischen Schlanders und Mals an etlichen Stellen nachgewiesen, im unteren Vinschgau bis Naturns. TOLMAN & LEWINGTON (1998) melden *P. trappi* auch aus dem Passeiertal, bleiben aber konkrete Daten schuldig.
Vertikalverbreitung: ca. 650 bis 1500 m; montan. Ausschließlich auf die xeromontanen Steppenbereiche beschränkt.

BIOLOGIE
Habitatwahl: xerothermophile Offenlandart. Charakterart der Vinschgauer Trockenrasen und Felssteppen. Meist nur in unmittelbarer Nähe der Raupenfraßpflanze.
Phänologie: univoltin; von Ende Mai bis Ende August, bevorzugt im Juli.
Raupenfutterpflanzen – Präimaginalstadien: Monophagie II; *Astragalus* spp. (Fabaceae). Raupe in Südtirol und im Wallis monophag an *Astragalus exscapus*, in Symbiose mit *Formica*-Arten, ansonsten auch an anderen *Astragalus*-Arten. Überwinterung als juvenile Raupe. Verpuppung in Ameisennestern (SBN, 1994).

GEFÄHRDUNG – SCHUTZMASSNAHMEN
Gefährdungssituation: weitgehend isolierte Populationen, durch Überbeweidung (vor allem mit Schafen), Düngung, Aufforstung sowie Nutzungsaufgabe und damit verbundene Verbuschung an vielen Stellen akut bedroht.
Rote Liste: stark gefährdet (EN); bisherige Einstufung: 2.
Schutzmaßnahmen: dringender Forschungsbedarf. Kartierung der noch aktuellen Populationen sowie detaillierte Klärung der Ökologie. Schutz der Restvorkommen durch Beibehaltung traditioneller, extensiver Bewirtschaftung.

Plebeius trappi (Verity, 1927)
● ab 1980   ● vor 1980

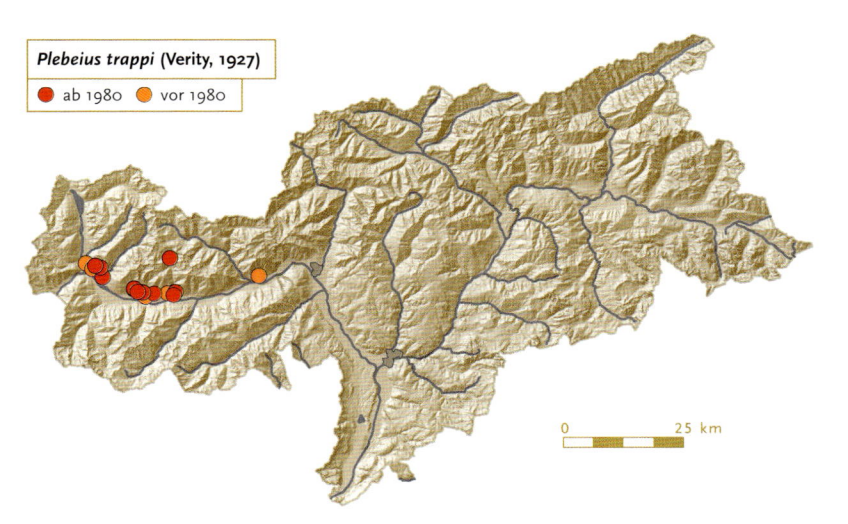

Plebeius argus (Linnaeus, 1758)
Argus-Bläuling

TAXONOMIE – DETERMINATION
Von VERITY (1931) und anderen Autoren in zahlreiche Rassen aufgespalten, auch LERAUT (1997) differenziert allein für Frankreich acht subspezifisch gewertete Taxa. Nach TOLMAN & LEWINGTON (1998) sind die Populationen Südtirols der Nominatunterart zuzuordnen; dieser Ansicht wird hier gefolgt. Kleine Art. Männchen oberseits violettblau mit breitem graubraunem Saum, Weibchen braun mit undeutlichen orangen Submarginalflecken. Besonders charakteristisch ist die orange Randbinde der Hinterflügelunterseite mit einer Reihe von Metallflecken. Von der sehr ähnlichen *P. idas* durch den breiteren dunklen Saum des Männchens sowie einen Dorn an der Schiene des Vorderbeins zu unterscheiden.

VERBREITUNG
Gesamtverbreitung: sibirisch-europäisch; gesamtes gemäßigtes Europa und Asien bis nach Japan.
Regionalverbreitung: in den meisten Landesteilen verbreitet und oft häufig, jedoch mit deutlich unterrepräsentierten oder weitgehend fehlenden Nachweisen aus dem Etschtal unterhalb von Meran, dem Ortlergebiet sowie den zentralen und südöstlichen Gebieten Südtirols. Besonders häufig an den Vinschgauer Sonnenhängen sowie im Eisacktal und in Teilen der Dolomiten.
Vertikalverbreitung: ca. 260 bis 2100 m; kollin, montan, subalpin. Höchste Funddichte im montanen Bereich. Im Gegensatz zu *P. idas* besiedelt *P. argus* die untere alpine Stufe sowie große Teile der Talebene nicht.

BIOLOGIE
Habitatwahl: mesophile Offenlandart. Imagines bevorzugt auf leicht angedüngten Magerwiesen (Mesobrometalia), hier teils extrem häufig wie im Gemeindegebiet von Lajen (Eingangsbereich des Grödnertals), sowie auf Trocken- und Halbtrockenrasen, jedoch immer an blütenreicheren Stellen.
Phänologie: bivoltin, in höheren Lagen univoltin; Generationen unscharf getrennt, von Mitte Mai bis Ende Juni sowie von Anfang Juli bis Ende August. Ab der hochmontanen/subalpinen Stufe einbrütig, von Mitte Juni bis Anfang August (SBN, 1994), aus Südtirol existieren aber dazu nur sehr wenige Daten.

Argus-Bläulinge (*Plebeius argus*) sind wie viele Arten der Familie im weiblichen Geschlecht braun gefärbt.

Plebeius argus (Linnaeus, 1758)
● ab 1980 ● vor 1980

Plebeius idas (Linnaeus, 1761) Ginster-Bläuling

Synonymie:
Lycaena argyrognomon auctt, nec Bergsträsser, 1779

TAXONOMIE – DETERMINATION

P. idas wird je nach Autor in eine höchst unterschiedliche Anzahl von Unterarten aufgespalten (HIGGINS, 1975; FORSTER & WOHLFAHRT, 1984; TOLMAN & LEWINGTON, 1998), und besonders in den Alpen erscheint die Situation durch die unterschiedliche Anpassung an Höhenstufen kompliziert. TOLMAN & LEWINGTON (1998) akzeptieren in Europa vier subspezifische Taxa, wobei Mitteleuropa nach diesen Autoren ausschließlich von der nominotypischen *P. idas* besiedelt wird, allerdings mit einer Reihe von infrasubspezifisch bewerteten Formen. Für Südtirol ist diese Angabe zu korrigieren, da hier in einigen Landesteilen die mit *Hippophae rhamnoides* assoziierte Unterart *P. idas calliopis* (Boisduval, 1832) vorkommt. Bereits DANNEHL (1925–1930) vermerkte diese ungewöhnliche Lebensweise und auch morphologische Differenzen und führte für die Populationen des unteren Etsch- und Nonstals den subspezifischen Namen *nocensis* ein (unter *L. argyrognomon*!), der jedoch als Syn-

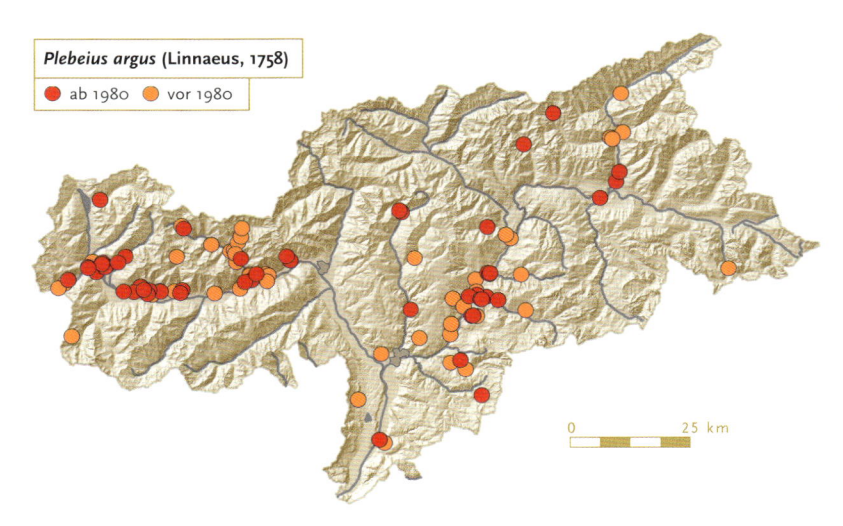

Raupenfutterpflanzen – Präimaginalstadien: Oligophagie I (?); *Hippocrepis comosa*, *Lotus corniculatus*, *Coronilla varia* (Fabaceae) (EBERT & RENNWALD, 1991b) und zahlreiche weitere Schmetterlingsblütler. Weiters aber auch Ericaceae gemeldet sowie – zu verifizieren – *Helianthemum* spp. (Cistaceae) (SBN, 1994; WEIDEMANN, 1995). Eiablage in Bodennähe an verschiedenen Pflanzenteilen. Überwinterung im Eistadium. Raupe gerne unter den Pflanzen in der Nähe von Ameisennestern. Enge Symbiose mit *Lasius niger* und *L. alienus* sowie vermutlich *Formica cinerea*. Gürtelpuppe gerne in Ameisennestern (EBERT & RENNWALD, 1991b; SBN, 1994; TOLMAN & LEWINGTON, 1998).

GEFÄHRDUNG – SCHUTZMASSNAHMEN
Gefährdungssituation: durch Intensivierung noch vorhandener Mager- und Trockenwiesen deutliche Bestandsrückgänge. Durch die weite Verbreitung und kleinräumige Populationen aber keine unmittelbare, landesweite Aussterbegefahr.
Rote Liste: drohende Gefährdung (NT); bisherige Einstufung: 3 bzw. 4 (EISENBERG, 2001).
Schutzmaßnahmen: Verzicht auf Düngung von Magerwiesen sowie traditionelle, extensive Nutzung der Trockenrasen.

Sowohl Ginster-Bläuling (*Plebeius idas*) als auch Argus-Bläuling (*Plebeius argus*) besitzen auf der Hinterflügelunterseite typische Metallflecken, oberseitig unterscheiden sie sich allerdings.

onym von *P. idas calliopis* zu gelten hat. *P. idas* hat im Gegensatz zu *P. argus* keinen Dorn an der Schiene des Vorderbeins und der dunkle Rand der Vorderflügel ist beim Männchen sehr schmal. Von der äußerst ähnlichen und in Südtirol höchstwahrscheinlich fehlenden *P. argyrognomon* (s. a. TOLMAN & LEWINGTON, 1998; KUDRNA, 2002) ist die Art mit Sicherheit nur anhand von Merkmalen des männlichen Genitals zu unterscheiden.

VERBREITUNG

Gesamtverbreitung: sibirisch-europäisch; Europa mit Ausnahme der Britischen Inseln sowie Teilen des Mediterraneums über Asien bis zum Ussuri. Verbreitung auf Grund der Verwechslung mit *P. argyrognomon* allerdings noch unzureichend bekannt. Auch Meldungen aus Nordamerika (TOLMAN & LEWINGTON, 1998) sind widersprüchlich (HODGES et al., 1983).

Regionalverbreitung: in den westlichen und zentralen Landesteilen weit verbreitet und örtlich häufig, vom Eisacktal nach Osten hin zunehmend lokaler mit wenigen Nachweisen in den Dolomiten und den Zillertaler Alpen. In früheren Standardwerken wie bei KITSCHELT (1925) und DANNEHL (1925–1930) noch unter dem Namen *Lycaena argyrognomon* publizierte Daten beziehen sich höchstwahrscheinlich ausschließlich auf *P. idas*. Dies betrifft auch neuere Meldungen bei REICHL (1992) sowie HUEMER & TARMANN (2001). Alle diese Daten werden hier unter *P. idas* subsummiert.

Vertikalverbreitung: ca. 220 bis 2400 m; kollin, montan, subalpin, alpin. Höchstgelegene Nachweise von der Stilfser-Joch-Straße, wo die Art bis über 2350 m nachgewiesen wurde. Die von KITSCHELT (1925) mit 2000 m angegebene Höhenverbreitungsgrenze wird hier jedenfalls deutlich überschritten.

BIOLOGIE

Habitatwahl: mesophile Offenlandart. Trockene Wegböschungen und Halbtrocken- sowie Trockenrasen werden ebenso besiedelt wie Magerwiesen oder alpine Rasengesellschaften. Generell aber nur in blumenreichen, höchstens extensiv genutzten Offenlandlebensräumen.

Phänologie: bivoltin, in höheren Lagen univoltin; erste Generation von Anfang Mai bis Anfang Juli, zweite Generation von Mitte Juli bis Mitte September, ausnahmsweise bis Mitte Oktober. Ab der subalpinen Stufe einbrütig, von Mitte Juni bis Anfang August. Generationenfolge jedoch an einigen Lokalitäten unzureichend bekannt.

Raupenfutterpflanzen – Präimaginalstadien: Polyphagie I; *Lotus corniculatus*, *Melilotus alba*, *Medicago sativa*, *Anthyllis vulneraria*, *Genista* spp., *Sarothamnus*

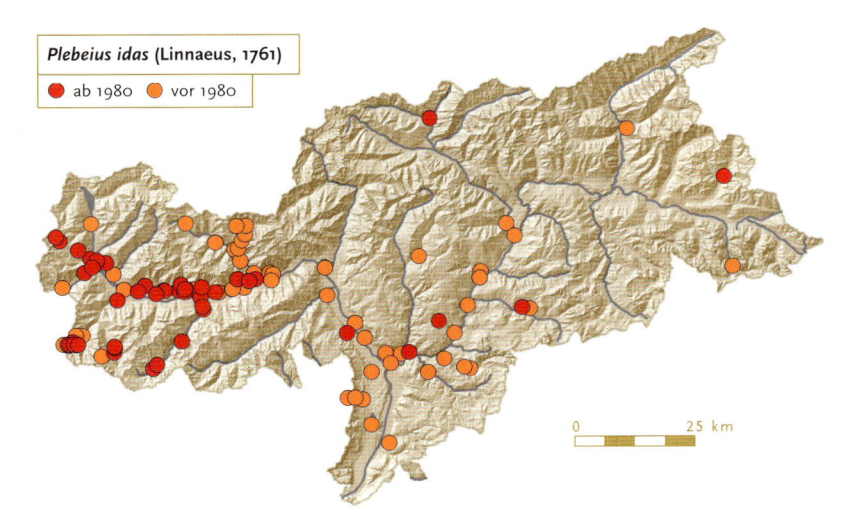

Plebeius idas (Linnaeus, 1761)
● ab 1980 ● vor 1980

scoparius (Fabaceae) und *Hippophae rhamnoides* (Elaeagnaceae), in Norddeutschland auch *Calluna vulgaris* (Ericaceae) (SBN, 1994; WEIDEMANN, 1995). In Zuchtversuchen zahlreiche weitere Schmetterlingsblütler fressend. Eiablage an Blüten und Trieben sowie verholzten Pflanzenteilen. Überwinterung als Ei. Raupe myrmekophil in Symbiose mit Ameisen wie *Lasius niger* und *Formica* spp. Gürtelpuppe bevorzugt an und unter Steinen im Randbereich eines Ameisennestes (SBN, 1994; WEIDEMANN, 1995).

GEFÄHRDUNG – SCHUTZMASSNAHMEN
Gefährdungssituation: ähnlich wie vorhergehende Art durch Intensivierungstendenzen wie zunehmende Düngung oder Beweidung bedroht. Auch die Verbuschung oder Aufforstung von Trockenrasen trägt zum Rückgang bei. Im Vinschgau durch Biozide extrem zurückgegangen und in rezenten Untersuchungen (HUEMER & TARMANN, 2001) mit Ausnahme alpiner Naturrasen auf keiner Fläche mehr belegt. Eine landesweite Gefährdung besteht auf Grund der Besiedelung letztgenannter Habitate allerdings nicht.
Rote Liste: drohende Gefährdung (NT); bisherige Einstufung: 4.
Schutzmaßnahmen: Reduktion des Spritzmitteleinsatzes im Obstbau sowie Verzicht auf weitere Intensivierung von Trocken- und Magerrasen.

Plebeius optilete (Knoch, 1781)
Hochmoor-Bläuling

TAXONOMIE – DETERMINATION
P. optilete wird von verschiedenen Autoren zur Gattung *Vacciniina* gezählt (LERAUT, 1997; SBN, 1994), die jedoch neuerdings als Subgenus von *Plebeius* gewertet wird (SETTELE et al., 1999; TOLMAN & LEWINGTON, 1998; DE PRINS, *in litteris*).
Die taxonomische Bewertung der Gebirgspopulationen in den Alpen ist umstritten. Die durchschnittlich kleineren Falter besitzen im männlichen Geschlecht einen schmaleren schwarzen Flügelsaum. Nach FORSTER & WOHLFAHRT (1984) handelt es sich um eine Höhenform, nach LERAUT (1997) hingegen um die ssp. *cyparissus* (Hübner, 1813). Neuerdings wird in Europa aber nur mehr die Nominatunterart akzeptiert (TOLMAN & LEWINGTON, 1998; DE PRINS, *in litteris*).
Männchen oberseits durchgehend dunkellilablau, Weibchen nur an der Flügelbasis. Durch die ein bis drei orangen Flecken mit blauer Umrandung an der Hinterflügelunterseite leicht kenntlich.

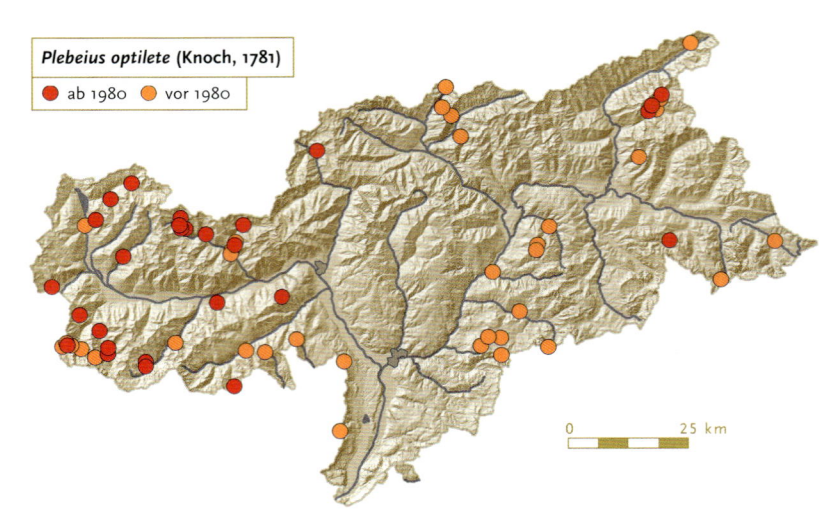

VERBREITUNG
Gesamtverbreitung: holarktisch; Alpen und nördliches Europa über die Nordteile Asiens bis nach Japan und Nordamerika, daneben ein isoliertes Vorkommen in Mazedonien.
Regionalverbreitung: lokal und meist vereinzelt in großen Teilen Südtirols registriert, jedoch mit einer Verbreitungs- oder Nachweislücke in den Sarntaler Alpen sowie den zentralen Dolomiten.
Vertikalverbreitung: ca. 1200 (?) bis 2400 m; montan, subalpin, alpin. Nachweise aus der montanen Stufe sind die Ausnahme und bezüglich der tatsächlichen Fundorthöhen mangelhaft dokumentiert. Auch die oberste Verbreitungsgrenze ist unzureichend bekannt.

BIOLOGIE
Habitatwahl: tyrphostene Art, montane Art. In Südtirol ausschließlich im Bereich der Zwergstrauchheiden, teilweise auch unterhalb der Waldgrenze, mit Beständen der Rauschbeere. In benachbarten Regionen auch in Hochmooren tieferer Lagen. Falter extrem standorttreu.
Phänologie: univoltin; von Ende Juni bis Ende August mit Häufigkeitsmaximum von Mitte Juli bis Anfang August.
Raupenfutterpflanzen – Präimaginalstadien: Monophagie II; *Vaccinium uliginosum*, *V. gaultherioides* (Ericaceae) (SBN, 1994), in Skandinavien auch weitere Ericaceae (TOLMAN & LEWINGTON, 1998). Eiablage an der Blattunterseite. Raupe vom Spätsommer an sowie nach der Überwinterung bis Juni Blätter oder junge Triebe und Blütenknospen fressend. Verpuppung als Gürtelpuppe an Rauschbeertrieben (SBN, 1994).

GEFÄHRDUNG – SCHUTZMASSNAHMEN
Gefährdungssituation: höchstens punktuell durch technische Erschließung für touristische Zwecke gefährdet. Bedingt durch die Habitatwahl aber keine landesweiten Bedrohungsszenarien ersichtlich.
Rote Liste: nicht oder kaum gefährdet (LC); bisherige Einstufung: 3.
Schutzmaßnahmen: derzeit keine Maßnahmen erforderlich.

Plebeius glandon (de Prunner, 1798)
Dunkler Alpen-Bläuling

Synonymie:
Lycaena orbitulus auctt, nec de Prunner, 1798

TAXONOMIE – DETERMINATION
P. glandon wurde bis in die jüngere Vergangenheit zur Gattung *Agriades* gezählt (LERAUT, 1997; SBN, 1994), die jedoch neuerdings als Subgenus von

Plebeius gewertet wird (DE PRINS, *in litteris*).

Die Artsynonymie in älteren Werken ist relativ verworren. So verzeichnen KITSCHELT (1925) und DANNEHL (1925–1930) *Plebeius glandon* noch unter dem spezifischen Namen *Lycaena orbitulus*, während die heute als *Plebeius orbitulus* benannte Art unter *Lycaena pheretes* behandelt wird.

In Europa können drei Unterarten differenziert werden, wobei die nominotypische Rasse auf die Alpen beschränkt ist. Unverwechselbare Art mit hellsilberblauen Männchen und dunkelbraunen Weibchen. Hinterflügelunterseite mit charakteristischen weißen Flecken, teilweise ohne schwarze Kernung.

VERBREITUNG

Gesamtverbreitung: holarktisch; von der Sierra Nevada und den Pyrenäen über die Alpen, das nördliche Skandinavien sowie Nordasien bis nach Nordamerika (arktoalpin).

Regionalverbreitung: in den alpinen Gebieten Südtirols vom Ortler und von der Sesvennagruppe über die Ötztaler und Zillertaler Alpen bis zur Mendelgruppe und in die Dolomiten lokal verbreitet. Gehäufte Meldungen aus dem Ortlergebiet; aus den Sarntaler Alpen liegen hingegen keine Nachweise vor.

Vertikalverbreitung: ca. 1500 bis 2800 m; subalpin, alpin. Bodenständigkeit von Faltern aus der oberen montanen Stufe ist zweifelhaft. Brutbiotope meist zwischen 2000 und 2500 m.

BIOLOGIE

Habitatwahl: alpine Art. Imagines gerne an feuchten Wegstellen saugend. Weibchen jedoch nur im Bereich der Larvalhabitate, meistens Abrissstellen und Lawinenbahnen sowie offene Weiderasen und lückige alpine Rasensysteme.

Phänologie: univoltin; von Ende Juni bis Ende August, Hauptflugzeit in der zweiten Julihälfte.

Raupenfutterpflanzen – Präimaginalstadien: Monophagie II; *Androsace obtusifolia, A. chamaejasme, A. vitaliana* (Primulaceae), extraalpine Unterarten auch an Saxifragaceae und Fabaceae (TOLMAN & LEWINGTON, 1998). Raupen die Blattrosetten sowie teilweise die Blüten fressend. Überwinterung als Raupe. Verpuppung erfolgt frei, ohne Gürtel (SBN, 1994).

GEFÄHRDUNG – SCHUTZMASSNAHMEN

Gefährdungssituation: trotz lokalen Auftretens auf Grund der Habitatwahl weitab von stärkerem anthropogenem Einfluss nicht gefährdet.

Rote Liste: nicht oder kaum gefährdet (LC); bisherige Einstufung: 3 bzw. 4 (EISENBERG, 2001).

Schutzmaßnahmen: derzeit keine Maßnahmen erforderlich.

Plebeius orbitulus (de Prunner, 1798)
Heller Alpen-Bläuling

Synonymie:
Lycaena pheretes sensu (Hübner, 1806)

TAXONOMIE – DETERMINATION

P. orbitulus wird von verschiedenen Autoren zur Gattung *Albulina* gezählt (LERAUT, 1997; SBN, 1994), die jedoch neuerdings als Subgenus von *Plebeius* gewertet wird (TOLMAN & LEWINGTON, 1998; DE PRINS, *in litteris*).

Auf Grund von Homonymieproblemen beziehen sich die in alten Standardwerken unter dem Namen *P. orbitulus* angeführten Daten auf *P. glandon*. In Europa ausschließlich in der nominotypischen Unterart vertreten.

Unverwechselbare Art. Flügeloberseite des Männchens leuchtend hellblau, beim Weibchen braun. Besonders charakteristisch sind die weißen, ungekernten Flecken auf der Hinterflügelunterseite. Sehr selten treten auch Hybriden zwischen *L. orbitulus* und *L. glandon* auf (SBN, 1994).

VERBREITUNG

Gesamtverbreitung: europäisch; Alpen, Skandinavien und südlicher Ural (arktoalpin). Nach HIGGINS (1975) mehrere nahe verwandte und möglicherweise konspezifische Taxa in Zentralasien.

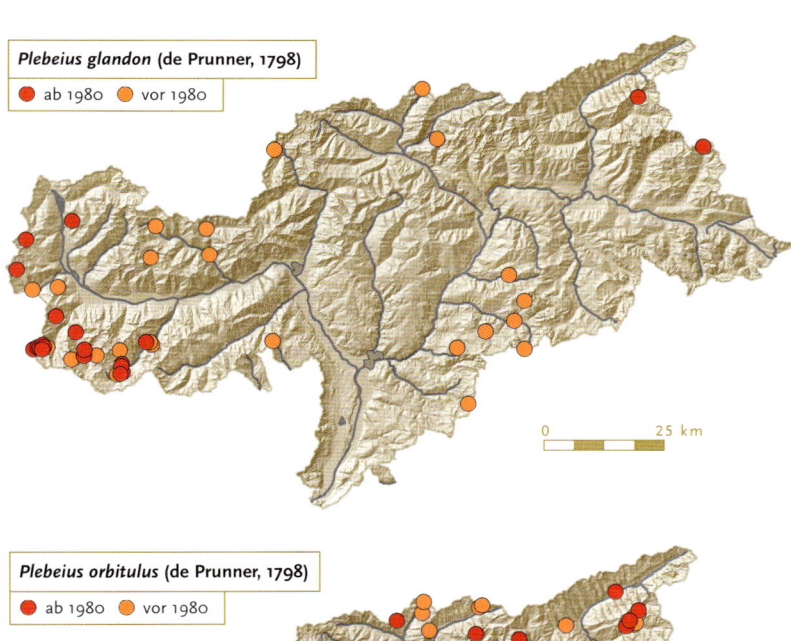

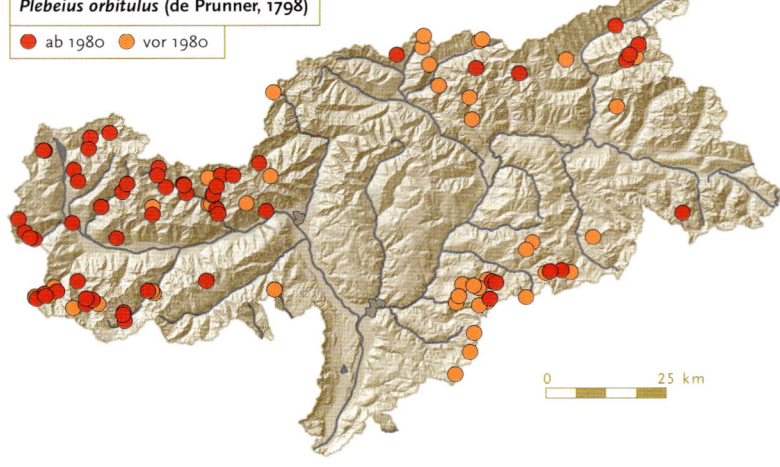

Der Helle Alpen-Bläuling (*Plebeius orbitulus*) bevorzugt kalkhaltige blumenreiche alpine Rasengesellschaften.

Regionalverbreitung: in weiten Teilen des Landes, vor allem im Bereich der Ötztaler Alpen, der Ortlergruppe, der Zillertaler Alpen sowie in den Dolomiten, nachgewiesen, an einigen Stellen in höherer Abundanz. Aus den Sarntaler Alpen liegen hingegen keinerlei Meldungen vor.

Vertikalverbreitung: ca. 1200 bis 2400 m; montan, subalpin, alpin. Einige Angaben sowohl aus tieferen als auch aus höheren Lagen sind nach den Originaldaten nicht genau zuzuordnen und bezüglich der Höhenverbreitung zu verifizieren.

BIOLOGIE

Habitatwahl: alpine Art. Vor allem in blütenreichen, lückig bewachsenen Rasengesellschaften wie subalpinen Mähwiesen und alpinen Naturrasen, gerne auch an Abrissstellen in Lawinarrasen oder an Wegböschungen, aber auch im Almgelände. Bevorzugt werden stark besonnte Lebensräume.

Phänologie: univoltin; von Mitte Juni bis Ende August, nach SCHEURINGER (1972) im Schnalstal bereits ab Anfang Juni.

Raupenfutterpflanzen – Präimaginalstadien: Oligophagie I; *Astragalus alpinus*, *A. frigidus*, *Oxytropis* spp., *Hedysarum hedysaroides* (Fabaceae) (TOLMAN & LEWINGTON, 1998). Raupenüberwinterung in jugendlichem Stadium. Verpuppung in einer Gürtelpuppe (SBN, 1994).

GEFÄHRDUNG – SCHUTZMASSNAHMEN

Gefährdungssituation: durch die Habitatwahl in großteils wenig beeinflussten naturnahen bis natürlichen Lebensräumen kaum gefährdet. Eingriffe wie infrastrukturelle Maßnahmen im Tourismusbereich, aber auch allzu intensive Beweidung oder Düngung von Wiesen sind höchstens lokal wirksame Gefährdungsfaktoren.

Rote Liste: nicht oder kaum gefährdet (LC); bisherige Einstufung: n. a.

Schutzmaßnahmen: derzeit keine Maßnahmen erforderlich.

Plebeius eumedon (Esper, 1780) Storchschnabel-Bläuling

Synonymie:
Lycaena chiron (Rottemburg, 1775) (Homonym)

TAXONOMIE – DETERMINATION

P. eumedon wird von zahlreichen Autoren (EBERT & RENNWALD, 1991b; LERAUT, 1997; SBN, 1994; WEIDEMANN, 1995) zur Gattung *Eumedonia* gezählt, die jedoch neuerdings als Synonym des Subgenus *Aricia* der Gattung *Plebeius* gewertet wird (DE PRINS, *in litteris*). SETTELE et al. (1999) führen *Aricia* hingegen als Untergattung von *Polyommatus* und verwenden dementsprechend die Kombination *Polyommatus eumedon*.

Wenig variable Art, von der aus Mitteleuropa meistens nur die nominotypische Unterart gemeldet wird. Populationen der höheren Gebirgsregionen wurden gelegentlich unter dem Subspeziesnamen *belinus* (de Prunner, 1798) zusammengefasst, die Differen-

Im Stilfser-Joch-Gebiet fliegen mehrere alpine Bläulingsarten.

zen gegenüber der Nominatunterart sind jedoch äußerst geringfügig. Unverwechselbare Art mit brauner Flügeloberseite sowie einem weißen Striemen vom Zellfleck zum Flügelsaum auf der Hinterflügelunterseite in beiden Geschlechtern.

VERBREITUNG

Gesamtverbreitung: sibirisch-europäisch; große Teile des mittleren und östlichen Europas (erhebliche Verbreitungslücken im Westen und Süden) bis in den Tienschan, das Altai-Gebirge und die Mongolei.

Regionalverbreitung: in großen Teilen des montanen und subalpinen Südtirols, von der Sesvennagruppe über den Ortler und die Ötztaler Alpen bis zu den Hohen Tauern lokal vorkommend. Vereinzelt auch in den Dolomiten sowie den Sarntaler Alpen nachgewiesen.

Vertikalverbreitung: ca. 1000 bis 2200 m; ausnahmsweise kollin, montan, subalpin, alpin. Ein von Wolfsberger am 21.6.1954 in der Umgebung von Bozen gesammelter Beleg (coll. Zoologische Staatssammlung München) lässt sich bezüglich Fundorthöhe schwer zuordnen, deutet aber auf mögliche ehemalige Vorkommen im kollinen Bereich. Dies wird durch einen Nachweis vom Kalterer See bestätigt (GRÜNEWALD, *in litteris*). Auch Meldungen von Fundorten oberhalb 2200 m sind in der Vertikalangabe unzuverlässig und stammen meist aus dem Stilfser-Joch-Gebiet. Hier tritt die Art aber ebenfalls nur bis gegen 2200 m auf.

BIOLOGIE

Habitatwahl: mesophile Übergangsbereichsart. Charakterart von Hochstaudenfluren entlang von Bächen und Waldrändern sowie in Randbereichen der Grünerlengebüsche und in extensiv genutztem, teilweise brachfallen-

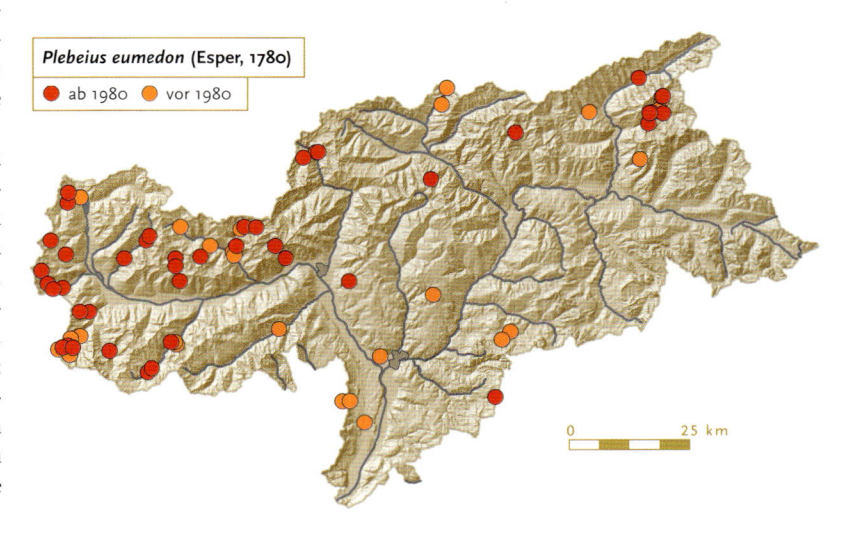

Plebeius eumedon (Esper, 1780)
● ab 1980   ● vor 1980

Der Storchschnabel-Bläuling (*Plebeius eumedon*) ist am weißen Streifen auf der Hinterflügelunterseite sowie an der in beiden Geschlechtern braunen Färbung der Oberseite zu erkennen.

Feuchte Hochstaudenfluren mit Beständen der Raupenfraßpflanze sind die Lebensräume des Storchschnabel-Bläulings.

dem feuchtem Almgelände lebend. In anderen Gebieten von Feuchtwiesen (SBN, 1994; SETTELE et al., 1999) oder auch von trockenen Standorten gemeldet (SBN, 1994). Falter bevorzugt auf den Blüten des Storchschnabels sitzend und daran saugend.

Phänologie: univoltin; von Ende Juni bis Mitte August.

Raupenfutterpflanzen – Präimaginalstadien: Monophagie II; *Geranium* spp., besonders *G. sylvaticum* (Geraniaceae). Eiablage einzeln an den Blüten. Raupe zuerst an den Samenanlagen und Blütengriffeln, nach der Überwinterung im dritten Stadium den jungen Blattstiel fressend. Raupe myrmekophil, in Symbiose mit *Lasius alienus*, *Myrmica* spp. sowie *Tapinoma* spp. auftretend. Verpuppung in einer Gürtelpuppe (SBN, 1994).

GEFÄHRDUNG – SCHUTZMASSNAHMEN

Gefährdungssituation: nach der Roten Liste Südtirols stark gefährdet (HOFER, 1995), tatsächlich bestehen jedoch in den Lebensräumen der Bergregion kaum konkrete Gefährdungsursachen. Die unterschiedliche Einstufung ist großteils im bisher defizitären Datenbestand begründet. Neuere Nachforschungen zeigen grundsätzlich eine weite Verbreitung in kaum bedrohten Lebensräumen.

Rote Liste: nicht oder kaum gefährdet (LC); bisherige Einstufung: 2 bzw. wahrscheinlich 3–4 (EISENBERG, 2001).

Schutzmaßnahmen: keine Schutzmaßnahmen erforderlich.

Plebeius agestis (Denis & Schiffermüller, 1775) Kleiner Sonnenröschen-Bläuling

Synonymie:
Lycaena astrarche (Bergsträsser, 1779)

TAXONOMIE – DETERMINATION

P. agestis wird von den meisten Autoren (EBERT & RENNWALD, 1991b; SBN, 1994; WEIDEMANN, 1995) unter der Gattung *Aricia* angeführt, die jedoch neuerdings als Subgenus von *Plebeius* gewertet wird (DE PRINS, *in litteris*). SETTELE et al. (1999) betrachten *Aricia* aber als Untergattung von *Polyommatus*.

Der Artstatus von *P. agestis* und *P. artaxerxes* ist äußerst umstritten und weder durch Genitalmorphologie noch durch biochemische und chromosomale Untersuchungen bestätigt (SBN, 1994; SETTELE et al., 1999). Selbst die Generationenfolge – *P. agestis* wird in der Literatur als bivoltin oder trivoltin aufgeführt, *P. artaxerxes* als univoltin – ist nicht ganz eindeutig, wie durch bivoltine *P. artaxerxes*-Populationen im Unterwallis sowie univoltine *P. agestis*-Populationen in Litauen belegt wird (SBN, 1994; SETTELE et al., 1998). Auch die Merkmaldifferenzen der Flügel sind schwach ausgeprägt. Hingegen weisen die Raupen eine etwas unterschiedliche Färbung auf (SBN, 1994). Die bisher vorgelegten Beweise für einen separaten Artstatus sind nach Ansicht des Verfassers nicht gerade überzeugend und weitere Untersuchungen zur Klärung der Problematik unumgänglich.

Trotz der genannten Schwierigkeiten unterscheidet LERAUT (1997) allein für Frankreich vier Unterarten.

In beiden Geschlechtern braun gefärbte Art. Falter sind von *P. artaxerxes* meistens durch die stark entwickelten orangen Randflecken an der Flügeloberseite zu unterscheiden, jedoch mit einigen Übergängen in der Ausprägung dieses Merkmals.

VERBREITUNG

Gesamtverbreitung: paläarktisch; von Nordwestafrika über große Teile des südlichen und gemäßigten Europas, den Mittleren Osten, Teile Sibiriens und des Tienschan bis zum Amur.

Regionalverbreitung: weitgehend auf die großen Täler beschränkt, vom Vinschgau sowie vom unteren Etsch- und Eisacktal bis ins Pustertal.

Vertikalverbreitung: ca. 250 bis 1500 m (?); kollin, montan. Obere Verbreitungsgrenze bedingt durch Übergänge zu *P. artaxerxes* nicht gesichert. Vermutlich zu *P. agestis* gehörende Belege stammen aus dem Brennergebiet (HUEMER & TARMANN, 2001), auch vom Vinschgauer Sonnenberg werden Funde bis gegen 1500 m gemeldet. In der Schweiz wird die Art allerdings nur bis ca. 900 m beobachtet.

BIOLOGIE

Habitatwahl: xerothermophile Offenlandart. Trockene, wärmebegünstigte Hänge mit reichlich Blütenangebot, vor allem auf südexponierten Trockenrasen.

Phänologie: bivoltin (trivoltin); von Ende Mai bis Anfang Oktober, ohne deutliche Abgrenzung der Generationen. Nach KITSCHELT (1925) in zwei Generationen, einer von April bis Mai und einer von Juli bis September. In der Schweiz mit drei Abundanzmaxima: im Juni, im August und Ende September/Anfang Oktober (SBN, 1994). Eine dritte Generation ist in Südtirol nicht bestätigt, aber auf Grund vorliegender Daten aus dem Bozner Unterland wahrscheinlich. Inwieweit die Mehrbrütigkeit als Artmerkmal herangezogen werden kann, ist zweifelhaft, da die Art im Vergleich zu *P. artaxerxes* in tiefer gelegenen Regionen lebt und daher eine längere Vegetationsperiode nützen kann. So werden in Nordeuropa beide Taxa als univoltin vermerkt (TOLMAN & LEWINGTON, 1998).

Raupenfutterpflanzen – Präimaginalstadien: Polyphagie I; *Helianthemum nummularium* (Cistaceae), *Geranium dissectum, G. pusillum, G. molle, Erodium cicutarium* (Geraniaceae). Raupe miniert zuerst, nach der Überwinterung im dritten Stadium werden Blätter durchlöchert. Verpuppung in der Bodenstreuschicht (SBN, 1994).

GEFÄHRDUNG – SCHUTZMASSNAHMEN

Gefährdungssituation: durch Spritzmitteleinsatz im Obstbau nahe der Trockenrasen sowie Aufgabe der extensiven Nutzung der Lebensräume gefährdet. Allerdings ist das Ausmaß der Bedrohungsszenarien durch unzureichende Abgrenzung gegenüber *P. artaxerxes* nicht endgültig abzuschätzen.

Rote Liste: unzureichender Datenbestand (DD); bisherige Einstufung: 3.

Schutzmaßnahmen: Vermeidung weiterer Intensivierung im Bereich von Trockenrasen sowie Förderung traditioneller, extensiver Nutzung dieser Flächen.

Plebeius artaxerxes (Fabricius, 1793)
Großer Sonnenröschen-Bläuling

TAXONOMIE – DETERMINATION

P. artaxerxes wurde bis vor kurzem unter der Gattung *Aricia* angeführt (TOLMAN & LEWINGTON, 1998), die jedoch neuerdings als Subgenus von *Plebeius* gewertet wird (DE PRINS, *in litteris*). Von SETTELE et al. (1999) wird die Art der Gattung *Polyommatus* zugeordnet. Bezüglich der taxonomisch zweifelhaften Abgrenzung gegenüber *P. agestis* sowie der subgenerischen Bewertung wird auf diese Art verwiesen (s. oben). Bemerkenswerterweise werden trotz der weitestgehenden Übereinstimmung des zweifelhaften Artenpaares *P. agestis*/*P. artaxerxes* bei Letzterer in Europa bis zu fünf Subspezies unterschieden (u.a. LERAUT, 1997). Die Nominatunterart ist auf das nördliche Großbritannien beschränkt, in den Alpen ist hingegen ausschließlich die ssp. *allous* (Geyer, 1837) vertreten (TOLMAN & LEWINGTON, 1997). Die Unterscheidung dieser Taxa ist aber unter Berücksichtigung der genannten artspezifischen Probleme mehr als kritisch.

VERBREITUNG

Gesamtverbreitung: sibirisch-europäisch; von Nordwestafrika über Europa und das zentrale Asien bis zum Altai.

Regionalverbreitung: in weiten Bereichen der mittleren und höheren Lagen Südtirols verbreitet und vielfach häufig. Einige vermutliche Nachweislücken in den mittleren Landesteilen.

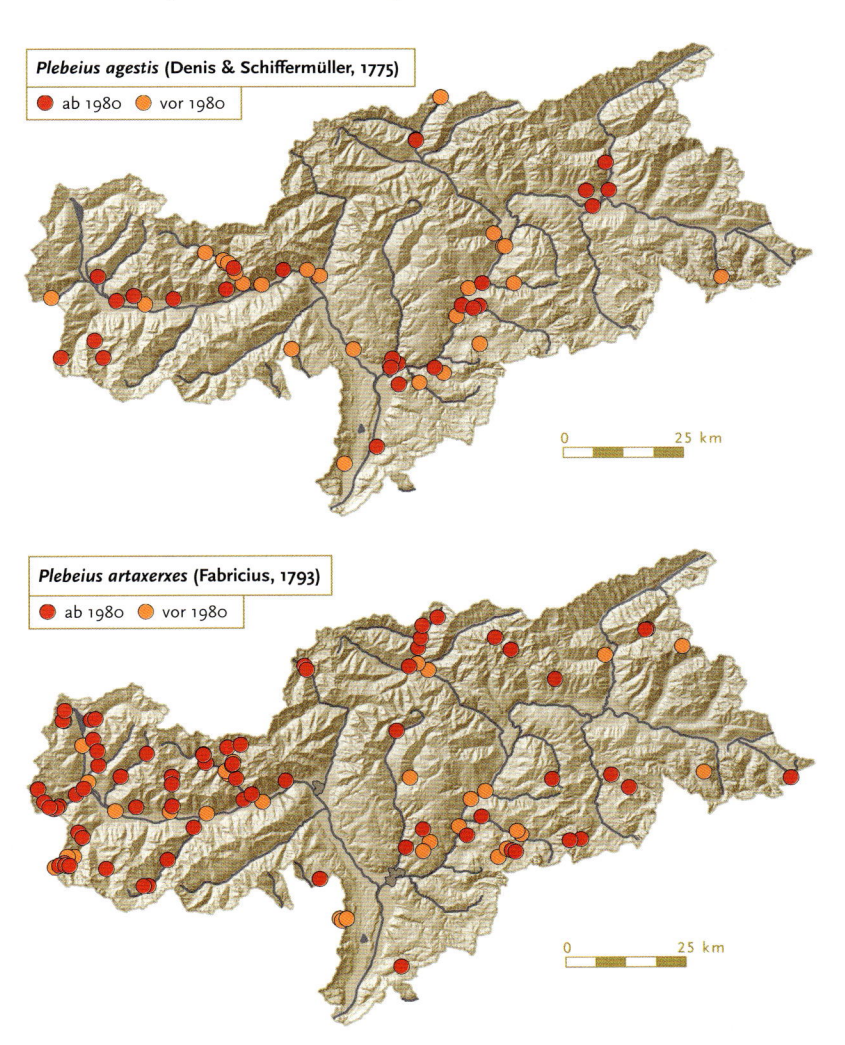

Meigen's Bläuling (*Plebeius nicias*) erreicht im Ortlergebiet die östliche Verbreitungsgrenze in den Alpen.

>>
Falter des Rotklee-Bläulings (*Polyommatus semiargus*) saugen wie andere Arten der Familie gerne an feuchten Wegstellen.

Vertikalverbreitung: ca. 600 bis 2200 m; ausnahmsweise kollin, montan, subalpin. Durch die hohe Wahrscheinlichkeit der Verwechslung mit *P. agestis* ist die untere Verbreitungsgrenze unzureichend geklärt. Fundorte oberhalb von 2200 m sind ebenfalls nicht gesichert. Auch in der benachbarten Schweiz Vorkommen nur zwischen 400 und 2200 m bekannt (SBN, 1994).

BIOLOGIE

Habitatwahl: montane Art. Die Art besiedelt eine Vielzahl unterschiedlicher Wiesen und Weiden vor allem im hochmontanen und subalpinen Raum und tritt hier auch gerne in lichten Nadelwäldern auf. Sie fehlt allerdings auf intensiv bewirtschafteten Flächen.

Phänologie: univoltin; von Anfang Juni bis Mitte September, ausnahmsweise aber auch noch bis Mitte Oktober. Abundanzmaxima im Juli und August.

Raupenfutterpflanzen – Präimaginalstadien: Polyphagie I; *Helianthemum nummularium* (Cistaceae), *Erodium cicutarium*, *Geranium sanguineum*, *G. sylvaticum* sowie weitere *Geranium*-Arten (Geraniaceae) (TOLMAN & LEWINGTON, 1998). Nach SETTELE et al. (1999) ist die Entwicklung an *Geranium*-Arten klärungsbedürftig, jedoch bestätigt SBN (1994) die Eiablage auf *Geranium sylvaticum*. Raupe miniert zuerst in den Blättern, nach der Überwinterung im dritten Stadium werden diese auch ganz durchlöchert. Verpuppung in der Bodenstreu (SBN, 1994).

GEFÄHRDUNG – SCHUTZMASSNAHMEN

Gefährdungssituation: HOFER (1995) sieht noch eine starke Gefährdung, die jedoch durch die weite horizontale und vertikale Verbreitung sowie die Bindung an mäßig gefährdete oder anthropogen kaum beeinflusste Habitate nicht bestätigt werden kann. In neueren Untersuchungen wurde die Art dementsprechend häufig nachgewiesen (HUEMER & TARMANN, 2001). Potentielle zukünftige Gefährdungsfaktoren mit zumindest lokalen Auswirkungen sind vor allem in einer weiteren Intensivierung in der Berglandwirtschaft zu sehen.

Rote Liste: nicht oder kaum gefährdet (LC); bisherige Einstufung: 2.

Schutzmaßnahmen: Verzicht auf weitere Intensivierung von Wiesen und Weiden in der Bergregion.

Plebeius nicias (Meigen, 1830) Meigen's Bläuling

Synonymie:
Lycaena donzelii Boisduval, 1832

TAXONOMIE – DETERMINATION

P. nicias wurde bis vor kurzem unter der Gattung *Aricia* angeführt (TOLMAN & LEWINGTON, 1998), die jedoch neuerdings als Subgenus von *Plebeius* gewertet wird (DE PRINS, *in litteris*). Nach SBN (1994) sowie LERAUT (1997) wäre die Art hingegen in das Genus *Pseudoaricia* zu stellen.

Skandinavische Populationen werden der ssp. *scandica* Wahlgren, 1930, zugerechnet, die mitteleuropäischen Tiere hingegen der Nominatunterart (TOLMAN & LEWINGTON, 1998).

Kleine Art. Männchen oberseitig hellblau mit breitem graubraunem Saum, Weibchen braun. Arttypisch ist überdies vor allem der weißliche Längsstriemen auf der Hinterflügelunterseite beider Geschlechter.

VERBREITUNG

Gesamtverbreitung: sibirisch-europäisch; Pyrenäen und Ostalpen sowie Teile Skandinaviens und Russlands bis nach Südsibirien.

Regionalverbreitung: ausschließlich auf die westliche Ortlergruppe bis zum

Martelltal beschränkt. Weitere alte und isolierte, nicht belegte Meldungen aus dem Brennergebiet sowie den Dolomiten und den Antholzer Alpen wurden bereits von KITSCHELT (1925) bezweifelt und konnten nie bestätigt werden.
Vertikalverbreitung: ca. 1600 bis 2200 m; subalpin. Die baumfreie alpine Stufe wird nicht besiedelt. Nach SBN (1994) in der Schweiz auch in der montanen Stufe bis auf 1200 m herabsteigend.

BIOLOGIE
Habitatwahl: montane Art. Charakterart von blumenreichen Saumgesellschaften in lichten Gebirgsnadelwäldern (Fichten, Lärchen, Zirben).
Phänologie: univoltin; von Ende Juni bis Mitte August.
Raupenfutterpflanzen – Präimaginalstadien: Monophagie I; *Geranium sylvaticum*, *G. pratense* (Geraniaceae) (TOLMAN & LEWINGTON, 1998). Eiablage an Storchschnabelblüten. Raupe frisst zuerst an den Fruchtanlagen, später an Blättern, nach der Überwinterung auch an Blütenknospen und Blatttrieben. Verpuppung frei (SBN, 1994).

GEFÄHRDUNG – SCHUTZMASSNAHMEN
Gefährdungssituation: trotz des eingeschränkten regionalen Vorkommens im Ortlergebiet kaum gefährdet. Die großteils im Nationalpark gelegenen Habitate sind geschützt und werden auch kaum bewirtschaftet.

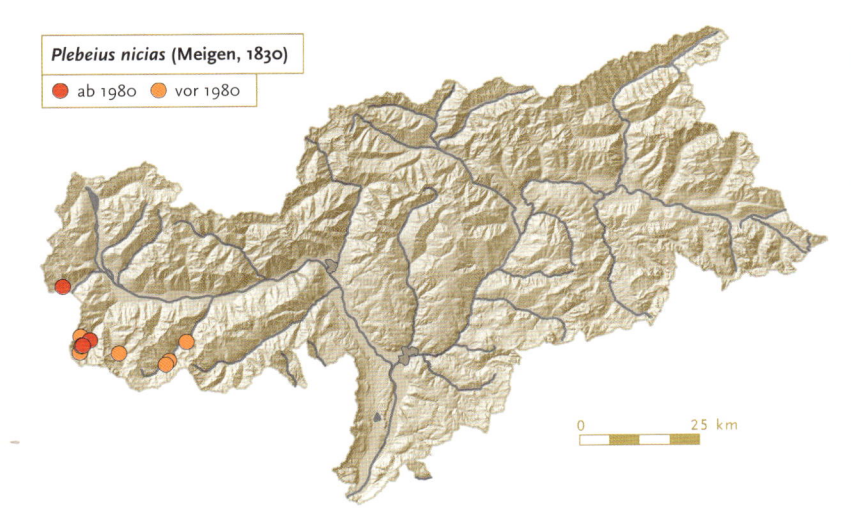

Rote Liste: nicht oder kaum gefährdet (LC); bisherige Einstufung: n. a. bzw. 5 (EISENBERG, 2001).
Schutzmaßnahmen: derzeit keine sinnvollen Maßnahmen möglich.

Polyommatus semiargus (Rottemburg, 1775)
Rotklee-Bläuling

TAXONOMIE – DETERMINATION
P. semiargus wird von den meisten Autoren (EBERT & RENNWALD, 1991b; SBN, 1994; WEIDEMANN, 1995) unter der Gattung *Cyaniris* angeführt, die jedoch neuerdings als Subgenus von *Polyommatus* gewertet wird (SETTELE et al., 1999; DE PRINS, *in litteris*).
Die subspezifische Untergliederung von *P. semiargus* ist umstritten. TOLMAN & LEWINGTON (1998) verzeichnen für Mitteleuropa nur die Nominatunterart, nach Autoren wie LERAUT (1997) wären aber mehrere weitere Taxa zu berücksichtigen. Individuen der höher gelegenen Gebiete mit kleineren und im männlichen Geschlecht intensiver blau gefärbten Tieren werden als ssp. *meyerdueri* (Vives Moreno, 1994) (= *montana* Meyer-Dür, 1851) bezeichnet, es existieren allerdings breite Übergangszonen, und die Südtiroler Populationen werden alle der Nominatrasse zugeordnet.

Plebeius nicias (Meigen, 1830)
● ab 1980   ● vor 1980

Männchen oberseits dunkelviolettblau mit breitem schwarzem Saum und weißen Fransen, Weibchen hingegen fast nur einfarbig dunkelbraun mit weißen Fransen. Wichtiges Kennzeichen ist überdies die einfarbige graubraune Flügelunterseite mit charakteristischer Ozellenreihe. Nur mit der kleineren und in Südtirol wahrscheinlich fehlenden *Cupido osiris* zu verwechseln.

VERBREITUNG

Gesamtverbreitung: sibirisch-europäisch; von Nordwestafrika über große Teile Europas sowie des gemäßigten Asiens bis nach Nordchina und Korea.
Regionalverbreitung: in ganz Südtirol weit verbreitet und vielfach zahlreich mit wenigen Verbreitungslücken wie auf dem Talboden des Etschtals zwischen Meran und Salurn sowie sporadischeren Nachweisen in den Sarntaler Alpen. Ältere Autoren wie Kitschelt (1925) vermerken die Art als „überall bis über 2500 m verbreitet und häufig".
Vertikalverbreitung: ca. 250 (?) bis 2500 m; kollin, montan, subalpin, alpin. Vor allem in der montanen und subalpinen Stufe gehäuftes Auftreten. Belege aus der Umgebung von Bozen sowie Terlan (coll. Zoologische Staatssammlung München) sind bezüglich einer Höhenangabe unsicher. So erwähnt jedenfalls Stauder (1915) die Art aus dem Etschtal überhaupt nicht.

BIOLOGIE

Habitatwahl: mesophile Übergangsbereichsart. *P. semiargus* besiedelt eine Vielzahl unterschiedlicher Wiesen und Weiden und meidet lediglich extrem intensiv bewirtschaftete Flächen. Die Art fliegt gerne entlang von Waldsäumen und in waldgeprägten lichteren Lebensräumen wie Lärchen- und Fichtenwäldern sowie auf natürlichen Lawinarwiesen und auf alpinen Naturrasen. Bevorzugt werden generell eher tiefgründige, blütenreiche Habitate. Falter sehr gerne an feuchten Wegstellen saugend.

Phänologie: univoltin, fakultativ bivoltin (?); von Mitte Mai bis Mitte September, Spätsommernachweise ausschließlich in der subalpinen Region. In den tieferen Lagen meist von Mitte Mai bis Mitte Juni, ab der montanen Stufe kontinuierlich später auftretend, meist erst ab Mitte bis Ende Juni und vor allem im Juli. Die Generationenfolge ist aber, ähnlich wie in anderen Regionen Mitteleuropas (Ebert & Rennwald, 1991b), noch nicht gesichert. Während Kitschelt (1925) oder Scheuringer (1972) für Südtirol nur eine Generation annehmen, ist die Art in wärmeren Regionen der Schweiz bivoltin oder sogar fakultativ trivoltin und fliegt dort bis Oktober (SBN, 1994).

Raupenfutterpflanzen – Präimaginalstadien: Monophagie II; *Trifolium pratense*, *T. medium* (Fabaceae) (Ebert & Rennwald, 1991b), Meldungen von anderen Schmetterlingsblütlern werden bezweifelt (SBN, 1994). Eiablage an jungen Blütenköpfen. Raupe ernährt sich zuerst von Blüten, später an den Blättern und Knospen und lebt in Symbiose mit Ameisen der Gattung *Lasius*. Überwinterung als juvenile bis halb erwachsene Raupe. Verpuppung frei in der Bodenstreuschicht (SBN, 1994; Weidemann, 1995).

GEFÄHRDUNG – SCHUTZMASSNAHMEN

Gefährdungssituation: bei gegebener horizontaler und vertikaler Verbreitung sowie der geringen Habitatspezialisierung trotz möglicher lokaler Einbußen durch Intensivierung von Wiesen keine landesweite Gefährdung erkennbar.
Rote Liste: nicht oder kaum gefährdet (LC); bisherige Einstufung: 3 bzw. fraglich (Eisenberg, 2001).
Schutzmaßnahmen: Verzicht auf Düngung, vor allem in der Berglandwirtschaft.

Polyommatus escheri (Hübner, 1823)
Großer Tragant-Bläuling

TAXONOMIE – DETERMINATION

In Europa wird zwischen einer unterschiedlichen Anzahl von Subspezies differenziert (Leraut, 1997; Tolman & Lewington, 1998), aus Südtirol ist jedoch nur die Nominatunterart bekannt.
Große, im männlichen Geschlecht oberseitig violettblau gefärbte Art mit schmalem dunklem Saum und ungescheckten weißen Fransen. Das Weibchen ist braun und besitzt oberseits häufig eine orange Submarginalbinde. Flügelunterseite sehr ähnlich wie bei *P. bellargus* und *P. thersites*.

VERBREITUNG

Gesamtverbreitung: mediterran; Mittelmeerländer Europas von Spanien bis nach Griechenland und Nordwestafrika.
Regionalverbreitung: nur ganz vereinzelte Nachweise aus den tieferen Lagen des Etsch-, Eisack- und Pustertals. Fast überall verschwunden, zuletzt am 30.5.1996 an einer Lokalität bei Pfalzen im Pustertal durch Niederkofler nachgewiesen. Möglicherweise etwas weiter verbreitet, jedoch leicht zu übersehen oder auch zu verwechseln. So wird *P. escheri* auch aus der Ortlergruppe sowie den Dolomiten gemeldet (Tolman & Lewington, 1998), jedoch konnten keine konkreteren Fundmeldungen eruiert werden.

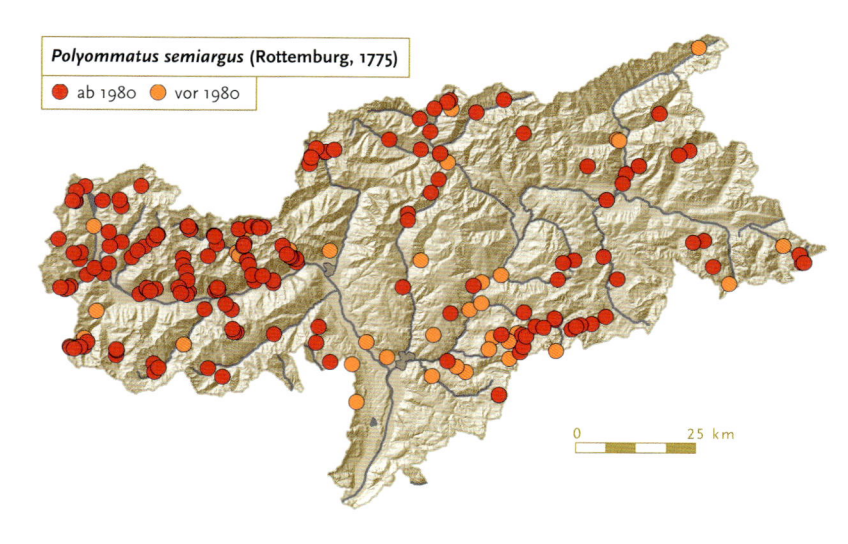

Polyommatus semiargus (Rottemburg, 1775)
● ab 1980   ● vor 1980

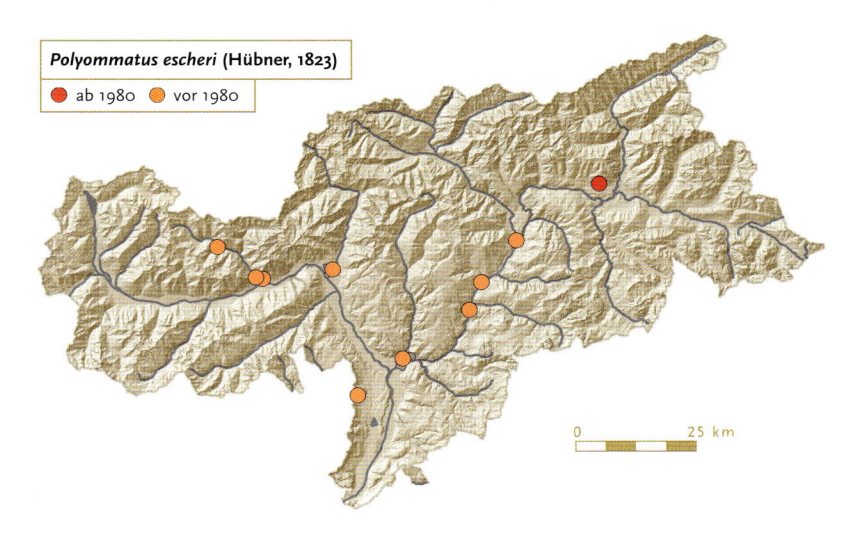

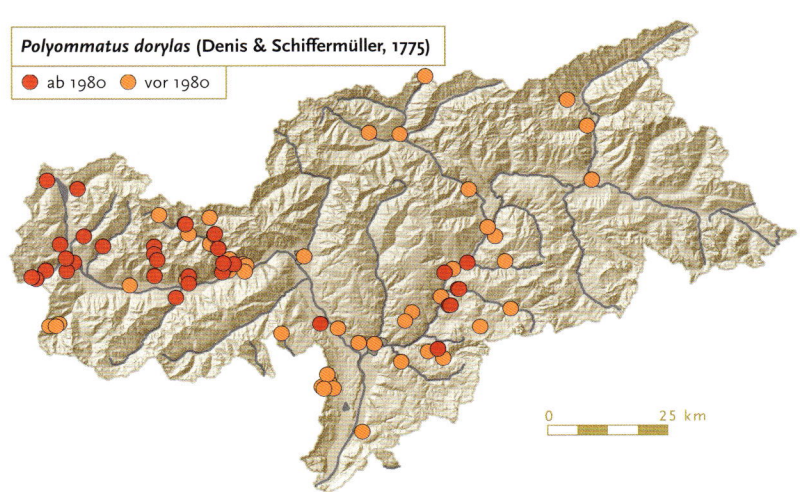

Polyommatus escheri (Hübner, 1823)
● ab 1980   ● vor 1980

Polyommatus dorylas (Denis & Schiffermüller, 1775)
● ab 1980   ● vor 1980

Vertikalverbreitung: ca. 300 bis 1500 m; kollin, montan. Xeromontane Art mit den höchstgelegenen Nachweisen im Schnalstal.

BIOLOGIE
Habitatwahl: xerothermophile Offenlandart (?). Lebensraumansprüche in Südtirol völlig unzureichend dokumentiert. Nach SBN (1994) bevorzugt die Art warme Föhren- und lichte Lärchenwälder und fliegt hier an Pionierstellen mit Beständen der Futterpflanze wie z. B. an Wegböschungen.
Phänologie: univoltin; von Ende Mai bis Anfang Juli, jedoch nur wenige Daten verfügbar. Nach SBN (1994) in der Schweiz bis gegen Ende August.
Raupenfutterpflanzen – Präimaginalstadien: Monophagie II; *Astragalus monspessulanum*, *A. sempervirens*, *A. exscapus*, *A. incanus* (Fabaceae) (TOLMAN & LEWINGTON, 1998). Eiablage einzeln an Blättern des Raupensubstrats. Raupe überwinternd und im Frühjahr Blätter und Blütenknospen fressend. Raupe in Symbiose mit *Formica cinerea* und *Myrmica specioides*. Verpuppung frei an der Basis der Futterpflanze oder unter Steinen (SBN, 1994; TOLMAN & LEWINGTON, 1998).

GEFÄHRDUNG – SCHUTZMASSNAHMEN
Gefährdungssituation: extrem lokales Vorkommen indiziert einen hohen Gefährdungsgrad, jedoch liegen keine konkreten Daten über Gefährdungsfaktoren vor. Nach SBN (1994) sind vor allem Verbauung, intensive Beweidung sowie die Anlage von Weinbergen für Rückgänge verantwortlich.
Rote Liste: unzureichender Datenbestand (DD); bisherige Einstufung: 0.
Schutzmaßnahmen: Kartierung der Restpopulation im Pustertal sowie Nachsuche an historischen Stellen, vor allem in Gebieten abseits des intensiven Obstanbaus wie im Schnalstal. Erhebung der Lebensraumansprüche sowie nachfolgender Schutz der Habitate unter Beibehaltung traditioneller Bewirtschaftung.

Polyommatus dorylas (Denis & Schiffermüller, 1775)
Wundklee-Bläuling

Synonymie:
Lycaena hylas
(Esper, 1793) (Homonym);
Lysandra argester
(Bergsträsser, 1779)

TAXONOMIE – DETERMINATION
Autoren wie LERAUT (1997) behandeln eine Reihe von Subspezies, während TOLMAN & LEWINGTON (1998) oder auch HIGGINS (1975) diesbezüglich zurückhaltend sind und nur die Nominatunterart akzeptieren. Letzterer Ansicht wird hier gefolgt.
Große und im männlichen Geschlecht oberseits leuchtend türkisblaue Art mit schmalem dunklem Saum und weißen Fransen. Weibchen braun mit orangen Randflecken. Besonders charakteristisch ist überdies vor allem die blass gefärbte Hinterflügelunterseite mit weißer Randbinde.

VERBREITUNG
Gesamtverbreitung: europäisch; von Spanien über große Teile des mittleren und südöstlichen Europas bis in die Türkei und zum Transkaukasus.
Regionalverbreitung: lokal, aber an den Fundorten nicht selten. Gehäuftes Auftreten vor allem an den Vinschgauer Sonnenhängen samt nördlichen Seitentälern, im Großraum Bozen bis zur Mendel, in den westlichen Dolomiten sowie in Teilen des Eisack- und Pustertals. In den östlichen Landesteilen aber zunehmend selten und in den Sarntaler Alpen weitgehend fehlend.
Vertikalverbreitung: ca. 270 bis 1900 m; kollin, montan, subalpin. Die meisten Funde stammen aus der submontanen Stufe, vor allem von den Vinschgauer Sonnenhängen. Die obere Verbreitungsgrenze wird von KITSCHELT (1925) mit ca. 1800 m angegeben, nach DANNEHL (1925–1930) wurde *P. dorylas* auch auf der Seiser Alm gefunden, also vermutlich etwas höher.

BIOLOGIE

Habitatwahl: xerothermophile Offenlandart. Charakterart von Trockenrasen, Felssteppengebieten sowie ungedüngten Bergmagerwiesen. Oft an schütter bewachsenen kiesigen oder Erdanrissstellen mit Beständen an Wundklee.

Phänologie: bivoltin, partiell univoltin; von Ende Mai bis Anfang Juli sowie von Mitte Juli bis Ende August, nach KITSCHELT (1925) auch noch im September. Generationen unscharf getrennt. In den höheren Lagen sicher nur univoltin von Ende Juni bis Anfang August.

Raupenfutterpflanzen – Präimaginalstadien: Monophagie I; *Anthyllis vulneraria* (Fabaceae), in Laborversuchen auch *Lathyrus vernus* (SBN, 1994). Eiablage an bodennahen Pflanzenteilen. Raupen fressen Blätter und Blüten und überwintern in jugendlichem Stadium. Verpuppung frei unter der Bodenstreu oder zwischen sonstigen Pflanzenteilen (SBN, 1994).

GEFÄHRDUNG – SCHUTZMASSNAHMEN

Gefährdungssituation: trotz lokaler bis regionaler Rückgänge als Folge zunehmender Intensivierung von Trockenrasen auch heute noch in verschiedenen Landesteilen wie vor allem im Vinschgau in stabilen Populationen vertreten. Eine Aufnahme in die Kategorie „drohende Gefährdung" der Roten Liste erscheint aber gerechtfertigt.

Rote Liste: drohende Gefährdung (NT); bisherige Einstufung: 4.

Schutzmaßnahmen: Verzicht auf weitere Düngung oder Aufforstung von Magerwiesen.

Polyommatus amandus (Schneider, 1792)
Vogelwicken-Bläuling

Synonymie:
Lycaena icarius
(Esper, 1789) (Homonym)

TAXONOMIE – DETERMINATION

Die Aufspaltung in Unterarten ist umstritten. Während nach TOLMAN & LEWINGTON (1998) in Europa nur die nominotypische Rasse fliegt und in Nordafrika die ssp. *abdelaziz* Blachier, 1908, unterscheidet LERAUT (1997) allein in Frankreich drei zusätzliche Subspezies. DANNEHL (1925–1930) beschrieb aus dem Eisack- und Etschtal neben der nominotypischen Rasse noch die ssp. *andreas*, die sich durch die größeren Falter sowie in Nuancen abweichende Farben und Zeichnungselemente von Ersterer unterscheiden soll. Bedingt durch die vom genannten Autor bereits erwähnten vielfältigen Übergänge zur Stammform wird dieser Einteilung hier aber nicht gefolgt. In Südtirol fliegt nach heutiger Auffassung somit ausschließlich die nominotypische Rasse.

Große Art mit im männlichen Geschlecht auffallend leuchtender himmelblauer Oberseite und breitem graubraunem, innen unscharf begrenztem Saum sowie weißen Fransen. Weibchen oberseits braun, im Gegensatz zur ähnlichen *P. dorylas* aber auf der Hinterflügelunterseite ohne weißen Saumstreifen.

VERBREITUNG

Gesamtverbreitung: westpaläarktisch; von Nordwestafrika über große Teile des gemäßigten Europas bis zum Iran und nach Westasien. Fehlt in Nordwesteuropa.

Regionalverbreitung: lokal nicht seltene Art, vor allem an den Südhängen des Vinschgaus, im Gebiet des Eisacktals zwischen Brixen und Bozen sowie in Teilen der westlichen Dolomiten vorkommend. In den nördlichen und zentralen Landesteilen kaum nachgewiesen, am ehesten noch im Ahrntal sowie im Sterzinger Raum.

Vertikalverbreitung: ca. 250 bis 1900 m; kollin, montan, subalpin. Fundnachweise vor allem auf die montane Region konzentriert.

BIOLOGIE

Habitatwahl: mesophile Offenlandart. Bevorzugter Lebensraum sind extensiv genutzte Trocken- und Halbtrockenrasen, Bergmagerwiesen sowie blütenreiche Saumgesellschaften entlang von lichten Wäldern, Wegen, Bachverbauungen etc. Falter jedoch durchaus auch auf Fettwiesen anzutreffen.

Phänologie: univoltin; von Anfang Juni bis Anfang August, Hauptflugzeit um Ende Juni/Anfang Juli.

Raupenfutterpflanzen – Präimaginalstadien: Oligophagie I; *Vicia cracca*, *Lathyrus pratensis*, *Medicago sativa*, *Astragalus* spp. (Fabaceae), in den mediterranen Gebieten zahlreiche weitere *Vicia*-Arten, in Zuchtversuchen verschiedenste Schmetterlingsblütler (SBN, 1994; TOLMAN & LEWINGTON, 1998). Eiablage an den Blättern des Raupensubstrats. Juvenile Raupe bereits ab Mitte August in echter Diapause, je nach Autor auf den Blättern oder in der Bodenstreu überwinternd. Raupen in Symbiose mit Ameisen der Gattungen *Lasius*, *Myrmica* sowie *Formica cinerea*. Verpuppung im Frühsommer am Boden (SBN, 1994; TOLMAN & LEWINGTON, 1998).

GEFÄHRDUNG – SCHUTZMASSNAHMEN

Gefährdungssituation: durch Intensivierung von Trockenrasen an vielen ehemaligen Fundstellen verschwunden oder zunehmend selten geworden. Insgesamt jedoch vor allem im Vinschgau noch in stabilen Populationen repräsentiert und hier höchstens lokal ge-

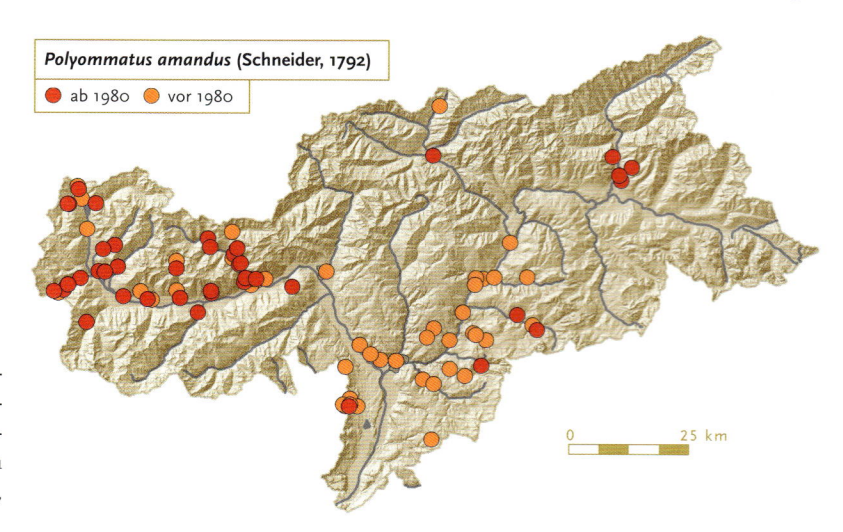

Auf blumenreichen Wiesen unterschiedlichster Ausprägung fliegt der Hauhechel-Bläuling (*Polyommatus icarus*).

fährdet, in anderen Regionen jedoch erheblich bedroht.
Rote Liste: drohende Gefährdung (NT); bisherige Einstufung: 3.
Schutzmaßnahmen: Verzicht auf weitere Intensivierung von Trockenrasen und Magerwiesen, vor allem auf Düngung sowie auf Aufforstungsmaßnahmen.

Polyommatus thersites (Cantener, 1834) Esparsetten-Bläuling

TAXONOMIE – DETERMINATION
In Mitteleuropa ausschließlich in der Nominatunterart vertreten.
Sehr ähnlich *P. icarus*, jedoch auf der Vorderflügelunterseite ohne Basalozellen sowie mit gegen den Innenrand hin meist gerade endender Punktreihe. Männchen überdies mit undeutlichen Duftschuppen auf der Vorderflügeloberseite. Selten tritt auch bei *P. icarus* eine Reduktion der Basalflecken auf (f. *icarinus* Scriba, 1795), die beiden Taxa sind dann am besten über die männlichen Genitalien zu differenzieren.

VERBREITUNG
Gesamtverbreitung: zentralasiatisch-europäisch-mediterran; von Marokko über das südliche und östliche Europa und Teile Asiens bis in den Mittleren Osten sowie das Tienschan-Gebirge.
Regionalverbreitung: extrem zerstreute Nachweise mit geringen Dichten, besonders in den Dolomiten sowie an den Vinschgauer Trockenhängen. Auf Grund großer Ähnlichkeit mit *P. icarus* in der historischen Literatur nicht berücksichtigt und wahrscheinlich an einigen Lokalitäten übersehen.
Vertikalverbreitung: ca. 500 bis 1800 m; kollin, montan, subalpin. In der Schweiz noch oberhalb von 2000 m nachgewiesen (SBN, 1994).

BIOLOGIE
Habitatwahl: xerothermophile Offenlandart. Charakterart blumenreicher, weitgehend ungedüngter Bergmagerwiesen an trockenen und sonnigen Hängen sowie von Halbtrocken- und Trockenrasen mit Beständen der Futterpflanze.
Phänologie: bivoltin; von Anfang Mai bis Mitte Juni sowie von Mitte Juli bis Ende August. Nach SBN (1994) in günstigen Jahren möglicherweise fakultativ trivoltin.
Raupenfutterpflanzen – Präimaginalstadien: Monophagie II; *Onobrychis viciifolia*, *O. arenaria* (Fabaceae) (WEIDEMANN, 1995). Außerhalb Mitteleuropas noch weitere *Onobrychis*-Arten nachgewiesen. Eiablage unter Zuchtbedingungen an Blättern und Stängeln des Raupensubstrats. Überwinterung als Jungraupe. Raupen im Frühjahr an den inneren Pflanzentrieben, in Symbiose mit Ameisen der Gattungen *Lasius alienus* und *Myrmica scabrinodis*. Verpuppung in der Streuschicht (SBN, 1994; TOLMAN & LEWINGTON, 1998; WEIDEMANN, 1995).

GEFÄHRDUNG – SCHUTZMASSNAHMEN
Gefährdungssituation: Einschätzung der Gefährdung auf Grund möglicher

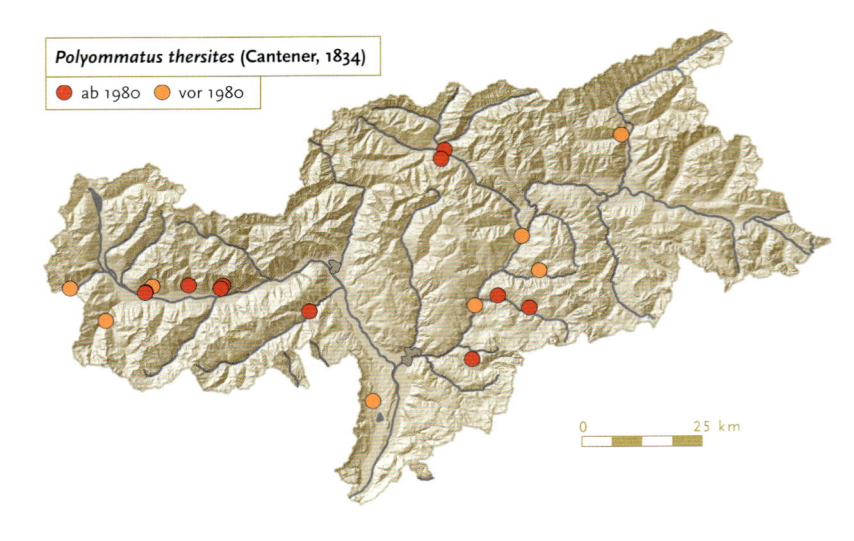

Polyommatus thersites (Cantener, 1834)
● ab 1980   ● vor 1980

0   25 km

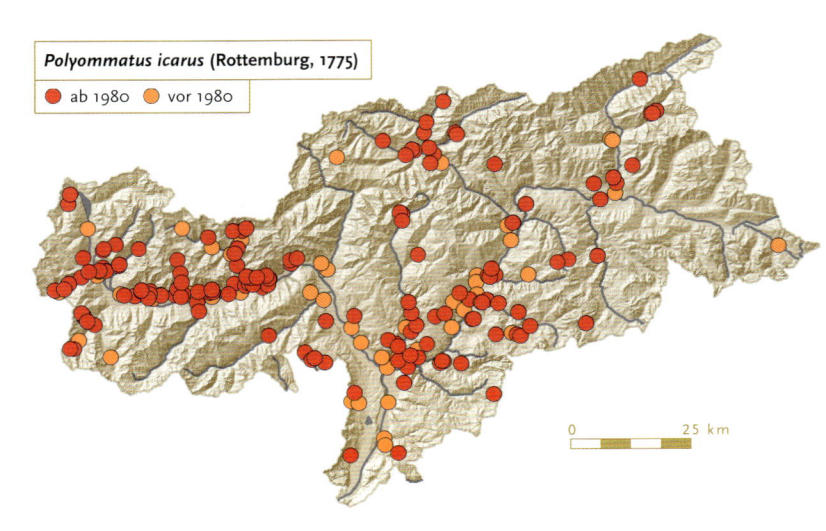

Polyommatus icarus (Rottemburg, 1775)
● ab 1980   ● vor 1980

0   25 km

Verwechslung mit der häufigen *P. icarus* sowie des Mangels an historischen Daten sehr schwierig. Weitere Erhebungen sind für eine definitive Einstufung daher dringend erforderlich. Wegen der spezifischen Habitatansprüche kann allerdings von einem erheblichen Gefährdungspotential ausgegangen werden.

Rote Liste: unzureichender Datenbestand (DD); bisherige Einstufung: 1.

Schutzmaßnahmen: Beibehaltung traditioneller, extensiver Nutzung von Magerwiesen. In jedem Fall Verzicht auf Düngung oder Aufforstung von Flächen mit bekannten Populationen dieser Art.

Polyommatus icarus (Rottemburg, 1775) Hauhechel-Bläuling

TAXONOMIE – DETERMINATION

In Mitteleuropa ausschließlich in der Nominatunterart vertreten. Jedoch unterscheidet LERAUT (1997) allein für Frankreich vier Subspezies. Männchen durch hellviolettblaue Färbung mit weißem Rand sowie orange Randflecken ohne zusätzliche Metallschuppen auf den Hinterflügeln meist leicht kenntlich. Weibchen braun mit vielfach blau übergossener Flügelbasis. Die Individualform *icarinus* ohne Basalozellen auf der Vorderflügelunterseite ist nur schwer von *P. thersites* unterscheidbar.

VERBREITUNG

Gesamtverbreitung: paläarktisch; Nordwestafrika sowie große Teile Europas und des gemäßigten Asiens.

Regionalverbreitung: in ganz Südtirol weit verbreitet und vielfach häufig. Verbreitungslücken beschränken sich vor allem auf den Nordosten und Südwesten des Landes, basieren jedoch vermutlich meistens auf Erfassungsdefiziten.

Vertikalverbreitung: ca. 220 bis 2350 m; kollin, montan, subalpin, ausnahmsweise alpin. Oberhalb der Waldgrenze nur ganz vereinzelt nachgewiesen und kaum in die alpine Stufe reichend.

BIOLOGIE

Habitatwahl: Ubiquist (mesophile Offenlandart). *P. icarus* besiedelt eine Vielzahl unterschiedlichster Offenlandlebensräume von Trocken- und Halbtrockenrasen über wechselfeuchte Wiesen bis hin zu Mooren. Die Art bevorzugt aber blumenreiche, nicht allzu intensiv bewirtschaftete Flächen oder naturnahe Waldsäume und Bachläufe und reagiert vor allem auf massivere Düngung empfindlich. So finden sich trotz teilweise hoher Falterpräsenz auf Fettwiesen die Raupenhabitate meistens nur in den mageren Randbereichen.

Phänologie: bivoltin, fakultativ trivoltin (?), partiell univoltin (?); von Ende April bis Anfang Oktober, ohne deutliche Abgrenzung der Generationen. Auch KITSCHELT (1925) erwähnt zwei bis drei Generationen von April bis Oktober. Die dritte Generation ist in Südtirol nicht sicher bestätigt, aber auf Grund vorliegender Daten zumindest in günstigen Jahren für das Etschtal und andere warme Gebiete wahrscheinlich. In den höchsten Lagen vielleicht nur univoltin.

Raupenfutterpflanzen – Präimaginalstadien: Oligophagie I; *Medicago* spp., *Ononis* spp., *Lotus* spp., *Trifolium* spp., *Hippocrepis comosa*, *Coronilla varia* (Fabaceae) (EBERT & RENNWALD, 1991b) sowie weitere Schmetterlingsblütler. Eiablage einzeln an der Futterpflanze. Raupe frisst Blätter und lebt meistens in Symbiose mit verschiedensten Ameisen. Überwinterung erfolgt je nach Autor juvenil oder in den unterschiedlichsten Raupenstadien. Verpuppung in der Bodenstreu (SBN, 1994; WEIDEMANN, 1995).

GEFÄHRDUNG – SCHUTZMASSNAHMEN

Gefährdungssituation: trotz lokal zu verzeichnender Einbußen durch Inten-

sivierung grundsätzlich nicht gefährdete Bläulingsart, die rezent selbst noch an den Etschdämmen nachgewiesen werden konnte.
Rote Liste: nicht oder kaum gefährdet (LC); bisherige Einstufung: 4 bzw. nicht gefährdet (EISENBERG, 2001).
Schutzmaßnahmen: abgesehen von der mehrfach geäußerten generellen Empfehlung, extensiv zu bewirtschaften, derzeit keine Maßnahmen erforderlich.

Polyommatus eros (Ochsenheimer, 1808) Eros-Bläuling

TAXONOMIE – DETERMINATION
Kaum variable Art, von der in Südtirol lediglich die Nominatunterart bekannt ist. LERAUT (1997) unterscheidet hingegen in Frankreich drei Subspezies. Gelegentlich treten Weibchen mit ausgedehnter blauer Beschuppung auf (f. *caerulescens* Oberthür).
Durch die leuchtend hellblaue Oberseite mit leicht grünlichem Farbstich im männlichen Geschlecht gut kenntlich. Das in den meisten Fällen weitgehend graubraun gefärbte Weibchen erinnert stark an *P. icarus*, hat aber eine mehr ins Grau gehende Grundfarbe auf der Flügeloberseite.

VERBREITUNG
Gesamtverbreitung: zentralasiatisch-europäisch; Gebirgsregionen von den Pyrenäen und Alpen über den Apennin und die balkanischen Gebirge bis nach Zentralasien.
Regionalverbreitung: regional verbreitet und an den Fundstellen nicht selten; gehäufte Nachweise von der Sesvenna- und Ortlergruppe sowie von den Stubaier und Zillertaler Alpen bis zu den Hohen Tauern. Aus den Ötztaler Alpen hingegen kaum bekannt. Fehlt offensichtlich in den gesamten Dolomiten und Sarntaler Alpen.
Vertikalverbreitung: ca. 1200 bis 2700 m; montan, subalpin, alpin. Vor allem im Bereich um die Waldgrenze verbreitet, Fundorte in der montanen Stufe sind die Ausnahme. Angebliche Belege bis über 3000 m sollten durch weitere Freilandfunde verifiziert werden.

BIOLOGIE
Habitatwahl: alpine Art. *P. eros* besiedelt bevorzugt blumenreiche, teils lückiger bewachsene und von Erdabrissstellen oder kleineren Felspartien unterbrochene Rasengesellschaften mit angrenzenden Blütensäumen. Falter auch gerne an feuchten Wegstellen.
Phänologie: univoltin; von Ende Juni bis Ende August. In der Schweiz bis Mitte September nachgewiesen (SBN, 1994).
Raupenfutterpflanzen – Präimaginalstadien: Oligophagie II; *Oxytropis* spp., *Astragalus* spp. (Fabaceae) (SBN, 1994). Eiablage auf der Blattoberseite der Futterpflanze. Raupe überwintert jung und frisst nach der Überwinterung gerne in den Trieben. Verpuppung an der Basis des Substrats (SBN, 1994). Raupe in Symbiose mit *Formica lemani* oder *Myrmica gallieni* (TOLMAN & LEWINGTON, 1998).

GEFÄHRDUNG – SCHUTZMASSNAHMEN
Gefährdungssituation: *P. eros* ist durch die Habitatwahl in anthropogen wenig beeinflussten bis weitgehend natürlichen Lebensräumen höchstens lokal, bei geringer horizontaler Verbreitung vielleicht auch regional gefährdet, wie z. B. in den Ötztaler Alpen. Trotz des mäßigen aktuellen Datenbestands ist daher eine Einstufung in die Kategorie „drohende Gefährdung" gerechtfertigt.
Rote Liste: drohende Gefährdung (NT); bisherige Einstufung: 2.
Schutzmaßnahmen: extensive Nutzung von Wiesen unterhalb der Waldgrenze sowie Verzicht auf intensive Beweidung alpiner Rasengesellschaften.

Polyommatus daphnis (Denis & Schiffermüller, 1775) Zahnflügel-Bläuling

Synonymie:
Lycaena meleager (Esper, 1779)

TAXONOMIE – DETERMINATION
Die Art wird von den meisten Autoren (EBERT & RENNWALD, 1991b; SBN, 1994; SCHEURINGER, 1972) unter der Gattung *Meleageria* angeführt, die jedoch neuerdings als Subgenus zu *Polyommatus* gewertet wird (SETTELE et al., 1999; DE PRINS, in litteris).
Abgesehen von Größendifferenzen ein wenig variabler Bläuling mit unterschiedlich bewerteter subspezifischer Untergliederung (LERAUT, 1997; TOLMAN & LEWINGTON, 1998). Dunkler gefärbte Weibchen werden unter der Individualform *steeveni* zusammengefasst. Die Aufspaltung in Unterarten erscheint zumindest in Südtirol nicht gerechtfertigt. Die Populationen werden daher der Nominatunterart zugerechnet.
Durch den beim Weibchen stark doppelt gezackten und beim Männchen schwach gewellten Hinterflügelsaum sowie das Fehlen oranger Flecken auf den Flügelunterseiten leicht kenntliche Art.

VERBREITUNG
Gesamtverbreitung: turanisch-europäisch; von der Iberischen Halbinsel über das südliche und östliche Europa bis in den Mittleren Osten und zum Südural.

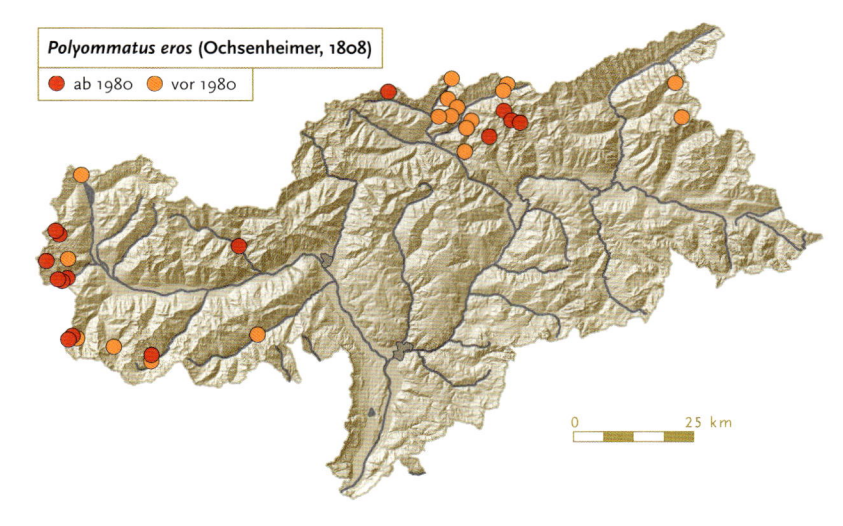

Die namensgebende Farbe charakterisiert das Männchen des Himmelblauen Bläulings (*Polyommatus bellargus*).

Regionalverbreitung: weitgehend auf die warmen Südhänge im Vinschgau sowie den Großraum Bozen beschränkt. Im Eisacktal nach Norden bis gegen Brixen nachgewiesen sowie ein völlig isolierter Fund bei Taufers im Ahrntal.

Vertikalverbreitung: ca. 250 bis 1700 m; kollin, montan. Fundnachweise aus dem Stilfser-Joch-Gebiet sind zum Teil sehr ungenau (KITSCHELT, 1925), beziehen sich aber sicher nur auf die untersten Bereiche der Stilfser-Joch-Straße.

BIOLOGIE

Habitatwahl: xerothermophile Offenlandart. Charakterart von warmen, südexponierten Felssteppenrasen, oft an schütter bewachsenen Stellen sowie bevorzugt entlang blütenreicher Saumgesellschaften.

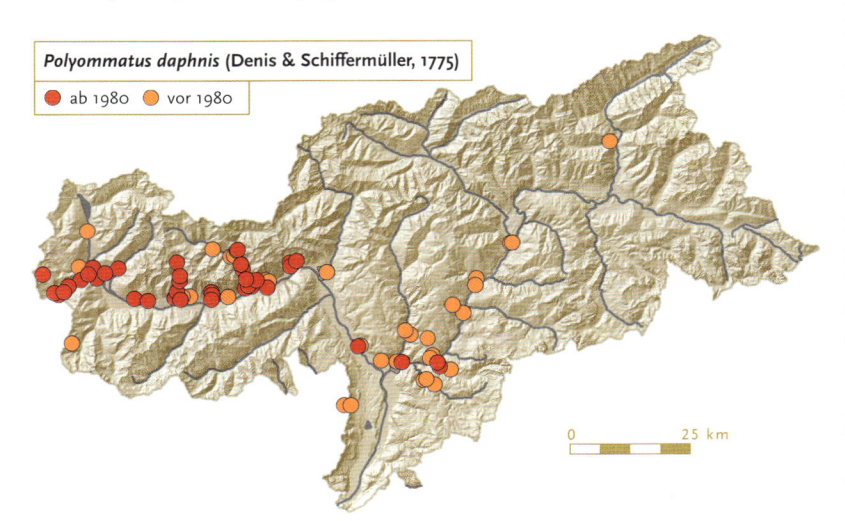

Phänologie: univoltin; von Mitte Juni bis Ende August.

Raupenfutterpflanzen – Präimaginalstadien: Oligophagie I; *Astragalus onobrychis*, *Coronilla varia* (Fabaceae) (SBN, 1994). Eiablage an den Fruchtständen vor allem des Esparsettentragants, auch an anderen bodennahen Pflanzenteilen, gerne an etwas beschatteten Stellen. Überwinterung als Ei oder juvenile Raupe (SBN, 1994). Raupen in Symbiose mit Ameisen (TOLMAN & LEWINGTON, 1998), nach WEIDEMANN (1995) hingegen an ameisenfreien Pflanzen.

GEFÄHRDUNG – SCHUTZMASSNAHMEN

Gefährdungssituation: durch zunehmende Aufforstung sowie Intensivierung der Trockenrasen vor allem im Vinschgau, aber auch durch Eintrag von Spritzmitteln aus dem Obstbau vielerorts deutlich seltener geworden und lokal verschwunden. Landesweit jedoch noch nicht grundlegend bedroht.

Rote Liste: drohende Gefährdung (NT); bisherige Einstufung: 4.

Polyommatus daphnis (Denis & Schiffermüller, 1775)
● ab 1980   ● vor 1980

Schutzmaßnahmen: traditionelle Bewirtschaftung der Steppenrasen sowie insbesondere Verzicht auf weitere Aufforstung in diesen Lebensräumen. Kein intensiver Biozideinsatz im Nahbereich noch aktueller Populationen.

Polyommatus bellargus (Rottemburg, 1775) Himmelblauer Bläuling

TAXONOMIE – DETERMINATION

Die Art wird neuerdings unter dem Subgenus *Meleageria* angeführt (SETTELE et al., 1999; DE PRINS, *in litteris*).
Die subspezifische Untergliederung der europäischen Populationen ist je nach Autor extrem divers. LERAUT (1997) unterscheidet allein in Frankreich fünf Unterarten, während TOLMAN & LEWINGTON (1998) nur die Nominatunterart anerkennen. Südtiroler Populationen können aber in jedem Fall zur nominotypischen Rasse gezählt werden.
Selten treten Hybridisierungen mit *P. coridon* auf (f. *polonus*).
Die auffallend leuchtend himmelblaue Oberseite des Männchens mit weißschwarz gescheckten Fransen ist ein charakteristisches Merkmal. Das Weibchen ist allerdings jenem von *P. coridon* sehr ähnlich und kann am ehesten dadurch unterschieden werden, dass Vorder- und Hinterflügel an der Unterseite die gleiche Farbe haben. Weibchen gelegentlich mit stärkerer blauer Beschuppung (f. *ceronus*).

VERBREITUNG

Gesamtverbreitung: turanisch-europäisch; Iberische Halbinsel, große Teile Süd-, Mittel- und Osteuropas bis in den Iran.
Regionalverbreitung: vor allem an der Südabdachung der Ötztaler Alpen sowie im Eisacktal südlich von Brixen, im Großraum Bozen und Bruneck, auch in den Dolomiten gehäufte Fundnachweise, teils in hohen Populationsdichten. Ansonsten nur sporadische Meldungen mit weiträumigen Verbreitungs- und teilweise wohl auch Nachweislücken in den zentralen und nordöstlichen Landesteilen sowie im Ortlergebiet.

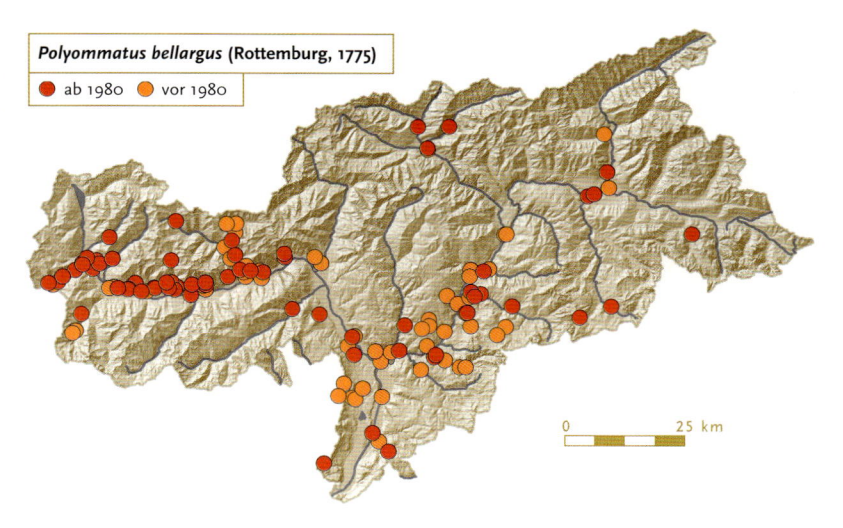

Vertikalverbreitung: ca. 240 bis 2000 m; kollin, montan, subalpin. Höchstgelegene Nachweise stammen aus dem oberen Schnalstal, die alpine Stufe wird aber auch hier nicht besiedelt.

BIOLOGIE

Habitatwahl: xerothermophile Offenlandart. Charakterart warmer und trockener, oft südexponierter, blumenreicher Magerwiesen und Trockenrasen mit Beständen von Hufeisenklee.
Phänologie: bivoltin, fakultativ trivoltin (?), partiell univoltin (?); ohne deutliche Abgrenzung der Generationen von Anfang Mai bis Mitte Juli sowie von Ende Juli bis Anfang Oktober, selten auch noch bis gegen Ende Oktober. Spätere September- und Oktobernachweise der tieferen Lagen werden manchmal auch einer dritten Generation zugerechnet (SCHEURINGER, 1972). In der subalpinen Stufe sehr wahrscheinlich univoltin mit Falternachweisen von Ende Juni bis Anfang August.
Raupenfutterpflanzen – Präimaginalstadien: Monophagie I; *Hippocrepis comosa* (Fabaceae), unter Laborbedingungen auch *Coronilla varia* (WEIDEMANN, 1995). Nach TOLMAN & LEWINGTON (1998) werden in Griechenland beide Pflanzen gefressen, und somit verhält sich die Art zumindest dort oligophag. Eiablage an Blättern und Trieben des Raupensubstrats. Überwinterung als junge Raupe. Raupen in enger Symbiose mit Ameisen unterschiedlichster Gattungen wie z. B. *Lasius* spp. und *Myrmica* spp. Verpuppung frei am Boden in der Streuschicht (SBN, 1994; TOLMAN & LEWINGTON, 1998).

GEFÄHRDUNG – SCHUTZMASSNAHMEN

Gefährdungssituation: eventuelle Rückgänge schwer dokumentierbar auf Grund der Widersprüchlichkeit historischer Angaben. Während die Art nach KITSCHELT (1925) „in tiefen Lagen wenig verbreitet" gewesen sein soll, bezeichnet sie STAUDER (1915) als „im ganzen Etschtale gemein". Trotz zweifellos vorhandener lokaler Extinktionsgefahren sind insgesamt viele individuenreiche Populationen ungefährdet, und eine Aufnahme in die Rote Liste erscheint daher kaum gerechtfertigt.
Rote Liste: nicht oder kaum gefährdet (LC); bisherige Einstufung: 4 bzw. nicht gefährdet (EISENBERG, 2001).
Schutzmaßnahmen: Verzicht auf weitere Intensivierung von Magerwiesen und Trockenrasen sowie Beibehaltung traditioneller, extensiver Bewirtschaftung solcher Lebensräume.

Polyommatus coridon (Poda, 1761) Silbergrüner Bläuling

TAXONOMIE – DETERMINATION

P. coridon wird neuerdings unter dem Subgenus *Meleageria* angeführt (SETTELE et al., 1999; DE PRINS, *in litteris*).
Geographisch erheblich variierende Art mit etlichen beschriebenen und teilweise unterschiedlich gewerteten Unterarten. In Südtirol tritt aber ausschließlich die nominotypische Rasse auf. DANNEHL (1925–1930) weist allerdings auf Differenzen zwischen Gebirgs- und Talpopulationen hin.

In weiten Teilen Südtirols fliegt der Silbergrüne Bläuling (*Polyommatus coridon*).

Durch die hell silberblau gefärbten Flügeloberseiten des Männchens sowie gescheckte Fransen charakterisierte Art. Weibchen sehr ähnlich *P. bellargus*, jedoch mit unterseits heller gefärbten Vorderflügeln und dunkleren Hinterflügeln. Außerhalb Südtirols fliegen weitere extrem ähnliche Arten wie z. B. *P. hispana* (Herrich-Schäffer, 1852).

VERBREITUNG
Gesamtverbreitung: europäisch; große Teile des gemäßigten Europas bis zum Ural. Fehlt in Skandinavien.
Regionalverbreitung: weit verbreitet und vielfach häufig, deutlicher Verbreitungsschwerpunkt in den Dolomiten sowie den nordwestlichen Landesteilen. Aus größeren Regionen wie den Sarntaler Alpen liegen hingegen kaum Meldungen vor. Möglicherweise basieren diese Defizite aber auf Beobachtungslücken.
Vertikalverbreitung: ca. 250 bis 2500 m; kollin, montan, subalpin, alpin. Vor allem ab der montanen Stufe gehäuftes Vorkommen, im Etschtal hingegen schon früher kaum nachgewiesen. Die höchstgelegenen Fundorte befinden sich im Stilfser-Joch-Gebiet.

BIOLOGIE
Habitatwahl: xerothermophile Offenlandart. Die Art besiedelt unterschiedliche Lebensraumkomplexe wie Trocken- und Halbtrockenrasen, Lärchenwiesen, Almen und subalpine bis alpine Rasengesellschaften. Innerhalb dieser Biotope werden aber blütenreiche, trockene Habitate mit entsprechenden Beständen vor allem des Hufeisenklees bevorzugt.
Phänologie: univoltin; von Anfang Juni bis Anfang Oktober in einer lang gestreckten Generation. Hauptflugzeit allerdings von Juli bis August.
Raupenfutterpflanzen – Präimaginalstadien: Oligophagie I (?); *Hippocrepis comosa, Coronilla varia, Astragalus glycyphyllos* (Fabaceae) (SBN, 1994; WEIDEMANN, 1995). Nach EBERT (1991b) sowie TOLMAN & LEWINGTON (1998) möglicherweise monophag an *Hippocrepis comosa*. Es existieren aber auch Hinweise auf *Astragalus glycyphyllos* als weitere Futterpflanze (SBN, 1994). Eiablage an der Basis oder im unmittelbaren Nahbereich des Raupensubstrats. Überwinterung als Ei. Raupen fressen ab April die Blätter der Futterpflanze, immer mit Ameisen verschiedenster Gattungen assoziiert. Die Ameisen werden über Zuckerdrüsen mit Nahrung versorgt und bewachen im Gegenzug die Raupen (MASCHWITZ & FIEDLER, 1988). Verpuppung an oder unter Steinen (SBN, 1994).

GEFÄHRDUNG – SCHUTZMASSNAHMEN
Gefährdungssituation: trotz lokaler Gefährdungsszenarien als Folge von Dün-

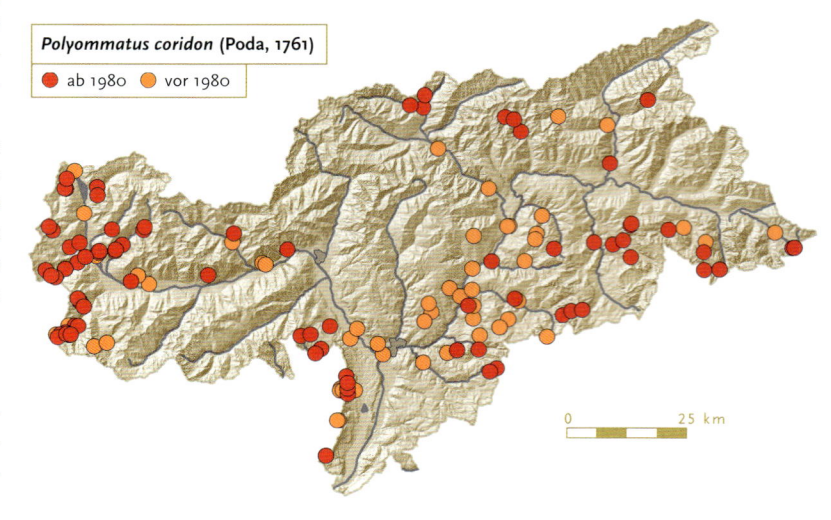

Polyommatus coridon (Poda, 1761)
● ab 1980   ● vor 1980

gung oder sonstigen Intensivierungsmaßnahmen keine landesweite Bedrohung erkennbar. Selbst regionales Verschwinden kann nicht belegt werden, da *P. coridon* z. B. im Etschtal unterhalb von Meran schon vor Beginn des intensiven Obstbaus kaum nachgewiesen wurde und selbst bei STAUDER (1915) nicht erwähnt wird. In vielen Gebieten außerhalb von Südtirol ist die Art aber zunehmend gefährdet (SBN, 1994).
Rote Liste: nicht oder kaum gefährdet (LC); bisherige Einstufung: n. a.
Schutzmaßnahmen: Verzicht auf weitere Intensivierung von Magerwiesen und Trockenrasen sowie Beibehaltung traditioneller, extensiver Bewirtschaftung solcher Lebensräume.

Polyommatus damon (Denis & Schiffermüller, 1775) Weißdolch-Bläuling

TAXONOMIE – DETERMINATION

P. damon wird von den meisten Autoren (EBERT & RENNWALD, 1991b; SBN, 1994; WEIDEMANN, 1995) zur Gattung *Agrodiaetus* gestellt, die jedoch neuerdings als Subgenus von *Polyommatus* gewertet wird (SETTELE et al., 1999; DE PRINS, *in litteris*).
In Europa nur in der Nominatunterart vertreten.
Durch den langen weißen Streifen auf der Hinterflügelunterseite unverwechselbare Art.

VERBREITUNG

Gesamtverbreitung: zentralasiatisch-europäisch; von Spanien über die Gebirgsregionen Mittel- und Südeuropas, Ural und Kleinasien bis zum Altai und in die Mongolei.
Regionalverbreitung: fast nur im westlichen Landesteil festgestellt, an den Fundstellen meist zahlreich. Extrem lokal auch in den Dolomiten sowie der Umgebung von Brixen und Bruneck in meist historischen Funden belegt.
Vertikalverbreitung: ca. 350 bis 2200 m; kollin, montan, subalpin. Aktuelle Populationen vor allem in der subalpinen Region.

BIOLOGIE

Habitatwahl: xerothermophile Offenlandart. Charakterart trockenwarmer, stark besonnter Wiesen mit Beständen der Raupenfutterpflanze. Im Rojental auch auf Quellmooren beobachtet, aber auch diese Populationen stammen von den unmittelbar angrenzenden trockenen Geländekanten. In Nordtirol früher auch auf Esparsettenfeldern registriert (HELLWEGER, 1914). Für Deutschland als kalkliebende Art ausgewiesen (EBERT & RENNWALD, 1991b; WEIDEMANN, 1995), in Südtirol jedoch auf Silikatböden. Falter generell sehr standorttreu, ausschließlich im unmittelbaren Nahbereich von blühenden Esparsetten.
Phänologie: univoltin; von Ende Juni bis Mitte August. In der Schweiz bis Anfang Oktober nachgewiesen (SBN, 1994).
Raupenfutterpflanzen – Präimaginalstadien: Monophagie II; *Onobrychis viciifolia, O. arenaria* (Fabaceae) (WEIDEMANN, 1995). Eiablage bevorzugt an Blüten und Früchten des Raupensubstrats. Überwinterung als Ei oder im ersten Raupenstadium. Raupen Blätter und Blüten fressend, in Symbiose mit Ameisen der Gattungen *Lasius* und *Formica*. Raupenentwicklung wird zur Blütezeit der Esparsetten im Frühsommer beendet. Verpuppung in der Streuschicht (SBN, 1994; TOLMAN & LEWINGTON, 1998; WEIDEMANN, 1995). Erstaunlich erscheint die Beobachtung, dass im Rojental (Sesvennagruppe) die Falter in größerer Dichte auf im Hochsommer vollständig gemähten Flächen fliegen. Vermutlich findet hier die Überwinterung als Jungraupe statt, oder die Eiablage erfolgt zumindest teilweise an bodennahen Blättern, wie dies unter Laborbedingungen von SBN (1994) beobachtet wurde. Ansonsten wäre hier mit einem Totalausfall der Eigelege zu rechnen gewesen.

GEFÄHRDUNG – SCHUTZMASSNAHMEN

Gefährdungssituation: durch die extremen Habitatansprüche, verbunden mit hoher Empfindlichkeit gegen anthropogene Maßnahmen, erheblich gefährdete Art. Wesentliches Kriterium für die Erhaltung ist eine fachgerechte Bewirtschaftung der Habitate, da die Raupen auf stärkere Beweidung sowie Düngung, aber auch auf falsch gesetzte Mähtermine sehr empfindlich reagieren. Nach EBERT & RENNWALD (1991b) überhaupt nur auf ungemähten Halbtrockenrasen. WEIDEMANN (1995) schlägt zur Sicherung der Populationen jährlich wechselnde Rotationsmahd vor.
Rote Liste: stark gefährdet (EN); bisherige Einstufung: 2.
Schutzmaßnahmen: Beibehaltung traditioneller Bewirtschaftungsweisen und Verzicht auf jegliche Intensivierung von Flächen mit Beständen dieser Art.

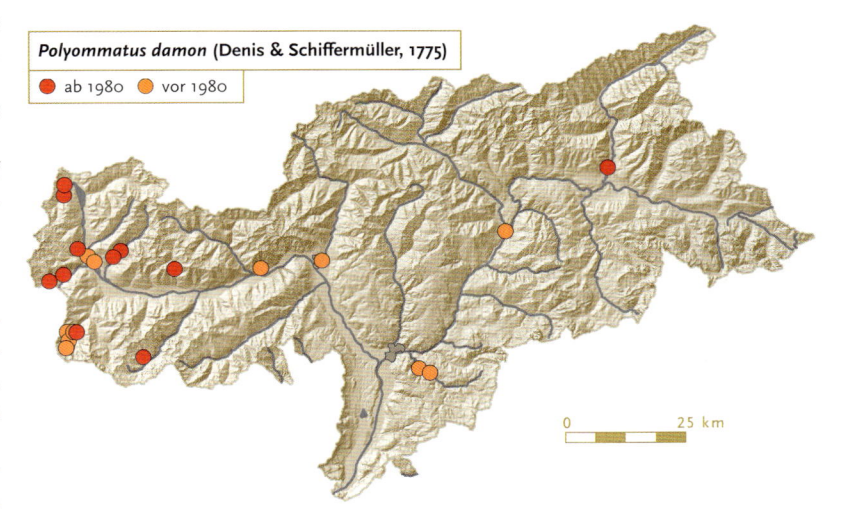

NYMPHALIDAE
EDELFALTER

LIBYTHEINAE
SCHNAUZENFALTER

Libythea celtis (Laicharting, 1782)
Zürgelbaum-Schnauzenfalter

TAXONOMIE – DETERMINATION

Der Zürgelbaum-Schnauzenfalter wird in einigen Werken, wie bei SBN (1994), einer eigenen Familie, Libytheidae (Schnauzenfalter), zugeordnet, die lediglich ca. ein Dutzend weltweit verbreiteter Arten umfasst und u. a. durch die auffallend langen Labialpalpen charakterisiert ist. Neuerdings wird die Gruppe als Unterfamilie der Nymphalidae behandelt (TOLMAN & LEWINGTON, 1998).

Die habituell unverwechselbare Art ist der erste aus Südtirol beschriebene Schmetterling (LAICHARTING, 1782).

VERBREITUNG

Gesamtverbreitung: zentralasiatisch-europäisch-mediterran; gesamter Mittelmeerraum einschließlich Teilen Nordafrikas, Zentralasien bis nach China und Japan.

Regionalverbreitung: ausschließlich im Eisack- und unterhalb des mittleren Etschtals sowie in den unmittelbar angrenzenden Berggebieten nachgewiesen. Noch vor ca. 100 Jahren regional eine der häufigsten Tagfalterarten Südtirols mit teilweise schädlichem Auftreten (STAUDER, 1915; WAGNER, 1909). Obwohl die Art auch rezent z. B. im Großraum Bozen noch immer vorkommt, kann von solchen Massenvorkommen keine Rede mehr sein, und an vielen ehemaligen Flugstellen dürfte der Zürgelbaum-Schnauzenfalter gänzlich verschwunden sein.

Vertikalverbreitung: ca. 220 bis 700 m; kollin. Einzelne migrierende Falter bis ca. 1700 m. Die Bodenständigkeit hängt vom Vorkommen der Raupenfutterpflanze ab. Wanderungen sind auch außerhalb Südtirols bis in relativ große Höhen von 2300 m dokumentiert (SBN, 1994).

BIOLOGIE

Habitatwahl: xerothermophile Gehölzart. *L. celtis* ist auf thermophile, submediterrane Gehölzstrukturen und Buschwälder mit Beständen des Zürgelbaums beschränkt. Die Falter ruhen gerne an Felsen und Mauern entlang von Straßen.

Phänologie: bivoltin; der komplizierte Entwicklungszyklus wird bei SBN (1994) eingehend beschrieben. Die Falter fliegen von Anfang August bis gegen Ende Mai, unterbrochen von einer langen Winterdiapause, die von Ende August bis Anfang März dauert. Ab dem zweiten Junidrittel und im Juli treten Falter einer kurzlebigen Sommergeneration auf. Ähnliche Verhältnisse,

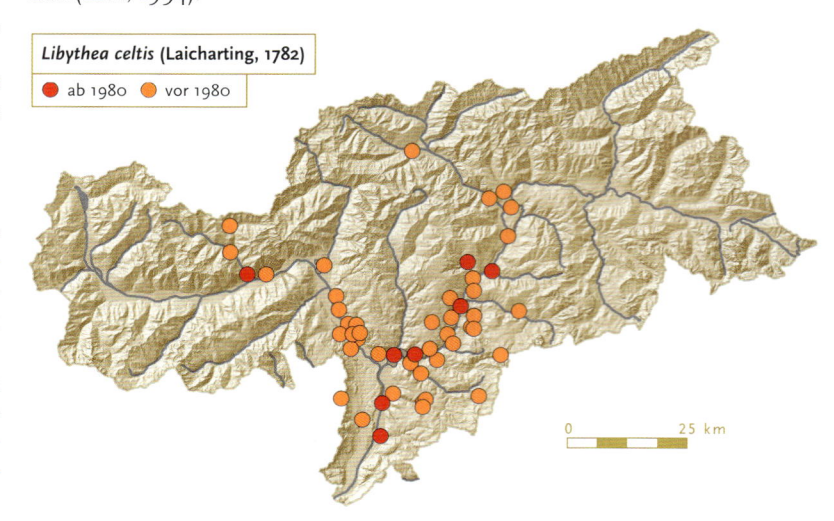

Die Vorderflügeloberseite des Kaisermantels (*Argynnis paphia*) weist charakteristische Duftschuppenstreifen auf.

<<
Bereits im Jahr 1782 wurde der Zürgelbaum-Schnauzenfalter (*Libythea celtis*) aus Südtirol beschrieben.

allerdings noch als Einbrütigkeit interpretiert, werden auch aus Südtirol beschrieben, wo die Falter der Sommergeneration ca. ab dem 10. Juni (WAGNER, 1909) bis Ende Juli festgestellt wurden, jene der Frühjahrsgeneration im August und von März bis Mai.

Raupenfutterpflanzen – Präimaginalstadien: Monophagie I; *Celtis australis* (Ulmaceae). Eiablage ab April sowie im Juni. Die Raupe entwickelt sich sehr rasch im Mai oder ab Mitte Juni und Juli und verwandelt sich anschließend zu einer Stürzpuppe.

GEFÄHRDUNG – SCHUTZMASSNAHMEN

Gefährdungssituation: trotz noch vorhandener Bestände des Zürgelbaums dramatische Bestandsrückgänge zu verzeichnen. Wahrscheinlich besteht ein Zusammenhang mit dem intensiven Einsatz von Spritzmitteln, insbesondere Häutungshemmern, im Obstbau. Unter Berücksichtigung der restriktiven horizontalen Verbreitung genau in diesen Gunstlagen des Obstanbaues wird die Art daher als stark gefährdet eingestuft.

Rote Liste: stark gefährdet (EN); bisherige Einstufung: 2.

Schutzmaßnahmen: Wichtigste Rahmenbedingung für einen nachhaltigen Schutz des Zürgelbaum-Schnauzenfalters ist die Reduktion von Spritzmitteln im Obstbau.

HELICONINAE

Argynnis paphia (Linnaeus, 1758) Kaisermantel

TAXONOMIE – DETERMINATION

Der von verschiedenen Autoren verwendete Gattungsname *Pandoriana* gilt rezent als Synonym.
Auf dem europäischen Festland nur in der Nominatrasse vorkommend. Die Art bildet auffallende Individualformen aus, wie vor allem die gelegentlich häufig auftretende stark verdunkelte Form *valesina*.
Von der ansonsten ähnlichen und in Südtirol nicht bodenständigen *A. pandora* durch die fehlende rötliche Färbung der Vorderflügelunterseite leicht zu unterscheiden.

VERBREITUNG

Gesamtverbreitung: paläarktisch; von Algerien über große Teile des gemäßigten Europas und Asiens.

Regionalverbreitung: im Etsch-, Eisack- und Pustertal sowie in den unmittelbar angrenzenden Gebieten nachgewiesen. Fehlt in allen höheren Gebirgsregionen und ist vor allem aus den mittleren und südöstlichen Landesteilen kaum bekannt, möglicherweise aber auch oft übersehen oder nicht aufgezeichnet worden.

Vertikalverbreitung: ca. 260 bis 1800 m; kollin, montan, subalpin. Subalpine Populationen wie z. B. am Laugen und auf dem Ritten sind selten.

BIOLOGIE

Habitatwahl: mesophile Waldart. Charakterart von Waldsaumstrukturen, Schlagfluren und lichten Wäldern unterschiedlichster Zusammensetzung. Die Art findet sich bevorzugt in Laub- und Mischwäldern, tritt aber auch in reinen Nadelwäldern wie dem subalpinen Fichtenwald auf. Wichtig ist neben der Raupenfutterpflanze ein reiches Angebot an Saugpflanzen wie Wasserdost, Disteln und verschiedenen Doldenblütlern.

Phänologie: univoltin; von Ende Juni bis Ende August, ausnahmsweise auch noch Ende September. Hauptflugzeit im Hochsommer von Mitte Juli bis Mitte August.

Raupenfutterpflanzen – Präimaginalstadien: Monophagie II (?); *Viola* spp. (Violaceae) (WEIDEMANN, 1995). Nach EBERT & RENNWALD (1991a) wurde aber auch *Filipendula ulmaria* sowie vermutlich *Rubus* spp. als Nahrungssubstrat belegt, einige Autoren halten eine Polyphagie erwachsener Raupen für denkbar. Eiablage im schattigen Hochwald, offensichtlich bevorzugt an der Baum-

Die Kaisermantel-raupe besitzt wie andere Edelfalter eine bedornte Oberfläche.

Eine Stürzpuppe mit Metallflecken ist für den Kaisermantel sowie andere Perlmutterfalter typisch.

rinde. Raupenschlupf im Spätsommer und Überwinterung als juvenile Raupe. Verpuppung an unterschiedlichem Substrat (SBN, 1994; WEIDEMANN, 1995).

GEFÄHRDUNG – SCHUTZMASSNAHMEN
Gefährdungssituation: durch die Bindung an wenig gefährdete Lebensräume höchstens lokal bedroht, insgesamt jedoch relativ günstige Bestandssituation.
Rote Liste: nicht oder kaum gefährdet (LC); bisherige Einstufung: n. a.
Schutzmaßnahmen: Erhaltung von strukturreichen Waldsäumen und vor allem Verzicht auf frühzeitiges Mähen von Saugpflanzen.

Argynnis pandora (Denis & Schiffermüller, 1775) Kardinal

TAXONOMIE – DETERMINATION
Taxonomisch unproblematische Art ohne Ausbildung von geographischen Rassen.
Vom ansonsten ähnlichen Kaisermantel sofort durch die auffallende rote Färbung der Vorderflügelunterseite zu unterscheiden.

VERBREITUNG
Gesamtverbreitung: zentralasiatisch-europäisch-mediterran; von Nordwestafrika über das mediterrane Europa einschließlich Balkanhalbinsel und Südrussland bis in den Mittleren Osten und nach Nordindien.
Regionalverbreitung: nur wenige, durchwegs historische Angaben aus dem Etschtal zwischen Bozen und Meran. Migrierende Art, daher sind Verbreitungs- und Höhenangaben nur von geringer Aussagekraft.
Vertikalverbreitung: ca. 250 bis 320 m; kollin.

BIOLOGIE
Habitatwahl: xerothermophile Gehölzart. Falter bevorzugt in gebüschreichen Waldsteppen (SBN, 1994).
Phänologie: univoltin; keinerlei Angaben zur Flugzeit in Südtirol bekannt. Nach SBN (1994) von Anfang Juni bis Ende August.
Raupenfutterpflanzen – Präimaginalstadien: Monophagie II; *Viola* spp. (Violaceae) (TOLMAN & LEWINGTON, 1998). Eiablage einzeln an den Blättern von Veilchen. Die Raupe überwintert und verwandelt sich ab Juni in eine Stürzpuppe (SBN, 1994).

GEFÄHRDUNG – SCHUTZMASSNAHMEN
Gefährdungssituation: keine sinnvollen Aussagen möglich. Letzte Meldung aus dem Jahre 1921 (DANNEHL, 1925–1930). Ein Puppennachweis aus dem Jahre 1900 (KITSCHELT, 1925) deutet auf eine zumindest zeitweise mögliche Bodenständigkeit.

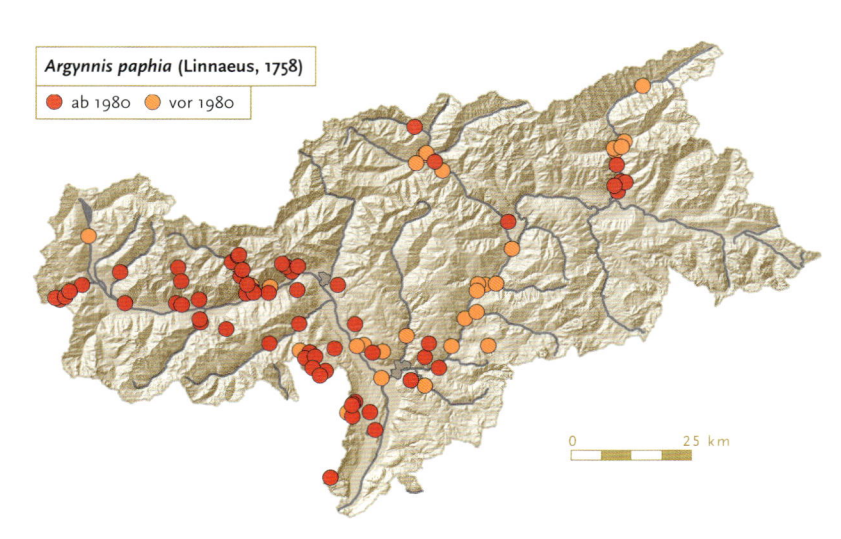

Argynnis paphia (Linnaeus, 1758)
● ab 1980   ● vor 1980

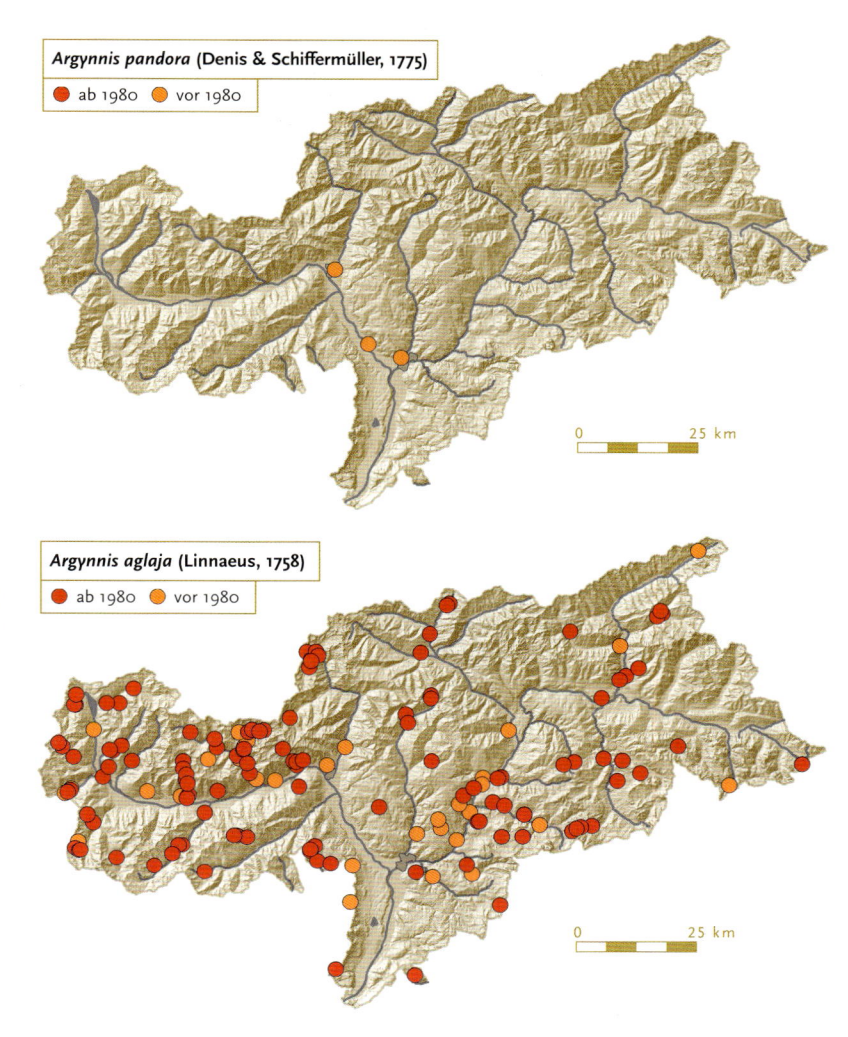

Argynnis pandora (Denis & Schiffermüller, 1775)
● ab 1980   ● vor 1980

Argynnis aglaja (Linnaeus, 1758)
● ab 1980   ● vor 1980

Rote Liste: nicht eingestuft (NE); bisherige Einstufung: o.
Schutzmaßnahmen: derzeit keine Maßnahmen erforderlich.

Argynnis aglaja (Linnaeus, 1758)
Großer Perlmutterfalter

Synonymie:
Mesoacidalia charlotta (Haworth, 1803)

TAXONOMIE – DETERMINATION
Der von LERAUT (1997) wieder eingeführte Gattungsname *Speyeria* findet allgemein keine Akzeptanz.
A. aglaja neigt nicht zur Bildung von Unterarten.
Von den ansonsten ähnlichen größeren Perlmutterfalterarten durch das Fehlen der kleinen, rot umrandeten Silberflecken im Saumfeld der Hinterflügelunterseite zu unterscheiden.

VERBREITUNG
Gesamtverbreitung: paläarktisch; von Nordwestafrika über große Teile Europas sowie des gemäßigten Asiens bis nach Japan.
Regionalverbreitung: in ganz Südtirol weit verbreitet und vielfach recht häufig. Lediglich aus der Etschtalebene liegen keine genaueren Angaben vor, jedoch dürfte die Art früher auch hier vorgekommen sein (STAUDER, 1915).
Vertikalverbreitung: ca. 320 bis 2300 m; kollin, montan, subalpin, alpin. Besonders in der montanen und subalpinen Stufe gut vertreten. Wenige einzelne Faltermeldungen bis gegen 2300 m sind vermutlich keinen bodenständigen Populationen zuzuordnen.

BIOLOGIE
Habitatwahl: mesophile Übergangsbereichsart. Auf unterschiedlichsten trockenen bis feuchten Wiesen und Weiderasen, von Halbtrockenrasen und eher mäßig gedüngten Bergmagerwiesen bis hin zu Bergmähdern und Almen. Auch an Waldsäumen sowie auf Lärchenwiesen und generell Waldwiesen im montanen und subalpinen Bereich. Falter bevorzugt an *Carduus* spp. und *Cirsium* spp. saugend.
Phänologie: univoltin; von Ende Mai bis Anfang September, in den höheren Regionen besonders zwischen Mitte Juli und Ende August.
Raupenfutterpflanzen – Präimaginalstadien: Monophagie II; *Viola hirta, V. tricolor, V. palustris, V. canina* (Violaceae) (SBN, 1994; WEIDEMANN, 1995) sowie angeblich auch *Polygonum bistorta*. Eiablage meist am Blattstiel eines Veilchens. Überwinterung wird sowohl als Eiraupe als auch als juvenile Raupe dokumentiert. Ab März erneute Nahrungsaufnahme und schließlich ab Ende Mai Verwandlung in eine durch relativ dichtes Gespinst geschützte Stürzpuppe (SBN, 1994).

GEFÄHRDUNG – SCHUTZMASSNAHMEN
Gefährdungssituation: in den Tälern durch Ausdehnung des Obstbaus sowie bauliche Tätigkeit weitgehend verschwunden. Ab der montanen Stufe auch auf anthropogen stark beeinflussten Weiderasen recht zahlreich und keine konkreten Bedrohungsszenarien.
Rote Liste: nicht oder kaum gefährdet (LC); bisherige Einstufung: n. a.
Schutzmaßnahmen: derzeit keine Maßnahmen erforderlich.

Argynnis adippe (Denis & Schiffermüller, 1775)
Feuriger Perlmutterfalter

TAXONOMIE – DETERMINATION
In Europa ausschließlich in der Nominatunterart vertreten. Umstritten sind hingegen der taxonomische Status sowie die Artzugehörigkeit von *A. adippe auresiana* Fruhstorfer, 1908, aus Nordwestafrika (TOLMAN & LEWINGTON, 1998). Wenig variable Art, jedoch existiert die markante Form *cleodoxa* mit großen gelblichen an Stelle von Silberflecken.
Vor allem mit *A. niobe* zu verwechseln, jedoch mit zwei kräftigen Duftschuppenstreifen auf der Vorderflügeloberseite des Männchens und vor allem ohne perlmutterfarbigen Zellfleck auf der Hinterflügelunterseite.

VERBREITUNG

Gesamtverbreitung: paläarktisch; von Nordwestafrika über große Teile Europas sowie des gemäßigten Asiens.

Regionalverbreitung: nur zerstreute und vielfach historische Meldungen mit Schwerpunkten im Westen Südtirols sowie von den südlichen Sarntaler Alpen bis in die Dolomiten. Die ungenauen und nicht auswertbaren Angaben bei KITSCHELT (1925) und teilweise DANNEHL (1925–1930) deuten auf eine ehemals viel weitere horizontale Verbreitung im Lande.

Vertikalverbreitung: ca. 250 bis 2100 m; kollin, montan, subalpin. Besonders in der hochmontanen und subalpinen Stufe.

BIOLOGIE

Habitatwahl: mesophile Übergangsbereichsart. Falter gerne auf mesophilen bis trockenen, blütenreichen Wiesen und an Waldsäumen. Unter anderem von mäßig bis ungedüngten Bergmagerwiesen, Halbtrockenrasen sowie von warmen, lichten Waldbiotopen belegt.

Phänologie: univoltin; von Mitte Juni bis Ende August.

Raupenfutterpflanzen – Präimaginalstadien: Monophagie II; *Viola hirta*, *V. canina*, *V. odorata*, *V. tricolor*, *V. reichenbachiana* (Violaceae) (EBERT & RENNWALD, 1991a; SBN, 1994). Eiablage an der Futterpflanze oder unterschiedlichem Substrat. Überwinterung als voll entwickelte Eiraupe. Raupe vom ersten Frühjahr bis in den Juni, gerne an sonnigen Stellen im Wald oder an Säumen. Stürzpuppe im Frühsommer (SBN, 1994; WEIDEMANN, 1995).

GEFÄHRDUNG – SCHUTZMASSNAHMEN

Gefährdungssituation: Habitatwahl und Ökologie der Präimaginalstadien deuten nicht auf eine landesweite Gefährdung, jedoch bestehen noch erhebliche Defizite bezüglich der aktuellen Verbreitung in Südtirol. In vielen Gebieten hat die Art aber deutliche Bestandseinbußen erlitten und ist aus den talnahen Regionen weitgehend verschwunden.

Rote Liste: unzureichender Datenbestand (DD); bisherige Einstufung: 4 bzw. stärker gefährdet (EISENBERG, 2001).

Schutzmaßnahmen: dringender Forschungsbedarf bezüglich aktueller Verbreitung. Verzicht auf Intensivierung von Magerwiesen und blumenreichen Saumgesellschaften.

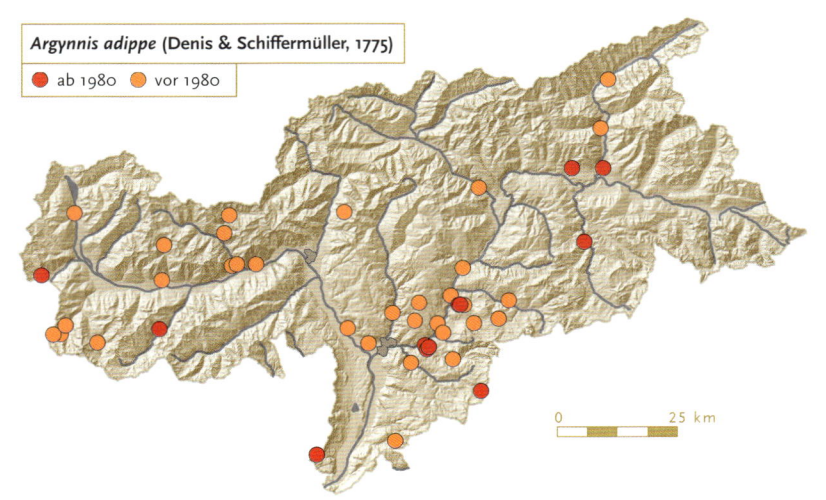

Argynnis adippe (Denis & Schiffermüller, 1775)
● ab 1980   ● vor 1980

Argynnis niobe (Linnaeus, 1758) Mittlerer Perlmutterfalter

TAXONOMIE – DETERMINATION

In Europa nur in der Nominatunterart vertreten. Die aus Klausen beschriebene ssp. *sisenna* wird in Übereinstim-

Anhand des meist schwarz gekernten Zellflecks auf der Hinterflügelunterseite lässt sich der Mittlere Perlmutterfalter (*Argynnis niobe*) bestimmen.

<<
Anders als bei verwandten Arten finden sich am Hinterflügelsaum des Großen Perlmutterfalters (*Argynnis aglaja*) keine roten Flecken.

Der Feurige Perlmutterfalter (*Argynnis adippe*) tritt in Südtirol nur lokal auf.

Argynnis niobe (Linnaeus, 1758)
● ab 1980   ● vor 1980

mung mit verschiedenen Autoren als Synonym bewertet. Weit verbreitet ist die f. *eris* mit gelblichen an Stelle von Silberflecken.

Ähnlich *A. adippe* jedoch mit deutlichem, oft schwarz gekerntem Perlmutterfleck in der Zelle der Hinterflügelunterseite sowie beim Männchen mit weitgehend reduziertem Duftschuppenfleck auf der Vorderflügeloberseite.

VERBREITUNG
Gesamtverbreitung: asiatisch-europäisch; große Teile Europas und des gemäßigten Asiens bis zum Amurgebiet.
Regionalverbreitung: besonders in den westlichen Landesteilen von vielen Fundorten bekannt. Ansonsten nur wenige, zerstreute Meldungen aus dem Eisacktal, Ahrntal und den Dolomiten. Generell nur mehr wenige aktuelle Nachweise. Nach KITSCHELT (1925) sowie DANNEHL (1925–1930) früher überall, jedoch ohne konkrete Fundorte.
Vertikalverbreitung: ca. 250 bis 2200 m; kollin, montan, subalpin, alpin. Bevorzugt in der oberen montanen sowie in der subalpinen Stufe auftretend. In der Schweiz bis 2500 m nachgewiesen.

BIOLOGIE
Habitatwahl: mesophile Übergangsbereichsart. Gehäufte Nachweise auf Halbtrockenrasen sowie blütenreichen subalpinen bis alpinen Wiesen und Weiden. Als Blütenbesucher auch auf Bergfettwiesen.
Phänologie: univoltin; von Mitte Juni bis Ende August. Hauptflugzeit zwischen Mitte Juli und Mitte August.
Raupenfutterpflanzen – Präimaginalstadien: Monophagie II; *Viola canina*, *V. odorata*, *V. hirta*, *V. palustris* (Violaceae) (TOLMAN, & LEWINGTON, 1998). Eiablage unter Zuchtbedingungen an der Rinde. Überwinterung als Eiraupe. Raupenstadium vom Frühjahr bis in den Juni. Stürzpuppe an der Bodenvegetation angesponnen (SBN, 1994; WEIDEMANN, 1995).

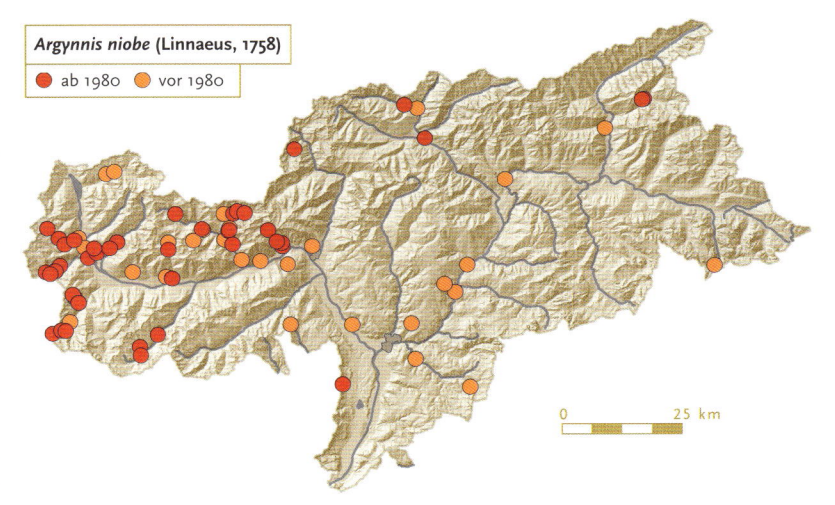

GEFÄHRDUNG – SCHUTZMASSNAHMEN
Gefährdungssituation: Habitatwahl und Ökologie lassen zwar noch keine landesweite Gefährdung vermuten, jedoch bestehen noch erhebliche Defizite bezüglich der aktuellen Verbreitung in Südtirol. In vielen Bereichen des Landes hat die Art bereits deutliche Bestandseinbußen erlitten und ist aus den talnahen Regionen weitgehend verschwunden.
Rote Liste: unzureichender Datenbestand (DD); bisherige Einstufung: 4.
Schutzmaßnahmen: dringender Forschungsbedarf bezüglich aktueller Verbreitung. Verzicht auf Intensivierung von Mager- und Trockenwiesen sowie blumenreichen Waldsäumen.

Ein häufiger Binnenwanderer ist der Kleine Perlmutterfalter (*Issoria lathonia*).

Issoria lathonia (Linnaeus, 1758)
Kleiner Perlmutterfalter

TAXONOMIE – DETERMINATION
In Europa ausschließlich in der Nominatunterart fliegende, wenig variable und durch zahlreiche große Silberflecken auf der Hinterflügelunterseite unverwechselbare Art.

VERBREITUNG
Gesamtverbreitung: zentralasiatisch-europäisch-mediterran; große Teile des südlichen und mittleren Europas sowie das gemäßigte Asien bis in die Mongolei. In Nordeuropa teilweise nicht mehr bodenständig.
Regionalverbreitung: in fast allen Talgebieten und an den angrenzenden Berghängen Südtirols nachgewiesen und gelegentlich nicht selten. Historische Angaben (KITSCHELT, 1925; DANNEHL, 1925–1930) sind großteils nur Pauschalmeldungen ohne konkrete Fundorte. In Südtirol sicher autochthon, teilweise aber Binnenwanderer. Verbreitungs- und Höhenangaben sind daher nur von beschränkter Aussagekraft.
Vertikalverbreitung: ca. 250 bis 2400 m; kollin, montan, subalpin, alpin. Migrierende Falter in allen Höhenstufen. Raupenentwicklung aber vermutlich nur in tieferen Lagen.

BIOLOGIE
Habitatwahl: Ubiquist (xerothermophile Offenlandart). Falter finden sich in einer Vielzahl unterschiedlichster Lebensräume des Gründlandbereiches, bevorzugen aber sonnige und offene Habitate.
Phänologie: bivoltin, fakultativ trivoltin (?), partiell univoltin (?); von Anfang März bis Ende September ohne deutliche Abgrenzung der Generationen. Frühjahrsfalter sind nach verschiedenen Autoren Überwinterer (DANNEHL, 1925–1930; KITSCHELT, 1925). Genera-

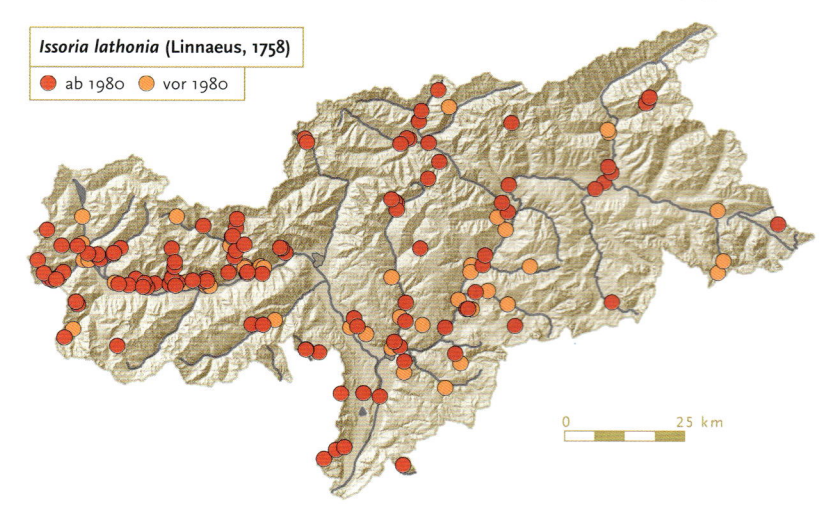

Der Mädesüß-Perlmutterfalter (*Brenthis ino*) kommt nur sehr lokal vor, besonders an feuchteren Stellen.

tionenfolge jedenfalls weitgehend verwaschen, umso mehr als *I. lathonia* im Gebirge univoltin sein soll (SBN, 1994).
Raupenfutterpflanzen – Präimaginalstadien: Monophagie II; *Viola tricolor, V. hirta, V. arvensis* (Violaceae) (SBN, 1994; WEIDEMANN, 1995). Eiablage einzeln an der Futterpflanze. Überwinterung entweder als Raupe oder im Puppenstadium, angeblich auch imaginal. Stürzpuppe an bodennahem Substrat festgesponnen (SBN, 1994).

GEFÄHRDUNG – SCHUTZMASSNAHMEN
Gefährdungssituation: in vielen Gebieten Südtirols unregelmäßig, als eumigrierende Art auftretend und daher bezüglich Gefährdung schwer zu beurteilen. Die Fähigkeit zur Anpassung an unterschiedlichste extensiv genutzte Lebensräume lässt allerdings keine grundsätzliche Bestandsbedrohung erkennen.
Rote Liste: nicht oder kaum gefährdet (LC); bisherige Einstufung: n. a.
Schutzmaßnahmen: derzeit keine Maßnahmen erforderlich.

Brenthis ino (Rottemburg, 1775) Mädesüß-Perlmutterfalter

TAXONOMIE – DETERMINATION
In Europa nur in der Nominatunterart vertreten.
Ähnlich *B. daphne*, jedoch kleiner sowie Hinterflügelunterseite ohne breiten violetten Saum.

VERBREITUNG
Gesamtverbreitung: sibirisch-europäisch; große Teile des gemäßigten Europas und Asiens bis nach Japan. Fehlt in weiten Bereichen des Mediterraneums.
Regionalverbreitung: sehr zerstreute Nachweise mit Schwerpunkt im Nordwesten Südtirols, an den Fundstellen meist in Anzahl. In weiten Teilen des Landes nicht nachgewiesen.
Vertikalverbreitung: ca. 500 bis 2000 m; kollin, montan, subalpin. Vor allem in der oberen montanen sowie der unteren subalpinen Stufe verbreitet, in den eigentlichen Tieflagen, wie fast dem gesamten Etschtal, fehlend.

BIOLOGIE
Habitatwahl: hygrophile Offenlandart, mesophile Offenlandart. *B. ino* bevorzugt feuchte Hochstaudenfluren an Bächen und Quellmooren sowie etwas trockenere und sonnige, gebüschbestandene Hänge. Gerne an reich strukturierten Stellen mit reichlich Saugpflanzen. Die an vielen Lokalitäten Mitteleuropas beobachtete enge Bindung an Streuwiesen im Flachland konnte in Südtirol nie belegt werden und es liegen diesbezüglich auch keine historischen Hinweise vor.
Phänologie: univoltin; von Mitte Mai bis Mitte August, Hauptflugzeit von Ende Juni bis Mitte Juli.
Raupenfutterpflanzen – Präimaginalstadien: Oligophagie I; *Filipendula ulmaria, Sanguisorba officinalis, Potentilla palustris, Rubus idaeus, Aruncus dioicus* (Rosaceae) (SBN, 1994), auch *Sanguisorba minor* wird von diesen Autoren als Raupensubstrat trockener Standorte genannt. Eiablage einzeln an Blättern der Futterpflanze. Raupen schlüpfen im Sommer und überwintern halb er-

Brenthis ino (Rottemburg, 1775)
● ab 1980   ● vor 1980

0   25 km

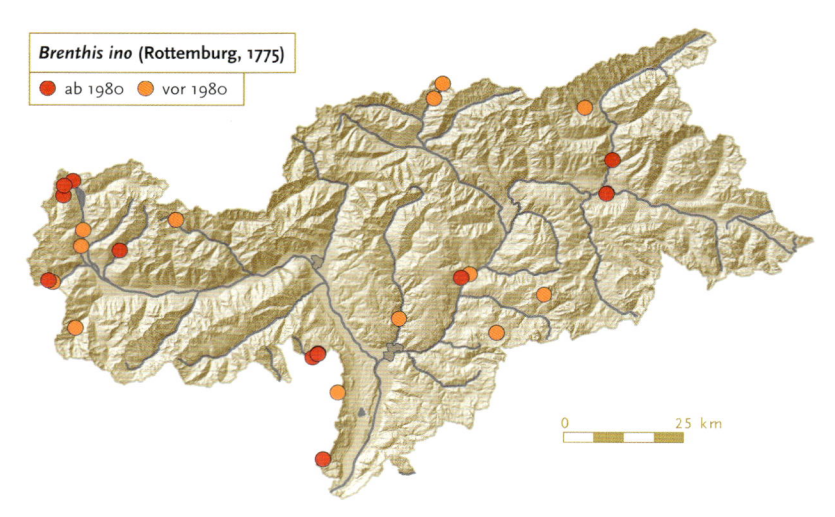

wachsen (SBN, 1994). Nach WEIDE-MANN (1995) hiberniert die Art hingegen im Eistadium. Ab Mitte Mai Verwandlung in eine an der Vegetation festgesponnene Stürzpuppe.

GEFÄHRDUNG – SCHUTZMASSNAHMEN
Gefährdungssituation: Rezent entdeckte Fundorte in der montanen und subalpinen Region belegen eine deutlich geringere Gefährdungssituation, als bisher angenommen wurde (HOFER, 1995). Talpopulationen sowie jene aus anthropogen genutzten Lebensräumen wie feuchten Magerwiesen unterliegen allerdings einem hohen Gefährdungspotential durch zunehmende Intensivierung dieser Flächen.

Rote Liste: gefährdet (VU); bisherige Einstufung: 1.
Schutzmaßnahmen: Verzicht auf weitere Intensivierung im Bereich der verbliebenen Bestände.

Brenthis daphne
(Denis & Schiffermüller, 1775)
Brombeer-Perlmutterfalter

TAXONOMIE – DETERMINATION
In Europa nur in der Nominatunterart vorkommend. Früher subspezifisch gewertete Taxa wie *nikator* Fruhstorfer, 1909, fallen in die Variationsbreite. Wenig variable Art. Am ehesten mit *B. ino* zu verwechseln, differiert jedoch durch die größere Flügelspannweite, den violetten Farbton der äußeren Hälfte der Hinterflügelunterseite sowie die braun gefärbte Basis von Zelle 4 auf der Hinterflügelunterseite.

VERBREITUNG
Gesamtverbreitung: sibirisch-europäisch; von der Iberischen Halbinsel über die wärmeren Gebiete Mittel- und Südeuropas sowie Russland und Zentralasien bis nach Japan.
Regionalverbreitung: in den wärmeren Gebieten des Eisack- und Etschtals lokal und gelegentlich in Anzahl. Ganz vereinzelte Nachweise aus den Dolomiten und dem Mendelgebiet. Vor allem im mittleren und unteren Vinschgau sowie im Großraum Bozen erhöhte Funddichte.
Vertikalverbreitung: ca. 260 bis 1500 m; kollin, montan, fehlt aber weitgehend am eigentlichen Talboden.

BIOLOGIE
Habitatwahl: mesophile Übergangsbereichsart. Bevorzugt in gebüschreichen, warmen Waldsaumstrukturen im Randbereich von Blütensäumen und Trockenrasen.
Phänologie: univoltin; von Ende Mai bis Anfang August, Hauptflugzeit zwischen Mitte Juni und Mitte Juli.
**Raupenfutterpflanzen – Präimaginalsta-

Ein arttypisches Merkmal des Brombeer-Perlmutterfalters ist die breite violette Saumbinde auf der Hinterflügelunterseite.

<<
Die Raupe des Brombeer-Perlmutterfalters (*Brenthis daphne*) ernährt sich ausschließlich von Brombeerarten.

Die Stürzpuppe des Brombeer-Perlmutterfalters weist auffallende Silberflecken auf.

dien: Monophagie II; *Rubus fruticosus* agg., *R. idaeus*, *R. vulgaris* und *R. ulmifolius* (Rosaceae). Meldungen von *Viola* (HIGGINS & RILEY, 1978) sind wahrscheinlich falsch. Eiablage einzeln an Blättern der Futterpflanze. Raupen schlüpfen je nach Population entweder im Herbst oder überwintern entwickelt in der Eischale. Ab Mitte Mai erfolgt die Verwandlung in eine Stürzpuppe (SBN, 1994).

GEFÄHRDUNG – SCHUTZMASSNAHMEN

Gefährdungssituation: durch den Einsatz von Spritzmitteln und Intensivierungsmaßnahmen, teilweise auch Verbauung von Gunstlagen oder Umwandlung der Habitate in Weinberge Populationsrückgänge bis hin zum lokalen Aussterben. Auf Grund teilweise schwer zugänglicher und anthropogen kaum beeinflusster Habitate, vor allem in der montanen Stufe, besteht insgesamt jedoch keine landesweite Gefährdung.
Rote Liste: drohende Gefährdung (NT); bisherige Einstufung: 4.
Schutzmaßnahmen: Verzicht auf Steigerung intensiver landwirtschaftlicher Nutzung an Standorten mit individuenreichen Populationen.

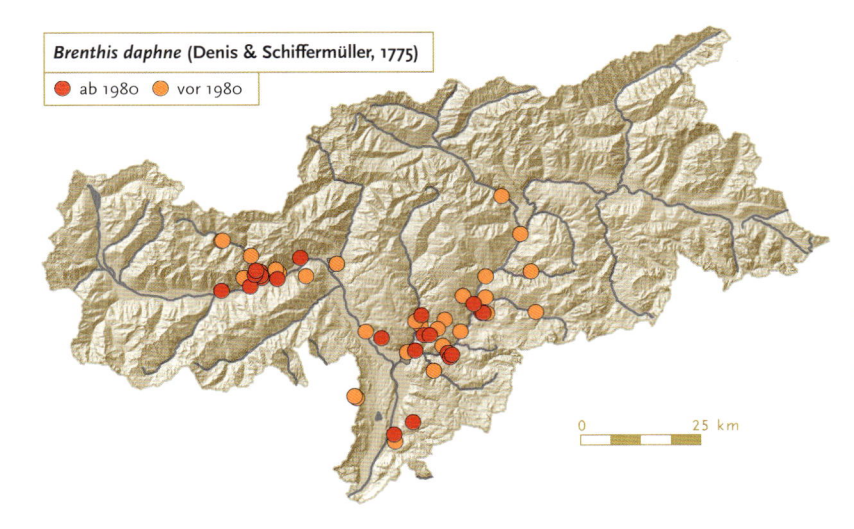

Brenthis hecate
(Denis & Schiffermüller, 1775)
Saumfleck-Perlmutterfalter

TAXONOMIE – DETERMINATION
B. hecate neigt nicht zur Ausbildung geographischer Unterarten.
Die Falter können auf Grund der doppelten Punktreihe auf der Hinterflügelunterseite leicht bestimmt werden.

VERBREITUNG
Gesamtverbreitung: zentralasiatisch-europäisch; von der Iberischen Halbinsel über Teile Südeuropas und Kleinasiens bis in den Iran und zum Altai.
Regionalverbreitung: nur in wenigen historischen Nachweisen aus dem Südtiroler Unterland bekannt, so von Wiesen bei Neumarkt (DANNEHL, 1925–1930). Eine Meldung aus dem Bozner Raum (MANN, 1867) ist extrem ungenau und nicht sicher lokalisierbar. Der letzte gesicherte Fund vor über 30 Jahren.
Vertikalverbreitung: ca. 250 bis 600 m; kollin. Ausschließlich auf die wärmsten Lagen beschränkt.

BIOLOGIE
Habitatwahl: xerothermophile Offenlandart. Blütenreiche, magere Wiesen mit Gebüschsäumen (TOLMAN & LEWINGTON, 1998).
Phänologie: univoltin; Falter von Ende Mai bis Anfang Juni.

Brenthis daphne (Denis & Schiffermüller, 1775)
● ab 1980   ● vor 1980

Raupenfutterpflanzen – Präimaginalstadien: Monophagie II (?); Raupe an *Filipendula ulmaria*, *F. vulgaris* (Rosaceae) und angeblich *Dorycnium*. Überwinterung im Raupenstadium (TOLMAN & LEWINGTON, 1998).

GEFÄHRDUNG – SCHUTZMASSNAHMEN
Gefährdungssituation: höchstwahrscheinlich in Südtirol bereits ausgestorbene Art. Wurde nach HOFER (1995) letztmalig vor 1950 nachgewiesen. Allerdings existieren noch Exemplare aus Montan, die 1971 entlang der alten Fleimstalbahn durch SCHEURINGER (*in litteris*) belegt werden konnten. Restpopulationen konnten aber trotz Nachsuche nicht mehr gefunden werden. Gefährdungsursachen sind nicht restlos geklärt, Verbauung sowie Intensivierung von Magerwiesen haben aber sicher zum Aussterben wesentlich beigetragen.
Rote Liste: ausgestorben oder verschollen (RE); bisherige Einstufung: 0.
Schutzmaßnahmen: bei eventuellem Auffinden von Restpopulationen prioritär schutzwürdig. Ausarbeitung von geeigneten Pflegeplänen.

Brenthis hecate (Denis & Schiffermüller, 1775)
● ab 1980   ● vor 1980

Boloria eunomia (Esper, 1799)
● ab 1980   ● vor 1980

Boloria eunomia (Esper, 1799)
Randring-Perlmutterfalter

TAXONOMIE – DETERMINATION
In Mitteleuropa ausschließlich in der Nominatunterart vertreten, die im Norden des Kontinents durch die ssp. *ossiana* (Herbst, 1800) ersetzt wird.
Durch sechs schwarz geringelte und hell gefüllte Postdiskalflecken auf der Hinterflügelunterseite leicht kenntliche Art.

VERBREITUNG
Gesamtverbreitung: holarktisch; nördliche Teile Europas mit wenigen isolierten Vorkommen in Mitteleuropa, kühlere Zonen Asiens bis in die Mongolei sowie die Halbinsel Sachalin, Nordamerika.
Regionalverbreitung: ausschließlich vom Reschengebiet, aus St. Valentin auf der Haide (Burgeis) bekannt geworden. SALA (*in litteris*) konnte die Art hier vereinzelt noch 1995 und 1996 feststellen. Es sind dies gleichzeitig auch die einzigen Nachweise für Italien. Trotz intensiver Kontrolle an verschiedenen Lokalitäten mit Beständen von Raupensubstrat gelang seither keine Bestätigung des Vorkommens.
Vertikalverbreitung: ca. 1200 bis 1300 m; montan. Außerhalb Südtirols in Höhenlagen zwischen 300 und 1900 m nachgewiesen (TOLMAN & LEWINGTON, 1998).

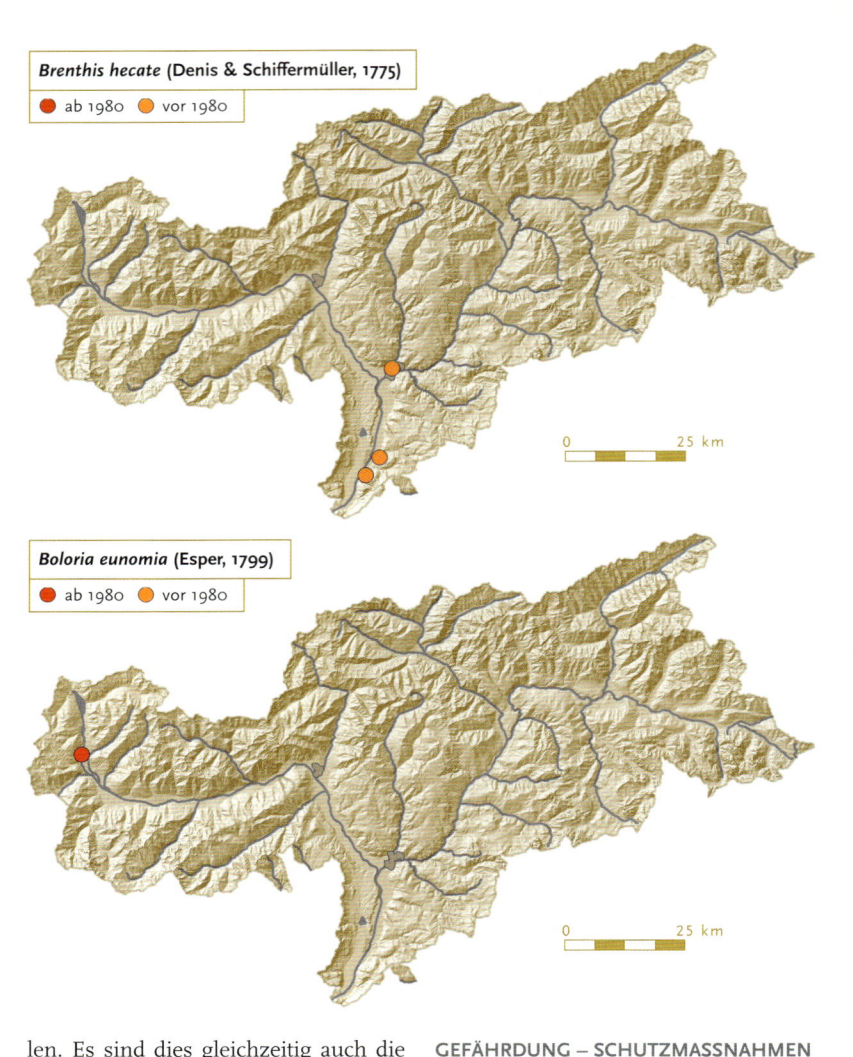

BIOLOGIE
Habitatwahl: hygrophile Offenlandart. Charakterart von Niedermooren sowie Hochmoorrändern mit Beständen des Wiesenknöterichs.
Phänologie: univoltin; Juni, genauere Angaben liegen nicht vor.
Raupenfutterpflanzen – Präimaginalstadien: Monophagie I; *Polygonum bistorta* (Polygonaceae). Eiablage in kleinen Gruppen an Blättern. Überwinterung im dritten Raupenstadium. Stürzpuppe in der Streuschicht festgesponnen (SETTELE et al., 2001).

GEFÄHRDUNG – SCHUTZMASSNAHMEN
Gefährdungssituation: wahrscheinlich in Südtirol bereits ausgestorbene Art. Zwar liegen Funde bis Mitte der 1990er Jahre vor, jedoch sind die ehemaligen Flugstellen inzwischen weitestgehend intensiviert oder starkem landwirtschaftlichen Nutzungsdruck unterworfen. Vor allem die frühzeitige und flächendeckende Mahd macht auch in anderen potentiellen Habitaten wie auf der Seiser Alm eine erfolgreiche Entwicklung der Raupen unmöglich und ist das Hauptproblem für die Art in Südtirol. Auf den wenigen ungemähten Flächen mit kleinen Beständen der Futterpflanze wurden jedoch ebenfalls keine Falter mehr gefunden. Tatsächlich stellt auch der Wegfall der Mahd nach EBERT & RENNWALD (1991a) ein erhebliches Problem für den Wiesenknöterich dar, der schließlich durch höher wüchsige Pflanzen verdrängt wird.
Rote Liste: ausgestorben oder verschollen (RE); bisherige Einstufung: n. a. bzw. 1 (EISENBERG, 2001).

Die einzige Population des Randring-Perlmutterfalters (*Boloria eunomia*) in Italien ist vermutlich bereits erloschen.

Im Nahbereich von verschiedenen Wäldern lebt der Silberfleck-Perlmutterfalter (*Boloria euphrosyne*).

Schutzmaßnahmen: bei eventuellem Auffinden von Restpopulationen prioritär schutzwürdig. Ausarbeitung von geeigneten Pflegeplänen.

Boloria euphrosyne (Linnaeus, 1758) Silberfleck-Perlmutterfalter

TAXONOMIE – DETERMINATION

In Europa ausschließlich in der Nominatunterart vertreten. Die von SCHEURINGER (1972) angeführte ssp. *cynosoma* Fruhstorfer, 1916, gilt heute als Synonym (LERAUT, 1997).
Mit *B. selene* zu verwechselnde Art, jedoch leicht durch den einzigen Silberfleck auf der Hinterflügelunterseite sowie einige weitere geringfügigere Merkmale zu unterscheiden.

VERBREITUNG

Gesamtverbreitung: sibirisch-europäisch; große Teile Europas sowie Kleinasien und Russland bis nach Kasachstan.
Regionalverbreitung: in ganz Südtirol, vor allem ab der montanen Stufe, weit verbreitet und vielfach recht zahlreich. Die Art fehlt lediglich in den tief gelegenen Tälern, wo sie aber vermutlich vor der massiven Ausdehnung des Obstbaues noch präsent war.

Vertikalverbreitung: ca. 220 bis 2300 m; kollin, montan, subalpin. In der Talstufe extrem lokal. Die wenigen Falternachweise aus der alpinen Region dürften auf nahrungssuchende Einzeltiere zurückgehen.

BIOLOGIE

Habitatwahl: mesophile Waldart. Charakterart lichter Wälder unterschiedlichster Zusammensetzung, die von Laubwäldern der Hügelstufe bis zu reinen Nadelwäldern der subalpinen Region reichen. Bevorzugt werden Waldlichtungen wie Schlagfluren sowie innere und äußere Saumstrukturen. Von Bedeutung ist überdies ein ausreichendes Saugpflanzenangebot; die Falter besuchen daher auch gerne nahe gelegene Wiesen, Weiden und Hochstaudenfluren.

Phänologie: univoltin; von Anfang Mai bis Ende August, in der Hügelstufe bereits im Mai und Juni, ab der montanen Region durchschnittlich deutlich später fliegend. Aus den tieferen Lagen der Schweiz sowie Baden-Württembergs ist auch fakultative Bivoltinität bekannt (EBERT & RENNWALD, 1991a; SBN, 1994).

Raupenfutterpflanzen – Präimaginalstadien: Monophagie II; *Viola* spp. (Violaceae) (EBERT & RENNWALD, 1991a). Eiablage einzeln an der Futterpflanze oder

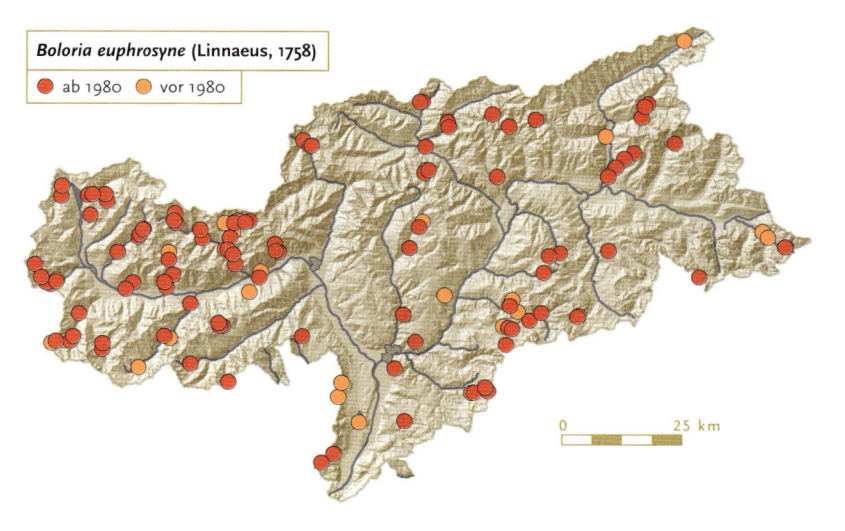

Boloria euphrosyne (Linnaeus, 1758)
● ab 1980 ● vor 1980

Der Natterwurz-Perlmutterfalter (*Boloria titania*) ist leicht an den lang gestreckten dunklen Halbmonden auf der Hinterflügelunterseite zu erkennen.

Feuchte Ufersäume der montanen Lagen sind die bevorzugten Habitate des Natterwurz-Perlmutterfalters.

nahe gelegenem Substrat. Überwinterung der halb erwachsenen Raupe bereits ab August. Im Frühjahr Verwandlung in eine an der bodennahen Vegetation festgesponnenen Stürzpuppe (SBN, 1994).

GEFÄHRDUNG – SCHUTZMASSNAHMEN
Gefährdungssituation: Hinweise auf regionale Verluste im Bereich der Talgebiete rechtfertigen eine Aufnahme in die Kategorie „drohende Gefährdung". Landesweit bewertet ist *B. euphrosyne* aber nicht gefährdet, da die Art in unterschiedlichsten und kaum bedrohten Waldlebensräumen vorkommt.
Rote Liste: drohende Gefährdung (NT); bisherige Einstufung: 3.
Schutzmaßnahmen: möglichst extensive Nutzung der Wälder.

Boloria titania (Esper, 1793) Natterwurz-Perlmutterfalter

Synonymie:
Argynnis amathusia (Esper, 1783) (Homonym)

TAXONOMIE – DETERMINATION
Die Populationen der Alpen werden verschiedentlich der westalpinen Nominatunterart sowie der zentral- und ostalpinen ssp. *cypris* (Meigen, 1828) zugeordnet (HIGGINS, 1975; TOLMAN & LEWINGTON, 1998). Nach DE PRINS (*in litteris*) wird aber im europäischen Katalog auf diese Untergliederung verzichtet.

B. titania ist leicht an der violetten Farbe der Hinterflügelunterseite mit einer Reihe lang gestreckter schwarzer Halbmonde zu erkennen.

VERBREITUNG
Gesamtverbreitung: holarktisch; mittel- und südosteuropäische Gebirge und das südöstliche Skandinavien sowie vom Ural über Teile Asiens bis nach Sachalin und zum Amur sowie Nordamerika.
Regionalverbreitung: im ganzen Land mit Ausnahme der eigentlichen Talgebiete sowie Teilen der Sarntaler Alpen lokal verbreitet und gelegentlich recht häufig.
Vertikalverbreitung: ca. 600 bis 2100 m; montan, subalpin. Höchstgelegene Fundorte im Bereich der Waldgrenze. Maximal auf diese Vertikalerhebung beziehen sich wohl auch ältere Angaben aus dem Stilfser-Joch-Gebiet (KITSCHELT, 1925).

BIOLOGIE
Habitatwahl: montane Art. Charakterart von feuchten und extensiv genutzten Wiesen sowie Hochstaudenfluren entlang von Bächen mit Beständen des Wiesenknöterichs.
Phänologie: univoltin; von Ende Juni bis Ende August, Hauptflugzeit im Juli.
Raupenfutterpflanzen – Präimaginalstadien: Monophagie I (?); *Polygonum bistorta* (Polygonaceae); gelegentlich werden auch Veilchenarten als Substrat angeführt, so unter Laborbedingungen *Viola tricolor* (Violaceae) (WEIDEMANN, 1995), nach Freilandbeobachtungen in Südtirol kommt der Falter aber ausschließlich in Beständen von *Polygonum bistorta* vor. Eiablage einzeln an der Futterpflanze oder nahe gelegenem Substrat. Raupe überwintert halb erwachsen und verwandelt sich im Frühjahr in eine an bodennaher Vegetation festgesponnene Stürzpuppe (SBN, 1994).

GEFÄHRDUNG – SCHUTZMASSNAHMEN
Gefährdungssituation: Populationen in den tieferen Lagen sowie lokal auch oberhalb der talnahen Gebiete sind durch Intensivierung bedroht. Insgesamt besteht aber eine noch relativ günstige Situation, welche höchstens eine Einstufung als „potentiell gefährdet" rechtfertigt.
Rote Liste: drohende Gefährdung (NT); bisherige Einstufung: 3 bzw. 4 (EISENBERG, 2001).
Schutzmaßnahmen: traditionelle Bewirtschaftung feuchter Bergwiesen.

Boloria titania (Esper, 1793)
● ab 1980   ● vor 1980

Boloria selene (Denis & Schiffermüller, 1775)
● ab 1980   ● vor 1980

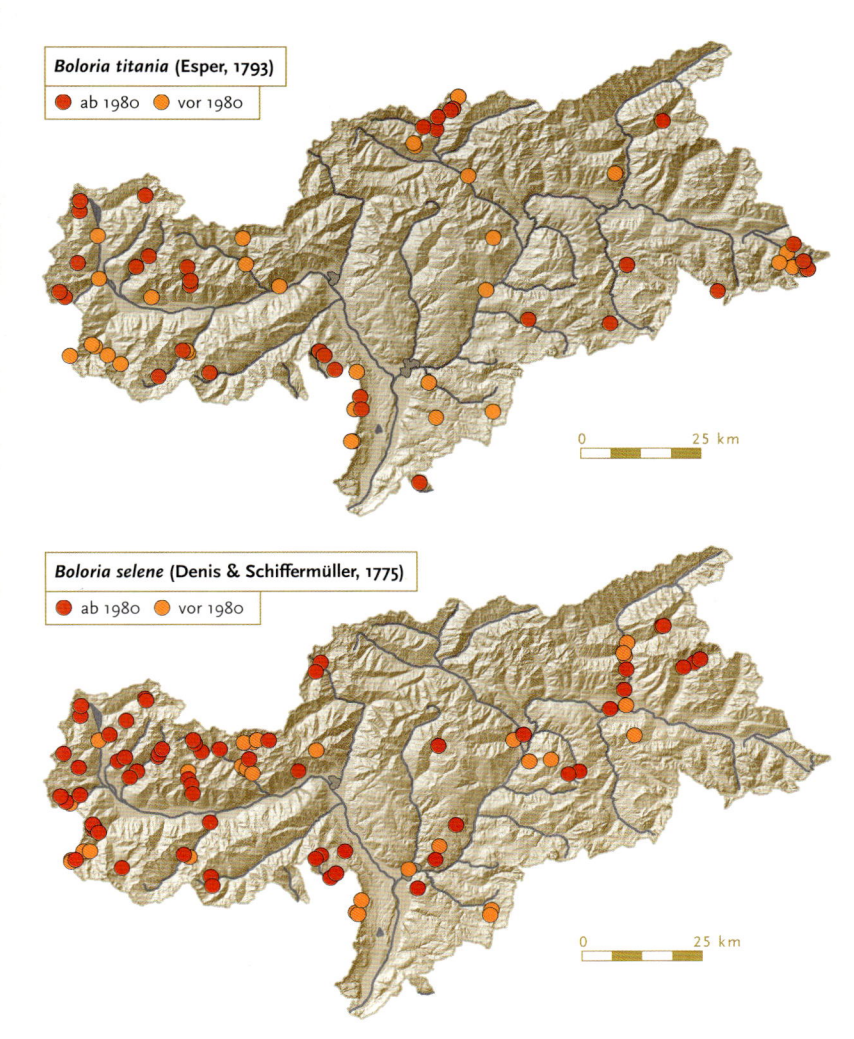

Boloria selene
(Denis & Schiffermüller, 1775)
Braunfleckiger Perlmutterfalter

TAXONOMIE – DETERMINATION
In Europa ausschließlich in der nominotypischen Unterart vertreten.
Von der ähnlichen *B. euphrosyne* u. a. durch einen auffallenden schwarzen Punkt im inneren Zellfleck sowie einen schwach silbrigen äußeren Zellfleck auf der Hinterflügelunterseite leicht zu unterscheiden.

VERBREITUNG
Gesamtverbreitung: holarktisch; gemäßigtes und nördliches Europa sowie Asien bis nach Sachalin, Nordamerika. Fehlt in weiten Bereichen Südeuropas.
Regionalverbreitung: im Großteil Südtirols nachgewiesen, allerdings mit einigen Verbreitungslücken in den mittleren und südöstlichen Landesteilen sowie vor allem in den tieferen Lagen der großen Täler. An den Fundstellen meist in Anzahl.
Vertikalverbreitung: ca. 300 bis 2300 m; kollin, montan, subalpin. Höchstgelegene Fundorte im Ortlergebiet, jedoch kaum über die Waldgrenze aufsteigend und in der alpinen Region fehlend.

BIOLOGIE
Habitatwahl: hygrophile Offenlandart. Die Art besiedelt eine größere Palette unterschiedlicher Habitate, bevorzugt aber generell feuchtere Standorte. Falternachweise liegen u. a. von Nieder- und Hochmooren, Bergmagerwiesen, subalpinen Wiesen und Weiden, Lärchenwiesen, aber auch Halbtrockenrasen vor.
Phänologie: bivoltin, in höheren Lagen univoltin; in talnahen Gebieten zweibrütig von Mitte Mai bis Anfang Juni sowie im August, oberhalb der mittleren montanen Stufe univoltin von Mitte Juni bis Ende August.
Raupenfutterpflanzen – Präimaginalstadien: Monophagie II; *Viola* spp. (Violaceae); Meldungen von anderen Futterpflanzen wie verschiedenen Rosaceae sind nicht sicher nachgewiesen (EBERT & RENNWALD, 1991a; SBN, 1994). Eiablage einzeln auf Veilchen oder nahe gelegenem Substrat. Raupe überwintert halb erwachsen. Verpuppung im Frühjahr an bodennaher Vegetation (SBN, 1994).

GEFÄHRDUNG – SCHUTZMASSNAHMEN
Gefährdungssituation: auf Grund lokaler bis regionaler Rückgänge, vor allem in talnahen Gebieten, Einstufung als „potentiell gefährdet" notwendig. Landesweit beurteilt besteht jedoch wegen der vielfältigen Habitate keine unmittelbare Aussterbegefahr.
Rote Liste: drohende Gefährdung (NT); bisherige Einstufung: 3 bzw. 4 (EISENBERG, 2001).
Schutzmaßnahmen: Verzicht auf weitere Trockenlegungen sowie Intensivierung von feuchten Wiesen; Beibehaltung traditioneller Nutzungsformen.

Boloria dia
(Linnaeus, 1767)
Magerrasen-Perlmutterfalter

TAXONOMIE – DETERMINATION
In Europa ausschließlich in der Nominatunterart vertreten.
Kleinste Perlmutterfalterart Südtirols mit violett übergossener Hinterflügelunterseite, die charakteristisch verteilte Silberflecken einschließlich Randflecken aufweist.

VERBREITUNG
Gesamtverbreitung: zentralasiatisch-europäisch; von Spanien über große Teile Mittel-, Süd- und Osteuropas bis nach Kasachstan und in die Mongolei sowie China.
Regionalverbreitung: sehr lokale und fast durchwegs historische Nachweise aus den großen Tälern und den unmittelbaren Einzugsbereichen, im Gebirge weitgehend fehlend. Früher z. B. in den Etschauen (ohne konkrete Fundortangabe – vermutlich im Gebiet von Terlan) als häufig gemeldet (DANNEHL, 1925–1930). Der letzte Nachweis aus dem Jahre 1994 durch Niederkofler stammt aus Schabs/Ochsenbichl.

Der Magerrasen-Perlmutterfalter (*Boloria dia*) ist eine in Südtirol vom Aussterben bedrohte Tagfalterart.

Vertikalverbreitung: ca. 250 bis 1300 m; kollin, montan. Vor allem in Talgebieten beheimatet. Fundortangaben wie Schlern (Dannehl, 1925–1930) oder Monte Roen (Kitschelt, 1925) deuten zwar auf eine höher reichende Verbreitungsgrenze, es fehlen allerdings nähere Höhenangaben. Daten aus der Schweiz (SBN, 1994) gehen von einer Vertikalverbreitung bis gegen 1300 m aus.

Boloria dia (Linnaeus, 1767)
- ● ab 1980
- ● vor 1980

BIOLOGIE

Habitatwahl: xerothermophile Offenlandart. Charakterart warmer, blumenreicher Magerwiesen (Mesobrometum) und Halbtrockenrasen im Nahbereich von naturnahen Waldsäumen.

Phänologie: bivoltin, fakultativ trivoltin; Generationenfolge unsicher. Für Südtirol liegen von allen Monaten zwischen April und Oktober Daten vor, und eine Abgrenzung der Generationen gestaltet sich daher schwierig. Nach Daniel & Wolfsberger (1957) im Vinschgau die erste Generation von April bis Mai sowie eine fakultative dritte Generation Mitte Oktober. Kitschelt (1925) vermerkt die erste Generation von April bis Mai und die zweite Generation von Juli bis September. Nach SBN (1994) ist die Art in den montanen Gebieten der Schweiz univoltin mit Faltern von Mitte Mai bis Mitte Juli.

Raupenfutterpflanzen – Präimaginalstadien: Monophagie II (?); *Viola* spp., besonders *Viola odorata* und *V. hirta* (Violaceae) (SBN, 1994; Settele et al., 1999). Umstritten ist nach den genannten Autoren die Akzeptanz von weiteren Futterpflanzen wie *Rubus idaeus* und *R. caesius* sowie *Prunella vulgaris*. Eiablage erfolgt einzeln an der Futterpflanze. Überwinterung im dritten Raupenstadium und Verpuppung an Pflanzenstängeln (Settele et al., 1999).

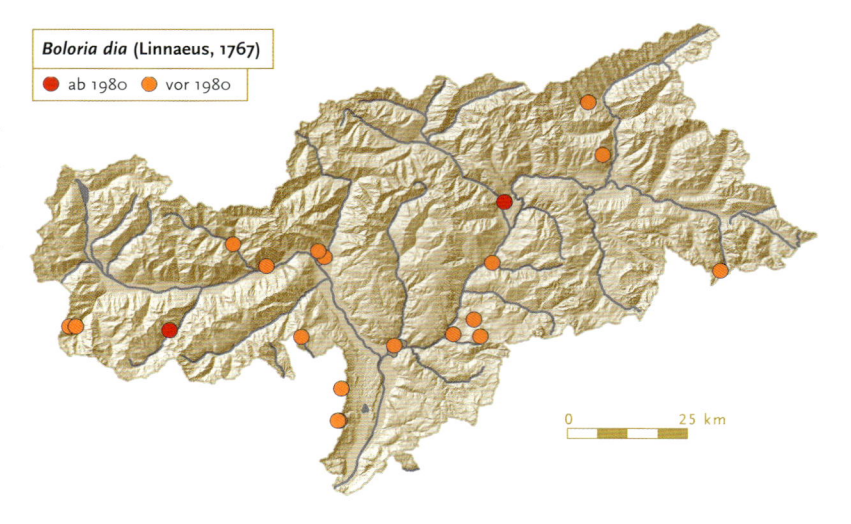

GEFÄHRDUNG – SCHUTZMASSNAHMEN

Gefährdungssituation: durch Düngung sowie Umwandlung von Wiesen in Obst- und Weinbaumonokulturen fast überall in Südtirol verschwunden, so z. B. in den Etschauen oder im Schlerngebiet. Auch aus dem Vinschgau liegen keinerlei rezente Nachweise mehr vor, wobei hier der Einsatz von Häutungshemmern im Obstbau Hauptursache für das Aussterben sein dürfte.

Rote Liste: vom Aussterben bedroht (CR); bisherige Einstufung: 1.

Schutzmaßnahmen: strenger Schutz der noch verbliebenen Restvorkommen insbesondere in Schabs/Ochsenbichl, Verzicht auf Düngung oder sonstige Intensivierung in diesem Gebiet sowie Förderung von traditionellen, extensiven Pflegemaßnahmen, insbesondere der Mahd. Überdies sind weitere Kartierungen in potentiellen Habitaten dringend erforderlich.

Boloria thore
(Hübner, 1803)
Alpen-Perlmutterfalter

TAXONOMIE – DETERMINATION
In Europa ausschließlich in der Nominatunterart vertreten.
Durch die flügeloberseitig stark ausgedehnte braune Verdunkelung sowie die breite gelbe Binde auf der Hinterflügelunterseite leicht kenntliche Art.

VERBREITUNG
Gesamtverbreitung: sibirisch-europäisch; Alpen und Skandinavien sowie das nördliche und gemäßigte Asien bis nach Japan.
Regionalverbreitung: zerstreute und seltene Nachweise vom Ortler über die Ötztaler und Zillertaler Alpen bis in die südlichen Dolomiten. Vereinzelt auch aus dem Mendelgebiet sowie den nordöstlichen Sarntaler Alpen bekannt.
Vertikalverbreitung: ca. 700 bis 2100 m; montan, subalpin. Höher gelegene Fundmeldungen sind unglaubwürdig.

BIOLOGIE
Habitatwahl: montane Art. Charakterart eher feuchter bis frischer, von blumenreichen Lichtungen oder Lawinenrinnen unterbrochener Bergwälder. Gerne in Fichtenwäldern sowie im Fichten-Latschengürtel, sowohl auf Silikat als auch auf karbonatreichem Untergrund.
Phänologie: univoltin (zweijährig) (?); von Ende Juni bis Anfang August. Die Zweijährigkeit wird von SBN (1994) auf Grund von zweijährigen Häufigkeitsschwankungen der Falter vermutet, ist aber nicht bewiesen.
Raupenfutterpflanzen – Präimaginalstadien: Monophagie II; *Viola* spp. (Violaceae), nach SBN (1994) besonders *Viola biflora*. Eiablage einzeln, meistens an der Futterpflanze. Raupe überwintert halb erwachsen und verwandelt sich im Frühjahr in eine an verschiedenem Substrat festgesponnene Sturzpuppe (SBN, 1994).

GEFÄHRDUNG – SCHUTZMASSNAHMEN
Gefährdungssituation: Der geringe Datenbestand würde die bisherige Einstufung als stark gefährdete Art (HOFER, 1995) durchaus rechtfertigen, die tatsächlich besiedelten Habitate sind aber höchstens lokal gefährdet und die Art unterliegt maximal einem langfristigen Aussterberisiko.
Rote Liste: drohende Gefährdung (NT); bisherige Einstufung: 2.
Schutzmaßnahmen: derzeit kaum sinnvolle Maßnahmen möglich. Am ehesten Vermeidung von forstlichen Eingriffen und infrastrukturellen Maßnahmen wie Straßenbau im Bereich von starken Populationen.

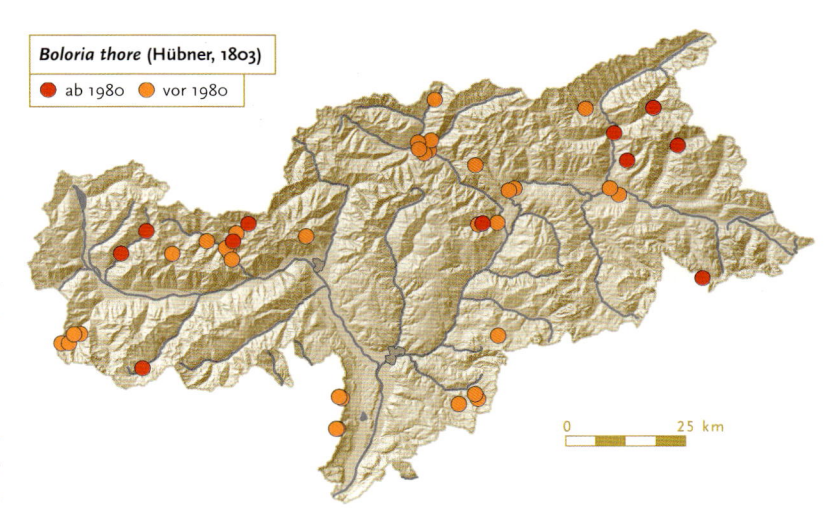

Boloria pales
(Denis & Schiffermüller, 1775)
Hochalpen-Perlmutterfalter

TAXONOMIE – DETERMINATION
B. pales wird in eine große Anzahl an Unterarten unterteilt (WARREN, 1944), drei bis vier Subspezies werden auch aus Europa gemeldet (HIGGINS, 1975; LERAUT, 1997). In Südtirol tritt die Nominatrasse auf, aus den westlichen Landesteilen wird aber auch die ssp. *palustris* Fruhstorfer, 1909, gemeldet (HIGGINS, 1975; TOLMAN & LEWINGTON, 1998). Letztere weist durchschnittlich kleinere und oberseits mäßig schwarz gezeichnete Falter auf. Die Verbreitungsgrenzen beider Taxa im Land sind allerdings noch abzuklären. Die noch von WARREN (1944) als Unterart von *B. pales* angesehene *B. aquilonaris* (Stichel, 1908) wird auf Grund ihrer Lebensweise sowie morphologischer Merkmale heute als gute Art behandelt. Sie fliegt ausschließlich in Hochmooren und könnte potentiell auch in Südtirol erwartet werden, ist aber bisher trotz Kontrolle geeigneter Habitate nicht nachgewiesen worden. Die von DANNEHL (1925–1930) genannten alpinen Fundorte von *B. aquilonaris* (unter dem Synonym *arsilache* publiziert) beziehen sich zweifellos nicht auf diese Art, da sie in den Gebirgsregionen völlig fehlt.
Falter von *B. pales* sind jenen von *B. napaea* sehr ähnlich, unterscheiden sich jedoch vor allem durch die geringere Flügelspannweite, die relativ kräftige schwarze Zeichnung der Vorderflügeloberseite sowie die höchstens leicht verdunkelten Weibchen.

VERBREITUNG
Gesamtverbreitung: südeuropäisch; Gebirgsregionen Süd- und Mitteleuropas, vom Kantabrischen Gebirge über die Pyrenäen und die Alpen bis zu den Dinariden sowie der Apennin.
Regionalverbreitung: im ganzen Land in den Gebirgsregionen verbreitet und vielfach häufig, allerdings wenige Nachweise in den mittleren Landesteilen. Historische Daten sind unterrepräsentiert, da kaum Fundlokalitäten publiziert wurden. So schreibt KITSCHELT (1925) ohne eine einzige konkrete Meldung lediglich: „in der Alpenregion der häufigste Tagfalter". Überdies wurde *B. napaea* früher als Form von *B. pales* angesehen, und die historischen Daten lassen sich deshalb manchmal nicht mit restloser Sicherheit auftrennen. Dementsprechend sind die in der Karte dargestellten alten Funde in manchen Fällen etwas zweifelhaft.
Vertikalverbreitung: ca. 1400 bis 2800 m; ausnahmsweise montan, subalpin, alpin. Tief gelegene Lokalitäten wie Ulten (ca. 1200 m) sind bezüglich der Höhenangabe nicht eigens etikettiert und

Der Hochalpen-Perlmutterfalter (*Boloria pales*) ist eine Charakterart der alpinen Rasengesellschaften.

>>
Das Weibchen des Ähnlichen Perlmutterfalters (*Boloria napaea*) besitzt im Vergleich zum Hochalpen-Perlmutterfalter dunklere Flügeloberseiten.

daher unsicher. Aus der Schweiz zwischen 1500 und 3000 m nachgewiesen, selten bis auf 1200 m herab (SBN, 1994).

BIOLOGIE
Habitatwahl: alpine Art. Die Art besiedelt eine breite Palette unterschiedlicher Offenlandlebensräume sowohl auf Silikatgestein als auch karbonatreichem Untergrund. Zu den bevorzugten Habitaten gehören alpine Rasengesellschaften und Zwergstrauchheiden, aber auch Lärchenwiesen und Waldsaumgesellschaften sowie Weiderasen.
Phänologie: univoltin, fakultativ bivoltin (?); von Ende Juni bis Ende August. Ein einzelner Nachweis vom Stilfser Joch am 1.10.1910 durch Galvagni gehört mit hoher Wahrscheinlichkeit zu einer zweiten Generation. Die fakultative Zweibrütigkeit wurde bereits von Dannehl (1925–1930) nach Zuchtergebnissen als gesichert angesehen, SBN (1994) erwähnt allerdings nur eine Generation.
Raupenfutterpflanzen – Präimaginalstadien: Polyphagie I; *Viola* spp. (Violaceae), *Valeriana* spp. (Valerianaceae) und *Plantago alpina* (Plantaginaceae), möglicherweise auch *Polygonum* spp. (Polygonaceae) (SBN, 1994). Eiablage einzeln an sonnigen Stellen. Überwinterung als juvenile Raupe kurz nach dem Schlupf aus der Eihülle. Stürzpuppe bevorzugt unter Steinen (SBN, 1994).

GEFÄHRDUNG – SCHUTZMASSNAHMEN
Gefährdungssituation: Besiedelung weitestgehend ungefährdeter Lebensräume ist gleichbedeutend mit einer gesicherten Bestandssituation.
Rote Liste: nicht oder kaum gefährdet (LC); bisherige Einstufung: 4 bzw. nicht gefährdet (Eisenberg, 2001).
Schutzmaßnahmen: derzeit keine Maßnahmen erforderlich.

Boloria napaea (Hoffmannsegg, 1804) Ähnlicher Perlmutterfalter

TAXONOMIE – DETERMINATION
In Asien sowie in Nordamerika in mehreren gut differenzierten Unterarten vertreten (Warren, 1944), aus Südtirol jedoch ausschließlich in der aus Tirol beschriebenen Nominatunterart bekannt.
Falter sehr ähnlich *B. pales*, durchschnittlich aber größer, leuchtender orange gefärbt mit feiner schwarzer Zeichnung sowie mit meistens stark schwarzviolett verdunkelten Weibchen.

VERBREITUNG
Gesamtverbreitung: holarktisch; Pyrenäen, Alpen und Skandinavien sowie Teile Sibiriens bis zum Amur, Alaska und Wyoming.

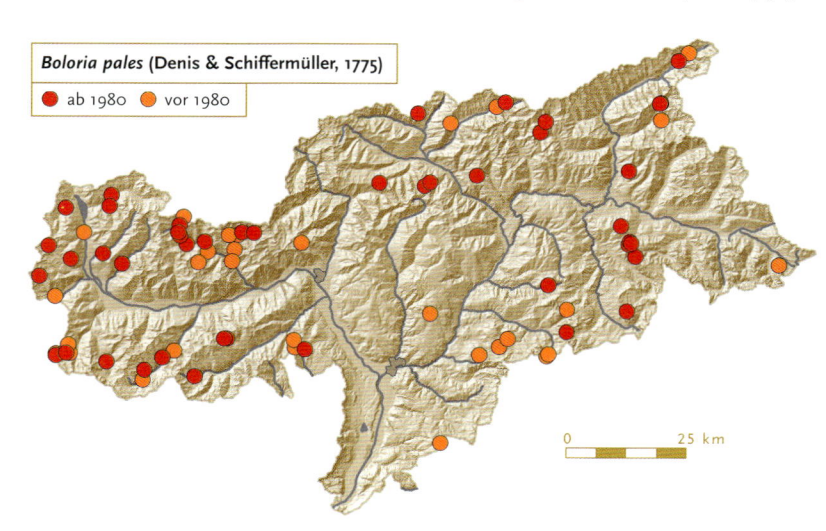

Boloria pales (Denis & Schiffermüller, 1775)
● ab 1980 ● vor 1980

Boloria napaea (Hoffmannsegg, 1804)
● ab 1980 ● vor 1980

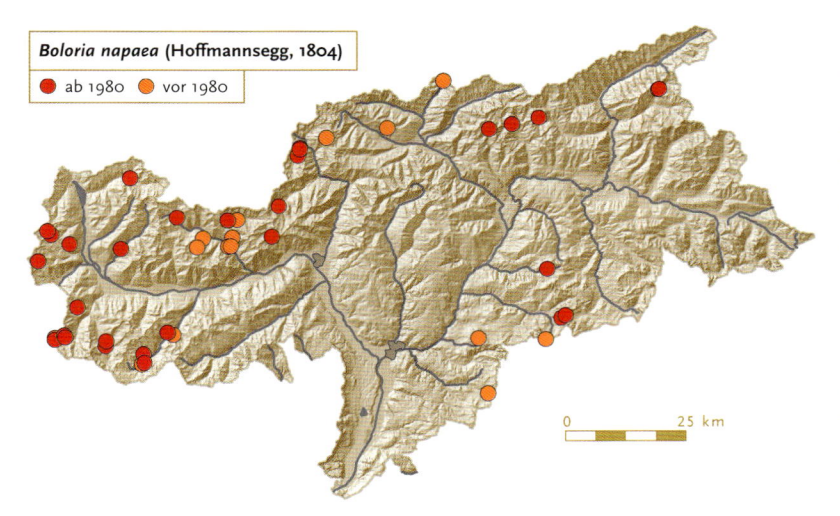

Regionalverbreitung: vor allem im Westen und Norden Südtirols sowie in den südlichen Dolomiten vereinzelt nachgewiesen. Aus den mittleren und östlichen Landesteilen, von den Sarntaler Alpen bis zu den Sextner Dolomiten, liegen keine Meldungen vor, jedoch ist das Vorkommen auch hier sehr wahrscheinlich. Die Art ist durch die frühere Verwechslung mit B. pales sowie das weitgehende Fehlen konkreter Fundmeldungen in der historischen Literatur unterrepräsentiert, doch ist sie generell lokaler als B. pales.
Vertikalverbreitung: ca. 1300 bis 2700 m; ausnahmsweise montan, subalpin, alpin. Höhenverbreitungsgrenzen unzureichend dokumentiert, in der montanen Stufe fliegt B. napaea aber nur ganz vereinzelt.

BIOLOGIE
Habitatwahl: alpine Art. Die Art tritt in unterschiedlichen eher sonnigen und flachgründigen Lebensräumen der subalpinen und alpinen Region auf, so u. a. auf Grasheiden mit Kalk- oder Silikatuntergrund, Zwergstrauchheiden, Lawinarwiesen und Weiderasen.
Phänologie: univoltin; von Ende Juni bis Ende August, aus anderen Regionen auch bis Anfang September nachgewiesen. Inwieweit sich die Angaben DANNEHL's (1925–1930) bezüglich einer fakultativen Zweibrütigkeit von B. pales auch auf B. napaea beziehen, ist unklar. Vorliegende Daten aus Südtirol sowie Meldungen aus den Nachbarregionen deuten auf lediglich eine Generation.
Raupenfutterpflanzen – Präimaginalstadien: Monophagie II (?); Viola spp. (Violaceae). Nach SBN (1994) erscheint auch Polygonum viviparum als Raupensubstrat wahrscheinlich, AISTLEITNER & AISTLEITNER (1996) vermuten jedoch eine Spezialisierung auf Viola. Lebensweise ähnlich wie bei B. pales mit juveniler Raupenüberwinterung und Stürzpuppe unter Steinen (SBN, 1994).

GEFÄHRDUNG – SCHUTZMASSNAHMEN
Gefährdungssituation: Trotz des eher mäßigen Datenbestands lässt sich eine Gefährdung auf Grund der bekannten Verbreitung sowie der ökologischen Daten nicht erkennen.
Rote Liste: nicht oder kaum gefährdet (LC); bisherige Einstufung: 3 bzw. 4 (EISENBERG, 2001).
Schutzmaßnahmen: derzeit keine Maßnahmen erforderlich.

Eine der bekanntesten Schmetterlingsarten Südtirols ist der alljährlich aus dem Mittelmeerraum einwandernde Admiral (*Vanessa atalanta*).

NYMPHALINAE
ECHTE EDELFALTER

Vanessa atalanta (Linnaeus, 1758)
Admiral

TAXONOMIE – DETERMINATION
Unverwechselbare Art ohne subspezifische Untergliederung.

VERBREITUNG
Gesamtverbreitung: holarktisch; Nordafrika und Europa sowie Teile Asiens und Nordamerikas bis Guatemala. Sekundär auch in Neuseeland.
Regionalverbreitung: fast im ganzen Land nachgewiesene, meist sehr häufige, eumigrierende Art. Verbreitungs- und Höhenangaben daher nur von geringer Aussagekraft.
Vertikalverbreitung: ca. 220 bis 2700 m; kollin, montan, subalpin, alpin. Entwicklungshabitate der Raupen aber nur bis in die subalpine Stufe.

BIOLOGIE
Habitatwahl: Ubiquist (mesophile Offenlandart). Saisonwanderer erster Ordnung mit jährlicher Einwanderung aus Südeuropa. Imagines sind sehr flugtüchtig und als typische r-Strategen oft weitab der Raupenhabitate anzutreffen. Die Art kommt in fast allen Grünland- und Siedlungslebensräumen vor. Falter saugen bevorzugt an reifem Obst, aber auch an Blüten.

Phänologie: bivoltin, fakultativ trivoltin (?); von Anfang Mai bis Juni sowie von Juni bis in den Spätherbst mit erheblichen jahrweisen Schwankungen sowie Überschneidungen der Generationen. Frühjahrsfalter wandern aus Südeuropa ein. Die Nachfolgegeneration der Immigranten schlüpft ab Juni, hauptsächlich aber erst gegen Ende Juli, und ein Teil fliegt im Frühherbst wieder in den Mittelmeerraum. SBN

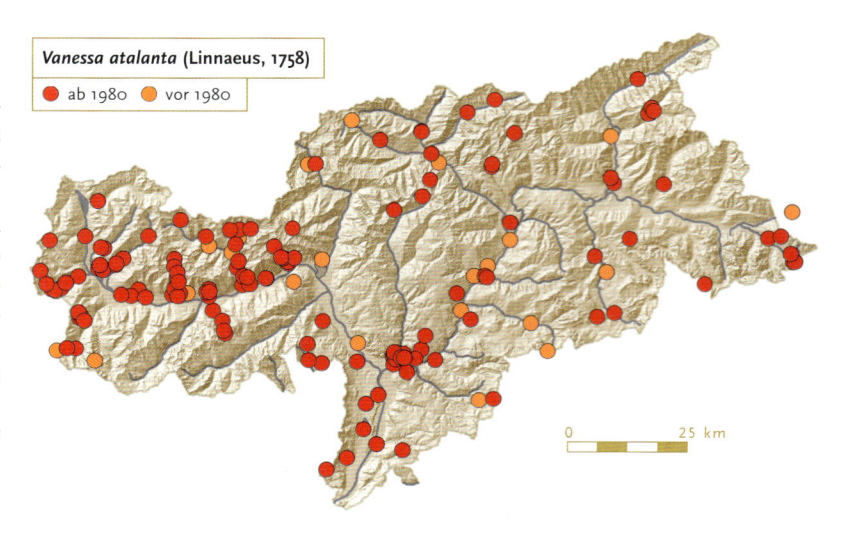

Distelfalter (*Vanessa cardui*) sind in Südtirol häufig anzutreffen, die Art ist jedoch nicht dauerhaft bodenständig.

(1994) vermutet sogar eine mögliche dritte Generation. Die Falter sterben mit den ersten Frösten, ausnahmsweise überwintern aber einzelne Tiere auch in Mitteleuropa (EBERT & RENNWALD, 1991a). Für Südtirol ist dies allerdings nicht sicher belegt, obwohl KITSCHELT (1925) die imaginale Überwinterung als gesichert annahm. Mehrere Dezembernachweise im Stadtgebiet von Bozen durch Bosin konnten jedenfalls niemals durch Frühjahrsfalter bestätigt werden.

Raupenfutterpflanzen – Präimaginalstadien: Monophagie I; *Urtica dioica* (Urticaceae). Eiablage einzeln an der Futterpflanze. Jungraupe spinnt zuerst eine Blatttüte, später werden auch mehrere Blätter versponnen. Verwandlung in eine Stürzpuppe zwischen locker versponnenen Blättern.

GEFÄHRDUNG – SCHUTZMASSNAHMEN

Gefährdungssituation: als Saisonwanderer erster Ordnung mit jährlichem Zuzug grundsätzlich nicht gefährdet, höchstens lokale Beeinträchtigungen durch intensive Grünlandbewirtschaftung oder falsch gesetzten Mähzeitpunkt.

Rote Liste: nicht eingestuft (NE); bisherige Einstufung: 4.

Schutzmaßnahmen: derzeit keine Maßnahmen erforderlich.

Vanessa cardui (Linnaeus, 1758) Distelfalter

TAXONOMIE – DETERMINATION
Unverwechselbare Art ohne subspezifische Untergliederung.

VERBREITUNG
Gesamtverbreitung: geopolitisch; auf allen Kontinenten nachgewiesen, fehlt nur in Südamerika sowie in der Antarktis.

Regionalverbreitung: im ganzen Land nachgewiesene, jahrweise sehr häufige eumigrierende Art. Verbreitungs- und Höhenangaben daher nur von geringer Aussagekraft.

Vertikalverbreitung: ca. 220 bis 2700 m; kollin, montan, subalpin, alpin. Entwicklungshabitate der Raupen aber nur bis in die subalpine Stufe.

BIOLOGIE
Habitatwahl: Ubiquist (mesophile Offenlandart). *V. cardui* ist ein Saisonwanderer erster Ordnung mit jährlicher Einwanderung aus dem nordafrikanischen Raum. Die sehr flugaktiven Falter sind als typische r-Strategen oft weit entfernt von den Raupenhabitaten anzutreffen. Dementsprechend findet sich die Art in allen Grünlandlebensräumen, gerne in Bereichen mit reichlich Blütenangebot.

Phänologie: bivoltin, fakultativ trivoltin (?); von Ende März bis Juni sowie von Juni bis Mitte September mit erheblicher Überschneidung der Generationen. Frühjahrsfalter wandern in zwei Wellen ein, zuerst im März/April von Nordafrika, dann wiederum von Ende Mai bis Mitte Juni aus sich in Südeuro-

Das auffallende Tagpfauenauge (*Inachis io*) überwintert als Falter gerne in Häusern.

pa entwickelnden Populationen (EBERT & RENNWALD, 1991a). Die Nachfolgegeneration dieser Immigranten schlüpft ab Juli, und ein Teil dieser Tiere fliegt im Frühherbst wieder in den Mittelmeerraum. Eine von manchen Autoren angenommene oder vermutete Überwinterung als Falter in Mitteleuropa (KITSCHELT, 1925; SBN, 1994) wird von anderen Spezialisten bezweifelt (EBERT & RENNWALD, 1991a).

Raupenfutterpflanzen – Präimaginalstadien: Polyphagie I; zahlreiche Futterpflanzen wie verschiedene Urticaceae, Rosaceae, Fabaceae, Apiaceae, Malvaceae, Boraginaceae, Plantaginaceae, Asteraceae (EBERT & RENNWALD, 1991a) sowie mit Sicherheit weiteres Substrat. Bevorzugt werden jedoch Disteln der Gattungen *Cirsium* und *Carduus*. Eiablage einzeln. Raupe lebt zwischen leicht versponnenen Blättern. Stürzpuppe zwischen versponnenen Blättern. Spät entwickelte Puppen weisen durch Frosteinfluss hohe Mortalitätsraten auf (SBN, 1994).

GEFÄHRDUNG – SCHUTZMASSNAHMEN
Gefährdungssituation: höchstens lokale Populationseinbußen durch intensive Grünlandbewirtschaftung, als Eumigrant aber grundsätzlich nicht gefährdet.
Rote Liste: nicht eingestuft (NE); bisherige Einstufung: 4.
Schutzmaßnahmen: derzeit keine Maßnahmen erforderlich.

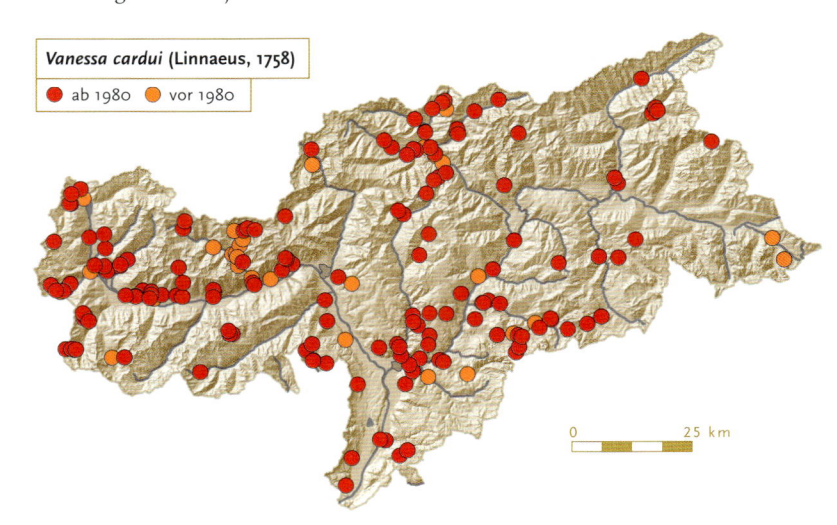

Vanessa cardui (Linnaeus, 1758)
● ab 1980   ● vor 1980

Inachis io (Linnaeus, 1758) Tagpfauenauge

TAXONOMIE – DETERMINATION
Unverwechselbare Art ohne subspezifische Untergliederung.

VERBREITUNG
Gesamtverbreitung: sibirisch-europäisch; große Teile Europas mit Ausnahme des nördlichen Skandinaviens, das gemäßigte Asien bis Japan.
Regionalverbreitung: nur mit größeren Lücken belegt, vermutlich aber im ganzen Land verbreitete Art. Ähnlich wie bei anderen häufigen Taxa fehlen auch für das Tagpfauenauge in der historischen Literatur konkrete Fundortangaben. So schreibt z. B. KITSCHELT (1925): „in tiefen und mittleren Lagen überall gemein, in den höheren Alpen vereinzelt".
Vertikalverbreitung: ca. 240 bis 2350 m; kollin, montan, subalpin, alpin. Sowohl KITSCHELT (1925) als auch SBN (1994) melden die Art bis gegen 2500 m. Oberhalb der subalpinen Stufe sind aber wohl weitgehend nur binnenwandernde Imagines zu beobachten.

BIOLOGIE
Habitatwahl: Ubiquist (mesophile Offenlandart). Falter in einer Vielzahl von unterschiedlichsten Lebensräumen,

Eine der wenigen Tagfalterarten, die sich selbst in Gärten entwickeln können, ist der Kleine Fuchs (*Aglais urticae*).

bevorzugt aber in Siedlungsgebieten sowie im Bereich von feuchteren Waldlichtungen und Waldrandökotonen mit Beständen von Saugpflanzen. *I. io* fliegt als Binnenwanderer oft weit entfernt von den Raupenhabitaten, die Art weist überdies ein ausgesprochenes Revierverhalten auf. Präimaginalentwicklung vor allem im Bereich halbschattiger Brennnessel- und Hopfenbestände.

Phänologie: bivoltin, in höheren Lagen vermutlich univoltin; bis in die Mittelgebirgsregionen sicher bivoltin ab Mitte August und nach der imaginalen Überwinterung von Mitte März bis Ende Mai sowie von Mitte Juni bis Ende August ohne deutliche Abgrenzung der Generationen. Ab der oberen montanen Stufe vermutlich einbrütig.

Raupenfutterpflanzen – Präimaginalstadien: Oligophagie I; *Urtica dioica*, *Humulus lupulus* (Urticaceae) (DANNEHL, 1925–1930). Der genannte Autor fand die Raupen im Tal vor allem an Hopfen; die aus vielen Bereichen Mitteleuropas dokumentierte strenge Monophagie an der Brennnessel (AISTLEITNER & AISTLEITNER, 1996; EBERT & RENNWALD, 1991a; SBN, 1994) kann daher für Südtirol nicht bestätigt werden. Auf Samos (Griechenland) wurde auch *Parietaria officinalis* (Urticaceae) als Substrat belegt (TOLMAN & LEWINGTON, 1998). Eiablage in großen Gelegen an der Blattunterseite. Raupen leben bis zum vorletzten Stadium gesellig in einem größeren Gespinst. Verpuppung gelegentlich an der Futterpflanze, gerne auch an nahe gelegenen Holzstadeln oder Bretterzäunen.

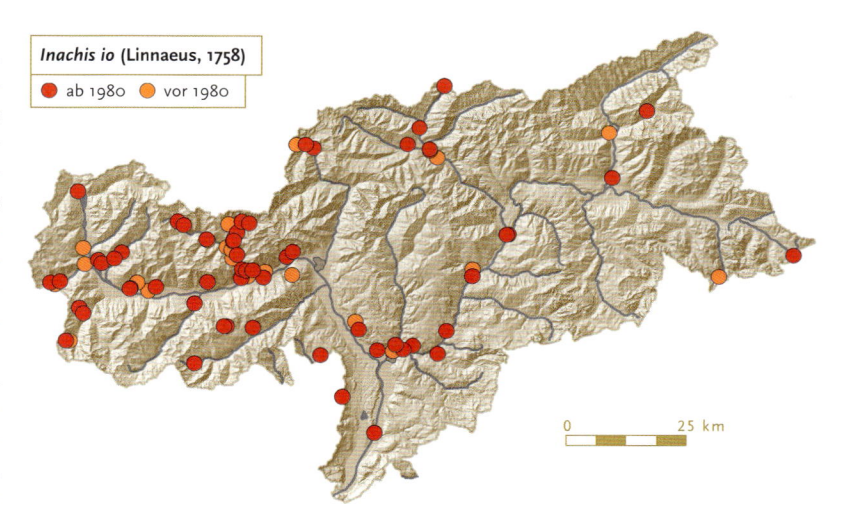

GEFÄHRDUNG – SCHUTZMASSNAHMEN
Gefährdungssituation: trotz der relativ geringen aktuellen Funddichte keine grundsätzliche Gefährdung erkennbar.
Rote Liste: nicht oder kaum gefährdet (LC); bisherige Einstufung: n. a.
Schutzmaßnahmen: derzeit keine Maßnahmen erforderlich.

Inachis io (Linnaeus, 1758)
● ab 1980 ● vor 1980

Aglais urticae (Linnaeus, 1758) Kleiner Fuchs

TAXONOMIE – DETERMINATION
In Mitteleuropa unverwechselbare Art ohne subspezifische Untergliederung. Die von TOLMAN & LEWINGTON (1998) noch als Unterart behandelte tyrrhenische *A. ichnusa* (Hübner, 1824) wird neuerdings auch als gute Art angesehen (LERAUT, 1997).

VERBREITUNG
Gesamtverbreitung: asiatisch-europäisch; Europa sowie große Teile des gemäßigten Asiens.
Regionalverbreitung: im ganzen Land

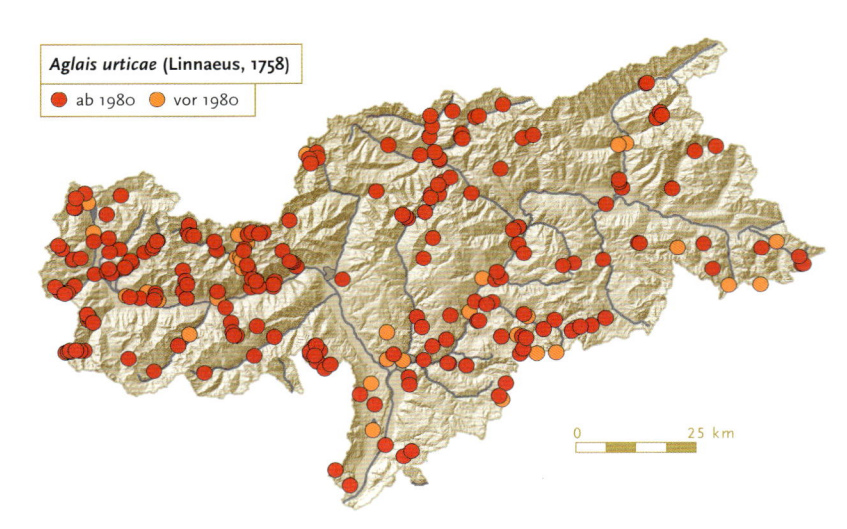

weit verbreitet und vielfach häufig. Verbreitungs- und Höhenangaben wegen häufiger Binnenwanderungen aber nur von eingeschränkter Aussagekraft.
Vertikalverbreitung: ca. 220 bis 3000 m; kollin, montan, subalpin, alpin, nival. Entwicklungshabitate reichen bis in die alpine Stufe. Einzelne emigrierende Falter fliegen in der Nivalstufe bis gegen 3600 m (KITSCHELT, 1925).

BIOLOGIE
Habitatwahl: Ubiquist (mesophile Offenlandart). Euryöke Art mit breiter Palette unterschiedlichster Lebensräume. Imagines in allen Offenlandlebensräumen, bevorzugt auf tiefgründigen, eutrophierten Böden mit Brennnesselbeständen. Gerne in der Nähe menschlicher Siedlungsgebiete bis in die Almregion, aber auch an Waldrändern.
Phänologie: bivoltin, fakultativ trivoltin (?), in höheren Lagen univoltin. In weiten Bereichen des Landes wohl bivoltin von Anfang Juni bis Ende Juli sowie von Ende Juli, als Falter überwinternd, bis gegen Ende Mai fliegend. Ab der subalpinen Stufe einbrütig von Mitte Juli bis gegen Ende September und nach der Überwinterung bis Ende Juni. Generationen vielfach unscharf getrennt. Eine partielle dritte Generation ist in Südtirol nicht sicher belegt, wird aber von EBERT & RENNWALD (1991a) für Baden-Württemberg und von SBN (1994) für die Schweiz vermutet.

Raupenfutterpflanzen – Präimaginalstadien: Monophagie I; *Urtica dioica* (Urticaceae). Eiablage in größeren Gelegen auf der Blattunterseite des Substrats. Raupen leben gesellig in einem Gespinst, vor der letzten Häutung solitär an den Brennnesselblättern. Stürzpuppe bevorzugt an Gebäuden und Ställen, aber auch direkt an der Futterpflanze festgesponnen.

GEFÄHRDUNG – SCHUTZMASSNAHMEN
Gefährdungssituation: bedingt durch die hohe Anpassungsfähigkeit generell nicht gefährdet.
Rote Liste: nicht oder kaum gefährdet (LC); bisherige Einstufung: n. a.
Schutzmaßnahmen: derzeit keine Maßnahmen erforderlich.

Polygonia c-album (Linnaeus, 1758)
C-Falter

TAXONOMIE – DETERMINATION
Ausschließlich in der Nominatunterart bekannt.
Habituell leicht mit der in der angrenzenden Provinz Trient festgestellten *P. egea* (Cramer, 1775) zu verwechseln Art. Der C-Falter ist jedoch oberseits dunkler gefärbt, und überdies ist das

Die Frühjahrsgeneration des Landkärtchens (*Araschnia levana*) ist orange-schwarz gefärbt.

<< Das weiße C auf der Hinterflügelunterseite ist für den C-Falter (*Polygonia c-album*) namensgebend.

Die unverwechselbare Raupe des C-Falters lebt meistens an Laubhölzern.

weiße C auf der Hinterflügelunterseite deutlicher ausgebildet.

VERBREITUNG

Gesamtverbreitung: paläarktisch; von Nordwestafrika über große Teile Europas und des gemäßigten Asiens bis Korea und Japan.

Regionalverbreitung: zerstreute Verbreitung in tieferen Lagen Südtirols, jedoch mit einigen Erfassungslücken in den zentralen und nördlichen Landesteilen. Gehäufte Nachweise von den sonnseitigen Gebieten des Vinschgaus sowie dem Großraum Bozen und Bruneck. Leider finden sich auch für diese Art in den alten Werken kaum verwertbare Fundangaben. Nach KITSCHELT (1925) „in tieferen Lagen verbreitet und häufig", und auch DANNEHL (1925–1930) äußert sich ähnlich. An den rezenten Fundorten immer einzeln auftretend.

Vertikalverbreitung: ca. 220 bis 2050 m; kollin, montan, subalpin. Neuere Funde beschränken sich vor allem auf die montane Region.

BIOLOGIE

Habitatwahl: mesophile Waldart. Die Art fliegt bevorzugt in lichten Wäldern sowie in blütenreichen Waldsäumen, gerne aber auch im Siedlungsbereich mit extensiv genutzten, gehölzreichen Gartenanlagen.

Phänologie: univoltin, partiell bivoltin (?); von Ende März bis Ende Oktober, ohne deutliche Trennung der Generationen. Nach KITSCHELT (1925) zweibrütig von Ende Juni bis Juli sowie von September bis April mit Überwinterung der Imagines. Generationenfolge in Südtirol, ebenso in anderen Gebieten Mitteleuropas (EBERT & RENNWALD, 1991a), weitgehend ungeklärt. Untersuchungen in der Schweiz (SBN, 1994) deuten selbst innerhalb eines einzelnen Eigeleges auf ein hohes Maß an Plastizität bezüglich der Generationenfolge. Danach sind Falter je nach Ablagedatum uni- bis bivoltin. In höher gelegenen Gebieten Einbrütigkeit mit hoher Wahrscheinlichkeit obligatorisch.

Raupenfutterpflanzen – Präimaginalstadien: Polyphagie I; zahlreiche Futterpflanzen wie verschiedene Grossulariaceae, Betulaceae, Ulmaceae, Cannabaceae und Urticaceae (EBERT & RENNWALD, 1991a). Für Südtirol sind *Humulus lupulus* (Urticaceae) und *Celtis australis* (Ulmaceae) dokumentiert (DANNEHL, 1925–1930). Eiablage einzeln am Substrat. Legeperiode des Weibchens lange andauernd und daher sehr unterschiedliche Entwicklungsgeschwindigkeit der Raupen. Raupen, die sich bis Juni verpuppen, entwickeln sich zu einer zweiten Generation mit Faltern von Ende Juni bis Juli. Ein Teil der Raupen ist jedoch einbrütig mit Falterschlupf im Spätsommer und anschließender

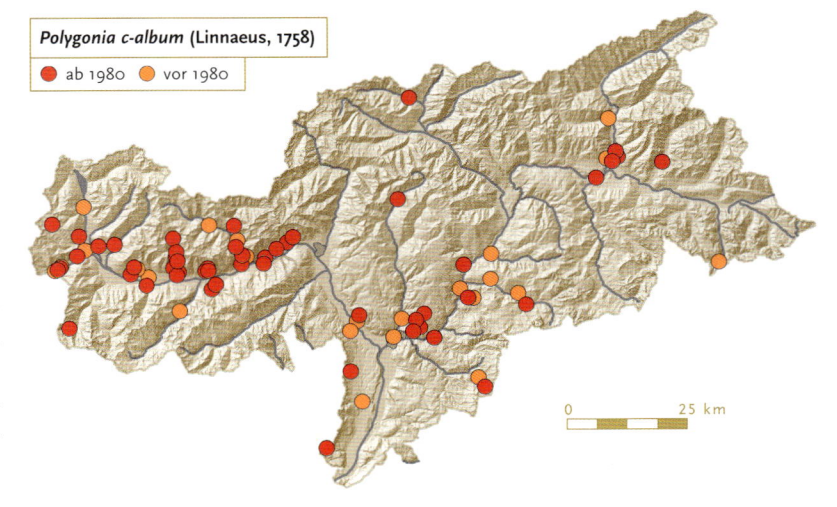

Polygonia c-album (Linnaeus, 1758)
● ab 1980 ● vor 1980

Der auffallende Saisondichroismus des Landkärtchens wird durch die schwarz-weiß gefärbten Falter der Sommergeneration dokumentiert.

>>
Landkärtchenraupen ernähren sich wie mehrere Tagfalterarten ausschließlich von Brennnesseln.

Das Landkärtchen weist eine sehr charakteristische Flügelunterseite auf.

Imaginalüberwinterung (SBN, 1994). Stürzpuppe an verschiedenen Pflanzen festgesponnen.

GEFÄHRDUNG – SCHUTZMASSNAHMEN
Gefährdungssituation: nach STAUDER (1915) früher im Etschtal „überall". Vor allem in den Talgebieten ist der C-Falter inzwischen weitgehend verschwunden. Durch die hohe Anpassungsfähigkeit und die Nutzung anthropogen beeinflusster Habitate ist aber keine landesweite Gefährdung erkennbar, daher erscheint höchstens eine Einstufung in die Kategorie „drohende Gefährdung" gerechtfertigt.
Rote Liste: drohende Gefährdung (NT); bisherige Einstufung: 2 bzw. 4 (EISENBERG, 2001).
Schutzmaßnahmen: abgesehen von einer generell anzustrebenden extensiven Forstwirtschaft sind kaum sinnvolle Maßnahmen möglich.

Araschnia levana (Linnaeus, 1758) Landkärtchen

TAXONOMIE – DETERMINATION
Nur in der Nominatunterart bekannte Art. Das Landkärtchen ist berühmt für seinen ausgeprägten Saisondichroismus, das bedeutet stark unterschiedliche Färbung der verschiedenen Generationen. Die Falter der Frühjahrsgeneration sind orangebraun mit schwarzer Zeichnung (gen. vern. *levana*), jene der Sommergeneration hingegen schwarz mit weißen Binden (gen. aest. *prorsa*).

VERBREITUNG
Gesamtverbreitung: asiatisch-europäisch; von Nordspanien durch Mittel- und Osteuropa, die gemäßigten Zonen Zentralasiens bis Korea und Japan; in Italien nur in wenigen Populationen gemeldet (SALA, 1996).
Regionalverbreitung: extrem lokal und nur von zwei Standorten bekannt. Die Erstmeldung für Italien durch REHNELT (1967) basiert auf einer unbestimmten Anzahl von Exemplaren, die vom 29.7. bis zum 15.8.1966 in Mühlen in Taufers im Pustertal beobachtet und gesammelt wurden. Aus dem benachbarten Osttirol war die Art schon früher bekannt (KITSCHELT, 1925; HARTIG, 1968). TARMANN (unpubl.) beobachtete am 11.7.1981 zwei Exemplare der Form *prorsa* im Avignatal bei Taufers im Münstertal. Dies sind zugleich auch die letzten Meldungen aus Südtirol.
Vertikalverbreitung: ca. 850 bis 1500 m; montan. Die spärlichen Meldungen erlauben keine genaueren Aussagen zur Höhenverbreitung, grundsätzlich tritt das Landkärtchen auch in Tallagen auf.

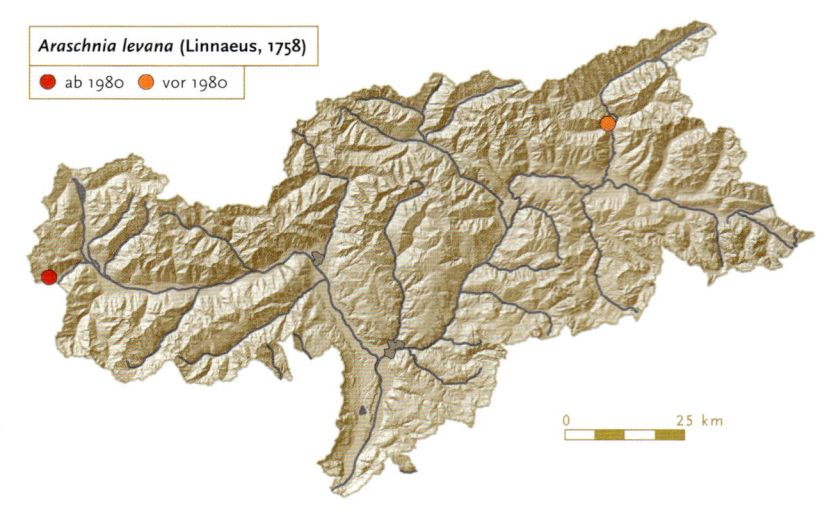

Araschnia levana (Linnaeus, 1758)
● ab 1980   ● vor 1980

0   25 km

BIOLOGIE
Habitatwahl: mesophile Waldart. *A. levana* ist eine der wenigen Tagfalterarten mit Bindung an Waldlebensräume. In Mitteleuropa werden vor allem schattige und eher feuchte Stellen in Auwäldern sowie frischen Misch- und Nadelwäldern bevorzugt. Etwas lichtere Stellen wie Kahlschläge, Waldwege und Saumstrukturen mit Brennnesselbeständen sind die primären Raupenhabitate. Gelegentlich fliegt der Falter auch außerhalb von Waldstrukturen, primär aber nur zur Nektaraufnahme. Bevorzugte Saugpflanzen sind weiße Doldenblütler (EBERT & RENNWALD, 1991a).

Phänologie: bivoltin; in Südtirol wurde bisher nur die Sommergeneration zwischen Mitte Juli und Mitte August beobachtet; die Frühjahrsgeneration fliegt in Mitteleuropa je nach Gebiet vom April bis in den Juni, ausnahmsweise wird auch eine partielle dritte Generation registriert (EBERT & RENNWALD, 1991a; SBN, 1994).

Raupenfutterpflanzen – Präimaginalstadien: Monophagie I; *Urtica dioica* (Urticaceae), möglicherweise auch andere *Urtica* spp. Eiablage erfolgt türmchenartig an der Unterseite der Brennnesselblätter. Raupen leben gesellig und treten zwischen Ende Mai und Ende Juni sowie von August bis Mitte September auf. Stürzpuppe einzeln am Substrat festgesponnen. Überwinterung im Puppenstadium.

GEFÄHRDUNG – SCHUTZMASSNAHMEN
Gefährdungssituation: Gefährdungsursachen sind unbekannt. Auf Grund der Habitatwahl sowie des Raupensubstrates scheint anthropogener Einfluss nur von geringer Bedeutung zu sein. Das fast gleichzeitige Verschwinden in einigen Gebieten Mitteleuropas (z. B. HUEMER, 2001) zu Beginn des 20. Jahrhunderts deutet vielmehr auf natürliche Häufigkeitsschwankungen und Arealoszillationen. In den letzten Jahren scheint sich die Art wieder eher auszubreiten.
Rote Liste: unzureichender Datenbestand (DD); bisherige Einstufung: 0.
Schutzmaßnahmen: derzeit keine direkten Schutzmaßnahmen möglich.

Nymphalis antiopa (Linnaeus, 1758)
Trauermantel

TAXONOMIE – DETERMINATION
Unverwechselbare Art ohne subspezifische Untergliederung.

VERBREITUNG
Gesamtverbreitung: holarktisch; von Nordspanien durch beinahe das gesamte Europa sowie gemäßigte Bereiche Asiens und Nordamerikas.
Regionalverbreitung: zerstreute und einzelne Nachweise aus Teilen des Etsch- und Eisacktals sowie dem Großraum Bruneck, ansonsten nur ganz vereinzelt registriert. Die Funddichte ist, bedingt durch Mangel an präziseren historischen Daten, zweifellos unterrepräsentiert. So war der Trauermantel nach KITSCHELT (1925) „in tieferen Lagen überall häufig, in der Alpenregion nur vereinzelt".
Vertikalverbreitung: ca. 240 bis 2000 m; kollin, montan, subalpin. Die Bodenständigkeit von Faltern der subalpinen Region ist nicht gesichert, da die Art gerne vagabundiert.

BIOLOGIE
Habitatwahl: mesophile Waldart. Falter durch migrierendes Verhalten in einer Vielzahl unterschiedlicher Lebensräume anzutreffen, grundsätzlich jedoch bevorzugt in der Nähe von Gehölzen und Waldstrukturen.
Phänologie: univoltin; von Ende Juni bis Anfang September sowie nach der Falterüberwinterung von Ende März bis Ende Mai.
Raupenfutterpflanzen – Präimaginalstadien: Polyphagie I; *Betula* spp. (Betulaceae), *Salix* spp. (Salicaceae). Eiablage in großen Gelegen um Zweige. Raupen bis zur letzten Häutung gesellig auf ei-

Die Raupen des Trauermantels (*Nymphalis antiopa*) leben bis zum letzten Stadium gesellig.

Eine der größten einheimischen Tagfalterarten ist mit ca. 7 cm Flügelspannweite der Trauermantel.

>>
Deutliche Populationseinbußen wurden in den letzten Jahren beim Großen Fuchs (*Nymphalis polychloros*) registriert.

Die Raupe des Großen Fuchses frisst Blätter verschiedener Laubhölzer.

nem gemeinsam angefertigten Gespinst. Erwachsene, solitär lebende Raupen verwandeln sich, teils weit von der Fraßpflanze entfernt, in eine Stürzpuppe (SBN, 1984).

GEFÄHRDUNG – SCHUTZMASSNAHMEN
Gefährdungssituation: noch vor einigen Jahrzehnten in Südtirol weit verbreitet, inzwischen aber an vielen Lokalitäten verschwunden. Allerdings sind bei dieser Art, ähnlich wie beim Großen Fuchs, vermutlich zyklische Bestandsschwankungen für Rückgänge zumindest teilverantwortlich. So wurde der Trauermantel in den letzten Jahren wieder vermehrt beobachtet (AISTLEITNER & AISTLEITNER, 1996; Eigenbeobachtungen). Vermutlich trägt auch die Anwendung von Bioziden im Obstbau zu einer zumindest regionalen Gefährdung bei. Die Ursachen für den Rückgang sind insgesamt jedenfalls unklar, und eine genauere Einstufung innerhalb der Roten Liste unterbleibt daher.
Rote Liste: unzureichender Datenbestand (DD); bisherige Einstufung: 3.
Schutzmaßnahmen: dringender Forschungsbedarf. Mit Ausnahme der Schonung von Weidengebüschen sind derzeit kaum sinnvolle Maßnahmen möglich.

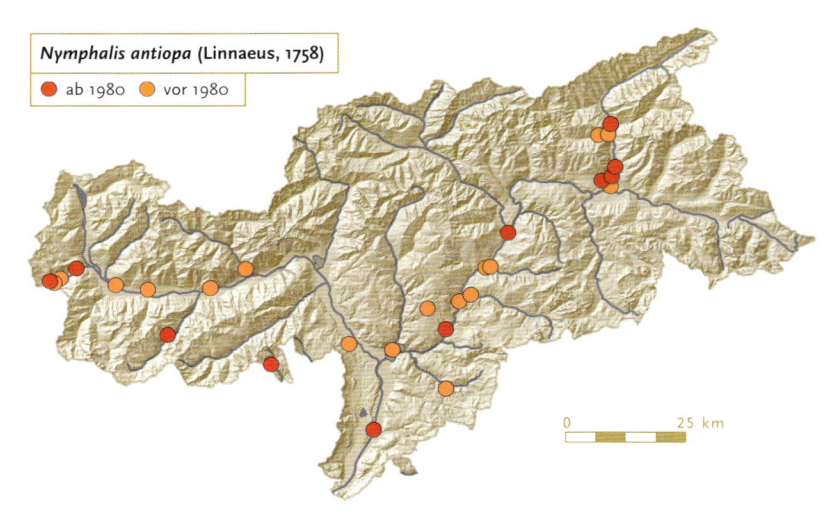

Nymphalis antiopa (Linnaeus, 1758)
● ab 1980 ● vor 1980

Nymphalis polychloros (Linnaeus, 1758)
Großer Fuchs

TAXONOMIE – DETERMINATION
In Europa ausschließlich in der nominotypischen Unterart vertreten.
Viel größer und blasser orange als der Kleine Fuchs. Von der sehr ähnlichen, in Südtirol aber nie nachgewiesenen *N. xanthomelas* durch die dunkelbraunen Beine und Labialpalpen zu unterscheiden.

VERBREITUNG
Gesamtverbreitung: westpaläarktisch; von Nordafrika über Europa – mit Ausnahme der nördlichen Regionen – bis nach Kasachstan sowie angeblich auch der Himalaya (TOLMAN & LEWINGTON, 1998).
Regionalverbreitung: im Etsch- und Eisacktal samt unmittelbar angrenzenden Gebieten weit verbreitet, aber rezent extrem vereinzelt. Ansonsten nur ganz sporadische Nachweise. Die pauschalen Angaben von KITSCHELT (1925) – „in tieferen Lagen überall häufig, in der Alpenregion nur vereinzelt" – oder STAUDER (1915) – „überall" – lassen sich kartographisch nicht verwerten, deuten jedoch darauf hin, dass es früher eine viel weitere Verbreitung mit deutlich höheren Dichten gegeben hat.
Vertikalverbreitung: ca. 220 bis 1800 m; kollin, montan, subalpin. Die obere

Verbreitungsgrenze ist allerdings unzureichend dokumentiert.

BIOLOGIE

Habitatwahl: mesophile Waldart. Der Große Fuchs ist rezent vor allem auf thermophile, submediterrane Gehölzstrukturen und Buschwälder beschränkt, besiedelt aber auch feuchtere Waldbiotope. Inwieweit sich die Art früher in Obstgärten entwickeln konnte, ist nicht eindeutig dokumentiert. Hier bestehen jedenfalls seit langem durch intensiven Spritzmitteleinsatz keine Entwicklungsmöglichkeiten mehr. Aus anderen Gebieten Mitteleuropas wurde *N. polychloros* früher, vor allem an Weichselbäumen, sogar als Schädling gemeldet (EBERT & RENNWALD, 1991a).

Phänologie: univoltin; von Mitte Juni bis Anfang September sowie nach der Falterüberwinterung von Ende März bis Anfang Juni.

Raupenfutterpflanzen – Präimaginalstadien: Polyphagie I; *Ulmus* spp. (Ulmaceae), *Salix* spp., *Populus* spp. (Salicaceae), *Malus domestica*, *Pyrus communis*, *Prunus* spp., *Crataegus* spp., *Sorbus torminalis* (Rosaceae) (TOLMAN & LEWINGTON, 1998), in Südtirol bevorzugt an *Celtis australis* und *Ulmus* (Ulmaceae) (DANNEHL, 1925–1930; KITSCHELT, 1925), aber auch an *Salix caprea* (Salicaceae) (WEIDEMANN, 1995). Eiablage in charakteristischen ringförmigen Gelegen an Zweigen. Raupen bis zur letzten Häutung gesellig in einem Nest, danach solitär. Stürzpuppe abseits der Futterpflanze an Gebäudeteilen oder bodennahem Substrat (SBN, 1994).

GEFÄHRDUNG – SCHUTZMASSNAHMEN

Gefährdungssituation: *N. polychloros* hat in den letzten 100 Jahren zweifellos massive Bestandseinbußen erlitten und ist zumindest regional gefährdet. Neben der Anwendung von Bioziden werden auch der Mangel an Überwinterungsmöglichkeiten sowie das Ulmensterben als mögliche Gefährdungsszenarien genannt (EBERT & RENNWALD, 1991a; SBN, 1994). Auch natürliche Schwankungen könnten zum negativen Bestandstrend beigetragen haben. Die Ursachen für den deutlichen Bestandsrückgang sind jedenfalls unklar, eine genauere Einstufung unterbleibt daher.

Rote Liste: unzureichender Datenbestand (DD); bisherige Einstufung: 3.

Schutzmaßnahmen: abgesehen von einer generell wünschenswerten Reduktion der intensiven Biozidanwendung kaum sinnvolle Erhaltungsmaßnahmen möglich. Überdies besteht dringender Forschungsbedarf bezüglich aktueller Verbreitung.

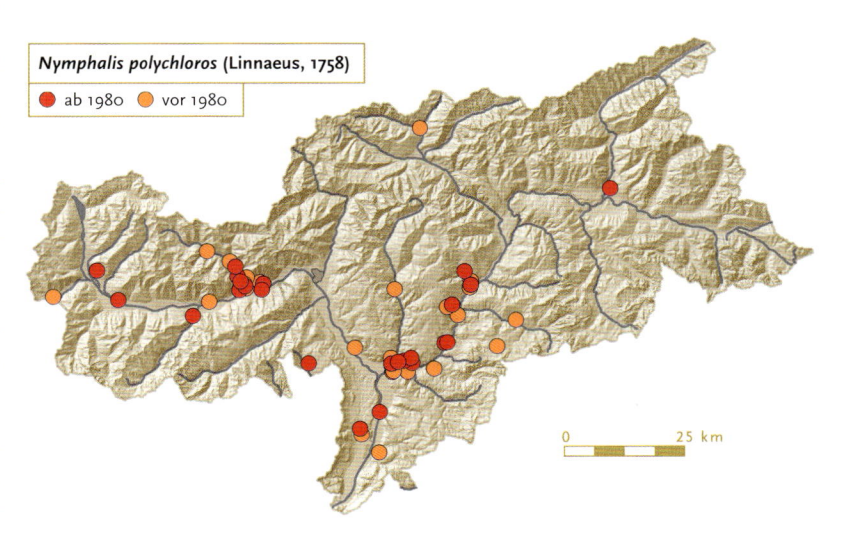

Der Kleine Schillerfalter (*Apatura ilia*) wurde überwiegend in der rötlichen Form *clytie* beobachtet, ist jedoch in Südtirol seit Jahrzehnten verschollen.

APATURINAE
SCHILLERFALTER

Apatura ilia
(Denis & Schiffermüller, 1775)
Kleiner Schillerfalter

TAXONOMIE – DETERMINATION

Aus Südtirol wurde überwiegend die Individualform *clytie* nachgewiesen (KITSCHELT, 1925), die durch weitgehend gelbe bis orangebraune Vorderflügelbinden charakateristiert ist und daher auch als „Rotschiller" bezeichnet wird. Populationen der südlichen Landesteile wurden von DANNEHL (1925–1930) als ssp. *theia* abgetrennt. Diese Unterart wird auf Grund konstanter Unterschiede wie der starken Aufhellung der Grundfarbe sowie der Vermehrung der Braunanteile auch in neuerer Literatur als valid angesehen (STURM, 1998), bei TOLMAN & LEWINGTON (1998) sowie DE PRINS (*in litteris*) hingegen nicht berücksichtigt.

Der Kleine Schillerfalter differiert vom Großen Schillerfalter u. a. auch durch die kleinere Flügelspannweite sowie das Fehlen des zahnartigen Vorsprunges am weißen Hinterflügelband. Bei beiden Arten tritt der Schillerglanz lediglich bei den Männchen auf.

VERBREITUNG

Gesamtverbreitung: sibirisch-europäisch; von der Iberischen Halbinsel über das mittlere und östliche Europa sowie Teile Zentralasiens bis nach Nordostchina. Fehlt in weiten Bereichen des Mediterraneums sowie in Nordeuropa.

Regionalverbreitung: früher lokal im Etsch- und Eisacktal sowie einmal im Passeiertal nachgewiesen. STAUDER (1915) meldete die Art aus Terlan sogar als „gemein", also als extrem häufig. Seit ca. 1950 trotz wiederholter Nachsuche an verschiedenen historischen Fundstellen nicht mehr beobachtet (TRAWÖGER, mündliche Mitteilung).

Vertikalverbreitung: ca. 240 bis 1400 m; kollin, montan. Die Höhenverbreitung ist mangelhaft dokumentiert, die meisten Nachweise kommen aus den Haupttälern bis ca. 900 m. Ein Fund von der Stilfser-Joch-Straße (KITSCHELT, 1925) ist wenig präzise und markiert die maximale vertikale Verbreitungsgrenze.

BIOLOGIE

Habitatwahl: mesophile Waldart. *A. ilia* ist eine Charakterart von azonalen Auwäldern mit älteren Baumbeständen entlang der größeren Flüsse, gelegentlich auch in Laubwäldern mit Weichhölzern. Falter gerne an feuchten Wegstellen oder auch an Tierkot saugend. Die ssp. *theia* fliegt in Biotopkomplexen in Gewässernähe mit offenen Flä-

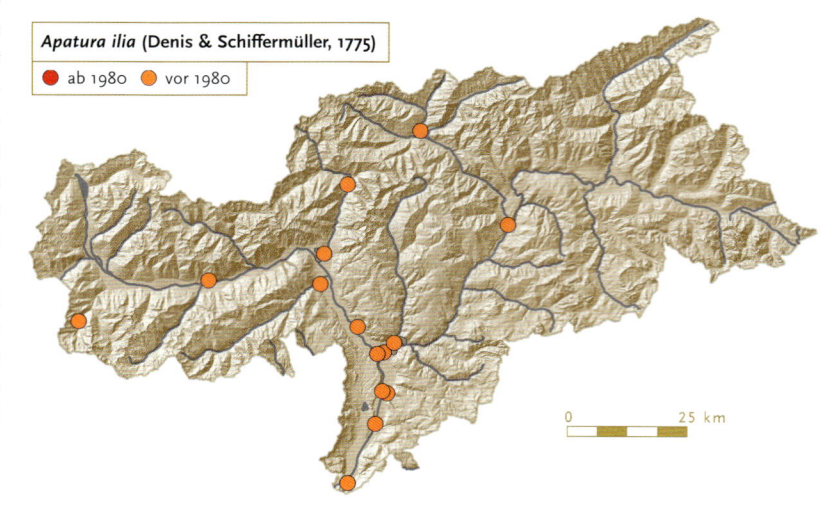

Das Männchen des Großen Schillerfalters (*Apatura iris*) besitzt prächtig blau schillernde Flügeloberseiten.

chen und hoch wüchsigen Pappel- und Weidenbeständen (STURM, 1998).
Phänologie: univoltin; erste Falter wurden schon ab Anfang Juni beobachtet, die Hauptflugzeit fällt jedoch in den Juli. Letzte Nachweise gegen Ende August und Anfang September gehen auf eine gelegentliche zweite Generation zurück, wie sie z. B. auch in der Südschweiz registriert wurde (SBN, 1994).
Raupenfutterpflanzen – Präimaginalstadien: Oligophagie I; *Populus tremula*, *P. alba*, *P. nigra*, *P. italica*, *P. x canadensis* sowie sehr selten *Salix alba* und *S. caprea* (Salicaceae) (EBERT & RENNWALD, 1991a; SBN, 1994). Eiablage einzeln an Blättern im feuchten Bereich der Wälder, gerne entlang von Waldwegen. Raupe ab der ersten Häutung nacktschneckenähnlich. Schlüpft im Spätsommer und überwintert ohne Gespinst in einer Astgabel. Nach der neuerlichen Nahrungsaufnahme im Frühjahr erfolgt schließlich die Verwandlung in eine Stürzpuppe an der Unterseite eines Blattes oder an Ästen (SBN, 1994).

GEFÄHRDUNG – SCHUTZMASSNAHMEN
Gefährdungssituation: auf Grund flussbaulicher Maßnahmen samt Vernichtung der Habitatstrukturen vermutlich bereits ausgestorben. Auch die Einengung der Lebensräume durch den Obstbau sowie die zunehmende Verdrängung der autochthonen Auwaldgehölze durch Neophyten wie z. B. Robinien haben sicher zum Verschwinden des Kleinen Schillerfalters beigetragen.
Rote Liste: ausgestorben oder verschollen (RE); bisherige Einstufung: 0.
Schutzmaßnahmen: derzeit keine gezielten Maßnahmen möglich. Ein strikter Schutz der verbliebenen Auwaldreliktbestände an Etsch und Eisack würde eine potentielle Wiederbesiedlung fördern oder überhaupt erst ermöglichen.

Apatura iris (Linnaeus, 1758) Großer Schillerfalter

TAXONOMIE – DETERMINATION
In Europa ausschließlich in der Nominatunterart vertreten.
Vom Kleinen Schillerfalter vor allem durch den zahnartigen weißen Vorsprung der Hinterflügelmittelbinde zu unterscheiden.

VERBREITUNG
Gesamtverbreitung: asiatisch-europäisch; von der nördlichen Iberischen Halbinsel über Mittel- und Osteuropa und den Ural bis nach Zentralasien und Nordostchina. Fehlt in weiten Bereichen des Mediterraneums sowie in Nordeuropa.
Regionalverbreitung: überwiegend aus den Haupttälern gemeldet, mit deutlich weiterer Verbreitung als *A. ilia*, insbesondere im Etsch- und Eisacktal sowie in Teilen des Pustertals. Aus dem mittleren und oberen Vinschgau, aber auch dem Sarntal und großen Teilen der Dolomiten sind kaum Daten bekannt. Früher weiter verbreitet, auf Grund bestandsmindernder Faktoren an einigen Fundorten verschwunden.
Vertikalverbreitung: ca. 220 bis 1400 m; kollin, montan. Nach KITSCHELT (1925) bis gegen 1200 m verbreitet, gelegentlich wurden aber auch Funde in höher gelegenen Gebieten gemacht, wie z. B. im Pfitscher- und Avignatal.

BIOLOGIE
Habitatwahl: mesophile Waldart. *A. iris* bewohnt eine breitere Palette von Lebensräumen als *A. ilia*, ist jedoch ebenfalls vor allem in Auwäldern mit älteren Baumbeständen entlang der größeren Flüsse, aber auch in Laubwäldern und Mischwäldern mit Weichhölzern anzutreffen, besonders an den Waldrändern sowie entlang von Waldwegen. Imagines gerne an feuchten Wegstellen oder auch an Tierkot saugend.
Phänologie: univoltin; von Mitte Juni bis Mitte August, die Hauptflugzeit liegt im Juli.
Raupenfutterpflanzen – Präimaginalstadien: Oligophagie I; *Salix caprea*, *S.*

Die Salweide ist die bevorzugte Futterpflanze der auffallenden Raupe des Großen Schillerfalters.

Die Stürzpuppe des Großen Schillerfalters ist meist an Blättern festgesponnen.

cinerea, S. alba, S. cinerea, S. purpurea, S. fragilis sowie Populus nigra und andere Populus spp. (Salicaceae) (TOLMAN & LEWINGTON, 1998), bevorzugt eindeutig die Salweide. Eiablage erfolgt einzeln an der Blattoberseite, vor allem an beschatteten Salweiden. Raupe wie beim Kleinen Schillerfalter ab der ersten Häutung nacktschneckenähnlich. Schlüpft im Spätsommer und überwintert ohne Gespinst an Zweigen oder in einer Astgabel. Nach neuerlichem Blattfraß im Frühjahr verwandelt sie sich schließlich an der Blattunterseite in eine Stürzpuppe (SBN, 1994; WEIDEMANN, 1995).

GEFÄHRDUNG – SCHUTZMASSNAHMEN

Gefährdungssituation: Entfernung von Gehölzen sowie Teerung von Forstwegen tragen zum Rückgang des Großen Schillerfalters bei. Eine unmittelbare Aussterbegefahr, wie von HOFER (1995) postuliert, ist aber derzeit noch nicht anzunehmen, umso mehr als inzwischen mehrere rezentere Funde bekannt geworden sind.

Rote Liste: stark gefährdet (EN); bisherige Einstufung: 1.

Schutzmaßnahmen: Schonung von Salweiden entlang von feucht-schattigen Waldsäumen und Waldwegen.

LIMENITIDINAE
EISVÖGEL

Limenitis populi (Linnaeus, 1758)
Großer Eisvogel

TAXONOMIE – DETERMINATION

DANNEHL (1925–1930) bezeichnete die Südtiroler Tiere als geographische Rasse teriolensis, gibt allerdings keine nachvollziehbare Differentialdiagnose. Abgesehen vom fehlenden Schillerglanz der Männchen, Ähnlichkeit mit den beiden Schillerfalterarten, Falter jedoch größer und mit andersartigen Zeichnungselementen, vor allem auf der Unterseite.

VERBREITUNG

Gesamtverbreitung: sibirisch-europäisch; von Frankreich über große Teile des gemäßigten Europas und Asiens bis nach Japan. Im Mittelmeergebiet weitgehend fehlend.

Regionalverbreitung: im Bereich der großen Täler sowie Seitentäler lokal und immer einzeln nachgewiesen, viele Meldungen allerdings historisch. Im Vinschgau weitgehend fehlend. Verbreitungslücken partiell vermutlich nur auf Nachweisdefiziten basierend, da die Art vor allem als Raupe gesucht

Apatura iris (Linnaeus, 1758)
● ab 1980   ● vor 1980

Der Große Eisvogel (*Limenitis populi*) wird als Falter nur sehr selten beobachtet, da er bevorzugt in den Baumwipfeln fliegt.

Limenitis populi (Linnaeus, 1758)
● ab 1980   ● vor 1980

werden muss, was aber bisher oft unterblieben ist.

Vertikalverbreitung: ca. 250 bis 1500 m; kollin, montan. Die obere Verbreitungsgrenze befindet sich, nach den Funddaten zu urteilen, deutlich oberhalb der von KITSCHELT (1925) genannten 1200 m, ist allerdings nicht durch Raupennachweise belegt. Auch aus der Schweiz liegen Meldungen bis 1500 m vor (SBN, 1994).

BIOLOGIE

Habitatwahl: mesophile Waldart. Der Große Eisvogel ist eine der wenigen waldbewohnenden Tagfalterarten Mitteleuropas. Falter fliegen bevorzugt entlang von Waldwegen und an Waldschlägen sowie im Waldrandbereich mit Beständen von halbwüchsigen, teilweise beschatteten Zitterpappeln. Sowohl in Laub- als auch in Nadelmischwäldern. Imagines gerne an feuchten Wegen an Tierkadavern oder Kot saugend.

Phänologie: univoltin; von Anfang Juni bis Ende August, die meisten Funddaten stammen allerdings aus einer kurzen Periode zwischen Ende Juni und Anfang Juli.

Raupenfutterpflanzen – Präimaginalstadien: Monophagie I; *Populus tremula* (Salicaceae), überdies *Populus nigra* sowie die neophytische *P. x gileadensis*, unter Zuchtbedingungen auch *Salix* spp. (EBERT & RENNWALD, 1991a), Raupenfunde in Südtirol aber ausschließlich an der Zitterpappel. Eiablage bevorzugt in halbsonniger Lage an wenige Meter hohen Bäumen. Jungraupen in charakteristischer Weise an der Blattspitze mit frei bleibender Mittelrippe, ab Mitte August Überwinterung in einem Hibernarium an den Ästchen. Im Frühjahr erfolgt die erneute Nahrungsaufnahme mit anschließender Verwandlung in eine meist an einem Blatt festgesponnene Stürzpuppe.

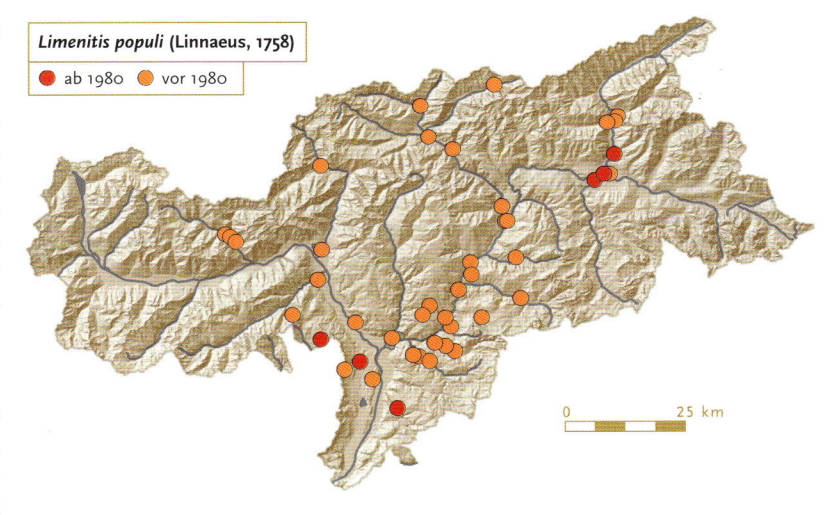

GEFÄHRDUNG – SCHUTZMASSNAHMEN

Gefährdungssituation: höchstwahrscheinlich an vielen Stellen übersehen und auf Grund der Habitatwahl und der Vertikalerstreckung nicht überall unmittelbar gefährdet. Allerdings werden aus der Schweiz sowie aus Baden-Württemberg von vielen Stellen Rückgänge gemeldet, teilweise ohne klar ersichtliche Gefährdungsursachen (EBERT & RENNWALD, 1991a; SBN, 1994), und daher erscheint eine Einstufung als „stark gefährdet" angemessen.

Rote Liste: stark gefährdet (EN); bisherige Einstufung: 1.

Schutzmaßnahmen: Förderung von artenreichen Mischwäldern mit Beständen von Zitterpappeln.

Eine auffallende Erscheinung ist die auf Heckenkirschen spezialisierte Raupe des Kleinen Eisvogels (*Limenitis camilla*).

>>
Die charakteristische Stürzpuppe des Kleinen Eisvogels ist häufig an der Futterpflanze festgesponnen.

Der seltene Kleine Eisvogel ist eine typische Waldart, die u. a. im Eingangsbereich des Tiersertals fliegt.

Limenitis camilla (Linnaeus, 1764) Kleiner Eisvogel

Synonymie:
Limenitis sibylla [sic] (Linnaeus, 1769)

TAXONOMIE – DETERMINATION
LERAUT (1997) stellt den Kleinen Eisvogel zur Gattung *Ladoga*, dieser Ansicht wird hier, in Übereinstimmung mit sämtlicher neuerer Standardliteratur, aber nicht gefolgt.
Kaum variable Art ohne subspezifische Untergliederung.
Ältere Meldungen von *L. camilla* beziehen sich meist auf *L. reducta* (s. unten). Habituell an den Blauschwarzen Eisvogel sowie den Schwarzen Trauerfalter erinnernd, jedoch u. a. durch die doppelte schwarze Punktreihe auf der Hinterflügelunterseite unterscheidbar, von *L. reducta* durch die glanzlose Färbung der Flügel.

VERBREITUNG
Gesamtverbreitung: sibirisch-europäisch; von der nördlichen Iberischen Halbinsel über große Teile des gemäßigten Europas und Asiens bis nach Nordostchina, Korea und Japan. Fehlt in weiten Teilen des Mediterraneums sowie in Nordeuropa.
Regionalverbreitung: nur lokale und vielfach historische Angaben aus dem Pustertal, Etsch- und Eisacktal sowie aus tiefer gelegenen Seitentälern, vor allem dem Eingangsbereich des Grödner- und Tiersertals.
Vertikalverbreitung: ca. 350 bis 1300 m; die höchstgelegenen Meldungen sind nicht völlig zweifelsfrei dokumentiert und beziehen sich auf die Dolomiten. Für die Schweiz wurden nur Funde bis knapp über 1000 m bekannt (SBN, 1994).

BIOLOGIE
Habitatwahl: mesophile Waldart. In schattigen Wäldern mit Beständen von Heckenkirschen, bevorzugt in feuchteren, wärmebegünstigten Waldgebieten entlang von Flüssen und Bächen sowie in Schluchtwäldern. Die Habitate befinden sich an Waldrändern, entlang von Waldwegen und im Randbereich kleiner Lichtungen.
Phänologie: univoltin, fakultativ bivoltin; von Mitte Juni bis Ende August, Individuen von Mitte September werden einer partiellen zweiten Generation zugerechnet (KITSCHELT, 1925).
Raupenfutterpflanzen – Präimaginalstadien: Monophagie II; *Lonicera* spp. (Caprifoliaceae) (EBERT & RENNWALD, 1991a). Raupen ab August mit spezifischem Fraßbild, bei dem nur die Blattmittelrippe stehen bleibt und als Ruheplatz für die Jungraupe fungiert. Überwinterung im zweiten Stadium in

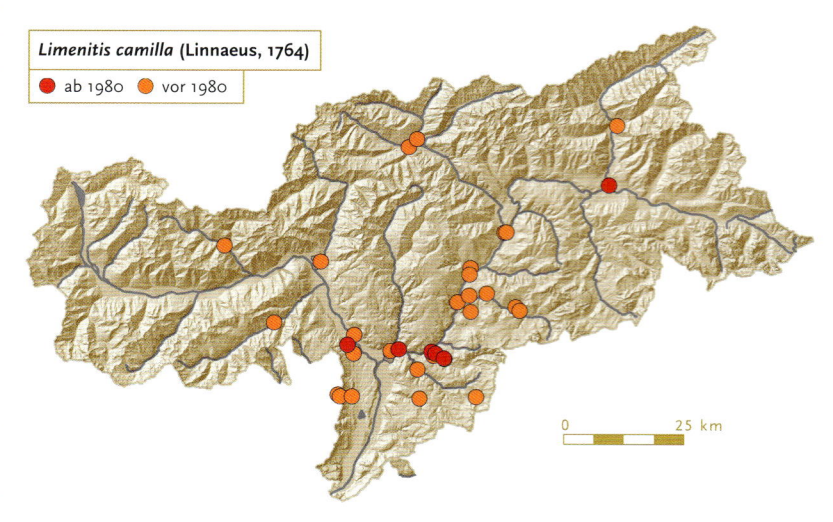

Limenitis camilla (Linnaeus, 1764)
● ab 1980   ● vor 1980

dem aus einem versponnenen Blatt hergestellten charakteristischen Überwinterungsgehäuse (Hibernarium). Im Frühjahr neuerliche Nahrungsaufnahme sowie im Juni Verwandlung in eine Stürzpuppe.

GEFÄHRDUNG – SCHUTZMASSNAHMEN
Gefährdungssituation: Forstliche Eingriffe in naturnahen Waldrandbereichen sowie Entfernung von Gehölzen innerhalb von feuchteren Wäldern tragen zum Rückgang bei.
Rote Liste: stark gefährdet (EN); bisherige Einstufung: 2.
Schutzmaßnahmen: Verzicht auf Aufforstung sowie auf flächige Gehölzentfernung in den Habitaten.

Limenitis reducta (Staudinger, 1901) Blauschwarzer Eisvogel

Synonymie:
Limenitis camilla auctt., nec (Linnaeus, 1764);
Limenitis anonyma (Lewis, 1872 rej)

TAXONOMIE – DETERMINATION
Der von Leraut (1997) akzeptierten Kombination in der Gattung *Azuritis* wird hier nicht gefolgt.
In Südtirol ausschließlich in der Unterart *L. reducta schiffermuelleri* Higgins, 1932, vertreten, außerhalb Mitteleuropas mehrere weitere Subspezies.
Die Art wurde in früherer Literatur vielfach fälschlicherweise als *L. camilla* bezeichnet, die echte *L. camilla* hingegen als *L. sibilla*. Dies hat teilweise zu Verwechslungen geführt, und viele Angaben wurden in Datenbanken falsch gespeichert und teilweise publiziert (Reichl, 1992).
Vom Kleinen Eisvogel durch die glänzend blauschwarze Färbung der Flügeloberseite, den weißen Zellfleck sowie die einfache Punktreihe am Hinterflügelsaum unterscheidbar.

VERBREITUNG
Gesamtverbreitung: südeuropäisch; von der nördlichen Iberischen Halbinsel über das südliche Mittel- sowie Südeuropa bis zum Kaukasus und in den Westiran.
Regionalverbreitung: früher als weit verbreitet bezeichnet und aus allen größeren Tälern bis in Mittelgebirgslagen gemeldet. Inzwischen aber weitgehend verschwunden und nur mehr ganz vereinzelt nachgewiesen.
Vertikalverbreitung: ca. 250 bis 1500 m; kollin, montan.

BIOLOGIE
Habitatwahl: xerothermophile Gehölzart. Bevorzugt an sonnigen, trockenen und buschreichen Hängen mit Beständen von Geißblatt; gerne in der Nähe von Taleinschnitten.
Phänologie: univoltin, fakultativ bivoltin; von Mitte Juni bis Anfang August. Kleinere Exemplare von Ende August werden einer gelegentlich auftretenden zweiten Generation zugerechnet (Kitschelt, 1925).
Raupenfutterpflanzen – Präimaginalstadien: Monophagie II; *Lonicera* spp. (Caprifoliaceae). Die Raupe schlüpft im Hochsommer und fertigt bereits im zweiten Stadium ein ähnliches Hibernarium wie *L. camilla*. Diese Verhaltensweise ist bei der Sommergeneration allerdings nicht aktuell. Im Frühjahr erfolgt die Wiederaufnahme der Fraßtätigkeit an den Blättern und schließlich im Juni die Verwandlung in eine Stürzpuppe.

GEFÄHRDUNG – SCHUTZMASSNAHMEN
Gefährdungssituation: Die Ursachen für die Rückgänge sind wahrscheinlich vielfältig und vor allem in der Aufforstung von Trockenrasen sowie in der Entfernung von Gebüschen zu vermuten.
Rote Liste: stark gefährdet (EN); bisherige Einstufung: 3 bzw. stärker gefährdet (Eisenberg, 2001).
Schutzmaßnahmen: Vermeidung von Aufforstung sowie von Rodung besiedelter Gebüschstrukturen.

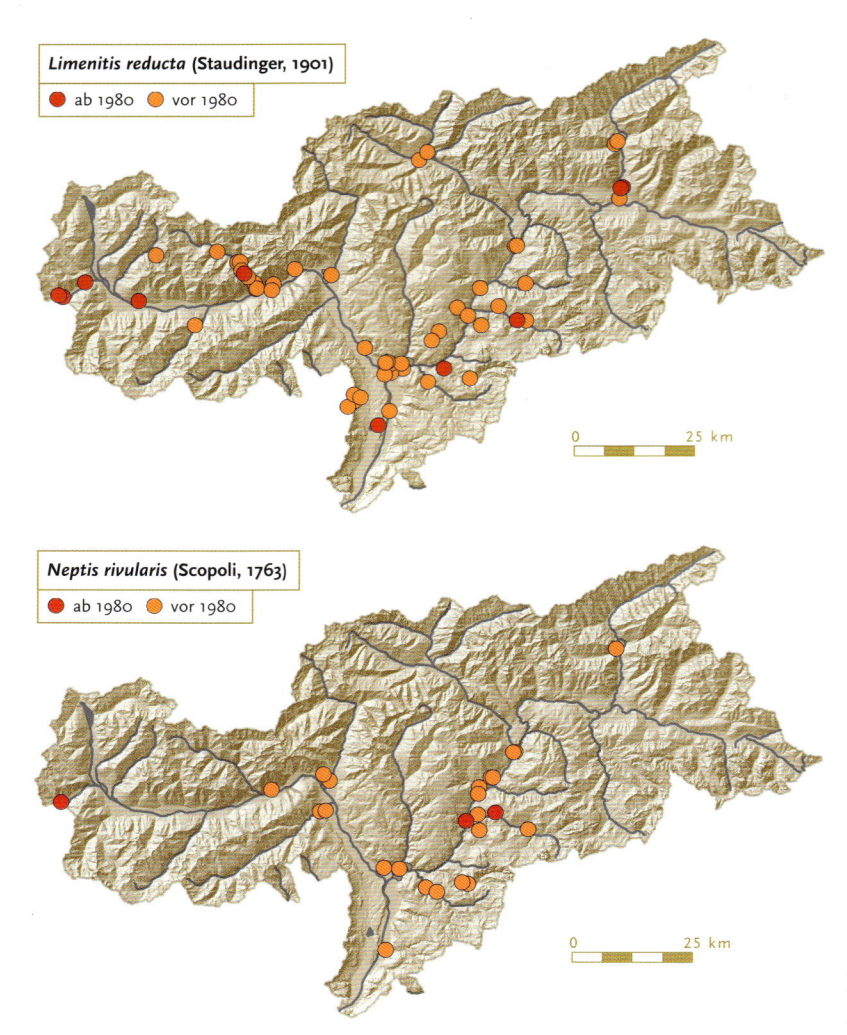

Limenitis reducta (Staudinger, 1901)
● ab 1980   ● vor 1980

Neptis rivularis (Scopoli, 1763)
● ab 1980   ● vor 1980

Neptis rivularis (Scopoli, 1763)
Schwarzer Trauerfalter

Synonymie:
Neptis lucilla
(Denis & Schiffermüller, 1775)

TAXONOMIE – DETERMINATION
In Europa nur in der Nominatunterart vertreten.
Durch die unterschiedliche Anordnung der weißen Vorderflügelzeichnungselemente sowie das Fehlen der schwarzen Saumpunkte vom Kleinen Eisvogel unterscheidbar.

VERBREITUNG
Gesamtverbreitung: zentralasiatisch-europäisch; von den Südalpen über Osteuropa, Kleinasien und den Kaukasus durch Teile Zentralasiens bis nach Nordchina und Japan. Fehlt in weiten Bereichen des europäischen Kontinents.

Regionalverbreitung: fast durchwegs historische Fundmeldungen aus dem Eisacktal, vor allem aus dem Randbereich der Dolomiten, sowie dem Etschtal von Meran bis Bozen. Die bei REICHL (1992) dargestellten neueren Daten aus dem Münstertal und dem mittleren Vinschgau beruhen ebenso wie alle Meldungen der Art aus Nordtirol überwiegend auf EDV-Fehlern und beziehen sich tatsächlich auf *Hadena rivularis* (Noctuidae).

Vertikalverbreitung: ca. 250 bis 1500 m; kollin, montan. Nach SBN (1994) steigt *N. rivularis* in der Schweiz lokal bis auf 1200 m.

BIOLOGIE
Habitatwahl: mesophile Waldart. Ausschließlich in luftfeuchten, eher schattigen Schluchtwäldern mit Beständen von Geißbart. In anderen Gebieten wie in Wien gerne in Gärten (HÖTTINGER, *in litteris*).

Phänologie: univoltin; kurze Flugperiode von Mitte Juni bis Mitte Juli, aus der Schweiz gelegentlich auch bis Mitte August gemeldet (SBN, 1994).

Raupenfutterpflanzen – Präimaginalstadien: Oligophagie I; *Aruncus dioicus*, *Filipendula ulmaria* sowie angepflanzte *Spiraea* spp. Aus Südtirol ist *Spiraea ulmaria* dokumentiert (KITSCHELT, 1925), ein Name, der heute als Synonym von *Filipendula ulmaria* gilt. DANNEHL (1925–1930) erwähnt als vermutlich ausschließliches Substrat im Gebiet *Spiraea salicifolia*, die jedoch in Südtirol gar nicht autochthon auftritt. Nach Erfahrungen mit anderen Lepidopterengruppen (HUEMER, 1988a) dürften sich die früher verwendeten Namen *Spiraea ulmaria* und *Spiraea salicifolia* ausschließlich auf den Waldgeißbart (*Aruncus dioicus*) beziehen. Der Schwarze Trauerfalter war ursprünglich wohl eine monophage Art dieser Pflanze. Ein sekundäres Vorkommen von *N. rivularis* an eingebürgerten *Spiraea*-Arten überrascht aber auf Grund der nahen Verwandtschaft mit *Aruncus* nicht und ist z. B. aus Ostösterreich dokumentiert (HÖTTINGER, *in litteris*). Die Meldungen von *Filipendula* sind hingegen ohne neue Bestätigung mit großem Vorbehalt zu bewerten und beziehen sich vermutlich eher auf *Aruncus*. Auch SBN (1994) gibt keine konkreten Hinweise, ob es sich bei *Filipendula* nur um Literaturmeldungen unter dem Namen *Spiraea ulmaria* handelt, die später – fälschlicherweise – *Filipendula ulmaria* zugeordnet wurden.
Die Raupe lebt zuerst in einem röhrenartig versponnenen Blatt und fertigt Anfang Oktober ein Hibernarium, in dem sie überwintert. Stürzpuppe im Mai/Juni (SBN, 1994). Nach DANNEHL (1925–1930) überwintert die Raupe gerne in den Samenrispen der Futterpflanze.

GEFÄHRDUNG – SCHUTZMASSNAHMEN
Gefährdungssituation: trotz Kontrollen an historischen Fundstellen wie der Gaulschlucht bei Lana in den letzten Jahrzehnten überhaupt nicht (TRAWÖGER, mündliche Mitteilung) oder nur mehr ganz vereinzelt aufgefunden, zuletzt am 20.8.1986 bei der Calvenbrücke durch Junge sowie kurz zuvor im Grödnertal durch Sala. Ein weiteres Vorkommen ist zwar nicht völlig auszuschließen, allerdings haben die ehe-

Männchen des auf alpinen Grasheiden fliegenden Veilchen-Scheckenfalters (*Euphydryas cynthia*) sind an ihrer weißen Zeichnung sofort zu erkennen.

maligen Au- und Schluchtwälder entlang von Etsch und Eisack teilweise bis weit in die Seitentäler gravierende Beeinträchtigungen erlitten. Vor allem die Verdrängung der einheimischen Flora durch Robinien und andere Neophyten, aber auch die massive Belastung durch die verkehrstechnische Erschließung des Gebietes und möglicherweise auch der Einsatz von Spritzmitteln im Obstbau dürften für das Verschwinden der Art hauptverantwortlich sein.
Rote Liste: vom Aussterben bedroht (CR); bisherige Einstufung: 0.
Schutzmaßnahmen: mögliche Restpopulationen dringend detailliert kartieren und durch Lebensraumschutz bewahren.

MELITAEINAE
SCHECKENFALTER

Euphydryas cynthia (Denis & Schiffermüller, 1775) Veilchen-Scheckenfalter

TAXONOMIE – DETERMINATION
Keine Ausbildung von geographischen Unterarten.
Arttypischer Geschlechtsdichroismus: Männchen mit charakteristischer weißer Zeichnung auf der Flügeloberseite, Weibchen ähnlich *E. intermedia*, jedoch mit schwarz gekernten Postdiskalflecken auf den Hinterflügeln.

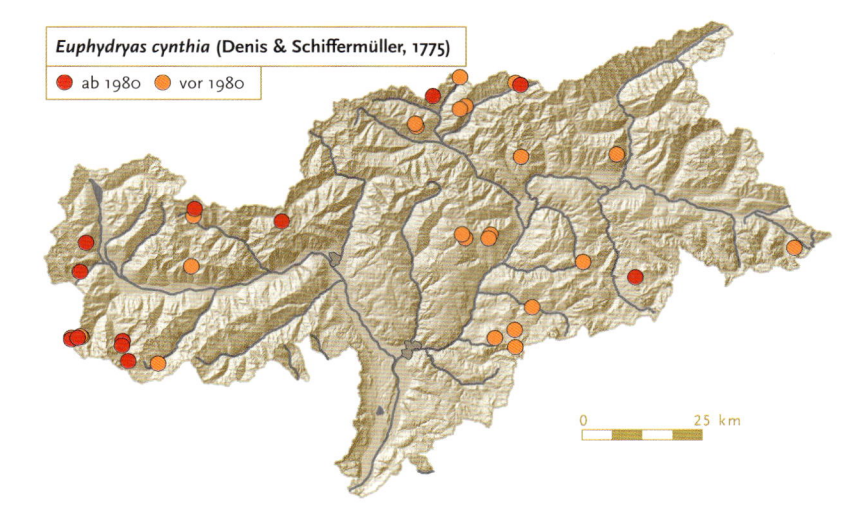

VERBREITUNG
Gesamtverbreitung: südeuropäisch; ausschließlich aus den Alpen sowie dem Rila und dem Pirin-Gebirge in Bulgarien bekannt.
Regionalverbreitung: zerstreute Verbreitung in den westlichen und nördlichen Landesteilen sowie den Dolomiten. Falter aber lokal nicht selten.
Vertikalverbreitung: ca. 1900 bis 2700 m; subalpin, alpin. Fast nur oberhalb der Waldgrenze auftretend, tiefer gelegene Fundorte sind nicht sicher belegt oder beruhen vermutlich auf verflogenen Tieren.

BIOLOGIE
Habitatwahl: alpine Art. Charakterart kurzrasiger alpiner Rasengesellschaften sowohl auf karbonatischen als auch silikathaltigen Böden. Gerne an etwas lückig bewachsenen, schuttdurchzogenen, aber sonnigen Hängen mit Beständen von Polsterpflanzen für die Nahrungsaufnahme wie z. B. *Silene acaulis*.
Phänologie: univoltin (zweijährig); von Ende Juni bis Anfang August.
Raupenfutterpflanzen – Präimaginalstadien: Polyphagie I; *Viola calcarata* (Violaceae), *Plantago alpina* (Plantaginaceae), unter Zuchtbedingungen auch *Plantago lanceolata* (SBN, 1994) und sehr wahrscheinlich weitere Futterpflanzen. Eigelege an der Blattuntersei-

Der Alpen-Scheckenfalter (*Euphydryas intermedia*) kommt nur in Bergwäldern mit Beständen der Blauen Heckenkirsche vor.

>>
Der Goldene Scheckenfalter (*Euphydryas aurinia*) bildet in den Alpen zwei auffallende Unterarten aus, in Südtirol fliegt nur die alpine Rasse.

Die Stürzpuppe der Scheckenfalterarten ist auffallend gefärbt und gemustert.

te. Raupen zuerst gesellig in gemeinschaftlichem Gespinst, später einzeln. Überwinterung erstmals juvenil, dann wiederum im vierten Raupenstadium. Verpuppung in einer an Steinen oder Pflanzenteilen befestigten Stürzpuppe (SBN, 1994).

GEFÄHRDUNG – SCHUTZMASSNAHMEN
Gefährdungssituation: *E. cynthia* reagiert empfindlich auf intensivere Beweidung (SBN, 1994). Abgesehen von derartigen lokalen Bedrohungen wie auch dem Tourismus, erscheint die Art aber insgesamt durch die günstige Habitatsituation nicht gefährdet.
Rote Liste: nicht oder kaum gefährdet (LC); bisherige Einstufung: 4.
Schutzmaßnahmen: derzeit keine Maßnahmen erforderlich.

Euphydryas intermedia (Ménétriés, 1859)
Alpen-Scheckenfalter

Synonymie:
Melitaea maturna var. *wolfensbergeri* (Frey, 1880)

TAXONOMIE – DETERMINATION
E. intermedia wurde früher wiederholt als Gebirgsform var. *wolfensbergeri* unter dem Namen *Melitaea maturna* publiziert, Letztere ist jedoch ein Tier der Tallagen, das in Südtirol nie belegt werden konnte. *E. intermedia* ist in Mitteleuropa ausschließlich in der ssp. *wolfensbergeri* (Frey, 1880) vertreten, von manchen Autoren wird dieses Taxon auch als separate Art angesehen (BALLETTO, 1995). Die nominotypische Rasse tritt in Asien auf.

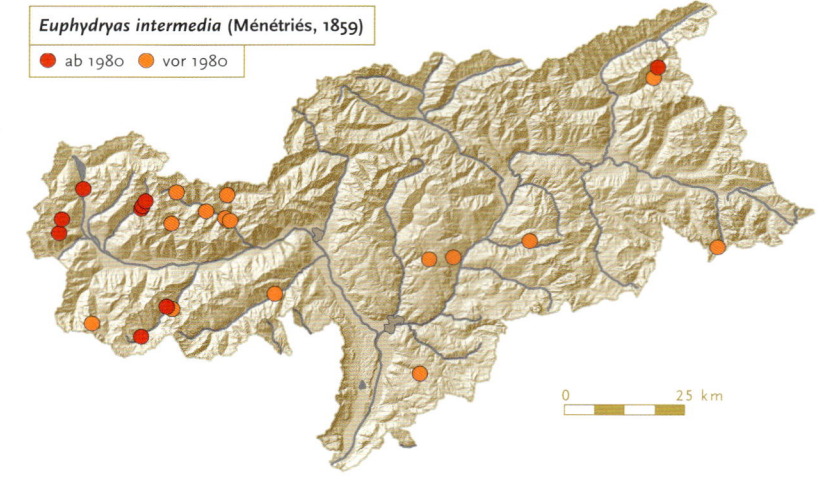

Das Weibchen ähnelt *E. cynthia*, allerdings weisen die Postdiskalflecken der Hinterflügel keine schwarzen Punkte auf.

VERBREITUNG
Gesamtverbreitung: sibirisch-europäisch; sporadische Vorkommen in den südlichen und zentralen Alpen, dem Ural, Teilen Sibiriens sowie der Mongolei bis zum Amur und in Korea.
Regionalverbreitung: extrem zerstreute Nachweise in der Sesvenna- und Ortlergruppe, den Ötztaler und Sarntaler Alpen sowie den Dolomiten und dem Ahrntal. Vor allem in den westlichen Landesteilen, und hier besonders in den Ötztaler Alpen, etwas gehäuftes Auftreten. Falter lokal nicht selten.
Vertikalverbreitung: ca. 1000 bis 2000 m; montan, subalpin. Steigt bis nahe an die Waldgrenze. Tiefer sowie höher gelegene Fundmeldungen sind bezüglich der Vertikalangaben ungenau und zweifelhaft.

Euphydryas intermedia (Ménétriés, 1859)
● ab 1980 ● vor 1980

BIOLOGIE

Habitatwahl: montane Art. Charakterart von lichten Bergwäldern wie Lärchen-Fichtenwäldern, seltener auch von Zwergstrauchheiden oberhalb der Waldgrenze sowie von Grünerlengebüsch, immer mit Beständen von *Lonicera coerulea*.

Phänologie: univoltin (zweijährig); von Ende Juni bis Anfang August.

Raupenfutterpflanzen – Präimaginalstadien: Monophagie I; *Lonicera coerulea* (Caprifoliaceae) (SBN, 1994). Eiablage in Gelegen an der Blattunterseite der Blauen Heckenkirsche. Raupen juvenil in Gemeinschaftsgespinst. Überwinterung der Jungraupen in versponnenen Blättern, zweite Überwinterung solitär und fast erwachsen. Verpuppung in einer Stürzpuppe an Steinen oder Pflanzenteilen (SBN, 1994).

GEFÄHRDUNG – SCHUTZMASSNAHMEN

Gefährdungssituation: trotz lokalem Auftreten konnten im Bereich der besiedelten Lebensräume keine wirklich bedeutenden Gefährdungsfaktoren ausgemacht werden. Allenfalls allzu intensive forstliche Nutzung wäre als potentielle Gefahrenquelle denkbar, scheidet jedoch in den höchsten, extensiv oder auch überhaupt nicht genutzten Schutz- und Bannwäldern der montanen und subalpinen Region weitgehend aus. Die bisherige Einstufung in die Kategorie „gefährdet" basiert offensichtlich nur auf den sporadischen Beobachtungen von Faltern und erscheint daher deutlich zu pessimistisch.

Rote Liste: nicht oder kaum gefährdet (LC); bisherige Einstufung: 3.

Schutzmaßnahmen: derzeit keine Maßnahmen erforderlich; grundsätzlich aber Vermeidung intensiverer forstlicher Nutzung im Bereich von starken Populationen der Art.

Euphydryas aurinia (Rottemburg, 1775) Goldener Scheckenfalter

Synonymie:
Melitaea aurinia var. *merope* de Prunner, 1798 (Homonym)

TAXONOMIE – DETERMINATION

E. aurinia tritt in mehreren sowohl habituell als auch durch die Lebensraumansprüche/Raupenbiologie differenzierten Unterarten auf. Die Populationen der Tallagen Mitteleuropas gehören zu *E. aurinia aurinia*, die Gebirgspopulationen hingegen zu *E. aurinia glaciegenita* (Verity, 1928). Letztere sind dunkler gefärbt und werden von manchen Autoren auch nur als Extremform der aus den Pyrenäen beschriebenen *E. aurinia debilis* (Oberthür, 1909) angesehen (SBN, 1994). Umgekehrt wird das Taxon *glaciegenita* manchmal sogar als separate Art interpretiert (BALLETTO, 1995; KUDRNA, 2002; REICHL, 1992). TOLMAN & LEWINGTON (1998) hingegen bezeichnen *glaciegenita* als Synonym von *E. aurinia aurinia* (TOLMAN & LEWINGTON, 1998) und subsumieren die Populationen der Pyrenäen und Alpen unter ssp. *debilis*, ohne die Unterschiede der Gebirgsrasse aus den Alpen zu berücksichtigen.

Erfolgreiche Versuche, *E. aurinia glaciegenita* mit nominotypischen Tieren zu kreuzen (SBN, 1994), deuten auf eine Konspezifität der involvierten Taxa. Allerdings bestehen erhebliche habituelle und ökologische Differenzen; in der vorliegenden Arbeit wird daher für Mitteleuropa die Aufspaltung in zwei Unterarten, viz. ssp. *aurinia* und ssp. *glaciegenita*, akzeptiert und das Taxon *debilis* als weitere Unterart der Pyrenäen angesehen. In Südtirol wurde bisher ausschließlich die ssp. *glaciegenita* festgestellt, sämtliche Meldungen der nominotypischen Rasse wie z. B. bei REICHL (1992) sind falsch.

Kleine, variable Art ohne ausgeprägten Geschlechtsdichroismus. Die Postdiskalbinde der Hinterflügel hat schwarze Punkte.

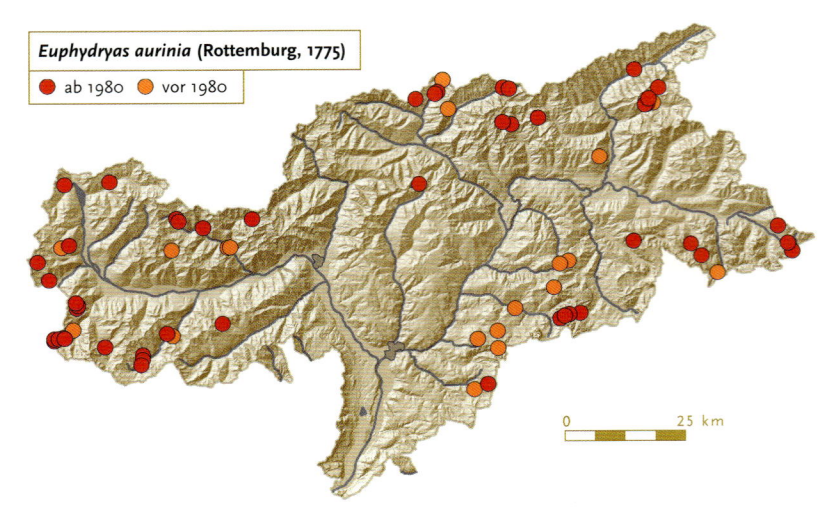

Euphydryas aurinia (Rottemburg, 1775)
● ab 1980　● vor 1980

0　25 km

VERBREITUNG
Gesamtverbreitung: paläarktisch; von Nordwestafrika über große Teile des gemäßigten Europas und Asiens bis Korea.
Regionalverbreitung: in den westlichen und nordöstlichen Landesteilen sowie den Dolomiten relativ weit verbreitet und an den Fundstellen vielfach häufig. Aus den Sarntaler, Stubaier und östlichen Ötztaler Alpen hingegen kaum Meldungen.
Vertikalverbreitung: ca. 1300 bis 2500 m; montan, subalpin, alpin. Meldungen von oberhalb 2500 m, wie z. B. aus dem Stilfser-Joch-Gebiet, bleiben unsicher. Die ssp. *glaciegenita* reicht in Südtirol bis in die montane Stufe herab. SBN (1994) meldet hingegen für die Schweiz nur Nachweise oberhalb von 1800 m. Einige bei REICHL (1992) dargestellte Fundnachweise von der Sohle des Etschtals konnten nicht verifiziert werden; es handelt sich hierbei mit Sicherheit um EDV-Aufnahmefehler.

BIOLOGIE
Habitatwahl: alpine Art. *E. aurinia glaciegenita* besiedelt unterschiedlichste subalpine und alpine Rasengesellschaften und tritt auch gerne auf ungedüngten Bergmagerwiesen sowie Lawinarrasen auf Silikat oder kalkhaltigem Untergrund auf. Die in Südtirol wahrscheinlich fehlende Nominatunterart kommt auf Feuchtwiesen bzw. Halbtrockenrasen vor.
Phänologie: univoltin (fakultativ zweijährig); von Anfang Juni bis Anfang August. Bereits früh im Jahr, bald nach der Schneeschmelze, fliegende Art.
Raupenfutterpflanzen – Präimaginalstadien: Monophagie II (ssp. *glaciegenita*); *Gentiana acaulis*, *G. clusii*, *G. verna*, *G. alpina* (Gentianaceae) (SBN, 1994; TOLMAN & LEWINGTON, 1998); Meldungen letztgenannter Autoren von *Primula hirsuta* sind bestätigungsbedürftig. Die Nominatunterart frisst hingegen an *Scabiosa columbaria*, *Succisa pratensis* und *Gentiana lutea*. Eiablage in größeren Gelegen an der Blattunterseite. Raupen leben zuerst gesellig in Nestern und überwintern nach der dritten Häutung. Frühzeitig eingeschneite Raupen entwickeln sich im folgenden Jahr ebenfalls nur bis zur dritten Häutung und hibernieren dann nochmals. Die später solitäre Raupe verwandelt sich schließlich im Frühjahr in eine an der Vegetation oder an Steinen festgesponnene Stürzpuppe (SBN, 1994).

GEFÄHRDUNG – SCHUTZMASSNAHMEN
Gefährdungssituation: Lebensraumsituation, abgesehen von lokalen negativen anthropogenen Einflüssen wie Überbeweidung oder Nutzungsaufgabe von Bergmähdern, durchwegs eher günstig. Die von HOFER (1995) vorgenommene Einstufung in die Gefährdungskategorie 3 kann daher, basierend auf den rezenten Daten, vor allem aber der Habitatsituation, nicht bestätigt werden. Vermutlich sind die frühe Flugzeit und der damit verbundene Mangel an aktuellen Daten für die bisherige Bewertung verantwortlich.
Rote Liste: nicht oder kaum gefährdet (LC); bisherige Einstufung: 3.
Schutzmaßnahmen: Verzicht auf intensivere Nutzung der Rasengesellschaften an und oberhalb der Waldgrenze.
Internationale Verpflichtungen: *E. aurinia* ist durch die Anhänge II und IV der Fauna-Flora-Habitatrichtlinie der EU geschützt. Für Arten des Anhangs II ist ein nachhaltiger Schutz der Lebensräume zwingend vorgesehen, und bestandssichernde Schutzgebiete müssen ausgewiesen werden. Nach Anhang IV ist eine Beschädigung oder Vernichtung der Ruhe- und Fortpflanzungsstätten untersagt und es gilt überdies ein Fang- und Störungsverbot (HUEMER, 2001).

Melitaea cinxia (Linnaeus, 1758)
Wegerich-Scheckenfalter

TAXONOMIE – DETERMINATION
Die Aufspaltung in Unterarten variiert je nach Autor erheblich. Während LERAUT (1997) mehrere subspezifische Taxa differenziert, weisen TOLMAN & LEWINGTON (1998) für Europa nur die Nominatrasse aus. Letzterer Bewertung wird hier gefolgt.
Von den anderen Scheckenfalterarten sofort durch die großen schwarzen Punkte auf der Antemarginalbinde an der Hinterflügeloberseite und etwas reduziert an der Unterseite zu unterscheiden.

VERBREITUNG
Gesamtverbreitung: zentralasiatisch-europäisch-mediterran; von Nordwestafrika über große Teile des gemäßigten Europas und Kleinasiens bis nach Kasachstan und in die Mongolei.
Regionalverbreitung: in den wärmeren Tälern und Mittelgebirgslagen weit verbreitet und gelegentlich häufig, so vor allem im Etsch- und Eisacktal samt angrenzenden Gebieten. Im Pustertal hingegen deutlich lokaler und in weiten Bereichen der nördlichen Landesteile sowie der Sarntaler Alpen und der Norddolomitengebiete überhaupt nicht nachgewiesen.
Vertikalverbreitung: ca. 220 bis 1800 m; kollin, montan, subalpin. Populationen der subalpinen Stufe ausschließlich an wärmebegünstigten Stellen.

BIOLOGIE
Habitatwahl: mesophile Offenlandart. Falter bevorzugt auf sehr sonnigen, ungedüngten und entsprechend blumen-

reichen Magerwiesen (Mesobrometalia) sowie auf Trocken- und Halbtrockenrasen, aber auch an Waldsäumen.
Phänologie: univoltin; von Mitte April bis Anfang August, spätere Nachweise jedoch ausschließlich aus der montanen und subalpinen Stufe. Von LUY (1993) in dieser Region ausnahmsweise noch Mitte August gefunden. Eine zweite Generation, wie bei SBN (1994) für warme Lagen der Schweiz verzeichnet, ist aus Südtirol aber nicht bekannt.
Raupenfutterpflanzen – Präimaginalstadien: Polyphagie I; *Plantago* spp. (Plantaginaceae), *Centaurea* spp. (Asteraceae), *Veronica austriaca*, *V. teucrium* (Scrophulariaceae) (EBERT & RENNWALD, 1991a; TOLMAN & LEWINGTON, 1998) sowie vermutlich weitere Pflanzen. Eiablage in einem größeren Gelege an der Blattunterseite der Futterpflanze. Raupen zuerst gesellig in einem Gespinst. Überwinterung im halb erwachsenen Stadium. Die erwachsene, solitär lebende Raupe verwandelt sich zuletzt in eine an bodennaher Vegetation festgesponnene Stürzpuppe (SBN, 1994; WEIDEMANN, 1995).

GEFÄHRDUNG – SCHUTZMASSNAHMEN
Gefährdungssituation: Bestandssituation zwar noch nicht unmittelbar kritisch, jedoch ist die Art an vielen ehemaligen Fundorten verschwunden oder es wurden deutliche Rückgänge verzeichnet. Dies betrifft vor allem die talnahen Populationen, die den Negativfaktoren Intensivierung, Aufforstung sowie Spritzmitteleintrag aus Obst- und Weinanbauflächen ausgesetzt sind.
Rote Liste: drohende Gefährdung (NT); bisherige Einstufung: n. a.
Schutzmaßnahmen: Verzicht auf weitere Intensivierung oder Aufforstung von Magerwiesen.

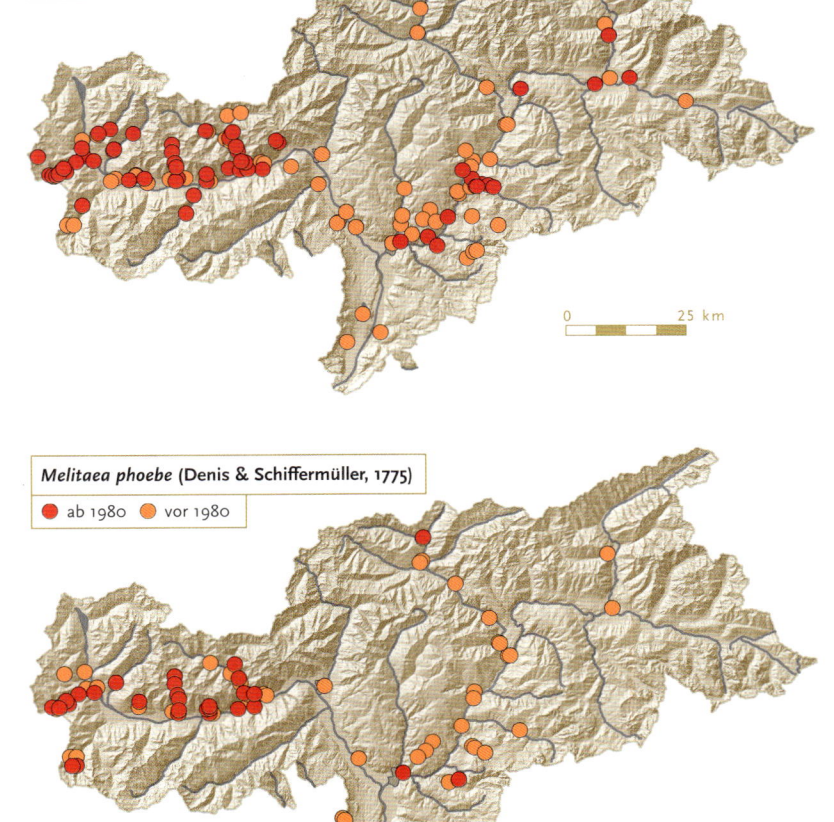

Melitaea phoebe (Denis & Schiffermüller, 1775) Flockenblumen-Scheckenfalter

TAXONOMIE – DETERMINATION
Der von LERAUT (1997) wieder eingeführte Gattungsname *Cinclidia* findet allgemein keine Akzeptanz.
Die Rassenzugehörigkeit der Südtiroler Populationen ist umstritten. Während SCHEURINGER (1972) und FORSTER & WOHLFAHRT (1984) diese Tiere noch der ssp. *koios* Fruhstorfer, 1908, zuordnen, fallen die Populationen aus dem Gebiet nach SALA (1996) sowie Befunden des Autors zufolge durchaus in die Variationsbreite der Nominatunterart. Im Gebirge tritt vermehrt die Individualform *alternans* mit deutlich gelben und kontrastreichen Binden auf.
Große Scheckenfalterart, die vor allem durch die ausgedehnten, mit schwarzen Halbmonden begrenzten orangen Flecken auf der Antemarginalbinde der Hinterflügelunterseite leicht kenntlich ist.

VERBREITUNG
Gesamtverbreitung: zentralasiatisch-europäisch-mediterran; von Nordwestafrika über große Teile des gemäßigten Europas und den Mittleren Osten bis in die Mongolei und nach Nordchina.
Regionalverbreitung: in den wärmeren Tälern und Mittelgebirgslagen an einigen Standorten verbreitet, so vor allem im Etsch- und Eisacktal sowie in Teilen der westlichen Dolomiten. An vielen Stellen jedoch zunehmend selten, und gehäuftes Auftreten fast nur mehr an den Sonnenhängen im Vinschgau. Im Pustertal sehr lokal und in weiten Bereichen der zentralen und östlichen Landesteile generell fehlend.
Vertikalverbreitung: ca. 220 bis 1950 m; kollin, montan, subalpin. In höher gelegenen Regionen nur an den wärmsten Stellen. Die höchsten Funde stammen von der Stilfser-Joch-Straße.

BIOLOGIE
Habitatwahl: xerothermophile Offenlandart. Charakterart von Halbtrocken- und Trockenrasen, aber auch auf blumenreichen und ungedüngten Bergmagerwiesen sowie in lichten, warmen Laubwäldern mit Blütensäumen auftretend.

Das letzte bekannte Südtiroler Exemplar des Bräunlichen Scheckenfalters (*Melitaea trivia*) wurde am 25. Mai 1925 in Gries bei Bozen gesammelt.

Phänologie: univoltin, fakultativ bivoltin (?); von Mitte Mai bis Mitte August, vermutlich in nur einer lang gezogenen Generation. Von Forcher Mayr ausnahmsweise bereits Anfang April (Waidbruck, 8.4.1947, coll. Tiroler Landesmuseum Ferdinandeum) belegt. SBN (1994) erwähnt für die Schweiz vereinzelte Funde bis Anfang Oktober. EBERT & RENNWALD (1991a) vermerken in Baden-Württemberg eine vermutlich unvollständige, aber regelmäßige zweite Generation ab Ende Juli. Möglicherweise sind spät fliegende Tiere auch in Südtirol einem bivoltinen Entwicklungszyklus zuzuschreiben.

Raupenfutterpflanzen – Präimaginalstadien: Monophagie II (?); *Centaurea scabiosa*, *C. nigrescens* sowie angeblich auch *Serratula tinctoria* (Asteraceae), *Scabiosa columbaria* (Dipsacaceae) und *Plantago* spp. (SBN, 1994). EBERT & RENNWALD (1991a) bezweifeln jedoch diese Angaben und vermuten nach Zuchtbefunden Monophagie an *Centaurea* spp. Eiablage in zwei bis drei kleineren Gelegen an der Futterpflanze. Raupen zuerst in Gemeinschaftsgespinst, nach der Überwinterung als Jungraupe zuerst in kleinen Gruppen, später einzeln am Substrat. Ab dem späteren Frühjahr Verwandlung in eine Stürzpuppe (SBN, 1994; WEIDEMANN, 1995).

GEFÄHRDUNG – SCHUTZMASSNAHMEN
Gefährdungssituation: an vielen ehemaligen Fundstellen der talnahen Gebiete auf Grund landwirtschaftlicher Intensivierungsmaßnahmen verschwunden. Die Art reagiert vor allem auf Düngung sehr empfindlich und dürfte auch durch Spritzmittel aus dem Obst- und Weinanbau Populationseinbußen erlitten haben. Bedingt durch die Vertikalerstreckung und die immer noch ausgedehnten Trockenrasen im Vinschgau kann aber noch keine unmittelbare landesweite Bedrohung ausgemacht werden.
Rote Liste: drohende Gefährdung (NT); bisherige Einstufung: 4.
Schutzmaßnahmen: Verzicht auf weitere Düngung bzw. Aufforstung von mageren Wiesen.

Melitaea trivia (Denis & Schiffermüller, 1775) Bräunlicher Scheckenfalter

TAXONOMIE – DETERMINATION
In Europa in zwei Unterarten vertreten, in Italien jedoch ausschließlich in der nominotypischen Rasse (TOLMAN & LEWINGTON, 1998).
Falter sehr ähnlich *M. didyma*, jedoch durchschnittlich kleiner und dunkler orangebraun; zuverlässigstes Merkmal sind die dreieckigen, nicht abgerundeten schwarzen Marginalflecken auf der Hinterflügelunterseite.

VERBREITUNG
Gesamtverbreitung: turanisch-europäisch; nördliche Iberische Halbinsel, Teile Italiens sowie von Ostösterreich über den Balkan bis nach Südrussland, Kleinasien, Mittlerer Osten und Nordindien.
Regionalverbreitung: ausschließlich aus dem Raum Bozen in durchwegs historischen Funden bekannt. Nachweise aus Bozen und Schluderbach durch Mann wurden früher stark angezweifelt (KITSCHELT, 1925), und vor allem der Dolomitenfundort erscheint tatsächlich extrem unglaubwürdig. Zwei von KNITSCHKE am 24. und 25.5.1925 gesammelte Belegexemplare aus Gries/Bozen (coll. Naturhistorisches Museum Wien) beweisen aber zumindest das ehemalige Vorkommen im Bozner Talkessel.
Vertikalverbreitung: ca. 300 m; kollin. In anderen Regionen Europas auch in der montanen Stufe.

BIOLOGIE
Habitatwahl: xerothermophile Offenlandart. Charakterart von sonnigen und heißen Trockenrasen. Aus Südtirol liegen aber keine Angaben zur Habitatwahl vor.

Der Rote Scheckenfalter (*Melitaea didyma*) ist vor allem auf den Trockenrasen des Vinschgaus noch gut repräsentiert.

Phänologie: bivoltin; in Südtirol nur Ende Mai und somit in der ersten Generation nachgewiesen. Im Gardaseegebiet in zwei Generationen von Mai bis August (SALA, 1996).
Raupenfutterpflanzen – Präimaginalstadien: Monophagie II; *Verbascum* spp. (Scrophulariaceae) (TOLMAN & LEWINGTON, 1998), in Ostösterreich bevorzugt *V. austriacum* und *V. phlomoides* (HÖTTINGER, *in litteris*), in Südtirol vermutlich *Verbascum thapsus*. Eiablage in größeren Gruppen an der Futterpflanze. Raupen juvenil in einem Gemeinschaftsgespinst, in dem auch die Überwinterung erfolgt. Verpuppung an unterschiedlichem Substrat.

GEFÄHRDUNG – SCHUTZMASSNAHMEN
Gefährdungssituation: mit Sicherheit schon früher nur in den wärmsten Gunstlagen des Bozner Talkessels vorkommend und hier wohl seit langem auf Grund von Verbauung oder landwirtschaftlicher Nutzung (Weinanbau), möglicherweise aber auch natürlichen Arealschwankungen verschwunden.
Rote Liste: ausgestorben oder verschollen (RE); bisherige Einstufung: 0.
Schutzmaßnahmen: derzeit keine Maßnahmen möglich. Falls die Art in Südtirol wieder entdeckt werden sollte, wären umgehend Schutzmaßnahmen einzuleiten.

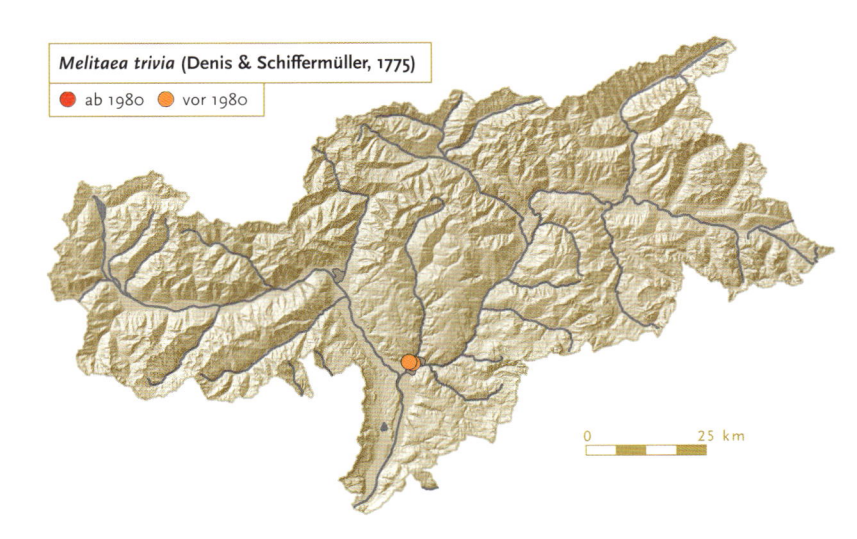

Melitaea trivia (Denis & Schiffermüller, 1775)
● ab 1980   ● vor 1980

Melitaea didyma (Esper, 1799)
Roter Scheckenfalter

TAXONOMIE – DETERMINATION
Der von LERAUT (1997) wieder eingeführte Gattungsname *Didymaeformia* findet allgemein keine Akzeptanz.
Zu dieser Art existieren zahlreiche infrasubspezifische und subspezifische Namen, deren Status teilweise umstritten ist (LERAUT, 1997; TOLMAN & LEWINGTON, 1998). Die Talpopulationen Südtirols wurden früher oft unter dem Namen *meridionalis* Staudinger, 1870, zusammengefasst, jene der Gebirgsregion unter der „Form" *alpina* Staudinger, 1861. Bereits DANNEHL (1925–1930) erwähnt aber ein je nach Untersuchungsjahr stark unterschiedlich häufiges syntopes Auftreten beider Formen, eine Beobachtung, die subspezifischen Status definitiv ausschließen lässt und auf klimatische Einflüsse bei der Ausbildung dieser Individualformen hindeutet.
Von *M. trivia* am besten durch die gerundeten schwarzen Marginalflecken auf der Hinterflügelunterseite zu unterscheiden.

VERBREITUNG
Gesamtverbreitung: zentralasiatisch-europäisch-mediterran; von Nordafrika über die südlichen und mittleren Teile

Melitaea didyma (Esper, 1799)
● ab 1980   ● vor 1980

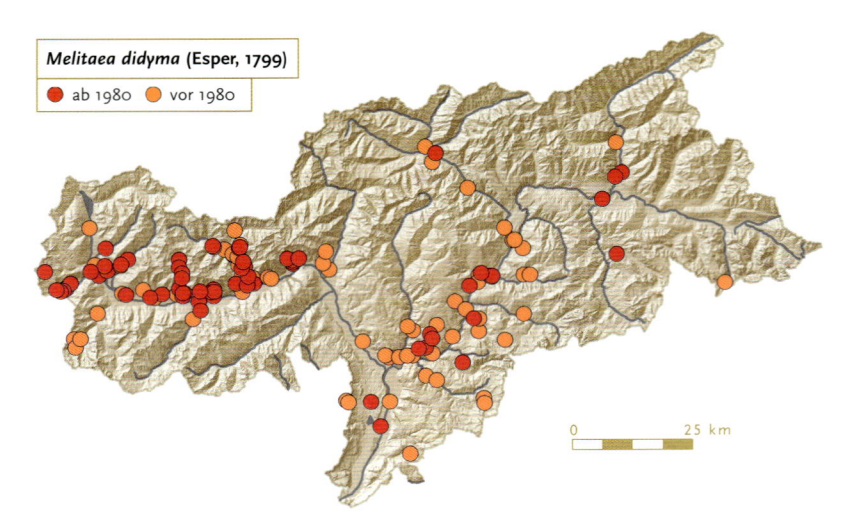

Europas, Kleinasien und Mittlerer Osten bis in die Mongolei.
Regionalverbreitung: in xerothermen Gebieten weit verbreitet und an den Flugstellen meist häufig, so vor allem im Vinschgau und teilweise im Eisacktal bis zum Brunecker Raum, eher vereinzelt im Oberpustertal sowie in den Dolomiten. Weite Verbreitungslücken bestehen in den dicht bewaldeten oder alpin beeinflussten Gebieten der Sarntaler, Stubaier und Zillertaler Alpen sowie im Ortlergebiet.
Vertikalverbreitung: ca. 250 bis 2100 m; kollin, montan, subalpin. Vor allem auf den montanen Trockenrasen verbreitet, früher angeblich auch im Etschtal „überall" (STAUDER, 1915). Die obere Verbreitungsgrenze liegt im Bereich wärmebegünstigter Lokalitäten an der Waldgrenze.

BIOLOGIE
Habitatwahl: xerothermophile Offenlandart. *M. didyma* besiedelt ausschließlich sonnige und trockenwarme Offenlandlebensräume, von Trocken- und Halbtrockenrasen über weitgehend ungedüngte Bergmagerwiesen bis hin zu Lärchenwiesen.
Phänologie: univoltin, fakultativ bivoltin (?); von Mitte Mai bis Mitte September, Hauptflugzeit von Ende Juni bis Mitte August. Die Generationenfolge ist nicht sicher geklärt. Aus Südtirol werden von manchen Autoren wie KITSCHELT (1925) und SCHEURINGER (1972) zwei Generationen gemeldet, von DANNEHL (1925–1930) sogar eine fakultative dritte Generation. Auch EBERT & RENNWALD (1991a) vermerken für Baden-Württemberg eine fakultative Zweibrütigkeit. Alle diese Angaben beruhen jedoch nur auf imaginalen Beobachtungen. Umgekehrt weisen aber Untersuchungen aus der Schweiz ausdrücklich auf eine extrem unterschiedliche Entwicklungsgeschwindigkeit der Raupen nach der Überwinterung hin mit entsprechend lang anhaltendem Falterschlupf von Mai bis September (SBN, 1994).
Raupenfutterpflanzen – Präimaginalstadien: Polyphagie I; *Rhinanthus serotinus, Linaria* spp., *Antirrhinum* spp., *Veronica* spp., *Verbascum nigrum, Digitalis grandiflora* (Scrophulariaceae), *Plantago lanceolata* (Plantaginaceae), *Valeriana* spp. (Valerianaceae), *Stachys recta* (Lamiaceae) und *Centaurea scabiosa* (Astercaeae) (EBERT & RENNWALD, 1991a; SBN, 1994). Eiablage in kleineren Gruppen an der Blattunterseite der Futterpflanze. Raupe ohne Gemeinschaftsgespinst einzeln fressend und jung überwinternd. Verwandlung in eine an bodennaher Vegetation festgesponnene Stürzpuppe zwischen Mai und August (SBN, 1994; WEIDEMANN, 1995).

GEFÄHRDUNG – SCHUTZMASSNAHMEN
Gefährdungssituation: noch von KITSCHELT (1925) als „überall bis in die Alpenregion sehr verbreitet und häufig" verzeichnet. Inzwischen hat die Art trotz einiger noch relativ stabiler Populationen wie vor allem im Vinschgau massive Bestandseinbußen erlitten und ist in einigen talnahen Gebieten verschwunden. Ursachen für diesen Negativtrend sind besonders Intensivierung von Trockenrasen sowie zunehmende Verbuschung dieser Bereiche, vermutlich aber auch Spritzmitteleintrag aus den Obst- und Weinanbauflächen (HUEMER & TARMANN, 2001). Die bisher als ungefährdet bewertete Art (HOFER, 1995) ist daher zumindest in die Kategorie „drohende Gefährdung" einzustufen.
Rote Liste: drohende Gefährdung (NT); bisherige Einstufung: n. a.
Schutzmaßnahmen: Beibehaltung extensiver, traditioneller Bewirtschaftung von Trockenrasen sowie Verzicht auf weitere Aufforstung.

Melitaea diamina (Lang, 1789)
Baldrian-Scheckenfalter

Synonymie:
Melitaea dictynna (Esper, 1778) (Homonym)

TAXONOMIE – DETERMINATION
Die Art wird von verschiedenen Autoren zur Gattung *Mellicta* gestellt (LERAUT, 1997; SBN, 1994), die jedoch neuerdings als Subgenus von *Melitaea* gewertet wird (SEGERER, 2001; SETTELE et al., 1999).
LERAUT (1997) unterscheidet allein in Frankreich noch drei Unterarten. Bei TOLMAN & LEWINGTON (1998) sowie in der neuesten europäischen Faunenliste (DE PRINS, *in litteris*) wird aber auf diese Untergliederung verzichtet. In Südtirol tritt somit nur die nominotypische Unterart auf.
Durch kleine schwarze Flecken auf der orangen Submarginalbinde der Hinterflügel sowie die generell dunkle Flügeloberseite leicht kenntliche Art.

VERBREITUNG
Gesamtverbreitung: sibirisch-europäisch; von Nordspanien über große Teile Mittel- und Osteuropas sowie das gemäßigte Nordeuropa, Russland bis zum Amur und Japan. Fehlt im Mediterraneum.
Regionalverbreitung: in weiten Teilen der nordwestlichen und südöstlichen Landesteile lokal und in meist niedriger Dichte verbreitet. In den Sarntaler Alpen, dem östlichen Ortlergebiet, den zentralen Dolomiten sowie einem großen Bereich der Zillertaler Alpen hingegen überhaupt nicht nachgewiesen.

Bevorzugt an feuchteren Stellen lebt der Baldrian-Scheckenfalter (*Melitaea diamina*), eine Art mit dunklen Saumflecken auf der Hinterflügelunterseite.

Vertikalverbreitung: ca. 240 bis 2350 m; kollin, montan, subalpin, alpin. In der höheren montanen und subalpinen Region gehäuft auftretend. Die höchstgelegenen Funde stammen aus dem Gebiet des Stilfser Jochs (HUEMER & TARMANN, 2001).

BIOLOGIE

Habitatwahl: hygrophile Offenlandart. Die Art tritt gerne entlang von naturnahen Bächen mit reichlich Hochstauden sowie generell auf Feuchtwiesen auf. Rezent auch noch gehäuftes Vorkommen auf ungedüngten, blumenreichen Bergmagerwiesen, seltener auf extensiv bewirtschafteten Bergfettwiesen sowie Talfettwiesen.

Phänologie: univoltin, fakultativ bivoltin (?); von Anfang Mai bis Anfang August in einer lang gestreckten Generation. Frühe Nachweise bis gegen Mitte Juni nur aus den talnahen Gebieten. Nach KITSCHELT (1925) tritt in den wärmsten Lagen gelegentlich eine zweite Generation auf, die jedoch mit Sicherheit nur aus der benachbarten Provinz Trient belegt ist. Bivoltinität wird auch aus Teilen der Schweiz gemeldet, wobei hier Falterbeobachtungen bis Ende September vorliegen (SBN, 1994).

Raupenfutterpflanzen – Präimaginalstadien: Monophagie II; *Valeriana dioica*, *V. officinalis* (Valerianaceae) und vermutlich weitere *Valeriana*-Arten (TOLMAN & LEWINGTON, 1998). Verschiedenste Literaturmeldungen von Futterpflanzen aus anderen Familien sind zweifelhaft (EBERT & RENNWALD, 1991a). Eiablage in Spiegeln an der Blattunterseite des Substrats. Überwinterung der Jungraupen in einem Gemeinschaftsgespinst. Die Verwandlung in eine Stürzpuppe findet ab Mitte Mai statt (SBN, 1994).

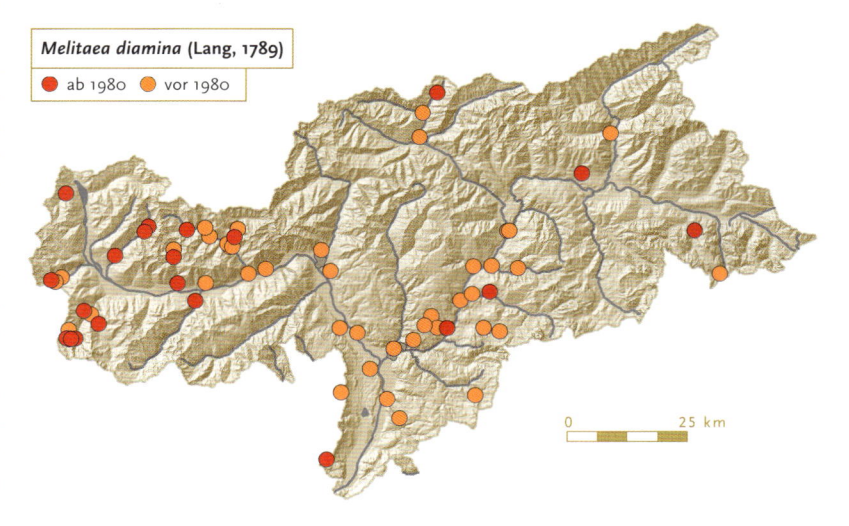

Melitaea diamina (Lang, 1789)
● ab 1980   ● vor 1980

GEFÄHRDUNG – SCHUTZMASSNAHMEN

Gefährdungssituation: Meldungen von KITSCHELT (1925), „bis in die Alpenregion verbreitet und häufig," sowie DANNEHL (1925–1930), „fast überall", deuten auf ein früher wesentlich häufigeres Vorkommen. Trockenlegung von Feuchtlebensräumen sowie Intensivierungsmaßnahmen an bodenfeuchten Wiesen haben vor allem in den Talgebieten zu Populationsverlusten geführt. Trotz dieser Rückgänge ist die Art aber angesichts der weiten horizontalen und vertikalen Verbreitung in ihrem Gesamtbestand nicht als gefährdet einzustufen.

Rote Liste: drohende Gefährdung (NT); bisherige Einstufung: 3.

Schutzmaßnahmen: Verzicht auf weitere Düngung und sonstige Intensivierung in feuchten und noch extensiv bewirtschafteten Wiesen mit individuenreicheren Populationen wie z. B. im Matschertal.

Melitaea deione
(Geyer, 1832)
Ähnlicher Scheckenfalter

TAXONOMIE – DETERMINATION

Die Art wird von verschiedenen Autoren zur Gattung *Mellicta* gestellt (HIGGINS, 1981; LERAUT, 1997; SBN, 1994), die jedoch neuerdings als Subgenus von *Melitaea* gewertet wird (SEGERER, 2001; SETTELE et al., 1999).

Die subspezifische Untergliederung von *M. deione* ist stark umstritten. TOLMAN & LEWINGTON (1998) unterscheiden insgesamt vier Unterarten, davon drei in Europa. Die Südtiroler Populationen wurden verschiedentlich dem Taxon *phaisana* Fruhstorfer, 1917, zugeordnet (SCHEURINGER, 1972). DANNEHL (1925–1930) erwähnt jedoch auch typische Exemplare der ssp. *berisalii* Rühl, 1891, die aber nach heutigen Kenntnissen auf das Wallis beschränkt ist (SBN, 1994). Generell sind die Differenzen zwischen diesen Rassen nur sehr geringfügig und wohl infrasubspezifisch. Im Katalog der europäischen Schmetterlinge (DE PRINS, *in litteris*) werden sie auch nicht mehr als valide Subspezies anerkannt. In Anlehnung an diese taxonomische Bewertung fliegt in Südtirol jedenfalls nur die nominotypische Rasse.

M. deione hat habituell sehr große Ähnlichkeit mit *M. athalia*, differiert aber im Weibchen durch die hellere, gelblich orange Mittelbinde der Vorderflügel sowie in beiden Geschlechtern durch den x-förmigen Fleck in Zelle 1 der Vorderflügel. Weiters unterscheiden sich die genannten Arten deutlich in den Genitalstrukturen.

VERBREITUNG

Gesamtverbreitung: westmediterran; isolierte Vorkommen von Nordwestafrika über die Iberische Halbinsel und Südfrankreich bis nach Südtirol.

Regionalverbreitung: an den Vinschgauer Sonnenhängen, im Münstertal sowie in Teilen des Etsch- und Eisacktals sehr lokal verbreitet, an den Flugstellen meist nicht selten. Die östlichste Verbreitungsgrenze liegt im Eisacktal (REBEL, 1904), hier aber seit langem verschollen.

Vertikalverbreitung: ca. 220 bis 1700 m; kollin, montan. Die höchstgelegenen Funde aus dem Vinschgau sind der hochmontanen Stufe zuzuordnen. Aus der Schweiz liegen nur Nachweise bis 1200 m vor.

BIOLOGIE

Habitatwahl: xerothermophile Offenlandart. Charakterart von Trockenrasen und blumenreichen, ungedüngten Bergmagerwiesen. Im Wallis in xerothermen Buschsteppen (SBN, 1994).

Phänologie: bivoltin, in höheren Lagen univoltin; in talnahen Gebieten bivoltin von Anfang Mai bis Ende Juni sowie von Ende Juli bis Ende August. Ab der montanen Stufe nur mehr einbrütig, von Ende Mai bis Ende August. Generationenfolge aber an einigen Stellen unklar. SBN (1994) gibt für die Schweiz nur eine Generation an.

Die Bestimmung von Scheckenfaltern ist manchmal schwierig, relativ einfach aber beim Bündner Scheckenfalter (*Melitaea varia*), der nur in der Gebirgsregion fliegt.

<<

Der in Mitteleuropa ansonsten weitgehend fehlende Ähnliche Scheckenfalter (*Melitaea deione*) erreicht in Südtirol die östliche Verbreitungsgrenze.

Scheckenfalterraupen wie jene des Ähnlichen Scheckenfalters sind charakteristisch bedornt.

Raupenfutterpflanzen – Präimaginalstadien: Oligophagie I; *Linaria* spp., *Microrrhinum minus, Antirrhinum* spp. (Scrophulariaceae) (TOLMAN & LEWINGTON, 1998). Eiablage in größeren Gelegen an der Futterpflanze. Raupenüberwinterung halb erwachsen. Stürzpuppe wird an Steinen oder Pflanzenteilen angesponnen (SBN, 1994).

GEFÄHRDUNG – SCHUTZMASSNAHMEN
Gefährdungssituation: durch Düngung oder intensive Beweidung sowie zunehmende Verbuschungstendenz von Trockenrasen und Magerwiesen an vielen ehemaligen Fundstellen bereits verschwunden. Auch der Einsatz von Spritzmitteln hat offensichtlich zu einem drastischen Rückgang an ehemaligen Flugplätzen beigetragen. Einigermaßen stabile Populationen sind inzwischen sehr selten geworden und fast nur noch auf anthropogen genutzte Lebensräume beschränkt. Die bisherige Einstufung in Kategorie 3 der Roten Liste (HOFER, 1995) erscheint auch auf Grund der beschränkten horizontalen Verbreitung zu optimistisch.
Rote Liste: stark gefährdet (EN); bisherige Einstufung: 3.
Schutzmaßnahmen: Beibehaltung und Förderung der traditionellen, extensiven Wiesenbewirtschaftung an ausgewählten Stellen mit starken Populationen wie z. B. im Matschertal.

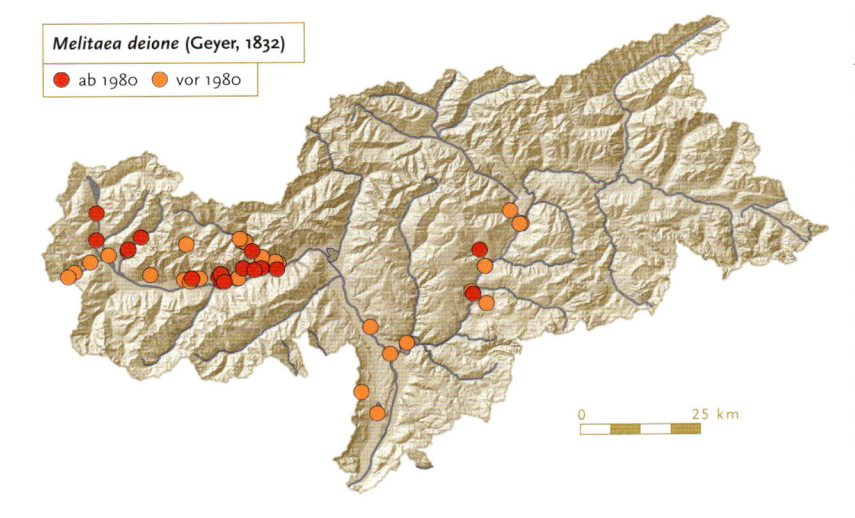

Melitaea deione (Geyer, 1832)
● ab 1980 ● vor 1980

Melitaea varia (Meyer-Dür, 1851)
Bündner Scheckenfalter

Synonymie:
Melitaea parthenie var. *varia* (Meyer-Dür, 1851)

TAXONOMIE – DETERMINATION
Die Art wird von verschiedenen Autoren zur Gattung *Mellicta* gestellt (HIGGINS, 1981; LERAUT, 1997; SBN, 1994), die jedoch neuerdings als Subgenus von *Melitaea* gewertet wird (SEGERER, 2001; SETTELE et al., 1999).
Mehrere als Unterarten beschriebene Taxa werden heute nicht mehr als valid anerkannt (LERAUT, 1997; TOLMAN & LEWINGTON, 1998).
Die früher unter dem Namen *Melitaea parthenie* var. *varia* publizierten Funde (DANNEHL, 1925–1930; KITSCHELT, 1925) sind alle dem Bündner Scheckenfalter zuzuordnen.
M. varia ist u. a. mit der in Südtirol nicht nachgewiesenen *M. parthenoides* (Keferstein, 1851) leicht zu verwechseln. Die kleine Art fliegt jedoch erst ab der subalpinen Stufe und weist eine leuchtend rotbraune Flügeloberseite mit vielfach reduzierter Schwarzzeichnung auf. Charakteristische Merkmale finden sich überdies in den Genitalstrukturen.

VERBREITUNG

Gesamtverbreitung: alpin-apenninisch; von den Alpes-Maritimes über Teile der südlichen Westalpen bis in die westlichen Ostalpen, Apennin.

Regionalverbreitung: ausschließlich auf den Westen, von der Sesvennagruppe bis zum Timmelsjoch und vom Ortler bis ins Ultental, sowie die nordöstlichsten Teile Südtirols beschränkt. Der pauschalen Bemerkung von DANNEHL (1925–1930), „auf den meisten Südtiroler Hochalpenmatten angetroffen", ist mit Vorbehalt zu begegnen; sie konnte auch durch Sammlungsbelege nicht bestätigt werden. Immerhin ist aber ein Vorkommen von *M. varia* in den Dolomiten Südtirols nicht völlig ausgeschlossen, da KITSCHELT (1925) die Art z. B. aus der Marmolata-Gruppe nachweisen konnte.

Vertikalverbreitung: ca. 1300 bis 2500 m; montan (?), subalpin, alpin. Verbreitungsschwerpunkt an und oberhalb der Waldgrenze. Die Vertikalverbreitungsgrenzen sind allerdings noch unzureichend dokumentiert. Die tiefstgelegenen Meldungen stammen von LUY (1993) aus dem Pfossental, die höchsten aus dem Gebiet des Stilfser Jochs. Hier tritt die Art bis gegen 2500 m auf. Höher gelegene Meldungen in Datenbanken beziehen sich vermutlich nur auf Fundorte im Nahbereich der Franzenshöhe.

BIOLOGIE

Habitatwahl: alpine Art. Bevorzugt auf kurzwüchsigen, blumenreichen Rasengesellschaften einschließlich unterschiedlicher Weiderasen auf silikatreichen Böden.

Phänologie: univoltin (partiell zweijährig); von Ende Juni bis Mitte August, in den benachbarten Regionen Osttirols bis Ende August.

Raupenfutterpflanzen – Präimaginalstadien: Polyphagie I; *Plantago alpina* (Plantaginaceae) und *Achillea* sp. (Asteraceae) (SBN, 1994), vermutlich noch weitere Pflanzen. Eiablage in Gelegen. Raupen ab Mitte August in Gruppen überwinternd. Die höchsten Populationen hibernieren nach SBN (1994) zweimal. Verpuppung in einer gerne an Steinen festgesponnenen Stürzpuppe.

GEFÄHRDUNG – SCHUTZMASSNAHMEN

Gefährdungssituation: trotz kleinräumiger Verbreitung nicht unmittelbar gefährdet. Da die Lebensräume weitgehend außerhalb des direkten menschlichen Einflussbereiches liegen, höchstens lokal durch Überbeweidung oder touristische Erschließung bedroht.

Rote Liste: nicht oder kaum gefährdet (LC); bisherige Einstufung: 2 bzw. 4 oder nicht gefährdet (EISENBERG, 2001).

Schutzmaßnahmen: Verzicht auf intensivere Beweidung oberhalb der Waldgrenze.

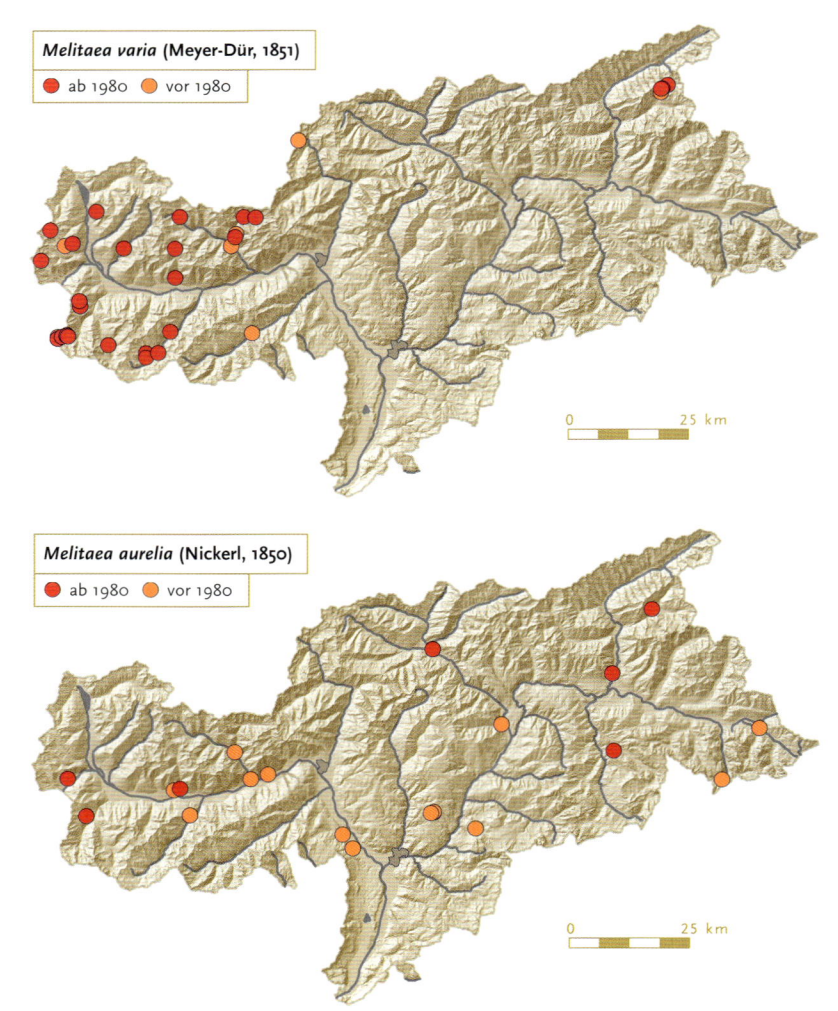

Melitaea aurelia (Nickerl, 1850) Ehrenpreis-Scheckenfalter

Synonymie:
Melitaea parthenie (Borkhausen, 1788) (Homonym)

TAXONOMIE – DETERMINATION

Der Ehrenpreis-Scheckenfalter wird von verschiedenen Autoren zur Gattung *Mellicta* gestellt (HIGGINS, 1981; LERAUT, 1997; SBN, 1994), die jedoch neuerdings als Subgenus von *Melitaea* gewertet wird (SEGERER, 2001; SETTELE et al., 1999).
In Südtirol ausschließlich in der Nominatunterart vertreten (TOLMAN & LEWINGTON, 1998).
Die früher unter dem Namen *Melitaea parthenie* publizierten Funde beziehen sich einerseits auf *M. aurelia*, andererseits aber auch auf *M. varia*, die als separate Variation behandelt wurde (DANNEHL, 1925–1930; KITSCHELT, 1925).
Wenig variable Art mit großer Ähnlichkeit mit *M. athalia*, jedoch durchschnittlich etwas dunklere Flügeloberseite sowie mehr oder weniger stark fuchsrot und nicht schwarz gefärbte Labialpalpen. Sichere Unterscheidung vor allem durch Untersuchung der Genitalstrukturen möglich (SEGERER, 2001).

VERBREITUNG

Gesamtverbreitung: zentralasiatisch-europäisch; von Frankreich über große Teile Mittel- und Osteuropas bis nach Westsibirien und zum Tienschan.

Regionalverbreitung: extrem zerstreute Nachweise aus allen Großregionen des Landes. Nachweisdichte durch Gefahr der Verwechslung mit *M. athalia* vermutlich etwas unterrepräsentiert.

Vertikalverbreitung: ca. 280 bis 1700 m; kollin, montan. Vereinzelte Fundorte oberhalb von 1500 m nur an klimatisch besonders begünstigten Stellen.

BIOLOGIE

Habitatwahl: xerothermophile Offenlandart. Charakterart extensiv bewirtschafteter Trocken- und vor allem Halbtrockenrasen sowie von trockenen Magerwiesen. Außerhalb Südtirols auch in Feuchtgebieten.

Phänologie: univoltin; von Anfang Juni bis Ende Juli.

Raupenfutterpflanzen – Präimaginalstadien: Monophagie II (?); *Plantago* spp. (EBERT & RENNWALD, 1991a; SBN, 1994), möglicherweise auch weitere Futterpflanzen, Substratwahl jedoch unzureichend bekannt. Eiablage in Gelegen an der Blattunterseite der Futterpflanze. Raupen bis zum Winter gesellig in einem Gespinst, später solitär. Überwinterung als Jungraupe im Gespinst. Im Frühsommer Verwandlung in eine an der bodennahen Vegetation festgesponnene Stürzpuppe (SBN, 1994; WEIDEMANN, 1995).

GEFÄHRDUNG – SCHUTZMASSNAHMEN

Gefährdungssituation: durch Intensivierung von Magerwiesen in Kombination mit der generell nur sehr lokalen Verbreitung zweifellos erheblich gefährdet, wenngleich nicht wie von HOFER (1995) postuliert ausgestorben. Die Gefahr der Verwechslung mit *M. athalia* erlaubt jedoch derzeit keine definitive Aussage über den Grad der Gefährdung.

Rote Liste: unzureichender Datenbestand (DD); bisherige Einstufung: 0.

Schutzmaßnahmen: Verzicht auf weitere Intensivierung von Trockenrasen sowie Beibehaltung traditioneller Bewirtschaftung im Bereich von Restpopulationen.

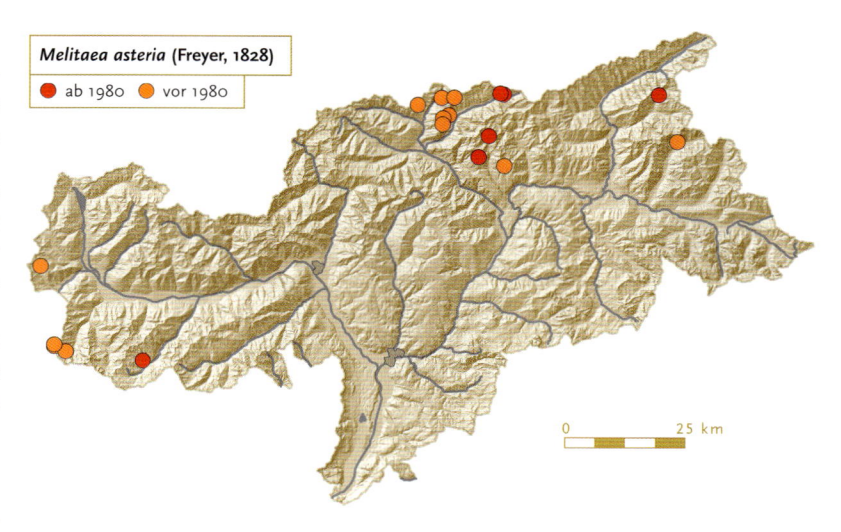

Melitaea asteria (Freyer, 1828)
Kleiner Scheckenfalter

TAXONOMIE – DETERMINATION

Die Art wird bei SBN (1994) sowie HIGGINS (1981) zur Gattung *Mellicta* gestellt, die jedoch neuerdings als Subgenus von *Melitaea* gewertet wird (SETTELE et al., 1999; SEGERER, 2001).
Ausschließlich die Nominatunterart bekannt.
Auffallend kleine, oberseitig stark verdunkelte Scheckenfalterart.

VERBREITUNG

Gesamtverbreitung: alpin; auf die zentralen Ostalpen von den Hohen Tauern bis ins Engadin beschränkt.

Regionalverbreitung: regional eingeschränktes Areal im äußersten Westen (Ortler- und Sesvennagruppe) und Norden (Stubaier und Zillertaler Alpen), an den Fundstellen gelegentlich zahlreich. Viele scheinbar erloschene Populationen wurden in den letzten Jahrzehnten nicht mehr kontrolliert, und diese Bearbeitungslücken indizieren daher einen Rückgang der Bestände.

Vertikalverbreitung: ca. 1900 bis 2700 m; alpin. Pauschalmeldungen aus dem Brennergebiet (DANNEHL, 1925–1930) sind nicht genauer lokalisierbar, betreffen aber zweifellos ebenfalls nur die alpine Stufe.

BIOLOGIE

Habitatwahl: alpine Art. Ausschließlich auf kurzwüchsigen alpinen Rasengesellschaften silikatreicher Böden.

Phänologie: univoltin (zweijährig); von Anfang Juli bis Mitte August, Belege von Anfang Juni (ZOBODAT) konnten nicht aufgefunden und bestätigt werden.

Raupenfutterpflanzen – Präimaginalstadien: Monophagie I (?); *Plantago alpina* (Plantaginaceae) (SBN, 1994), eine Nutzung weiterer Futterpflanzen ist aber sehr wahrscheinlich. Eiablage in Gruppen auf Pflanzensubstrat. Überwinterung erstmals als juvenile Raupe, das zweite Mal im vorletzten Stadium (SBN, 1994). Verpuppung gerne an Steinen.

GEFÄHRDUNG – SCHUTZMASSNAHMEN

Gefährdungssituation: bisherige Einstufung als gefährdete Art nur durch die unzureichende Datenlage erklärbar. Die Habitatsituation ist durchwegs als günstig einzustufen, und abgesehen von lokalen touristischen Eingriffen kann kein unmittelbar drohendes Gefährdungsszenario ausgemacht werden. Durch die beschränkte Verbreitung in Südtirol und darüber hinaus sollte jedoch auf die Bestände des Kleinen Scheckenfalters besonders geachtet werden.

Rote Liste: nicht oder kaum gefährdet (LC); bisherige Einstufung: 3.

Schutzmaßnahmen: Verzicht auf technische Erschließungsmaßnahmen im Bereich von Populationen dieses Endemiten.

Melitaea athalia (Rottemburg, 1775)
Wachtelweizen-Scheckenfalter

TAXONOMIE – DETERMINATION
Die Art wird von verschiedenen Autoren zur Gattung *Mellicta* gestellt (HIGGINS, 1981; LERAUT, 1997; SBN, 1994), die jedoch neuerdings als Subgenus von *Melitaea* gewertet wird (SEGERER, 2001; SETTELE et al., 1999).
Mitteleuropäische Populationen von *M. athalia* sind zwei genitaliter deutlich differenzierten Unterarten zuzuordnen, die aber eine breite Hybridisierungszone ausbilden. In Südtirol dürfte nach stichprobenartigen Kontrollen die südwesteuropäische ssp. *celadussa* Fruhstorfer, 1910, dominieren. Noch bei HOFER (1995) wird aber sowohl diese Unterart als auch die nominotypische Rasse aufgelistet. Für eine endgültige Klärung der subspezifischen Untergliederung sind jedenfalls weitere Untersuchungen von Serienmaterial nötig.
Schwierig zu charakterisierender Scheckenfalter, der sich von den verwandten Arten *M. aurelia* und *M. deione* vor allem durch die Genitalstrukturen (SETTELE et al., 1999; SEGERER, 2001) sowie von *M. aurelia* durch schwarze Labialpalpen unterscheidet. Der taxonomische Status von einigen weiteren Taxa wie *M. suessula* Fruhstorfer, 1916, *M. centroposita* Issekutz & Kovacs, 1954, und *M. veronicae* Dorfmeister, 1853, ist umstritten (HUEMER & TARMANN, 1993). Heute werden diese Taxa meistens als Synonyme von *M. athalia* behandelt, ein Artenkomplex ist aber nicht völlig auszuschließen.

VERBREITUNG
Gesamtverbreitung: sibirisch-europäisch; von der Iberischen Halbinsel über beinahe das gesamte Europa sowie das gemäßigte Asien bis nach Japan.
Regionalverbreitung: in allen Landesteilen in weiter Verbreitung vorkommend, vielfach auch recht häufig. Zahlreiche Populationen haben aber in den letzten Jahrzehnten starke Bestandseinbußen erlitten und sind teilweise, vor allem in den Tälern, verschwunden.
Vertikalverbreitung: ca. 250 bis 2100 m; kollin, montan, subalpin. *M. athalia* fehlt in der eigentlichen alpinen Stufe.

BIOLOGIE
Habitatwahl: Ubiquist (mesophile Offenlandart). Die eurytope Art besiedelt eine Fülle von Habitaten des Grünlandbereiches wie Trocken- und Halbtrockenrasen, mäßig bis ungedüngte Bergmagerwiesen, aber auch walddominierte Lebensräume wie Lärchenwiesen oder blütenreiche Saumstrukturen, selbst geschlossene, aber lichte Laubwälder. In anderen Gebieten Mitteleuropas auch auf Feuchtwiesen und in Mooren.
Phänologie: bivoltin, in höheren Lagen univoltin; in talnahen Gebieten bivoltin von Anfang Mai bis Ende Juni sowie von Anfang Juli bis Mitte September ohne klare Abgrenzung der Generationen. Vereinzelt bereits ab Anfang April. Ab der hochmontanen Stufe nur mehr einbrütig, von Anfang Juni bis Ende August.
Raupenfutterpflanzen – Präimaginalstadien: Oligophagie II; *Veronica* spp., *Melampyrum* spp., *Euphrasia* spp., *Digitalis* spp. (Scrophulariaceae), *Plantago* spp. (Plantaginaceae) (TOLMAN & LEWINGTON, 1998). Futterpflanzenspektrum aber noch unzureichend bekannt. Eiablage in Gelegen an der Futterpflanze. Raupen zuerst gesellig in Gespinst, später solitär. Überwinterung als junge Raupe. Stürzpuppe bevorzugt an dürren Pflanzenteilen (SBN, 1994; WEIDEMANN, 1995).

GEFÄHRDUNG – SCHUTZMASSNAHMEN
Gefährdungssituation: KITSCHELT (1925) meldet die Art als „überall verbreitet und häufig", von derartigen Verhältnissen kann aber heute keine Rede mehr sein. Vor allem in Tallagen ist *M. athalia* durch Intensivierung in der Landwirtschaft sowie im Obstbau weitgehend ausgestorben. Die breite ökologische Amplitude mit der Befähigung, unterschiedlichste Lebensräume bis zur Waldgrenze zu besiedeln, lässt allerdings lediglich eine Einstufung in die Kategorie „drohende Gefährdung" zu.
Rote Liste: drohende Gefährdung (NT); bisherige Einstufung: 2 (ssp. *athalia*) sowie 3 (ssp. *helvetica*) bzw. geringere Gefährdung (EISENBERG, 2001).
Schutzmaßnahmen: Verzicht auf weitere Intensivierung von Magerwiesen, Trockenrasen sowie naturnahen Waldsäumen.

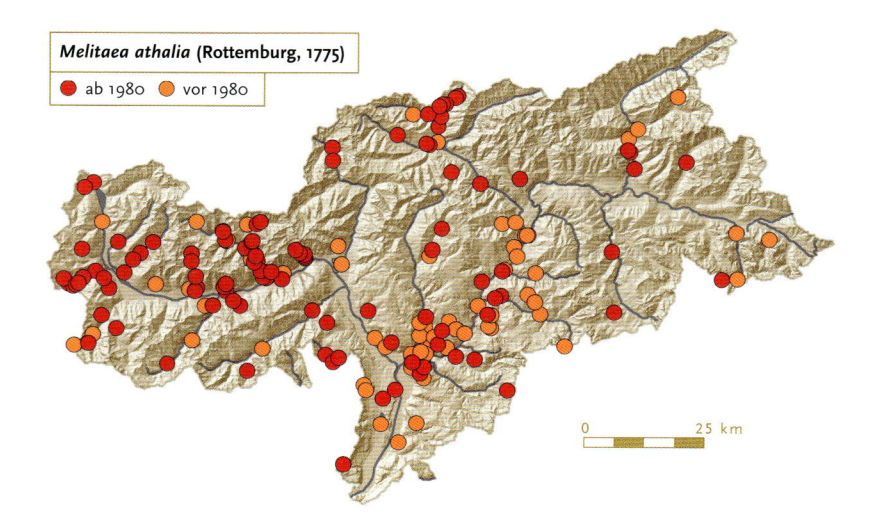

Ausschließlich in Wäldern fliegt das unverwechselbare Waldbrettspiel (*Pararge aegeria*).

SATYRINAE
AUGENFALTER

Pararge aegeria (Linnaeus, 1758) Waldbrettspiel

TAXONOMIE – DETERMINATION

Die Aufspaltung in Unterarten variiert je nach Autor extrem. LERAUT (1997) unterscheidet allein für Frankreich fünf Subspezies, nach TOLMAN & LEWINGTON (1998) sind jedoch nur zwei geographische Rassen zu berücksichtigen, wobei bei dieser taxonomischen Bewertung in Südtirol die ssp. *tircis* Butler, 1867, fliegt. DE PRINS (*in litteris*) verzichtet im neuen Katalog der Schmetterlinge Europas überhaupt auf eine subspezifische Untergliederung, und letzterer Arbeit wird hier gefolgt. Das Waldbrettspiel ist eine unverwechselbare braune Art mit weißgelben Flecken.

VERBREITUNG

Gesamtverbreitung: westpaläarktisch; Nordwestafrika und große Teile Europas bis zum Ural, Kleinasien sowie Naher Osten.
Regionalverbreitung: im Etsch-, Eisack- und Pustertal weit verbreitet und gelegentlich in Anzahl. Aus weiten Teilen der Ortlergruppe, der Zillertaler und Sarntaler Alpen sowie den Dolomiten liegen kaum Meldungen vor. Umso erstaunlicher liest sich daher KITSCHELT (1925) mit seiner Angabe „bis etwa 1500 m verbreitet und gemein".
Vertikalverbreitung: ca. 220 bis 1800 m; kollin, montan, subalpin. Die höchstgelegenen Nachweise reichen bis gegen 1800 m, also deutlich weiter als in der Schweiz, wo die Grenze mit ca. 1500 m angegeben wird.

BIOLOGIE

Habitatwahl: mesophile Waldart. *P. aegeria* besiedelt eine Vielzahl unterschiedlicher Waldlebensräume, von Flaumeichenbuschwäldern der tieferen Lagen bis hin zu Misch- und reinen Nadelwäldern der montanen sowie unteren subalpinen Stufe. Bevorzugte Habitate sind etwas lichtere innere Saumstrukturen wie Waldwege oder kleinere Schlagfluren.
Phänologie: bivoltin, partiell univoltin (?), fakultativ trivoltin (?); von Ende März bis Ende Juni, von Mitte Juli bis Anfang September sowie Mitte Oktober. In der subalpinen Stufe, wie z. B. am Ritten, möglicherweise nur in einer Generation von Ende Mai bis Mitte Juli. Einbrütigkeit wird auch aus Mittelschweden gemeldet (WIKLUND et al., 1983) und scheint daher primär von der Länge der Vegetationsperiode abhängig zu sein. Umgekehrt liegen

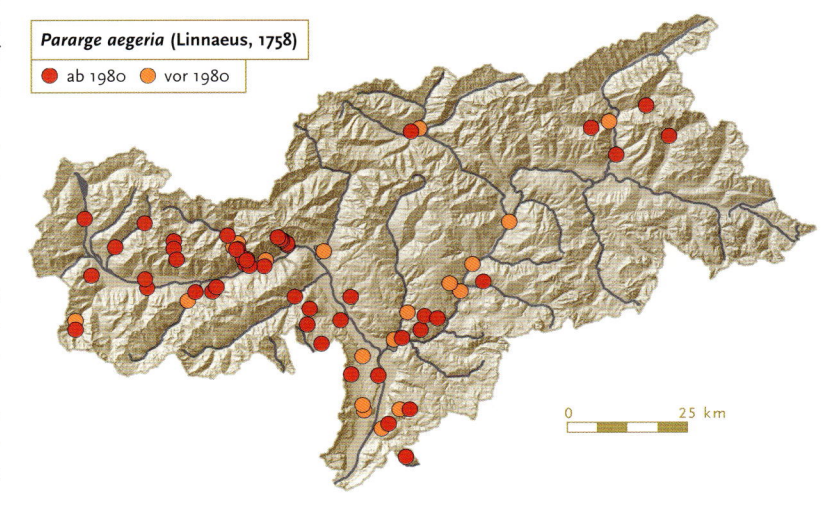

Pararge aegeria (Linnaeus, 1758)
● ab 1980 ● vor 1980

Die orangebraune Zeichnung der Flügeloberseite ist für den Mauerfuchs (*Lasiommata megera*) charakteristisch.

aus den Talgebieten Südtirols auch vereinzelte Falternachweise von Mitte Oktober vor, die mit hoher Wahrscheinlichkeit einer auch aus Deutschland gemeldeten (EBERT & RENNWALD, 1991b) fakultativen dritten Generation angehören.

Raupenfutterpflanzen – Präimaginalstadien: Oligophagie I; *Poa* spp., *Dactylis glomerata*, *Brachypodium* spp., *Holcus lanatus*, *Agropyron repens*, *Cynodon dactylon* (Poaceae) (TOLMAN & LEWINGTON, 1998) sowie weitere Süßgräser. Eiablage einzeln, meist an dürren Grashalmen. Als Überwinterungsstadium wird meistens die Puppe angesehen, gelegentlich jedoch auch die Raupe (EBERT & RENNWALD, 1991b; SBN, 1994).

GEFÄHRDUNG – SCHUTZMASSNAHMEN
Gefährdungssituation: als mesophile Waldart mit einem breiten Spektrum an unterschiedlichen Habitaten nicht gefährdet.
Rote Liste: nicht oder kaum gefährdet (LC); bisherige Einstufung: 4.
Schutzmaßnahmen: derzeit keine Maßnahmen erforderlich.

Lasiommata megera (Linnaeus, 1767) Mauerfuchs

TAXONOMIE – DETERMINATION
Auf dem europäischen Festland nach TOLMAN & LEWINGTON (1998) nur in der Nominatunterart vertreten. Die noch von SCHEURINGER (1972) aus dem Schnalstal angeführte ssp. *vividior* (Verity, 1923) gilt heute als Synonym der Nominatrasse (LERAUT, 1997).
Kleiner als *L. maera* mit oberseitig überwiegend orangebraun gefärbten Flügeln und ausgedehntem Duftschuppenfleck im männlichen Geschlecht.

VERBREITUNG
Gesamtverbreitung: westpaläarktisch; Nordafrika und große Teile des gemäßigten Europas sowie Naher und Mittlerer Osten bis Turkmenien.
Regionalverbreitung: in wärmeren Bereichen des Etsch-, Eisack- und Pustertals sowie einigen Seitentälern verbreitet und lokal nicht selten, vor allem an den Vinschgauer Sonnenhängen. Nach älteren Autoren wie KITSCHELT (1925) war die Art „bis etwa 1200 m überall verbreitet und gemein". Diese äußerst ungenauen Angaben können nur eingeschränkt bestätigt werden. *L. megera* dürfte nach heutigen Erkenntnissen in vielen Gebieten Südtirols extrem lokal

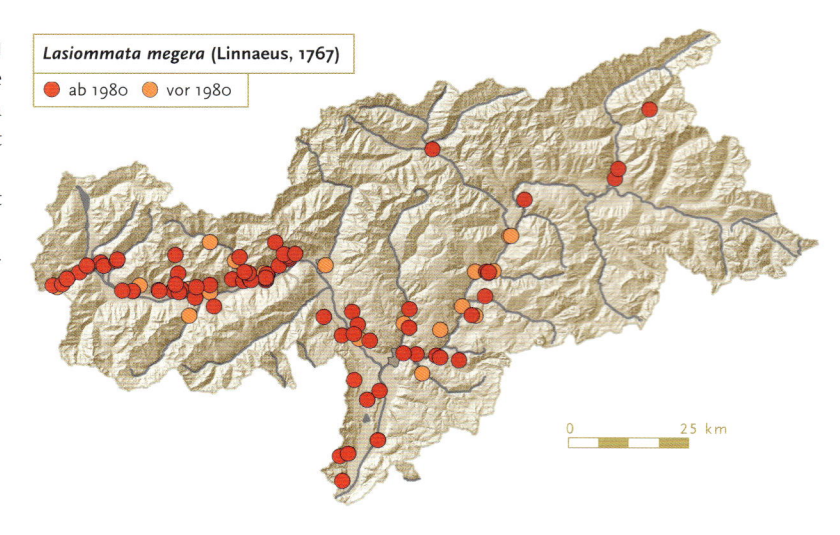

Lasiommata megera (Linnaeus, 1767)
● ab 1980   ● vor 1980

sein. So fehlt die Art vor allem in den mittleren Landesteilen, aber auch in den Dolomiten, wo bereits SCHAWERDA (1924) nur ganz wenige Funde aus dem unmittelbaren Eingangsbereich des Grödnertals verzeichnet.

Vertikalverbreitung: ca. 230 bis 1700 m; kollin, montan, subalpin. Fehlt auf Grund der Habitatwahl im Bereich der Talböden weitgehend und ist hier vor allem auf die felsigen, das Tal begrenzenden Hänge beschränkt. Die höchstgelegenen Fundorte liegen im Vinschgau, ansonsten meist nur bis in die untere montane Stufe nachgewiesen. Im Hohen Atlas (Marokko) wurde häufiges „hilltopping" bis auf 4160 m beobachtet (TOLMAN & LEWINGTON, 1998).

BIOLOGIE

Habitatwahl: xerothermophile Offenlandart. Charakterart warmer und sonniger, stark felsdurchsetzter Standorte. In Südtirol vor allem im Bereich des Bozner Quarzporphyrs sowie generell auf silikatreichem Untergrund, während Nachweise auf kalkhaltigen Böden nicht gesichert sind.

Phänologie: bivoltin, fakultativ trivoltin; von Ende April bis Mitte Juni, von Mitte Juli bis Ende August sowie von Anfang September bis Mitte Oktober. Die Generationenzugehörigkeit der Herbstfalter (ab September) ist fallweise zu überprüfen. Eine dritte Generation ist zwar nicht mit Sicherheit durch Raupenfunde belegt, wird aber von SCHEURINGER (1972) auf Grund der Daten aus dem Schnalstal angenommen. Auch KITSCHELT (1925) spricht von mindestens zwei Generationen und erwähnt einzelne Falter bis Anfang Dezember sowie wahrscheinlich überwinternde Tiere Anfang März.

Raupenfutterpflanzen – Präimaginalstadien: Oligophagie I; *Dactylis glomerata, Brachypodium* spp., *Deschampsia flexuosa, Holcus lanatus, Poa* spp., *Bromus erectus, Agrostis* spp., *Hordeum* spp., *Festuca* spp. (Poaceae) (SBN, 1994; TOLMAN & LEWINGTON, 1998) sowie weitere Süßgräser. Eiablage an frischen oder trockenen Grashalmen an ungemähten Störstellen. Überwinterung als halb erwachsene Raupe. Stürzpuppe an Steinen oder Vegetation (EBERT & RENNWALD, 1991b; WEIDEMANN, 1995).

GEFÄHRDUNG – SCHUTZMASSNAHMEN

Gefährdungssituation: auf Grund der spezifischen Bindung an anthropogen kaum gestörte Felsbiotope sowie der im Vergleich zu den meisten Tagfalterarten offensichtlich höheren Toleranz gegenüber Häutungshemmern (HUEMER & TARMANN, 2001) keine unmittelbare Gefährdung erkennbar. Autoren wie EBERT & RENNWALD (1991b) erwähnen jedoch ausdrücklich den Einsatz von Herbiziden als möglichen Gefährdungsfaktor.

Rote Liste: nicht oder kaum gefährdet (LC); bisherige Einstufung: n. a.

Schutzmaßnahmen: derzeit keine Maßnahmen erforderlich.

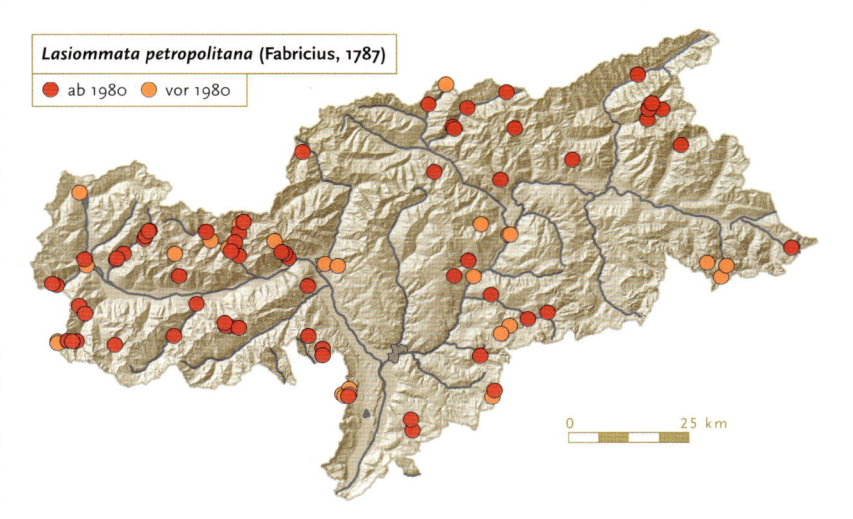

Lasiommata petropolitana (Fabricius, 1787)
Braunscheckauge

Synonymie:
Pararge hiera
auctt., nec Fabricius, 1777

TAXONOMIE – DETERMINATION

Mehrere asiatische Subspezies sind ebenso umstritten wie europäische Rassen, weiterer Forschungsbedarf ist daher gegeben (TUZOV, 1997). So ordnet SALA (1997) die Populationen des Gardaseegebietes der ssp. *calidia* Fruhstorfer, 1908, zu, jedoch findet diese Differenzierung bei TOLMAN & LEWINGTON (1998) und anderen Autoren keine Anerkennung, und für Europa wird rezent nur mehr die Nominatrasse ausgewiesen.

L. petropolitana wird öfters mit *L. maera* verwechselt, ist aber wesentlich kleiner und besitzt im Gegensatz zu letzterer Art eine dunkle Diskallinie auf der Hinterflügeloberseite sowie zwei meist gut entwickelte Zellflecken auf den Vorderflügeln.

VERBREITUNG

Gesamtverbreitung: sibirisch-europäisch; Gebirge Europas und Skandinavien über das nördliche Kleinasien und Nordsibirien bis zum Amur.

Regionalverbreitung: in großen Teilen der felsreichen Gebirgsregionen Südtirols weit verbreitet, wenn auch lokal und meist nur vereinzelt. Die deutlich geringere Fundnachweisdichte aus den mittleren Landesteilen beruht wohl einerseits auf der starken Bewaldung dieser Regionen und der damit verbundenen Seltenheit der Art, andererseits aber auch auf gewissen Nachweisdefiziten.

Vertikalverbreitung: ca. 500 bis 2300 m; kollin, montan, subalpin, alpin. Verbreitungsschwerpunkt zwischen der montanen und der oberen subalpinen Stufe.

BIOLOGIE

Habitatwahl: montane Art. Die Art besiedelt unterschiedliche Lebensräume, bevorzugt aber Fels- und Schuttbiotope sowie trockene, sonnige Habitate im Nahbereich von Waldsaumgesellschaften, Böschungen entlang von Forstwegen oder kleinflächige Fels- und Schuttbiotope in Weiderasen.

Phänologie: univoltin; von Anfang Mai bis Ende Juli, Hauptflugzeit im Juni, ganz vereinzelte Nachweise noch An-

Das Braunauge (*Lasiommata maera*) ist besonders in der Nähe von Felsbiotopen oder trockenen, sonnigen Böschungen zu beobachten.

>>
Der Gelbringfalter (*Lopinga achine*) verdankt seinen deutschen Namen der arttypischen Hinterflügelzeichnung.

Als Puppe ist der Gelbringfalter ebenso wie in allen anderen Entwicklungsstadien international geschützt.

fang August. Die von SALA (1997) für das Gardaseegebiet postulierte Zweibrütigkeit mit Faltern im September kann für Südtirol nicht bestätigt werden.
Raupenfutterpflanzen – Präimaginalstadien: Oligophagie I; *Dactylis glomerata, Festuca ovina, Calamagrostis epigejos* (Poaceae) (TOLMAN & LEWINGTON, 1998). Eier werden einzeln an Pflanzenteile geklebt. Raupe ab Mitte Juni und nach der Überwinterung bis in den April mit rascher Verpuppung. Stürzpuppe vereinzelt aber auch schon im Spätsommer. Laut SBN (1994) stammen gelegentliche Septemberfalter von derartigen Puppen, und die genannten Autoren halten eine fakultative Überwinterung im Puppenstadium für sehr wahrscheinlich. Allerdings wäre bei spät fliegenden Faltern aus derartig vorzeitig entwickelten Puppen auch eine Überwinterung im Eistadium anzudenken.

GEFÄHRDUNG – SCHUTZMASSNAHMEN
Gefährdungssituation: bevorzugt an felsigen Stellen und anthropogen weitgehend unbeeinflussten Lokalitäten oberhalb der Hügelstufe und dadurch insgesamt im Gegenastz zu *L. maera* nicht gefährdet.
Rote Liste: nicht oder kaum gefährdet (LC); bisherige Einstufung: 4.
Schutzmaßnahmen: derzeit keine Maßnahmen erforderlich.

Lasiommata maera (Linnaeus, 1758) Braunauge

TAXONOMIE – DETERMINATION
Der taxonomische Status einzelner beschriebener Taxa wird unterschiedlich bewertet. Während Autoren wie TOLMAN & LEWINGTON (1998) in Europa nur die Nominatrasse verzeichnen, billigt z. B. LERAUT (1997) den südlichen Populationen den subspezifisch gewerteten Namen *adrasta* (Hübner, 1805) zu. Eine ausführliche Diskussion zu diesem Formenkreis, letztlich ohne Entscheidung, wie dieser zu bewerten wäre, findet sich bei EBERT & RENNWALD (1991b). In Südtirol und benachbarten Gebieten kommt nach anderen Autoren (SALA, 1997; SCHEURINGER, 1972) die ssp. *orientalpina* (Verity, 1927) vor. Dieses Taxon besitzt jedoch nach der Checkliste Italiens (BALLETTO & CASSUOLA, 1995) keine subspezifische Wertigkeit.
Falter leicht mit *L. petropolitana* zu verwechseln, jedoch deutlich größer und ohne Zellquerlinien im Vorderflügel sowie keine Diskallinien auf der Hinterflügeloberseite. Überdies fliegt *L. maera* bevorzugt in tieferen Regionen.

VERBREITUNG
Gesamtverbreitung: paläarktisch; von Nordafrika über große Teile Europas bis nach Westsibirien und Zentralasien.
Regionalverbreitung: in weiten Teilen Südtirols nachgewiesen und lokal nicht selten. Einige Lücken in den mittleren Landesteilen sind wohl durch einen unzureichenden Erfassungsgrad bedingt. Wie bei anderen früher häufigen Arten liegen auch zu diesem Taxon aus historischen Zeiten großteils nur völlig unzureichende Angaben vor. So vermerkt KITSCHELT (1925) lediglich „sehr verbreitet und häufig", ohne einen einzigen konkreten Fundort zu nennen.
Vertikalverbreitung: ca. 250 bis 2100 m; kollin, montan, subalpin. In den eigentlichen Talgebieten weitgehend fehlend und nur an den felsdurchsetzten Hängen vorkommend.

BIOLOGIE
Habitatwahl: xerothermophile Offenlandart. Bevorzugt in warmen und sonnigen Felsbiotopen, auf Trockenrasen mit felsigen Strukturen, Schutthalden, Dämmen, offenen Wegböschungen an Waldsäumen. Falter sonnt sich gerne an fast vegetationsfreien Stellen.
Phänologie: bivoltin, in höheren Lagen univoltin; von Anfang Mai bis Anfang September in zwei ineinander übergehenden Generationen. In höher gelegenen Gebieten der Schweiz univoltin (SBN, 1994), die Übergänge zu einbrütigen Populationen lassen sich je-

doch für die Südtiroler Populationen nicht eindeutig nachvollziehen.

Raupenfutterpflanzen – Präimaginalstadien: Oligophagie III; *Nardus stricta*, *Deschampsia flexuosa*, *Holcus mollis*, *Agrostis capillaris*, *Festuca* spp. *Calamagrostis* spp., *Lolium perenne* (Poaceae) und *Luzula luzuloides* (Juncaceae) (EBERT & RENNWALD, 1991b; TOLMAN & LEWINGTON, 1998) sowie eine Anzahl weiterer Süßgräser. Eiablage einzeln an dürren Pflanzenteilen. Raupe bevorzugt am Fuß von Felsen. Überwinterung meist im vorletzten Raupenstadium. Stürzpuppe im April/Mai und Juli/August an unterschiedlichsten Stellen festgesponnen (SBN, 1994).

GEFÄHRDUNG – SCHUTZMASSNAHMEN
Gefährdungssituation: schwer quantifizierbarer Rückgang in den talnahen Gebieten auf Grund des Mangels an historischen Daten. Jedoch machen Angaben wie jene von STAUDER (1915) aus Terlan – „gemein in 2 Gen." – das Ausmaß des Populationsschwundes bis hin zum völligen Aussterben in manchen Gebieten deutlich. Vor allem der massive Einsatz von Spritzmitteln sowie die Intensivierung von Trockenrasen dürften für diese Problematik wesentlich verantwortlich sein. Über ähnliche Gefährdungsursachen wird von SBN (1994) auch aus der Schweiz berichtet. In der montanen Stufe ist die Art aber vielerorts völlig ungefährdet.
Rote Liste: drohende Gefährdung (NT); bisherige Einstufung: 4.
Schutzmaßnahmen: Verzicht auf weitere Intensivierung von Trockenrasen sowie auf Insektizideinsatz in den nahe gelegenen Obstanbaugebieten.

Lopinga achine (Scopoli, 1763) Gelbringfalter

TAXONOMIE – DETERMINATION
In Europa ausschließlich in der Nominatunterart vertreten (TOLMAN & LEWINGTON, 1998), im asiatischen Raum mehrere weitere Subspezies. Das von LOWE (1904) von der Mendel als Variation beschriebene und nach der Originalbeschreibung als Subspezies zu interpretierende Taxon *mendelensis* soll sich von anderen Populationen durch die Reduktion der weißen Hinterflügelbinde und größere Ozellen unterscheiden. Die genannten Merkmale treten jedoch häufig auch in anderen Gebieten auf, und eine subspezifische Gliederung ist daher nicht gerechtfertigt. LERAUT (1997) stellt die von LOWE (1904) beschriebene *mendelensis* zur Nominatunterart, hingegen die aus demselben Gebiet benannte *mendolensis* Dannehl, 1935, als Synonym zur

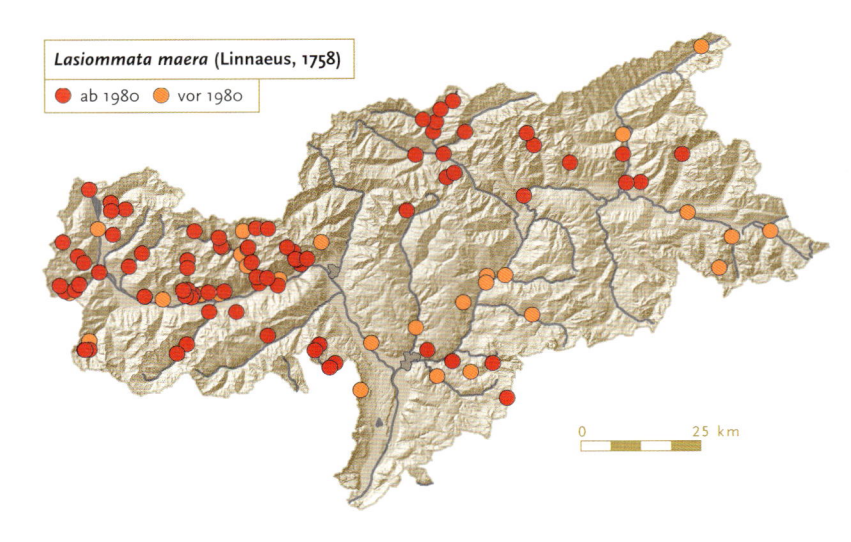

Lopinga achine (Scopoli, 1763)
● ab 1980 ● vor 1980

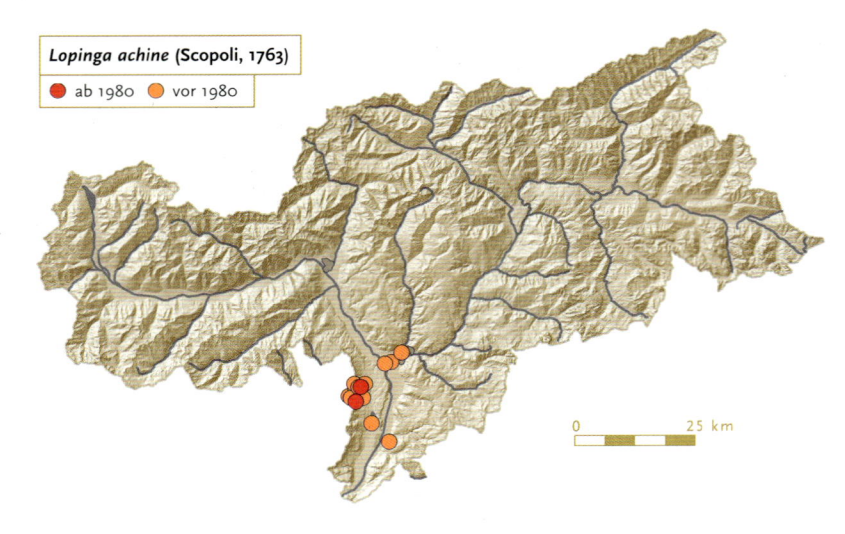

zweifelhaften Unterart *saltator* (Fourcroy, 1785).
Durch die großen, gelb geringten Ozellen, vor allem auf der Flügelunterseite, leicht kenntliche Art.

VERBREITUNG

Gesamtverbreitung: sibirisch-europäisch; von Westfrankreich über die gemäßigten Zonen Europas und Asiens bis zum Amur und Japan; fehlt in weiten Bereichen Nordeuropas sowie im Mediterraneum.

Regionalverbreitung: in Südtirol im Wesentlichen auf den Mendelstock beschränkt. Aus diesem Gebiet wurde die Art schon früh bekannt (LOWE, 1904; ROWLAND-BROWN, 1904; DANNEHL, 1925–1930) und konnte bis in die jüngste Zeit bestätigt werden. Vereinzelte Nachweise liegen aber auch aus dem Bereich östlich der Etsch, wie z. B. aus Montan (Anfang Juni 1971, leg. Scheuringer), vor. Auch aus dem Großraum Bozen gibt es mehrere ältere Meldungen.

Vertikalverbreitung: ca. 300 bis 1100 m; kollin, montan. Die untere Grenze der Höhenverbreitung ist unzureichend bekannt, da die älteren Fundangaben ungenau sind. Ein Nachweis aus Sigmundskron belegt aber Populationen nahe dem Talboden. Auf der Mendel bis etwa 1100 m nachgewiesen, besonders gehäuft zwischen 700 und 900 m.

BIOLOGIE

Habitatwahl: mesophile Waldart. Einer der wenigen ausschließlich an Wälder gebundenen Tagfalter. *L. achine* besiedelt naturnahe und strukturreiche, wärmebegünstigte Laub- und Mischwälder mit grasreichen Stellen. In Südtirol sind dies vor allem Buchenmischwälder, in anderen Regionen Mitteleuropas auch Hainbuchen- sowie Linden-Ahornwälder (EBERT & RENNWALD, 1991b). Die Falter fliegen bevorzugt an gebüschreichen, schattigen bis lichten Waldstellen. Imaginale Saugpflanzen sind nicht dokumentiert, die Falter wurden aber mehrfach saugend an Baumsäften sowie an Exkrementen und feuchten Wegstellen beobachtet (EBERT & RENNWALD, 1991b).

Phänologie: univoltin; Flugzeit ausnahmsweise bereits von Ende Mai bis gegen Ende Juli, Hauptflugzeit aber zwischen Ende Juni und Anfang Juli.

Raupenfutterpflanzen – Präimaginalstadien: Oligophagie III; *Brachypodium pinnatum*, *B. silvaticum*, *Agropyron caninum*, *Calamagrostis arundinacea*, *Dactylis glomerata*, *Deschampsia caespitosa*, *Melica nutans*, *Poa trivialis*, *P. nemoralis* (Poaceae), *Carex montana*, *C. alba* (Cyperaceae) (EBERT & RENNWALD, 1991b; SBN, 1994), in der Zucht auch *Poa annua* (BELLING, 1925). Überwinterung der Raupen erfolgt noch im Jugendstadium, und ab März beginnen die Raupen wieder mit dem Fraß. Verpuppung findet als Stürzpuppe statt.

GEFÄHRDUNG – SCHUTZMASSNAHMEN

Gefährdungssituation: trotz der eingeschränkten horizontalen Verbreitung nicht extrem gefährdet, allerdings lokal durch forstwirtschaftliche Maßnahmen wie Wegebau oder Aufforstung bedroht. In vielen Bereichen des nördlichen Mitteleuropas sind die Populationen allerdings drastisch zurückgegangen (EBERT & RENNWALD, 1991b).

Rote Liste: gefährdet (VU); bisherige Einstufung: 2.

Schutzmaßnahmen: Verzicht auf intensive forstliche Nutzung wie Aufforstung von Waldlichtungen sowie Umwandlung der Mittelwälder in Hochwälder.

Internationale Verpflichtungen: *L. achine* ist durch Anhang IV der Fauna-Flora-Habitatrichtlinie der EU geschützt. Eine Beschädigung oder Vernichtung der Ruhe- und Fortpflanzungsstätten ist verboten und es gilt überdies ein Fang- und Störungsverbot (HUEMER, 2001).

Coenonympha tullia (Müller, 1764) Großes Wiesenvögelchen

Synonymie:
Coenonympha tiphon (Rottemburg, 1775) (Homonym)

TAXONOMIE – DETERMINATION

Der taxonomische Status der möglicherweise erloschenen Südtiroler Populationen ist zweifelhaft, da das vorliegende Material für eine derartige Beurteilung nicht ausreicht. Generell dürfte im Gebiet die ssp. *tiphon* (Rottemburg, 1775) auftreten, die z. B. im benachbarten Österreich und in der Schweiz vorkommt.

Zu verwechseln vor allem mit *Coenonympha glycerion* (Borkhausen, 1788), die allerdings z. B. auf der Hinterflügelunterseite einen metallisch glänzenden Saumstreifen aufweist. Umstritten ist der taxonomische Status von *Coenonympha rhodopensis* Elwes, 1900, einer Schwesterart subalpiner und alpiner Rasengesellschaften, die u. a. am Monte Baldo nachgewiesen wurde (SALA, 1996).

VERBREITUNG

Gesamtverbreitung: holarktisch; von Nord- und Mitteleuropa durch das gemäßigte Asien bis nach Nordamerika. In Italien sind nur wenige Vorkommen bekannt, die Art tritt aber zumindest in Friaul (KUDRNA, 2002) und Südtirol auf.

Regionalverbreitung: nur von ganz wenigen Lokalitäten im östlichsten Landesteil bekannt. Die Verbreitung dürfte schon früher extrem beschränkt gewesen sein. Selbst KITSCHELT (1925) beruft sich nur auf WEILER (1880), der ein nicht häufiges Auftreten der Art in Taufers (Ahrntal) angibt. Überraschenderweise konnte in der Zoologischen Staatssammlung in München ein relativ rezenter Nachweis registriert werden. Ein Falter wurde am 14.8.1967 ohne genauere Fundortangabe von Schätz in der Umgebung von Bruneck belegt. Es handelt sich dabei um das einzige sichere Exemplar aus Südtirol.

Vertikalverbreitung: ca. 800 bis 850 m; montan. Die Höhenverbreitung von *C. tullia* ist aber ebenso wie die horizontale Verbreitung nur fragmentarisch bekannt. Aus der Schweiz liegen Nachweise von der kollinen bis in die subalpine Stufe vor (SBN, 1994).

BIOLOGIE

Habitatwahl: tyrphostene Art. *C. tullia* ist eine Charakterart von blütenarmen Hoch- und Zwischenmooren sowie nährstoffarmen Kleinseggenriedern und Streuwiesen mit reichlichen Beständen von Wollgräsern.

Phänologie: univoltin; der einzige exakt dokumentierte Nachweis aus Südtirol wurde Mitte August getätigt. Es handelt sich dabei um einen relativ späten jahreszeitlichen Fund. In anderen Fluggebieten tritt der Falter von Mitte Juni bis Mitte August auf.

Raupenfutterpflanzen – Präimaginalstadien: Oligophagie III; *Festuca* spp., *Sesleria varia* (Poaceae), *Carex* spp., *Rhynchospora* spp. und insbesondere *Eriophorum* spp. (Cyperaceae) (SBN, 1994). Die Raupe frisst bevorzugt an Wollgräsern und anderen Sauergräsern. Sie überwintert halb erwachsen und verpuppt sich als Stürzpuppe.

GEFÄHRDUNG – SCHUTZMASSNAHMEN

Gefährdungssituation: grundsätzlich hochgradige Gefährdung durch anthropogenen Einfluss auf Feuchtgebiete wie Trockenlegungsmaßnahmen, Intensivierung oder Bewirtschaftungsaufgabe mit nachfolgender Verbuschung (SBN, 1994).

Rote Liste: ausgestorben oder verschollen (RE); bisherige Einstufung: 0.

Schutzmaßnahmen: möglichst flächendeckende Kartierungen möglicher Reliktvorkommen dringend nötig! Falls die Art in Südtirol noch vorkommt, sind die entsprechenden Lebensräume unbedingt zu schützen.

Coenonympha arcania (Linnaeus, 1761) Weißbindiges Wiesenvögelchen

TAXONOMIE – DETERMINATION

Die subspezifische Zuordnung der mitteleuropäischen Populationen ist umstritten (EBERT & RENNWALD, 1991b; LERAUT, 1997) und die Südtiroler Populationen wurden früher gelegentlich zur ssp. *insubrica* Rätzer, 1881, gezählt (SCHEURINGER, 1972). Neuerdings wird in Europa (TOLMAN & LEWINGTON, 1998) bzw. Italien (BALLETTO & CASSULO, 1995) aber nur mehr die Nominatunterart angeführt.

Durch die breite weiße Binde der Hinterflügelunterseite mit einem deutlich nach innen vorspringenden Zahn von ähnlichen Arten, wie insbesondere *C. gardetta*, zu unterscheiden.

VERBREITUNG

Gesamtverbreitung: europäisch; von Spanien über große Teile des gemäßigten Europas bis zum Ural und ins nördliche Kleinasien. Fehlt in großen Teilen Skandinaviens sowie auf den Britischen Inseln.

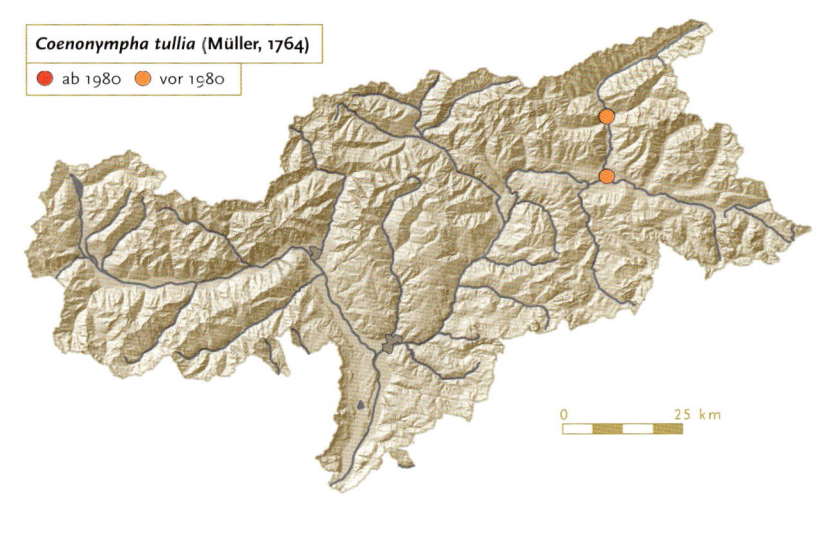

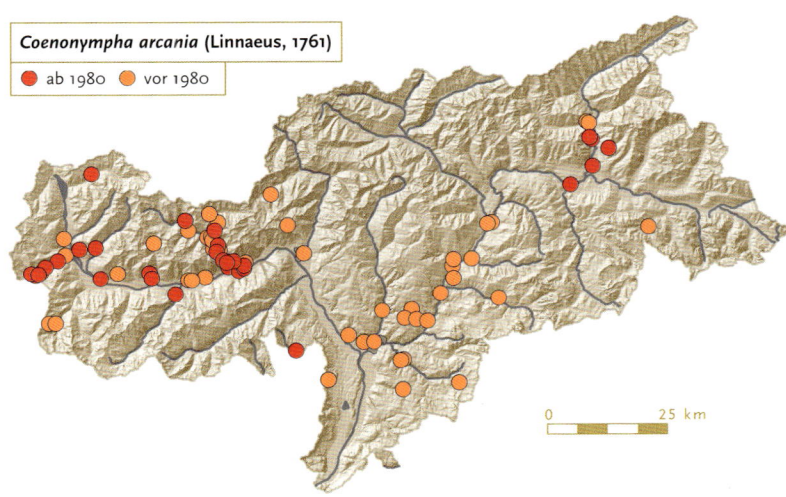

Regionalverbreitung: im Etsch- und Eisacktal weit verbreitet, vor allem aus dem Vinschgau samt Seitentälern gehäufte Meldungen. Darüber hinaus nur sehr vereinzelte Nachweise aus dem Ahrntal und den Dolomiten. In den Talgebieten aber früher mehrfach nur pauschal und weitgehend ohne konkrete Fundangaben nachgewiesen. So meldet z. B. STAUDER (1915) die Art als „im ganzen Bozenerboden gemein". An vielen ehemaligen Lokalitäten der Talregionen ist *C. arcania* seither verschwunden.

Vertikalverbreitung: ca. 270 bis 1700 m; kollin, montan. Bevorzugt unterhalb von ca. 1200 m auftretend, die höchstgelegenen Funde auf südexponierten, warmen Lärchenwiesen (HUEMER & TARMANN, 2001). In diversen Datenbanken auch von deutlich höher gelegenen Gebieten verzeichnet und teilweise kartographisch dargestellt (REICHL, 1992). Meldungen aus der subalpinen und vor allem alpinen Zone beziehen sich ausschließlich auf *C. gardetta*, wurden aber in der alten Literatur teilweise nicht separiert unter beiden Arten angeführt (DANNEHL, 1925–1930) und fanden so irrtümlicherweise Eingang in unzureichend kontrollierte Datenbanken.

BIOLOGIE
Habitatwahl: mesophile Übergangsbereichsart. *C. arcania* besiedelt unterschiedliche, eher trockene, hochgrasige Habitate. Bevorzugt an verbuschten Stellen im Bereich von Trocken- und Halbtrockenrasen sowie in lichten Buschwäldern der Laubwaldstufe, seltener auf trockenen Lärchenwiesen.

Phänologie: univoltin; von Ende Mai bis Ende August, besonders gehäuft im Juni und Juli.

Raupenfutterpflanzen – Präimaginalstadien: Oligophagie I; *Poa* spp., *Holcus lanatus*, *Melica nutans*, *Brachypodium pinnatum*, *Festuca ovina* (SBN, 1994; WEIDEMANN, 1995) (Poaceae). Eiablage meist einzeln an Gräsern. Raupe von Juli an und nach der Überwinterung bis zum Frühjahr. KITSCHELT (1925) meldet einen Raupenfund von Anfang Mai. Stürzpuppe an bodennaher Vegetation befestigt (SBN, 1994).

GEFÄHRDUNG – SCHUTZMASSNAHMEN
Gefährdungssituation: durch zunehmende Intensivierung von Trockenrasen sowie forstliche Eingriffe in strukturreiche Waldsaumgesellschaften, aber auch die Belastung durch Insektizide aus dem Obstbau deutliche Bestandseinbußen. Eine landesweite Gefährdung ist allerdings noch nicht erkennbar, da vor allem im Vinschgau einige stabile Populationen vorhanden sind.

Rote Liste: drohende Gefährdung (NT); bisherige Einstufung: n. a. bzw. evtl. 4 (EISENBERG, 2001).

Schutzmaßnahmen: Verzicht auf weitere Düngung und Aufforstung von Trockenrasen und Magerwiesen sowie möglichst weitgehende Reduktion der Biozidbelastungen im Nahbereich von aktuellen Populationen.

Coenonympha gardetta (de Prunner, 1798)
Alpen-Wiesenvögelchen

Synonymie:
Coenonympha satyrion (Esper, 1804);
Coenonympha arcania auctt., partim

TAXONOMIE – DETERMINATION
Der taxonomische Status von *Coenonympha darwiniana* Staudinger, 1871, als separate Art oder Unterart von *C. gardetta* ist umstritten. Während *C. darwiniana* von SBN (1994), aber auch bei TOLMAN & LEWINGTON (1998) als gute Art behandelt wird, folgt z. B. das Schweizerische Zentrum für Kartographie der Fauna (CSCF) in der neuesten Internetversion (http://lepus.unine.ch/carto/) dieser Auffassung nicht mehr. Hier wird *C. darwiniana* nur mehr als Subspezies von *C. gardetta* akzeptiert. Unter Berücksichtigung einer breiten mutmaßlichen Hybridzone (SBN, 1994) erscheint der spezifische Status zu Recht zweifelhaft. Die habituellen Unterschiede finden sich vor allem in der blasser rotbraun gefärbten Vorderflügelfarbe sowie der breiteren und gleichmäßigeren weißen Hinterflügelbinde bei nominotypischen Tieren. Das Verbreitungsgebiet von *C. gardetta darwiniana* reicht nach TOLMAN & LEWINGTON (1998) vom Ortler bis zu den Dolomiten. Nach dem zur Verfügung

In fast allen Grünlandlebensräumen tritt das Kleine Wiesenvögelchen (*Coenonympha pamphilus*) auf.

<<
Eine Charakterart der Almen sowie natürlicher alpiner Rasengesellschaften ist das Alpen-Wiesenvögelchen (*Coenonympha gardetta*).

Das Weißbindige Wiesenvögelchen (*Coenonympha arcania*) weist auf der Hinterflügelunterseite auffallend große Augenflecken auf.

---

stehenden Material weisen Tiere aus diesem Raum oft eine kräftigere Orangefärbung der Vorderflügel auf, die weiße Binde der Hinterflügelunterseite ist aber eher intermediär. Eindeutige *C. gardetta darwiniana* konnten in Südtirol bisher jedenfalls nicht untersucht werden.

Die Art ähnelt *C. arcania*, unterscheidet sich aber durch das Fehlen des weißen Zahnes auf der Hinterflügelunterseite, die kleineren Ozellen, den breiteren dunkelbraunen Rand auf der Vorderflügeloberseite sowie die höher gelegenen Lebensräume.

VERBREITUNG
Gesamtverbreitung: südeuropäisch; mit Sicherheit in den Alpen nachgewiesen, überdies vom französischen Zentralmassiv sowie den Dinariden gemeldet, möglicherweise jedoch alpinendemisch.

Regionalverbreitung: in den Gebirgsregionen des gesamten Landes weit verbreitet und vielfach häufig. Fehlt in den großen Tälern und den Mittelgebirgslagen.

Vertikalverbreitung: ca. 1200 bis 2800 m; montan, subalpin, alpin. Generell liegt der Schwerpunkt der vertikalen Verbreitung im Bereich knapp unterhalb und oberhalb der Waldgrenze. Aus der Schweiz wurden gelegentliche Funde bis 800 m bekannt (SBN, 1994).

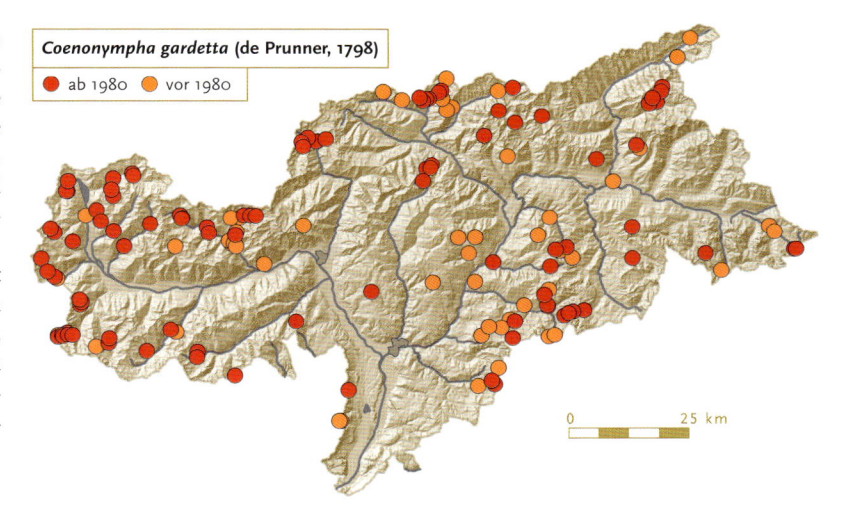

Coenonympha gardetta (de Prunner, 1798)
● ab 1980 ● vor 1980

BIOLOGIE
Habitatwahl: alpine Art. Bevorzugt auf subalpinen Weiderasen, insbesondere Kammgras-Bürstlingsrasen, subalpinen Bergmähdern und Magerwiesen der montanen Stufe sowie alpinen Naturrasengesellschaften.

Phänologie: univoltin; von Mitte Juni bis Ende August mit deutlicher Hauptflugzeit im Juli.

Raupenfutterpflanzen – Präimaginalstadien: Oligophagie I (?); in Zucht *Poa* spp. (Poaceae), aber Raupenfunde an zahlreichen weiteren nicht näher dokumentierten Süßgräsern (SBN, 1994). Eiablage einzeln an Grashalmen. Raupe schlüpft im Spätsommer und überwintert in jugendlichem Stadium. Verpuppung zu einer Stürzpuppe ab Juni an bodennaher Vegetation (SBN, 1994).

GEFÄHRDUNG – SCHUTZMASSNAHMEN
Gefährdungssituation: Durch die Besiedelung sowohl von anthropogen genutzten Weideflächen sowie natürlichen Rasengesellschaften und die weite Verbreitung ist keinerlei Gefährdung erkennbar.

Rote Liste: nicht oder kaum gefährdet (LC); bisherige Einstufung: n. a.

Schutzmaßnahmen: derzeit keine Maßnahmen erforderlich.

Coenonympha pamphilus (Linnaeus, 1758)
Kleines Wiesenvögelchen

TAXONOMIE – DETERMINATION
In Europa ausschließlich in der Nominatunterart vertreten.
Unverwechselbare kleine Art mit fast ungezeichneter graubrauner Hinterflügelunterseite.

VERBREITUNG
Gesamtverbreitung: paläarktisch; von Nordwestafrika über große Teile Europas sowie des gemäßigten Asiens bis in die westliche Mongolei.
Regionalverbreitung: in allen Regionen Südtirols weit verbreitet und teilweise häufig. *C. pamphilus* findet sich selbst noch in den intensiv genutzten Tallagen.
Vertikalverbreitung: ca. 220 bis 2100 m; kollin, montan, subalpin. In der subalpinen Stufe nur mehr vereinzelt.

BIOLOGIE
Habitatwahl: mesophile Offenlandart. Die Art besiedelt eine Vielzahl von unterschiedlichen Gründlandlebensräumen, meidet allerdings allzu intensiv bewirtschaftete Flächen. Besonders individuenreiche Populationen wurden in Bergfettwiesen, mäßig gedüngten bis ungedüngten Bergmagerwiesen sowie auf Trockenrasen registriert (HUEMER & TARMANN, 2001). Die Art fliegt aber auch auf Talfettwiesen oder Halbtrocken- und Trockenrasen bis hin zu Waldwiesen, Brachflächen und Böschungen.
Phänologie: bivoltin, fakultativ trivoltin (?), in höheren Lagen univoltin; von Mitte April bis Ende Oktober, ohne deutliche Abgrenzung der Generationen. Generationenfolge von der Höhenlage sowie der individuell unterschiedlichen Entwicklungsgeschwindigkeit der Raupe abhängig (SBN, 1994). Meist bivoltin, in den wärmsten Gebieten jedoch eine obligatorische, ansonsten teilweise fakultative dritte Generation im September und Oktober. Ab der subalpinen Stufe einbrütig, ca. von Mitte Juni bis Anfang August.
Raupenfutterpflanzen – Präimaginalstadien: Oligophagie I; *Poa pratensis, Festuca rubra, Agrostis stolonifera, A. capillaris, Anthoxanthum odoratum, Nardus stricta* (Poaceae) (EBERT & RENNWALD, 1991; SBN, 1994). Eiablage einzeln oder in Reihen an Gräsern. Raupen mit individuell extrem unterschiedlicher Entwicklungsgeschwindigkeit von univoltiner bis zu trivoltiner Generationenfolge und dementsprechend das ganze Jahr präsent. Überwinterung jedenfalls im Raupenstadium. Verpuppung als Stürzpuppe an der bodennahen Vegetation (SBN, 1994).

GEFÄHRDUNG – SCHUTZMASSNAHMEN
Gefährdungssituation: Durch die Besiedelung selbst intensiver bewirtschafteter Wiesen vom Tal bis in die Bergregionen besteht trotz lokaler Einbußen keine wirkliche Gefährdung.
Rote Liste: nicht oder kaum gefährdet (LC); bisherige Einstufung: n. a.
Schutzmaßnahmen: derzeit keine Maßnahmen erforderlich.

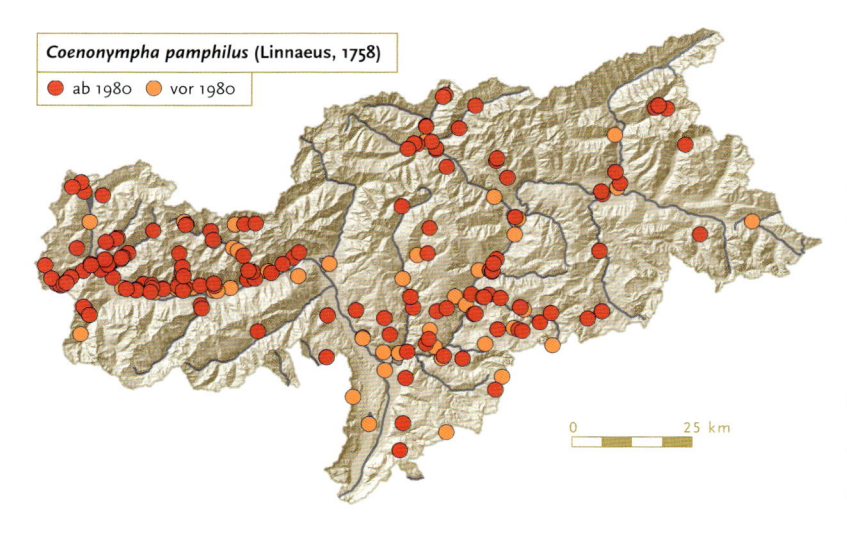

Pyronia tithonus (Linnaeus, 1771)
Braungerändertes Ochsenauge

TAXONOMIE – DETERMINATION
In rezenter Literatur teilweise zur Gattung *Maniola* (Sg. *Pyronia*) gestellt (TOLMAN & LEWINGTON, 1998).
Die subspezifische Untergliederung der Art ist umstritten. Während LERAUT (1997) allein in Frankreich vier Unterarten unterscheidet, ordnen TOLMAN & LEWINGTON (1998) die europäischen Populationen durchwegs der Nominatrasse zu, die auf jeden Fall auch in Südtirol vorkommt.
In Südtirol unverwechselbare Art mit oranger Flügeloberseite und breitem dunkelbraunem Saum. Die in benachbarten Regionen Norditaliens vorkommende *P. cecilia* (Vallantin, 1894) weist im männlichen Geschlecht einen mehrfach von Adern unterbrochenen Duftschuppenfleck auf und besitzt auf der Hinterflügelunterseite keine Ozellen.

VERBREITUNG
Gesamtverbreitung: europäisch; Marokko sowie große Teile des gemäßigten Europas bis nach Kleinasien. Fehlt in Nordeuropa.
Regionalverbreitung: fast nur aus dem Etschtal zwischen Bozner Unterland und dem mittleren Vinschgau in meist nur mehr historischen Nachweisen bekannt. Ein isolierter Fund im Eisacktal (Latzfons, 8.1986, leg. Sala).
Vertikalverbreitung: ca. 220 bis 1200 m; kollin, montan. Fast alle Fundorte in der kollinen Stufe, unterhalb von 800 m, lediglich der Nachweis bei Latzfons stammt aus der montanen Region.

BIOLOGIE
Habitatwahl: xerothermophile Gehölzart. Die Art bevorzugt in Südtirol Saumstrukturen entlang von trockenen, lichten Laubwäldern und Gebüschen, wird darüber hinaus in anderen Regionen Mitteleuropas aber in weiteren Habitaten wie Auwäldern bis hin zu Sekundärstandorten wie Gärten, Sandgruben und Steinbrüchen gefunden (EBERT & RENNWALD, 1991b).
Phänologie: univoltin; von Ende Juli bis Ende August, ein Einzelfund noch Anfang Oktober (KITSCHELT, 1925).

Coenonympha pamphilus (Linnaeus, 1758)
● ab 1980 ● vor 1980

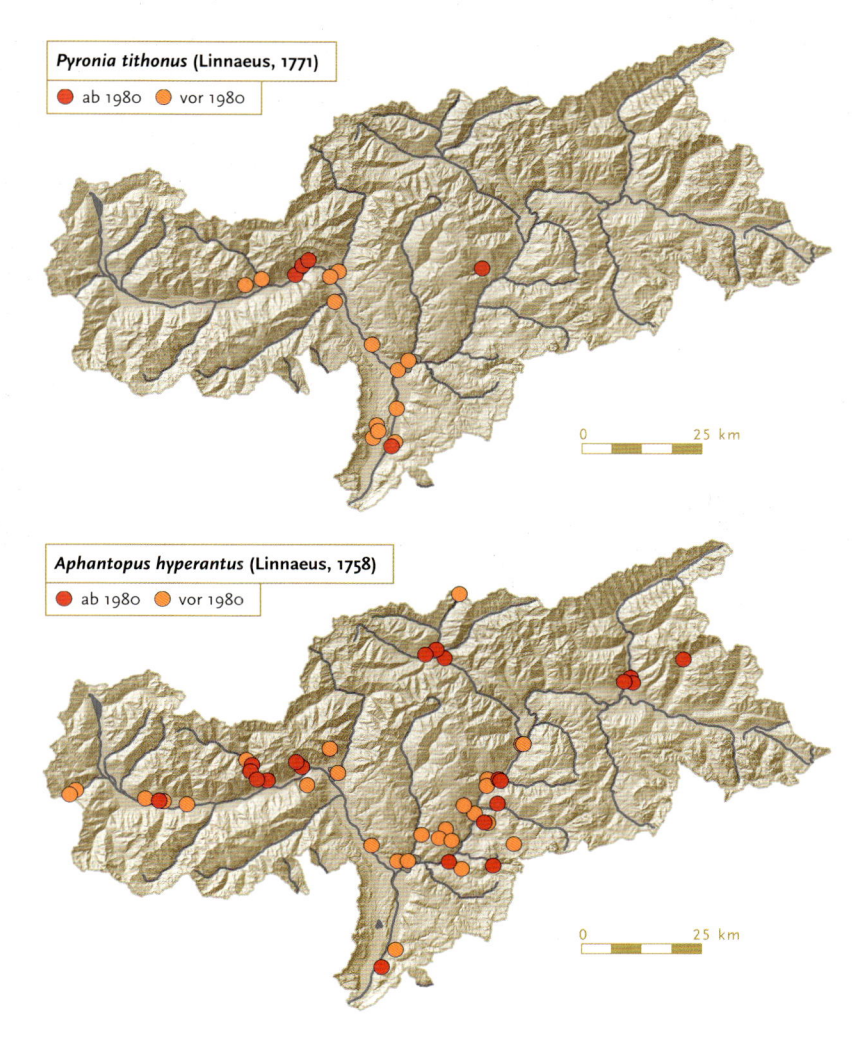

Pyronia tithonus (Linnaeus, 1771)
● ab 1980   ● vor 1980

Aphantopus hyperantus (Linnaeus, 1758)
● ab 1980   ● vor 1980

Raupenfutterpflanzen – Präimaginalstadien: Oligophagie I; *Agrostis* spp., *Phleum* spp., *Poa* spp., *Festuca* spp., *Lolium perenne* (Poaceae) (TOLMAN & LEWINGTON, 1998). Eiablage einzeln an dürren Grashalmen. Raupe überwintert im ersten oder zweiten Stadium. Verpuppung als Stürzpuppe an trockener, bodennaher Vegetation (SBN, 1994).

GEFÄHRDUNG – SCHUTZMASSNAHMEN
Gefährdungssituation: EISENBERG (2001) verzeichnet am möglicherweise letzten noch aktuellen Südtiroler Fundort bei Partschins innerhalb weniger Jahre drastische Rückgänge der Individuendichte und konnte 1997–1999 nur mehr wenige Imagines registrieren. Ursachen für diese negative Populationsentwicklung sind aber nicht klar ersichtlich, da landwirtschaftliche Einflüsse oder Baumaßnahmen im Lebensraum nur eingeschränkt wirksam sind. Möglicherweise spielt auch hier der vermehrte Einsatz von Häutungshemmern in den 1990er Jahren eine negative Rolle.
Rote Liste: vom Aussterben bedroht (CR); bisherige Einstufung: 0 bzw. 1 (EISENBERG, 2001).
Schutzmaßnahmen: dringender Forschungsbedarf! Abgesehen von einer traditionellen, extensiven Nutzung jedenfalls keine direkten Eingriffe in die Resthabitate und möglichst Verzicht auf Insektizideinsatz in der Umgebung des Lebensraums.

Aphantopus hyperantus (Linnaeus, 1758)
Schornsteinfeger

TAXONOMIE – DETERMINATION
In großen Teilen Europas in der Nominatunterart vertreten, darüber hinaus wurde aber eine Reihe weiterer Subspezies bekannt (TUZOV, 1997). Durch die oberseits fast ungezeichneten dunkelbraunen Flügel sowie die charakteristischen Augenflecken auf der Hinterflügelunterseite leicht kenntliche Art.

VERBREITUNG
Gesamtverbreitung: sibirisch-europäisch; gemäßigte Bereiche Europas und Asiens bis zum Amur und Korea. Fehlt in weiten Teilen des Mediterraneums.
Regionalverbreitung: einige Nachweise im Etsch- und Eisacktal, ansonsten nur sporadische Meldungen aus den nördlichen und südlichen Landesteilen. Die Fundichte ist jedoch sicherlich unterrepräsentiert, da gerade über so genannte häufige Arten oft keine genaueren Aufzeichnungen gemacht wurden. Allerdings meldet schon KITSCHELT (1925) den Schornsteinfeger als „wenig verbreitet".
Vertikalverbreitung: ca. 220 bis 1400 m; kollin, montan. Ausnahmsweise noch bei 1800 im (Tschamintal, Bärenfalle, vid. Eisenberger), jedoch fehlt die Art ansonsten in der subalpinen Stufe.

BIOLOGIE
Habitatwahl: mesophile Offenlandart. Die Art besiedelt eine Vielzahl unterschiedlichster Lebensräume, von Talfettwiesen (höchstens zweischürig) und mäßig gedüngten Bergmagerwiesen über Halbtrockenrasen bis hin zu Ruderalfluren und Feuchtwiesen, gerne hochstaudenreiche Stellen. Auch Waldwiesen und Waldrandökotone werden als Habitate genutzt.
Phänologie: univoltin; von Anfang Juni bis Mitte August, Hauptflugzeit im Juli.
Raupenfutterpflanzen – Präimaginalstadien: Oligophagie III; *Poa pratensis, Arrhenaterum elatius, Calamgrostis epigejos, Phleum pratense, Molinia caerulea, Festuca rubra, Bromus erectus, Milium effusum, Poa* spp. (Poaceae) und *Carex* spp. (Cyperaceae) (EBERT & RENNWALD, 1991b) sowie weitere Süßgräser. Die Eier werden von sitzenden Weibchen frei in die Vegetation fallen gelassen. Raupe ab Mitte Juli, im vorletzten Stadium überwinternd. Verpuppung aufrecht in einer aus trockenen Gräsern verfertigten Kammer (SBN, 1994).

GEFÄHRDUNG – SCHUTZMASSNAHMEN
Gefährdungssituation: Trotz Populationsrückgängen in den Talgebieten er-

Aus Südtirol überraschend vereinzelt gemeldet wurde der in Mitteleuropa ansonsten sehr häufige Schornsteinfeger (*Aphantopus hyperantus*).

scheint selbst hier keine akute Gefährdung gegeben, da *A. hyperantus* auch kleinflächige Strukturen in Waldnähe oder entlang von Böschungen, aber auch Talfettwiesen besiedeln kann.
Rote Liste: nicht oder kaum gefährdet (LC); bisherige Einstufung: 4 bzw. nicht gefährdet (EISENBERG, 2001).
Schutzmaßnahmen: Verzicht auf weitere Intensivierung von Wiesen.

Maniola jurtina (Linnaeus, 1758) Großes Ochsenauge

TAXONOMIE – DETERMINATION

TOLMAN & LEWINGTON (1998) unterscheiden in Europa keine separaten Unterarten, während LERAUT (1997) allein für Frankreich fünf Subspezies ausweist. In Südtirol jedenfalls nur in der nominotypischen Rasse vertreten. Am ehesten mit *H. lycaon* zu verwechseln, Falter jedoch größer und im weiblichen Geschlecht nur mit einer Vorderflügelozelle, Männchen mit breitem Duftschuppenfleck und ohne Marmorierung auf der Hinterflügelunterseite.

VERBREITUNG

Gesamtverbreitung: westpaläarktisch; von Nordafrika über fast ganz Europa bis zum Mittleren Osten und Westsibirien.
Regionalverbreitung: in den großen Tälern bis in mittlere Höhenlagen relativ weit verbreitet mit einigen Nachweislücken wie z. B. in Teilen des Pustertals. Funde generell durch fehlende Lokalitätsangaben unzureichend erfasst. Nach KITSCHELT (1925) ohne konkretere Angaben „in tieferen und mittleren Lagen überall häufig", und auch DANNEHL (1925–1930) äußert sich ähnlich ungenau.
Vertikalverbreitung: ca. 220 bis 1700 m; kollin, montan, ausnahmsweise subalpin. Verbreitungsschwerpunkt unterhalb von 1000 m. In der eigentlichen subalpinen Stufe kaum präsent.

BIOLOGIE

Habitatwahl: mesophile Offenlandart. *M. jurtina* besiedelt eine große Palette unterschiedlichster Offenlandlebensräume wie Halbtrockenrasen, Tal- und Bergfettwiesen, ungedüngte und mäßig gedüngte Bergwiesen sowie Fettweiden und Feuchtwiesen.
Phänologie: univoltin; von Anfang Juni bis Anfang September, besonders im Juli und August fliegend. Die Zugehörigkeit von Septemberfaltern zu einer zweiten Generation (HIGGINS & RILEY, 1978) wird von anderen Autoren bezweifelt (EBERT & RENNWALD, 1991b). Vermutlich ist die lange Flugzeit auf frühere Schlüpfperioden der Männchen sowie stark unterschiedliche Ent-

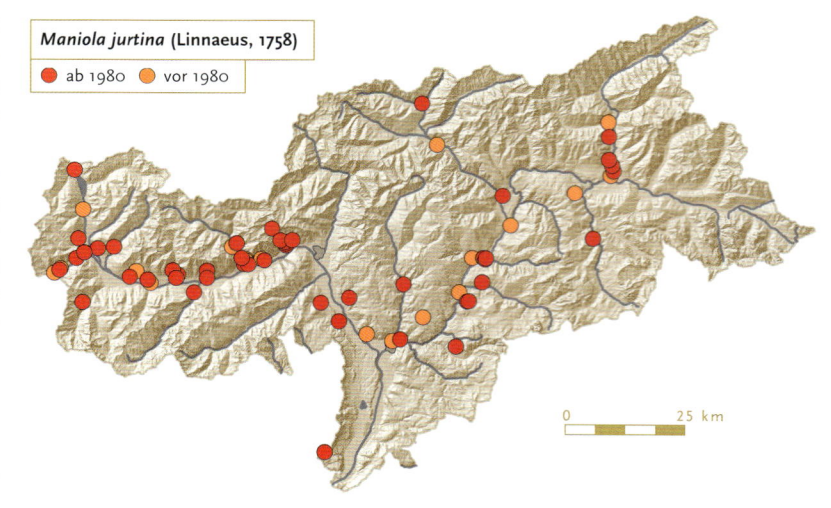

Maniola jurtina (Linnaeus, 1758)
● ab 1980 ● vor 1980

Die dicht behaarte Raupe des Großen Ochsenauges (*Maniola jurtina*) frisst wie jene anderer Augenfalter verschiedene Gräser.

Das Große Ochsenauge ist eine der eher anpassungsfähigen Wiesenarten und daher nicht gefährdet.

wicklungszeiten der Raupen zurückzuführen (EBERT & RENNWALD, 1991b; SBN, 1994).

Raupenfutterpflanzen – Präimaginalstadien: Oligophagie I (?); *Holcus lanatus*, *Poa pratensis*, *Festuca* spp., *Avena pubescens*, *Lolium perenne*, *Brachypodium pinnatum*, *Bromus erectus* (Poaceae) (EBERT & RENNWALD, 1991b) sowie weitere Süßgräser, angeblich auch *Carex* spp. (Cyperaceae) (SBN, 1994). Eiablage einzeln in Bodennähe, sowohl auf Pflanzen als auch frei. Raupe überwintert im ersten oder zweiten Stadium. Im Frühjahr sehr unterschiedliche Entwicklungsgeschwindigkeit und schließlich Verwandlung in eine Stürzpuppe, meist an dürren Pflanzen in Bodennähe (EBERT & RENNWALD, 1991b; SBN, 1994).

GEFÄHRDUNG – SCHUTZMASSNAHMEN

Gefährdungssituation: trotz regionaler Rückgänge in der Populationsdichte oder auch des lokalen Verschwindens als Folge von Intensivierung in der Landwirtschaft sowie vor allem durch Umwandlung von Wiesen in Obst- und Weinkulturen besteht auf Grund der geringen Habitatspezialisierung keine grundlegende Gefährdung.

Rote Liste: nicht oder kaum gefährdet (LC); bisherige Einstufung: 1 bzw. nicht gefährdet (EISENBERG, 2001).

Schutzmaßnahmen: abgesehen vom Verzicht auf weitere intensive Düngung derzeit keine Maßnahmen erforderlich.

Hyponephele lycaon (Kühn, 1774) Kleines Ochsenauge

TAXONOMIE – DETERMINATION

In rezenter Literatur teilweise zur Gattung *Maniola* (Sg. *Hyponephele*) gestellt (TOLMAN & LEWINGTON, 1998). DANNEHL (1927) führte für die Südtiroler Populationen den subspezifisch gewerteten Namen *nyctimos* ein. Auf diese Differenzierung wird aber rezent verzichtet und in Europa werden keine eigenen Unterarten vermerkt (TOLMAN & LEWINGTON, 1998).

Der Falter erinnert etwas an das Große Ochsenauge, differiert aber im Männchen u. a. durch den länglichen Duftschuppenfleck und die hellere, blass orange Vorderflügelfärbung sowie im Weibchen durch die zweite Vorderflügelozelle.

VERBREITUNG

Gesamtverbreitung: zentralasiatisch-europäisch-mediterran; von Nordwestafrika über das südliche Europa bis zum Mittleren Osten, dem Tienschan und dem Altai.

Regionalverbreitung: vor allem im Bereich der Vinschgauer Sonnenhänge weit verbreitet. Auch aus dem Eisacktal gemeldet sowie sehr lokal in meist alten Funden im Sterzinger Becken, im Pustertal, in den Dolomiten, auf dem Ritten und im Mendelgebiet nachgewiesen. Fehlt in den wärmsten Tälern wie dem Etschtal unterhalb von Meran.

Vertikalverbreitung: ca. 600 bis 2000 m; kollin, montan, subalpin. Eine Meldung vom Stilfser Joch durch DANNEHL (1925–1930) ist bezüglich der Höhenangabe nicht genauer lokalisierbar.

BIOLOGIE

Habitatwahl: xerothermophile Offenlandart. Charakterart von stark besonnten Trockenrasen, bevorzugt an südexponierten Hängen wie z. B. Felssteppen. Auch im Mesobrometum sowie in trockenen, wärmebegünstigten Waldschlägen im Bereich von Gebüschstrukturen vertreten.

Phänologie: univoltin; von Mitte Juni bis Mitte Oktober, Hauptflugzeit aber von Ende Juli bis Ende August.

Raupenfutterpflanzen – Präimaginalstadien: Oligophagie III; *Stipa pennata*, *Bromus erectus*, *Festuca ovina*, *F. rubra* (Poaceae) und *Carex* spp. (Cyperaceae). Eiablage auf schütter bewachsenen, sandig-schottrigen Böden. Raupe überwintert im ersten Stadium und

Hyponephele lycaon (Kühn, 1774)
● ab 1980   ● vor 1980

Erebia ligea (Linnaeus, 1758)
● ab 1980   ● vor 1980

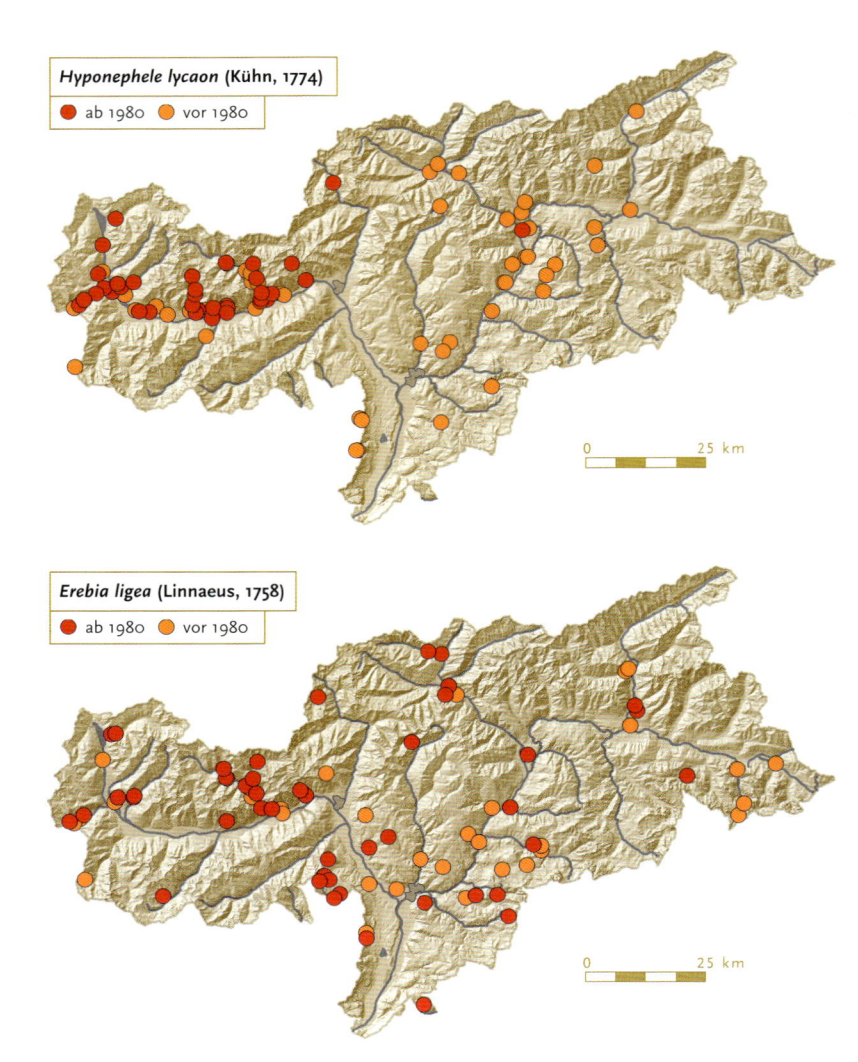

verwandelt sich im Frühsommer in eine an dürren Pflanzen, Holz oder Steinen festgesponnene Sturzpuppe (SBN, 1994).

GEFÄHRDUNG – SCHUTZMASSNAHMEN
Gefährdungssituation: deutliche Populationsrückgänge im Bereich von Obstanbaugebieten durch Insektizidferneintrag. Weiters zunehmend durch Düngung, Nutzungsaufgabe oder Aufforstung der Trockenrasen gefährdet, insgesamt aber noch relativ günstige Bestandssituation.
Rote Liste: drohende Gefährdung (NT); bisherige Einstufung: n. a. bzw. 4 (EISENBERG, 2001).
Schutzmaßnahmen: Verzicht auf weitere Aufforstung bzw. sonstige Intensivierung von Trockenrasen sowie möglichst keine Verwendung von Häutungshemmern in Obstanbaugebieten mit Windverfrachtungsrisiko.

Erebia ligea (Linnaeus, 1758)
Weißbindiger Mohrenfalter

TAXONOMIE – DETERMINATION
Die Nominatunterart besiedelt vor allem den Norden Europas, im Osten (Ural) schließt sich die ssp. *kamensis* Krulikovsky, 1909, an, zwei weitere Unterarten folgen im Fernen Osten. In den Alpen ist ausschließlich die ssp. *carthusianorum* Fruhstorfer, 1909, vertreten. Darüber hinaus wurden zahlreiche zumeist infrasubspezifisch behandelte Namen veröffentlicht (WARREN, 1936).
E. ligea ist vor allem durch folgende kombinierte Merkmale kenntlich: große Falter, weiße Binde an der Hinterflügelunterseite sowie gescheckte Flügelfransen und beim Männchen ein Duftschuppenfleck auf der Vorderflügeloberseite. Lediglich die kleinere *E. euryale* weist gelegentlich eine ähnliche, aber weniger ausgedehnte weiße Zeichnung auf.

VERBREITUNG
Gesamtverbreitung: sibirisch-europäisch; Nordeuropa sowie mit einer Arealllücke von Frankreich über Mittel- und Osteuropa, der Ural, Sibirien bis zum Amur und Japan.
Regionalverbreitung: im gesamten Land sporadisch auftretend mit Nachweisdefiziten in den mittleren, südwestlichen und südöstlichen Landesteilen. Größere naturbedingte Verbreitungslücken waren ursprünglich wohl nicht gegeben, inzwischen sind aber z. B. im Etschtal kaum mehr geeignete Habitate vorhanden.
Vertikalverbreitung: ca. 300 bis 2300 m; ausnahmsweise kollin, montan, subalpin. Weitgehend montane Art mit wenigen Nachweisen aus Gebieten oberhalb der Waldgrenze sowie aus den Tallagen. Alpine Standorte werden nicht besiedelt. Meldungen vom Stilfser Joch (HELLER, 1881) stammen mit Sicherheit nicht von der Passhöhe, sondern aus tiefer gelegenen Gebieten.

BIOLOGIE
Habitatwahl: mesophile Waldart. Charakterart von unterschiedlichsten Nadel- und Mischwäldern mit klarem Verbreitungsschwerpunkt in der montanen Stufe. *E. ligea* fliegt allerdings nicht wahllos in allen Waldtypen, sondern ausschließlich in lichten Beständen mit geeignetem Angebot an Saugpflanzen wie Wasserdost, Disteln, Bärenklau etc. und somit auch gerne auf Waldlichtungen und Schlagfluren, in Hochstaudenfluren entlang von Bächen sowie an Forststraßen.
Phänologie: univoltin (zweijährig); von Ende Juni bis Ende August, erste Falter bereits ab Ende Juni, insgesamt jedoch spät fliegende Art mit Hauptflugzeit zwischen Ende Juli und Mitte August.
Raupenfutterpflanzen – Präimaginalstadien: Oligophagie III; *Sesleria varia* (Poaceae) und *Carex sylvatica* (Cyperaceae) sowie höchstwahrscheinlich weitere Süß- und Sauergräser. Eiablage einzeln, bevorzugt an trockenen Pflanzenteilen. Erste Überwinterung als fertig entwickelte Raupe im Ei, im folgenden Jahr überwintert die Raupe im zweitletzten Stadium (SBN, 1994).

Lückige Fichtenwälder sind ein bevorzugter Lebensraum des Weißbindigen Bergwald-Mohrenfalters (*Erebia euryale*).

GEFÄHRDUNG – SCHUTZMASSNAHMEN

Gefährdungssituation: lokal durch Aufforstung sowie intensive landwirtschaftliche Nutzung gefährdet, landesweit jedoch keine unmittelbare Bedrohung ersichtlich.

Rote Liste: drohende Gefährdung (NT); bisherige Einstufung: 2 bzw. 4 (EISENBERG, 2001).

Schutzmaßnahmen: Verzicht auf dicht gepflanzte, standortfremde Nadelholzmonokulturen.

Erebia euryale (Esper, 1805) Weißbindiger Bergwald-Mohrenfalter

TAXONOMIE – DETERMINATION

Die äußerst variable *E. euryale* gliedert sich im Alpenraum im Wesentlichen in drei unterschiedliche Rassenkreise: a) *euryale*-Kreis mit der ssp. *isarica* Heyne, 1895, – die nominotypische Unterart besiedelt die Karpaten, die Sudeten sowie das Riesengebirge – im nördlichen Bereich; b) *ocellaris*-Kreis mit der ssp. *ocellaris* Staudinger, 1861, im Südosten; c) *adyte*-Kreis mit der ssp. *adyte* (Hübner, 1822) und mehreren kleinräumig verbreiteten und klärungsbedürftigen Taxa im Süden und Südwesten (ARNSCHEID & ROOS, 1977), wozu auch die von DANNEHL (1927) aus dem Mendelgebiet beschriebene ab. *mendolana* zählt. In Südtirol ist die ssp. *adyte* auf die westlichen und südlichen Landesteile beschränkt, die ssp. *ocellaris* auf ein Gebiet östlich der Etsch, vor allem die Dolomiten und nördlich angrenzende Gebiete. Diese beiden Taxa verhalten sich zueinander wie Spezies (ARNSCHEID & ROOS, 1977). Im Bereich der Sarntaler Alpen finden sich Mischpopulationen mit Einfluss von *isarica*.

E. euryale ocellaris ist durch die stark reduzierte Bindenzeichnung auf der Flügeloberseite und das somit düstere Gesamtbild sofort von der durchschnittlich größeren und mit breiter Binde versehenen *E. euryale adyte* zu unterscheiden. Von der größeren *E. ligea* differiert die Art durch das weitgehende Fehlen einer weißen Zeichnung auf der Hinterflügelunterseite sowie die fehlenden Duftschuppen im männlichen Geschlecht.

VERBREITUNG

Gesamtverbreitung: südeuropäisch; von den Gebirgen Spaniens über die Alpen, Abruzzen, balkanischen Gebirge und den Karpatenbogen bis zum Ural.

Regionalverbreitung: im gesamten montanen und subalpinen Bereich weit verbreitet und meist sehr häufig. Zahlreiche Populationen wurden früher kartographisch nicht genau erfasst, in der Nadelwaldstufe besteht jedoch

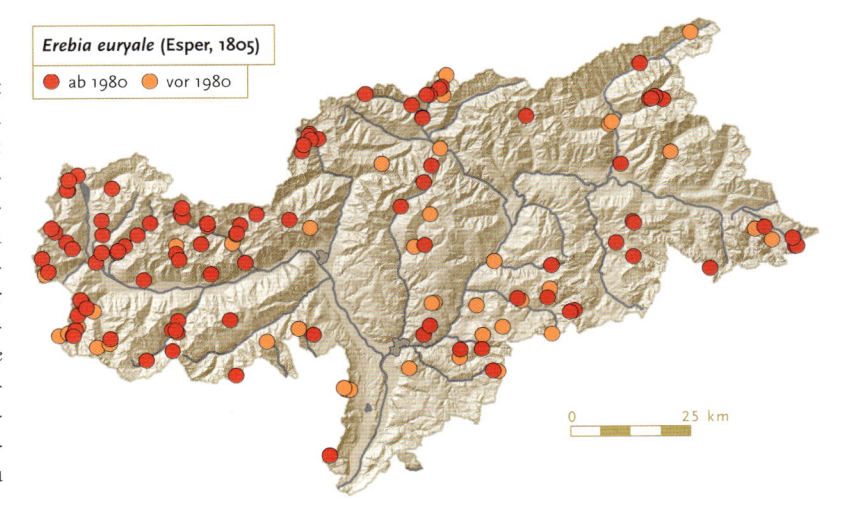

nach den vorliegenden rezenten Beobachtungen fast eine flächendeckende Verbreitung.
Vertikalverbreitung: ca. 800 bis 2500 m; montan, subalpin, alpin. Vor allem im hochmontanen und subalpinen Bereich weit verbreitet. In der alpinen Stufe deutlich seltener.

BIOLOGIE
Habitatwahl: montane Art. Charakterart von montanen bis subalpinen Nadel- und Mischwäldern unterschiedlichster Zusammensetzung. Bevorzugt im Bereich der Waldlückensysteme von Waldlichtungen über Schlagfluren bis hin zu Saumstrukturen, an Bachläufen sowie in der Zwergstrauchheide.
Phänologie: univoltin (zweijährig); von Ende Juni bis Ende August mit einem deutlichen Abundanzmaximum im Juli.
Raupenfutterpflanzen – Präimaginalstadien: Oligophagie III; *Sesleria varia*, *Poa nemoralis*, *Festuca* spp., *Calamagrostis* spp. (Poaceae), *Carex flacca*, *C. ferruginea* (Cyperaceae) sowie einige weitere Grasarten (TOLMAN & LEWINGTON, 1998). Eiablage in Bodennähe, einzeln an der Futterpflanze. Lebensweise weitgehend mit *E. ligea* übereinstimmend (SBN, 1994), also mit zweimaliger Überwinterung zuerst als voll entwickelte Eiraupe, dann als Raupe im vorletzten Stadium.

GEFÄHRDUNG – SCHUTZMASSNAHMEN
Gefährdungssituation: auf Grund der weiten Verbreitung und Häufigkeit in anthropogen wenig gestörten Lebensräumen nicht bedroht.
Rote Liste: nicht oder kaum gefährdet (LC); bisherige Einstufung: 3 bzw. nicht gefährdet (EISENBERG, 2001).
Schutzmaßnahmen: keine Schutzmaßnahmen erforderlich.

Erebia eriphyle (Freyer, 1839)
Ähnlicher Mohrenfalter

TAXONOMIE – DETERMINATION
WARREN (1936) unterscheidet die überwiegend westalpine (bis zum Brenner) Nominatunterart von der südostalpinen (Kärnten, Steiermark) ssp. *tristis* Herrich-Schäffer, 1848. Aus dem Bereich der Ostschweiz wurde überdies die var. *intermedia* Frey, 1886, beschrieben, die auch im Ortlergebiet auftritt. Ob es sich dabei tatsächlich um ein infrasubspezifisch zu wertendes Taxon handelt, müssen weitere Studien klären. Derzeit werden jedenfalls die Südtiroler Populationen der Nominatunterart zugerechnet.
Die Falter sind jenen von *E. manto* und *E. melampus* sehr ähnlich und sollten im Zweifelsfall durch Untersuchung der Genitalien geprüft werden. Generell sind die Tiere etwas größer als jene von *E. melampus* und die rotgelben Flecken auf der Hinterflügelunterseite sind gegenüber *E. manto* konstant und klein.

VERBREITUNG
Gesamtverbreitung: alpin; im Wesentlichen auf den Zentralalpenbereich zwischen Berner Alpen und Koralpe beschränkt.
Regionalverbreitung: sehr lokal und nur von wenigen Stellen im Ortlergebiet sowie von den zentralen Ötztaler, Stubaier und Zillertaler Alpen bekannt. Überdies aus dem Gebiet des Rosengartens sowie der Sextner Dolomiten (coll. Tiroler Landesmuseum Ferdinandeum) belegt. Ein älterer Fund vom Sellajoch wurde hingegen bereits von SCHAWERDA (1924) bezweifelt.
Vertikalverbreitung: ca. 1300 bis 2200 m; montan, subalpin, alpin. Bevorzugt in der subalpinen Stufe. Außerhalb Südtirols liegen Nachweise zwischen 1200 und 2100 m vor (WARREN, 1936).

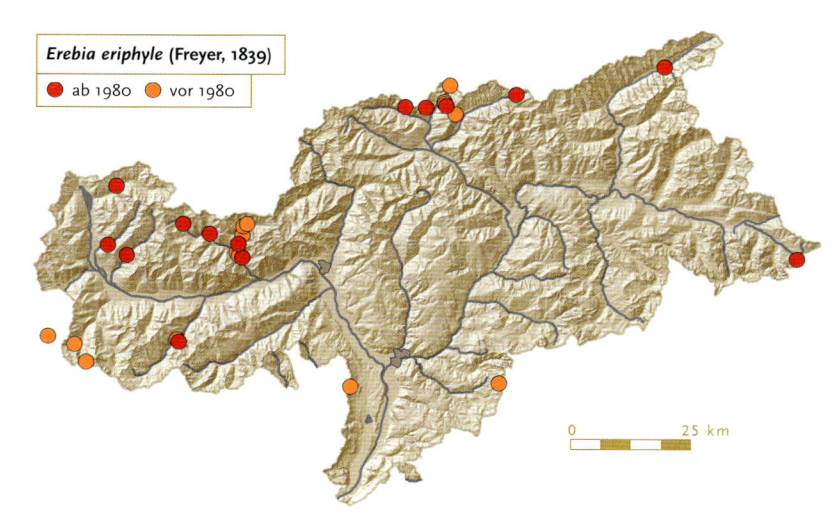

BIOLOGIE
Habitatwahl: montane Art. Die wenigen dokumentierten Nachweise stammen von hochgrasigen und hochstaudenreichen, teils mit Grünerlenbeständen verbuschenden Almen und Weiderasen.
Phänologie: univoltin (zweijährig); von Ende Juni bis Mitte August, ohne deutlich erkennbares Abundanzmaximum.
Raupenfutterpflanzen – Präimaginalstadien: Oligophagie I; *Deschampsia caespitosa*, *Anthoxantum odoratum* (Poaceae). Die Raupen schlüpfen im Labor teilweise noch vor, meist jedoch erst nach der ersten Überwinterung. Verpuppung im zweiten Jahr frei am Boden (SBN, 1994).

GEFÄHRDUNG – SCHUTZNAHMEN
Gefährdungssituation: der eingeschränkte Datenbestand macht eine Bewertung der Gefährdungssituation zwar schwierig, jedoch lassen die besiedelten Habitattypen nach derzeitigem Kenntnisstand keine unmittelbaren Gefährdungsszenarien erkennen.
Rote Liste: nicht oder kaum gefährdet (LC); bisherige Einstufung: 2.
Schutzmaßnahmen: derzeit keine Maßnahmen erforderlich.

Erebia manto (Denis & Schiffermüller, 1775)
Gelbgefleckter Mohrenfalter

TAXONOMIE – DETERMINATION
In den Ostalpen ist großteils die Nominatsubspezies vertreten, die Aufspaltung in Unterarten ist generell umstritten. So verzeichnet WARREN (1936)

Erebia eriphyle (Freyer, 1839)
● ab 1980 ● vor 1980

Mohrenfalter sind in Südtirol mit 23 Arten vertreten, darunter der Gelbgefleckte Mohrenfalter (*Erebia manto*) mit arttypischer Hinterflügelunterseite.

noch sechs Subspezies, HIGGINS & RILEY (1978) hingegen nur vier, während HIGGINS (1975) gar nur zwei Unterarten anerkennt. Von den Westalpen bis zu den Dolomiten tritt die ssp. *pyrrhula* Frey, 1880, auf (HIGGINS & RILEY, 1978), die sich durch besonders kleine und dunkle Falter auszeichnet. WARREN (1936) bezeichnet solche Tiere auf Grund zahlreicher Übergänge noch als Formen der ssp. *mantoides* Esper, 1805. In den letzten Dezennien wurden vor allem aus den West- und Südalpen noch weitere Unterarten beschrieben. Die komplizierte taxonomische Situation wurde durch CUPEDO (1997) einer grundlegenden Revision unterzogen. Demnach können innerhalb von *E. manto* drei morphologisch differenzierte Gruppen unterschieden werden: *manto*-Gruppe, *bubastis*-Gruppe und *vogesiaca*-Gruppe. Vor allem die *bubastis*-Gruppe könnte nach diesen Untersuchungen eine getrennte Art darstellen. Die Populationen Südtirols zählen hingegen durchwegs zu der *manto*-Gruppe.

Die Art ist am ehesten mit *E. eriphyle* zu verwechseln, differiert jedoch meist durch die sehr variablen und oft großen Flecken auf der Hinterflügelunterseite.

VERBREITUNG
Gesamtverbreitung: südeuropäisch; ohne Berücksichtigung des oben erwähnten möglichen Artenkomplexes von den Gebirgen Spaniens und Zentralfrankreichs über die Alpen und den Karpatenbogen bis zu den Balkanischen Gebirgen verbreitet.

Regionalverbreitung: lokale Meldungen aus dem Ortlergebiet, von der Sesvennagruppe sowie vor allem von den Ötztaler bis zu den Zillertaler Alpen und der Rieserfernergruppe. Überdies in den Dolomiten an mehreren Stellen nachgewiesen. Sehr ungenaue Daten stammen auch aus dem Bereich der Sarntaler Alpen.

Vertikalverbreitung: ca. 1300 bis 2400 m; montan, subalpin, alpin. Verbreitungsschwerpunkt im Bereich der Waldgrenze. In der benachbarten Schweiz wird *E. manto* ebenfalls nur in Höhenlagen zwischen 1200 und 2500 m gefunden (SBN, 1994). DANNEHL (1925–1930) erwähnt die Art allerdings bereits von 900 m aufwärts. Meldungen von tiefer gelegenen Fundorten sind aber nicht belegt und geographisch nicht sicher zuzuordnen.

BIOLOGIE
Habitatwahl: montane Art. Die Art besiedelt unterhalb der Waldgrenze offene, lichte Nadelwälder und Zwergstrauchheiden sowie Wiesen und Weiderasen mit reichem Blütenangebot, in der alpinen Stufe Naturrasengesellschaften.

Phänologie: univoltin (zweijährig); von Anfang Juli bis Ende August, besonders von Mitte Juli bis Mitte August (SCHEURINGER, 1972).

Raupenfutterpflanzen – Präimaginalstadien: Oligophagie III; *Festuca rubra* (Poaceae) und *Carex* spp. (Cyperaceae). Eiablage einzeln an dürren Gräsern. Raupen unter Laborbedingungen großteils im Ei überwinternd, teilweise

Wie die meisten Mohrenfalter ist auch Knoch's Mohrenfalter (*Erebia epiphron*) eine typische Art für die subalpine und alpine Region.

auch noch im Herbst schlüpfend. Die obligatorische zweite Überwinterung erfolgt im vorletzten Raupenstadium (SBN, 1994).

GEFÄHRDUNG – SCHUTZMASSNAHMEN
Gefährdungssituation: nach den vorhandenen Daten bezüglich Verbreitung und Habitatansprüchen keine unmittelbaren Gefährdungsmomente erkennbar.
Rote Liste: nicht oder kaum gefährdet (LC); bisherige Einstufung: 2 bzw. 4 (EISENBERG, 2001).
Schutzmaßnahmen: derzeit keine Maßnahmen erforderlich.

Erebia epiphron (Knoch, 1783)
Knoch's Mohrenfalter

Synonymie:
Erebia ceto (Hübner, 1804)

TAXONOMIE – DETERMINATION
Wie bei anderen *Erebia*-Arten differieren auch hier die Ansichten über valide Unterarten erheblich. Während noch WARREN (1936) zehn Subspezies unterscheidet, sind es bei HIGGINS & RILEY (1978) nur mehr sechs. Die Nominatrasse wurde aus dem Harz beschrieben, ein großer Teil des Alpenbogens, einschließlich Südtirols, wird aber ausschließlich durch die ssp. *aetheria* Esper, 1805, besiedelt.

VERBREITUNG
Gesamtverbreitung: europäisch; Gebirge Europas von Schottland bis zu den Dinariden.
Regionalverbreitung: in weiten Teilen der Südtiroler Alpengebiete in relativ geringer Funddichte registriert. Nachweislücken vor allem im Bereich der östlichen Dolomitengebiete.
Vertikalverbreitung: ca. 1200 und 2500 m; montan, subalpin, alpin. Besonders in der subalpinen Stufe verbreitet. Ein Beleg aus Mauls bei ca. 900 m durch Forcher Mayr ist bezüglich vertikaler Daten unzureichend gesichert. Auch in der Schweiz tritt die Art erst oberhalb von 1200 m auf (SBN, 1994).

BIOLOGIE
Habitatwahl: alpine Art. *E. epiphron* tritt auf unterschiedlichsten, bevorzugt allerdings auf sonnigen und südexponierten, eher kurzrasigen Weiderasen und subalpinen Bergmähdern auf. Ebenso werden Zwergstrauchheiden und natürliche Rasengesellschaften oberhalb der Waldgrenze als Habitate genutzt.
Phänologie: univoltin (zweijährig); von Ende Juni bis Ende August, Hauptflugzeit im Juli.
**Raupenfutterpflanzen – Präimaginalsta-

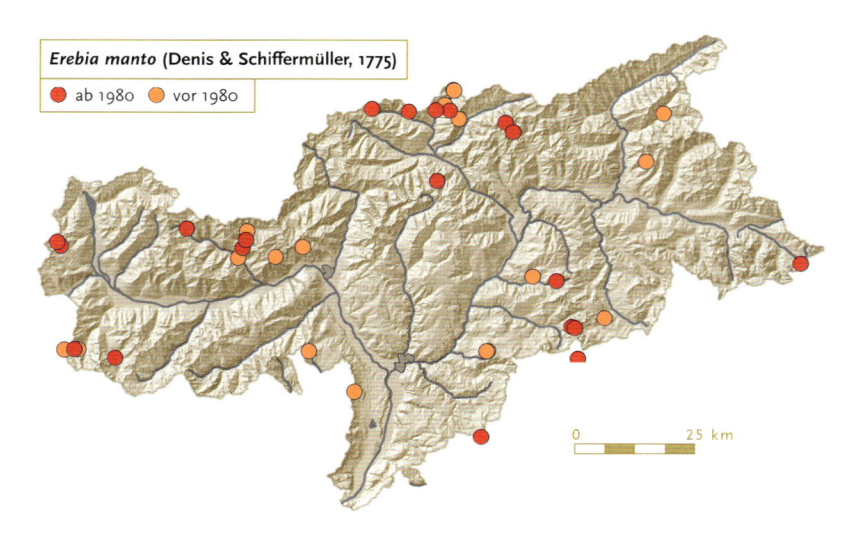

Erebia manto (Denis & Schiffermüller, 1775)
● ab 1980   ● vor 1980

Der Unpunktierte Mohrenfalter (*Erebia pharte*) ist am Fehlen der dunklen Augenkerne leicht erkennbar.

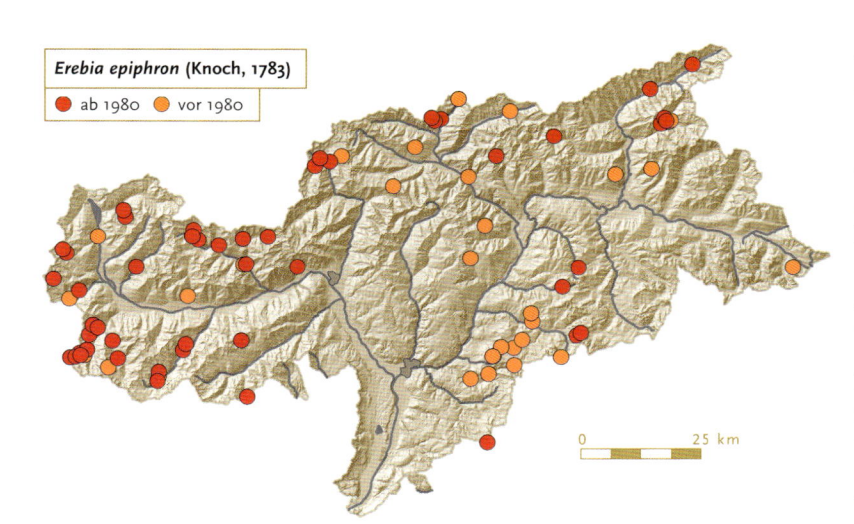

Erebia epiphron (Knoch, 1783)
- ab 1980
- vor 1980

dien: Oligophagie I; *Nardus stricta*, *Poa* spp. (Poaceae). Raupe schlüpft im Herbst und überwintert nach der ersten Nahrungsaufnahme ohne Häutung. Zweite Überwinterung im vorletzten Stadium und Verpuppung im Bodensubstrat (SBN, 1994).

GEFÄHRDUNG – SCHUTZMASSNAHMEN
Gefährdungssituation: durch Besiedelung anthropogen ungenutzter oder wenig beeinflusster Lebensräume sowie die Anpassung an Beweidung nicht gefährdet. In der Literatur sind Rückgänge durch Aufgabe der Nutzung von Almen mit anschließender Verbuschung dokumentiert (SBN, 1994).
Rote Liste: nicht oder kaum gefährdet (LC); bisherige Einstufung: 4 bzw. nicht gefährdet (EISENBERG, 2001).
Schutzmaßnahmen: derzeit keine Maßnahmen erforderlich.

Erebia pharte (Hübner, 1804)
Unpunktierter Mohrenfalter

TAXONOMIE – DETERMINATION
In den westlichen und nördlichen Landesteilen Südtirols in der Nominatunterart vertreten, in den Dolomiten in der ssp. *thynias* Fruhstorfer, 1911, die sich von der typischen *E. pharte pharte* durch die kleinere Flügelspannweite und die kürzere und schmalere Binde der Vorderflügel unterscheidet (WARREN, 1936). Die Verbreitung von *E. pharte thynias* ist noch unzureichend bekannt. Eine weitere Unterart ist schließlich noch die von den nördlichen Kalkalpen Bayerns bis in die Steiermark nachgewiesene ssp. *eupompa* Fruhstorfer, 1918.
E. pharte ist durch das völlige Fehlen einer schwarzen Punktzeichnung leicht kenntlich und mit keiner anderen europäischen *Erebia*-Art zu verwechseln.

VERBREITUNG
Gesamtverbreitung: osteuropäisch; Alpen sowie Hohe Tatra.
Regionalverbreitung: nur regional nachgewiesen, insbesondere in den Ötztaler, den Stubaier und den westlichen Zillertaler Alpen sowie im Ortlergebiet und in den Dolomiten, teilweise in höherer Dichte. Aus den Sarntaler Alpen liegen keine Belege vor, jedoch deutet ein Nachweis vom Jaufenpass durchaus auf mögliche lokale Populationen auch in diesem Gebiet hin.
Vertikalverbreitung: ca. 1100 bis 2400 m; montan, subalpin, alpin. Höhenverbreitungsgrenzen unzureichend dokumentiert, in der Schweiz wurde die Art in einem Bereich zwischen 1000 und 2400 m festgestellt (SBN, 1994). Bevorzugt in der hochmonta-

Der Kleine Mohrenfalter (*Erebia melampus*) neigt in Südtirol zur Ausbildung verschiedener Unterarten.

nen und subalpinen Stufe bis gegen die Waldgrenze hin.

BIOLOGIE
Habitatwahl: montane Art. Ausschließlich in extensiv genutzten, eher hochgrasigen Wiesen und Weiden, teilweise auf natürlichen Rasengesellschaften. Gerne auch innerhalb von lichten Fichten- sowie Fichten-Lärchenwäldern.
Phänologie: univoltin (zweijährig); von Mitte Juni bis Ende August, Hauptflugzeit im Juli, Auftreten im Juni nur ausnahmsweise in besonders warmen Jahren (z. B. Sommer 2003).
Raupenfutterpflanzen – Präimaginalstadien: Oligophagie I; *Nardus stricta*, *Festuca ovina*, *F. quadriflora* (Poaceae). Präimaginalentwicklung sehr ähnlich wie bei *E. epiphron*. Raupe frisst im Herbst und überwintert erstmals ohne Häutung. Zweite Überwinterung im vorletzten Stadium und Verpuppung im Substrat (SBN, 1994).

GEFÄHRDUNG – SCHUTZMASSNAHMEN
Gefährdungssituation: durch Besiedelung anthropogen wenig beeinflusster Habitate nicht gefährdet, höchstens lokale Einbußen, z. B. durch Überbeweidung.
Rote Liste: nicht oder kaum gefährdet (LC); bisherige Einstufung: n. a. bzw. evtl. 5 (EISENBERG, 2001).
Schutzmaßnahmen: derzeit keine Maßnahmen erforderlich.

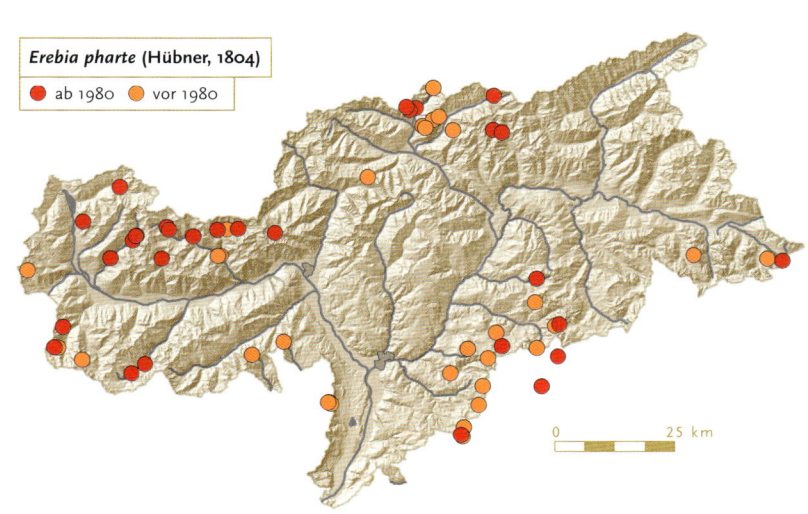

Erebia pharte (Hübner, 1804)
● ab 1980   ● vor 1980

Erebia melampus
(Fuessly, 1775)
Kleiner Mohrenfalter

TAXONOMIE – DETERMINATION
E. melampus umfasst einen Komplex von drei Gruppen: *melampus*-Gruppe, *momos*-Gruppe und *sudetica*-Gruppe, die sich vor allem durch statistisch divergierende Merkmalverteilung in Flügelzeichnung und Genitalstrukturen unterscheiden. Obwohl *E. sudetica* Staudinger, 1861, seit einiger Zeit als separate Art behandelt wird, steht der Beweis für eine spezifische Differenzierung aller genannten Taxa noch aus (CUPEDO, 1995). Die nach letzterem Autor vorläufig als subspezifisch gewertete *E. melampus momos* Fruhstorfer, 1910, tritt in Südtirol in den Dolomiten sowie in den zentralen und nördlichen Landesteilen auf. Hier könnte aber möglicherweise auch noch die rezent beschriebene *E. melampus semisudetica* Cupedo, 1995, vorkommen. Im Ortlergebiet fliegt ausschließlich *E. melampus melampus*, allerdings wurden im Martelltal Mischpopulationen zwischen ssp. *melampus* und ssp. *momos* gefunden, deren genaue Verbreitung sowie mögliche Hybridisierung dringend klärungsbedürftig sind (CUPEDO, 1995). Die kleinste Erebienart in Südtirol, mit schwarz gekernten orangebraunen Flecken auf der Flügeloberseite. Nur mit

Erebia melampus (Fuessly, 1775)
● ab 1980 ● vor 1980

0   25 km

Erebia aethiops (Esper, 1777)
● ab 1980 ● vor 1980

0   25 km

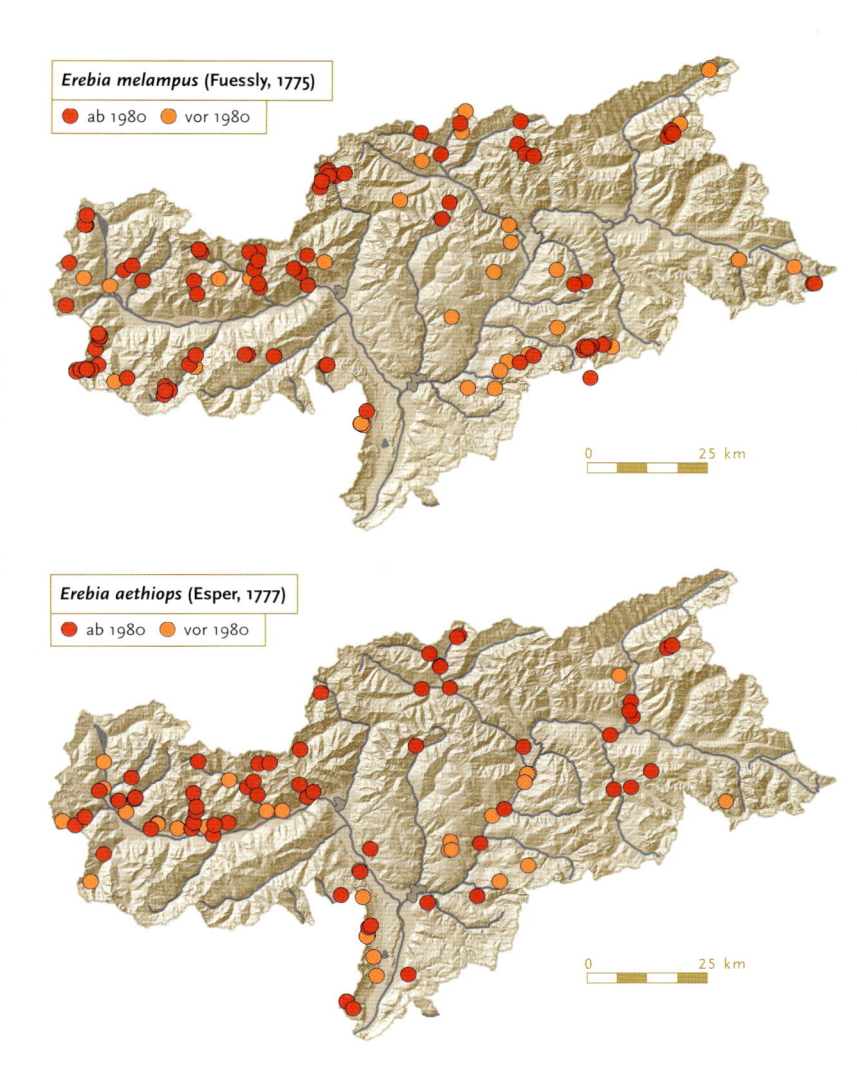

der im Gebiet fehlenden *E. sudetica* zu verwechseln.

VERBREITUNG
Gesamtverbreitung: alpin; große Teile des Alpenbogens.
Regionalverbreitung: in den mittleren und höheren Regionen Südtirols weit verbreitet und vielerorts häufig.
Vertikalverbreitung: ca. 700 bis 2500 m; montan, subalpin, alpin. Besonders im Bereich der subalpinen Stufe vermehrt auftretend. Tief gelegene Fundorte (bis auf 700 m herab) sind selten. Sammlungsmaterial vom Stilfser Joch stammt vermutlich nicht aus dieser Höhenregion, sondern aus etwas tieferen Lagen.

BIOLOGIE
Habitatwahl: alpine Art. *E. melampus* besiedelt eine große Vielfalt unterschiedlicher Rasengesellschaften, von alpinen und subalpinen Naturrasen über Almen und Bergmähder bis hin zu Bergfettwiesen und Lärchenwiesen, sowie lichte Bergwälder. Bevorzugt werden generell Offenlandlebensräume mit einem reicheren Angebot an Saugpflanzen.
Phänologie: univoltin; von Ende Juni bis Anfang September mit Abundanzspitzen von Mitte Juli bis Anfang August.
Raupenfutterpflanzen – Präimaginalstadien: Oligophagie I; *Festuca* spp., *Poa nemoralis*, *Anthoxanthum odoratum* (Poaceae) (SBN, 1994). Eiablage auf Pflanzensubstrat. Die Raupe schlüpft im August und überwintert im zweiten Stadium. Weiterentwicklung im Frühjahr in auffallend unterschiedlicher Geschwindigkeit (SBN, 1994).

GEFÄHRDUNG – SCHUTZMASSNAHMEN
Gefährdungssituation: auf Grund der weiten Verbreitung in kaum gefährdeten, naturnahen Lebensräumen bis hin zu intensiver bewirtschafteten Almflächen keine Gefährdung erkennbar.
Rote Liste: nicht oder kaum gefährdet (LC); bisherige Einstufung: 4 bzw. nicht gefährdet (EISENBERG, 2001).
Schutzmaßnahmen: keine Maßnahmen notwendig.

Erebia aethiops (Esper, 1777) Graubindiger Mohrenfalter

TAXONOMIE – DETERMINATION
Insgesamt sieben Unterarten sowie zahlreiche infrasubspezifische Namen – teilweise auch aus Südtirol beschrieben wie ab. *reducta* Hartig, 1924 – werden für *E. aethiops* genannt (WARREN, 1936). Ein erheblicher Teil des Alpenbogens wird von der nominotypischen Unterart besiedelt, jedoch kommt in den Südalpen, von den Cottischen Alpen bis zu den Karawanken, *E. aethiops rubria* Fruhstorfer, 1909, vor. Sie erreicht bei Bozen ihre nördliche Verbreitungsgrenze (WARREN, 1936) und unterscheidet sich von *E. aethiops aethiops* vor allem durch die größere Flügelspannweite. Genauere Untersuchungen der Arealgrenzen dieser beiden Taxa in Südtirol sind jedenfalls ausständig.

E. aethiops kann anhand des breiten Bandes auf der Hinterflügelunterseite leicht determiniert werden.

VERBREITUNG
Gesamtverbreitung: sibirisch-europäisch; vom nordwestlichen Großbritannien über Mittel- und Osteuropa sowie Sibirien bis zum Altai. Fehlt im Mittelmeergebiet sowie in Nordeuropa.
Regionalverbreitung: in ganz Südtirol weit verbreitet, scheinbar mit regionalen Verbreitungslücken, die wohl auf Erfassungsdefiziten basieren; besonders in den südwestlichen und mittleren Landesteilen kaum nachgewiesen. An den Fundstellen vielfach in hoher Abundanz.
Vertikalverbreitung: ca. 270 bis 2100 m; kollin, montan, subalpin. In der eigentlichen alpinen Stufe fehlt die Art.

BIOLOGIE
Habitatwahl: mesophile Waldart. Die Art besiedelt eine Vielzahl unterschied-

licher Lebensräume, lebt meist jedoch im Nahbereich oder innerhalb von lichten Wäldern. Gehäufte Beobachtungen liegen u. a. von Halbtrockenrasen, Berg- und Talfettwiesen, Bergmagerwiesen, Lärchenwiesen oder aus Waldlückensystemen in Fichtenwäldern, aber auch aus warmen Laubwäldern vor. Sowohl trockene als auch feuchte Stellen werden als Habitate genutzt. Insgesamt besteht eine Präferenz für Habitate mit langen Gräsern, wie bereits von WARREN (1936) betont wurde. Immer nötig ist jedoch auch ein reiches Angebot an Saugpflanzen für die Falter.

Phänologie: univoltin; von Mitte Juli bis Mitte September, Hauptflugzeit im August.

Raupenfutterpflanzen – Präimaginalstadien: Oligophagie III; *Anthoxanthum odoratum, Brachypodium pinnatum, Festuca ovina, Poa trivialis, Bromus erectus, Briza media* (Poaceae), *Luzula nivea* (Juncaceae) und *Carex sempervirens* (Cyperaceae) (SBN, 1994; TOLMAN & LEWINGTON, 1998) sowie eine Reihe weiterer Süßgräser. Eiablage an unterschiedlichem Pflanzensubstrat. Raupe schlüpft im Spätsommer und überwintert im zweiten oder dritten Stadium. Verpuppung ab Mai liegend oder stehend im Grashorst (SBN, 1994; WEIDEMANN, 1995).

GEFÄHRDUNG – SCHUTZMASSNAHMEN

Gefährdungssituation: Die weite Verbreitung in Waldgebieten unterschiedlichster Typisierung sowie damit assoziierten Lebensräumen ist der Grund für die günstige Bestandssituation.

Rote Liste: nicht oder kaum gefährdet (LC); bisherige Einstufung: n. a.

Schutzmaßnahmen: keine Maßnahmen notwendig.

Erebia triarius (de Prunner, 1798) Prunner's Mohrenfalter

Synonymie: *Erebia evias* (Godart, 1823)

TAXONOMIE – DETERMINATION

WARREN (1936) unterscheidet insgesamt sieben Unterarten, wobei die Nominatrasse in den Südalpen ein Areal zwischen dem Vinschgau und den Ligurischen Alpen einnimmt. Aus dem Gebiet von Meran wurde sie als eigene Unterart, *victorialis* (FRUHSTORFER, 1921), beschrieben, die aber als Synonym von *E. triarius triarius* gilt. In den westlichsten Landesteilen Südtirols könnte aber auch die aus dem Engadin beschriebene und durchschnittlich kleinere *E. triarius letincia* Fruhstorfer, 1910, vorkommen (WARREN, 1936). Für eine Bewertung dieses Problems liegt jedoch ungenügend Material vor.
Die drei Ozellen im Apex der Vorderflügeloberseite, die erhebliche Flügelspannweite und die stark marmorierte Hinterflügelunterseite machen *E. triarius* eindeutig identifizierbar.

VERBREITUNG

Gesamtverbreitung: südeuropäisch; Gebirge der Iberischen Halbinsel, Alpen und Dinariden.

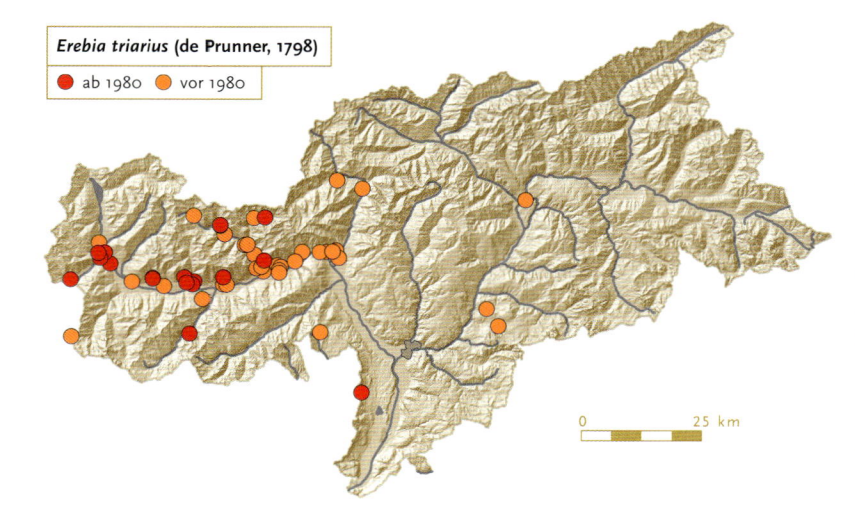

Regionalverbreitung: weitgehend auf die Sonnenhänge des Vinschgaus sowie die unmittelbar benachbarten Täler beschränkt. Ansonsten nur wenige zerstreute und durchwegs historische Meldungen, u. a. aus Schabs sowie den Dolomiten.

Vertikalverbreitung: ca. 500 bis 1700 m; kollin, montan, subalpin. Die obere Verbreitungsgrenze ist völlig unzureichend dokumentiert. Vor allem Meldungen aus dem Stilfser-Joch-Gebiet lassen sich diesbezüglich nicht eindeutig zuordnen. Nach SBN (1994) erreicht die Art in der Schweiz 2000 m.

BIOLOGIE

Habitatwahl: xerothermophile Offenlandart. Charakterart von steilen, stark besonnten und felsdurchsetzten Steppenrasen.

Phänologie: univoltin; von Mitte April bis Anfang Juli; je höher die Lage, umso später die Hauptflugzeit. Ein Einzelnachweis noch von Anfang August.

Raupenfutterpflanzen – Präimaginalstadien: Oligophagie I; *Festuca ovina, Poa pratensis, P. alpina, Stipa pennata* (Poaceae) (SBN, 1994; TOLMAN & LEWINGTON, 1998). Raupenentwicklung im ersten Jahr bis ins vierte Stadium, danach Überwinterung. Nach nochmaliger Häutung im Frühjahr erfolgt die Verpuppung zeitig, bereits ab Mitte März (SBN, 1994).

GEFÄHRDUNG – SCHUTZMASSNAHMEN

Gefährdungssituation: kolline und teilweise montane Populationen durch den Eintrag von Spritzmitteln aus den Obstbauflächen, aber auch durch Aufforstung in Felssteppen und zunehmende Intensivierung sowie Ausweitung des Weinanbaus gefährdet. Ab der mittleren montanen Stufe jedoch höchstens lokal wirksame bestandsmindernde Faktoren. Da sich die meisten Populationen aber an den untersten Talhängen befinden, wird die von HOFER (1995) vorgenommene Gefährdungseinstufung beibehalten.

Rote Liste: gefährdet (VU); bisherige Einstufung: 3.

Schutzmaßnahmen: Rücknahme des Biozideinsatzes im Nahbereich von Trockenrasen sowie Verzicht auf weitere Aufforstung und sonstige Intensivierung in diesen Lebensräumen.

Der Rundaugen-Mohrenfalter (*Erebia medusa*) zählt zu den am frühesten im Jahr fliegenden Arten der Gattung.

Erebia medusa (Denis & Schiffermüller, 1775) Rundaugen-Mohrenfalter

TAXONOMIE – DETERMINATION

Wie bei vielen anderen weiter verbreiteten *Erebia*-Arten liegen auch für den Rundaugen-Mohrenfalter zahlreiche Beschreibungen von Unterarten vor, und WARREN (1936) unterscheidet nicht weniger als 13 Subspezies. Nach diesem Autor wären für eine ganze Reihe von Rassen Namen aktuell, so ssp. *generosa* Fruhstorfer, 1917, aus der Gegend von Trafoi, ssp. *hippomedusa* (Ochsenheimer, 1820) vom Stilfser-Joch-Gebiet oder die gleichermaßen in den Hochalpen des Ortlers vermutete ssp. *alpestris* Warren, 1936, und schließlich die auf die Dolomiten beschränkte ssp. *dolomitica* Warren, 1936. Von Letzterer wurden überdies größere Tiere aus den Waldgebieten als Form *sylvatica* abgetrennt (WARREN, 1936). Generell sind alle Rassen der Gebirgsregion durch kleinere und dunklere Tiere gekennzeichnet. Allerdings ist die Abgrenzung vieler der genannten Taxa nicht sehr überzeugend und dringend revisionsbedürftig.

E. medusa ähnelt stark *E. alberganus*, die Falter differieren aber durch die runden Flecken vor allem der Hinterflügelunterseite. Von manchen Formen der ebenfalls sehr ähnlichen *E. oeme* kann die Art durch die unterseits braunen statt schwarzen Fühlerspitzen unterschieden werden.

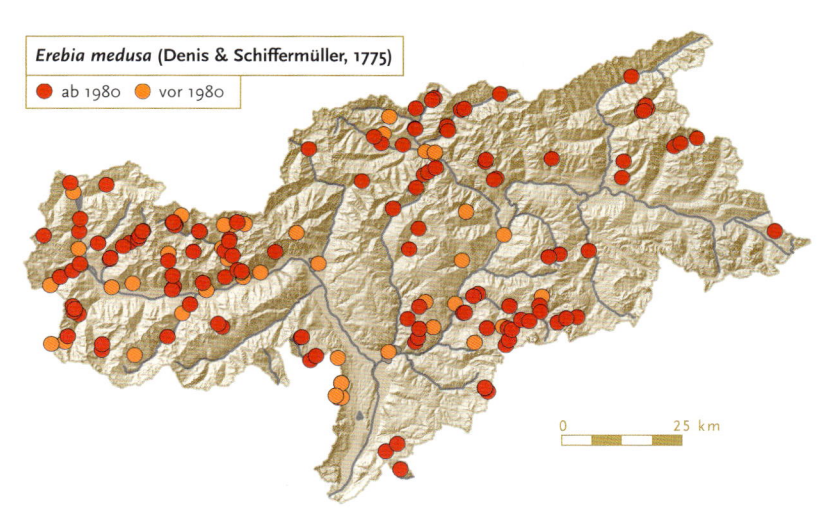

VERBREITUNG

Gesamtverbreitung: sibirisch-europäisch; von Zentralfrankreich über große Teile Mittel- und Osteuropas, nördliches Kleinasien, Transkaukasus, Sibirien bis Nordchina.

Regionalverbreitung: aus weiten Teilen Südtirols in größerer Funddichte bekannt mit wenigen Besammlungslücken in den westlichen Sarntaler Alpen sowie im Südosten der Dolomiten. Aus dem Etschtal südlich von Meran liegen schon aus früheren Zeiten keine Nachweise vor, und möglicherweise fehlt die Art hier aus klimatischen Gründen völlig.

Vertikalverbreitung: ca. 600 (?) bis 2200 m; kollin, montan, subalpin, alpin (?). Die tiefen, genauer datierten Fundorte liegen im Vinschgau bei ca. 600 m, eine ältere Angabe aus Meran ist nicht exakt lokalisierbar. Ähnliches gilt für Meldungen aus höheren Lagen, z. B. dem Schlerngebiet (DANNEHL, 1925–1930). Nach KITSCHELT (1925) soll die Art bis auf 2400 m vorkommen, allerdings reichen die Populationen auch in der Schweiz nur bis knapp über die Waldgrenze (SBN, 1994). Die höchsten Abundanzen werden in der montanen und subalpinen Stufe erreicht.

BIOLOGIE

Habitatwahl: mesophile Offenlandart. Eine Art mit breiter ökologischer Amplitude, die sowohl auf Trockenrasen als auch auf mesophilen bis hygrophilen Wiesen und Weiden fliegt. Besonders gehäuftes Vorkommen wurde in Südtirol auf extensiv bewirtschafteten Bergmähdern, auf subalpinen Weiderasen unterschiedlicher Typisierung sowie auf Lärchenwiesen festgestellt. Auch auf leicht angedüngten Fettwiesen ist die Art noch anzutreffen. Intensiv bewirtschaftete Flächen werden jedoch gemieden und auch in dichteren Wäldern fehlt *E. medusa*.

Phänologie: univoltin; je nach Höhenlage von Mitte Mai bis Ende Juli, Maifunde besonders aus den xerothermen Gebieten des Vinschgaus.

Raupenfutterpflanzen – Präimaginalstadien: Oligophagie I; *Bromus erectus*, *Festuca rubra*, *F. ovina* (Poaceae), wahrscheinlich noch weitere Süßgräser (SBN, 1994; TOLMAN & LEWINGTON, 1998). Raupenstadium ab dem Frühsommer und nach der Überwinterung bis zum Spätfrühling. SBN (1994) vermutet für manche Schweizer Populationen eine zweijährige Entwicklung. Verpuppung frei an der Bodenoberfläche.

GEFÄHRDUNG – SCHUTZMASSNAHMEN

Gefährdungssituation: Häufigkeitsrückgang in der oberen Hügelstufe sowie in manchen Bergregionen durch lokale Bewirtschaftungsintensivierung. Die weite horizontale und vertikale Verbreitung lässt aber kein generelles Aussterbeszenario in Südtirol erkennen.

Rote Liste: drohende Gefährdung (NT); bisherige Einstufung: 4.

Schutzmaßnahmen: Beibehaltung traditioneller, extensiver Bewirtschaftung. Verzicht auf weitere Intensivierungsmaßnahmen wie insbesondere Düngung von Bergwiesen.

Erebia alberganus (de Prunner, 1798) Gelbäugiger Mohrenfalter

Synonymie:
Erebia ceto (Hübner, 1804)

TAXONOMIE – DETERMINATION

Die noch von WARREN (1936) unterschiedenen Rassen *E. alberganus alberganus* und *E. alberganus ceto* (Hübner, 1804) werden inzwischen als Synonyme behandelt (LERAUT, 1997). Für die Umgebung von Meran sowie den Penegal und das Grödnertal beschrieb FRUHSTORFER (1918) eine eigene ssp. *rhodacleia*, die sich aber ebenfalls in die gewöhnliche individuelle Variationsbreite der Art einfügt. Lediglich in Bulgarien existiert eine besser differenzierte Unterart, nämlich *E. alberganus phorcys* Freyer, 1836.

Die ovalen Ozellen sind für *E. alberganus* charakteristisch.

VERBREITUNG

Gesamtverbreitung: südeuropäisch; Gebirgsregionen des mittleren und südlichen Europas, vom Kantabrischen Gebirge und von den Alpen und Abruzzen bis zum Balkan.

Regionalverbreitung: im Bereich der Zentralalpen sowie im Ortlergebiet weit verbreitet, auch vom Mendelstock bekannt. Für die Sarntaler Alpen und die Dolomiten liegen jedoch nur ganz vereinzelte Nachweise vor. In den tiefer gelegenen Tälern, wie z. B. dem Etschtal südlich von Meran sowie dem Eisacktal, fehlt *E. alberganus* völlig.

Vertikalverbreitung: ca. 700 bis 2500 m; montan, subalpin, alpin. Besonders im Bereich um die Waldgrenze weit verbreitet und häufig, nach SBN (1994) wird diese Grenze selten überschritten. Ein Falter aus Meran (coll. Naturhistorisches Museum Wien) ist bezüglich der Fundhöhe nicht exakt lokalisierbar.

BIOLOGIE

Habitatwahl: montane Art. *E. alberganus* besiedelt eine Vielzahl unterschiedlicher Offenlandlebensräume, von Trocken- und Halbtrockenrasen über mäßig gedüngte Fettwiesen der Berggebiete bis hin zu extensiv bewirtschafteten montanen und subalpinen Wiesen, Almen und Weiderasen sowie lichten Fichtenwäldern und Lärchenwiesen. Vor allem auf den montanen/subalpinen Bergmähdern und in Weidegebieten gehäuftes Auftreten.

Phänologie: univoltin; von Mitte Juni bis Ende August.

Raupenfutterpflanzen – Präimaginalstadien: Oligophagie I; *Festuca ovina*, *Anthoxanthum odoratum* (Poaceae) und sehr wahrscheinlich noch weitere Süßgräser. Die Raupen fressen ab dem Sommer sowie nach der Überwinterung im dritten Stadium im Frühling. Verpuppung frei an der Bodenoberfläche (SBN, 1994).

GEFÄHRDUNG – SCHUTZMASSNAHMEN

Gefährdungssituation: auf Grund der breiten ökologischen Amplitude sowie der Hauptverbreitung in der Bergwaldstufe höchstens lokale Einbußen durch landwirtschaftliche Intensivierung, jedoch keine unmittelbare Bestandsbedrohung.

Rote Liste: nicht oder kaum gefährdet (LC); bisherige Einstufung: n. a. bzw. evtl. 4 (EISENBERG, 2001).

Schutzmaßnahmen: Verzicht auf weitere Intensivierung in den anthropogen genutzten Habitaten.

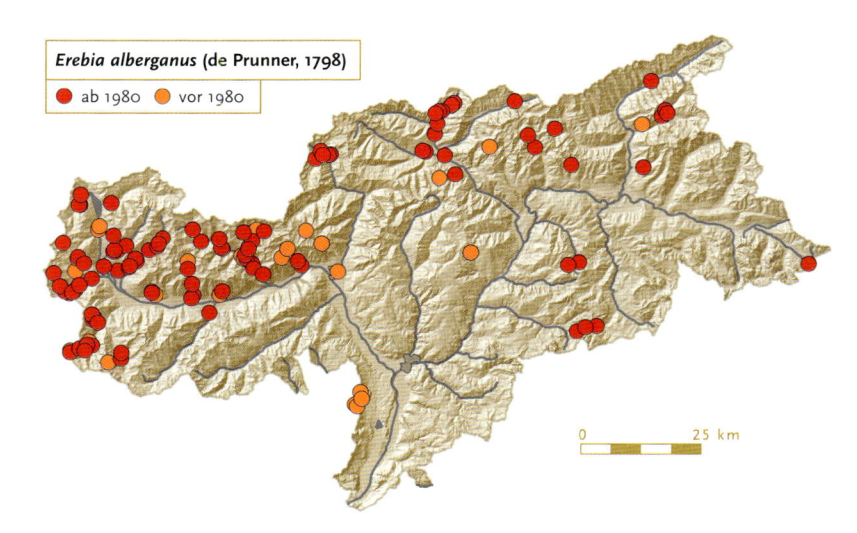

Erebia alberganus (de Prunner, 1798)
● ab 1980   ● vor 1980

Erebia pluto
(de Prunner, 1798)
Eis-Mohrenfalter

Synonymie:
Erebia glacialis
(Esper, 1804) (Homonym)

TAXONOMIE – DETERMINATION
E. pluto weist eine Reihe von habituell stark differenzierten Unterarten auf. Die Nominatunterart fliegt in den Südwestalpen. Aus Südtirol wurden hingegen zwei subspezifisch zu bewertende Taxa beschrieben: *E. pluto velocissima* Fruhstorfer, 1918, aus dem Ortlergebiet, ein Taxon, das bereits SCHAWERDA (1911) mit dem als primäres Homonym geltenden Namen *Erebia glacialis stelviana* benannte, sowie *E. pluto dolomitana* Schawerda, 1911, aus den Dolomiten. Vom Stilfser Joch wurde überdies auch mehrfach die hauptsächlich in der Ostschweiz verbreitete ssp. *anteborus* Fruhstorfer, 1918, gemeldet. Die Falter des Stilfser Jochs erinnern tatsächlich an westlich angrenzende Populationen, die von WARREN (1939) als ssp. *berninae* abgetrennt wurden. Alle Funde aus dem Ortlergebiet beziehen sich jedoch auf sehr variable Mischpopulationen von zwei Unterarten (ssp. *berninae*, Bernina- und Livigno-Alpen, und ssp. *nicholli* Oberthür, 1896, Brenta-Gruppe) und können als ssp. *velocissima* zusammengefasst werden (CUPEDO, 2004). Mischpopulationen von drei postglazial eingewanderten Unterarten (ssp. *alecto* Hübner, 1803, Nördliche Kalkalpen, Ötztaler Alpen, sowie ssp. *nicholli* und ssp. *berninae*) treten hingegen an der Südabdachung der Ötztaler und Stubaier Alpen auf und wurden für das Schnalstal sogar als eigene Rasse, *Erebia alecto antracites*, benannt (FRUHSTORFER, 1918). Der taxonomische Status dieser Populationen ist jedoch diskussionswürdig (CUPEDO, 2004).

Eine Differenzierung der Südtiroler Rassen in den westlichen Landesteilen gestaltet sich durch die genannten Mischpopulationen sehr schwierig. Die habituellen Merkmale variieren von breiten rötlichen Binden und deutlich gekernten Augen auf den Vorder- und Hinterflügeln bis zu überwiegend stark verdunkelten Tieren mit reduzierter Bindenzeichnung sowie nur beim Weibchen vorhandenen winzigen Augenflecken im Vorderflügelapex. Gut abgrenzbar ist hingegen *E. pluto dolomitana* aus den Dolomiten mit in beiden Geschlechtern fast einfarbig schwarzen Flügeln mit zwei weiß gekernten Augen im Vorderflügelapex.

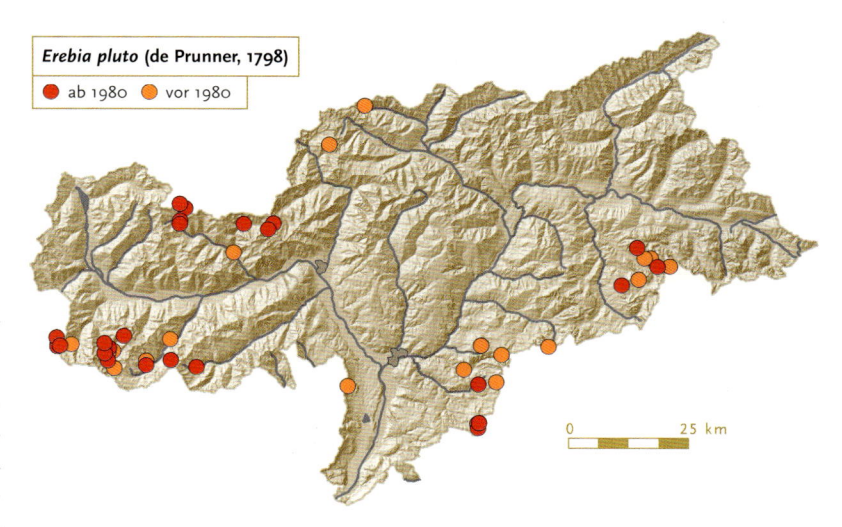

Der Eis-Mohrenfalter kann aber als Art an der einfarbigen dunklen Hinterflügelunterseite des Männchens und mit gewissen Einschränkungen auch des Weibchens in Kombination mit der Faltergröße leicht erkannt werden.

VERBREITUNG
Gesamtverbreitung: alpin-apenninisch; gesamter Alpenbogen und zentraler Apennin.
Regionalverbreitung: in den Hochlagen der westlichen Landesteile, von der Ortlergruppe bis zu den Ötztaler und Stubaier Alpen, sowie in den Dolomiten lokal und meist einzeln.
Vertikalverbreitung: ca. 1900 bis 2900 m; alpin, nival. In benachbarten Regionen auf Schuttkegeln teilweise weit unterhalb der Waldgrenze, bis auf 1600 m herabsteigend, andererseits aber auch 3200 m erreichend (SBN, 1994).

BIOLOGIE
Habitatwahl: alpine Art. Ausschließlich in kaum bewachsenen, sonnigen Schuttfluren und auf Moränenfeldern, sowohl auf karbonathaltigem als auch auf silikatreichem Untergrund.
Phänologie: univoltin (zweijährig, fakultativ dreijährig (?); von Mitte Juni bis Ende September, Hauptflugzeit zwischen Ende Juli und Mitte August.
Raupenfutterpflanzen – Präimaginalstadien: Oligophagie I; *Festuca halleri, F. quadriflora, Poa minor* (Poaceae) (SBN, 1994). Eiablage oft in größerer Entfernung von den Futterpflanzen. Raupenüberwinterung im ersten oder zweiten Stadium sowie im folgenden Jahr vermutlich im letzten Stadium (SBN, 1994). Auch eine dreijährige Entwicklung ist nicht auszuschließen. Vermutlich variiert die Generationenfolge je nach Witterung und Standortfaktoren.

GEFÄHRDUNG – SCHUTZMASSNAHMEN
Gefährdungssituation: ausschließlich in anthropogen weitestgehend unbeeinflussten Schuttbereichen oberhalb der Waldgrenze vorkommend und daher in keiner Weise gefährdet. Die frühere Einstufung in die Kategorie „stark gefährdet" (HOFER, 1995) basiert ausschließlich auf dem Mangel an imaginalen Daten und berücksichtigt die Habitatsituation nicht.
Rote Liste: nicht oder kaum gefährdet (LC); bisherige Einstufung: 2 bzw. weniger stark gefährdet (EISENBERG, 2001).
Schutzmaßnahmen: keine Maßnahmen notwendig.

Erebia gorge
(Hübner, 1804)
Felsen-Mohrenfalter

TAXONOMIE – DETERMINATION
Während WARREN (1936) noch vier Subspezies unterscheidet, legen sich TOLMAN & LEWINGTON (1998) bezüglich der subspezifischen Untergliederung nicht genau fest. Im neuesten Katalog europäischer Lepidopteren wird auf die Unterscheidung von Unterarten gänz-

lich verzichtet (DE PRINS, in litteris). Aus den Alpen ist aber unabhängig von diesen divergierenden Ansichten nur die Nominatunterart bekannt. Lediglich wenige Autoren wie LERAUT (1997) behandeln auch *E. gorge erynis* (Esper, 1805) als Subspezies. Sie ist durch die praktisch völlige Reduktion der Augenzeichnung charakterisierbar. Derartige Tiere treten aber in allen Populationen auf, und WARREN (1936) bezeichnet daher *erynis* wohl mit Recht nur als Individualaberration. Aus dem Rosengartenmassiv wurde überdies von letzterem Autor eine f. *elisabethae* beschrieben, die sich von der nominotypischen *E. gorge* durch die extrem breite Binde der Vorderflügeloberseite unterscheidet und eine ausgeprägte Augenzeichnung besitzt.

E. gorge kann am zuverlässigsten durch die grau-schwarz gefleckte Hinterflügelunterseite mit dunkler Mittelbinde bestimmt werden, ist aber grundsätzlich sehr variabel.

VERBREITUNG

Gesamtverbreitung: südeuropäisch; Gebirge Süd- und Mitteleuropas, vom Kantabrischen Gebirge und von den Pyrenäen und Alpen bis zu den Dinariden und Apenninen.

Regionalverbreitung: in weiten Teilen der Südtiroler Alpengebiete verbreitet, lokal recht zahlreich.

Vertikalverbreitung: ca. 1550 bis 2800 m; subalpin, alpin, nival. Unterhalb der Waldgrenze selten nachgewiesen, in Extremfällen einzelne Falter bei 1300 m wie in Taufers im Münstertal. Aus dem Wallis sind auch Populationen deutlich oberhalb von 3000 m bekannt (SBN, 1994).

BIOLOGIE

Habitatwahl: alpine Art. Stärker besonnte Fels- und Schuttbiotope werden ebenso besiedelt wie durch Erdabrissstellen und Schutt unterbrochene alpine Rasengesellschaften. Sowohl auf Silikat als auch auf kalkhaltigem Untergrund.

Phänologie: univoltin (zweijährig); von Mitte Juni bis Anfang September, vor allem von Mitte Juli bis Mitte August.

Raupenfutterpflanzen – Präimaginalstadien: Oligophagie I; *Sesleria varia*, *Festuca* spp., *Poa minor* (Poaceae). Raupe überwintert erstmals im ersten, dann im vorletzten Stadium. Verpuppung ab Ende Mai am Boden (SBN, 1994).

GEFÄHRDUNG – SCHUTZMASSNAHMEN

Gefährdungssituation: *E. gorge* ist auf Grund der meist weitab von direktem menschlichem Einfluss gelegenen Lebensräume ungefährdet.

Rote Liste: nicht oder kaum gefährdet (LC); bisherige Einstufung: n. a.

Schutzmaßnahmen: derzeit keine Maßnahmen erforderlich.

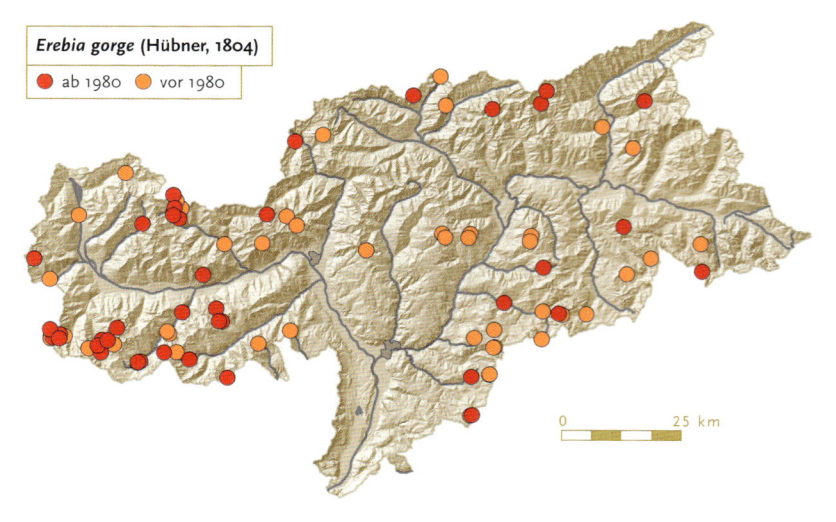

Der Felsen-Mohrenfalter (*Erebia gorge*) lebt meist nur oberhalb der Waldgrenze in Fels- und Schutthabitaten.

<<
Die nachtaktive Raupe des Felsen-Mohrenfalters ernährt sich von verschiedenen Grasarten.

Wie alle Mohrenfalterarten verpuppt sich der Felsen-Mohrenfalter frei im Bodensubstrat, oft auch unter Steinen.

Erebia mnestra (Hübner, 1804) Blindpunkt-Mohrenfalter

Erebia mnestra (Hübner, 1804)
● ab 1980   ● vor 1980

TAXONOMIE – DETERMINATION

Nur in der Nominatunterart bekannt. DANNEHL (1927) beschrieb aus dem Stilfser-Joch-Gebiet Exemplare mit weiß gekernten Augen als ab. *pupillata*. *E. mnestra* differiert von den anderen Vertretern der Gattung in Südtirol durch die relativ breite orange Binde, teilweise mit zwei schwarzen, evtl. weiß gekernten Punkten auf der Vorderflügeloberseite sowie eine schmale Binde auf der Hinterflügeloberseite.

VERBREITUNG

Gesamtverbreitung: alpin; sehr lokal in den Französischen Alpen, ostwärts vom Mont Blanc über große Teile der Penninischen Alpen bis zum Ortler und Adamello sowie über die Ötztaler Alpen bis nach Salzburg.
Regionalverbreitung: in den westlichsten Landesteilen, vom Ortler bis zu den Ötztaler Alpen, lokal verbreitet, an den Fundstellen meist in Anzahl. Einzelmeldungen aus den westlichen Zillertaler Alpen sind durchwegs historisch (KITSCHELT, 1925) und es konnten keine Belege eingesehen werden. Diese Fundortangaben sind daher mit Vorsicht zu behandeln. Keine Berücksichtigung fand die isolierte und trotz zahlreicher späterer Aufsammlungen nie bestätigte Meldung von der Seiser Alm durch Settari (KITSCHELT, 1925).
Vertikalverbreitung: ca. 1500 bis 2700 m; montan, subalpin, alpin. Vor allem im Bereich der unteren alpinen Stufe gehäuft vorkommend.

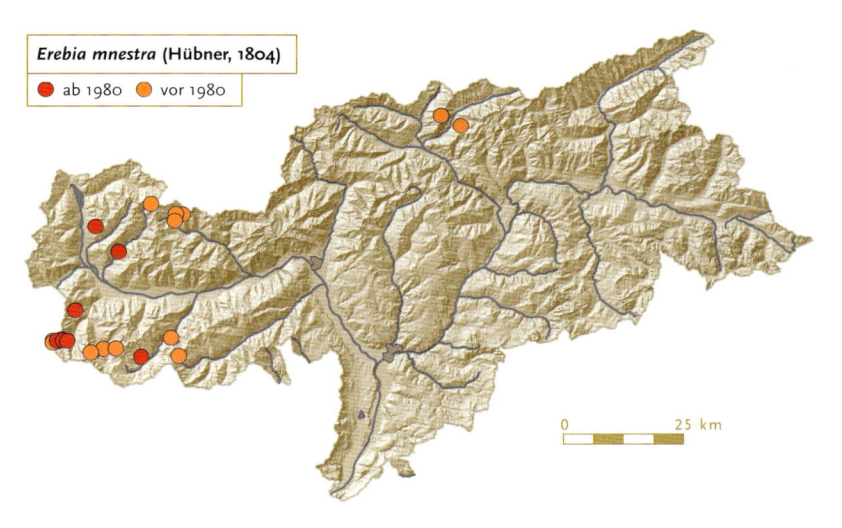

BIOLOGIE

Habitatwahl: alpine Art. Sonnige, und meist hochgrasigere subalpine und alpine Rasengesellschaften, auch in offenen und lichten Lärchenwäldern. Falter gerne in der Nähe von Bachrinnen.
Phänologie: univoltin (zweijährig); von Ende Juni bis Mitte August. Im Ortlergebiet mit Sicherheit alljährlich auftretend, an einigen Fundstellen in den Schweizer Alpen nur jedes zweite Jahr (SBN, 1994).
Raupenfutterpflanzen – Präimaginalstadien: Oligophagie I; *Sesleria varia*, *Festuca* spp. (Poaceae). Raupenüberwinterung erstmals im ersten oder zweiten, dann nochmals im vorletzten Stadium (SBN, 1994).

GEFÄHRDUNG – SCHUTZMASSNAHMEN

Gefährdungssituation: durch gelegentliche Überbeweidung sowie touristische Erschließungstendenzen zumindest lokale Gefährdung. Eine Einstufung in die Rote Liste erscheint aber nicht gerechtfertigt.

Rote Liste: nicht oder kaum gefährdet (LC); bisherige Einstufung: 1 bzw. weniger stark gefährdet.
Schutzmaßnahmen: Reduktion der intensiven Beweidung im Nationalpark Stilfser Joch.

Erebia tyndarus
(Esper, 1781)
Schweizer Mohrenfalter

TAXONOMIE – DETERMINATION
Die *Erebia-tyndarus*-Artengruppe zählt auf Grund der uniformen Genitalstrukturen sowie der weitgehend allopatrisch verbreiteten Arten zu den schwierigsten taxonomischen Komplexen innerhalb der Gattung. Zahlreiche Taxa wurden beschrieben und noch von WARREN (1936) in 15 Subspezies dem Taxon *E. tyndarus* zugerechnet, rezent werden hingegen insgesamt neun (bzw. zehn) gute Arten unterschieden (LATTES et al., 1994). Die heute weitgehend akzeptierte Differenzierung auf Artniveau basiert, abgesehen von schwierig zu bewertenden und oft geringfügigen morphologischen Unterschieden, vor allem auf den karyologischen Untersuchungen durch LORKOVIC (1941) und DE LESSE (1960) sowie enzymelektrophoretischen Resultaten (LATTES et al., 1994). Die Anzahl der Chromosomen differiert bei vielen Arten stark und schwankt haploid zwischen 8 und 52. Relativ nahe stehen sich diesbezüglich alle drei in Südtirol nachgewiesenen Arten mit zehn (*E. tyndarus* und *E. cassioides*) bzw. elf (*E. nivalis*) Chromosomen.

E. tyndarus kann vor allem durch die abgerundeten Vorderflügel und die bindenartig angeordneten Flecken mit kleinen oder völlig reduzierten Ozellen von den beiden anderen Südtiroler Arten der Gruppe unterschieden werden.

VERBREITUNG
Gesamtverbreitung: alpin; zentraler Teil der Westalpen sowie westlichste Ostalpen, vom Wallis bis zu den Allgäuer Alpen, Brennergebiet und Ortler. Meldungen aus den Hautes-Alpes sind zweifelhaft.
Regionalverbreitung: in den westlichen Landesteilen, dem Gebiet vom Ortler über die Sesvennagruppe und die Ötztaler Alpen, weit verbreitet und häufig. Bemerkenswerterweise auch noch in den nördlichen Sarntaler Alpen, im Nahbereich des Areals von *E. cassioides*. Zahlreiche Fehlmeldungen aus dem Osten des Landes, selbst bis in die jüngste Vergangenheit (REICHL, 1992), beziehen sich auf *E. cassioides*.
Vertikalverbreitung: ca. 1400 bis 2800 m; montan (?), subalpin, alpin. Meistens nur oberhalb von 1700 m. Ein authentisches Vorkommen in der montanen Stufe Südtirols ist nicht sicher belegt, wenige Meldungen aus tieferen Regionen sind bezüglich der Höhenangaben sehr zweifelhaft.

BIOLOGIE
Habitatwahl: alpine Art. Weiderasen sowie naturnahe und natürliche alpine Rasengesellschaften sowohl auf karbonathaltigem als auch auf silikatreichem Untergrund. Auch im Bereich von Zwergstrauchgesellschaften mit eingestreuten Rasenfragmenten anzutreffen.
Phänologie: univoltin; von Ende Juni bis Anfang September, ausnahmsweise auch noch Anfang Oktober.
Raupenfutterpflanzen – Präimaginalstadien: Oligophagie I; *Nardus stricta*, *Festuca* spp. (Poaceae). Die Entwicklung ist einjährig mit der Raupenüberwinterung jeweils im ersten oder zweiten Stadium. Entwicklungsgeschwindigkeit je nach kleinklimatischen Standortverhältnissen extrem variabel (SBN, 1994).

GEFÄHRDUNG – SCHUTZMASSNAHMEN
Gefährdungssituation: auf Grund der weiten Verbreitung auf naturnahen Rasengesellschaften sowie anthropogen genutzten Weiderasen und Mähwiesen im Bereich knapp unter- und oberhalb der Waldgrenze keine Gefährdung erkennbar.
Rote Liste: nicht oder kaum gefährdet (LC); bisherige Einstufung: n. a.
Schutzmaßnahmen: derzeit keine Maßnahmen erforderlich.

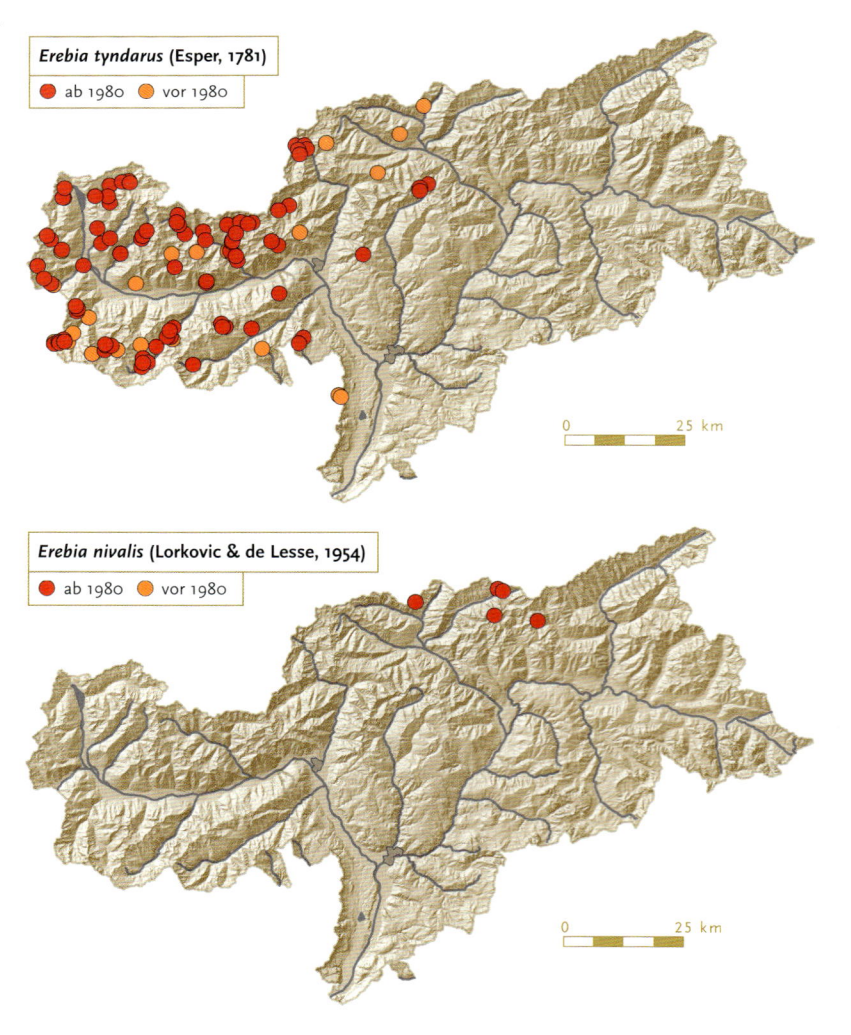

Erebia tyndarus (Esper, 1781)
● ab 1980 ● vor 1980

Erebia nivalis (Lorkovic & de Lesse, 1954)
● ab 1980 ● vor 1980

Erebia nivalis
(Lorkovic & de Lesse, 1954)
Großglockner-Mohrenfalter

TAXONOMIE – DETERMINATION
Die Artspezifität von *E. nivalis* ist unbestritten und wurde rezent durch enzymelektrophoretische Studien bestätigt (LATTES et al., 1994). Die Aufspaltung in drei Unterarten (WARREN, 1981), hauptsächlich basierend auf der Faltergröße, wird in Anlehnung an moderne Standardwerke aber nicht übernommen.
E. nivalis besitzt auffallend gerundete Vorderflügel mit kleinen, weiß gekernten Ozellen sowie zwei rostfarbenen Flecken, die bis zur Zelle reichen.

VERBREITUNG
Gesamtverbreitung: alpin; Österreichische Zentralalpen, von den Ötztaler Alpen bis zu den Niederen Tauern, isolierte Vorkommen in der Zentralschweiz sowie im Südtiroler Teil der Zillertaler und Stubaier Alpen.
Regionalverbreitung: nur von wenigen Stellen, teilweise aber in höherer Individuendichte bekannt. Nachweise vom Pfitscher Joch sind bereits bei TOLMAN & LEWINGTON (1998) sowie EISENBERG (2001) vermerkt, weitere nahe gelegene Fundstellen wurden durch Niederkofler belegt. Eine individuenreiche Population konnte Anfang Juli 2003 im Gebiet des Sandjöchls (Gossensaß) an der Südabdachung der Stubaier Alpen entdeckt werden. Möglicherweise finden sich auch in den Ötztaler Alpen noch zusätzliche Populationen. Angaben aus dem Ortlergebiet (HUEMER & TARMANN, 2001) sind zweifelhaft, hier finden sich aber zwischen der häufigen *E. tyndarus* auch Tiere, die habituell am ehesten zu *E. nivalis* passen. Die Taxonomie dieser Populationen ist jedoch klärungsbedürftig.
Vertikalverbreitung: ca. 2100 bis 2300 m; alpin. Nach TOLMAN & LEWINGTON (1998) am Pfitscher Joch bis auf 2450 m sowie in anderen Gebieten bis gegen 2600 m. SBN (1994) meldet für die Schweiz Höhenlagen zwischen 2250 und 2600 m.

BIOLOGIE
Habitatwahl: alpine Art. Falter bevorzugt im Bereich alpiner Silikatrasengesellschaften wie Rostseggenrasen, aber auch in blütenreicheren, schuttdominierten Habitaten, immer bevorzugt an südexponierten Stellen.
Phänologie: univoltin (zweijährig); von Anfang Juli bis Anfang August, in manchen Jahren sicher auch schon früher, da am 2.7.2003 beobachtete Falter teilweise bereits stärker geflogen waren. Imagines durchschnittlich etwas früher fliegend als die z. B. am Sandjöchl in tieferen Lagen präsente *E. cassioides*.
Raupenfutterpflanzen – Präimaginalstadien: Oligophagie I (?); *Festuca quadriflora* (Poaceae), wahrscheinlich aber auch andere Poaceae. Die Entwicklung ist zweijährig mit Raupenüberwinterung jeweils im ersten bzw. im vorletzten oder letzten Stadium. Verpuppung daher trotz Höhenlage der Lebensräume bereits im Mai (SBN, 1994).

GEFÄHRDUNG – SCHUTZMASSNAHMEN
Gefährdungssituation: Habitatwahl und Ökologie der Präimaginalstadien machen eine Gefährdung unwahrscheinlich, jedoch bestehen noch erhebliche Erfassungsdefizite bezüglich der tatsächlichen Verbreitung in Südtirol.
Rote Liste: unzureichender Datenbestand (DD); bisherige Einstufung: n. a. bzw. evtl. 5 (EISENBERG, 2001).
Schutzmaßnahmen: derzeit keine Maßnahmen erforderlich.

Erebia cassioides
(Hochenwarth, 1793)
Schillernder Mohrenfalter

Synonymie:
Erebia tyndarus auctt., partim

TAXONOMIE – DETERMINATION
E. cassioides umfasst in den Alpen nach enzymelektrophoretischen Studien zwei genetisch differenzierte Gruppen von Populationen, deren Genfluss vor ca. 0,35 Mio. Jahren durch die dazwischen einwandernden Populationen von *E. tyndarus* unterbrochen wurde (LATTES et al., 1994). Eine definitive taxonomische Bewertung der Befunde unterblieb in der genannten Arbeit. Während LATTES et al. (1994) als möglichen Namen für die westlichen Populationen *E. (cassioides) carmenta* Fruhstorfer, 1909, vorschlagen, akzeptiert LERAUT (1997) *E. arvernensis* Oberthür, 1908, mit mehreren Subspezies. Die Südtiroler Populationen aus den nordöstlichen Landesteilen sind jedenfalls der nominotypischen, vom Großglockner beschriebenen *E. cassioides* zuzurechnen. Ungeklärt bleibt vorläufig der taxonomische Status der aus den Dolomiten beschriebenen *E. tyndarus dolomitana* Goltz, 1930, die – bedingt durch eine primäre Homonymie – von WARREN (1936) als *E. tyndarus dolomitensis* benannt wurde. Diese Populationen wurden vielfach als *E. tyndarus* publiziert, gehören jedoch eindeutig zu *E. cassioides*. Für die oben erwähnten enzymelektrophoretischen Studien lag aus den Dolomiten leider kein Material vor. Auf Grund der habituellen Unterschiede wie geringerer Flügelspannweite und der im Vergleich zu anderen Populationen kleineren Ozellen aller Flügel wird *dolomitensis* aber als Subspezies von *E. cassioides* akzeptiert. WARREN (1981) kombiniert das Taxon *dolomitensis* fälschlicherweise mit der westalpinen *E. aquitania* Fruhstorfer, 1909, die heute unter dem Namen *E. arvernensis aquitania* geführt wird (LERAUT, 1997) und im Gebiet der Ost- und Südalpen nicht vorkommt.
E. cassioides besitzt im Vergleich zu den beiden anderen Südtiroler Vertretern der Artengruppe spitzere Vorderflügel mit reduzierten rostfarbenen Zeichnungselementen und große, zusammenhängende und weiß gekernte Ozellen.

VERBREITUNG
Gesamtverbreitung: alpin; unzureichend bekannt, da rezent der Status weiterer Taxa als jeweils separate Art diskutiert wird (LATTES et al., 1994). Mit Sicherheit aus den östlichen Teilen des Alpenbogens bekannt. Meldungen aus den Südwestalpen werden neuerdings *E. arvernensis* zugerechnet, jene aus anderen Gebirgsregionen Europas sind zu überprüfen und beziehen sich möglicherweise auf weitere Taxa.
Regionalverbreitung: Fundmeldungen wurden früher unter *E. tyndarus* subsumiert und werden in dieser Arbeit nach den heute dokumentierten Arealen beider Arten und in Grenzbereichen ausschließlich nach kontrolliertem Material aufgeschlüsselt. *E. cassioides* ist in den östlichen Landesteilen weit verbrei-

Erebia cassioides (Hochenwarth, 1793)
● ab 1980   ● vor 1980

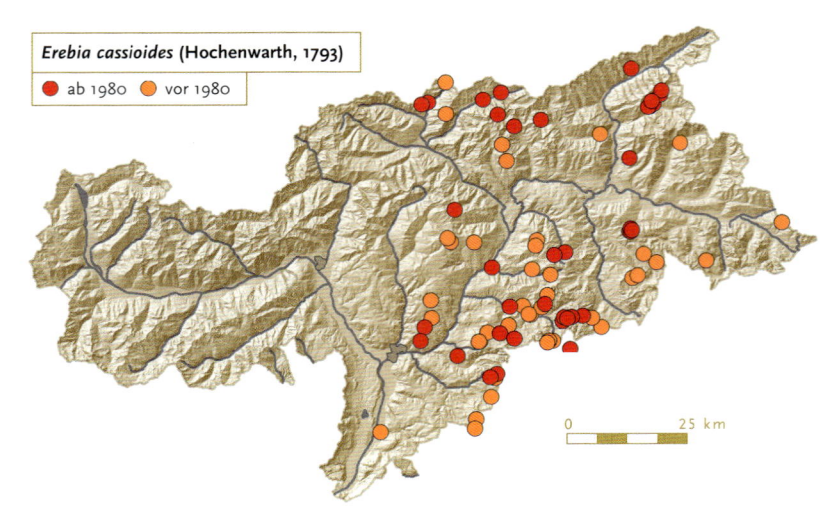

tet und an zahlreichen Stellen der Zillertaler Alpen und der Dolomiten belegt. Die Westgrenze der Verbreitung ist, bedingt durch die häufige Verwechslung mit *E. tyndarus*, nicht völlig geklärt. Im Brennergebiet überschreitet die Art das Eisacktal und tritt noch in den Bergen westlich des Brenners auf. Auch in den Sarntaler Alpen kommt großteils *E. cassioides* vor, lediglich im nördlichen Teil wurde *E. tyndarus* gefunden (Penser Joch). Meldungen aus den Ötztaler Alpen basieren auf Fehldeterminationen von *E. tyndarus*. Im Gebiet des Sandjöchls (Gossensaß) in den Stubaier Alpen konnte die Art sympatrisch, jedoch nicht syntop mit *E. nivalis* beobachtet werden. Letztere Art fliegt dort in etwas höher gelegenen Regionen.

Vertikalverbreitung: ca. 1400 bis 2700 m; Meldungen aus dem Bereich der unteren und oberen Verbreitungsgrenze sind wie viele andere historische Daten nur unter Vorbehalt zu berücksichtigen. GOLTZ (1910) beobachtete die Art im Grödnertal zwischen 1300 und 2100 m.

BIOLOGIE

Habitatwahl: alpine Art. Unterschiedlichste Weiderasen sowie alpine Rasengesellschaften sowohl auf karbonathaltigem als auch auf silikatreichem Untergrund.

Phänologie: univoltin; von Mitte Juni bis Anfang September, Hauptflugzeit jedoch zwischen Mitte Juli und Ende August. In der benachbarten Schweiz vereinzelt noch im Oktober registriert (SBN, 1994).

Raupenfutterpflanzen – Präimaginalstadien: Oligophagie I (?); *Festuca ovina* (Poaceae) (TOLMAN & LEWINGTON, 1994), andere Autoren (SBN, 1994) erwähnen *Festuca* spp. als bevorzugtes Raupensubstrat, Raupe wahrscheinlich aber auch andere Poaceae fressend. Die Entwicklung ist einjährig mit der Raupenüberwinterung jeweils im ersten oder zweiten Stadium. Die Entwicklungsgeschwindigkeit ist je nach kleinklimatischen Standortverhältnissen extrem variabel (SBN, 1994).

GEFÄHRDUNG – SCHUTZMASSNAHMEN

Gefährdungssituation: weite Verbreitung in natürlichen bis naturnahen Lebensräumen, aber auch auf anthropogen genutzten Weiderasen und Mähwiesen. Keine erkennbaren Gefährdungsfaktoren.

Rote Liste: nicht oder kaum gefährdet (LC); bisherige Einstufung: 2. Die Einstufung bei HOFER (1995) basiert auf unzureichendem Datenmaterial.

Schutzmaßnahmen: derzeit keine Maßnahmen erforderlich.

Erebia pronoe (Esper, 1780)
Pronoe-Mohrenfalter

TAXONOMIE – DETERMINATION

Von dieser Art wurden zahlreiche, teils kaum abgrenzbare Unterarten beschrieben (WARREN, 1936). Die subspezifische Gliederung der Südtiroler Populationen ist zwar nicht restlos geklärt, es dürften aber nur zwei Unterarten vorkommen. Von den nördlichen Dolomiten bis zu den Ötztaler Alpen sowie im Ortlergebiet tritt die ssp. *tarcenta* Fruhstorfer, 1920, auf, die u. a. aus der Umgebung von Lana und Meran beschrieben wurde. Im Bereich der westlichen und südlichen Dolomiten, zwischen Geislerspitzen, Sellagruppe und Karerpass, fliegt die ssp. *gardeina* Schawerda, 1924. Diese Rasse ist generell dunkler und zeichnungsärmer als Tiere anderer Regionen, hebt sich allerdings auch durch eine überdurchschnittliche individuelle Variationsbreite hervor. Dementsprechend beschrieb SCHAWERDA (1924) eine ganze Reihe infrasubspezifischer Aberrationen.

Falter ähnlich *E. montanus*, *E. styx* und *E. stirius*, am besten durch die mit dem Basalfeld verschmolzene Randbinde der Vorderflügelunterseite zu unterscheiden.

VERBREITUNG

Gesamtverbreitung: südeuropäisch; von den Pyrenäen und Alpen bis zu den Karpaten und Balkanischen Gebirgen.

Regionalverbreitung: in den meisten Gebirgsregionen des Landes zerstreut auftretend, gelegentlich aber zahlreich. Vor allem in den Dolomiten sehr weit verbreitet, ansonsten viel lokaler, jedoch mit Sicherheit auch Nachweisdefizite.

Vertikalverbreitung: ca. 1000 bis 2500 m; montan, subalpin, alpin. Besonders im Bereich der Waldgrenze verbreitet. Fundmeldungen aus Talgebieten, wie z. B. bei REICHL (1992) dargestellt, erwiesen sich durchwegs als falsch.

BIOLOGIE

Habitatwahl: alpine Art. Charakterart eher trockener, besonnter Weiderasen und Wiesen, teils auch mit stärkerer Beweidung und regelmäßiger Mahd. Auch auf natürlichen Rasengesellschaften oberhalb der Waldgrenze sowohl auf Silikat als auch auf kalkhaltigem Untergrund. Vereinzelt im Nahbereich von Felsen und Schuttfluren, jedoch keine petrophile Art.

Phänologie: univoltin; von Mitte Juli bis Mitte September, Hauptflugzeit im August.

Raupenfutterpflanzen – Präimaginalstadien: Monophagie II (?); *Festuca ovina*, *F. quadriflora* (Poaceae), vermutlich aber auch andere Gräser. Raupe überwintert juvenil und verpuppt sich im folgenden Jahr erst gegen Ende Juni (SBN, 1994).

GEFÄHRDUNG – SCHUTZMASSNAHMEN
Gefährdungssituation: durch Besiedelung von anthropogen genutzten Weiderasen sowie naturnahen oder natürlichen Rasengesellschaften oberhalb der Waldgrenze keine Gefährdungsfaktoren erkennbar.
Rote Liste: nicht oder kaum gefährdet (LC); bisherige Einstufung: n. a.
Schutzmaßnahmen: derzeit keine Maßnahmen erforderlich.

Erebia stirius (Godart, 1824)
Steirischer Mohrenfalter

Synonymie:
Erebia nerine auctt., partim;
Erebia morula auctt., partim

TAXONOMIE – DETERMINATION
Das Artenpaar *E. stirius* und *E. styx* hat lange Zeit für erhebliche Probleme gesorgt. Die früher hauptsächlich unter dem Namen *Erebia nerine* zusammengefassten Taxa wurden von WARREN (1936) revidiert und in einer Reihe von Unterarten unter dem Artnamen *E. stirius* behandelt, wie z. B. die von der Seiser Alm beschriebene *Erebia morula* (SPEYER, 1865). LORKOVIC (1952) sowie besonders JUTZELER et al. (2001a, 2001b, 2002a, 2002b) widmeten sich erneut eingehend der Thematik und postulierten spezifische Validität von zwei Arten – *E. stirius* und *E. styx* – auf Grund imaginaler Merkmale sowie unterschiedlicher Präimaginalstadien. In Südtirol treten beide Arten auf, *E. stirius* ausschließlich in der kleinen und dunklen ssp. *morula*. Dieser Name wurde von früheren Lepidopterologen fälschlicherweise auch für die dunkle *E. styx* verwendet. Weitere Unterarten wie ssp. *stirius* Godart, 1824, ssp. *nerine* Freyer, 1831, ssp. *kleki* Lorkovic, 1955, und ssp. *gorana* Lorkovic, 1985, finden sich nur im östlichen Teil des Gesamtareals.
E. stirius kann von *E. styx*, auch unter Berücksichtigung einer erheblichen individuellen Variabilität, vor allem durch den zugespitzteren Vorderflügelapex, die weitgehende Reduktion der Ozellen in Zelle 1–3 der Vorderflügeloberseite, die bei Zelle 3 nach außen nicht verschmälerte Binde sowie das Fehlen eines zahnartigen Vorsprungs der Randbinde in Zelle 1 auf der Vorderflügelunterseite unterschieden werden. Weitere Merkmale auch der männlichen Genitalien werden ausführlich bei JUTZELER et al. (2002a) beschrieben.

VERBREITUNG
Gesamtverbreitung: alpin; auf die Südostalpen beschränkt mit isolierten Vorkommen nördlich des Alpenhauptkammes sowie einer weiten Verbreitung vom westlichen Gardaseegebiet bis in die Karawanken im Osten sowie den slowenischen/kroatischen Karst im Süden.
Regionalverbreitung: ausschließlich im Mendelstockgebiet sowie in den Dolomiten nachgewiesen. Ein Einzelbeleg vom Brenner ist möglicherweise falsch etikettiert (JUTZELER et al., 2001a) und wird nicht berücksichtigt. Frühere Meldungen unter dem Namen *Erebia nerine* beziehen sich oft auf *E. stirius* und *E. styx* (z. B. KITSCHELT, 1925 oder DANNEHL, 1925–1930) und wurden erst von JUTZELER et al. (2002a, 2002b) konsequent anhand des vorhandenen Originalmaterials überprüft.
Vertikalverbreitung: ca. 900 bis 2000 m; montan, subalpin. Die Höhenverbreitung ist auf Grund der zumeist unpräzisen Angaben bei Sammlungsmaterial sowie in der Literatur unzureichend bekannt. Im Friaul tritt die Art gelegentlich schon ab 300 m auf (JUTZELER et al., 2002b).

BIOLOGIE
Habitatwahl: montane Art. Wärmebegünstigte Kalkfelsen und Schuttfluren mit schütterer Vegetation, gerne auch an anthropogen geprägten Felsen ent-

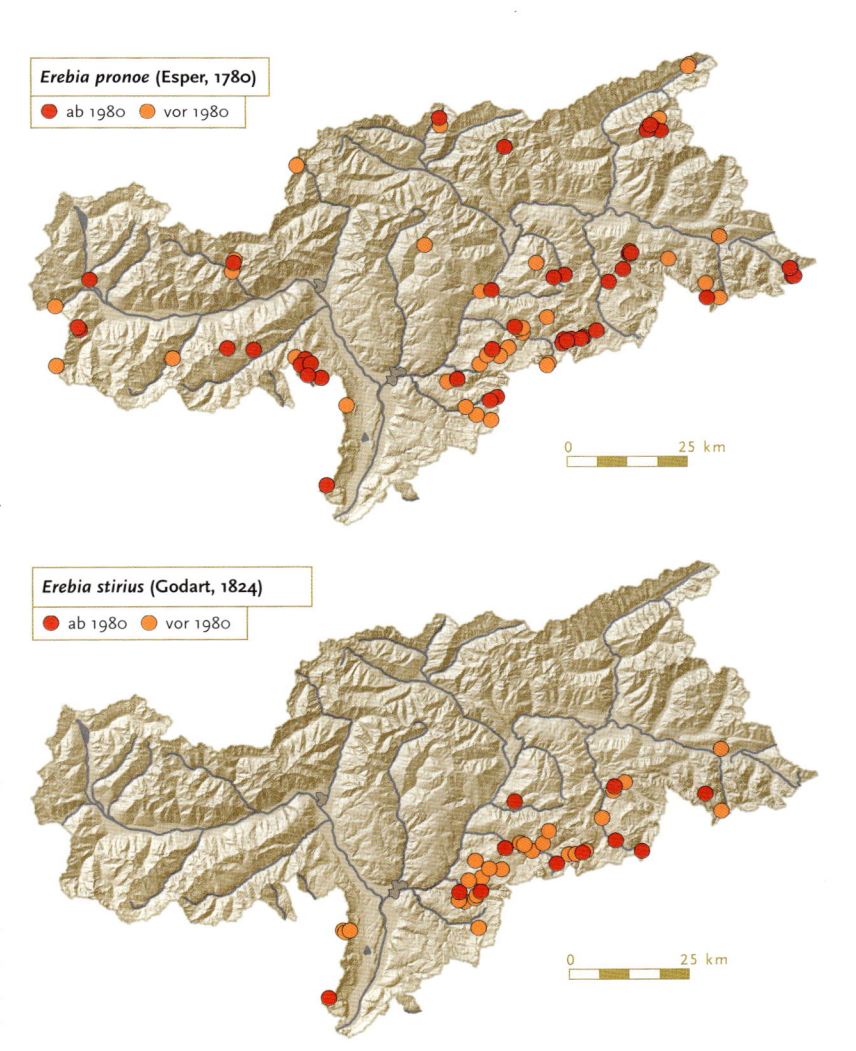

lang von Straßenböschungen, besonders innerhalb der montanen Waldzone. Falter bevorzugt an gelben Compositen sowie an *Potentilla caulescens* saugend.

Phänologie: univoltin; von Mitte Juli bis Anfang September.

Raupenfutterpflanzen – Präimaginalstadien: Oligophagie I; *Poa alpina*, *Sesleria caerulea* und *Festuca* spp. (Poaceae) (HIGGINS & RILEY, 1978; JUTZELER et al., 2001b). Raupe frisst vom Spätsommer bis zum Herbst, überwintert nach Zuchtversuchen im L2- oder L3-Stadium und verpuppt sich im Labor ab Anfang Mai (JUTZELER et al., 2001b). Letztgenannte Autoren geben detaillierte Differentialdiagnosen zur nächstverwandten *E. styx*.

GEFÄHRDUNG – SCHUTZMASSNAHMEN

Gefährdungssituation: bedingt durch die Exponiertheit der Lebensräume nicht gefährdet. Gelegentlich negative Auswirkungen durch Felsräumungsarbeiten, umgekehrt aber auch positiver Einfluss durch Schaffung neuer Habitate.

Rote Liste: nicht oder kaum gefährdet (LC); bisherige Einstufung: n. a. bzw. 5 (EISENBERG, 2001).

Schutzmaßnahmen: derzeit keine spezifischen Maßnahmen erforderlich.

Erebia styx (Freyer, 1834)
Styx-Mohrenfalter

Synonymie:
Erebia nerine auctt., partim;
Erebia morula auctt., partim;
Erebia alecto auctt., partim

TAXONOMIE – DETERMINATION

Die Konfusion um *E. styx* wurde erst rezent durch JUTZELER et al. (2001a, 2001b, 2002a) umfassend geklärt (s. auch Kommentare bei *E. stirius*). Die Art wurde vielfach unter Namen wie *nerine*, *alecto*, aber auch *morula* publiziert. In Südtirol treten mehrere, allerdings nur geringfügig differenzierte Rassen auf. Die nominotypische Unterart ist aus dem Ortlergebiet bekannt und wurde von dort auch unter dem Namen *Erebia nerine* var. *stelviana* beschrieben (CURÓ, 1871). Ausschließlich oder zumindest teilweise im Mendelgebiet liegen die Typenlokalitäten von *Erebia alecto orobica* oder deren Synonym *Erebia nerine* var. *mendolensis* (DANNEHL, 1925; TURATI, 1914), die heute zur ssp. *orobica* Turati, 1914, gezählt werden. Diese Unterart besiedelt die südöstlichen Kalkalpen Südtirols vom Mendelstock bis in die Dolomiten. Schließlich tritt im Norden des Landes die ssp. *trinsensis* Sterzl, 1936, auf. Außerhalb von Südtirol sind weitere Unterarten bekannt: ssp. *reichlini* Herrich-Schäffer, 1860, ssp. *gyrtone* Fruhstorfer, 1916, ssp. *triglites* Fruhstorfer, 1916, und ssp. *trentae* Lorkovic, 1952. Sehr leicht mit *E. stirius* zu verwechseln. Allerdings besitzt *E. styx* insbesondere einen gerundeteren Vorderflügelapex sowie meist vollständig vorhandene Ozellenreihen auf der Vorderflügeloberseite und überdies einen zahnartigen Vorsprung der Randbinde in Zelle 1 der Vorderflügelunterseite. Letzterer fehlt auch bei der ansonsten manchmal ähnlichen *E. montanus*.

VERBREITUNG

Gesamtverbreitung: alpin; ausschließlich auf die Ost- und Südalpen beschränkt mit weiter Verbreitung vom Lago Maggiore bis zu den Julischen Alpen sowie vom Arlberggebiet bis zu den nördlichen Kalkalpen Salzburgs.

Regionalverbreitung: im Ortlergebiet, am Mendelstock und in den südwestlichen Dolomiten von einigen Lokalitäten gemeldet. Ganz vereinzelt auch im Großraum Sterzing, im Schnalstal und Sarntal oder im Etschtal zwischen Bozen und Meran nachgewiesen.

Vertikalverbreitung: ca. 900 (?) bis 2500 m; die höchsten Funde beziehen sich auf Populationen im Stilfser-Joch-Gebiet, die tiefstgelegenen aus dem Bereich des Mendelgebietes sowie dem Großraum Sterzing. Viele historische Fundangaben sind aber bezüglich Höhenlage unzureichend dokumentiert, wie z. B. Belege aus Kaltern (Mendel) (?) oder Bozen/Sarntal, die von Lagen tiefer als 900 m stammen könnten. JUTZELER et al. (2002a) melden aus Friaul Nachweise in ca. 100 m.

BIOLOGIE

Habitatwahl: montane Art. Charakterart steiler Kalkfelsen, sowohl an natürlichen Felsformationen als auch an anthropogen beeinflussten Straßenböschungen. Sehr selten auch auf Porphyr oder silikathaltigem Gesteinsuntergrund nachgewiesen. Die Imagines saugen bevorzugt an *Potentilla caulescens*, das in den Felsen gedeiht. Auch die Raupenfutterpflanze findet sich in diesen Lebensräumen.

Phänologie: univoltin (?); von Mitte Juli bis Ende August. Die Generationenfolge in Südtirol ist ungeklärt. Nach JUTZELER et al. (2001a) sowie SBN (1987) existieren im Alpenraum je nach Gebiet und Höhenlage univoltine Populationen, aber auch solche mit zweijähriger Entwicklungsperiode. Auch eine variable Entwicklung innerhalb mancher Populationen wird diskutiert, wie am Nanos in Slowenien mit zahlreichen frisch geschlüpften Faltern im Juni sowie wiederum Ende August/Anfang September (JUTZELER et al., 2001b).

Raupenfutterpflanzen – Präimaginalstadien: Oligophagie I; *Poa* spp., *Sesleria coerulea*, *S. varia* (Poaceae). Die Rau-

Steile Felswände sind bevorzugte Rastplätze des Marmorierten Mohrenfalters (*Erebia montanus*).

Der Marmorierte Mohrenfalter ist durch seine Hinterflügelunterseite perfekt an Felsbiotope angepasst.

penüberwinterung erfolgt je nach Region entweder im L1- (LORKOVIC, 1952) oder im L2- bzw. L3-Stadium (JUTZELER et al., 2001a). Für Südtirol sind diese Verhältnisse nicht geprüft. Die Verpuppung findet unter Zuchtbedingungen zwischen Gräsern in Bodennähe statt.

GEFÄHRDUNG – SCHUTZMASSNAHMEN
Gefährdungssituation: Lebensräume höchstens lokal anthropogen belastet, z. B. durch Felsräumungsarbeiten, insgesamt betrachtet aber kaum bedroht.
Rote Liste: nicht oder kaum gefährdet (LC); bisherige Einstufung: n. a. bzw. Aufnahme in die Rote Liste empfohlen (EISENBERG, 2001).
Schutzmaßnahmen: keine spezifischen Maßnahmen erforderlich.

Erebia montanus (de Prunner, 1798)
Marmorierter Mohrenfalter

Synonymie:
Erebia goante (Esper, 1804)

TAXONOMIE – DETERMINATION
Im Gebiet lediglich in der nominotypischen Rasse vertreten. Die noch von WARREN (1936) vorgenommene Unterscheidung zwischen *E. montanus montanus* und *E. montanus homole* Fruhstorfer, 1918, wird rezent nicht mehr akzeptiert (LERAUT, 1997).
Falter *E. styx*, *E. stirius* und *E. pronoe* sehr ähnlich und von diesen Arten am besten durch die sehr starke Marmorierung der Hinterflügelunterseite sowie die Form der Randbinde auf der Vorderflügelunterseite zu unterscheiden.

VERBREITUNG
Gesamtverbreitung: alpin-apenninisch; große Teile des westlichen Alpenbogens mit der Ostgrenze in den Dolomiten sowie Apuanische Alpen und Zentralapennin.
Regionalverbreitung: auf die westlichen Landesteile, vor allem den Ortler sowie die Ötztaler Alpen beschränkt, selten auch in den Sarntaler und Zillertaler Alpen vorkommend. Meldungen aus den Dolomiten sowie vom Mendelstock z. B. durch Settari oder Tutt wurden von KITSCHELT (1925), aber auch WARREN (1936) bezweifelt. Inzwischen liegt aber aus dem Gebiet der Sennes Alpe (Pragser Dolomiten) ein durch Niederkofler gesammelter Beleg vor, der das Auftreten in den Dolomiten bestätigt. Eine alte Meldung aus dem Mendelgebiet wird mangels Beleg nicht berücksichtigt.
Vertikalverbreitung: ca. 500 bis 2800 m; ausnahmsweise kollin, montan, subalpin, alpin. Sowohl Fundmeldungen aus tiefen Lagen als auch aus der oberen alpinen Stufe sind selten und teilweise nicht exakt lokalisierbar. Schwerpunkt der Verbreitung zwischen der oberen montanen und der unteren alpinen Stufe.

BIOLOGIE
Habitatwahl: alpine Art. Charakterart von felsigen, stark besonnten Hängen, vielfach unterhalb der Waldgrenze, besonders an Felswänden und an felsigen Straßenböschungen in der Fichten-/Lärchenwaldzone. Sonnt sich gerne an steilen Felswänden. Falter bevorzugt im Bereich silikathaltiger Gesteinsformationen, jedoch auch, wenngleich selten, im Dolomitbereich nachgewiesen.
Phänologie: univoltin; von Anfang Juni bis Anfang Oktober mit absoluter Hauptflugzeit zwischen Anfang und Ende August. Insgesamt eine auffallend spät im Jahr fliegende Erebienart.
Raupenfutterpflanzen – Präimaginalstadien: Oligophagie I; *Nardus stricta*, *Festuca ovina*, *F. alpina* (Poaceae). Raupe bevorzugt an kräftigen Grasbüscheln, hier bereits im ersten Stadium überwinternd (SBN, 1994).

GEFÄHRDUNG – SCHUTZMASSNAHMEN
Gefährdungssituation: durch die Bindung an Felsbiotope weitestgehend ungefährdet. Lediglich lokal durch

Felsräumungsarbeiten bedroht, Auswirkung jedoch ohne Bedeutung für die landesweite Situation. Auch überfahrene Falter als Opfer des Straßenverkehrs werden sporadisch gefunden.
Rote Liste: nicht oder kaum gefährdet (LC); bisherige Einstufung: 4 bzw. nicht gefährdet (EISENBERG, 2001).
Schutzmaßnahmen: derzeit keine Maßnahmen erforderlich.

Erebia oeme (Hübner, 1804) Doppelaugen Mohrenfalter

TAXONOMIE – DETERMINATION
WARREN (1936) unterscheidet vier Unterarten mit Populationen der nominotypischen Subspezies in den Ötztaler Alpen und im Ortlergebiet sowie der ssp. *noctua* Fruhstorfer, 1918, vom Mendelstock bis in die Dolomiten. Letztere ist, wie die meisten anderen Dolomitenrassen der Gattung *Erebia*, durch besonders dunkle Färbung und die kleinen Ozellen charakterisiert. Erhebliche Gefahr der Verwechslung mit *E. medusa*, im Gegensatz zu dieser Art besitzt *E. oeme* aber eine unterseits schwarz gefärbte Fühlerspitze.

VERBREITUNG
Gesamtverbreitung: südeuropäisch; Gebirge des mittleren und südlichen Europas von den Pyrenäen und dem Französischen Zentralmassiv über die Alpen bis zum Karpatenbogen.
Regionalverbreitung: sehr lokal in stark begrenzten Populationen vor allem aus den Zillertaler Alpen, den südlichen Dolomiten (TAUSEND, 1999), vom Mendelstock und aus dem Ortlergebiet sowie Teilen der Ötztaler Alpen gemeldet. Letztgenannte Nachweise in Südtirol konnten zwar nicht verifiziert werden, sind aber nach Meldungen aus den Nachbarregionen in Graubünden durch das Schweizer Zentrum zur Kartographie der Fauna (http://www.unine.ch/cscf/) sowie in Nordtirol durch REICHL (1992) zumindest nicht völlig auszuschließen. Allerdings korrigierte selbst WOCKE (1876–1881) seine ursprüngliche Meldung von *E. oeme* aus dem Stilfser-Joch-Gebiet später in *E. medusa*, und auch bei REICHL (1992) kartographisch dargestellte Fundmeldungen aus dem Vinschgau sowie dem Schnalstal haben sich zumindest teilweise als Fehlbestimmungen erwiesen (WIMMER, mündl. Mitteilung).
Vertikalverbreitung: ca. 1000 bis 2200 m; montan, subalpin. Höhenverbreitungsgrenzen jedoch völlig unzureichend bekannt. Einerseits wird die Art vom Stilfser Joch gemeldet, andererseits aus dem Schnalstal von 1000 m (ZOBODAT). Beide Extreme sind aber nur mit großem Vorbehalt zu akzeptieren und beziehen sich vermutlich auf tiefer bzw. höher gelegene Bereiche in der weiteren Umgebung dieser Lokalitäten oder beruhen überhaupt auf Fehlbestimmungen. Für die Schweiz werden Lagen in 900 bis 2300 m als besiedelte Zonen angeführt (SBN, 1994).

BIOLOGIE
Habitatwahl: montane Art. Habitatwahl unzureichend bekannt, sichere Nachweise von Almen, in anderen Regionen der Alpen, wie z. B. in Teilen der Schweiz, vor allem auf Rostseggenrasen sowie unterschiedlichen xerophilen bis hygrophilen Wiesen und Weiden (SBN, 1994). Die Falter erscheinen etwas später und in höheren Lagen als die Doppelgängerart *E. medusa* (AISTLEITNER & AISTLEITNER, 1996; BISCHOF, 1991; SBN, 1994).
Phänologie: univoltin (zweijährig); von Mitte Juli bis Ende August, sehr vereinzelt schon um den 10. Juli nachgewiesen.
Raupenfutterpflanzen – Präimaginalstadien: Oligophagie III; *Molinia caerulea, Briza media, Poa alpina, P. nemoralis* (Poaceae), *Carex flacca, C. sempervirens, C. ferruginea* (Cyperaceae) (SBN, 1994; TOLMAN & LEWINGTON, 1998). Nach SBN (1994) überwintert die Raupe zuerst im zweiten Stadium, dann nochmals erwachsen. Verpuppung kurz

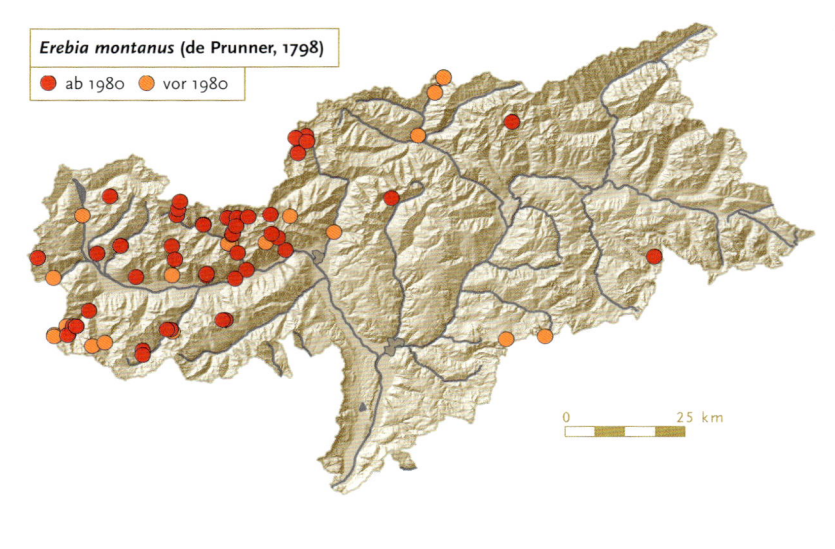

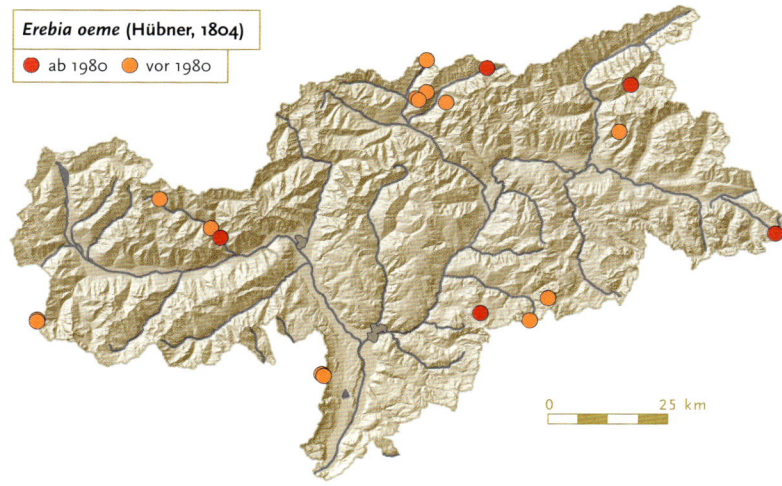

nach der Schneeschmelze. Auch eine einjährige Entwicklung wird von SBN (1994) für möglich gehalten.

GEFÄHRDUNG – SCHUTZMASSNAHMEN

Gefährdungssituation: sowohl Lebensraumansprüche als auch regionale Verbreitung auf Grund der Gefahr der Verwechslung mit *E. medusa* unzureichend bekannt. Eine Aussage zur Gefährdung unterbleibt daher.
Rote Liste: unzureichender Datenbestand (DD); bisherige Einstufung: 2.
Schutzmaßnahmen: Klärung der tatsächlichen Verbreitung und Ökologie als Basis für evtl. nötige Schutzmaßnahmen.

Erebia pandrose (Borkhausen, 1788)
● ab 1980   ● vor 1980

Erebia pandrose (Borkhausen, 1788)
Graubrauner Mohrenfalter

Synonymie:
Erebia lappona (Thunberg & Becklin, 1791)

TAXONOMIE – DETERMINATION

Während noch WARREN (1936) insgesamt fünf Unterarten, darunter auch die inzwischen als gute Art angesehene *Erebia sthennyo* Graslin, 1850, unterschied, wurden in letzter Zeit keine Subspezies mehr berücksichtigt (TOLMAN & LEWINGTON, 1998). Besonders WARREN'S (1936) Annahme, dass der von DANNEHL (1927) aus dem Gebiet der Marmolata und der Latemargruppe beschriebenen ab. *marmolata* ein subspezifischer Status zukommt, ist aber auf Grund der extrem kleinen und stark verdunkelten Falter wohl berechtigt. Dieses Taxon dürfte wahrscheinlich auch in Südtirol vorkommen.

Durch die vier schwarz gekernten Augen der Vorderflügel, die hellgrauen Hinterflügel und die Faltergröße unverwechselbare Art.

VERBREITUNG

Gesamtverbreitung: sibirisch-europäisch; Pyrenäen, Alpen sowie osteuropäische Gebirge und Skandinavien bis zum Altai und dem Sajan-Gebirge.
Regionalverbreitung: in weiten Teilen der Südtiroler Hochalpen lokal, aber an den Fundstellen meist nicht selten nachgewiesen, mit gewissen Defiziten im Bereich der westlichen Sarntaler Alpen. Auf Grund der frühen Flugzeit relativ wenige Meldungen.
Vertikalverbreitung: ca. 1400 bis 3050 m; subalpin, alpin, nival. Bevorzugt oberhalb der Waldgrenze. Vereinzelte Fundmeldungen von tiefer gelegenen Lokalitäten, teilweise bis auf 1000 m herab, sind, der Höhenlage nach zu beurteilen, wenig vertrauenswürdig. Es handelt sich dabei mit Sicherheit um keine bodenständigen Populationen.

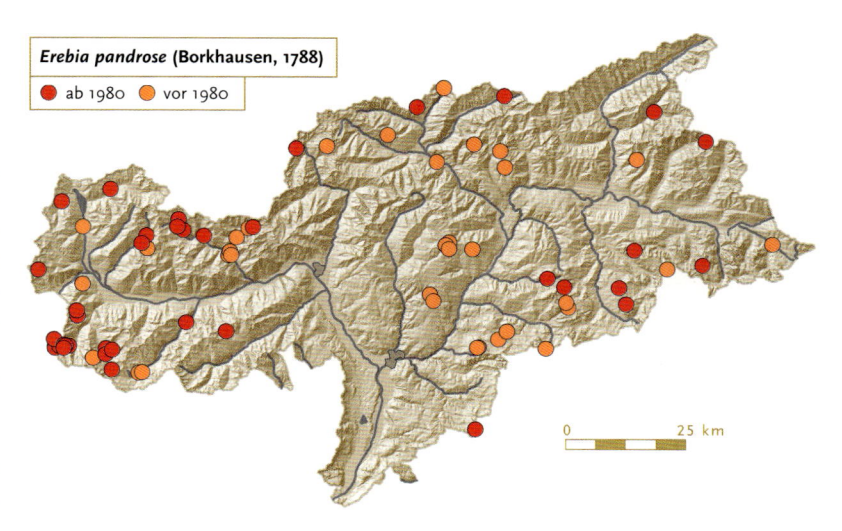

BIOLOGIE

Habitatwahl: alpine Art. Charakterart eher blütenarmer, kurzrasiger alpiner Grasheiden, lebt sowohl auf Kalk- als auch auf Silikatrasengesellschaften, ebenso im Zwergstrauchheidenbereich. Die Habitate umfassen unterschiedlichste Hangexpositionen von Süd- bis hin zu Nordhängen.
Phänologie: univoltin (zweijährig); von Ende Mai bis Ende August, stark abhängig von lokalklimatischen sowie den jahrweise differierenden großklimatischen Faktoren. Bedingt durch die Überwinterung der erwachsenen Raupe generell sehr früh im Jahr fliegende Art, bald nach der Schneeschmelze auftretend. Nach SBN (1994) an vielen Stellen in ungeraden Jahren häufiger, in Südtirol diesbezüglich ohne erkennbare Tendenzen.
Raupenfutterpflanzen – Präimaginalstadien: Oligophagie I; *Nardus stricta*, *Sesleria* spp., *Festuca* spp. (Poaceae). Überwinterung bereits im ersten Raupenstadium, im darauf folgenden Jahr nochmals als voll erwachsene Raupe (SBN, 1994). Verpuppung unmittelbar nach der Schneeschmelze.

GEFÄHRDUNG – SCHUTZMASSNAHMEN

Gefährdungssituation: Habitatwahl sowie Vorkommen in anthropogen weitgehend unberührten Lebensräumen lassen keine Gefährdung erkennen. Lokal wirksame tourismusbedingte Eingriffe rechtfertigen jedenfalls keine Aufnahme in die Rote Liste.
Rote Liste: nicht oder kaum gefährdet (LC); bisherige Einstufung: 4.
Schutzmaßnahmen: derzeit keine Maßnahmen erforderlich.

Melanargia galathea (Linnaeus, 1758)
Schachbrett

TAXONOMIE – DETERMINATION

Die Art wird heute in zwei Unterarten aufgespalten, in die nominotypische Rasse in Europa und *M. galathea lucasi* (Rambur, 1858) in Nordwestafrika. Früher galt auch *M. lachesis* (Hübner, 1790) lediglich als Subspezies von *M. galathea* (HIGGINS, 1975), und auf Grund der Gesamtverbreitung erscheint eine derartige taxonomische Bewertung auch sinnvoll. Inzwischen wird aber *M. lachesis* als separate Art behandelt (TOLMAN & LEWINGTON, 1997; KUDRNA, 2002). Das Areal der vormaligen *M. galathea* zerfällt somit in zwei getrennte Teilareale.

In Mitteleuropa unverwechselbare Art, die durch ihr Schachbrettmuster leicht erkannt werden kann.

Das unverwechselbare Schachbrett (*Melanargia galathea*) reagiert empfindlich auf Düngung und ist in vielen Gebieten selten geworden.

VERBREITUNG

Gesamtverbreitung: europäisch-mediterran; vom südlichen Großbritannien über weite Teile des gemäßigten und südlichen Europas bis Kleinasien und zum Transkaukasus sowie Nordwestafrika. Fehlt allerdings in großen Teilen der Iberischen Halbinsel und wird hier durch *M. lachesis* ersetzt.

Regionalverbreitung: in allen Landesteilen verbreitet, vor allem im Osten und Norden jedoch lückenhafte Nachweisdichte, aus dem Süden kaum rezente Fundmeldungen.

Vertikalverbreitung: ca. 250 bis 2200 m; kollin, montan, subalpin. Insbesondere in der montanen Stufe weit verbreitet, oberhalb von 2000 m nur mehr sehr vereinzelt; ältere Nachweise vom Stilfser Joch sind bezüglich ihrer Höhenlage nicht mehr verifizierbar. Nach KITSCHELT (1925) nur bis etwa auf 1600 m auftretend, diese Höhenverbreitungsgrenze ist aber eindeutig zu tief angesetzt.

BIOLOGIE

Habitatwahl: mesophile Offenlandart. Charakterart von blumenreichen Trocken-, Halbtrocken- und Magerrasen, auch auf mäßig gedüngten Wiesen. Überdies auf beweideten Rasengesellschaften, subalpinen Bergmähdern, in lichten Lärchenwäldern und auf Feuchtwiesen auftretend. Falter gerne an verschiedenen Wiesenblumen wie *Centaurea* saugend.

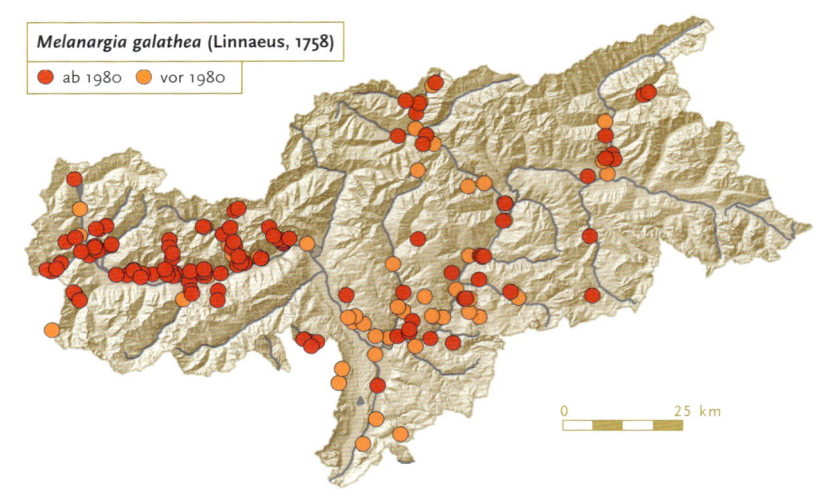

Phänologie: univoltin; von Mitte Juni bis Mitte September, je nach Höhenlage und Exposition aber vor allem im Juli und August. An xerothermen Stellen in der Schweiz bereits im Mai (SBN, 1994).

Raupenfutterpflanzen – Präimaginalstadien: Oligophagie III; *Brachypodium* spp., *Bromus erectus*, *Molinia caerulea*, *Agrostis capillaris*, *Festuca* spp., *Poa* spp. (Poaceae) und *Carex alba* (Cyperaceae) sowie weitere Süßgräser (EBERT & RENNWALD, 1991b; TOLMAN & LEWINGTON, 1998). Die grün oder braun gefärbte Raupe überwintert meistens bereits im ersten Stadium und frisst ab dem zeitigen Frühjahr wieder an verschiedensten Gräsern. Zur Verpuppung werden Grasblätter zu einem Gehäuse versponnen (SBN, 1994).

GEFÄHRDUNG – SCHUTZMASSNAHMEN

Gefährdungssituation: in der eigentlichen Talstufe des Etsch-, Eisack- und Pustertals bereits großflächig verschwunden. Trotz gewisser Toleranz gegenüber intensivierter Landwirtschaft zunehmend verminderte Überlebenschancen, vor allem durch massive Überdüngung, Umwandlung von Wiesen in Obstanlagen, teilweise Nutzungsaufgabe mit folgender Verbuschung.

Rote Liste: drohende Gefährdung (NT); bisherige Einstufung: n. a.

Schutzmaßnahmen: Verzicht auf weitere Intensivierung wie insbesondere Düngung und Überbeweidung noch vorhandener Magerwiesen.

Satyrus ferula (Fabricius, 1793)
Weißkernauge

Synonymie:
Satyrus actaea var. *cordula* (Fabricius, 1793)

TAXONOMIE – DETERMINATION

In den Alpen nur in der Nominatunterart vertreten, darüber hinaus kommt aber vor allem in Asien eine ganze Reihe gut abgegrenzter Unterarten vor (Tuzov, 1997).
Alte, unter dem Namen *S. actaea* (Esper, 1781) und meist als var. *cordula* publizierte Meldungen beziehen sich ausnahmslos auf *S. ferula*. *S. actaea* ist westmediterran verbreitet und tritt erst westlich der Seealpen auf.
Falter leicht mit *M. dryas* zu verwechseln, allerdings besitzt er im Gegensatz zu dieser Art weiß gekernte Vorderflügelozellen.

VERBREITUNG

Gesamtverbreitung: zentralasiatisch-europäisch-mediterran; von Nordwestafrika über Teile Südeuropas bis zum Ural und in den Mittleren Osten, Westchina.
Regionalverbreitung: vor allem im Eisacktal unterhalb von Brixen und in den unmittelbar angrenzenden Gebieten sowie im Etschtal verbreitet und lokal häufig. Besonders zahlreich im Vinschgau einschließlich der wärmeren Seitentäler im Norden. Ein vermutlich inzwischen erloschenes Vorkommen wurde durch Sterzl bei Taufers im Ahrntal belegt (coll. Zoologische Staatssammlung). Weiters konnte die Art rezent auch im Großraum Sterzing nachgewiesen werden.
Vertikalverbreitung: ca. 250 bis 1800 m; kollin, montan, subalpin. Aus der Schweiz in ähnlicher Vertikalverbreitung gemeldet (SBN, 1994).

BIOLOGIE

Habitatwahl: xerothermophile Offenlandart. Charakterart von Trocken- und Halbtrockenrasen im Bereich der Felssteppengebiete. Falter gerne an sonnigen und trockenen Felsen und in Schuttfluren, aber auch im Bereich warmer und lichter Gebüsche mit nahe gelegenem Saugpflanzenangebot.
Phänologie: univoltin; von Mitte Juni bis Mitte August.
Raupenfutterpflanzen – Präimaginalstadien: Oligophagie I; *Festuca ovina*, *Stipa pennata*, *S. capillata*, *Deschampsia caespitosa* (Poaceae) (Belling, 1922). Eiablage einzeln an der Futterpflanze oder der Erdoberfläche. Raupen im Spätsommer und Frühherbst vorwiegend im zweiten Stadium überwinternd. Verpuppung im Frühsommer am Boden sowie zwischen den Graswurzeln (Belling, 1922; SBN, 1994).

GEFÄHRDUNG – SCHUTZMASSNAHMEN

Gefährdungssituation: *S. ferula* besiedelt vielfach steile und weitgehend unzugängliche Felssteppen und ist in diesen Gebieten kaum gefährdet. Lediglich einzelne talnahe Populationen sind durch Biozide, Verkehr oder Verbauung bedroht oder teilweise bereits verschwunden.
Rote Liste: drohende Gefährdung (NT); bisherige Einstufung: 4.
Schutzmaßnahmen: Bewahrung von Blütensäumen und möglichst Verzicht auf Spritzmittel im Nahbereich von Steppenrasen.

Minois dryas (Scopoli, 1763)
Blaukernauge

TAXONOMIE – DETERMINATION

In Europa ausschließlich in der Nominatunterart vertreten, aus dem Fernen Osten liegt eine weitere gut differenzierte Subspezies vor (Tuzov, 1997).
Von der ähnlichen *S. ferula* durch die blau gekernten Vorderflügelozellen zu unterscheiden.

VERBREITUNG

Gesamtverbreitung: sibirisch-europäisch; von Nordspanien über Mittel- und Osteuropa sowie durch das gemäßigte Asien bis Japan.
Regionalverbreitung: ausschließlich im Eisack- und Etschtal sowie an den angrenzenden Berghängen registriert, erhöhte Nachweisdichte im Vinschgau. Viele ehemalige Fundorte sind inzwischen erloschen.
Vertikalverbreitung: ca. 220 bis 1500 m; kollin, montan. Vor allem unterhalb von 1000 m vorkommend. Die Höhenverbreitung entspricht weitgehend den Angaben aus der benachbarten Schweiz (SBN, 1994).

BIOLOGIE

Habitatwahl: xerothermophile Offenlandart. Vor allem Trocken- und Halbtrockenrasen, aber auch Bergmagerwiesen werden als Habitate genutzt. Selbst in kleinstflächigen Rasen innerhalb von Buschwäldern auftretend. Nahe gelegene Blüten sind ein wichtiger Faktor für die Falter. In vielen Gebieten Mitteleuropas bevorzugt auf Niedermooren (Molinieten). Möglicherweise stammen auch einige histori-

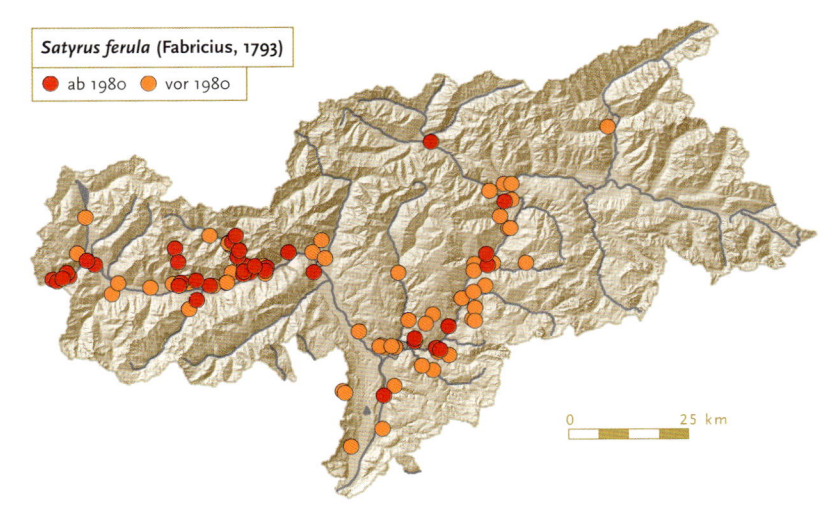

Satyrus ferula (Fabricius, 1793)
● ab 1980   ● vor 1980

Das Blaukernauge (*Minois dryas*) besitzt namensgebende blau gekernte Vorderflügelozellen.

Minois dryas (Scopoli, 1763)
● ab 1980   ● vor 1980

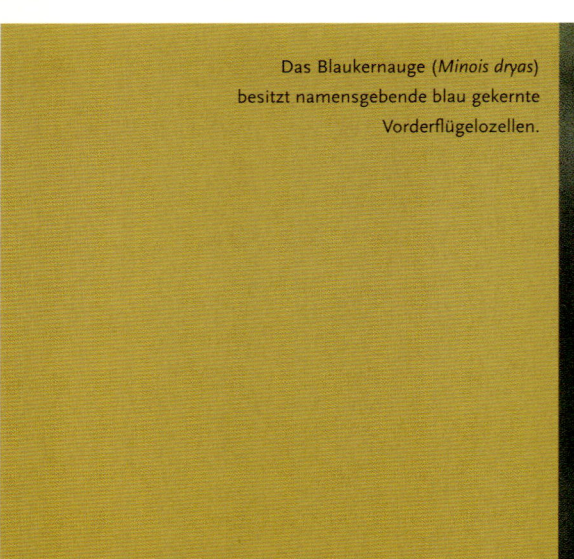

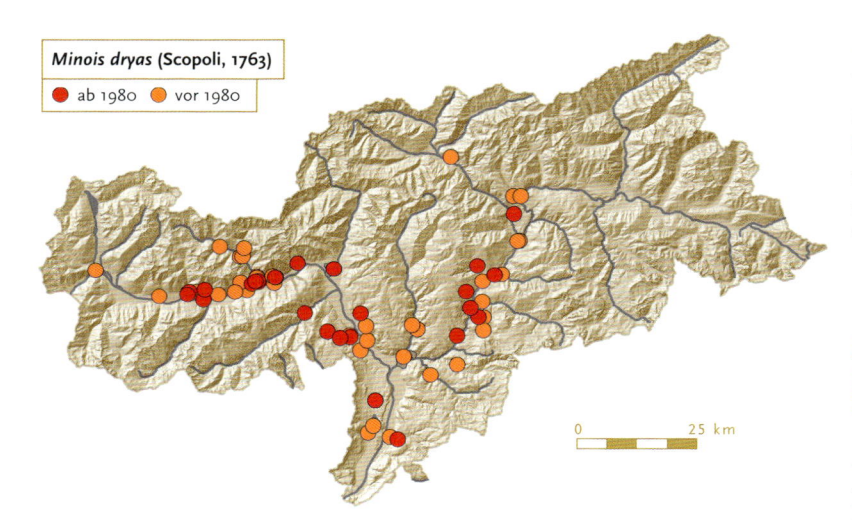

sche Belege vom Kalterer See (coll. Zoologische Staatssammlung München) aus derartigen Habitaten. Neuerdings konnte die Art dort und in anderen Feuchtbiotopen aber nicht mehr nachgewiesen werden (HUEMER & TARMANN, 2001). Etliche Exemplare aus dem Rajer Moos stammen ausschließlich von Halbtrockenrasen.
Phänologie: univoltin; von Ende Juli bis Anfang September und somit sehr spät im Jahr fliegende Tagfalterart.
Raupenfutterpflanzen – Präimaginalstadien: Oligophagie III (?); *Calamagrostis epigejos*, *Festuca rubra*, *Bromus erectus* (Poaceae), *Carex alba*, *C. acutiformis* (Cypercaeae) (EBERT & RENNWALD, 1991b), in Südtirol möglicherweise nur Süß- gräser (Oligophagie I). Eiablage einzeln an der Vegetation. Raupen überwintern bereits in einem der ersten zwei Stadien. Verpuppung im Juni in einer aufrecht stehenden Kammer innerhalb von Grasbüscheln (SBN, 1994).

GEFÄHRDUNG – SCHUTZMASSNAHMEN
Gefährdungssituation: an vielen Stellen durch Einsatz von Häutungshemmern im Obstbau weitgehend verschwunden. Im Etschtal bereits früher durch weitgehende Umwandlung großer Flächen in Apfelanlagen stark zurückgedrängt. Durch die geringe Höhenverbreitung regional deutlich stärker gefährdet als *S. ferula*, jedoch keine landesweiten Bedrohungsszenarien.

Rote Liste: drohende Gefährdung (NT); bisherige Einstufung: n. a. bzw. 4 (EISENBERG, 2001).
Schutzmaßnahmen: Verzicht auf weiteren Einsatz von Häutungshemmern im Obstbau sowie auf Intensivierung von Trocken- und Halbtrockenrasen.

Hipparchia statilinus (Hufnagel, 1766)
Eisenfarbiger Samtfalter

TAXONOMIE – DETERMINATION
LERAUT (1997) stellt die Art zur Gattung *Neohipparchia*.
Trotz zahlloser Synonyme kommt in Europa nur die nominotypische Unterart vor (TOLMAN & LEWINGTON, 1998). Durch die oberseits dunkle, schwach gezeichnete graubraune Flügelfärbung mit zwei weißen Fleckchen und die unscharf abgesetzten Ozellen von allen anderen Satyriden leicht zu unterscheiden.

VERBREITUNG
Gesamtverbreitung: turanisch-europäisch-mediterran; von Nordwestafrika über das südlichere Europa – mit wenigen Funden bis nach Litauen – bis nach Vorderasien.
Regionalverbreitung: früher lokal an den wärmsten Hängen des Vinschgaus

Der Eisenfarbige Samtfalter (*Hipparchia statilinus*) wurde zuletzt 1989 am Ritten beobachtet; die Art scheint höchstgradig gefährdet.

sowie im unteren Etsch- und Eisacktal, im Norden Brixen erreichend. Fast alle Populationen sind inzwischen allerdings erloschen. Immerhin gelang aber SALA (*in litteris*) noch im August 1989 der Artnachweis auf dem Ritten.
Vertikalverbreitung: ca. 250 bis 1200 m; kollin, montan. Die obere Verbreitungsgrenze ist unzureichend dokumentiert, so meldet z. B. DANNEHL (1925–1930) die Art von der Mendel, allerdings ohne konkrete Höhenangaben.

BIOLOGIE
Habitatwahl: xerothermophile Offenlandart. Charakterart von stark besonnten, steilen Felssteppen und felsdurchsetzten Trockenrasen mit eher lückiger Vegetation. In Deutschland hingegen in Heidegelände sowie Flechtenfluren mit sandigen Böden (WEIDEMANN, 1995).
Phänologie: univoltin; von Mitte Juli bis Ende September mit Hauptflugzeit zwischen Mitte August und Anfang September, von KITSCHELT (1925) bis Oktober registriert. Somit eine der am spätesten im Jahr erscheinenden Tagfalterarten.
Raupenfutterpflanzen – Präimaginalstadien: Oligophagie I; *Bromus erectus*, *Stipa pennata*, *Bothriochloa ischaemum*, *Corynephorus* sp. (Poaceae) (SBN, 1994; WEIDEMANN, 1995). Eiablage meist einzeln auf unterschiedlichem Substrat. Raupenüberwinterung bereits im ersten Stadium und Verpuppung im folgenden Jahr, meist erst gegen Anfang August.

GEFÄHRDUNG – SCHUTZMASSNAHMEN
Gefährdungssituation: an den meisten früheren Fundorten verschwunden, wobei die Ursachen für diese Regressionstendenz vermutlich multifaktoriell sind. Zweifellos hat die Intensivierung und Ausdehnung des Obstbaus ebenso zum Rückgang beigetragen wie die zunehmende Aufforstung von Trockenrasen, vor allem an den Vinschgauer Sonnenhängen. Möglicherweise spielen aber auch natürliche Arealoszillationen eine gewisse Rolle. Rezente Nachweise geben jedoch Hoffnung, dass die Art, im Gegensatz zur Meinung von HOFER (1995), noch aktuelle Reliktpopulationen aufweist.
Rote Liste: unzureichender Datenbestand (DD); bisherige Einstufung: 0.
Schutzmaßnahmen: genaue Kartierung im Bereich der letzten Nachweise und je nach örtlichen Erfordernissen strenger Schutz der Lebensräume unter Beibehaltung traditioneller Bewirtschaftung.

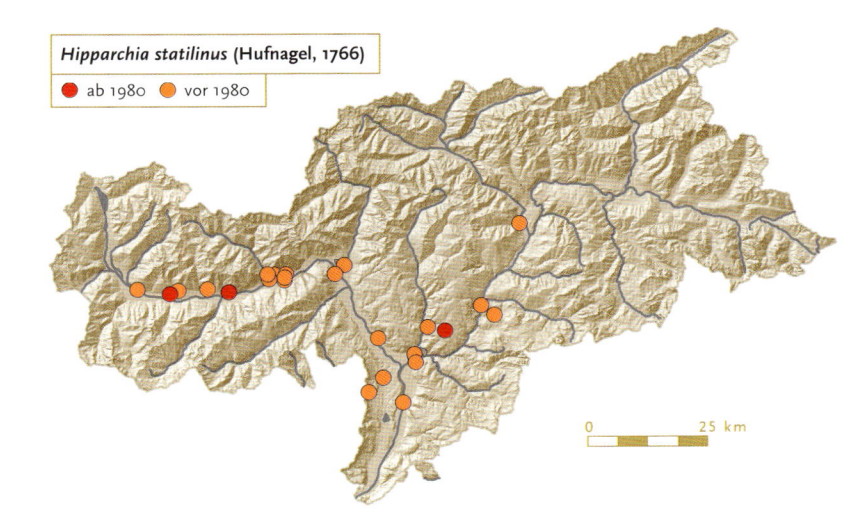

Hipparchia statilinus (Hufnagel, 1766)
● ab 1980   ● vor 1980

Auf den Vinschgauer Trockenrasen fliegt der Ockerbindige Samtfalter (*Hipparchia semele*) noch in individuenreichen Populationen.

Hipparchia semele (Linnaeus, 1758)
Ockerbindiger Samtfalter

TAXONOMIE – DETERMINATION

Der taxonomische Status von durchschnittlich stärker verdunkelten und größeren Exemplaren der Südalpen ist umstritten. Manche Autoren wie LERAUT (1997) separieren diese Populationen unter dem subspezifischen Namen *cadmus* Fruhstorfer, 1908, andere wie HIGGINS (1975) oder TOLMAN & LEWINGTON (1998) sehen darin nur eine klinale Entwicklung mit infrasubspezifischer Wertung.

Durch die dunkelbraune Flügeloberseite mit oranger Bindenzeichnung sowie die stark grau-weißlich marmorierte Hinterflügelunterseite leicht kenntliche Art.

VERBREITUNG

Gesamtverbreitung: europäisch; Europa mit Ausnahme der nördlichsten Gebiete sowie des Südostens.

Regionalverbreitung: an wärmeren Stellen im Vinschgau und Eisacktal zwischen Brixen und Bozen sowie am Ritten weit verbreitet und lokal häufig. Ansonsten nur wenige Nachweise aus dem unteren Etschtal sowie dem Pustertal. Die Verbreitungsangaben von KITSCHELT (1925), „bis etwa 2000 m überall verbreitet und häufig", lassen sich auf Grund der vorliegenden Daten nicht nachvollziehen.

Vertikalverbreitung: ca. 240 bis 2100 m; kollin, montan, subalpin. Vor allem in der montanen Stufe des Vinschgaus weit verbreitet.

BIOLOGIE

Habitatwahl: xerothermophile Offenlandart. Auf Trocken- und Halbtrockenrasen im Nahbereich von Gebüschstrukturen ebenso wie in trockenen, lichten Wäldern und Waldsäumen.

Phänologie: univoltin; von Ende Mai bis Anfang Oktober, Hauptflugzeit jedoch von Mitte Juni bis Mitte August. Ausnahmsweise noch bis Ende Oktober beobachtet (SCHURIAN, 1988).

Raupenfutterpflanzen – Präimaginalstadien: Oligophagie I; *Festuca ovina, F. rubra, Agrostis tenuis, Corynephorus* sp., *Deschampsia flexuosa*. Eiablage an dürren Grasblättern. Raupenüberwinterung im zweiten oder dritten Stadium. Verpuppung in einem Erdkokon (WEIDEMANN, 1995).

GEFÄHRDUNG – SCHUTZMASSNAHMEN

Gefährdungssituation: Trotz lokaler Rückgänge am Vinschgauer Sonnenberg als Folge von Aufforstung oder Intensivierung der Trockenrasen besteht keine wirklich nachhaltige Gefährdung, umso mehr, als die Art im Gegensatz zu vielen anderen Tagfaltern die Belastungen durch Spritzmit-

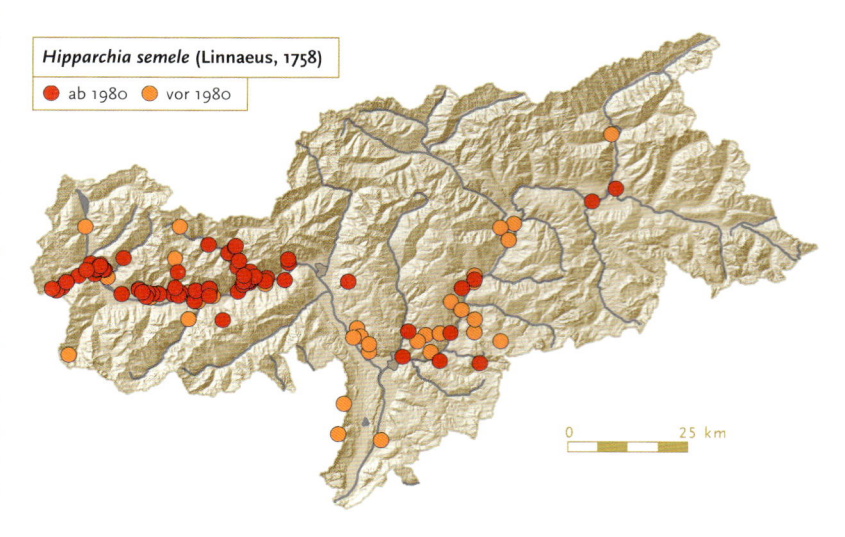

Früher an warmen Lokalitäten relativ weit verbreitet, ist der Große Waldportier (*Hipparchia fagi*) inzwischen zu einer Seltenheit geworden.

tel offenbar gut verkraften konnte (HUEMER & TARMANN, 2001).
Rote Liste: nicht oder kaum gefährdet (LC); bisherige Einstufung: n. a.
Schutzmaßnahmen: derzeit keine Maßnahmen erforderlich, jedoch sollte im Interesse vieler anderer Trockenrasenarten auf weitergehende Intensivierung dieser Bereiche verzichtet werden.

Hipparchia fagi (Scopoli, 1763)
Großer Waldportier

Synonymie:
Satyrus hermione (Linnaeus, 1764)

TAXONOMIE – DETERMINATION
In Europa nur in der Nominatunterart vorkommend.
Abgesehen von der durchschnittlich größeren Flügelspannweite ist die Art von *H. alcyone* (Denis & Schiffermüller, 1775) habituell nicht zu unterscheiden, und daher wurde Letztere mehrfach fälschlicherweise aus Südtirol gemeldet. Die wesentlichen Artmerkmale finden sich im Jullien'schen Organ am Ende des männlichen Hinterleibes, das bei *H. fagi* nur zwei bis vier kräftige Borsten aufweist, bei *H. alcyone* hingegen zahlreiche feine Börstchen.

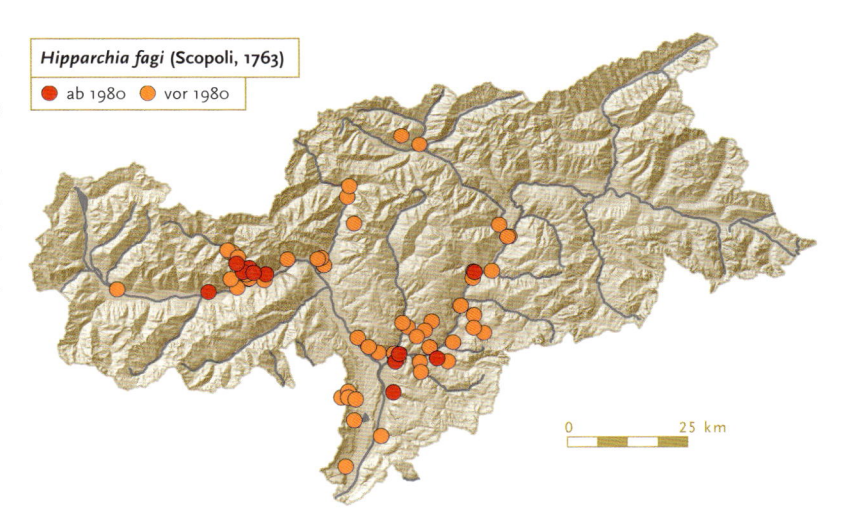

VERBREITUNG
Gesamtverbreitung: südeuropäisch; von Nordspanien über Süd- und Teile Mitteleuropas bis nach Kasachstan.
Regionalverbreitung: in den wärmsten Bereichen des Etsch- und Eisacktals lokal und einzeln. Im oberen Vinschgau weitgehend fehlend. Die meisten Populationen sind inzwischen erloschen.
Vertikalverbreitung: ca. 240 bis 1500 m; kollin, montan. Verbreitungsschwerpunkt unterhalb von 1000 m.

BIOLOGIE
Habitatwahl: xerothermophile Gehölzart. Charakterart von wärmebegünstigten kleinflächigen Trockenrasen in bewaldeten und meist von Felspartien durchsetzten Lebensräumen. Falter ruhen bevorzugt auf Baumstämmen und saugen an Baumsäften.
Phänologie: univoltin; von Mitte Juni bis Anfang September, Flugzeithöhepunkt um Ende Juli und Anfang August.
Raupenfutterpflanzen – Präimaginalstadien: Oligophagie I; *Bromus erectus*, *Festuca rubra*, *Brachypodium pinnatum* (Poaceae) (TOLMAN & LEWINGTON, 1998). Eiablage an dürren Pflanzenteilen. Raupe überwintert im dritten oder im vorletzten Stadium und verpuppt sich in einem Erdkokon (SBN, 1994; WEIDEMANN, 1995).

Die teilweise noch intakten Populationen der wärmeliebenden Berghexe (*Chazara briseis*) im Vinschgau sind von überregionaler Bedeutung.

GEFÄHRDUNG – SCHUTZMASSNAHMEN

Gefährdungssituation: durch unterschiedliche Faktoren wie Intensivierung im Obstbau, zunehmende Aufforstung und Verbuschung von Trockenrasen sowie möglicherweise natürliche Fluktuationen hochgradig gefährdet. Immerhin gab es aber selbst in neuester Zeit noch Funde, wie zuletzt am 19.8.1997 durch Niederkofler oder wenige Jahre zuvor mehrfach im Großraum Bozen durch Bosin. Durch das weitgehende Verschwinden im Vinschgau sowie im Eisacktal erscheint die Art aber höchstgradig gefährdet.

Rote Liste: vom Aussterben bedroht (CR); bisherige Einstufung: 2 bzw. 1 oder 0 (EISENBERG, 2001).

Schutzmaßnahmen: Kartierung möglicher Reliktpopulationen. Beibehaltung traditioneller, extensiver Nutzung in den verbliebenen Lebensräumen sowie Vermeidung jeglicher intensivierenden Eingriffe.

Chazara briseis (Linnaeus, 1764) Berghexe

TAXONOMIE – DETERMINATION

Die subspezifische Unterteilung der Art ist umstritten (EBERT & RENNWALD, 1991b). Neuere Autoren wie TOLMAN & LEWINGTON (1998) berücksichtigen einerseits für Europa überhaupt keine Unterarten, andererseits akzeptieren sie selbst für Teilgebiete mehrere subspezifische Taxa, wie LERAUT (1997) für Frankreich. Die Südtiroler Populationen wurden je nach Autor entweder der nominotypischen Subspezies oder der ssp. *pirata* (Esper, 1789) zugeordnet. Letztere Abspaltung wurde u. a. von SCHEURINGER (1972) unter dem Synonym *deminuta* (Fruhstorfer, 1909) anerkannt. Eine endgültige Entscheidung werden weitere Studien zur subspezifischen Untergliederung der Art bringen.

Große, unverwechselbare Art mit brauner, weiß gebänderter Flügeloberseite und braun gefleckter Hinterflügelunterseite ohne Zickzacklinie.

VERBREITUNG

Gesamtverbreitung: zentralasiatisch-europäisch-mediterran; Nordwestafrika über Südeuropa und Teile Mitteleuropas, Balkanhalbinsel und Kleinasien bis in den Mittleren Osten, Nordwestchina.

Regionalverbreitung: weitgehend auf den Vinschgau samt wärmeren Seitentälern beschränkt. Alte, isolierte Fundangaben liegen überdies aus Bozen und Brixen vor. Ein bei REICHL (1992) erfasster Nachweis aus Kematen im Pfitschertal erscheint äußerst zweifelhaft und geht fast sicher auf eine fehlerhafte Fundortzuordnung zurück.

Vertikalverbreitung: ca. 350 bis 1500 m; kollin, montan. Primär eine Art der montanen Stufe. Fundorte aus der Hügelstufe sind nur vereinzelt bekannt geworden.

BIOLOGIE

Habitatwahl: xerothermophile Offenlandart. Ausschließlich auf offenen xerothermen Felssteppenrasen, bevorzugt an schütter bewachsenen und mit Felsen durchsetzten, schuttreichen Stellen. In Südtirol auf silikathaltigem Untergrund, in anderen Gebieten, wie z. B. Baden-Württemberg, hingegen ausschließlich auf Kalk (EBERT & RENNWALD, 1991b).

Phänologie: univoltin; von Mitte Juni bis Anfang September, vereinzelte Falter bis Mitte Oktober, deutlicher Flugzeithöhepunkt zwischen Ende Juli und Mitte August.

Raupenfutterpflanzen – Präimaginalstadien: Oligophagie I; *Festuca ovina*, *Bromus erectus* sowie auf Kalkuntergrund auch *Sesleria albicans* (Poaceae) (EBERT & RENNWALD, 1991b), vermutlich noch weitere Süßgräser. Eiablage an dürren Grasblättern. Raupe überwintert bereits im ersten oder zweiten Stadium und verpuppt sich im Juni in einem Erdkokon oder am Fuß von Grasbüscheln (SBN, 1994; WEIDEMANN, 1995).

GEFÄHRDUNG – SCHUTZMASSNAHMEN
Gefährdungssituation: vor allem durch zunehmende Aufforstungsmaßnahmen, aber auch Düngung und Bewässerung gefährdet. Die individuenreichen Populationen des Vinschgaus sind auf Grund der besonderen Gefährdung der Art in mitteleuropäischen Ländern wie Deutschland, Österreich und der Schweiz überregional bedeutend und besonders schutzwürdig.
Rote Liste: gefährdet (VU); bisherige Einstufung: 3.
Schutzmaßnahmen: Verzicht auf weitere Aufforstung oder Entfernung standortfremder Gehölze (Kiefernmonokulturen) sowie keine weitere Intensivierung der Trockenrasen am Vinschgauer Sonnenberg.

Brintesia circe (Fabricius, 1775)
Weißer Waldportier

TAXONOMIE – DETERMINATION
Die Art neigt nur wenig zur Ausbildung von geographischen Unterarten. In Europa primär in der Nominatunterart vertreten, in Korsika in der ssp. *teleuda* (Fruhstorfer, 1917) und im Kaukasus sowie in Kleinasien in der ssp. *venusta* (Fruhstorfer, 1909).
Große, unverwechselbare Art mit schwarzer, weiß gebänderter Flügeloberseite und schwarzer Zickzacklinie auf der Hinterflügelunterseite.

VERBREITUNG
Gesamtverbreitung: turanisch-europäisch; Südeuropa und Teile Mitteleuropas bis nach Kleinasien und in den Iran, Himalaya.
Regionalverbreitung: nur wenige durchwegs historische Funde aus dem Etsch- und Eisacktal sowie dem Mendelgebiet bekannt.
Vertikalverbreitung: ca. 220 bis 1100 m; kollin, montan. Die Nachweise aus dem Mendelgebiet sind bezüglich Höhenangaben nicht genauer dokumentiert, stammen aber, soweit nachvollziehbar, ausschließlich von der Mendelstraße (KITSCHELT, 1925; ROWLAND-BROWN, 1904).

BIOLOGIE
Habitatwahl: xerothermophile Gehölzart. Lebensraum in Südtirol unbekannt. Nach WEIDEMANN (1995) Charakterart warmer, kniehoher Halbtrockenrasen mit Gebüsch und vereinzelten Bäumen.
Phänologie: univoltin; Juli. In anderen Gebieten Mitteleuropas von Ende Juni bis Anfang September (SBN, 1994; WEIDEMANN, 1995).
Raupenfutterpflanzen – Präimaginalstadien: Oligophagie I; *Bromus erectus*, *Festuca ovina*, *Lolium* spp. (EBERT & RENNWALD, 1991; WEIDEMANN, 1995) (Poaceae). Eiablage einzeln an der Vegetation, teilweise weit weg von den ursprünglichen Entwicklungshabitaten. Raupe ab Ende August und nach der Überwinterung bis gegen Mitte Juni. Verpuppung in einem Gespinst im Boden (SBN, 1994; WEIDEMANN, 1995).

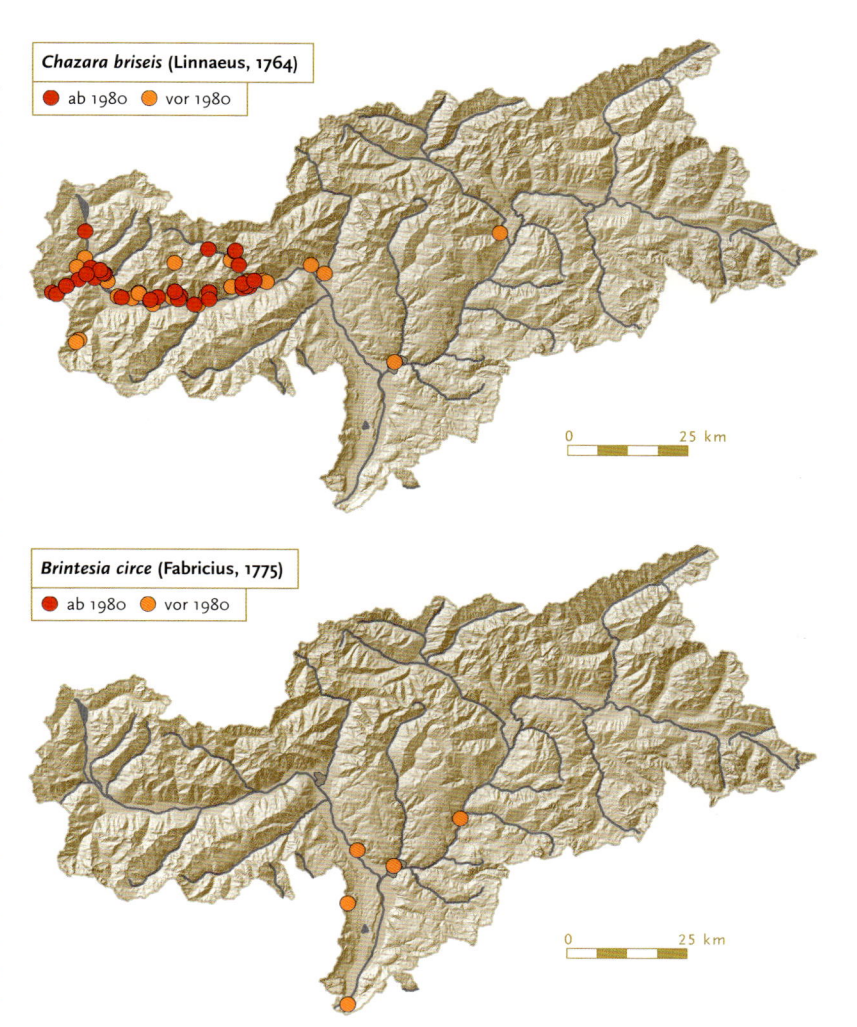

GEFÄHRDUNG – SCHUTZMASSNAHMEN
Gefährdungssituation: zu Beginn des 20. Jahrhunderts mehrfach nachgewiesen, so von STAUDER (1915) zwischen 1903 und 1905 und von ROWLAND-BROWN (1904) im Jahre 1904. Dies sind aber auch gleichzeitig die letzten genaueren Angaben zu dieser Art, die somit seit vielen Jahrzehnten verschollen ist. Ähnliche Regressionstendenzen wurden auch in anderen Ländern Mitteleuropas beobachtet (SBN, 1994; HUEMER, 2001) und werden teilweise auf Nutzungsänderungen in Wäldern zurückgeführt (EBERT & RENNWALD, 1991b). Die Ursachen für das Verschwinden in Südtirol sind möglicherweise aber auch in natürlichen Fluktuationsprozessen zu suchen.
Rote Liste: ausgestorben oder verschollen (RE); bisherige Einstufung: 0.
Schutzmaßnahmen: derzeit keine Maßnahmen möglich. Falls aktuelle Populationen entdeckt werden sollten, sind umgehend Erhaltungsmaßnahmen einzuleiten.

Die höchstgelegenen Fundorte des Gletscherfalters (*Oeneis glacialis*) liegen in 3000 m.

Oeneis glacialis (Moll, 1783)
Gletscherfalter

Synonymie:
Oeneis aello (Hübner, 1804)

TAXONOMIE – DETERMINATION
Der Gletscherfalter zeigt keine Neigung zur Ausbildung geographischer Unterarten.
Durch die hellbraune Flügeloberseite und die weiß geaderte Hinterflügelunterseite unverwechselbare Art.

VERBREITUNG
Gesamtverbreitung: alpin; gesamter Alpenbogen, von den Alpes-Maritimes bis zu den Karnischen Alpen.
Regionalverbreitung: in weiten Bereichen der Südtiroler Alpengebiete nachgewiesen, allerdings lokal und einzeln auftretend. Aus den Sarntaler Alpen liegen keinerlei Nachweise vor, jedoch ist die Art potentiell auch hier zu vermuten.
Vertikalverbreitung: ca. 1300 bis 3000 m; montan, subalpin, alpin, nival. Primär alpin verbreitete Art, in Felsbiotopen und an Bachrinnen allerdings teilweise bis weit unter die Waldgrenze herabreichend. Nach Kitschelt (1925) ausnahmsweise auch im Tal anzutreffen.

Oeneis glacialis (Moll, 1783)
● ab 1980   ● vor 1980

BIOLOGIE
Habitatwahl: alpine Art. Charakterart steiler und sonniger Schuttrinnen und Runsen sowie von Felsbiotopen, aber auch auf steinigen Almwiesen und lückig bewachsenen alpinen Naturrasen anzutreffen.
Phänologie: univoltin (zweijährig); von Anfang Juni bis Anfang August, frühe Funddaten durchwegs aus der montanen bis subalpinen Höhenstufe. An den Fundstellen in jahrweise unterschiedlicher Häufigkeit anzutreffen.
Raupenfutterpflanzen – Präimaginalstadien: Monophagie II (?); *Festuca ovina* (Poaceae), sehr wahrscheinlich aber auch an weiteren Poaceae. Eiablage einzeln an dürren Grashalmen. Raupenüberwinterung jeweils im ersten sowie letzten Stadium (SBN, 1994).

GEFÄHRDUNG – SCHUTZMASSNAHMEN
Gefährdungssituation: trotz relativ geringer Funddichte ist die Art auf Grund der Bindung an anthropogen weitgehend unbeeinflusste Lebensräume weitab von Intensivlandwirtschaft nicht gefährdet.
Rote Liste: nicht oder kaum gefährdet (LC); bisherige Einstufung: 3 bzw. weniger stark gefährdet (Eisenberg, 2001).
Schutzmaßnahmen: derzeit keine sinnvollen Maßnahmen möglich.

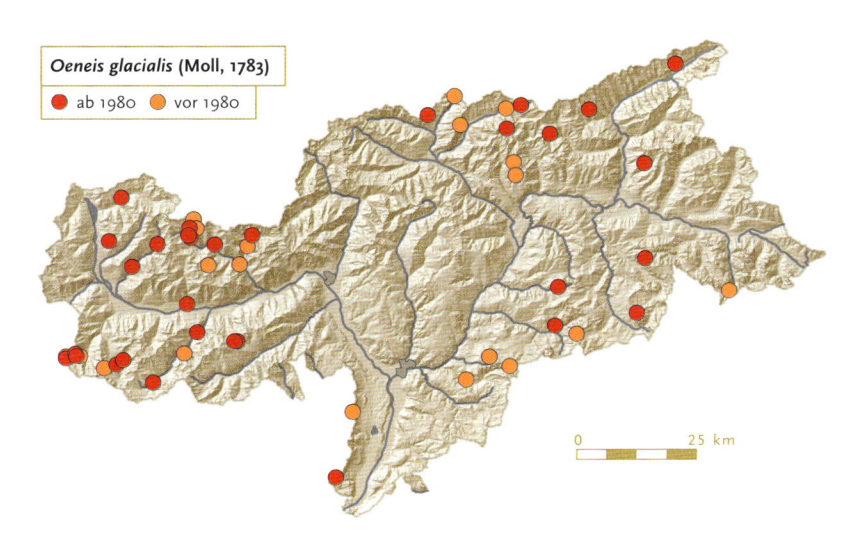

ANHANG

LITERATURVERZEICHNIS

AISTLEITNER E., 1999: Die Schmetterlinge Vorarlbergs. Bd. 1. Gebietsbeschreibung, Tagfalter, Spinner und Schwärmer (Lepidoptera, Diurna, Bombyces et Sphinges sensu classico). – Vorarlberger Naturschau 5: 7–390.

AISTLEITNER E. & AISTLEITNER U., 1996: Die Tagfalter des Fürstentums Liechtenstein (Lepidoptera: Papilionoidea und Hesperioidea). – Naturk. Forsch. Fürstentum Liechtenstein 16: 7–156.

ALBRECHT M. & GOLDSCHALT M., 1993: Beitrag zur Biologie des Heilziest-Dickkopffalters (*Caracharodus flocciferus* Zeller, 1847) in Oberschwaben (Lep., Hesp.). – Nachr. ent. Ver. Apollo, N. F. 14: 201–211.

ALBRECHT M., GOLDSCHALT M., & TREIBER R., 1999: Der Heilziest-Dickkopffalter *Carcharodus floccifera* (Zeller, 1847) (Lepidoptera, Hesperiidae). Morphologie, Verbreitung, Ökologie, Biologie, Verhalten, Lebenszyklus, Gefährdung und Schutz einer interessanten Tagfalterart. – Nachr. ent. Ver. Apollo, Suppl. 18: 1–256.

ARNSCHEID W. & ROOS P., 1977: Differenzierung der Subspecies von *Erebia euryale* Esper in Mitteleuropa unter besonderer Berücksichtigung von Mischpopulationen (Lep., Satyridae). – Ent. Z. Stuttgart 87: 201–211.

BALLETTO E., 1995: Endemism, areas of endemism, biodiversity and butterfly conservation in the Euro-Mediterranean area. – Bull. Mus. reg. Sci. nat. Torino 13: 445–491.

BALLETTO E. & CASSUOLA L. A., 1995: Lepidoptera: Hesperioidea, Papilionoidea. – In: MINELLI A., RUFFO S. & LA POSTA S. (Hrsg.): Checklist delle specie della fauna italiana. – Calderini, Bologna, fasc. 89: 1–9.

BELLING H., 1922: *Satyrus actaea* Esp. f. *cordula* F. in Südtirol. – Dt. ent. Z. 1922: 214–218.

BELLING H., 1923a: *Parnassius apollo laurinus* subsp. nov. – Dt. ent. Z. 1923: 271–272.

BELLING H., 1923b: Zwei neue Unterarten von *Parnassius apollo* L., *Parn. apollo ladinus* und *Parn. apollo venustus*. – Dt. ent. Z. 1923: 287–290.

BELLING H., 1925: Etwas von *Pararge achine* Sc. (*dejanira* L.) und der Zucht dieses Falters. – Dt. ent. Z. 1925: 243–246.

BELLING H., 1926: Schmetterlingsfang im Ortlergebiet. – Ein Wegweiser für Sammler von Großschmetterlingen im Trafoi-, Stilfserjoch- und Suldental. – Int. ent. Z. Guben 20: 133–248.

BELLING H., 1927: Auf dem Bummel und dem Schmetterlingsfang in den Dolomiten Südtirols. – Int. ent. Z. Guben 21: 65–165.

BELLING H., 1928: Der Ritten-Apollo, *Parnassius apollo cognatus*, subsp. nov. – Int. ent. Z. Guben 21: 379–381.

BELLING H., 1930: Der Apollofalter des Pustertales, *Parnassius apollo comes*, subsp. nov. (Lep. Rhopal.). – Int. ent. Z. Guben 23: 518–520.

BELLING H. & BRYK F., 1931: Der Apollofalter des Passeiertales – *Parnassius apollo andreashoferi*, subsp. nov. (Lep. Rhop.). – Int. ent. Z. Guben 24: 176–178.

BISCHOF A., 1991: Das Exklusionsprinzip von *Erebia medusa* (Denis & Schiffermüller, 1775) und *E. oeme* (Hübner, 1804) an einem Beispiel im Schanfigg, Graubünden, Schweiz (Lepidoptera: Satyridae). – Opusc. zool. flumin. 60: 1–6.

BLAB J. & KUDRNA O., 1982: Hilfsprogramm für Schmetterlinge. – Naturschutz aktuell, Bd. 6, 135 pp, Greven.

COOKE B. H., 1927: Rhopalocera in the Dolomites and South Tyrol, 1926. – The Entomologist 60: 104–108, 127–132.

CUPEDO F., 1997: Die geographische Variabilität und der taxonomische Status der *Erebia manto bubastis*-Gruppe, nebst Beschreibung einer neuen Unterart (Nymphalidae: Satyrinae). – Nota lepid. 20: 3–22.

CUPEDO F., 1995: Die morphologische Gliederung des *Erebia melampus*-Komplexes, nebst Beschreibung zweier neuer Unterarten: *Erebia melampus semisudetica* ssp. nov. und *Erebia sudetica belledonnae* ssp. nov. – Nota lepid. 18: 95–125.

CUPEDO F., 2004: Geographische Variabilität und spätglaziale Einwanderungswege von *Erebia pluto* (de Prunner, 1798) im Ortlergebiet und den Ötztaler Alpen (Nymphalidae). – Nota lepid. 26: 137–152.

CURÒ A., 1871: Di una nuova forma di *Erebia* prossima alla *nerine* Freyer, proveniente dalla Alpi dello Stelvio e della *Gastropacha arbusculae* Freyer. – Boll. Soc. ent. ital. 3: 347–349.

DANIEL F. & WOLFSBERGER J., 1957: Die Föhrenheidegebiete des Alpenraumes als Refugien wärmeliebender Insekten. II. Der Sonnenberghang bei Naturns im Vintschgau (Südtirol). – Mitt. Münch. Ent. Ges. 47: 21–121.

DANNEHL F., 1925–1930: Beiträge zur Lepidopterenfauna Südtirols. – Ent. Z. Frankf. a. M. 39–43: 273 pp. [Sonderdruck].

DANNEHL F., 1927: Neue Formen und geographische Rassen aus meinen Rhopaloceren-Ausbeuten der letzten Jahre. – Mitt. Münch. Ent. Ges. 17: 1–8.

EBERT G. & RENNWALD E. (Hrsg.), 1991a: Die Schmetterlinge Baden-Württembergs. Bd. 1: Tagfalter I. – Eugen Ulmer Verlag, Stuttgart, 552 pp.

EBERT G. & RENNWALD E. (Hrsg.), 1991b: Die Schmetterlinge Baden-Württembergs. Bd. 2: Tagfalter II. – Eugen Ulmer Verlag, Stuttgart, 535 pp.

EITSCHBERGER U. 1983: Systematische Untersuchungen am *Pieris napi-bryoniae*-Komplex (s. l.) (Lepidoptera, Pieridae). – Herbipoliana I/1, Marktleuthen, 504 pp.

EMBACHER G., 1996: Beitrag zur Verbreitung und Biologie von *Leptidea sinapis* (Linnaeus, 1758) und *L. reali* Reissinger, 1989 (Lepidoptera: Pieridae, Dismorphinae). – Z. ArbGem. Österr. Ent. 48: 101–112.

ENDER M., 1998: Vegetation von gemähten Bergwiesen (Bergmähdern) und deren Sukzession nach Auflassung der Mahd am Hoch-Tannberg (Vorarlberg). – Vorarlberger Naturschau 4: 169–246.

ERHARDT A., 1985: Wiesen und Brachland als Lebensraum für Schmetterlinge. Eine Feldstudie im Tavetsch (GR). – Denkschr. Schweiz. Naturf. Ges., Bd. 98, 154 pp.

ERHARDT A. & THOMAS J. A., 1991: Lepidoptera as indicators of change in the seminatural graslands of lowland and upland Europe. – In: KOLLINS N. M. & THOMAS J. A. (Hrsg.): The conservation of Insects and Their Habitats. – Academic Press, London: 213–236,.

FORCHER MAYR H., 1962: *Thersamonia dispar* Haw. r. *rutilus* Wern. in Südtirol. – Der Schlern 36: 295–297.

FORSTER W. & WOHLFAHRT TH. A., 1984: Die Schmetterlinge Mitteleuropas. Tagfalter Diurna (Rhopalocera und Hesperiidae). Bd. 3. – 3. Aufl., Frankh'sche Verlagshandlung, Stuttgart, 180 pp.

FRUHSTORFER H., 1906: Neue Parnassiusformen. – Soc. ent. 21: 137–140.

FRUHSTORFER H., 1918: Altes und Neues über *Erebia*. – Arch. Naturgesch. 84 (A) 7: 83–108.

FRUHSTORFER H., 1921: Eine grandiose Rasse von *Erebia evias* God. – Ent. Rundsch. 38: 53.

GEIGER H., 1978: Die systematische Stellung der *Pieris napi bryoniae*: Biochemisch-genetische Untersuchungsbefunde (Lep.: Pieridae). – Ent. Z. Stuttgart 88: 229–235.

GEIGER H., 1981: Enzyme electrophoretic studies on the relationships of Pierid butterflies (Lep., Pieridae) I. European taxa. – J. Res. Lepid. 19: 181–195.

GEIGER H. & SCHOLL. A., 1982: *Pontia daplidice* (Lepidoptera, Pieridae) in Südeuropa – eine Gruppe von zwei Arten. – Mitt. Schweiz. Ent. Ges. 55: 107–114.

GEPP J. (Hrsg.), 1994: Rote Listen gefährdeter Tiere Österreichs. – Grüne Reihe des Bundesministeriums für Umwelt, Jugend und Familie, Bd. 2, Styria Verlag, Graz, 355 pp.

GEPP J. (Hrsg.) 1995: Rote Liste gefährdeter Tierarten Südtirols. – Autonome Provinz Bozen – Südtirol, Settele, Leifers, 420 pp.

GIANTI M. & GALLO E., 2002: Nuovi dati sulla presenza in Italia settentrionale di *Leptidea reali* (Lepidoptera Pieridae). – Boll. Soc. ent. ital. 134: 67–72.

GOLTZ F. V. D., 1910: Die Erebien des Grödner Tales. – Ent. Z. Stuttgart 24: 6–7.

GREDLER V. M., 1863: Vierzehn Tage in Bad Ratzes. – Progr. k. k. Gymn. Bozen 13: 26–29.

HABELER H., 1994: Ein neuer Weißling für das Burgenland: *Leptidea reali* Reissinger, 1989. – Burgenl. Heimatbl. 56: 41.

HARTIG F., 1928: Note di Lepidotterologia. Aggiunte alla Fauna Lepidotterologica della Venezia Tridentina. – Studi trent. Sci. nat. 9: 65–88.

HARTIG F., 1930: Note di Lepidotterologia. Nuove aggiunte alla Fauna Lepidotterologica della Venezia Tridentina. – Studi trent. Sci. nat. 11: 231–252.

HARTIG F., 1933: Bibliografia Entomologica della Venezia Tridentina. – Archivio per l'Alto Adige 28: 1–72.

HARTIG F., 1968: L'*Araschnia levana* L. nella Pusteria. – Studi trent. Sci. nat. 45: 213–215.

HAUSER E., 1997: *Leptidea sinapis* (Linnaeus 1758) und *Leptidea reali* Reissinger 1989: zwei verschiedene Arten? (Lepidoptera, Pieridae). – Beitr. Naturkunde Oberösterr. 5: 65–75.

HELLER C., 1881: Die alpinen Lepidopteren Tirols. – Ber. nat.-med. Verein Innsbruck 11: 60–162.

HELLWEGER M., 1914: Die Großschmetterlinge Nordtirols. – A. Weger, Brixen, 364 pp.

HERING E. M., 1950: Die Oligophagie phytophager Insekten als Hinweis auf eine Verwandtschaft der Rosaceae mit den Familien der Amentiferae. – Verh. 8. Int. ent. Kong., Stockholm, p. 74–79.

HIGGINS L. G., 1975: The Classification of European butterflies. – W. Collins, London, 320 pp.

HIGGINS L. G., 1981: A revision of *Phyciodes* Hübner and related genera, with a review of the classification of the Melitaeinae. – Bull. Br. Mus. nat. Hist. (Ent.) 43 (3): 77–243.

HIGGINS L. G. & RILEY N. D., 1978: Die Tagfalter Europas und Nordwestafrikas. – 2. Aufl., Parey Verlag, Hamburg und Berlin, 377 pp.

HINTERWALDNER J. M., 1868: Systematisches Verzeichnis der bis jetzt bekannten Tiroler Lepidopteren. – Progr. Obergymn. Innsbruck 19: 1–20.

HODGES R. W., DOMINICK T., DAVIS D. R., FERGUSON D. C., FRANCLEMONT J. G., MUNROE E. G. & POWELL J. A., 1983: Check List of the Lepidoptera of America North of Mexico including Greenland. – E. W. Classey & The Wedge Entomological Research Foundation, London, 284 pp.

HOFER E., 1995: Rote Liste der gefährdeten Tagfalter (Diurna) Südtirols. – In: GEPP J. (Hrsg.): Rote Liste gefährdeter Tierarten Südtirols. – Settele, Leifers: 132–145.

HOLZAPFEL O. A., 1989a: Beiträge zur Fauna Südtirols, 1. – Ent. Z. Stuttgart 99: 71–78.

HOLZAPFEL O. A., 1989b: Beiträge zur Fauna Südtirols, 2 Naturkundliche Exkursionen im Überetsch. – Ent. Z. Stuttgart 99: 199–204.

HOLZAPFEL O. A., 1992: Beiträge zur Fauna Südtirols, 3: Die Tagfalter des Burggrafenamtes. – Nachr. ent. Ver. Apollo, N. F. 13: 27–36.

HÖTTINGER H., 2002: Tagfalter als Bioindikatoren in naturschutzrelevanten Planungen (Lepidoptera: Rhopalocera & Hesperiidae). – Insecta 8: 5–69.

HÖTTINGER H., 2003: Der Osterluzeifalter *Zerynthia polyxena* in Österreich. Neue Erkenntnisse zur Verbreitung, Ökologie und Gefährdung des Osterluzeifalters *Zerynthia polyxena* (Denis & Schiffermüller, 1775) in Österreich (Lepidoptera: Papilionidae). – Beitr. Entomofaunistik 4.

HÖTTINGER H. & PENNERSTORFER J., 2003: Rote Liste der Tagschmetterlinge Österreichs (Lepidoptera: Papilionoidea & Hesperioidea). – Umweltbundesamt, Wien.

HUEMER P., 1988a: Kleinschmetterlinge an Rosaceae unter besonderer Berücksichtigung ihrer Vertikalverbreitung (excl. Hepialidae, Cossidae, Zygaenidae, Psychidae und Sesiidae). – Neue ent. Nachr. 20: 1–376.

HUEMER P., 1988b: A taxonomic revision of *Caryocolum* (Lepidoptera: Gelechiidae). – Bull. Br. Mus. nat. Hist. (Ent.) 57: 439–571.

HUEMER P., 1997: Schmetterlinge – Lepidoptera. – In: HELLRIGL K. (Hrsg.): Die Tierwelt Südtirols. – Veröff. Naturmus. Südtirol, Suppl. 1: 532–618.

HUEMER P., 2001: Rote Liste gefährdeter Schmetterlinge Vorarlbergs. – Vorarlberger Naturschau, Dornbirn, 112 pp., CD-ROM.

HUEMER P. & MINERBI S., 2002: Untersuchungen über Auswirkungen einer Kiefernprozessionsspinner-Bekämpfung mittels *Bacillus thuringiensis* auf die begleitende Schmetterlingsfauna (Lepidoptera) in Montiggl/Südtirol. – Veröff. Tirol. Landesmus. Ferdinandeum 82: 61–70.

HUEMER P., REICHL E. R. & WIESER C. (Red.), 1994: Rote Liste der gefährdeten Großschmetterlinge Österreichs (Macrolepidoptera). – In: GEPP J. (Hrsg.): Rote Listen gefährdeter Tiere Österreichs. – Grüne Reihe des Bundesministerium für Umwelt, Jugend und Familie, Bd. 2, Wien: 215–264.

HUEMER P. & TARMANN G., 2001: Zoologische Bewertung von Kulturwiesen und -weiden in Südtirol (Modellindikatorgruppe Schmetterlinge). – Gredleriana 1: 331–418.

JONG R. DE, 1972: Systematics and geographic history of the genus *Pyrgus* in the Palearctic Region (Lep., Hesp.). – Tijdschr. Ent. 115: 1–121.

JONG R. DE, 1975: *Pyrgus warrenensis* Verity en *alveus* Hübner in de Hohe Tauern (Lep., Hesp.). – Ent. Ber., Amsterdam 35: 52–58.

JUNGE G., 1971: Eine neue Subspezies von *Plebejus pylaon* F. W. in Südtirol (Lep. Lycaenidae). – NachrBl. bayer. Ent. 20: 33–35.

JUTZELER D., REBEUSEK F., SALA G. & VEROVNIK R., 2001a: The confirmation of the specifity of *Erebia stirius* (Godart, 1824) and *Erebia styx* (Freyer, 1834), diagnosed by Lorkovic (1952) with a nomenclatural abstract concerning the specific names of the *styx/stirius*-complex (Lepidoptera: Nymphalidae, Satyrinae) (1st part). – Linn. belg. 18: 113–124.

JUTZELER D., REBEUSEK F., SALA G. & VEROVNIK R., 2001b: The confirmation of the specifity of *Erebia stirius* (Godart, 1824) and *Erebia styx* (Freyer, 1834), diagnosed by Lorkovic (1952) with a nomenclatural abstract concerning the specific names of the *styx/stirius*-complex (Lepidoptera: Nymphalidae, Satyrinae) (2nd part). – Linn. belg. 18: 175–186.

JUTZELER D., SALA G., VEROVNIK R. & VOLPE G., 2002a: The identification, variation and distribution of *E. styx* (Freyer, 1834) and *E. stirius* (Godart, 1824) (Lepidoptera: Nymphalidae, Satyrinae) (3rd part of the *styx/stirius*-series devoted to *Erebia styx*). – Linn. belg. 18: 205–220.

JUTZELER D., SALA G., MORANDINI C., VEROVNIK R. & VOLPE G., 2002b: The identification, variation and distribution of *E. styx* (Freyer, 1834) and *E. stirius* (Godart, 1824) (Lepidoptera: Nymphalidae, Satyrinae) (4th part of the *styx/stirius*-series devoted to *Erebia stirius*). – Linn. belg. 18: 335–350.

KAUFFMANN G., 1951: Die Hesperiidae der Schweiz. – Mitt. Schweiz. Ent. Ges. 24: 329–376.

KITSCHELT R., 1925: Zusammenstellung der bisher in dem ehemaligen Gebiete von Südtirol beobachteten Großschmetterlinge. – Wien, 421 pp.

KRISTAL P. M. & NÄSSIG W. A., 1996: *Leptidea reali* Reissinger, 1989 auch in Deutschland und einigen anderen europäischen Ländern (Lepidoptera: Pieridae). – Nachr. ent. Ver. Apollo, N. F. 16: 345–361.

KRISTENSEN N. P. (Hrsg.), 1999: Handbook of zoology. Bd. 4. Arthropoda: Insecta. Teilbd. 35. Lepidoptera, moths and butterflies. Vol. 1. Evolution, systematics and biogeography. – Walter de Gruyter, Berlin, 491 pp.

KUDRNA O., 1983: An Annotated Catalogue of the Butterflies (Lepidoptera: Papilionoidea) named by Roger Verity. – J. Res. Lep. 21: 1–106.

KUDRNA O., 1985a: Butterflies of Europe. Volume 1. Concise Bibliography of European Butterflies. – Aula-Verlag, Wiesbaden, 447 pp.

KUDRNA O., 1985b: European butterflies (Lepidoptera: Papilionoidea) named by Hans Fruhstorfer. – Nachr. ent. Ver. Apollo, Suppl. 5: 1–60.

KUDRNA O., 2002: The distribution atlas of European butterflies. – Oedippus 20: 1–342.

LABANDEIRA C. C., DILCHER D. L., DAVIS D. R. & WAGNER D. L., 1994: Ninety-Seven Million Years of Angiosperm-Insect Association: Paleobiolgocial Insights into the Meaning of Coevolution. – Proc. Nat. Acad. Sciences 91: 12278–12282.

LAICHARTING J. N., 1782: *Papilio Celtis*. – In: Fuessly J. C.: Archiv der Insektengeschichte 2: 1–3.

LAICHARTING J. N., 1783: *Papilio Celtis*. Der Zürgel-Falter. Tafel 14. Ein Nachtrag zu der Geschichte desselben aus einem Brief von Herrn Joh. Nepomuk Edlen von Laicharting zu Inspruk, an den Herausgeber dieses Archivs. Vom 5. Wintermonat 1782. – In: Fuessly J. C.: Archiv der Insektengeschichte (2) (4): 1, Taf. 8, Abb. 1–3.

LATTES A., MENSI P., CASSULO L. & BALLETTO E., 1994: Genotypic variability in western European members of the *Erebia tyndarus* species group (Lepidoptera, Satyridae). – Nota lepid., Suppl. 5: 93–104.

LERAUT P., 1997: Liste systématique et synonymique des Lépidoptères de France, Belgique et Corse (Deuxième édition). – Alexanor, Paris, 526 pp.

LESSE H. DE, 1960: Spéciation et variation chromosomique chez les Lépidoptères Rhopalocères. – Masson, Paris.

LORENZ S. & ARNDT U., 1997: Labor- und Freilanduntersuchungen zur Wirkung von Ozon, Schwefeldioxid und Stickstoffoxid auf Lepidopterenpheromone. – Mitt. DGaaE 11: 505–508.

LORKOVIC Z., 1941: Die Chromosomenzahlen in der Spermatogenese der Tagfalter. – Chromosoma 2: 155–191.

LORKOVIC Z., 1952: Beiträge zum Studium der Semispecies. Spezifität von *Erebia stirius* Godt. und *E. styx* Frr. (Satyrdiae). – Z. Lepidopt. 2: 159–176.

LORKOVIC Z., 1993: *Leptidea reali* Reissinger 1989 (= *lorkovicii* Real 1988), a new European species (Lepid., Pieridae). – Natura Croatica 2: 1–26.

LOWE F. E., 1904: *Pararge achine* on the Mendel. – The Entomologist 37: 272.

LUY U., 1993: Die Tagfalter des Vinschgaues – Südtirol – II. Teil. – Ber. Kr. Nürnbg. Ent. galathea 9/3: 114–122, 124–134.

MACHOLD C., 1996: Die Trespenwiesen des Walgaus. – Vorarlberger Naturschau 1: 153–232.

MANN J., 1867: Schmetterlinge gesammelt im Jahre 1867 in der Umgebung von Bozen und Trient in Tirol. – Verh. zool.-bot. Ges. Wien 17: 829–844.

MANN J. & ROGENHOFER A., 1877: Zur Lepidopteren-Fauna des Dolomiten-Gebietes. – Verh. zool.-bot. Ges. Wien 27: 491–500.

MARTIN J.-F., 1997: Deux espèces jumelles de Lépidoptères: *Leptidea sinapis* L. et *L. reali* Reiss. Systématique et Génétique moléculaire. – Mem D. E. A. Labor. Syst. evol., UPRES Biodiversité, Univ. Provence, Marseille, 36 pp.

MASCHWITZ U. & FIEDLER K., 1998: Koexistenz, Symbiose, Parasitismus: Erfolgsstrategien der Bläulinge. – Spektrum der Wissenschaft 5/1988: 56–66.

MATOUCH S., TRAXLER A. & GRASS V., 2000: Die Bergmähder des Kärntner Lesachtales – Biodiversität und Nutzungswandel. – Carinthia II, 1990/110: 591–604.

MATTANOVICH E., 2002: Landschaftsleitbild Südtirol. – Autonome Provinz Bozen-Südtirol, Abt. 28: Natur und Landschaft, Bozen, 144 pp.

MAZEL R., 2001: Une sous-espèce asiatique de *Leptidea reali* Reissinger: *L. reali yakovlevi* ssp. nova (Lepidoptera, Pieridae, Dismorphiinae). – Linn. belg. 18: 103–104.

MEYER R., 1985: Die Hesperiidae Tirols s. l. (Insecta, Lepidoptera). Versuch einer Zusammenfassung des bisherigen Kenntnisstandes. – Unveröff. Dipl., Inst. f. Zoologie, Innsbruck, 178 pp.

NIEDERKOFLER K., 1993: Beitrag zur Tagfalterfauna des Pustertales. – Der Schlern 67: 525–529.

NIKUSCH I. W., 1992: Beginn einer Revision der Unterarten von *Parnassius apollo* (L.), mit Hilfe der Zeichnung der Raupen. – Nota lepid., Suppl. 3: 108–112.

OATES M. R., 1995: Butterfly conservation within the management of grassland habitats. – In: PULLIN A. S. (Hrsg.): Ecology and conservation of butterflies. – Chapman & Hall, London: 98–112.

OZENDA P., 1988: Die Vegetation der Alpen im europäischen Gebirgsraum. – Gustav Fischer Verlag, Stuttgart, New York, 353 pp.

PEER T., 1989: Lebensräume in Südtirol. Die Pflanzenwelt. – Autonome Provinz Bozen – Südtirol, Bozen.

PIERCE N. E., BRABY M. F., HEATH A., LOHMAN D. J., MATHEW J., RAND D. B. & TRAVASSOS M. A., 2002: The Ecology and Evolution of Ant Association in the Lycaenidae (Lepidoptera). – Annu. Rev. Entomol. 47: 733–771.

PITKIN L. M., 1984: Gelechiid moths of the genus *Mirificarma*. – Bull. Br. Mus. nat. Hist. (Ent.) 48: 1–70.

REBEL H., 1892: Beitrag zur Lepidopteren-Fauna Südtirols, insbesondere der Umgebung Bozens. – Verh. zool.-bot. Ges. Wien 42: 509–536.

REBEL H., 1899: Zweiter Beitrag zur Lepidopteren-Fauna Südtirols. – Verh. zool.-bot. Ges. Wien 49: 158–185.

REBEL H., 1904: Versammlung am 2. Dezember 1904. – Verh. zool.-bot. Ges. Wien 55: 28–29.

REBEL H., 1910: Berge's Schmetterlingsbuch. – 9. Aufl., Stuttgart.

REHNELT K., 1964: Zur Variationsbreite von *Parnassius apollo* L. im Tauferer Tal. Notiz zur Schmetterlingskunde Südtirols. – Der Schlern 38: 294–296.

REHNELT K., 1967: Zur Schmetterlingsfauna des oberen Ahr-, Rein- und Tauferer Tales. – Der Schlern 41: 495–499.

REHNELT K. & BAUMANN H., 1966: Zur Merkmalsanalyse von *Parnassius apollo* L. aus dem Tauferer und Eisacktal. (Lep., Parnassiidae). 3. Mitteilung zur Schmetterlingskunde Südtirols. – Ent. Z. Frankfurt 76: 273–280.

REICHL E. R., 1992: Verbreitungsatlas der Tierwelt Österreichs. Bd. 1: Lepidoptera – Diurna Tagfalter. – Forschungsinstitut für Umweltinformatik, Linz.

REINHARDT R., 1992: Zum Vorkommen und zur Verbreitung des Resedaweißlings speziell in Deutschland und im angrenzenden Europa (Lep., Pieridae). – Atalanta 23: 455–479.

REISSINGER E. J., 1989a: Checkliste Pieridae Duponchel, 1835 (Lepidoptera) der Westpalaearktis (Europa, Nordwestafrika, Kaukasus, Kleinasien). – Atalanta 20: 149–185.

REISSINGER E. J., 1989b: Die geographisch-subspezifische Gliederung von *Colias alfacariensis* Ribbe, 1905 unter besonderer Berücksichtigung der Migrationsverhältnisse (Lepidoptera, Pieridae). – Neue ent. Nachr. 26: 5–351.

ROTTENBURG T., WIESER C., MILDNER P. & HOLZINGER W. E. (Hrsg.), (1999): Rote Listen gefährdeter Tiere Kärntens. – Naturschutz in Kärnten, Amt der Kärntner Landesregierung, Abt. 20: Landesplanung, Klagenfurt, 718 pp.

ROWLAND-BROWN H., 1904: Butterfly hunting in the South Tyrol. – The Entomologist 37: 222–226.

SALA G., 1996: I lepidotteri diurni del comprensorio Gardesano. – SEM Editrice, Salò, 160 pp.

SBN (SCHWEIZERISCHER BUND FÜR NATURSCHUTZ) (Hrsg.), 1994: Tagfalter und ihre Lebensräume. Arten Gefährdung Schutz. – 4. Aufl., Pro Natura – Schweizerischer Bund für Naturschutz, Egg, xi + 516 pp.

SBN (SCHWEIZERISCHER BUND FÜR NATURSCHUTZ) (Hrsg.), 1997: Schmetterlinge und ihre Lebensräume. Arten Gefährdung Schutz. – Pro Natura – Schweizerischer Bund für Naturschutz, Egg, xi + 679 pp.

SCHAWERDA K., 1911: *Erebia glacialis* Esp. und ihre Formen in den Hochalpen Österreichs. – Verh. zool.-bot. Ges. Wien 61: (29)–(40).

SCHAWERDA K., 1924: Faunula Dolomitana. – Mitt. Münch. Ent. Ges. 14: 73–119.

SCHEURINGER E., 1972: Die Macrolepidopteren-Fauna des Schnalstales (Vinschgau – Südtirol). – Studi trent. Sci. nat. 49: 231–448.

SCHEURINGER E., 1983: Die Macrolepidopteren-Fauna des Schnalstales (Vinschgau – Südtirol). 1. Nachtrag. – NachrBl. bayer. Ent. 32: 65–74.

SCHLICK-STEINER B. C., STEINER F. M. & HÖTTINGER H., 2002: Gefährdung und Schutz des Kreuzenzian-Ameisen-Bläulings *Maculinea rebeli* in Niederösterreich und Burgenland (Lepidoptera, Lycaenidae). – Linzer biol. Beitr. 34: 349–376.

SCHURIAN K. G., 1988: Herbstfalter in Südtirol. – Nachr. ent. Ver. Apollo 9: 236.

SEGERER A. H., 2001: Beitrag zur Genitaldiagnose einiger bayerischer Tagfalterarten unter besonderer Berücksichtigung der ♀♀ (Insecta: Lepidoptera: Rhopalocera). Beitr. bayer. Entomofaunistik 4: 5–25.

SETTELE J., FELDMANN R. & REINHARDT R. (Hrsg.), 1999: Die Tagfalter Deutschlands – Ein Handbuch für Freilandökologen, Umweltplaner und Naturschützer. – Ulmer, Stuttgart, 452 pp.

SPEYER A., 1859: Lepidopterologische Beobachtungen auf einer Wanderung über das Stilfserjoch. – Stettin. ent. Ztg 20: 12–34.

SPEYER A., 1865: Lepidopterologische Mittheilungen von Hofrath Dr. A. Speyer. – Stettin. ent. Ztg 26: 241–248.

STAUDER H., 1915: Systematisches Verzeichnis der von mir 1900 bis 1906 in Südtirol erbeuteten Makrolepidopteren. – Int. ent. Z. 8: 168–169, 177–178, 183–185, 188, 197–198, 204.

STURM R., 1998: Habitat, Ökologie und Phänotypus der wenig bekannten *Apatura ilia theia* Dannehl aus Norditalien (Lepidoptera: Nymphalidae: Apaturini). – Ent. Z. 108: 473–482.

TAUSEND W., 1999: Die männlichen Genitalien der mitteleuropäischen Arten der Gattung „*Erebia*". Eine diagnostische Studie (Lepidoptera, Satyridae). – NachrBl. bayer. Ent. 48: 20–55.

TOLMAN T. & LEWINGTON R., 1998: Die Tagfalter Europas und Nordwestafrikas. – Kosmos, Stuttgart, 319 pp.

TURATI E., 1914: Lepidotteri della Valcamonica. – Atti Soc. Ital. Sc. nat. 53: 474–484.

TUZOV V. K., 1997: Guide to the butterflies of Russia and adjacent territories. Vol. 1, Hesperiidae, Papilionidae, Pieridae, Satyridae. – Pensoft Publishers, Sofia, Moskau, 480 pp.

ULRICH R., 1991: Bestandserfassungen und Häufigkeitsuntersuchungen an Tagfaltern im Schnalstal/Südtirol (Insecta, Lepidoptera). – NachrBl. bayer. Ent. 40: 113–125.

VERITY R., 1928: Races paleárctiques de Grypocères et de Rhopalocères à distinguer et homonymes à remplacer (Lep.). – Bull. Soc. ent. Fr. 1928: 140–144.

VERITY R., 1931: On the geographical variations and the evolution of Lycaeides argus L. (Lycaenidae). – Dt. ent. Z. Iris 45: 30–69.

VIGNA TAGLIANTI A., AUDISIO P. A., BELFIORE C., BIONDI M., BOLOGNA M. A., CARPANETO G. M., DE BIASE A., DE FELICI S., PIATTELLA E., RACHELI T., ZAPPAROLI M. & ZOIA S., 1992: Riflessioni di gruppo sui corotipi fondamentali della fauna W-palearctica ed in particolare italiana. – Biogeographia 16: 159–179.

WAGNER A., 1909: *Libythea celtis* in Südtirol. – Ent. Z. Frankfurt 22: 206–207.

WARREN B. C. S., 1926: Monograph of the tribe Hesperiidi (European species) with revised classification of the subfamily Hesperiinae (Palearctic species) based on the genital armature of the males. – Trans. ent. Soc. Lond. 74: 1–170.

WARREN B. C. S., 1936: Monograph of the genus *Erebia*. – British Museum (Natural History), London, 407 pp., 103 Tafeln.

WARREN B. C. S., 1944: Review of the classification of the Argynnidi: with a systematic revision of the genus *Boloria* (Lepidoptera: Nymphalidae). – Trans. R. ent. Soc. Lond. 94: 1–101.

WARREN B. C. S., 1981: Supplement to Monograph of the genus *Erebia*. – E. W. Classey, Faringdon, 17 pp.

WEIDEMANN H.-J., 1995: Tagfalter: beobachten, bestimmen. – 2. Aufl., Naturbuch-Verlag, Augsburg, 659 pp.

WEILER J., 1980: Die Schmetterlinge des Tauferer Thales. Ein Beitrag zur Lepidopteren-Kunde von Tirol. – Progr. k. k. Oberrealschule Innsbruck 1879–80: 3–33.

WIKLUND C., PERSSON A. & WICKMAN P. O., 1983: Larval aestivation and direct development as alternative strategies in the speckled wood butterfly, *Pararge aegeria*, in Sweden. – Ecol. Ent. 8: 233–238.

WOCKE M., 1876–1881: Die Lepidopterenfauna des Stilfser Joches. – Jahresber. schles. Ges. vaterl. Kult. 53: 157–170; 54: 199–208; 58: 198–205.

ZIEGLER H. & EITSCHBERGER U., 1999: Der Karstweißling *Pieris mannii* (Mayer, 1851) Systematik, Verbreitung, Biologie. – Neue Ent. Nachr. 45: 1–217.

ZULKA K. P., EDER E., HÖTTINGER H. & WEIGAND E., 2001: Grundlagen zur Fortschreibung der Roten Listen gefährdeter Tiere Österreichs. – Umweltbundesamt, Wien, Monographien 135, 85 pp.

SYSTEMATISCHES VERZEICHNIS

Systematik nach de Prins (*in litteris*)

HESPERIOIDEA
HESPERIIDAE – DICKKOPFFALTER
Pyrginae
Erynnis tages (Linnaeus, 1758)
Kronwicken-Dickkopffalter 34
Carcharodus alceae (Esper, 1780)
Malven-Dickkopffalter 35
Carcharodus lavatherae (Esper, 1783)
Bergziest-Dickkopffalter 36
Carcharodus boeticus (Rambur, 1833)
Andorn-Dickkopffalter 37
Carcharodus floccifera (Zeller, 1847)
Heilziest-Dickkopffalter 38
Spialia sertorius (Hoffmannsegg, 1804)
Roter Würfel-Dickkopffalter 39
Pyrgus malvae (Linnaeus, 1758)
Kleiner Würfel-Dickkopffalter 39
Pyrgus malvoides (Elwes & Edwards, 1897)
Westlicher Würfel-Dickkopffalter 40
Pyrgus serratulae (Rambur, 1839)
Schwarzbrauner Würfel-Dickkopffalter 41
Pyrgus onopordi (Rambur, 1839)
Ambossfleck-Würfelfalter 42
Pyrgus carthami (Hübner, 1813)
Steppenheiden-Würfel-Dickkopffalter 44
Pyrgus andromedae (Wallengren, 1853)
Andromeda-Würfel-Dickkopffalter 44
Pyrgus cacaliae (Rambur, 1839)
Alpen-Würfel-Dickkopffalter 45
Pyrgus armoricanus Oberthür, 1910
Zweibrütiger Würfel-Dickkopffalter 46
Pyrgus alveus (Hübner, 1803)
Sonnenröschen-Würfel-Dickkopffalter 47
Pyrgus warrenensis (Verity, 1928)
Warren's Würfel-Dickkopffalter 48
Heteropterinae
Heteropterus morpheus (Pallas, 1771)
Spiegelfleck-Dickkopffalter 48
Carterocephalus palaemon (Pallas, 1771)
Gelbwürfeliger Dickkopffalter 50
Hesperiinae
Thymelicus lineola (Ochsenheimer, 1808)
Schwarzkolbiger Braun-Dickkopffalter 50
Thymelicus sylvestris (Poda, 1761)
Braunkolbiger Braun-Dickkopffalter 51
Thymelicus acteon (Rottemburg, 1775)
Mattscheckiger Braun-Dickkopffalter 52
Hesperia comma (Linnaeus, 1758)
Komma-Dickkopffalter 53
Ochlodes sylvanus (Esper, 1777)
Rostfarbiger Dickkopffalter 53

PAPILIONOIDEA
PAPILIONIDAE – RITTERFALTER
Parnassiinae – Osterluzeifalter und Apollofalter
Zerynthia polyxena (Denis & Schiffermüller, 1775) – Osterluzeifalter 55
Parnassius mnemosyne (Linnaeus, 1758)
Schwarzer Apollofalter 56
Parnassius phoebus (Fabricius, 1793)
Hochalpen-Apollo 57
Parnassius apollo (Linnaeus, 1758)
Apollofalter 59
Papilioninae – Schwalbenschwänze
Iphiclides podalirius (Linnaeus, 1758)
Segelfalter 60
Papilio machaon (Linnaeus, 1758)
Schwalbenschwanz 62

PIERIDAE – WEISSLINGE
Dismorphiinae – Senfweißlinge
Leptidea sinapis (Linnaeus, 1758)
Senf-Weißling
Leptidea reali Reissinger, 1989
Lorkovic's Senf-Weißling 65
Pierinae – Echte Weißlinge
Anthocharis cardamines (Linnaeus, 1758)
Aurorafalter 65
Aporia crataegi (Linnaeus, 1758)
Baum-Weißling 66
Pieris brassicae (Linnaeus, 1758)
Großer Kohl-Weißling 68
Pieris mannii (Mayer, 1851)
Karst-Weißling 69
Pieris rapae (Linnaeus, 1758)
Kleiner Kohl-Weißling 70
Pieris napi (Linnaeus, 1758)
Raps-Weißling, Grünader-Weißling 71
Pieris bryoniae (Hübner, 1804)
Berg-Weißling 72
Pontia callidice (Hübner, 1800)
Alpen-Weißling 74
Pontia daplidice (Linnaeus, 1758)
Reseda-Weißling 75
Coliadinae – Gelblinge
Colias phicomone (Esper, 1780)
Alpen-Gelbling 76
Colias palaeno (Linnaeus, 1761)
Hochmoor-Gelbling 77
Colias croceus (Fourcroy, 1785)
Postillon, Wander-Gelbling 79
Colias hyale (Linnaeus, 1758)
Weißklee-Gelbling, Goldene Acht 80
Colias alfacariensis Ribbe, 1905
Hufeisenklee-Gelbling 80
Gonepteryx rhamni (Linnaeus, 1758)
Zitronenfalter 81

LYCAENIDAE – BLÄULINGE
Riodininae – Würfelfalter
Hamearis lucina (Linnaeus, 1758)
Schlüsselblumen-Würfelfalter 83
Lycaeninae
Lycaena phlaeas (Linnaeus, 1761)
Kleiner Feuerfalter 84
Lycaena helle (Denis & Schiffermüller, 1775)
Blauschillernder Feuerfalter 85
Lycaena dispar (Haworth, 1802)
Großer Feuerfalter 86

Lycaena virgaureae (Linnaeus, 1758)
Dukaten-Feuerfalter 87
Lycaena tityrus (Poda, 1761)
Brauner Feuerfalter 88
Lycaena alciphron (Rottemburg, 1775)
Violetter Feuerfalter 89
Lycaena hippothoe (Linnaeus, 1761)
Lilagold-Feuerfalter 90
Thecla betulae (Linnaeus, 1758)
Nierenfleck-Zipfelfalter 91
Neozephyrus quercus (Linnaeus, 1758)
Blauer Eichen-Zipfelfalter 92
Callophrys rubi (Linnaeus, 1758)
Grüner Zipfelfalter, Brombeer-Zipfelfalter . . 93
Satyrium w-album (Knoch, 1782)
Ulmen-Zipfelfalter 95
Satyrium pruni (Linnaeus, 1758)
Pflaumen-Zipfelfalter 95
Satyrium spini (Denis & Schiffermüller,
1775) – Kreuzdorn-Zipfelfalter 96
Satyrium ilicis (Esper, 1799)
Brauner Eichen-Zipfelfalter 97
Satyrium acaciae (Fabricius, 1787)
Kleiner Schlehen-Zipfelfalter 98
Lampides boeticus (Linnaeus, 1767)
Großer Wander-Bläuling 98
Leptotes pirithous (Linnaeus, 1767)
Kleiner Wander-Bläuling 99
Cupido minimus (Fuessly, 1775)
Zwerg-Bläuling 100
Cupido argiades (Pallas, 1771)
Kurzschwänziger Bläuling 101
Cupido alcetas (Hoffmannsegg, 1804)
Südlicher Kurzschwänziger Bläuling 102
Celastrina argiolus (Linnaeus, 1758)
Faulbaum-Bläuling 103
Pseudophilotes baton (Bergsträsser, 1799)
Graublauer Bläuling 103
Scolitantides orion (Pallas, 1871)
Fetthennen-Bläuling 105
Glaucopsyche alexis (Poda, 1761)
Alexis-Bläuling 106
Glaucopsyche iolas (Ochsenheimer, 1816)
Blasenstrauch-Bläuling 108
Glaucopsyche arion (Linnaeus, 1758)
Schwarzfleckiger Ameisen-Bläuling 109
Glaucopsyche rebeli (Hirschke, 1904)
Kreuzenzian-Ameisen-Bläuling 110
Plebeius trappi (Verity, 1927)
Kleiner Tragant-Bläuling 110
Plebeius argus (Linnaeus, 1758)
Argus-Bläuling 111
Plebeius idas (Linnaeus, 1761)
Ginster-Bläuling 112
Plebeius optilete (Knoch, 1781)
Hochmoor-Bläuling 114
Plebeius glandon (de Prunner, 1798)
Dunkler Alpen-Bläuling 114
Plebeius orbitulus (de Prunner, 1798)
Heller Alpen-Bläuling 115
Plebeius eumedon (Esper, 1780)
Storchschnabel-Bläuling 116
Plebeius agestis (Denis & Schiffermüller, 1775)
Kleiner Sonnenröschen-Bläuling 118
Plebeius artaxerxes (Fabricius, 1793)
Großer Sonnenröschen-Bläuling 119
Plebeius nicias (Meigen, 1830)
Meigen's Bläuling 120
Polyommatus semiargus (Rottemburg, 1775)
Rotklee-Bläuling 121
Polyommatus escheri (Hübner, 1823)
Großer Tragant-Bläuling 122

Polyommatus dorylas (Denis & Schiffermüller,
1775) – Wundklee-Bläuling 123
Polyommatus amandus (Schneider, 1792)
Vogelwicken-Bläuling 124
Polyommatus thersites (Cantener, 1834)
Esparsetten-Bläuling 125
Polyommatus icarus (Rottemburg, 1775)
Hauhechel-Bläuling 126
Polyommatus eros (Ochsenheimer, 1808)
Eros-Bläuling 127
Polyommatus daphnis (Denis & Schiffermüller,
1775) – Zahnflügel-Bläuling 127
Polyommatus bellargus (Rottemburg, 1775)
Himmelblauer Bläuling 129
Polyommatus coridon (Poda, 1761)
Silbergrüner Bläuling 129
Polyommatus damon (Denis & Schiffermüller,
1775) – Weißdolch-Bläuling 131

NYMPHALIDAE – EDELFALTER
Libytheinae – Schnauzenfalter
Libythea celtis (Laicharting, 1782)
Zürgelbaum-Schnauzenfalter 132
Heliconinae
Argynnis paphia (Linnaeus, 1758)
Kaisermantel 133
Argynnis pandora (Denis & Schiffermüller,
1775) – Kardinal 134
Argynnis aglaja (Linnaeus, 1758)
Großer Perlmutterfalter 135
Argynnis adippe (Denis & Schiffermüller, 1775)
Feuriger Perlmutterfalter 135
Argynnis niobe (Linnaeus, 1758)
Mittlerer Perlmutterfalter 136
Issoria lathonia (Linnaeus, 1758)
Kleiner Perlmutterfalter 138
Brenthis ino (Rottemburg, 1775)
Mädesüß-Perlmutterfalter 139
Brenthis daphne (Denis & Schiffermüller,
1775) – Brombeer-Perlmutterfalter 140
Brenthis hecate (Denis & Schiffermüller, 1775)
Saumfleck-Perlmutterfalter 141
Boloria eunomia (Esper, 1799)
Randring-Perlmutterfalter 142
Boloria euphrosyne (Linnaeus, 1758)
Silberfleck-Perlmutterfalter 143
Boloria titania (Esper, 1793)
Natterwurz-Perlmutterfalter 144
Boloria selene (Denis & Schiffermüller, 1775)
Braunfleckiger Perlmutterfalter 145
Boloria dia (Linnaeus, 1767)
Magerrasen-Perlmutterfalter 145
Boloria thore (Hübner, 1803)
Alpen-Perlmutterfalter 147
Boloria pales (Denis & Schiffermüller, 1775)
Hochalpen-Perlmutterfalter 147
Boloria napaea (Hoffmannsegg, 1804)
Ähnlicher Perlmutterfalter 148
Nymphalinae – Echte Edelfalter
Vanessa atalanta (Linnaeus, 1758)
Admiral 150
Vanessa cardui (Linnaeus, 1758)
Distelfalter 151
Inachis io (Linnaeus, 1758)
Tagpfauenauge 152
Aglais urticae (Linnaeus, 1758)
Kleiner Fuchs 153
Polygonia c-album (Linnaeus, 1758)
C-Falter 154
Araschnia levana (Linnaeus, 1758)
Landkärtchen 156

Nymphalis antiopa (Linnaeus, 1758)
Trauermantel 157
Nymphalis polychloros (Linnaeus, 1758)
Großer Fuchs 158
Apaturinae – Schillerfalter
Apatura ilia (Denis & Schiffermüller, 1775)
Kleiner Schillerfalter 160
Apatura iris (Linnaeus, 1758)
Großer Schillerfalter 161
Limenitidinae – Eisvögel
Limenitis populi (Linnaeus, 1758)
Großer Eisvogel 162
Limenitis camilla (Linnaeus, 1764)
Kleiner Eisvogel 164
Limenitis reducta Staudinger, 1901
Blauschwarzer Eisvogel 165
Neptis rivularis (Scopoli, 1763)
Schwarzer Trauerfalter 166
Melitaeinae – Scheckenfalter
Euphydryas cynthia (Denis & Schiffermüller,
1775) – Veilchen-Scheckenfalter 167
Euphydryas intermedia (Ménétriés, 1859)
Alpen-Scheckenfalter 168
Euphydryas aurinia (Rottemburg, 1775)
Goldener Scheckenfalter 169
Melitaea cinxia (Linnaeus, 1758)
Wegerich-Scheckenfalter 170
Melitaea phoebe (Denis & Schiffermüller,
1775) – Flockenblumen-Scheckenfalter 171
Melitaea trivia (Denis & Schiffermüller, 1775)
Bräunlicher Scheckenfalter 172
Melitaea didyma (Esper, 1799)
Roter Scheckenfalter 173
Melitaea diamina (Lang, 1789)
Baldrian-Scheckenfalter 174
Melitaea deione (Geyer, 1832)
Ähnlicher Scheckenfalter 176
Melitaea varia (Meyer-Dür, 1851)
Bündner Scheckenfalter 177
Melitaea aurelia (Nickerl, 1850)
Ehrenpreis-Scheckenfalter 178
Melitaea asteria (Freyer, 1828)
Kleiner Scheckenfalter 179
Melitaea athalia (Rottemburg, 1775)
Wachtelweizen-Scheckenfalter 180

SATYRINAE – AUGENFALTER
Pararge aegeria (Linnaeus, 1758)
Waldbrettspiel 181
Lasiommata megera (Linnaeus, 1767)
Mauerfuchs 182
Lasiommata petropolitana (Fabricius, 1787)
Braunscheckauge 183
Lasiommata maera (Linnaeus, 1758)
Braunauge 184
Lopinga achine (Scopoli, 1763)
Gelbringfalter 185
Coenonympha tullia (Müller, 1764)
Großes Wiesenvögelchen 186
Coenonympha arcania (Linnaeus, 1761)
Weißbindiges Wiesenvögelchen 187
Coenonympha gardetta (de Prunner, 1798)
Alpen-Wiesenvögelchen 188
Coenonympha pamphilus (Linnaeus, 1758)
Kleines Wiesenvögelchen 190
Pyronia tithonus (Linnaeus, 1771)
Braungerändertes Ochsenauge 190
Aphantopus hyperantus (Linnaeus, 1758)
Schornsteinfeger 191
Maniola jurtina (Linnaeus, 1758)
Großes Ochsenauge 192

Hyponephele lycaon (Kühn, 1774)
Kleines Ochsenauge 193
Erebia ligea (Linnaeus, 1758)
Weißbindiger Mohrenfalter 194
Erebia euryale (Esper, 1805)
Weißbindiger Bergwald-Mohrenfalter 195
Erebia eriphyle (Freyer, 1839)
Ähnlicher Mohrenfalter 196
Erebia manto (Denis & Schiffermüller, 1775)
Gelbgefleckter Mohrenfalter 196
Erebia epiphron (Knoch, 1783)
Knoch's Mohrenfalter 198
Erebia pharte (Hübner, 1804)
Unpunktierter Mohrenfalter 199
Erebia melampus (Fuessly, 1775)
Kleiner Mohrenfalter 200
Erebia aethiops (Esper, 1777)
Graubindiger Mohrenfalter 201
Erebia triarius (de Prunner, 1798)
Prunner's Mohrenfalter 202
Erebia medusa (Denis & Schiffermüller, 1775)
Rundaugen-Mohrenfalter 203
Erebia alberganus (de Prunner, 1798)
Gelbäugiger Mohrenfalter 204
Erebia pluto (de Prunner, 1798)
Eis-Mohrenfalter 205
Erebia gorge (Hübner, 1804)
Felsen-Mohrenfalter 206
Erebia mnestra (Hübner, 1804)
Blindpunkt-Mohrenfalter 207
Erebia tyndarus (Esper, 1781)
Schweizer Mohrenfalter 208
Erebia nivalis Lorkovic & de Lesse, 1954
Großglockner-Mohrenfalter 209
Erebia cassioides (Hochenwarth, 1793)
Schillernder Mohrenfalter 209
Erebia pronoe (Esper, 1780)
Pronoe-Mohrenfalter 210
Erebia stirius (Godart, 1824)
Steirischer Mohrenfalter 211
Erebia styx (Freyer, 1834)
Styx-Mohrenfalter 212
Erebia montanus (de Prunner, 1798)
Marmorierter Mohrenfalter 213
Erebia oeme (Hübner, 1804)
Doppelaugen Mohrenfalter 214
Erebia pandrose (Borkhausen, 1788)
Graubrauner Mohrenfalter 215
Melanargia galathea (Linnaeus, 1758)
Schachbrett 215
Satyrus ferula (Fabricius, 1793)
Weißkernauge 216
Minois dryas (Scopoli, 1763)
Blaukernauge 217
Hipparchia statilinus (Hufnagel, 1766)
Eisenfarbiger Samtfalter 218
Hipparchia semele (Linnaeus, 1758)
Ockerbindiger Samtfalter 220
Hipparchia fagi (Scopoli, 1763)
Großer Waldportier 221
Chazara briseis (Linnaeus, 1764)
Berghexe 222
Brintesia circe (Fabricius, 1775)
Weißer Waldportier 223
Oeneis glacialis (Moll, 1783)
Gletscherfalter 224

INDEX ZU DEN WISSENSCHAFTLICHEN ARTNAMEN

Nur Primäreinträge
Fehlmeldungen mit *
Syonynme *kursiv*

acaciae 98
achine 185
*actaea** 217
acteon 52
adippe 135
*admetus** 32
aegeria 181
aello 224
aethiops 201
agestis 118
aglaja 135
alberganus 204
alceae 35
alcetas 102
alciphron 89
*alcon** 32
alcyone 33
*alexanor** 31
alexis 106
alfacariensis 80
altheae 38
alveus 47
amandus 124
amathusia 144
amphidamas 85
andromedae 44
anonyma 165
antiopa 157
apollo 59
arcania 187
argester 123
argiades 101
argiolus 103
argus 111
*argyrognomon** 32, 112
arion 109
armoricanus 46
artaxerxes 119
asteria 179
astrarche 118
atalanta 150
athalia 180
aurelia 178
aurinia 169
australis 80
baton 103
bellargus 129
betulae 91
boeticus (Carcharodus) 37
boeticus (Lampides) 98
brassicae 68
briseis 222
bryoniae 72
cacaliae 45
c-album 154
callidice 74
camilla 164
camilla 165
cardamines 65
cardui 151
*carlinae** 32

carthami 44
cassioides 209
*cecilia** 33
celtis 132
ceto 204
charlotta 135
chiron 116
*chrysotheme** 32
cinxia 170
circe 223
*cirsii** 32
comma 53
coretas 102
coridon 129
crataegi 66
croceus 79
cyllarus 106
cynthia 167
damon 131
daphne 140
daphnis 127
daplidice 75
deione 176
delius 57
dia 145
diamina 174
dictynna 174
didyma 173
dispar 86
donzelii 120
dorilis 88
dorylas 123
dryas 216
edusa 79
epiphron 198
*ergane** 32
eriphyle 196
eros 127
escheri 122
eumedon 116
eunomia 142
euphrosyne 143
euryale 195
evias 202
fagi 221
ferula 216
*fidia** 31
floccifera 38
fritillarius 44
galathea 215
gardetta 188
glacialis 224
glacialis 205
glandon 114
*glycerion** 33
goante 213
gorge 206
hecate 141
helle 85
hermione 221
hiera 183
hippothoe 90
hyale 80
hylas 123
hyperantus 191
icarius 124
icarus 126
idas 112
ilia 160
ilicis 97
ino 139
intermedia 168

io	152
iolas	108
iris	161
jurtina	192
lappona	215
lathonia	138
lavatherae	36
levana	156
ligea	194
lineola	50
lorkovicii	165
lucilla	166
lucina	83
lycaon	193
machaon	62
maera	184
malvae	39
malvoides	40
mannii	69
manto	196
marrubii	37
maturna*	32, 168
medusa	203
megera	182
melampus	200
meleager	127
meolans*	33
minimus	100
mnemosyne	56
mnestra	207
montanus	213
morpheus	48
morula	211, 212
myrmidone*	31
napaea	144
napi	71
nerine	211, 212
nicias	120
niobe	136
nivalis	209
oedippus*	33
oeme	214
onopordi	42
optilete	114
orbifer*	32
orbitulus	115
orion	105
osiris*	32
palaemon	50
palaeno	77
pales	147
pamphilus	190
pandora	134
pandrose	215
paphia	133
parthenie	178
parthenoides*	33
petropolitana	183
pharte	199
pheretes	115
phicomone	76
phlaeas	84
phoebe	171
phoebus	57
pirithous	99
pluto	205
podalirius	60
polychloros	158
polyxena	55
populi	162
pronoe	210
pruni	95
pylaon	110
quercus	92
rapae	70
reali	65
rebeli	110
reducta	165
rhamni	81
ripartii*	32
rivularis	166
rubi	93
sao	39
sappho*	32
satyrion	188
selene	145
semele	220
semiargus	121
serratulae	41
sertorius	39
sibylla	164
sinapis	64
spini	96
statilinus	218
stirius	211
styx	212
sylvanus	53
sylvestris	51
tages	34
telicanus	99
thaumas	51
thersamon*	32
thersites	125
thore	147
tiphon	186
titania	144
tithonus	190
tityrus	88
trappi	110
triarius	202
trivia	172
tullia	186
tyndarus	208
urticae	153
vau-album*	32
varia	177
venatus	53
virgaureae	87
w-album	95
warrenensis	48
xanthomelas*	32

INDEX ZU DEN DEUTSCHEN ARTNAMEN

Nur Primäreinträge
Fehlmeldungen mit *

Admiral	150
Ähnlicher Mohrenfalter	196
Ähnlicher Perlmutterfalter	148
Ähnlicher Scheckenfalter	176
Alexis-Bläuling	106
Alpen-Gelbling	76
Alpen-Perlmutterfalter	147
Alpen-Scheckenfalter	168
Alpen-Weißling	74
Alpen-Wiesenvögelchen	188
Alpen-Würfel-Dickkopffalter	45
Ambossfleck-Würfelfalter	42
Andorn-Dickkopffalter	37
Andromeda-Würfel-Dickkopffalter	44
Apollofalter	59
Argus-Bläuling	111
Aurorafalter	65
Baldrian-Scheckenfalter	174
Baum-Weißling	66
Berghexe	222
Berg-Weißling	72
Bergziest-Dickkopffalter	36
Blasenstrauch-Bläuling	108
Blauer Eichen-Zipfelfalter	92
Blaukernauge	217
Blauschillernder Feuerfalter	85
Blauschwarzer Eisvogel	165
Blindpunkt-Mohrenfalter	207
Braunauge	184
Brauner Eichen-Zipfelfalter	97
Brauner Feuerfalter	88
Braunfleckiger Perlmutterfalter	145
Braungerändertes Ochsenauge	190
Braunkolbiger Braun-Dickkopffalter	51
Bräunlicher Scheckenfalter	172
Braunscheckauge	183
Brombeer-Perlmutterfalter	140
Brombeer-Zipfelfalter	93
Bündner Scheckenfalter	177
C-Falter	154
Distelfalter	151
Doppelaugen Mohrenfalter	214
Dukaten-Feuerfalter	87
Dunkler Alpen-Bläuling	114
Ehrenpreis-Scheckenfalter	178
Eisenfarbiger Samtfalter	218
Eis-Mohrenfalter	205
Eros-Bläuling	127
Eschen-Scheckenfalter*	32
Esparsetten-Bläuling	125
Faulbaum-Bläuling	103
Felsen-Mohrenfalter	206
Fetthennen-Bläuling	105
Feuriger Perlmutterfalter	135
Flockenblumen-Scheckenfalter	171
Gelbäugiger Mohrenfalter	204
Gelbbindiger Mohrenfalter*	33
Gelbgefleckter Mohrenfalter	196
Gelbringfalter	185
Gelbwürfeliger Dickkopffalter	50
Ginster-Bläuling	112
Gletscherfalter	224

Goldene Acht	80
Goldener Scheckenfalter	169
Graubindiger Mohrenfalter	201
Graublauer Bläuling	103
Graubrauner Mohrenfalter	215
Großer Eisvogel	162
Großer Feuerfalter	86
Großer Fuchs	158
Großer Kohl-Weißling	68
Großer Perlmutterfalter	135
Großer Schillerfalter	161
Großer Sonnenröschen-Bläuling	119
Großer Tragant-Bläuling	122
Großer Waldportier	221
Großer Wander-Bläuling	98
Großes Ochsenauge	192
Großes Wiesenvögelchen	186
Großglockner-Mohrenfalter	209
Grünader-Weißling	71
Grüner Zipfelfalter	93
Hauhechel-Bläuling	126
Heilziest-Dickkopffalter	38
Heller Alpen-Bläuling	115
Himmelblauer Bläuling	129
Hochalpen-Apollo	57
Hochalpen-Perlmutterfalter	147
Hochmoor-Bläuling	114
Hochmoor-Gelbling	77
Hufeisenklee-Gelbling	80
Kaisermantel	133
Kardinal	134
Karst-Weißling	69
Kleiner Alpen-Bläuling*	32
Kleiner Eisvogel	164
Kleiner Feuerfalter	84
Kleiner Fuchs	153
Kleiner Kohl-Weißling	70
Kleiner Mohrenfalter	200
Kleiner Perlmutterfalter	138
Kleiner Scheckenfalter	179
Kleiner Schillerfalter	160
Kleiner Schlehen-Zipfelfalter	98
Kleiner Sonnenröschen-Bläuling	118
Kleiner Tragant-Bläuling	110
Kleiner Waldportier*	33
Kleiner Wander-Bläuling	99
Kleiner Würfel-Dickkopffalter	39
Kleines Ochsenauge	193
Kleines Wiesenvögelchen	190
Knoch's Mohrenfalter	198
Komma-Dickkopffalter	53
Kreuzdorn-Zipfelfalter	96
Kreuzenzian-Ameisen-Bläuling	110
Kronwicken-Bläuling*	32
Kronwicken-Dickkopffalter	34
Kurzschwänziger Bläuling	101
Landkärtchen	156
Lilagold-Feuerfalter	90
Lorkovic's Senf-Weißling	65
Lungenenzian-Ameisen-Bläuling*	32
Mädesüß-Perlmutterfalter	139
Magerrasen-Perlmutterfalter	145
Maivogel*	32
Malven-Dickkopffalter	35
Marmorierter Mohrenfalter	213
Mattscheckiger Braun-Dickkopffalter	52
Mauerfuchs	182
Meigen's Bläuling	120
Mittlerer Perlmutterfalter	136
Moor-Wiesenvögelchen*	33
Natterwurz-Perlmutterfalter	144
Nierenfleck-Zipfelfalter	91
Ockerbindiger Samtfalter	220
Ockerfarbiger Würfel-Dickkopffalter*	32
Osterluzeifalter	55
Pflaumen-Zipfelfalter	95
Postillon	79
Pronoe-Mohrenfalter	210
Prunner's Mohrenfalter	202
Randring-Perlmutterfalter	142
Raps-Weißling	71
Reseda-Weißling	75
Rostfarbiger Dickkopffalter	53
Rotbraunes Wiesenvögelchen*	33
Roter Scheckenfalter	173
Roter Würfel-Dickkopffalter	39
Rotklee-Bläuling	121
Rundaugen-Mohrenfalter	203
Saumfleck-Perlmutterfalter	141
Schachbrett	215
Schillernder Mohrenfalter	209
Schlüsselblumen-Würfelfalter	83
Schornsteinfeger	191
Schwalbenschwanz	62
Schwarzbrauner Würfel-Dickkopffalter	41
Schwarzer Apollofalter	56
Schwarzer Trauerfalter	166
Schwarzfleckiger Ameisen-Bläuling	109
Schwarzkolbiger Braun-Dickkopffalter	50
Schweizer Mohrenfalter	208
Segelfalter	60
Senf-Weißling	64
Silberfleck-Perlmutterfalter	143
Silbergrüner Bläuling	129
Sonnenröschen-Würfel-Dickkopffalter	47
Spiegelfleck-Dickkopffalter	48
Steirischer Mohrenfalter	211
Steppenheiden-Würfel-Dickkopffalter	44
Storchschnabel-Bläuling	116
Styx-Mohrenfalter	212
Südlicher Kurzschwänziger Bläuling	102
Südöstlicher Weißling*	32
Südöstlicher Würfel-Dickkopffalter*	32
Tagpfauenauge	152
Trauermantel	157
Ulmen-Zipfelfalter	95
Unpunktierter Mohrenfalter	199
Veilchen-Scheckenfalter	167
Violetter Feuerfalter	89
Vogelwicken-Bläuling	124
Wachtelweizen-Scheckenfalter	180
Waldbrettspiel	181
Wander-Gelbling	79
Warren's Würfel-Dickkopffalter	48
Wegerich-Scheckenfalter	170
Weißbindiger Bergwald-Mohrenfalter	195
Weißbindiger Mohrenfalter	194
Weißbindiges Wiesenvögelchen	187
Weißdolch-Bläuling	131
Weißer Waldportier	223
Weißkernauge	217
Weißklee-Gelbling	80
Westlicher Scheckenfalter*	33
Westlicher Würfel-Dickkopffalter	40
Wundklee-Bläuling	123
Zahnflügel-Bläuling	127
Zitronenfalter	81
Zürgelbaum-Schnauzenfalter	132
Zweibrütiger Würfel-Dickkopffalter	46
Zwerg-Bläuling	100